第1章

采购与供应管理基础

【导言】

采购与供应管理不仅是获取原材料、零部件或服务的一种运作层面的职能，更应该成为企业战略决策不可或缺的组成部分。从以成本和交易管理为核心的采购管理向以增值性活动和流程管理为核心的供应管理的转变是企业采购与供应管理理念的重大转变，而有效的采购与供应管理又是企业成功实施供应链管理的基础与关键，因此，从供应管理延伸到供应链管理是必然的趋势。在这门课的学习中，首先要明确：采购与供应管理不同于供应链管理，它有自己的特点、目标与任务；但采购与供应管理又隶属于供应链管理的范畴。因此，从供应链管理的视角来理解和学习采购与供应管理这门课程是必要的。

本章首先阐述了采购与供应管理的相关概念，然后介绍了采购与供应管理的一般流程和分类，帮助读者了解这一学科的框架体系。最后，分析国内外采购与供应管理的现状及发展趋势，并提出了现代采购与供应管理的目标与任务。

学习目标

1. 理解采购的概念，把握采购的五大要素，即供应商、质量、价格、时间和数量。
2. 了解采购的分类，掌握采购与供应管理的目标和一般流程。
3. 了解采购与供应管理的发展历程，把握未来采购的发展方向。
4. 了解采购与供应管理的发展趋势及其关键影响因素。
5. 了解采购与供应管理未来面临的可能挑战。

导读案例

西门子公司的采购与供应管理

西门子是一家综合性大型跨国公司，在全世界有600余家工厂、研发中心和销售办事处，其业务遍及全球190多个国家，主要业务集中于6大领域：信息和通信、自动化和控制、电力、交通、医疗系统和照明。作为全球领先的技术企业，高质量、先进的产品离不开现代化的采购与供应管理。西门子每年在全球采购约130种大类货物，价值400多亿欧元，超过年销售额的一半。其中，约230亿欧元用于采购与工业、能源和医疗技术这三个事业部生产相关的"直接产品"，即半成品和零部件；170亿欧元用于采购集团通用产品，其中信息产品和市场营销产品等"间接产品"的采购额为100亿欧元。目前，西门子在世界范围内

拥有分属约 2500 名采购人员的 12 万家供应商，并且在 256 个采购部门中拥有 1500 名一线采购人员。在同业中，除了规模优势领先外，与业内其他公司相比，西门子以其较为完善的全球统一采购制度、双赢的供应商管理体系以及供应链管理的战略化而著称。

1. 实施全球统一采购制度

西门子采用的是全球统一采购制度，该全球统一采购制度基于六大理念：降低采购成本；促进向当地转让技术和投资；降低货币汇兑风险；提高采购安全性；缩短供应链；提升西门子全球形象。在 2008 年之前，西门子的通信、能源、交通、医疗、照明、自动化与控制等各个产业部门（Division）根据各自的需求独立采购，是典型的垂直型供应链。随着西门子公司的逐渐扩大和发展，采购部门发现不少元部件需求是重叠的，即通信产业需要订购液晶显示元件，而自动化和控制分部也需要购买相同的元件。由于购买数额存在变动，选择的供应商、产品质量、产品价格也会存在较大的差异，这意味着在采购流程中存在沉没的"采购成本"。为了降低沉没成本，西门子设立了采购委员会（Procurement Council）来协调全球的采购需求，把六大产业部门所有公司的采购需求汇总起来，以便西门子可以集中与全球供应商进行沟通，提高自身的议价能力。由西门子的全球采购委员会直接管理全球材料经理（Commodity Manager），每位材料经理负责特定材料领域的全球性采购，寻找合适的供应商，达到节约成本的目标，确保材料的充足供应。西门子全球统一采购制度框架如图 1-1 所示。

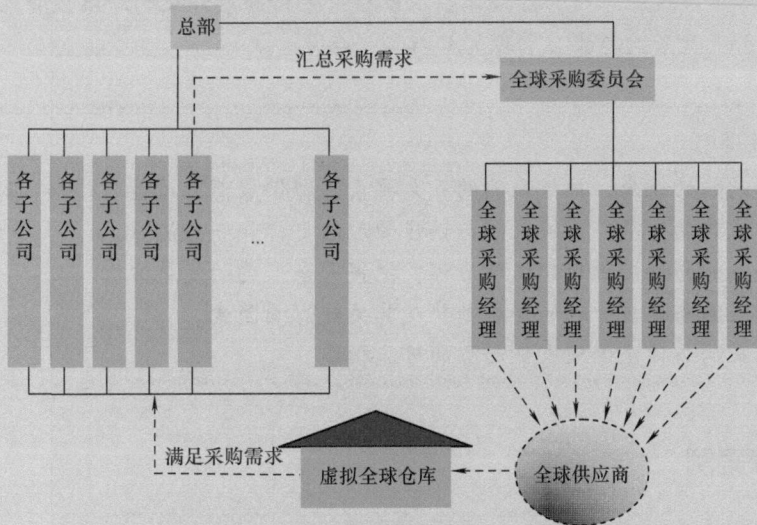

图 1-1　西门子全球统一采购制度框架

2. 建立分类采购管理体系

西门子分类采购管理体系主要包括两个方面的内容，即供应商分类与产品分类。在西门子的 12 万家供应商中，有 2 万余家被指定为第一选择供应商，其数据被存储到西门子内部的电子信息系统中。为了确定采购活动的重点，西门子依据供应风险和采购价值对供应商进行分类并建立评估矩阵。其中，供应风险是指按照供应商部件的技术复杂性和实用性来衡量西门子对该供应商的依赖程度的标准，即西门子需要判断，如果这家供应商不能够达到性能

标准，自己是否可以承担后果。对一个特定供应商的供应风险的衡量标准包括：供应部件有多大程度的非标准性；如果更换供应商，需要花费哪些成本；如果自行生产该部件，困难程度有多大；该部件的供应源的缺乏程度有多大。采购价值是指影响西门子供应商关系底线的衡量标准是与该项目相关的采购支出的多少，在一般情况下可以简单理解为采购金额。综上所述，以供应风险和获利能力影响分别为横、纵坐标轴，西门子将供应商划分为一般型、杠杆型、战略型与瓶颈型四种类型。

除了对供应商进行有效分类，西门子还将供应商的产品分为高科技含量的高价值产品、用量大的标准化产品、高技术含量的低价值产品和低价值的标准化产品，并依据自己与供应商关系的性质和密切程度来决定相应的采购策略。

（1）高科技含量的高价值产品。这类产品包括电力供应、中央处理器的冷却器、定制的用户门阵列。采购策略是技术合作型，其特点为：与供应商保持紧密联系，包括技术支持和共同负担研发经费；签订长期合同；共同努力以实现标准化和技术诀窍的转让；集中于制造过程和质量保证程序，如内部检验；通过电子数据交换（Electronic Data Interchange，EDI）与电子邮件实现通信和最优化的信息交流；在处理获取基础材料的瓶颈方面给予可能的支持。

（2）用量大的标准化产品。这类产品包括印制电路板、集成电路存储器、稀有金属、镀锌的锡片。采购策略是储蓄潜能的最优化，其特点为：在全世界寻找供应源；开发一套采购的国际信息系统；在全世界寻求相应的合格供应商；列入第二位的资源政策；安排接受过国际化培训的最有经验且最称职的采购人员。

（3）高技术含量的低价值产品。这类产品包括需要加工的零件、继电器、变压器。采购策略是保证有效率，其特点为：需要进行定期质量审查，并提供专用的仓储设施；需要保有库存并编制安全库存计划；保持战略性存货（安全存货），以保障供应的安全性；在供应商处寄售存货；特别强调与供应商保持良好的关系。

（4）低价值的标准化产品。这类产品包括金属、化学制品、塑料制品、电容器。采购策略是有效地加工处理，其特点为：通过电子系统减少采购成本；向那些接管部分日常物流工作（如仓储以及编制必备需求量的计划、报告等工作）的经销商或供应商外购产品；增加对数据处理和自动订单设置系统的运用；采用准时制（JIT）模式，直接将采购原材料送到生产线，这样可以减少运送到仓库再转运到生产线的手续；努力减少供应商和条款的数目。

对于低价值的标准化产品，西门子把首选供应商的地位授予了从80家经销商中选出的3家。这一安排规定经销商将负责提供仓库、预测和保管存货，以及向西门子报告存货和用货量。

3. 强化供应商管理并持续改进

西门子还从供应商参与产品研发、供应商的管理过程和供应商的生命周期管理等方面强化供应商的管理并持续改进。

（1）供应商参与产品研发。采购部门和合适的供应商为研发小组提供部件的成本、价格、性能、市场可得性、质量和可靠性数据，采购部门与其他部门共同合作，选择潜在供应商，被选中的供应商可能会参与设计。采购部门和合适的供应商可以为每一种方案提供原材

料经济性和可得性的建议。采购部门可以提供关于"内部生产"的成本、可得性和材料质量的数据，也可以提供"外购"的成本、质量可靠性的数据，从而使设计更切合顾客的需要，并且通过选用质优价低的零部件，使产品的成本得到控制，满足顾客对性能价格比的需要。

西门子的高级采购工程部门能够起到从设计源头上压缩采购成本的作用。如果设计原型中一个元部件的价格是 11 欧元，但目标价格只有 6 欧元，那么设计就要做相应的修改，使用更少的元部件或使用更加集成的元部件。有时候，高级采购工程部门的任务就是用目标价格倒推成本。

（2）公平透明的供应商政策。为了使选择供应商的管理过程尽可能公平透明，西门子使用了一套网上竞价（E-Biding）系统。为了与供应商保持良好的关系，现有的供应商在这套系统中有一定的优先权。而想新加入的供应商则必须靠过硬的质量、价格和服务来与现有的供应商竞争。这套系统的好处是所有的供应商都知道其他供应商能做什么，这样就能把价格和服务的底线推到循环竞争的极限。同时，每年年底，西门子内部所有与供应商有过接触的部门还会对供应商的价格、物流服务和产品质量三方面的总拥有成本进行评分。成本最高的供应商可能就会失去大笔订单。在竞争面前，供应商自然会对自己的产品质量、产品价格、物流服务等各方面严格审视，以期达到西门子的高标准、严要求。

（3）有效的供应商生命周期管理。任何供应商在事实上都具有生命周期，这是供应商的优势资源价值、采购方新产品开发、市场开拓策略以及成本持续降低等因素作用的结果。因此，在现有供应商的有效生命周期还没有结束之前，寻找合适的供应商是一项长期并且经常性的工作。在这方面，西门子的做法也有值得借鉴的地方。当需要寻找新的供应商时，西门子会进行市场研究，以找到合适的备选供应商。考察潜在供应商时，主要从财务能力、历史、技术背景、质量、生产流程、主要生产能力等方面进行评价。合格的供应商将参与研发或加入高级采购工程部门的设计工作中，通过试生产和试生产流程审核，证明该供应商能按照西门子的流程要求生产符合西门子质量要求的产品，此后进行大规模生产的尝试，以确保供应商达到六西格玛质量标准以及质量和生产流程的稳定性。如果大规模生产非常顺利，进一步设立衡量系统，包括质量水平、服务表现等；如果不能达到关键服务指标，西门子会对供应商进行"再教育"。

对西门子这样的跨国企业来说，采购活动是企业经营活动中最大的成本领域，采购质量与效率的高低在很大程度上决定着企业最终产品的价值和竞争力。因此，把采购管理看作是供应链管理的关键环节，实施全球统一采购制度有利于采购资源整合，使供应链管理在更广、更大、更深的空间内实施，使跨地区、跨行业的企业业务团队联系更加频繁，互通有无，信息共享，更加高效；建立分类采购管理体系使得西门子可以适应性地选择其采购管理策略，并使其采购成本优势影响到市场扩张与核心竞争力的塑造；执行严格的供应商管理制度，从战略的层面上可以起到调整供应商结构的作用，以谋求从更广泛的市场范围内调控资源渠道，提高资源的保障度。

（资料来源：根据《采购案例：西门子公司的采购技术》改编，东商网。）

1.1 采购与供应管理的基本概念

无论是组织还是个人，要生存与发展，就要从外部获取所需要的有形产品或无形服务，这就需要采购。个人采购产品或服务是用来满足自己的需求的。个人采购有可能是情绪化的、冲动的，往往受个人偏好左右，订货量通常很小，议价能力也较低，从而难以影响供应商的决策。而组织（企业或公共机构）采购产品或服务主要用于维持组织基本活动或辅助活动。组织采购往往是理性的、有计划的，且订货量较大，并与供应商谈判的相互作用程度较高，即议价能力较强，从而能影响甚至左右供应商。个人采购行为与组织采购行为存在着很大的差别。本书主要阐述组织的采购与供应管理。

采购是指组织或个人基于生产、销售、消费等目的，购买商品或服务的交易行为和交易过程。采购的基本作用就是将资源从市场的供应者手中转移到用户手中，采购过程实际上是商流过程与物流过程的统一。

1. 采购及其五大要素

从狭义上理解，采购就是找供应商购买所需物品。从广义上讲，凡是为了满足需求所采取的各项活动，均可认为是采购行为，如租赁、借贷、征收、交换等。

采购的五大要素包括供应商、质量、价格、时间、数量。未来的采购将从简单购买向合理采购转变，即通过合适的供应商，在合适的时间以合适的价格获得质量合适的物料或服务。这里的"合适"二字是会不断演变的。严格来说，应该解释为从"合格的"供应商（Right Supplier）那里，在"需求的"时间（Right Time）内，以"合理的"价格（Right Price），取得"正确的"数量（Right Quantity）和"符合品质要求的"（Right Quality）物料或服务。

（1）供应商。对供应商的选择，采购人员需要思考的是，是否一定要选择技术、成本或者产量领先的行业内顶级供应商。由于优秀供应商往往也是强势供应商，如果不能与供应商形成优势互补或者强强合作关系，那么采购商完全有可能在采购价格、批量、交货等方面受制于供应商而成为弱势采购者。但如果选择弱小供应商，那么交货质量与供货的稳定性可能难以得到保证。因此，在保证质量符合要求的前提下，选择合适的供应商非常重要。

在不完全竞争市场中，由于更换供应商的成本有时可能非常高，因此对供应商的选择就要非常慎重。对于垄断性供应商或单源供应商，采购人员必须尽可能地开发可靠的替代性供应源，并发展与维持良好的供应商关系，使供应商愿意提供有市场竞争力的产品与服务。供应商的数量并非越多越好，从采购实践来看，与少数供应商（对于同一种主要生产材料一般维持 3~4 个供应商）合作是最佳的采购实践。

（2）质量。质量不符合采购要求当然不行，采购人员应该做到"质量不行一切免谈"。但对物品或服务的质量，是否应要求越高越好？在不增加成本的前提下，质量当然越高越好。但是，采购人员必须了解，质量好的产品价格往往也比较高，过高的质量要求只会增加最终产品的成本，一味地追求最高标准的质量，不见得真的能增加其终端产品的市场竞争力。因此，采购人员应该要求物料符合所需的合适的质量水准，减少不必要的质量要求，以取得较好的性价比。另外，除了质量须符合要求外，还必须维持质量的稳定性。也就是说，

供应商每一次的交货质量不能有明显的波动,这样才能使生产线上的质量易于控制,并保证终端产品质量的一致性。

(3) 价格。在价格方面,采购人员考虑的不应是价格越低越好。由于价格只是交易的显性部分,还有许多隐性成本必须注意,如品质、服务的差异等。在质量满足要求的情况下,以"最低价格"购买到所需的物品或服务是采购人员永远不变的职责。这里符合质量要求是一个很重要的前提,如果没有满足这个前提,无论供应商给出多么低的价格,采购人员都应不予考虑。但也应该指出,在正常情况下,给予供应商合理的利润空间,或者说至少是可以生存的利润空间是必要的。当然,合理的利润空间取决于采购商对供应商成本的了解与分析以及双方的议价实力。

(4) 时间。交货时间延误会造成停工待料,而交货过早又会造成库存积压,因此,准时交货是十分重要的。那么,缩短供应商的交货提前期(Lead Time)是否好?提前期越短,采购商为保证正常生产的库存水平就越低;同时,如果提前期波动变小,那么相应的安全库存水平也会降低。因此,采购人员应尽量缩短供应商的交货提前期并控制其波动性,同时还应该制定合适的订货周期,以确保采购商生产计划的有效执行。另外,需要注意的是,如果供应商要通过增加成本来缩短交货提前期,那么采购的价格一般也需要调整,以给予供应商合理的补偿。

(5) 数量。从降低库存水平的角度来看,是否每一次的交货数量都是越少越好?其实不然。单批次交货的数量越少,采购人员就必须多下几次订单才能满足需求,如此一来,反而可能会增加订购成本,同时也可能增加供应商的物流成本。采购人员必须与其他职能部门合作,加快库存周转,减少不必要的储存成本,并且要尽可能降低因为库存积压过多所带来的库存品损坏、过时、失窃等存货损失。在保证满足生产和服务需求的前提下,库存水平越低越好。

随着现代采购理念的发展与变革,采购五大要素的内涵也在不断改变。"合适"的供应来源在过去是指不断开发新的供应商,以对现有供应商造成价格等方面的竞争压力,而如今已发展成为减少供应商数量,与供应商建立互惠互利的供应商合作伙伴关系乃至战略联盟;"合适"的质量已经从品质稳定演变成供应商产品的零缺陷率;传统的采购中,"合适"的价格是指最低的价格,而现代采购对"合适"的价格的理解则是指最低的所有权总成本和给予供应商最低的合理利润空间;"合适"的数量从传统的经济订购量过渡到在满足需求的前提下,尽可能低的物流成本;"合适"的时间也逐步与库存水平、交货提前期、信用期等概念挂钩,成为现代企业采购活动的重要激励手段,以更好地保证供应的连续性、稳定性和质量的一致性。从本质上讲,"合适"的数量和"合适"的时间就是"合适"的库存水平。企业采购最重要的是在这些经常相互抵触的五个"合适"中寻找一个平衡点。

2. 采购与供应管理分类

每个企业都有自己独特的采购模式,这是企业采购管理的个性。但各种企业采购模式之间还存在着许多共性,这就是人们研究采购类型的目的。在共性基础上,针对企业自身的特点,进行采购管理个性的分析,将事半功倍。按照采购过程、采购货物类型和采购对象三种标准,采购主要分为如下类型:

(1) 按采购过程分类。按照采购过程分类,采购主要分为战略采购和策略采购两大类型,如图1-2所示。

图1-2 战略采购与策略采购过程

1）战略采购。战略采购一般是指包括签订合同在内的采购的前期工作，主要的采购职能包括供应市场分析、确定产品或者服务的需求规格、供应商选择与评价、供应商的发展与整合、协商谈判与合同管理、与供应商建立并维护良好的合作关系、优化采购流程方案和采购监督等。

2）策略采购。策略采购是指采购过程的后期活动，主要的采购职能包括根据补货要求向供应商发出订购请求、发货、进度检查或催货、货物验收与入库、支付货款等。同时，要对采购过程中的突发事件以及市场变化做出及时快速的响应处理，以满足企业各个部门的需要。现在，很多跨国公司将策略性采购转至公司物流部门或委托第三方物流公司进行运作与管理。

（2）按采购货物类型分类。采购可能会涉及品种繁多的产品和服务，主要可分为以下几种：

1）原料。原料就是未经转化或只有最小限度转化的材料，在生产流程中作为基本的材料存在。例如，矿物原料，如铁矿石、煤、铜矿石等，或天然原料，如谷物、大豆、和咖啡等。

2）零部件。零部件是指将产品物理拆分到最小单位的单个组件。部件可以是一个零件，也可以是多个零件的组合体。零部件是不再经历额外物理变化的产成品，但是它将被包括进一个系统中，通过与其他部件相连接，被嵌入最终产品内部，如螺钉、螺母、轴承、阀门等。

3）维护、修理和运营用品（Maintenance，Repair and Operations，MRO）。维护、修理和运营用品是指企业中非生产性的物料，主要包括工具、维修品、办公用品和设备、企业服务等。MRO采购也包括在生产流程中被使用或消耗，但并不被最终产品实际吸收的辅助材料，如润滑油、冷却水、抛光材料、焊条和工业用气。这类商品采购的特点是采购项目非常分散，单项采购的金额小，订单数量多，采购部往往要花很多精力来应对日常事务，因此往往不便于管理和成本控制。

4）半成品。半成品是指已经经过一次或多次处理，并将在后面的阶段被进一步加工的物品。它们在最终产品中实际存在，如钢板、钢丝等。

5）成品。成品是指为了销售而采购的产品。它们在经过可以忽略的价值增值后，与其他成品和（或）制品一起销售。例如，由汽车供应商提供的汽车音响等附件，制造商并不生产这些产品，而是从专门的供应商那里采购。

6）投资品或固定设备。投资品可以是生产中使用的设备，也包括计算机和建筑物等。这些产品不会被立即消耗，但其采购价值经过一段时间后会贬值，其账面价值一般会逐年在资产负债表中报告。

7）服务。服务包括从雇用临时劳务提供清洁服务到专业的工程公司为企业设计生产设

备等，是由第三方（供应商、承包商、工程公司）完成的活动。

（3）按采购对象分类。按照采购的对象来分，采购可分为生产性采购、项目采购和公共采购。

1）生产性采购。生产性采购是指用于产品生产，需向外部供应商发出订单的原材料、零部件的采购。生产性采购在制造企业中占的比重最大，也是企业采购管理的重点。

2）项目采购。项目采购是指企业或组织为完成某个任务或项目而进行的采购。项目采购具有独特的过程，它伴随项目的发展有开始和结束日期，由一系列相互协调和受控的采购活动组成。

最为常见的项目采购是工程项目采购，即采购为工程项目服务并完成项目所需的咨询服务、材料采购、外包与承包商合同等。另外，项目采购还出现在企业或组织的项目发展上，这些项目往往是独立的和阶段性的。

3）公共采购。公共采购即政府采购，是指各级政府及其所属机构为提供公共服务，在财政的监督下，以法定的方式、方法和程序，对货物、工程或服务的购买。当今各国政府采购的资金非常巨大，一般占 GDP 的 10% 以上，制定和实施合理的政府采购制度，可以大幅度降低采购成本。因此，新型的政府采购制度被越来越多的国家所接受。

1.2 采购与供应的一般流程

标准化的采购流程能简化操作，大幅度提高采购效率。但是，供应质量的不稳定性、价格的波动性、提前期的不准确性等供应环境的不确定性，又要求采购流程在标准化的基础上具有一定的柔性与敏捷性。

采购过程基本上是一个信息流、物流和资金流的交互过程，其核心部分就是判定在什么时间，与谁，以什么形式进行交互。制定简明、准确、高效和完整的采购流程，有助于企业对采购进行有效的管理和控制。完整的采购流程，包含战略性采购流程和策略性采购流程两部分。

1. 战略性采购流程

战略性采购流程并没有确定的形式，但基本包括到签订合同为止的采购与供应管理的前期工作。战略性采购的一般流程包括如下内容：

（1）明确业务部门需求并制定采购与供应管理目标。业务部门的职能战略必须为企业总体发展战略和竞争战略目标服务，并根据企业总体战略制定具体行动计划。采购与供应管理部门根据企业各业务部门实施行动计划所需要的物料、商品和服务，制定采购目标和实施目标的策略，并为满足组织中其他部门的需求进行采购和供应管理。制定目标后，采购部门应联合其他业务部门检验目标的合理性并分析现存的差距，不断完善采购目标和实施策略。

（2）供应市场分析。分析各业务部门的采购目标并理解其对原材料、零部件和服务的需求是制定采购职能战略目标的基础。战略采购中非常重要却经常被忽略的环节就是供应市场分析工作，它对理解供给与需求是至关重要的。由于采购物品种类繁多和市场的变化，需要对供应市场进行分析，对采购价格和各种采购成本进行预测估计，并且尽可能了解不同供应商产品的差异。一般可根据供应市场的复杂性（风险）和采购的重要性将采购项目分为

不同的类型，配置不同的管理资源，进而采取有差异化的采购策略和不同的供应商关系管理方法。

（3）战略性采购计划的具体实施。战略性采购流程的第三个步骤就是战略性采购计划的实施，其核心内容一般包括以下几个方面：

1）选择供应源。供应商的选择是采购职能中重要的环节，它将影响后续的供应质量、交货和服务。采购与供应部门根据其他部门的请购申请，并在确定好所需物品的性能、规格、型号及数量后，采购部门开始寻找和选择供应商。

企业选择供应商主要有两种方式：一是根据需求描述在原有供应商中选择绩效良好的厂商，通知其报价，进行综合比较，看谁能更好地满足采购需求；二是公开采购信息，在已有的供应商和新的潜在供应商中进行公开选择。

在考察供应商时，除了要看供应商能否提供满足采购需要的性能、规格、质量、数量、交付时间、价格、服务等外，还需综合考虑供应商的历史记录、设备与技术力量、质量管理体系、产品生产过程控制能力、开发设计能力、服务质量、财务状况、商业信誉等。供应源确认或供应商资格认证一般由采购部门主导的跨职能小组集体决定。

2）协商谈判/竞标。确定采购价格是采购过程中的一项重要决策，也是选择供应商时应考虑的重要因素之一。采购商是否能得到好的价格也是衡量一个优秀采购者的首要标准。采购商必须很好地掌握各种定价的方法，了解各种方法的适用条件，并能够利用谈判技巧和议价能力来取得满意的采购价格。

对需供应商报价的项目均应采取书面形式（RFQ）通知所有候选供应商。对于金额较大而供应商较多的采购，一般适宜采用竞标的方式定价，这会让采购价格变得更为合理。价格在采购的各种因素中所占的权重一般是最大的，因此，在很大程度上采购价格决定了供应商的选择与合同的签订。价格谈妥后，对合同的其他条款进行谈判，就可签订合同。应该指出，商务谈判中除了价格谈判外，质量、交货期、付款方式及其信用期和售后服务条款的谈判都存在采购商必须争取的利益。

3）签订采购合同。采购合同是双方就采购内容经过谈判后所达成的具有法律效力的书面协议，包括对买卖双方的具体要求、权利和义务。采购合同的类型多种多样，该选择何种类型的合同，合同的条款有没有需要特别注意的地方，对于这些方面的细节，将在采购合同管理一章中详细论述。

值得注意的是，战略采购计划实施的关键要素还应该包括：①在规定时间限度内所需要完成的任务；②分派责任和实施过程的所有权限；③确保实施过程的参与者能够得到充足的资源；④向供应商和内部客户介绍战略采购的相关内容并争取全员参与；⑤在供应商谈判前编制谈判计划以及一份"理想合同"，并设置谈判的目标和底线；⑥与所有的使用者和股东交流重要的战略采购的实施情况；⑦制定应急计划以防突发事件的出现。

（4）结果控制及绩效回顾。战略性采购流程的最后一步，就是评估采购与供应管理绩效和调整供应链成员组成。通过评估采购绩效，提供付款信用期和订单等方式，激励优秀供应商，淘汰不合格供应商，提升供应链效率，并为今后的采购工作积累经验。

2. 策略性采购流程的设计

策略性采购流程一般包括以下几个步骤：

（1）安排采购订单。采购清单和采购申请是各部门向采购部门提出采购需求的主要依

据，发出订单是整个策略性采购流程中最重要的环节。请购申请经需求部门的相关员工填写后，根据公司规定的审批权限，经部门经理、财务总监直至总经理审批后方可生效，之后流转到采购部门进行采购。

一般说来，订单是一种简易的合同，方便操作，一般适用于双方有年度采购合同或长期供应商的情况。采购订单主要包含以下要素：采购单号、订单日期、供应商名称和地址、所需物品的品牌/名称/规格、数量、价格、发货日期、交货地点、运输要求、支付条款以及对订单约束的其他条件。

（2）订单跟踪/催货。订单的跟踪也是非常重要的环节。在订单/合同中规定了物料及服务相应的质量、数量、交货期及付款周期等，为保证这些条款的完成，需要进行相应的跟踪。

订单/合同的跟踪应包括从发出订单/合同，到供应商确认、供应商发货、运输、到货验收、入库存储、发票签收及付款安排、供应商绩效评估等过程。如果供应商没有按期发货，采购商应及时催货。现在很多企业都有专门人员负责订单跟踪或催货，这在很大程度上可以避免交货风险。

（3）供应商发货/运输。供应商生产采购物料后，需完成产品包装和发货准备，另外还需通知采购商开始安排运输事宜。运输可以由供应商直接安排，也可由采购商统一安排，或者交由第三方物流服务提供商完成。由于这个环节发生的成本也是采购的附属成本，因此对发货和运输环节的管理也很重要。在实际安排时，需根据采购商的时间要求、运输成本、货物的重量及包装的特殊性等综合考虑选用空运、海运、公路、铁路等运输方式。

（4）货物验收。在供应商发运的货物抵达后，采购商将按照国家质量标准、企业质量标准、设备采购订单/合同等要求进行货物验收。验收通常由质量部门或仓库验收人员完成，验收时主要是看采购物品的规格、数量、质量等是否符合要求。由于收货部门和采购部门关系十分密切，所以许多企业中收货部门都直接或间接地由采购部门负责。如果检验有任何问题，检验人员需把相关的问题反馈到采购部门，由采购部门与供应商联系处理。

货物验收的重要意义在于确保订单所采购的货物已经实际到达，检查货物是否完好无损、数量是否符合要求等，从而将货物送达下一个目的地进行储存或使用。

（5）货物入库及仓储。所有采购物资经检验合格后，需进行入库和储存，这也是企业资产的记录过程。检验为不合格品的货物，采购商应要求供应商立即取走或限期取走，能现场返工的也可要求供应商现场返工直至货物检验合格，且应设置不合格品存放区，将不合格货物与合格货物分区存放，以杜绝不合格品进入生产或销售环节。

（6）发票与付款。采购物品验收合格后，即表示供应商的供货过程已完成，供应商会开具发票，要求采购商按合同规定付清货款。采购部门在核查发票的内容准确无误后申请付款，待完成相应的审批手续后交财务部门，财务部门在核对仓储部门的入库单后，即可按订单/合同约定的付款条件安排相应的付款事宜。付款过程中，财务部门还需起到监督的作用，对订单/合同的采购价格、货物入库单、发票内容及物品等项目进行核对。

（7）存档记录。采购的最后一步就是存档记录。与采购相关的订单/合同、发票、付款记录、质量登记、采购评估等都需存档记录，这些数据可以用于供应商绩效评估和未来采购的参考，一般保存年限为3~5年。

采购一般流程如图1-3所示。

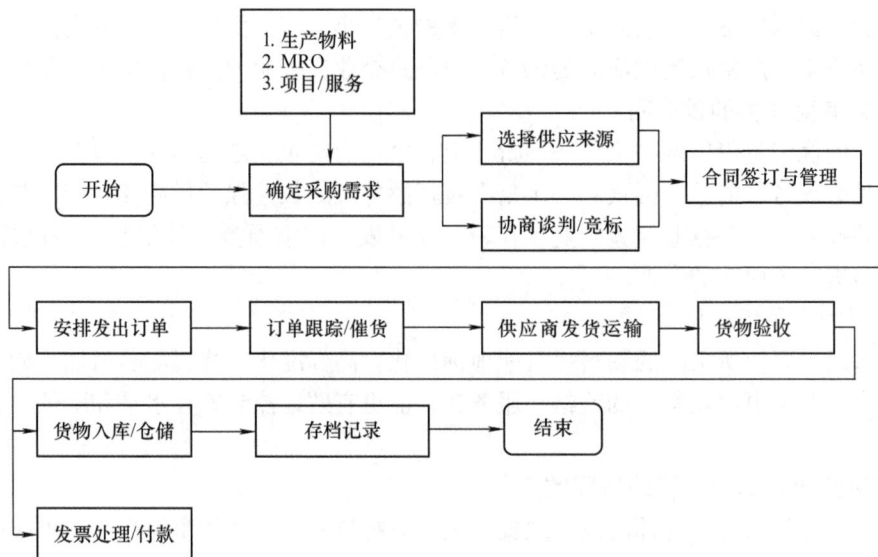

图 1-3　采购的一般流程

1.3　采购与供应管理的目标与任务

在采购与供应管理的基本概念中，介绍了采购的五大要素，由此可以得知采购职能的总体目标与任务是获得符合质量要求的产品或服务，并以正确的数量、合理的价格在准确的时间发送至正确的地点。但就现实情况而言，往往难以同时满足以上几个要求。因此，对于相关部门来说，如何在多目标中寻求平衡点，通过合理取舍来使企业的利益达到最大，是采购与供应管理的主要任务和目标。采购与供应管理的目标与任务主要表现为以下几个方面：

1. 为企业提供所需要的物料和服务

采购流程中会涉及物料的运输、物料到货后的验收、库存管理、配送到物料需求部门等环节，任何一个环节上的物料缺货，都会导致企业的经营中断。生产工艺的不断调整或产品的不断更新换代，都需要采购部门及时提供所需的新物料。保证供应、防止停工待料是采购部门最基本的职责。

2. 降低库存占用资金和库存管理费用

当企业为了最大限度地避免缺货时，它就不得不加大库存以备不时之需。然而，加大库存量不仅减少了企业的流动资金，还增加了相应的库存占用资金的费用和库存管理费用。因此，在保证正常生产或经营活动的前提下，企业应该不断地降低库存水平，使库存占用资金和库存管理费用尽可能低。

3. 缩短新产品开发周期

在新产品试制过程中，采购部门及时采购到试制所需的物品，对缩短新产品开发周期十分重要。采购部门与供应商参与新产品开发，能使新产品开发团队通过借助采购人员或供应商的专业知识来达到降低成本、提高产品质量、优化产品性能和缩短上市周期的目标。

4. 提高产品质量

供应商的供货质量是影响产品质量的重要因素。在源头上对供货质量加强管理所新增的

成本，可能要比低质量物料投入生产之后带来的损失小得多。供应商质量的提高也会帮助企业提升产品质量。严格控制供应商的供货质量，是企业在行业内保持竞争力的重要手段。

5. 寻求有竞争力的供应商

供应商的优劣不仅体现在供货的性价比上，供应商与企业之间的协作以及供应商的可持续发展也是必须考量的重要因素。一个富有责任感并且成长性强的供应商，能够与企业互相协调，共同提高。一些行业领先企业，在新产品开发、需求预测、计划制定与执行等方面，都与供应商进行了成功的合作。

6. 将采购产品标准化

采购部门需要使所采购的物料尽可能地标准化。高标准化的物料能够增加采购批量，还有可能使企业获得更有竞争力的价格和服务，并能更有效地控制库存水平和降低员工的学习成本。

7. 改进企业各部门之间的协同效应

生产设计部门需要采购部门及时地提供关于原材料和零部件的市场行情。供应商考评需要质量部门参与，供应商货款需要财务会计部门按合同支付。采购部门不仅需要与外部供应商直接交流，还需要与企业内部的各个部门联动与协作，从而提高企业的整体效率和综合竞争力。

1.4 采购与供应管理的发展趋势

面对经济全球化和竞争国际化的压力和挑战，跨国公司在采购理念、采购手段和采购方法上不断创新，使未来采购领域内出现了很多新的发展趋势。

1. 互联网与电子采购

随着互联网和信息技术的不断发展，电子采购在降低成本和提升效率方面的作用越来越大。国际上电子采购的发展非常迅速，美国的电子采购实现率已达 60% 左右，欧洲为 40% 左右。国际大企业每年的电子采购总交易额多达几十亿元、上百亿元。例如，雷诺/日产、三菱、丰田、大众、宝马、沃尔沃等汽车集团均实行了电子采购。这些国外汽车制造商的产品协同设计、询价、订货、物流、结算等采购业务全在网上进行。

电子化采购的产生使传统的采购模式发生了根本性的变革。电子化采购以供应链管理思想为指导，通过建立电子商务交易平台，发布采购信息，或主动在网上寻找供应商、寻找产品，然后通过网上洽谈、比价、竞价等实现网上订货，甚至网上支付货款，最后通过网下的物流过程进行货物配送，完成整个交易过程。

在供应链环境下，电子化采购实现了采购信息的公开化，扩大了采购市场的范围，缩短了供需距离，避免了人为因素的干扰，简化了采购流程，缩短了采购周期，降低了采购成本，提高了采购效率，使采购交易双方易于形成战略伙伴关系，进一步实现了供应链管理的战略要求。

2. 战略联盟

采购商和供应商的合作关系是在双方互惠互利和相互信任的前提下建立的，这种关系把供应商的利益与企业自身利益甚至客户的利益紧密结合在一起，制定共同的长期发展规划，坦诚沟通，信息共享，达到各方利益最大化。虽然合作伙伴关系的最高阶段——战略联盟关

系可以让双方长期从中获利，但是，要在采购商和供应商之间建立起这种关系，需要双方的战略匹配和双方高层管理者的深层次沟通。只有双方拥有相同或相近的经营理念以及达成一致的长期发展目标，才有可能走到一起。在建立的战略联盟中，采购者和供应商可以合作开发新产品，共享秘密信息，为共同的产品服务。

3. 跨职能采购团队

随着采购的日益复杂化，仅依靠采购部人员来完成采购及相关的工作，显然已不能满足工业4.0时代对采购的要求。事实上，采购活动需要更多部门的共同配合：质量部门把关质量；财务部门负责支付与财务监督；制造部门明确时间和需求量；设计部门检验采购对新产品的贡献等。每个部门的员工都能对各自的业务熟练把握，因此，不同部门的人员一起进行采购决策比采购人员自行做出决策更适宜。不同职能部门的人员组织成立采购跨职能团队，对发挥各职能部门专长、提高内部顾客满意度和防止采购中可能出现的败德行为起着十分重要的作用。

4. 供应商整合

供应商整合是为了让供应商的结构和数量变得合理，使整合后的供应商能更好地满足企业的要求。供应商整合不是简单地减少供应商数量，而是由一系列的实施策略所组成的，其中包括：重新评估所有供应商，不断考察潜在的供应商，对重大采购项目进行招标，对供应商的调整，以及开发系统供应商或者综合供应商等。

在很多企业的采购发展过程中，由于刚开始没有明确的采购目标与供应商管理政策，加上采购部门也没有及时调整供应商结构，导致供应商的数量越来越多。太多的供应商不仅让采购人员难以应对，还会引发相应的问题：由于数量多，每家供应商的采购份额分散，从而没有规模采购的价格折扣；供应商的供货质量参差不齐；采购部门需花费更多的精力在供应商管理上等。因此，不难想象，把一样多的精力放在1000家供应商上和放在50家供应商上，它们之间的效果差异。

很多大公司在进行供应商整合时，会大量削减供应商。例如，3M公司近三年来削减供应商比例为24%，摩托罗拉为70%，福特为45%，惠普4个月削减了47%的供应商。这些公司在供应商整合之后，供应结构得到优化，采购与供应效率大幅提高。

5. 战略性成本管理

采购与供应管理越来越从供应链整体的角度考虑成本与价格。成本与价格的管理从企业内部控制转向供应链总成本或总利润的管理。战略性成本管理可以利用所有权成本、学习曲线分析、价值分析、流程重组或改进、目标定价法、成本定价法等方法，实现在整个供应链范围内降低成本和新增利润的重新分配。

6. 绩效管理

绩效管理分为采购部门内部绩效考核和外部供应商绩效评估。绩效管理可以促进采购工作的良性发展。供应商的绩效主要包括价格、质量和交货服务等。应该注意的是，不能孤立地看待供应商的绩效指标，而应把供应商的表现置于整个供应链中，去衡量其绩效对供应链整体竞争力的贡献度。

7. 虚拟价值网

虚拟价值网是指跨行业的合作伙伴在核心企业或者合作小组领导下，在共担风险和共享收益的基础上贡献各自的资源和资产，将一系列资源、服务和经验整合起来，共同完成最终

产品和服务。当新的市场需求来临时，虚拟价值网需要重新组织。

世界最大的贸易公司之一——利丰公司为每份订单定制一条价值链。例如，一批服装订单的完成可能是这样一个过程：在韩国买纱，在中国台湾纺织染色，使用日本公司的拉链与纽扣，最后在泰国缝制完成。当这份订单完成后，相应的虚拟价值网需要重组以完成新的订单。

8. 供应商全球化和本土化

随着经济全球化的发展，全球采购已成为一种趋势。目前，全球采购每年以 7% ~ 8% 的速度增长，中国也逐渐成为全球采购的热点国家。据统计，近两年跨国公司在中国的年采购金额已经突破千亿美元。通用电气、西门子、沃尔玛、家乐福等跨国公司和机构，都已经在中国设立了国际采购部或采购中心。很多国际专业化的采购组织和经纪人，纷纷寻求将中国供应商纳入它们的全球采购网络。

随着这些跨国公司在中国投资的增多，其经营活动也开始本土化，主要表现为管理本土化、研发本土化、品牌本土化、人才本土化、生产本土化以及采购本土化。它们纷纷在上海或中国国内其他城市设立地区总部、研发中心、生产制造中心和跨国采购中心，形成了采购国际化和本土化的有机结合。

9. 第三方采购

第三方采购是指将企业内部非核心的业务外包给专业的第三方采购公司，以充分利用企业外部优秀的专业化资源，最大限度地降低采购成本，提高采购效率，并让企业从繁杂的非核心业务工作中抽出身来，专注于核心竞争力的构建，从而不断增强自身竞争优势的一种采购方式。

与企业自制或自营采购相比，第三方采购是一种新型的采购模式，其与传统采购相比更加的社会化、专业化，并且更加关注采购与供应链服务，能更好地为企业解决采购难题；同时，通过第三方采购，帮助企业充分利用第三方采购商的供应资源、经营网络、信息技术以及专门的知识和经验等，大大降低采购成本并提高采购效率和顾客服务水平，改善采购质量，进而增强企业的获利能力和竞争优势。

第三方采购服务在欧美等国家已有发展，如美国地方政府采购联盟、ThreeCore、Buyer Source 等均为第三方采购服务机构。另外，一些在采购方面拥有竞争力的大型跨国公司也在从事第三方采购服务。例如，国际商业机器公司（IBM）为高露洁－棕榄公司提供指定原料和服务的全球采购服务，为全球时尚和化妆品市场的领头人——科蒂集团实施完整的"采购至付款"采购解决方案。

案例分析

HBI 的采购问题

HBI 是一家品牌服装公司，在中国主要经营的品牌有 Hanes、Champion。Hanes 是一个内衣品牌，2004 年进入中国，现在全国有 100 多家专柜，主要分布在中国的一线大城市，目标客户群体是收入较高的年轻消费者。Champion 是一个运动服装品牌，2006 年进入中国，目标客户群体是年轻、崇尚运动的消费者。

HBI 在中国的渠道主要是百货商场渠道和超市渠道。百货商场渠道的产品定位高档内衣，而超市渠道主要定位于中档内衣。同时因为服装的季节性，无论是百货商场渠道的产品还是超市渠道的产品，都分为常规款和季节款。

由于服装行业的特殊性，对于同一款式的服装，为了吸引更多的消费者，必须考虑多种颜色、多种尺寸。HBI 一般的产品开发是每个款式最少4种颜色、4个尺寸，这就意味着每个款式都有 16 个 SKU（Stock Keep Unit，库存量单位）。但是由于目前 HBI 进入中国市场的时间还不是很长，销售量还没有达到一定的规模，这对于工厂实现批量生产有一定的难度。

目前 HBI 采购存在的主要问题有：

（1）采购的价格比较高。由于 HBI 不能实现批量生产，导致其采购量在供应商的总销量中所占的比重小，议价能力不强，往往得不到最优惠价格，产品价格往往高于竞争对手，因而公司的销售定价空间很小。

（2）采购过程中的问题暴露时间较晚，HBI 并没有有效的前期规避问题的机制或者快速补救的措施。由于采购部门组建不完善，往往要到产品预计交货期时才发现订单出现种种问题，而此时采取行动已经无济于事。

（3）资金占用大。由于目前 HBI 的采购地位比较低，与供应商并没有良好的长期合作关系，必须先付预付款供应商才会接收订单，否则就可能没法保证供应，因此占用大量的资金，而且采购的提前期比较长，安全库存量设置得比较高。

（资料来源：根据上海交通大学 MBA 案例论文整理。）

案例分析题：

1. 服装类采购流程有哪些特点？
2. 针对 HBI 采购中存在的问题，提出解决采购价格高、采购信息滞后、采购资金占用大问题的方案。

【本章讨论】

1. 简述采购的含义。采购的五大要素是什么？
2. 根据不同分类标准简述采购与供应的分类。
3. 讨论采购与供应管理的发展阶段，并说明每个阶段的主要特征。
4. 简述采购与供应的一般流程。采购与供应管理要实现哪些目标？
5. 以国际大企业为背景讨论采购与供应管理的未来发展。
6. 沃克利照明公司目前由于其拥有完美设计的产品，销售量急剧增长。公司对配件的采购需求越来越大，但生产部门经常出现配件供货短缺的情况，因而公司很难保持足够的库存，导致缺货并造成对客户信誉的损害。如果你被任命为采购组长，你将如何对采购工作进行改进？

第2章

采购组织

【导言】

　　无论企业的核心竞争力是服务、销售还是生产，管理采购与供应资源的成本是企业成长和获取竞争优势所必需的。通常情况下，一家公司50%以上的销售收入会用于采购支出，而采购组织正是保证这些采购支出重新流回公司并最终形成更多利润的关键部门。因此，为了实现这一目标，企业需要按一定的方式规划采购组织内部的分工，并分别授予它们相关的权力，明确相关的责任和义务。同样，也要明确每个员工的职责和员工之间的工作关系。

　　由于采购组织的重要性，很多企业已不再把采购部门仅看作是一个简单的业务部门，而是投入各种资源重建采购组织，将其作为企业战略的一个重要组成部分，并直接与财务目标相联系，为企业绩效做出卓越的贡献。合理构建一个好的采购组织，不仅能满足企业运营的基本要求，还能够对整个企业的运作发挥整合、协调的作用，帮助企业建立竞争优势。

学习目标

　　1. 采购组织隶属于哪个部门，直接体现了采购在整个企业中的地位与作用。采购组织可以隶属于总经理、生产部、行政部、物料管理部，了解每种隶属关系下的适用条件。

　　2. 采购组织的建立是一个复杂的系统工程。现代社会中存在多种多样的组织结构，但是，适用于某个特定企业的组织结构很少能够被其他企业所复制。因此，要掌握采购组织的分类以及不同采购组织的结构特点及适应情形。

　　3. 掌握采购部门内部组织的职能设置及职位描述，了解采购人员应该具备的基本技能及素质。

　　4. 联合采购作为一种新型采购模式，将大大提升企业竞争优势。因此，要掌握联合采购的不同组织模式。

　　5. 随着采购市场环境的变化，采购要求及内容不断更新，采购组织需要更多新职能，跨职能采购团队应运而生。因此，要掌握跨职能团队的组成、作用、实现条件及人员职能设置。

H公司采购部的组织架构与职能设置

H公司成立于1997年7月，由国有大型投资集团、日本某著名集团公司、美国一家著名的半导体设计与制造公司共同投资成立。H公司致力于集成电路产品的制造和研发，在先进工艺研发、短交货期、高良品率、低制造成本等方面卓有成效。作为一家芯片代工企业，H公司在设备投资、硅片等材料购买、技术引进等方面的费用占非常高的比例，且投资金额巨大。H公司开始投资第二个FAB工厂，以加强产能优势，从而增强市场竞争优势。通常一个FAB工厂的设备等投资的折旧和回收期很长，至少需要5年左右的时间。因此，在FAB工厂，采购部的作用非同一般。

1. H公司采购部的职能设置

在H公司，采购部的职能目标是制定并实施公司的采购和物流策略，以及为生产运营提供所需要的物资采购和物流保障。具体而言，采购部的职能包括战略性职能和日常策略性职能。战略性职能包括创建并不断完善供应链体系，持续降低公司采购成本。日常策略性职能包括制定各种原材料库存计划、采购计划和到货计划并控制库存情况，执行各种消耗品、备品备件的采购，执行公司各种扩产计划所需的动力、生产设备、信息系统采购计划并确保各种设备顺利到货，协调并控制公司运营费用，确保各项成本不超过预算。H公司采购部的组织架构如图2-1所示。

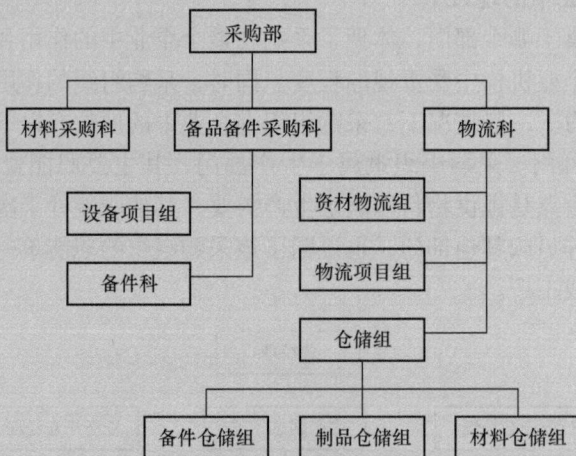

图2-1 H公司采购部的组织架构

2. H公司采购部职能设置需改善之处

根据采购过程模型，采购过程可分为战略采购和策略采购。战略采购阶段是指从了解内部客户的采购需求一直到与供应商签订采购合同的过程；策略采购则是指供应过程，包括订购、发货评估、检查和评估、回收等阶段。要提高采购的效率和效果，需要集中优势资源从事战略性采购的职能，而策略性采购职能则可以由物流科负责完成。

3. H公司采购部的组织架构分析

首先，材料采购科和备品备件采购科分离的必要性不大。从组织的角度讲，这一分离会造成资源的浪费和人工成本的上升；从员工的角度讲，这限制了采购工程师的职业发展。因此，材料采购科和备品备件采购科可以合并，统一为采购科。

其次，H公司有两个工厂，且位于不同的地点，仓储管理非常复杂，而且由于产地的限制，仓储地点也比较分散。因此，建议物流和仓储分离，分别成立物流科和仓储管理科，这样有利于加强仓储管理的人员配置，从而达到降低库存的目标。

（资料来源：根据 http：//www.weaver.com.cn 与上海交通大学 MBA 案例论文整理。）

2.1 影响采购组织结构的因素

企业的采购组织首先要服从企业的发展战略，根据企业的总体目标，合理配置采购资源，确定其职能范围与享有权利，形成相对稳定的科学管理系统。企业采购组织的具体结构要求是从企业的实际出发，保证采购与供应管理流程的顺利运作，从而确保企业稳定、高效地进行经营活动。影响企业采购组织结构的因素主要有如下四个方面：

1. 企业发展战略

企业发展战略决定了企业的发展方向与具体开展的业务活动，也决定并影响了采购组织的地位与采购职务的设计；同时，在企业经营过程中，企业发展战略重点的改变会要求与各部门之间的关系做出相应调整，从而使采购组织与职务的重要程度也做出相应改变。

2. 采购组织在企业中的地位

采购组织直接隶属于哪个部门，体现了采购在整个企业中的作用和地位，采购经理职权大小也反映了采购在企业机构中受重视的程度。同时，采购组织的作用和地位决定着采购部门的结构、职责、权力。一般情况下，采购组织在企业中的地位有以下几种情况：

（1）隶属于生产部门。采购组织隶属于生产部门，其主要职能就是协助生产工作的顺利进行。采购工作的重点是提供物料以满足生产需要，其他职能处于次要地位。如图 2-2 所示，仓储、物料控制等另归其他部门，也说明了该采购组织的职能单一化。这种组织结构一般适用于生产型企业或工厂。

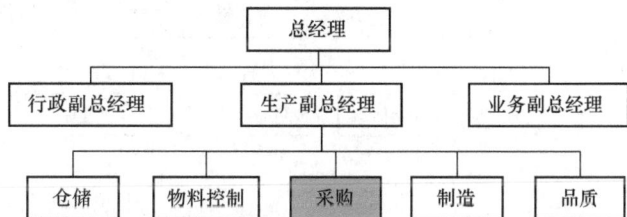

图 2-2 采购组织隶属于生产部门

（2）隶属于行政部门。采购组织隶属于行政部门，其主要职能就是获得较有竞争力的价格与付款方式，以达成财务上的目标。因为与生产部门联系不紧密，采购部有时会一味注重获得有竞争力的交易价格而延误生产部门物料需求的时间，或者购入的物料品质不够理想。但由于采购部门独立于生产部门，不受生产单位的制约，可以充分发挥采购谈判与议价

的优势，这对于规模较大、采购物品种类繁多的制造型企业有利。此时采购部门能够调节企业的整体获利情况，而不是一味地专注于满足生产上的需要。采购组织隶属于行政部门的组织结构如图2-3所示。

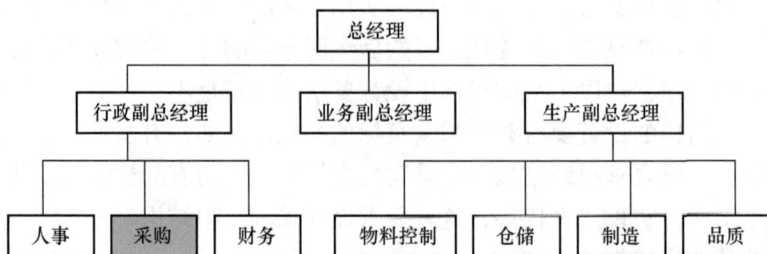

图2-3 采购组织隶属于行政部门

（3）隶属于物料控制部门。当出现这种情况时，采购组织的主要职能就在于配合生产制造单位，起到物料补给的作用。这种结构使得采购组织降至附属支持性地位，没有体现采购的主要职能。这种结构通常出现在物料需求不易管理，需要采购部门与其他部门协调的企业中，其组织结构如图2-4所示。

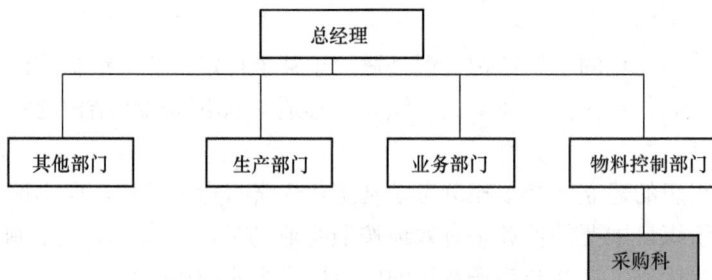

图2-4 采购组织隶属于物料管理部门

（4）隶属于总经理。采购组织直接隶属于总经理，这是采购地位提升的一个标志。在这种状态下，采购部门的主要职责在于降低成本，是体现采购部门作为新的利润源泉的标志。这种组织结构比较适用于生产规模不大，但物料在产品制造成本所占比率较高的企业。因此，采购活动直接关系到企业利润的实现。采购组织隶属于总经理的组织结构如图2-5所示。

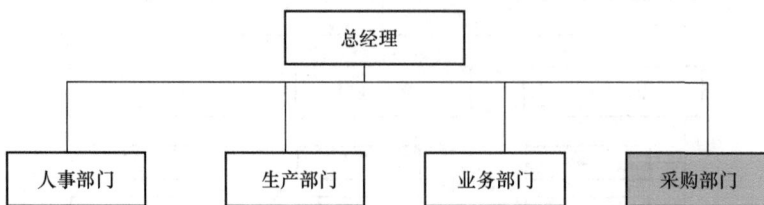

图2-5 采购组织隶属于总经理

事实上，随着采购地位的提高以及人们对采购认识的深入，采购组织作为一个重要职能

部门，越来越多地直接受企业高层指导和控制，而不是仅仅作为企业业务单元下的一个分支机构。

3. 采购目标

采购组织结构的设计要有利于采购目标的实现。采购管理的具体目标体现在采购产品和服务的质量保证、采购产品的可获得性、采购后续服务与响应、采购成本等综合绩效上。每个企业采购组织的运作，对以上采购目标中设计要素的要求是不一样的，从而决定着采购组织结构。采购组织结构的设置要有利于采购目标的实现。例如，有些企业希望供应商能够快速响应采购订单，这就要求组织结构考虑采购权力的下放；而有的组织希望能够在企业总体范围内优化成本结构，实现成本优势，这就要求设置采购组织结构时考虑统一管理，以实现内部标准化以及其他集成效益。

4. 采购效率与安全

采购效率与实现采购目标所需要的资源以及实现这一目标的活动有关，这就要求在设置采购组织结构时要考虑信任、授权和减少审批环节等因素；采购安全要求在设置采购组织结构时考虑审批、监督与制衡。

2.2 采购组织的结构类型

现代企业有着多元化的组织结构，但是适用于某个特定企业的组织结构很少能够被其他企业成功复制。因此，在讨论企业采购组织时，必须考虑不同组织结构的特点及其适用的企业模式。

同时，采购组织的建立还必须充分考虑到企业战略与竞争环境。但不论采取怎样的组织结构模式，采购组织最主要的任务是有效地按照企业的战略部署和计划，确保企业的生产、营销和财务的协调运作，在参与市场竞争的同时增强企业的竞争力。

2.2.1 分散型采购组织

分散型采购组织的典型结构如图 2-6 所示。这种组织结构在一个公司的不同分公司或者跨行业公司的不同经营单位中应用较为广泛，即每个分公司或者经营单位拥有自己的采购部

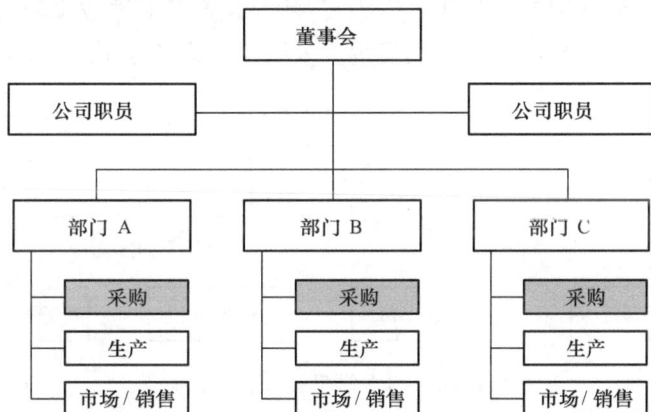

图 2-6 分散型采购组织的典型结构

门，对这个分公司或经营单位的所有采购活动负完全责任，同时，这个分公司或经营单位的经理对本单位的财务后果需要完全负责。分散型采购组织可自行制定、控制组织的供应、流程与决策。这种结构既很好地满足了各分公司或经营单位独特的需求，又避免了集中采购过程中的官僚主义和形式主义。

但是，分散型采购组织也存在负面影响。分散化的模式虽然优化了各分公司的采购管理流程，但可能会因无法控制整个公司的支出或缺乏规模效应而难以满足公司业务的整体目标。各分公司之间可能无法在公司范围内共享系统、技能、资源，因而可能导致整个公司范围内业务运营成本的增加。

2.2.2 集中型采购组织

集中型采购是相对于分散型采购而言的，它是指企业在核心管理层建立专门的采购机构，统一组织企业所需物品的采购进货业务。跨国公司的全球采购机构是集中采购的典型应用。在集中型采购的框架下，所有的供应商合同都由总部来管理。各实体或部门不对主要和关键的采购负责，总部采购部门咨询各实体或部门，整合各实体或部门的采购需求，统一进行采购。这种结构能够带来物资采购的一致性、标准化和规模化，以及较为容易地对物资采购进程实施监督和控制的优势，但缺乏灵活性和快速的市场反应能力，容易出现因庞大的官僚机构倾向而导致的高成本和低效率。

集中型采购组织的典型结构如图2-7所示。对于这种采购组织模式，在公司层次上能够找到中心采购部门，公司的合同专家在战略和战术层次上进行运作。产品规格的决策被集中制定，同时，供应商的选择以及与供应商之间的合同准备和谈判决策也由中心采购部门统一制定。福特（Ford）、施乐（Xerox）、卡特彼勒（Caterpillar）等公司建立的就是集中型采购组织。

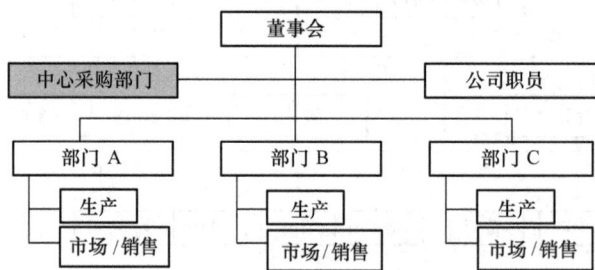

图 2-7 集中型采购组织的典型结构

应该看到，每种组织的结构都兼具优缺点。一方面，由于产品差异、地区性差异等因素，分散型采购组织能够使各分公司或经营部门快速适应环境变化。但是，不同部门的采购组织之间缺乏沟通与合作，有可能使它们成为竞争者。另一方面，集中型采购组织虽然能使企业获得采购规模效应，在与供应商的谈判过程中占有强势地位。但权力集中的管理方式，有可能导致企业决策与实际需求脱节、对市场变化的反应滞后等问题。表2-1总结了分散型和集中型采购组织的优缺点，以供企业在选择采购组织结构时进行权衡。

表 2-1 分散型与集中型采购组织的优缺点

采购组织类型	优　点	缺　点
分散型	• 与部门更易协调和交流 • 反应速度快 • 本土资源的有效利用 • 权力与责任统一 • 适合采购偏好 • 适应地区差异	• 缺乏提前计划的可能性 • 忽视除本地外的更好供应机会 • 供应源单一 • 部门偏好与公司偏好的差异 • 责任承担水平低 • 供应成本相对较高
集中型	• 采购专业化 • 有效计划与实施 • 与高层距离接近 • 公司品牌认可与名望 • 责任承担水平高 • 战略重点 • 采购成本低	• 缺乏供应的柔性和敏捷性 • 缺乏对特殊需要的认可 • 焦点不在事业部策略的需要上 • 忽视各部门供应商表现差异 • 使用者之间存在距离 • 缺乏对部门及供应商的关注

2.2.3　混合型采购组织

鉴于分散型和集中型各自的优缺点,许多企业采用混合型的采购组织形式,如图 2-8 所示。在这种组织结构下,在公司层次上存在中心采购部门,同时独立的经营单位也进行采购活动。通常,中心采购部门主要负责战略采购,如依据企业发展战略制定采购与供应战略,对供应市场进行分析,统一审核供应商资格,与供应商谈判以及签订框架性合同。各分公司或部门的采购组织负责策略性采购,如订货量的制定,发出订单,催货,收货等。

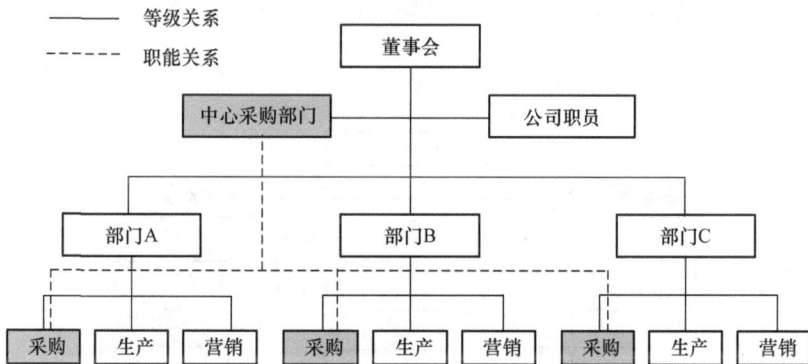

图 2-8　混合型采购组织的典型结构

在混合型采购组织结构下,采购职能在公司上层被部分集权而在各个经营单位被部分分权,因此,混合型采购组织可同时获得集权与分权结构的优点。伊莱克斯公司、通用电气公司等建立的就是混合型采购组织。

过去几十年来,对组织方面的研究已经提供了一种创新视角,它试图更有效地整合供应职能与供应商以实现组织目标。但是,对于任何一个采购组织来说,不可能存在一个完美的组织结构。同样也要知道,不存在普遍适用的组织结构。每个企业在许多方面都与其他企业有所不同,因此需要考虑不同的因素,如组织的大小、组织所服务的市场类型、组织人员的类型以及企业高层的信任程度等。

2.3 采购组织内部结构及职能设置

以上内容是从企业整体结构上给出了采购组织架构的形式，下面介绍采购组织的内部构成及其职能设置情况。采购组织内部的职能设置应该和采购与供应战略、采购组织内部结构保持一致，表 2-2 所示为采购与供应职能的评估标准。只有在设置了有效的组织内部结构后，才能根据各职位的不同要求配置相应的采购人才。

表 2-2　采购与供应职能的评估标准

采购阶段	状　态	采购绩效指标	工作重点
采购主要由各职能部门完成，显得杂乱无章。部门很小，处理一些行政工作	低	几乎没有，保持在批准的预算内	购进货物
建立了采购部门，主要处理行政工作。其他部门依然参与采购工作	低，但正在不断改进，可以通过其他部门向上层领导进行汇报	主要对部门人员的办公效率进行评估，如未处理的订单数以及请购单数等	办公效率
商业性采购部门	采购部门得到承认，采购部经理向财务处长等部门领导汇报，所有的采购工作由采购部门负责	采购工作中的办公效率，如节省费用、降低成本、提高谈判效率等	采购工作中的办公效率
同上，但增加了一些战略性采购活动	直接向董事长汇报；采购部门的领导为采购经理	同上，增加了供应商开发以及组织内部关系的发展	开始对长期采购有效性进行全面评估
采购成为一种战略性商业活动	直接向董事长/董事会报告，采购部门由采购董事负责	同上，但开始关注准时制等战略性采购活动的开发，对"供应总成本"进行评估	开始重视战略有效性

（资料来源：Van Wheel, 1995。）

2.3.1 采购组织内部结构

从组织内部看，影响组织结构决策的因素主要包括组织需要完成的目标与任务、组织领导的能力与地位、员工的工作能力与人数等。下面按企业的规模来介绍几种常见的采购组织结构形式。

1. 小型采购组织结构

如果企业的规模很小，采购部门往往只有几个人组成，如图 2-9 所示就是这样一种典型的小企业采购组织结构。其中，采购主管就是采购员，负责采购重要的物品或服务；采购助理处理常规的采购事宜。

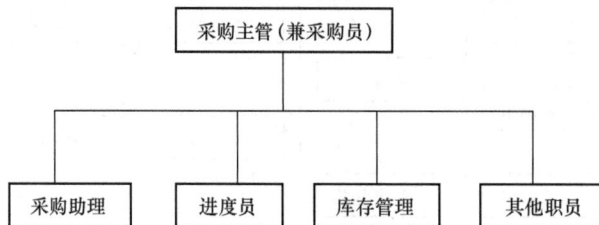

图 2-9　小型采购组织结构

2. 中型采购组织结构

在小公司中，真正的采购员通常只有几个人，并且他们的工作内容和职能要求都是非常灵活的。而随着组织机构的不断壮大，越来越需要专业分工，公司需要招聘更多的员工来满足这种专业细分的需求。图 2-10 显示了这种复杂化的职责分配。一般情况下，采购经理负责决策，并对采购部门进行有效管理，同时，采购经理也对最重要的采购合同直接负责。在这种组织结构下，每个采购员负责一定范围的采购品，如一个人负责主要原材料，另一个人负责生产零部件，第三个人负责 MRO 材料采购等。这种结构使得采购更加专业化，也方便对供应商的分类管理以及与各个特定部门之间的交流。

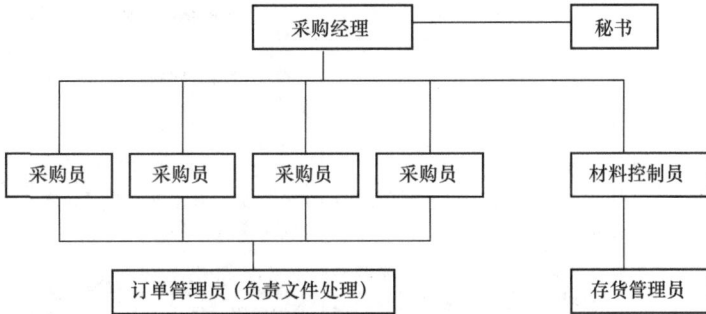

图 2-10　中型采购组织结构

在这种以采购产品种类作为分工依据的结构中需要注意的是，当一个采购员不在的时候，能够随时保证有其他员工接替他的工作。通常在一个产品分类下设置两个以上采购员比较好，也可以让采购员合作分工，每个人至少熟悉两类采购品。

3. 大型采购组织结构

典型的大型采购组织结构如图 2-11 所示。随着组织结构的扩大，采购部门的领导头衔也在发生变化。事实上，采购总监（CPO）这个职位许多公司不会使用，而更多的是以（副）总经理或执行董事直接取代。

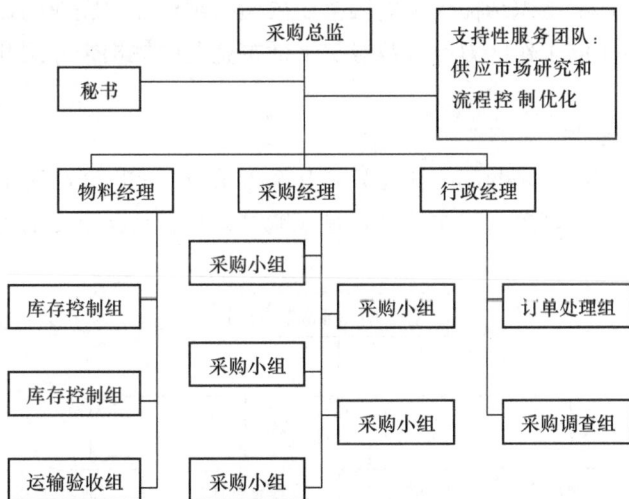

图 2-11　大型采购组织结构

在大型采购组织中，通常会有一些支持性服务存在，如成本分析师、法律顾问、咨询顾问等，计算机辅助管理人员也在为采购组织的建设和运行做出贡献。

在这样的组织结构中，组织分工的细化在一定程度上会让人有约束感，所以如何充分发挥员工的聪明才智是非常重要的，让员工从事合适的工作能够最大限度地提高个人和整个团队的工作效率。

2.3.2 采购组织职能设置

不同的职位对人才素质的要求各不相同，因此，企业首先要充分了解各职位的技能要求以及相应的工作内容，再以此为标杆，分别找寻与各职位相匹配的合适人才。

1. 采购组织的职位设置及要求

表2-3所示为典型的采购经理、采购主管、采购员、助理四级职位的设置，不同的职位层次分别有着不同的职位要求。其他采购组织结构也可参考该职位设置，找到相对应的职位要求。

表2-3 采购组织的职位设置及要求

采 购 经 理	采 购 主 管	采 购 员	助 理
拟订采购部门工作方针与目标 负责主要原料或物料的采购 编制年度采购计划与预算 审核订购单与合约 采购制度的建立与完善 撰写部门周报或月报 主持采购人员教育训练 建立与供应商的良好关系 督导采购部门整体业务及人员考核 主持或参与采购相关业务的会议，并做好部门之间的协调工作	分派采购人员及助理的日常工作 负责次要原料或物料的采购 协助采购人员与供应商谈判价格、付款方式、交货日期等 采购进度的追踪 保险、公证、索赔的督导 审核一般物料采购业务 进行市场调查 对供应商的考核	经办一般性物料采购 查访厂商 与供应商谈判价格、付款方式、交货日期等 要求供应商执行价值工程的工作 确认交货日期 一般索赔案件的处理 处理退货 收集价格情报、替代品资料、最新产品信息及供应商信息	对请购单、验收单的登记 对订购单与合约的登记 进行交货记录及稽催 对访客的安排与接待 采购费用的申请与报支 进出口文件及手续的申请 计算机作业与档案管理 承办保险、公证事宜

2. 采购人员的素质要求

采购和供应部门的员工通常分为两类：一类是具备很强分析和计划能力的战略决策者，全面参与战略性计划的讨论与制定；另一类是具备很强贯彻力的战术执行人员，负责具体采购流程的贯彻与执行。根据我国采购人员资格要求和资格认证的相关规定，结合我国的现实情况，一个优秀的专业采购人员应具备以下基本素质：

（1）管理理念。管理理念可以从两个方面理解：一方面是指员工对企业管理理念的理解和认同，如果一家企业的采购部门是以效率高和速度快著称的，那么它的员工做事就绝不会拖延；另一方面是指员工对采购管理理念的认知，如果员工能够认同企业的采购理念，同时掌握一定的科学管理方法，并能够将其运用于采购工作中的各个方面，采购组织的管理效率一定会大大提高。

（2）专业知识。采购是一项跨行业的职能活动，采购人员需要具备不同的专业知识和技术技能。很多从事采购工作的人员具有电子、机械、化学、生物等多元知识的理工科背景，而不仅限于采购专业的商务背景。采购人员对其经手的产品，若能了解原料来源、制造过程、基本功能、品质表现、用途及成本等产品构成因素，就能与供应商进行有效沟通，也

能避免供应商偷工减料，还能帮助企业开发新供应源或寻找替代品，这都将有助于降低采购成本，提高企业利润。

（3）个人能力。个人能力是一个比较综合的概念，虽然难以客观评价，但对于采购工作而言，有几项却是重要的考量标准。首先是积极的态度。考虑到采购人员必须与各组织的高层人员打交道，还要接触很多行业和技术，如果没有强烈的工作求知欲望是无法在要求很高的环境下很好地完成工作的。其次是灵活的沟通能力。采购人员处事做人必须灵活，因为大多数时候需要同人打交道。最后是知识水平。据企业实践经验表明，高效的采购人员更注重在专业上的发展，他们所受的正规教育程度也更高。这也能解释为什么表2-3中职位和职能层次呈正相关。现在很多企业都倾向于寻找本科以上学历的人才来从事采购工作。

（4）采购技能。采购人员需要了解并能独立完成采购所涉及的全部流程，如对采购订单的处理、识别和发展供应商、供应商议价谈判、制作采购合同、供应商评估、价格/成本分析等具体作业。此外，还需具备计算机应用能力与良好的外语表达能力，能够熟练操作相关的采购或商务管理软件等。这些都是采购技能的支持性能力。同时，也要熟悉、掌握与采购相关的法律法规，如《政府采购法》《合同法》《预算法》《价格法》《经济法》等。

但需要明确的是，这并不意味着所有从事采购工作的人都要具备全面的素质。组织内需要优秀能干的一把手，也需要一般的操作人员，突出战略采购对企业贡献的同时，也不能忘了背后还有订单小组的有效执行。重视选拔合适的人才从事合适的工作岗位，是采购组织和谐、健康发展的基础。

美国国家采购管理协会对采购经理的职位描述

美国国家采购管理协会曾经对采购经理的职责乃至他们的工作重点做了较为明确的说明，该说明被作为标准得到广泛的推广和应用。

根据该职位描述，采购经理的主要职责有：

（1）制定采购计划，是采购的决策者。

（2）审核采购需求。

（3）决定合适的采购。

（4）制定并确认产品说明书、操作手册和操作术语以及产品合格标准。

（5）分配、选择和维护潜在供应资源。

（6）负责竞标的准备工作和申请工作。

（7）对具有优势的投标进行评估。

（8）负责供应商的调查和实地勘察。

（9）利用评分制或预定标准来衡量供应商的绩效。

（10）检查供应商提供的样品，对产品进行测试。

（11）采购合约与订单的起草、签发以及管理。

（12）根据需要采取相应的应急行动或进行后续跟踪。

（13）解决与供应商在合约上产生的分歧以及支付条款问题。

（14）负责并确保所采取的采购行为符合有关政策、法规和道德规范。

采购经理的工作重点有：

（1）制定采购谈判的策略和方案并加以实施。

（2）开发并提高采购与供应系统以及库存管理系统中的技术含量。

（3）处理质量问题，包括建立质量的测评标准，设立目标，提供质量问题的解决方案。

（4）同公司内部其他各功能部门建立并维持良好的关系。

（5）参与跨功能小组或多功能小组的活动。

（6）对公司采购和供应管理的政策和程序进行有益的宣传并提出建设性的改良建议。

（7）运用一些战术性的方法，如供应商伙伴关系、策略联盟、供应链管理、供应商培训等，建立良好的供应商关系。

（8）收集产品和价格信息，并与产品销售人员进行分享交流。

（9）处理供应商的问讯、异议及要求。

（10）实施对小供应商的开发和扶植工程。

此外，采购经理的工作常常能够体现出采购部门对整个公司所起到的关键作用和真正价值所在，这些有影响力的工作包括：

（1）开发采购在财务和整体作用方面的策略。

（2）调整、控制及存储原物料。

（3）建立库存量与及时供货策略。

（4）解决库存矛盾。

（5）处理废弃或过剩的设备与物料。

（6）开发并实施标准化程序，改善流程，降低成本，规避成本以及成本的固定。

（7）进行新产品和改良产品或服务之间的协调。

（8）在数据预测和未来需求预计的基础上对采购与供应策略进行规划与执行。

当然，采购经理除了负责功能性管理之外，还承担着对整个采购部门的管理与行政方面的责任，具体包括：

（1）策略性规划、目标的制定。

（2）制定操作制度、规则和流程。

（3）定期向高级管理层和公司有关部门汇报采购部的工作情况。

（4）分析并解决在采购审计报告中出现的问题。

（5）指定部门业绩评估标准并加以运用。

（6）设计操作性表单。

（7）对部门的预算进行控制和管理。

2.3.3 跨职能采购团队

由于将团队成员的技能、知识、能力结合起来能够创造出不同于以往的成果，因此在许多企业里，团队的使用已变得非常流行。为了一个特定的采购项目而由生产、质量、计划、财务、市场、研发等职能部门的成员组成的团队称为跨职能采购团队。通过分工和合作而形成的团队工作力是跨职能采购团队成功的基本保障，团队工作技能也是采购供应管理人员必须具备的技能之一。

1. 跨职能采购团队的组成

跨职能采购团队是由来自不同职能部门的成员组成的。采购人员涉及的跨职能采购团队主要有三种：新产品开发团队、商品管理团队和采购与供应决策团队。

（1）新产品开发团队。新产品开发能够提升组织的竞争优势，而跨职能采购团队能够运用多种方法推进新产品的开发进程，包括缩短开发周期、提高产品质量、降低生产成本。整个过程具有共同性，一个职能区完成其任务后，就把它传递给下一个职能区。关键的职能

区包括设计、策划、制造、品质检验、采购和市场销售，这些部门对新产品的开发同时发挥作用，如图 2-12 所示。作为新产品开发团队的一部分，西门子为开发新产品专门成立的高级采购工程部门能够起到从设计源头上压缩采购成本的作用。应该注意，供应商直接参与新产品开发是一种发展趋势。

　　一个成功的例子是哈雷戴维森（Harley-Davidson）摩托车制造公司应用跨职能采购团队来进行产品开发。不同的跨职能团队负责摩托车制造的每条生产线，各个核心团队负责其产品生产流水线的循环周期。每个核心团队都有一个项目管理员，他们一般来自设计团队、生产团队、采购团队、营销团队。一旦核心团队根据资料制定出设计方案和车的类型，这项工作就立即移交到公司所设的专业策划中心。专业策划中心本身也是一个跨职能采购团队，由采购专业人员、策划工程师、供应商和其他人员组成，一起将所有设计部分整合成一种高效优质形式。一旦这种设计方案被采用，核心团队就负责把生产出来的产品销售给顾客，同时负责收集市场信息和分析区域报告，调查顾客对产品的满意度。

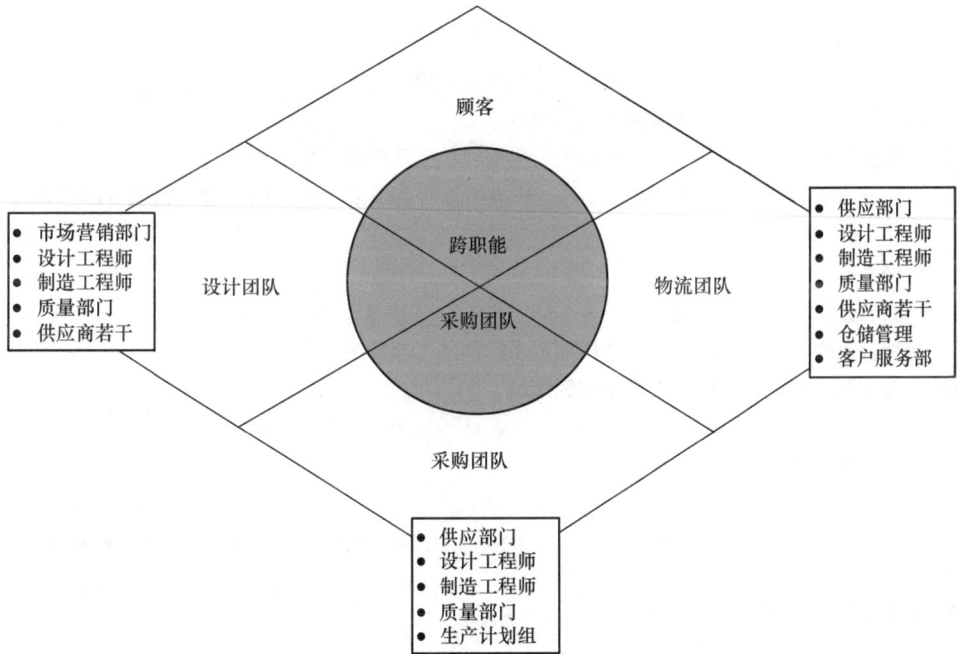

图 2-12　新产品开发的跨职能采购团队

　　（2）商品管理团队。对大型零售型企业而言，当商品交易越来越复杂时，就需要组建一个商品管理团队。这些团队通常是永久性的，能够提供很多专业知识，促进部门之间的协调和沟通，加强产品质量控制，加强同供应商的交流。商品管理团体能够制定和实施旨在使所有权成本最低的策略，包括供应源调整，统一产品要求，供应商质量认证，管理货物配送，处理与供应商的关系等。

　　（3）采购与供应决策团队。采购与供应决策团队的任务繁多，但主要集中于战略采购管理，如价值分析，制定降低成本的策略，考察、评估和挑选供应商，协商谈判与合同签订，制定本土化与国际化物料供应策略，确定供应源策略等。

2. 跨职能采购团队的作用

一般跨职能采购团队是以采购部门为主导的多个相关部门参与的一个采购团队，既能发挥各部门人员的专业优势，在很大程度上可避免部门之间的利益冲突，又能发挥相互牵制与监督作用，尽可能防范采购黑洞与腐败问题。它主要具有以下作用：

（1）协同作用。在供应商的选择和评价中，跨职能采购团队的成员能发挥各自的专业和优势，协同配合，共同做好供应商的资格认证工作。来自质量部门的团队成员负责对供应商的质量控制能力进行审核和评估；财务部门对供应商财务的稳健性进行评估，并就合同中的财务支付条款进行协商或谈判；技术部门负责对供应商的技术开发能力进行考察；物流部门可对供应商的供货及时性把关，等等。这些专业人士在一个团队的领导下就会产生协同作用，进而选择出有竞争力的优质供应商。

（2）提高内部客户的满意度。由于跨职能团队中的成员几乎来自各个部门，所以当做出某项采购决策时，部门之间的反对意见会少很多，因为参与到团队中的部门成员会积极协助决策的执行与意见的沟通，以保证决策方案能被其所在部门接受。因此，跨职能采购团队有助于减少内部抱怨与误解，同时有助于提高内部客户的满意度。

（3）提高采购效率和透明度。组建跨职能采购团队往往就是为了解决企业经营发展的一个难题。事实证明，跨职能采购团队要比传统采购模式更有效率，成员之间的相互牵制使得寻租空间被挤压，实现阳光采购成为可能。

3. 组建跨职能采购团队的条件

跨职能采购团队的组建需要得到企业高层的支持与认同，需要组织与协调能力突出的采购主管的领导，也需要团队成员的通力协作。组建跨职能采购团队应具备以下条件：

（1）高层管理者的支持。高层管理者可以从战略上支持采购组织的建设，从而提供组织建设的资源。尤其当采购组织的战略目标与企业战略一致时，为了使采购战略更有效，必须设计并整合各个职能部门以支持采购战略。实现这种层次的协作通常需要高层管理者明确、果断的支持，有时甚至是命令指挥式的支持。

（2）卓越的团队领导力。一般来说，跨职能采购团队由采购与供应管理部门来组建和领导。团队领导者要配合，并要求各职能部门派出积极肯干、具有奉献精神的人员来参加跨职能采购团队。同时，团队领导者应该公正，能够让团队成员自由发表想法，只有博采众长，才会有取得创造性成果的可能。

（3）团队发展和培训。团队的成员来自不同的部门，每个成员必然有自己的专业与精通领域，也有并不熟悉的方面。因此，为了使整个团队能够团结一致，朝着一个共同的目标而努力，就需要对成员进行包括团队协作方法和供应商管理等在内的多方面培训。

4. 跨职能采购团队的人员与职能设置

当企业已经开始进行采购组织变革时，传统的职能层次划分就显得有些不适用，因为在新型的跨职能采购团队中对团队成员并没有层次之分，每个人都从不同的角度为团队目标尽心尽力，此时对人员的职能设置就需要进行重新考量。一个跨职能采购团队中可能包含的人员如下：

（1）团队领导（采购与供应主管）

（2）设计工程师

（3）制造工程师

（4）质量部门人员

（5）财务部人员

（6）采购与供应部门人员

（7）客户服务部人员

（8）生产计划组人员

这些人员在原来的岗位上各司其职，但当他们被调到跨职能团队中执行一项特定任务时，对他们的职能要求就将随着任务的重点而有所偏向。通常跨职能采购团队的组建是为了一个项目，而团队中的采购与供应部门人员就需要像项目采购经理一样完成一个项目采购的工作。具体的工作描述如下：

（1）直接向团队领导报告，并与其他成员保持联系。

（2）向团队领导提供全面的采购建议，包括分包可能性、原材料供应、供应商选择等。

（3）代表团队领导同采购的内部客户进行会谈。

（4）制定项目的采购程序，将采购管理与客户相结合并保证实施。

（5）直接监督管理主要采购员、项目协调员和项目检察员。

（6）定期与企业采购管理层及高层讨论、协商项目所需资源。

（7）与企业采购部门就各项采购活动保持密切联系。

（8）监督检查采购工作的各项进程，提交每月采购状况报告并在月度会议上做报告。

（9）监督所有采购合约的执行情况，包括意向书、采购订单、合同等。

（10）签署招标投标概况，并向企业采购管理层及团队领导保证执行。

（11）确保采购合同谈判顺利进行。

事实上，如果一名采购人员能在团队中得到训练，他将掌握更多关于采购管理的技能和经验，也会为迈向更高一层的管理职位打下良好的基础。

如果一家企业没有专门设立跨职能采购团队，而是通过对原有的采购组织进行改革，设立专门的战略采购组织，这对希望在采购领域得到进一步锻炼的员工来说也是一个职业发展机遇。因为战略采购组织对员工职能的要求会把他从烦琐的策略性采购工作中解放出来，学会从更高的视角进行采购与供应工作。

2.4　联合采购与团购

本节将对联合采购和团购进行详尽的阐述。首先介绍两种企业间联合采购组织以及这两种组织下的组织模式：第一种为大型企业联合采购组织，包括组建采购战略联盟和合并通用材料的采购两种组织模式；第二种为中小企业联合采购组织，包括行业协会领头组建的中小企业联合采购模式、多家中小企业以结盟方式共同组建的中小企业联合采购模式和第三方运营的中小企业联合采购模式。最后介绍团购的相关知识及三种团购模式：供应商发起团购模式、逆向团购模式和第三方组织团购模式。

2.4.1　联合采购

联合采购作为一种新型采购模式，是指把需要购买同一产品的企业联合在一起，形成采购大订单以提高规模经济效益和降低采购成本。这种方式在欧美等国已被广泛采用。例如，

美国福特、通用、克莱斯勒三大汽车公司曾宣布高达 2400 亿美元的庞大联合全球采购计划；美国第二大零售商标靶与欧洲最大零售商家乐福联手进行 800 亿美元的采购计划；美国 BP、美孚等石油石化公司组成联合采购体，甚至对办公用的杯子也进行联合采购。

1. 大型企业联合采购组织

目前，国内外对联合采购联盟伙伴选择的研究成果较多，这些研究基本上都是关于讨论大型跨国公司之间如何进行整合并寻求供应商建立采购联盟。概括起来，主要包括以下几种组织模式：

（1）组建采购战略联盟。一些跨国公司为充分利用规模效应，降低采购成本，提高企业的经济效益，正在向采购战略联盟发展。采购战略联盟是指两个或两个以上的企业出于对世界市场的了解和企业自身经营目标的考虑，采取一种长期性联合与合作的采购模式。例如，雷诺与日产建立的全球联合采购中心。此种联合是自发的、非强制性的，联合各方仍保持本企业采购的独立性和自主权，彼此依靠相互之间达成的协议以及经济利益的考虑结成松散的采购联合体。现代网络信息技术的发展使处于异地甚至异国的企业之间合作进行联合采购成为可能。

（2）合并通用材料的采购。这种组织模式是具有相同需求的企业或互相竞争的企业，通过合并通用材料的采购数量来提升议价能力而获得低价优惠，从而实现双赢。这些企业的合作范围遍布全世界，联合的准则是通过联合采购使联合体的整体采购成本低于原各方单独采购的成本之和。其合作的组织策略主要分两类，即虚拟运作策略和实体运作策略。虚拟运作策略的特点是组织成本低，可不断强化合作各方最具优势的功能和弱化非优势功能。例如，美国施乐（Xerox）公司、史丹利（Stanley Works）公司和联合技术（United Technologies）公司三家组成的钢材采购集团。虽然施乐公司的钢材用量仅是其他两家用量的 1/4，但获得了这两家公司大规模采购带来的低价好处。美国波音公司制定了在全球范围内统一全部约 750 个转包商的原材料采购和运输业务，通过这些转包商联合采购原材料和整合运输而达到帮助转包商降低采购成本的目的，最终降低了对转包商零部件的采购成本，从而降低了飞机整机成本。

2. 中小企业联合采购组织

中小企业在生产经营过程中具有双重身份，既是采购商又是供应商。若中小企业以采购商的身份出现，那么，中小企业联合采购的主体为采购联盟。可通过采购联盟集合多数中小企业同质性的待采购原料，集中向供应商发出采购，以规模取得价格折扣，从而实现联合采购的目的。

从图 2-13 可以看出，中小企业联合采购组织模式成功的关键在于如何集中中小企业间的同质性原料，即如何把购买同一产品的中小企业客户联合在一起。这取决于如何选择一个合适的采购联盟主体来进行运作，即联合采购模式。根据运营主体的不同，中小企业联合采购组织的模式主要有以下三种：

（1）行业协会领头组建的中小企业联合采购模式。随着市场竞争的日趋激烈，市场信息量增长迅速，中小企业独自完成对原材料采购信息的搜寻、甄别成本很大。然而，借助中小企业行业协会可以有效地搜寻采购信息、降低信息甄别成本。同时，行业协会是一个非营利性且专业性（行业性）的组织，对行业的专业知识和市场信息掌握得比较全面，采购物品的质量有保障，中小企业在采购过程中对其比较信任。因此，行业协会领头组建的中小企

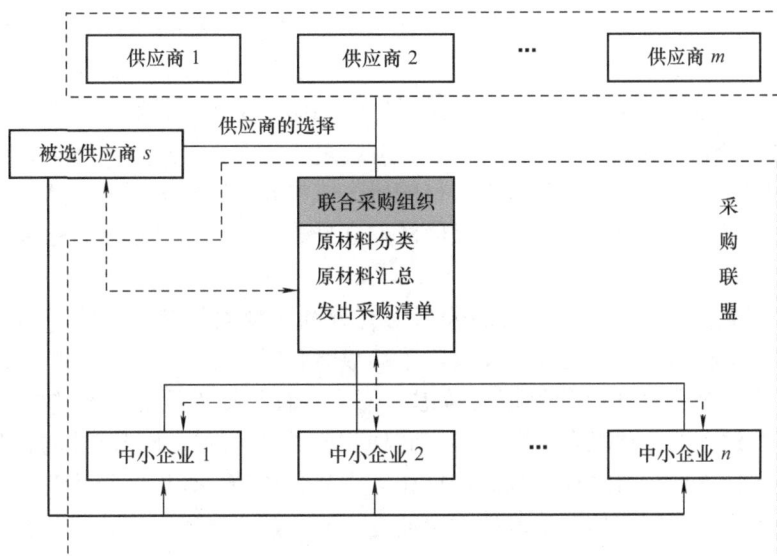

图 2-13　中小企业联合采购组织结构

业联合采购是有可能的。例如，台湾区麦粉工业同业公会曾联合中国台湾 32 家面粉厂成功实施小麦的联合采购。

（2）多家中小企业以结盟方式共同组建的中小企业联合采购模式。这种模式的随意性较大，自发组织的联盟成员具有不确定性，所以把该联盟界定为"临时性组织"，甚至可界定为"一次性组织"或者"虚拟组织"。在该模式下，采购联盟中有各联盟企业的具体负责人，所以从供应商处获取的信息可以直接无阻碍地传递给各中小企业。这种联合采购模式的优点在于采购的目的性很强，中小企业亲身参与到采购活动中去，对采购的价格、采购的质量、供应商的情况都有全面的了解，尤其是了解具体的价格折扣点和供应商的服务质量，因而不用担心会产生"机会主义联盟"。还有一种形式是由强势企业出面组织同类企业将所需要的生产材料集中起来进行联合采购，这也可以大大降低采购成本。

（3）第三方运营的中小企业联合采购模式。在第三方运营的联合采购模式中，第三方作为中介组织存在，实际上是中小企业把自己的采购业务外包给第三方。采购业务如采购、运输、谈判等，都要通过第三方来完成。此模式下供应商直接向中小企业供货，但是中小企业应对第三方付款，而供应商根据出库单和货物到达签收单向第三方索要货款，第三方通过赚取其中的差价或佣金而获利。为了拓展市场，提高服务质量，发展、巩固客户，第三方会不断提高服务质量，对供应商的产品质量进行跟踪、监督检查，并对所收集到的信息进行专业化加工，与中小企业和供应商共享。

2.4.2　团购

团购也称团体购买，是企业或个人自发或者通过一定的组织自愿参加而组成的采购团体，与供货方共同谈判议价并且享有集体优惠采购价，能够共同维护自身权益的采购形式。其中最典型的就是网络团购。

团购是随着互联网技术的不断完善、电子商务以及信息技术的不断发展而兴起的。国内团购起源于美国的 Groupon 团购模式，是具有相同需求的用户为增加需求方的价格谈判能力

而联合起来，根据量大价低、薄利多销等原则，从供应商处采购自身需要的商品与服务的一种模式。因此，团购从需求方角度看是通过各种渠道聚集起来，集中与供应商议价并交易，从而享受较大折扣并获得价格优势；从供应商角度看是一种新型的营销方式，只有采购量达到一定数量的情况下才能优惠供应或销售，从而获得规模效益，同时借助平台，为产品进行宣传，大大降低了供应商产品的广告投资风险。

团购的整个产业链主要涉及供应商、采购方和第三方团购网站，同时还有团购导航网站、SNS（Social Networking Services，社会性网络服务）网站、支付服务商和物流服务商为其提供配套服务。在整个交易过程中，团购网站居中心位置，一方面联系消费者，推广团购信息和团购网站；另一方面联系商户，安排团购产品。团购产业链的基本形式如图2-14所示。

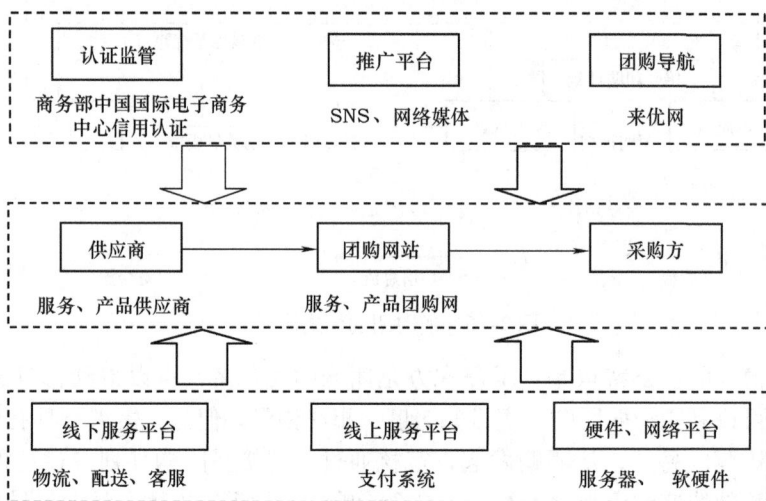

图2-14 团购产业链的基本形式

1. 供应商发起团购模式

供应商发起团购模式是由各类供应商借用B2C电子商务网站的空间主动发起并实施团购业务活动的模式。这种模式的流程如图2-15所示。

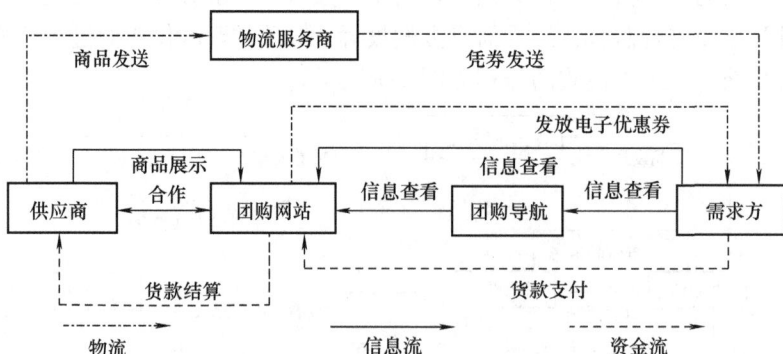

图2-15 供应商发起团购模式流程图

该模式的主要特点是：①需求方从产品价格、服务等方面衡量，产品价格低于零售价甚至接近出厂价；②团购网站为供应商提供广告展示、精准的细分市场，扩大品牌效应，为供

应商提供良好的营销机会；③需求方的评价会在网络上快速传播，好的产品一般能很快取得较好的营销效果。

2. 逆向团购模式

逆向团购模式也称需求方发起团购模式。需求方发布团购信息后，可以在网络上广泛传播，当人数达到一定数量时，团购网站就会将团购信息发送给供应商，供应商选择是否接受该团购计划。需求方可以创建一个团购计划或查询需求方所在地的团购计划，然后加入自身需求的团购计划。这种模式的流程如图2-16所示。

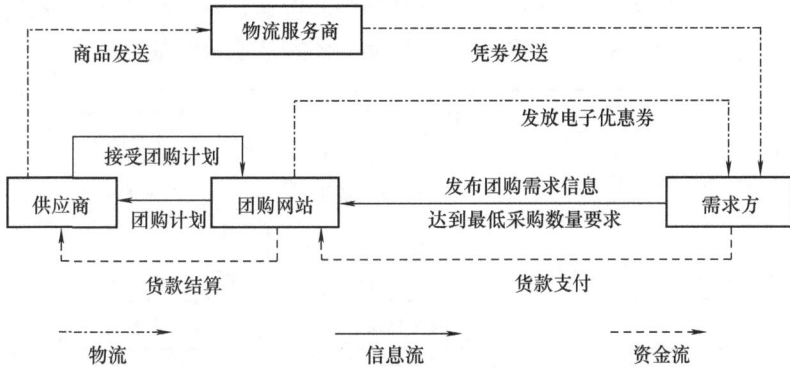

图2-16　逆向团购模式流程图

逆向团购模式的主要特点是：①需求方是团购的发起者，可以得到自身想要的团购产品；②供应商可以利用逆向团购，提升知名度，提高销量。但是，需求方具有差异性，增加了团购成功的难度。另外，从团购发起，审核通过，到接受团购计划等过程的时间跨度较大，与目前消费的快速响应观念不符，势必会影响到后续需求方团购计划倡导的积极性。

3. 第三方组织团购模式

第三方组织团购模式是以团购网站为核心而建立起来的团购运营模式。一方面，团购网站根据自身的业务定位和细分目标客户群体确定产品与服务的种类，派遣团购谈判专家与供应商谈判，签订规范合同，并与供应商签订质量与服务保障协议，并以规模效应的订单为基础取得供应商产品的低价格；另一方面，售后服务人员对需求方进行产品配送，对供应商产品、服务质量等方面进行监督，接受需求方的投诉，对要加盟的供应商进行严格审批，并不断开发新的城市网点。这种模式的流程如图2-17所示。

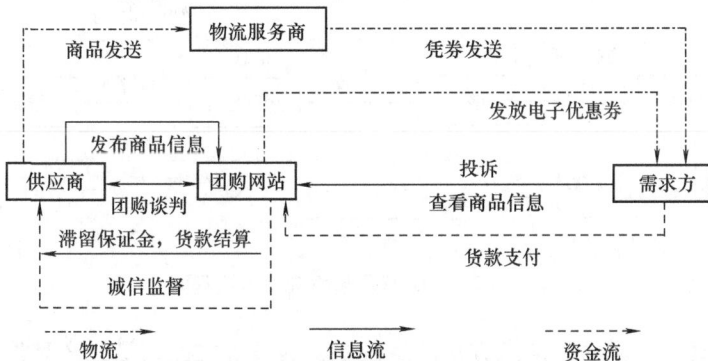

图2-17　第三方组织团购模式流程图

第三方组织团购模式业务活动的成功首先取决于它是一种在采购数量达到供应商和团购网站所要求的最低限额的基础上，以实现薄利多销、以量带销的经营方式。同时，对于物流能力、供应商产品的生产与服务能力，通常也会设定一个最高限额。其次，这种模式是供应商短期的营销方式，属于阶段性促销策略，因此每种团购产品都有一个时间限制。最后，对于团购网站来说，线下的维护成本、找到合适的供应商等成本要远高于线上网站的维护投入。

案例分析

Electrical Industrial 的采购组织问题

Electrical Industrial 是一家大型电子产品制造。起初，它生产家用电器产品，包括洗衣机、电冰箱以及电熨斗之类的小电器产品。后来，它兼并了其他几家公司，开始向工业产品的多样化发展，生产电动机和汽车工业用的点火器等电子部件。

尽管公司的重点从消费类产品转向工业类产品，但总部的组织结构仍保持不变，如图 2-18 所示。所有的采购项目，不论其价值大小或是否有战略意义，都由总部来执行。同样，所有的客户订单也将送到总部来决定生产制造的地点。

近来，无论是公司内部和外部，都对生产效率和采购工作效率以及客户服务产生了相当多的抱怨，如产品残次、延迟到货等。

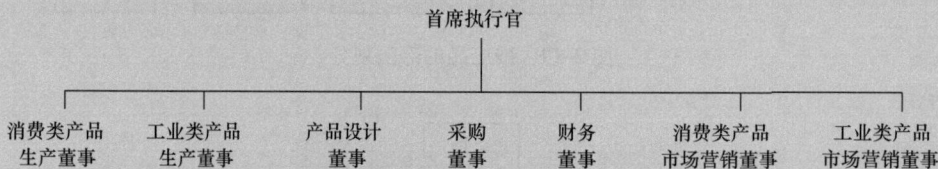

图 2-18 Electrical Industrial 的采购组织结构

（资料来源：根据上海交通大学 MBA 案例论文整理。）

案例分析题：

1. Electrical Industrial 的采购组织属于哪种类型？有何特点？

2. 针对 Electrical Industrial 的采购组织问题，请提出解决方案或为其设计新的采购组织结构。

【本章讨论】

1. 根据采购组织隶属的部门，简述采购组织在企业中的地位和作用。
2. 简述采购组织结构的类型及其特点，举例说明这些采购组织结构的现实应用。
3. 比较分析集中型采购组织结构与分散型采购组织结构。
4. 采购部门内部组织结构有哪几种类型？举例说明这些类型的现实应用。

5. 如何设置采购部门内部组织的职能与人员？作为一名合格的采购人员应具备哪些基本技能与素质？

6. 讨论中小企业实施联合采购的优势及其存在的问题。

7. 简述现代新型采购组织形式——跨职能采购团队的组成、作用、实现条件与人员及职能设置。

8. 讨论团购的运作模式及其市场发展趋势。

9. 图 2-19 和图 2-20 中涉及一个公司进行部门划分的两种方法，该公司要制造的产品由在原地生产的四个部件 A、B、C 和 D 组成。

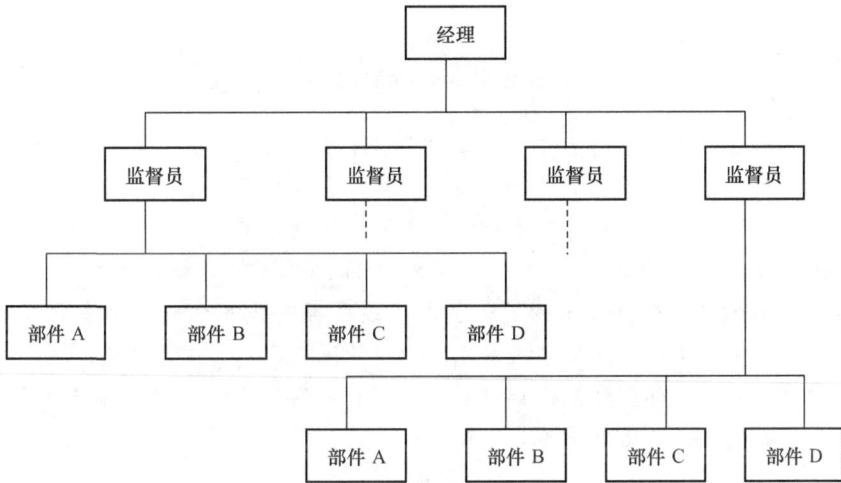

图 2-19　按产品的部门划分

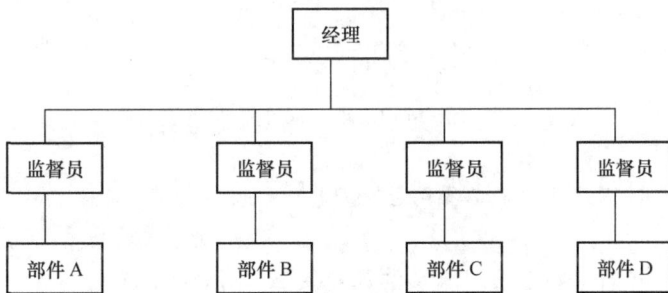

图 2-20　按职能的部门划分

讨论：

（1）在哪种结构中对监督员的职位有较多要求？

（2）在哪种结构中监督员能较好地证明自己有资格晋升到经理职位？

（3）在哪种结构中可能会导致较多的矛盾和冲突？

（4）在哪种结构中可以使监督员的绩效得到较好评定？

（5）在哪种结构中容易出现因没有订单而造成暂时性停产的可能？

第3章

供应商管理

【导言】

一般来说，供应商管理的内容包括供应市场竞争分析、寻找合适的供应商、评估潜在的供应商、合同条款的谈判、最终供应商的选择、供应商关系管理、供应商绩效管理、供应商资源整合等。

供应商管理是整个采购与供应体系的核心，其表现关系到整个采购部门的业绩，是采购与供应战略中非常重要的部分，也是企业能否成功实施竞争战略的关键。有效的供应商管理可以降低企业的成本和风险，使之顺利完成采购任务并实施不同层次的供应商关系管理，还能促进企业的采购与供应战略目标的实现。在大多数跨国公司中，供应商管理的基本准则是"QCDS"原则，也就是质量、成本、交付和服务并重的原则。有效的供应商管理能够实现企业资源的优化配置，这也是AT&T、福特、通用汽车、大众等公司都将其视为制定发展战略和企业政策一部分的原因。总之，有效的供应商管理是企业获得竞争优势的基础与保障。

学习目标

1. 供应市场分析包括宏观市场结构分析、行业分析和供应商分析。了解宏观市场结构分析、行业分析以及供应商分析的具体内容。

2. 了解供应商开发的重要性，掌握供应商开发的实施步骤以及开发过程中所使用的方法与原则。

3. 经过供应商开发，找到适合的供应商后，有必要进行有效的供应商关系管理。除了了解传统供应商关系管理主要内容外，还应掌握现代供应商关系管理的方法，而两种关系管理的差异实质上反映的是一种理念的变革。

4. 当采购经理发现供应商管理越来越成为采购部门所头疼的事时，就应该好好考虑对现有供应商资源进行整合。了解供应商资源整合的方法，理解供应商资源整合体现在供应商管理理念和方法上的变化。

导读案例

M公司的供应商分类管理

M公司是一家外资化学品分销商，同时提供来自不同国家、不同品牌、种类繁多的化学品，是众多国外品牌在中国的独家代理商，M公司的客户大多数是大型跨国公司，如德

国汉高、PPG等。在日常的供应商管理中，由于供应商素质参差不齐，M公司对不同层次的供应商采取不同的管理方法。M公司采取对供应商进行分类管理的方式，公司面临的供应商主要分为以下几类：

第一层次供应商主要为国内中小企业，多数为民营企业。这些企业的产品质量可以达到使用标准，而且销售报价比较灵活，可以议价的空间很大。与这类供应商进行议价时，M公司通常采用如下"三部曲"：首先，争取获得供应商的最低报价；然后，在最低报价的基础上争取尽量长的付款账期；最后，要求对方送货，节约运输成本。但是，管理这类供应商往往需要花费很大的精力，因为他们管理素质不高，经常会出现意想不到的错误。所以，在与该类供应商签订合同时，合同条款一定要详细，避免日后发生纠纷。

第二层次供应商主要为管理素质较高的国内大中型企业。它们在国内市场上具有一定的地位，有一定的议价能力，对国际价格波动较为敏感，并有一定的应对措施。这类企业的管理模式较为完善，对客户也有一定的选择。M公司主要利用分销商的实力与这类供应商进行议价。

第三层次供应商主要是大型跨国企业、行业寡头。这类企业有着深厚的企业文化和严密的管理流程，它们有着严格的定价策略，甚至采购合同也是格式条款。因此，与这类供应商进行议价的空间很小。但是，这样的供应商有着完善的管理制度，因此，在质量、交货期、服务等方面做得非常好，减少了采购需要控制的许多环节和风险。从采购的角度来说，M公司更愿意和这样的供应商合作。

M公司建立和使用一个全面的供应商综合评价体系，对供应商做出全面、具体、客观的评价。同时，遵循以下原则对供应商进行评价和管理：

(1) 系统全面性原则。全面系统评价体系的建立和使用。

(2) 简明科学性原则。供应商评价和选择步骤、选择过程透明化、制度化和科学化。

(3) 稳定可比性原则。评估体系应稳定运作，统一标准，减少主观因素。

(4) 灵活可操作性原则。不同行业、企业、产品需求、不同环境下的供应商评价应该是不一样的，应保持一定的灵活可操作性。

(5) 门当户对原则。供应商的规模、层次与采购商相当。

(6) 半数比例原则。购买数量不超过供应商产能的50%。

(7) 供应源数量控制原则。同类物料的供应商数量控制在2~3家。

(8) 供应战略伙伴原则。与重要供应商建立发展战略伙伴关系。

(9) 学习更新原则。评估的指标以及评估的工具与技术都需要不断更新。

(资料来源：上海交通大学MBA"采购与供应管理"课程论文集。)

3.1 供应市场分析

供应商管理包括供应商开发、供应商日常管理、供应商关系管理、供应商绩效评估等步骤。在采取每一步骤前，采购人员首先必须对供应市场具备清晰且正确的认识。

那么，采购人员应该掌握哪些与供应市场有关的知识呢？对此存在很多不同的观点。主流的观点是，不管采购人员需要采购的是一个有形产品，还是诸如保险、广告设计、信息技

术等无形产品，都应站在全局的角度看待采购需求，根据自己对市场的了解和对产品与服务的采购经验和知识做出具体计划，既要了解供应市场，还要了解供应市场的竞争态势。由此，采购人员便可以确定所需要掌握的有关市场知识。通常来说，采购人员应从宏观经济、行业、供应市场结构和供应商四个层面做分析。

1. 宏观经济分析

宏观经济环境决定了供应市场的走势，要尽可能全面而准确地分析、判断整个世界经济和国内经济的发展趋势。联合国和世界贸易组织每年的统计数据可以作为国际经济的参考标准，而国内经济也可以通过如国内生产总值（GDP）、地区失业率，生产资料价格指数、采购经理人指数（PMI）、货币利率水平等具体指标来衡量。这些数据客观地反映了一个国家或经济区域内的发展状况。但对采购人员来说，光了解这些是不够的，采购人员还必须多关心影响宏观经济环境的有代表性的事件，这样才能对供应市场的变化做出正确的判断。

2. 行业分析

采购人员必须明确自己企业在所处行业的发展态势，也必须明确什么样的举动会导致企业在所在行业的成功或失败。例如，在计算机这种高新技术行业，不断开发新产品并投入市场是成功的关键因素；相反，创新产品不是大批量生产面粉等食品供应商考虑的重点，而如何保证质量和及时供应配送才是他们最应该关心的。由于采购商在这一行业中只代表一家公司，因此必须关注其他公司的采购活动。具体包括：①采购同种产品的公司有哪些？②它们采购商品和服务的具体用途是什么？是否存在替代商品和服务？③它们对价格的承受能力和本公司一样吗？④它们用所采购的材料或项目生产的最终产品获取的价值是否更高？

3. 供应市场结构分析

市场结构是指一个行业中竞争者的数量、产品的相似程度以及行业的进出壁垒等状况。供应市场结构分析主要分析的是市场竞争的类型，针对不同的市场竞争类型要使用不同的采购方法。了解供应市场结构有助于采购人员了解供应商的成本模型，能够在谈判中明确己方的优劣势，确定利用供应商创新的可能性，及时寻求资源的替代品，并为企业制定发展计划指明方向。

市场结构问题本质上是一个市场中各个企业之间的竞争关系问题。在经济学中，通常根据一些基本标准对所有的市场进行划分。一般地，按市场中商品的买者与卖者的多寡、商品的差别程度、进入的自由程度和信息的完全程度，可以将市场结构区分为四种类型：完全竞争市场、完全垄断市场、垄断竞争市场与寡头垄断市场。图 3-1 反映了典型的市场结构分类。

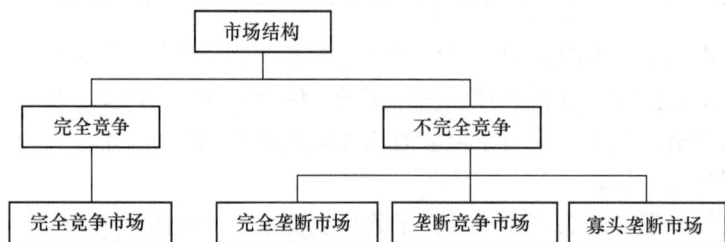

图 3-1　市场结构分类

（1）完全竞争市场（Perfect Competition Market）。完全竞争市场是指一种竞争不受任何阻碍和干扰的市场结构。完全竞争市场上的价格不是由某个企业决定的，而是由整个行业决定的。这一价格决定对企业而言，只能被动接受，所以对于在完全竞争市场中的企业来说，无论它的产量增减多少，价格都不会变。

（2）完全垄断市场（Monopoly Market）。完全垄断市场的近似例子是电力供应市场，基本上全国各地、各个区域均由各地区的电力公司垄断供应。一般说来，在完全垄断市场中，只有一家公司或厂商存在，并且该市场存在很大的进入障碍。

（3）垄断竞争市场（Monopolistic Competition Market）。这类不完全竞争市场包含了垄断和竞争的特点：市场内有多家公司或厂商和庞大数目的顾客；公司或厂商生产相似但有少许差异的商品；市场并没有进入障碍。垄断竞争市场的一大特点就是薄利也不一定能多销，所以保持产品或服务的"独特性"是最重要的，形象、品牌、广告和包装是这些卖方常用的推广方法。娱乐服务、服饰、餐饮、旅游市场属于这种类型。

（4）寡头垄断市场（Oligopoly Market）。寡头垄断的市场结构有一点与垄断竞争相类似，它既包含垄断因素，也包含竞争因素。但相对而言，它更接近于垄断的市场结构，因为少数几个企业在市场中占有很大的份额，因此，这些企业具有相当强的垄断势力。

寡头垄断的市场存在明显的进入障碍，但最重要的是这些行业存在较明显的规模经济，银行、金融服务业以及各类石油产品市场皆属于寡头垄断市场。这种市场中供应商的营销策略主要有价格竞争、提供更佳的服务、广告、回赠礼品等。若各供应商主要运用价格竞争，根据寡头垄断市场结构理论，通常的结果是两败俱伤，对彼此的利益都会有负面影响，所以各卖方会尽量避免使用价格竞争。

表3-1给出了不同市场结构的特点比较，分析供应市场结构的主要目的是根据不同的供应市场结构，采购商需要做出不同的应对方式。

表3-1 不同市场结构的特点比较

完全竞争市场	垄断竞争市场	寡头垄断市场	完全垄断市场
供应商数目众多	多厂商	厂商为数不多	只有一家厂商
产品同质	产品异质性，但差异很少	产品异质性	只有一种产品
进出市场容易	进出市场容易	进入市场困难	几乎无法进入市场
市场信息完全对称	市场信息不完全对称	市场信息不充分	市场资料很难获得
对价格没有控制力	对价格有少许控制力	对价格具有控制力，但担心同业的割价报复	对价格有很强的控制力
农业、农产品	服饰、餐饮、娱乐	石油、汽车	公用事业、水、电

在完全竞争市场中，供应商数量多而且已经基本没有超额利润，采购商此时会表现得非常积极，充分利用选择权，分析和预测供应市场，保持供应市场的竞争性。采购商还应该明确供应商之间的价格差别不大，由于供应商之间知悉彼此的定价，而且售卖同质性的商品，价格不可能有明显的差异。

对于垄断竞争市场和寡头垄断市场，采购商主要依靠讨价还价来获得相对较好的供应服务，通过供应商和采购商彼此之间的排名选择，选择合适的供应商建立一种差异性的深入合作关系，从采购量和配合程度上争取到供应商提供有竞争力的价格和服务。

对于完全垄断市场，主要是供应商对采购商的选择，此时对采购部门来讲，公司整体的实力和采购量在总采购市场中的份额是最重要的，所以集中采购和联合采购也许是一种应对策略。

4. 供应商分析

在一系列市场知识中，采购商最应了解的是有关供应商的知识，否则对供应商管理无从谈起。对待具体供应商，采购人员应该做到心中有数，能随时从供应商数据库中调阅了解其相关信息，应该能了解重要供应商具体情况。采购员要从被动采购转为主动采购。然而，现实往往是至今还有许多采购人员坐等供应商上门，从未实地考察过供应商，更不用说进一步掌握、了解供应商的生产与运作管理。应该指出，由于采购商的管理资源有限，一般只对重要供应商进行实地考察与评估。采购人员应该从以下六个方面去了解并评估供应商：

（1）生产能力。供应商的整体生产能力有多大，产能利用率有多高，采购商的采购量占供应商销量的比重有多少，都决定了供需双方在彼此关系中的地位。采购商应该明确本方的采购量是否有可能成为供应商的重要或关键客户。

从供应商的各种具体能力中可以了解供应商潜在的生产能力。供应商的重要能力包括生产所采用的各种制造技术能力、质量保证与控制能力、供应商及与其联系密切的上游供应商的研发实力、供应商主要的财务能力及其稳健性等。这些都直接关系供应商潜在和现有的生产能力。采购人员应该明确了解供应商的哪些资源能够产生价值，并且可以有效而经济地取得。

（2）获利能力。这里不是指对供应商进行财务分析，而是采购人员在进行采购时，要判断供应商是否具有为采购商提供增值服务的能力，或是否具备为采购商业务增加利润的能力。如果供应商具有这类能力，那么采购商要分析供应商对本公司业务的边际利润贡献与其他公司的差异性。供应商的获利能力对长期、持续供应的能力有潜在影响，同样对采购商的产品创新有重大影响。

（3）资金来源与财务稳健性。采购人员要了解供应商有哪些资金来源，同时应熟悉这些资金的相关成本以及使用标准政策等。资金来源很重要，因为它们直接影响供应商的运营决策，如是否需要新的制造技术，会不会支持更广泛深入的研究和开发工作。供应商的财务稳健性也很重要，这关系到供应商有无足够资金保证订单的生产完成，是否有能力对库存加大投资以满足采购商不断增长的业务需求等。

（4）业务流程。只有关注业务流程，才能发现哪里耗费了大量成本。有些采购人员连主要原材料供应商的生产设备和生产流程都不曾实地考察过，这很可能直接导致其在价格谈判中处于劣势，因为他并不知道供应商提供的哪些要素是不符合事实的。

（5）管理水平和所有权。对供应商管理水平的了解同样是出于对长期目标的考虑。对于上市公司，采购人员很容易收集到有关信息；而对于小公司，采购人员应考虑有关供应商的所有权问题；如果供应商是家族企业，不管他们有无能力，都应该注重评估管理的潜在风险。

（6）供应商的竞争者。采购人员应该了解供应商的竞争对手状况，这既有利于了解供应商在行业中的地位和综合实力，又有利于采购商更好地进行供应商开发。

3.2 供应商开发与管理

供应商开发与管理可以定义为：采购商为帮助供应商提高其能力和绩效以适应自身的供应需求所进行的一切活动。采购商可以通过引导供应商之间展开竞争、直接与供应商合作以共同改进、供应商激励、提供培训和技术服务等一系列活动来提高供应商的绩效。供应商开发不仅针对企业的直接供应商，如果有必要，也可延伸到供应商的供应商，甚至第三层级供应商。

供应商开发与管理是具有前瞻性的采购活动，它不只是帮助供应商解决问题，还着眼于在开发过程中帮助供应商掌握学习能力。掌握学习能力对于供应商来说很重要，因为持久的学习能力可以帮助供应商持续改善自己的系统。而且，具有学习能力的供应商还可以帮助它自己的供应商提高能力。这样就形成一个良性循环，进而使整条供应链上的成员企业都更具竞争力。

如图 3-2 所示，供应商开发与管理作为战略采购中的重要组成部分，包含了一个从无到有、从浅至深的开发过程。

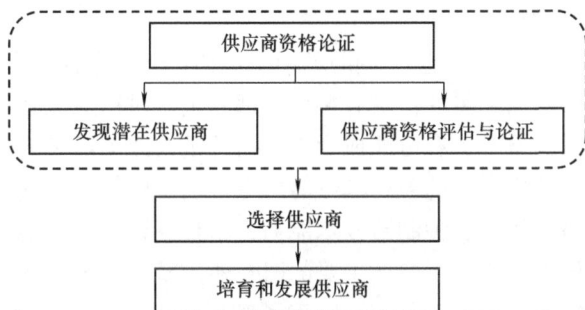

图 3-2　供应商开发与管理

3.2.1 供应商的资格论证与选择

开发供应商很重要的一步就是供应商的资格论证，具体包括供应商的寻找，评估指标与权重的确定，供应商的评估，最后通过定性与定量分析，选择符合企业发展战略与实际经营需要的合适供应商。

1. 发现潜在供应商

寻找供应商之前要对供应市场进行初步分析，分析需要采购的物品或服务在供应市场中的供求状况、主要供应商及其竞争对手的特点等。在此基础上，企业的采购部门可以建立初步的供应信息库并做出相应的产品分类。

下一步就寻找潜在供应商。经过市场分析，企业可以通过各种公开信息和公开渠道得到供应商的联系方式。有时在网络的搜索引擎中输入几个关键词，就可以轻松找到；也可以让供应商通过各种嵌入方式来寻找本企业。除了网络方式外，采购人员还有很多寻找有竞争力的供应商的渠道。以下信息源对采购人员编制充分的潜在供应商名录很有帮助：

（1）供应商网页。现在大多数的企业都设有自己的主页，提供有关产品和服务的详细信息。采购经理通过搜索引擎输入关键词，就可以找到一系列含有关键词的网页。

（2）供应商目录。由于寻找供应商信息源通常都要用到供应商目录，因此许多供应管理部门都会保留一份供应商目录信息库的副本。现在普遍使用的是电子目录，用户通过检索目录能够查到所需的东西。采购经理也可以利用目录来查询潜在的供应源，有时还可以估计价格和采购总成本。

（3）专业期刊。专业期刊网站或者期刊也是获得潜在供应商信息的重要来源。因为这些网站通常由专业协会编制，他们通过对业界企业的走访，将很多信息（通常都是企业介绍的信息）记录在本网站的网页上。通过浏览专业网站或翻阅专业杂志，采购经理就可以接触到潜在的供应商和他们的产品。例如，原材料为金属的生产企业都会订阅《有色金属报》；航天工业的采购经理会例行阅读《航空周刊》。许多期刊已经转向或正在转向利用世界范围的网站，使采购经理能轻易搜索到特定的采购需求。

（4）信件广告。采购经理可以将信件广告进行编号后保存起来，当要寻找新的采购源时作为参考。另外，采购部门可以向合适的潜在供应商寄发一份企业和产品基本信息简表，让他们以统一的方式登记，以便于以后检索。这类信息一般包括公司名称、地址、高级职员、地区代表以及主导产品等。在供应商寄回填好的表格后，将其输入供应商管理系统中，再保存于对应分类的文件夹保存。通过参考这些标准化数据，采购经理可以马上获得有关潜在供应源的信息。

（5）供应商销售代表。从供应商销售代表那里也可以获得非常有价值的供应商信息和原材料信息。他们能为企业提供供应源、产品型号、替代产品等信息。因为销售代表不仅要熟悉自己产品的特性和性能，而且还要熟悉相似的和有竞争性的产品。由于具备特殊的专业知识，供应商销售代表能够经常向采购商提出产品建议。因此，采购经理肯定销售代表的积极作用，从中获取有价值的信息，如新的可信赖的供应源的信息。

（6）贸易展示会。地方性和国际性的贸易展示会或博览会是采购经理了解潜在供应商的一种方式。贸易展示会的一大好处就是为采购经理提供了非常好的机会见到各式新产品和经改良的老产品。采购经理还有机会比较同时期不同供应商的相似产品。贸易展示会往往由许多制造商、分销商以及贸易组织定期发起。贸易展示会的信息通常发给该领域内所有可能参加的采购部门管理人员和技术人员。

（7）企业其他部门的员工。来自企业内其他部门的员工也能够为采购经理提供各类供应商的有价值的信息。由于广泛接触专业组织、民间协会以及社会团体，这些员工经常会了解到一些优秀的供应商。科研、技术、市场调查人员由于要熟练运用材料或服务，因此在决定可能的供应商问题时，总是能够提出一些有价值的建议。这类人员在和各类与供应商相关人员的接触过程中，可以额外获知有关新产品、新方法以及新供应商的信息。所以，采购经理在采购重要产品时，应该经常与企业的技术研发和市场调查人员沟通，定期地将各部门的相关人员聚在一起开个会，向他们汇报一下供应商开发的最新动向并交换意见。

（8）其他采购部门。从企业下属的其他采购管理部门或者其他企业的采购部门也可以得到有关供应商的帮助信息。与同行进行信息交流，参与的双方企业都会受益，因而这类信息源应该得到积极发展。企业得到这些信息后，最重要的是对供应商做出初步筛选。建议使用统一标准的供应商情况登记表来管理供应商提供的信息。这些信息应包括供应商的注册地、注册资金、主要股东结构、生产场地、生产能力、设备、人员、主要产品、主要客户等。通过分析这些信息，可以了解供应商供应的稳定性、资源的可靠性、财务的稳健性以及供应商的工艺能力、产品开发能力、产品质量水平等竞争能力。

2. 供应商评估与资格论证

通过各种不同的途径收集到潜在供应商的信息后，接下来需要做的就是对所有候选供应商进行资格评估与认证。对潜在供应商的评估是一种先期评估，侧重于对供应商的资质、能

力进行考察。采购经理依据供应商类型、重要程度以及采购价格、质量、技术、服务等因素来确定供应商的实际能力。对许多简单、低价值产品或标准化产品的采购，采购人员不要花费很多采购资源来进行全面的评估，一般只要对能否满足需求与保证供应进行检查就足够了；而对复杂、高价值产品的采购，因为事关重大，进行详细的评估工作是必要的。

采购人员可以依据供应细分法来评定供应商能否成为战略供应商，如果是的话，意味着供应商提供的原材料或零部件在很大程度上决定了采购商未来产品的市场竞争力，因此必须花费时间与资源进行评价。

对于战略型产品供应商的评估，通常首先通过各种途径进行初步调研和财务状况分析。如果初步调研结果不错，财务状况良好，企业还需要实地考察其设施设备等情况。在此期间，有必要对有希望的供应商就管理、质量、生产能力、服务、及时性以及信息技术能力方面进行详细的资格论证。

(1) 供应商初步调研。初步调研通常涉及以下方面：供应商企业管理层结构、企业信誉、最近 5 年的销售和利润记录、主要客户、员工状况、目前厂房面积、扩展计划（包括资金来源）、目前产品的缺陷率、制造与检测过程中使用的设备和工具以及采购部门中出现的问题等。

(2) 财务状况论证。财务分析需要由合格的采购经理或专业的财务人员来进行。供应商财务状况的稳健性是分析的重点内容，因为它是保证供应连续性和产品质量可靠性的标志。

采购经理和财务人员在分析企业的发展趋势和比较供应商时，可以参考的一些财务指标和分析方法，包括现金流量法、资金管理比率、盈利能力、长期财务能力衡量等。

(3) 召开评估会议。同发现潜在供应商时一样，在评估供应商时也要经常举行供应商评价会议讨论采购项目，重要的采购项目往往由跨职能采购团队的联席会议讨论。通过这种讨论，通常能够容易区分哪些供应商能胜任采购要求，哪些供应商不能胜任。这就进一步缩小了可选供应商的范围。所以将其放在财务分析之后，可以节省评估的工作量。另外，各职能部门相关人员的建议也能使采购人员明确接下来评估需要具体关注的细节。

(4) 实地调查。经过前几步的初步筛选后，采购商还需要亲自到供应商的工厂调查、参观供应商的设施设备。实地调查能够让采购团队充分获得有关供应商企业管理能力、技术能力、制造与配送能力等方面的第一手信息。企业可以只派出采购管理和工程技术代表，也可以派出财务、运营、质保、营销等方面的代表参与调查活动。例如，工程技术代表的任务就是检查和评估潜在供应商的技术能力。

(5) 质量能力论证。在做过实地调查，得到具体的资料和信息后，采购人员就需要对供应商的几大能力具体分析，其中最重要的就是质量水平和质量控制能力。如果潜在供应商达不到采购商企业的质量要求，显然就不值得对其做进一步调查。当然也有例外的情况，即没有任何供应商具备采购商要求的加工能力。在这种情况下，采购商和供应商必须一起合作，提高供应商的质量水平和能力。

(6) 生产能力论证。保证供应的连续性是生产能力分析的基本要求。一方面，供应商经常会允诺采购经理能够满足预期的需求，但事实上他们却不具备所需的生产能力；

另一方面，供应商的销售人员有时也不够诚信，或者对他们自己企业的制造能力以及有限生产能力并没有充分认识。此时评估人员需要能够分辨出事实的真相，实地调查时对生产的各个环节都要考虑周到，要对各个实际指标，如按时交货率、交货破损率等仔细评估。

（7）管理能力论证。供应商开发团队或者评估小组考察供应商管理能力的重点应放在供应商管理团队的素质和能力、管理风格和经营理念、创新能力和管理知识水平等方面。有一种颇为有效的观察供应商管理能力的方法，就是通过评价设施场地，甚至停车场等辅助设施，来评定企业的管理能力。如果一家企业的管理有条不紊，那么其办公楼、工厂设施等都会非常整齐、干净，安全生产标语、看板指示等都能起到实际作用，甚至对停车场地的分析也可以提供有关管理的信息。例如，车辆少、保养状况不佳、结构质量差、路面不平整等都可能是出现问题的先兆。

（8）服务能力论证。好的服务总是意味着送货准时，迅速补货，快捷、公正地处理纠纷，事先通知采购经理即将发生的价格波动或缺货的风险等。它还意味着有额外的售后服务，即使出错也能积极采取补救行动，这样就会给采购商留下服务良好的印象。

（9）信息技术能力论证。信息共享的能力是企业实现有效供应链管理的保障，所以对于供应商能否与企业自身信息连通匹配，也是采购人员在考察时需要关注之处。

3. 供应商选择

上述过程显示了采购人员在评估供应商时的先后顺序与资格论证的主要方面，在完成评估后，采购人员会将这些因素按权重进行综合评估认证。独立的供应商评估委员会（即参与评估会议的人员）在选择决策时，要认真考虑并识别各因素的重要度，并赋予其相应的权重。评价人根据潜在供应商提供的信息以及调查阶段所得的情况给出供应商在各因素上的得分。最后就能得出各个潜在供应商的相应总得分，作为选择供应商的主要参考依据。同时，供应商选择还要考虑供应商数量、对供应商的熟悉程度、采购物品的特点、采购规模、供应商对同行客户的服务绩效等因素。供应商选择的方法主要有以下几种：

（1）主观经验判别法。主观经验判别法是指通过实地调查、征询专业人士的意见，在综合分析下做出判断来选择供应商的一种方法。这种方法带有很强的主观性，缺乏系统性、针对性、科学性，因为主要是采纳有经验的采购人员的意见，或者直接由采购人员凭经验做出分析判断，所以该方法主要适用于专业性很强的产品或服务，或是非主要材料的采购。但在保证满足质量要求的条件下，一些具有较强洞察力的有经验的采购人员，通过主观经验判别法也可以选出合格的供应商。

（2）打分法。打分法是指根据采购方所设置的评估供应商的各项指标（如产品质量、技术服务能力、交货速度、快速反应、产品价格、供应商信誉、生产设备等）的评分标准（如很差为 0 分，差为 1 分，较好为 2 分，良好为 3 分，优秀为 4 分，并赋予各分值具体明细要求），对评估供应商的各项指标进行打分，然后根据采购方对不同指标的重要程度赋予不同的权数计算综合得分，在对未能纳入考核指标的其他各种定性因素的综合考量下依据得分选供应商。例如，上海某百货公司在选择供应商时，根据百货公司的特点，分别从品牌实力、企业实力和经营能力三个维度考核，具体如表 3-2 所示。

表 3-2 供应商选择评分体系示例

分　类	考　核　项	考核满分/分
品牌实力	品牌形象	10
	品牌定位	10
	品牌知名度	10
	品牌成长潜力	6
	品牌质量	4
	品牌差异化	10
企业实力	注册资金	5
	经营方式	10
	与采购方相同定位的覆盖率	5
	业内人士评价	5
经营能力	销售终端	5
	供货能力	5
	价格控制能力	5
	营销推广能力	5
	销售产出预测	5

（3）采购成本比较法。对于采购商品的质量与交付服务均满足要求的供应商，通常对其进行采购成本的比较。采购成本一般为售价、采购费用、交易费用、运输费用等各项支出的总和。采购成本比较法通过计算分析各个供应商的采购成本，选择采购成本最低的供应商。

供应商选择中，一般一种主要物料选择 2～3 家供应商同时供货，同时一家供应商承担的份额一般不超过该种物料采购总量的 40%，而且也不能超过该供应商产能的 50%，这样既可以保证供应的稳定性，又可以保持较低的管理成本和采购价格。对供应商的选择要适合企业自身近远期发展的需求，同时在供应商销售总额中占比较大的比重。这样，作为供应商的大客户会在生产排期、售后服务、价格谈判等方面得到足够的重视。量小的辅助性材料可以打包采购以提高议价能力，目前选择系统供应商或提供一站式服务的全面供应商是供应商培育和管理的一个发展趋势。

通过以上方法选定合格的供应商以后，并不是马上就能批量供货，还需试用和鉴定供应商所送达的样品，检测样品是否达到企业要求的既定标准。如果是有特殊要求的样品，还要采用专业的计量和检测设备来进行检测。

3.2.2　供应商的培育与发展

随着专业分工越来越细化，制造企业致力于核心业务以提高自身的核心竞争力，而将更多的物料采购、局部组装业务甚至成品组装和服务外包出去，自身专注竞争优势的培育。企业越来越希望供应商能够从各个方面匹配企业的发展需要，如参与新产品开发，供应商管理库存，合作需求预测。当然，供应商还须能做到保持质量、成本低廉、准确配送。因此，必须对供应商进行培育与发展。

1. 供应商培育

选择供应商后，同供应商进行合作，首先对其业务进行评价，更重要的是要对供应商进行培育。供应商培育是采购方为帮助供应商适应采购方需求所进行的一系列活动，让供应商不仅在业务上符合要求，也要使其在管理等多方面保持一致。作为供应链管理相互衔接的上下游企业，只有良好合作，才能最大限度地提升供应链竞争力，在市场中取得竞争优势。

民机制造商，如波音和空客，经过对供应商总体指标的评价，划分为一级和二级供应商。制造商对一级供应商进行直接管理，同时要求一级供应商在报备的基础上自行选择和管理二级供应商。对于重要的二级供应商，波音和空客也会对其进行直接管理。在此基础上，波音、空客等大型客机制造商通过调整自己的组织结构，采用先进的制造技术和管理技术，加强供应链管理，实现对供应商进行管控。这主要表现在对其供应商的管理团队、支持部门、信息技术、培训等全方位给予大力支持，同时加大对供应商的保障能力和监控力度，充实供应商控制的人力、物质资源，为供应商控制工作提供组织上、制度上的有力保证，并进一步细化供应商在组织结构、基础设施、技术管理、质量管理、财务状况、企业信誉等方面的资质要求和量化评价准则，通过供应商管理组织的实施以达到择优选择的目的，具体如图 3-3 所示。

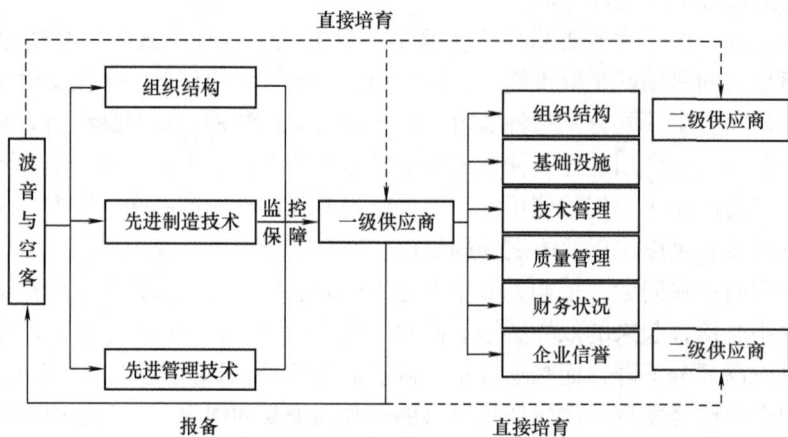

图 3-3　波音与空客等民机制造企业的供应商培育方式

在国际巨头企业的实践中，供应商培育非常具有前瞻性。供应商短期培育可帮助其改进产品质量，长期培育可以提升其学习能力，以此来完善自身的管理、生产、组织系统。同时，这种学习能力从一级供应商传递到二级供应商，最终形成了一个更具有竞争力的学习型供应链。供应商培育方法可以从以下几个方面展开：

（1）供应商的业务流程改进。从供应链管理的角度，上下游企业之间的连接越紧密，反应速度越快，供应链的效率就越高。在与供应商合作以后，如果企业的业务流程与其供应商没有有效衔接，可能降低与供应商之间的物流效率速度和信息流速度，从而影响供应链的运行效率。采购方和供应商可以重组或改善流程，建立 ERP 管理系统平台。采购方的采购业务、入库业务、产品检验与生产都在平台上进行。供应商在提供产品的过程中，如订单处理、交货、检验等方面都必须吻合采购方的业务流程，采购方需要帮助其改进业务流程，同时需要向供应商说明，希望供应商理解其供应链管理理念，提高其管理水平，实现无缝对接。

（2）供应商的产品质量培育。产品质量对于不同的客户来说具有不同的要求，对于供应商而言，其对自己生产的产品有一套生产质量控制方法。采购方可以与供应商一起，针对所采购的产品制定符合要求的质量管理标准，并制定该质量标准下的质量控制程序与方法，生产出符合采购方要求的产品。同时，采购方可以与供应商进行技术交流，帮助供应商提高技术含量和质量水平。

（3）供应商的研发能力培育。供应链上的核心企业应该具有强大的产品研发能力与创新能力，但投入大、风险高、回收慢等问题也困扰着很多国际大型公司。因此，采购方可以与供应商一起合作，分享其知识产品和开发技术，进行相关产品的合作开发，从需求的角度提出开发设想，利用自身的研究开发能力，与供应商的研发团队共同开发出适合市场需求的产品。一方面，有利于供应商推出新产品，增强其在供应商领域的市场竞争力；另一方面，可以为采购方分担研发风险。

（4）建立供应商激励机制。对于符合采购方要求的业务评价优秀的供应商，应该加以激励，一方面增强供应商持续改进的积极性，另一方面可以进一步稳定供应商关系，为采购方长期发展创造良好的供应环境。

激励供应商也可以作为改善供应商关系的一种方式，这种方式主要是通过奖励来实现的。对供应商最大的奖励就是提供优先交易机会、分配较多的订单、优先支付货款。若供应商受到激励，与其员工共同分享这种认可，员工也会受到激励，从而继续努力来提高产品质量和生产率。有些供应商用这样一种方式来奖励他们的杰出员工：让这些员工到采购方的企业参观，看他们的产品是如何被使用的。如果他们发现自己的产品在采购方那里得到了很好的运用，这种成就感足以拉近双方之间的距离。

但如果供应商存在问题，采购方采用太过生硬的惩罚措施，如警告或取消交易等激进行为，就会伤害小心培育起来的双方感情。此时，供应商评估表就起到了极大的作用。这不是简单地告诉供应商评分下降，而是通过帮助供应商分析原因以及提出改进意见来解决问题。一些进取型的企业已经发现给供应商提供协助会收到很高的回报，如向供应商提供统计过程控制（SPC）方法技能和六西格玛培训。按时制造高质量的产品、提供高品质的服务需要供应商在统计过程控制和六西格玛等工具和理念上具有实施力。例如，对于质量监督和供应系统检查，不应该将注意力放在惩罚上，而是放在发现改进的机会上，这样就能在确保供应商的质量系统和采购系统有效运作的同时，促进双方合作关系的提升。

总之，供应商的培育有许多方法与途径，通过对供应商的培育，可以增进彼此之间的了解，提高合作的紧密性，使采购业务切合度更高。同时，供应商技术及供应能力的提高，在增强其自身竞争力的同时也为采购方的发展奠定了良好的基础，从而获得双赢。

2. 供应商发展

采购部门必须定期分析供应商满足企业长期需要的能力。值得注意的地方包括供应商的一般发展规划、相关领域的未来设计能力和产品开发能力、采购商的供应管理对供应商战略计划的影响、潜在的生产能力以及支撑供应商发展的财务能力等。如果目前的供应商不能满足企业未来的需要，企业就要做出相应选择：提供资金和技术协助提升其能力，或者培育具有潜力的新供应商。其中后者是企业因为周期长和投入大而做出的选择是供应商不希望看到的。那么，这就需要从与新供应商建立合作关系的那一刻开始，实施供应商发展规划。一般供应商发展的具体策略有：①审核绩效差距，比较现状和理想状态的绩效差距；②努力使双

方对方案的核心问题的意见达成一致；③找出导致浪费的工序环节；④建立工程图并为其设置基准；⑤规划改善战略，提出实施计划并执行计划；⑥计算投资收益率；⑦做出一个供应商管理发展项目提案，并对其进行审议。

促进供应商发展的项目首先要做的就是建立一个供应商发展团队，团队领导要有足够的权力，为保证项目的成功提供必要的资源。双方公司的高层必须对这个项目负责，否则容易造成项目流产。在供应商发展团队中加入供应商方面人员的目的，是希望在将来供应商有能力对自己的生产过程实现自我改进。一般供应商发展项目的基本过程如下：

（1）准备阶段。第一步就是规划和确定一个初步的供应商发展合同。供应商发展合同是经供应商授权之后制定的。供应商发展合同需要为双方严格地定义项目范围和项目预期。供应商发展项目合同制定之后，供应商发展团队应把供应商的顾客需求、期望目标和要求转变成项目的度量标准。然后，供应商发展团队评估供应商的生产环境，并分析它对项目研究和项目实施可能产生的影响。

（2）分析生产过程。在这一阶段，供应商发展团队要绘制出供应商的生产过程，并确定需要的度量标准。这个阶段结束时，应该已经制定出生产过程图和最终的供应商发展项目合同。

首先绘制或分析供应商生产过程图，供应商发展团队在项目的焦点范围中绘制出目前的和理想的生产过程图。生产过程图通常以时间为基准，形象地表现出生产过程中的瓶颈和约束环节。接下来确定生产过程度量标准。度量标准用来衡量生产过程是否符合项目目标，并创建基准文件，以确定项目进行前的状况。

（3）计划方案。这一阶段可以制定出一份项目实施计划，其中涉及目前生产过程中的绩效差距和追求的效果。项目实施计划应该包括完成项目所需要的作业、项目主要管理点、完成作业需要的资源和项目的预计完成时间。这个计划用来监督和管理项目的进程，确定项目的关键路线，并详细说明项目中相互影响的作业。

供应商发展团队首先会集体讨论可能的解决方案，并对其可行性进行标杆化分析，这个活动的结果通常会产生焦点更为集中的生产过程图。然后选择解决方案。解决方案应该是能够为缩短生产周期、提高质量、改进配送或者降低成本提供最大改进的可行性方案。例如，一个典型的在生产环境方面的解决方案是减少准备时间，避免产生大量的半成品。通过研究和集体讨论进一步详细描述出新的生产过程。最后，供应商发展团队和相关的工作人员一起规划出一个详细的实施计划。

（4）实施方案。在这个阶段中，供应商发展团队应执行实施计划，进行必要的模拟、新产品试制和信息发布。这个阶段是一个新的、精简的而且备有证明文件的生产过程。采购商的相关人员，如工程师或信息技术专家，要协助执行团队保证项目按照计划进行。项目维护者要提供必要的指导和所需的资源。在项目进行过程中，供应商发展团队认定的重要事件要及时与公司高层、项目维护者和过程所有人进行沟通。

（5）过程控制。使用制定的计划和相关文件确保整个过程在最小的变动下连贯进行，确定应用的度量标准以实现过程的评估。这个阶段的可交付性成果是一份过程控制计划和一份作业校正计划。控制计划用来确保过程中每一个活动在任何时刻都能被正确执行。作业校正计划用于找出过程中的不协调事件，消除这种事件，并且防止这类事件再次发生，以确定校正的有效性。

（6）团队学习。项目团队、项目维护者和项目过程中涉及的所有人组织相关活动，促使项目成功。在这个阶段，供应商发展团队应把学到的经验、体会和最佳实践与供应商一起分享。

在很多情况下，一个行业领先的供应商可能不一定愿意投入资源通过发展项目去满足采购商的需求。如果这种需求非常重要，采购商会选择最有潜力的供应商加以发展，使其能够满足自己目前和未来的需求。应该注意的是，要取得成功，有关项目管理、团队、质量、生产过程以及供应管理的培训十分必要。

3.3 供应商关系管理

选择了合适的供应商后，企业在采购过程中仍需要不断对供应商表现和相互关系进行评估和反馈。随着企业规模的扩大，传统的供应商关系管理已不再适应产品需求日新月异、充满客户定制化需求的竞争环境。企业为了实现低成本、高质量、柔性生产、快速反应，必须建立新型的供应商关系管理，并选择适合的供应商管理策略。

3.3.1 传统供应商关系管理

传统的供应商关系管理方法主要有直接判断法和 ABC 分类法。这些方法应用于供应商关系管理中虽然有一定的局限性，但仍有其适用的企业环境和市场。

1. 直接判断法

在采购管理的最初阶段，直接判断法是一种较为常见的供应商管理方法。该方法根据征询和调查所得的资料，并结合人的主观分析判断，对供应商进行分析、评价和管理。显然，供应商的选择与否主要取决于原材料和零部件使用部门的经验和主观看法。这种方法的步骤主要是：首先，采购部门列出一系列重要的标准，使用部门对某个供应商根据每个标准打分，或打正号、负号或是中性；在对供应商进行评判后，采购部门给供应商一个综合评分，再考虑是否继续与其合作，还是另找新的合作伙伴。这种方法的缺陷主要表现为由于依赖于评价人员的记忆和主观看法及经验，往往会导致判断的偏差。

2. ABC 分类法

20 世纪 60 年代之后，随着供应商数量以及采购品种的增加，企业对供应商的管理逐步开始采用 ABC 分类法（帕累托分析法）。ABC 分类法将需要的产品或服务按其重要程度分为 A、B、C 三类。ABC 分类法实质上沿用了意大利经济学家帕累托（Pareto）的"80/20 效率法则"，即 20% 的产品或服务采购占用了 80% 的采购总支出。

运用 ABC 分类法可以识别对企业总采购成本与物流成本影响最大的产品和项目，能够使企业在确定供应战略时优先考虑将有限的管理资源分配在投资回报潜力较大的产品上。对于 A 类产品，应建立一个长期库存管理系统，改进预测方法，详细分析和精确制定订货数量和补货时间，从而可以极大地提高库存成本管理绩效；对 C 类产品，可以分配比较少的管理资源；而对 B 类产品，则可以配置介于两者之间的管理资源。

确切地讲，ABC 分类法有助于企业将管理的重心集中于真正重要的方面，即占采购总支出（包括物流成本）较大的部分。但这种方法只根据一种标准把项目划分为 A、B、C 类，明显忽视了其他重要的标准。同时，根据 ABC 分类法只能了解某一产品或服务对财务

状况的相对重要性，而在面对复杂的市场环境和激烈竞争的供应商时，ABC 分类法将无法延伸到制定供应管理战略和战术。例如，催化剂和添加剂往往使用量不大但是很重要，如果按 ABC 分类法管理，可能会被列入 C 类，那么一旦出现供应风险，可能会因造成生产的被迫中断而损失巨大。因此，ABC 分类法应用于供应商分类管理时有一定局限性。为此，现代战略采购管理开始使用另一种分析方法——供应细分法，这一工具在制定和实施供应战略方面得到了广泛的认可和应用。

3.3.2　现代供应商关系管理

1983 年，彼得·卡拉杰克（Peter Kraljic）创建了一个 2×2 的模型，根据供应市场的复杂性（风险）和采购品的重要性将采购产品分为四个类型，并依据采购品隶属的类型，采用不同的采购策略和相应的供应商关系管理方法。

1. 供应细分矩阵

在建立供应细分矩阵之前，企业需要分析所有采购产品或服务供应风险（或供应稳定性）与支出情况。图 3-4 所示即为供应细分矩阵。

图 3-4 中的 X 轴反映各项产品或服务的重要程度。值得注意的是，并非采购支出总额越大，该产品或服务就越重要。供应细分法提出的衡量指标是成本价值比，而不是支出总额或仅仅是成本或价值。采购产品或服务的成本价值比衡量了所购物品对企业产品的贡献程度，利用好这个指标可以使企业更好地进行资源分配。一般衡量成本价值比的因素有采购总量、该物品采购金额占总采购金额的比例、该物品占总成本的比例、该物品对产品质量的影响程度、该物品短缺给企业带来的损失等。

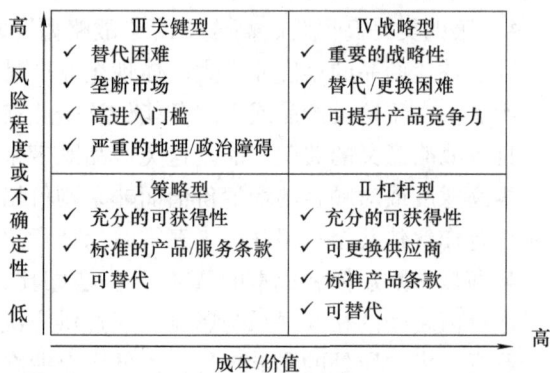

图 3-4　供应细分矩阵

Y 轴显示企业需要确定的供应品的风险程度或者不确定性。企业可以根据技术因素、供应商数目、供应商可靠性、供应商增值能力、企业自制和外包的可能性、物流系统的保障性、供应资源的可获得性、环境等多种指标综合确定风险程度。

对采购产品或服务的分析完成了供应稳定性和重要性分析后，将相应的采购产品或服务标注在矩形方阵的不同位置，这样就可把所采购产品或服务细分为以下四大类：

1）第一类是指低风险、低成本的"策略型"产品或服务。这些产品数量往往占到企业采购整体数量的 80% 左右，而采购总支出合起来一般只占支出的 20% 左右。这些大多是常规、标准化的通用型商品或部件，一般不直接增加最终产品的附加价值。这类产品或者服务可选择的供应商很多，供应商的转换成本很低。许多 MRO 产品或服务、办公用品就属于策略型产品。由于这些采购产品的价值比较低，对企业提升竞争力的作用不大，有些企业将这类采购产品分类打包集中采购，以提升采购方的议价能力并获得有竞争力的价格与服务。因此，可采取系统合同和电子商务手段，尽量精简采购流程。

2）第二类是指低风险、高成本的"杠杆型"项目和服务。该类产品或服务具有一定价

值，需要支出较多的资金，但给企业带来的风险并不高。包装物、基本的制造品、紧固件、涂料等都属于杠杆型产品。因为这一类型的产品或服务存在多个供应商，所以对采购商来说，很容易更换供应商。此类产品的竞争性品牌差异很小，供应商试图提供相关增值服务以获得采购者的青睐。降低成本是这类采购的管理重点，采购者应寻找对产品或者服务的边际利润贡献率高的供应商，可以考虑通过招标采购和跨区域采购，在更大范围内寻找成本尽可能低的供应源。如果供应市场安全可靠，可以合理提高风险以获得规模效益，可以考虑精简供应商数目以获得更有竞争力的价格，而供应商也能够通过大批量采购获得规模经济，从而降低生产成本和提高生产效率。

3) 第三类是高风险、低成本的"关键型"项目和服务。这类产品对采购商来说虽然成本不大，但短缺的风险却很高。具有特殊处理技术的产品和服务都属于该类型，如特殊的热疗法、化学治疗、专利产品、催化剂等。由于这类产品的供应商很可能只此一家，同时市场上没有替代供应商，供应商处于绝对的支配地位。所以对企业而言，采购中存在这种类型产品是很危险的，它们是生产制造中的瓶颈，一旦停止或延迟供应将造成重大损失，但是最终消费者有可能并不关心其特殊性能或者根本不了解它。降低风险、保证供应、寻找替代品是这类产品采购管理的重点。

4) 第四类是高风险、高成本的"战略型"产品和服务。提供这些商品的供应商非常有限，寻求替代商品的难度非常大。体现企业产品核心价值与竞争力的部件或原材料等都是战略型产品。由于这类产品或者服务能保证企业在市场中的竞争力和竞争优势，所以对企业而言是具有战略意义的关键产品。这类产品既带来风险，又需要花费高额成本，产品的价值通过顾客满意度或对顾客的增值价值而非采购价格来衡量。这类产品采购管理的重点是与供应商建立合作伙伴甚至战略联盟来获得并保持竞争优势。

与衡量采购规模和成本的 ABC 分类法相比，供应细分矩阵清晰地显示了供应市场风险和成本价值之间的相互联系与影响。通过供应细分矩阵，可以很明显地看出各种产品或服务在企业竞争力中所处的影响地位，也便于企业在各种供应市场和环境中选择相应的战略和战术，以提高企业的相对竞争优势。现在很多跨国企业都利用供应细分矩阵来制定供应商的分类管理策略，也有企业利用这一原理和方法将采购产品分为 6 类或 9 类，以期获得更细致地分类管理的效果。但是，这个方法存在的主要局限是如何确认衡量准则。至今仍没有一种普遍公认的定量方法可用来衡量并划分标准区间。但这并不意味着供应细分法就是一种主观的、缺乏依据的方法，恰恰相反，有些专家认为缺乏客观和确定的衡量标准正是供应细分的一大优势。总而言之，它的这种在实际应用中可变化和为企业量身定做的特性反而能使企业更好地了解和把握战略问题。

2. 供应商分类管理

企业通过运用供应细分矩阵的基本原理，对自身的采购产品进行分类之后，就能够对应四个象限确定相关的供应商类型，并且制定相关的管理策略，如表 3-3 所示。

表 3-3 供应商类型与产品细分

供应细分类型	策略型	杠杆型	关键型	战略型
供应商类型	普通关系供应商	优先关系供应商	合作关系供应商	战略关系供应商

在这四种供应商关系中，采购企业与供应商的合作程度逐渐提高，关系密切程度也逐渐

加强。在普通关系中，对供应商的管理主要是进行谈判，目的是降低交易成本和简化采购流程；在优先关系中，采购企业关注的是整条供应链上的物流环节，目的是减少整体供应链成本，降低采购风险，通过全球采购、招标采购以提高产品或服务的边际利润贡献率；在合作关系中，强调供应的安全性和稳定性；战略关系则重在联合开发新产品、设计重组企业流程，优化供应链系统绩效，实现企业经济价值的不断增值，创造核心竞争力。

因此，根据这四种供应商的类型，企业可以通过对供应商的分类管理，建立供应商管理的金字塔形结构，如图3-5所示。

（1）普通关系供应商管理策略。普通关系供应商提供的是策略型产品，意味着采购风险较低，而且市场能够充分供应，供应商很多且转换供应商的成本也低。对这一类型的产品来说，即使单位成本降低的幅度较大，但是就总支出而言，成本下降的程度仍然是有限的，所以，这类产品更应该关注交易过程的简化与控制。这个过程包括采用集中购买以减少多余

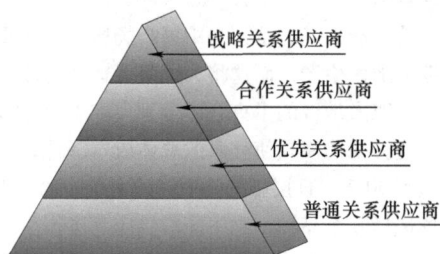

图3-5 供应商管理的金字塔形结构

的活动和交易次数、标准化采购流程、减少供应商数量、简化或消除采购流程等。可以说，流程简化与交易成本控制是该类型产品采购成功的关键。

在对该类供应商的管理上，并不是说因为他们的产品价值低，对企业战略方向的贡献不大，就可忽视对其管理。显然，交易关系是该类型的主要关系，但毕竟这一类型产品占了绝大部分的采购资源，可以采用业务外包、电子采购、供应商管理库存（VMI）等方式进行管理，其目标就是节省这些项目的采购、送货、储存、支付等方面人为耗费的精力与时间。要注意的是，如果采用了业务外包，那么企业面临的就不再是零散、众多的供应商了，而是只有少数几个甚至只有一个采购承包商。此时与承包商的合作关系直接影响到企业总采购成本的管理与控制，所以这时应将采购承包商的关系视为战略型供应商关系进行管理。

（2）优先关系供应商管理策略。这类供应商的产品主要是杠杆型产品，与策略型产品不同，它的成本价值比较高，产品的采购成本降低对企业利润的贡献较大。因此，杠杆型产品或服务可以考虑在不影响供应的基础上，以需求为导向，用各种方法有效地降低直接采购成本与相关的物流成本，提高边际利润贡献率水平，并提高企业盈利能力。

对于优先供应商的管理一般沿用传统做法，将重点放在签订短期合同，以便企业能不断地寻求、转向成本更低的资源。企业不仅要降低单位采购成本，还要通过加深对供应商的了解和努力把握全面市场信息来了解潜在供应商，并将供应范围拓展到全国甚至全世界，从低成本国家与地区中寻找新的供应商或替代产品。

由于杠杆型产品仍处在一个充分供应的买方市场，所以为了达到成本作用于利润的杠杆作用，与供应商讨价还价、更新合同、给供应商施加压力等方式，都适用于此类型产品的采购。

宜家家居用品的"经济采购"

由于宜家超市中自身品牌的家居用品目标锁定中档家居市场，所以在保证产品质量的同时，低价对其吸引顾客来说至关重要。宜家在为产品选择供货商时，从整体上考虑总成本最低，即计算产品运抵各中

央仓库的成本作为基准，再根据每个销售区域的潜在销售量来选择供货商，同时参考质量、生产能力等其他因素。成本最低的目标使得供应商通常位于生产成本低的地区。由工厂将各种材料从各地运抵中央仓库，然后从中央仓库运往各家超市进行销售。这种大批量集体采购模式可以取得较低的价格，挤压竞争对手的盈利空间。

同宜家的集中采购相比，仿制者无法以相同的低价获得原材料，产品价格要想更低，只有偷工减料或者降低生产费用才可能实现。然而，从产品类型来看，家居产品具有同质性、技术含量不高等特点，降低生产费用的空间不会太大。这样一来，没有足够的利润空间，仿制就没有了原动力，偷工减料的产品也无法长期竞争。

随着亚洲市场，特别是中国市场所占的比重不断扩大，宜家正在把越来越多的产品或者产品的部分量放在亚洲地区生产，而这将大大降低运费对成本的影响。

宜家亚太地区的中央仓库分别设在上海、日本、澳大利亚三个地方，所有前往中国商场的产品先运往上海。这种采购模式使宜家的总体成本降低，特别是对于家具这类体积较大的商品来说，运费在整个成本中会达到30%，直接影响到最终的定价。为了开拓中国市场，目前，宜家正在实施零售选择计划，即由中国商场选择几个品种，由中国的供应商进行生产，然后直接运往商店的计划。例如，尼克折叠椅原先由泰国生产，运往马来西亚后再转运中国。采购价相当于人民币34元一把，但运抵中国后成本已达到66元一把。再加上商场的运营成本，最后定价为99元一把，年销售额仅为每年1万多把。实施这项计划后，中国的采购价为人民币30元一把，运抵商店的成本增至34元一把，商场的零售定价为59元一把，比以前低了40元，年销售量立刻猛增至12万把。

宜家充分认识到家居用品市场的竞争激烈，所以在产品设计、营销方法以及品牌上已经与其他竞争对手形成了足够的差异。但是，这种壁垒能否足以抵挡其他家居用品商的猛烈进攻，价格仍然是主要因素。集中采购可以说是宜家长期保持其竞争优势的法宝，将为数众多的供应商产品运抵中央仓库，实施统一管理，是一种简化采购流程的运用，不仅交易费用降低，总成本也随之下降，而这也是宜家选择供应商所追求的目标。

从宜家对供应商的要求可以看出其对杠杆型关系的把握，交易为主，合作帮助交易。基于产品质量标准的合作交易，既保证了采购产品的质量水平，又在参与供应商共同实施标准的过程中不断降低采购成本。

而在亚太市场针对中国实施的本地化策略更是充分发挥了杠杆作用。以尼克折叠椅来看，杠杆型产品单位采购成本如何提高边际利润贡献水平。

原来：（99元 – 34元）÷ 34元 = 1.91。

现在：（59元 – 30元）÷ 30元 = 1.97。

采购成本对利润贡献率提高了6分，而如果从销售利润总额来看更是非常可观。

原来：（99元 – 66元）× 10000 = 330000元。

现在：（59元 – 34元）× 120000 = 3000000元。

整整增加了267万元。

当然，应该不只看到成本降低带来销售利润增加，对技术含量不高的产品基于成本考虑，实施本地化策略选择当地供应商合作，更能够在与当地供应商的接触中进一步了解当地采购市场的情况，为今后发展奠定基础。

综合考量价格、产品设计、营销策略等多种因素，中国的家居用品市场可以分为高、中、低档三个层次。低档的销售商代表有金海马、春申江等；高档的有北欧风情（BoConcept）、达芬奇等，多以专卖店的形式出现，产品表现出强烈的个性特征，顾客主要针对高收入人群。宜家显然落在中档市场这一区间上，而从零售商角度看，其产品必然定位在杠杆型产品的位置，看准中国日益壮大的中层阶级目标消费群体。如果宜家加大本土采购力度，继续降低成本价格，把在全球的集中采购优势发挥出来，就可以取得长期稳定的竞争优势。

（3）合作关系供应商管理策略。该类型供应商对应的产品主要是关键型产品或服务。这类产品虽然价值不高，但对企业有效经营非常重要，是采购管理中最需关注的物品。因为它的市场风险较大，进入壁垒较高，所以供应来源稀少，一旦供应中断，就会影响整个业务流程的顺利进行，所以称为关键产品，也是供应环节的瓶颈。正因为如此，对该类产品的控制管理面临一个较大的挑战，即在不增加采购成本的同时，防止供应中断对企业经营带来的风险。

从供应商管理来看，企业应该尽可能地与此类型的供应商达成长期合作关系。对关键型产品或服务管理的目标是消除风险，如果企业不能找到替代产品，那么与供应商达成战略联盟关系就不只是远期规划，而是必须马上执行的计划。企业不仅要与供应商保持密切合作关系，而且要积极改善目前所处的高风险状态。例如，尽量扩展全球采购以增加采购渠道；在产品或服务的设计阶段，与工程师密切沟通，通过有效地利用价值分析来消除或减少对该类产品或服务的需求；同时，让客户参与进来，可以改变客户订购的产品所要求的关键性材料或者零部件，转而采购替代品，以摆脱关键型供应商的制约。

关键型的供应战略目标是引导这些产品或服务转换成策略型（降低风险）或杠杆型（降低风险、增加价值），或者将它们转化为能够对市场产生影响和形成竞争优势的战略型产品或服务（增加价值）。而对于供应商关系处理，企业也需要根据其转化目标做出相应的调整。

不管是改进性能使其具有新功能，或者改进包装设计使其提升产品价值，都是产品向战略型转变的迹象。企业应积极寻找替代品，加紧研发，优化产品配方，使产品回到标准策略型或杠杆型的位置；而与供应商紧密合作、克服供应紧张问题的一种办法是将该采购品提升到战略型产品的地位。

（4）战略关系供应商管理策略。战略关系供应商对应的产品是战略型产品或服务，是市场中最具有竞争力的项目，也是企业最希望提供或得到的项目。由于战略型产品或服务具有价格高、风险高的特点，所以采购企业不能使用对待策略型或杠杆型的方式节约成本。而这些产品往往也无法使用规模采购去降低成本，因为规模同时也意味着风险；而且由于该类型产品价值高，含有核心技术，技术的日益革新迫使此类产品可能只能以多批次、小批量的形式供应。战略型产品或服务又不同于关键型产品或服务，其价值通常就是为顾客创造的增值部分，成本和价值均很高，所以很难寻找替代品或转换成策略型或杠杆型。

这一类产品的供应商对采购企业具有重要的战略意义，因为战略型产品或服务本身就具有长期计划性和合作价值。而全球供应来源有限使得供应商与采购商地位相差悬殊，供应商的优劣在很大程度上决定了企业附加价值以及企业产品和市场份额。

因此，对于这一类型的产品和服务，企业应以长远发展为重，与供应商建立战略联盟关系，形成供应联盟。在相互信任的基础上，供应商帮助采购企业实现其战略计划。供应商不仅会参与到企业产品或服务的设计流程中，而且会帮助他们获得新技术和新机会，以尽可能地降低成本、增加收益，最后双方都可以分享收益。战略联盟的供应商关系是复杂的，也是动态变化的，因此双方都会对潜在的风险和收益进行认真分析后再做决定。一旦形成联盟关系，即是将两家企业的风险与收益捆绑在一起，轻易分开需要付出代价；但是，如果取得成功，双方都能从中获得巨大收益。

对一家供应商来说，结成战略联盟的对象可能是 1 ~ 2 个。所以，企业不仅需要通过战

略型产品或服务将竞争优势最大化，还应该实行持续的技术开发，迅速开拓市场，确保优良的产品质量以建立并保持核心竞争力。只有通过各种方式提高战略型产品或服务的增值能力，才会使供应商重视企业所处的客户地位，愿意与企业建立战略联盟，最终使企业从供应商处获得独特的服务，进一步扩大竞争优势。

战略联盟关系并不是 21 世纪的新产物，20 世纪末众多全球知名企业的合并也许可以看成是企业之间建立战略联盟关系的深化。但事实上即使合并，能将两家企业成功整合的案例也并不多见，而没有合并的战略联盟关系成功案例却很多。

波音公司与其战略关系供应商

波音（Boeing）是世界最大的航空航天公司，通过考察波音公司商用飞机的业务情况，可以得知供应商关系在其全盘业务中的重要性。波音公司多年来一直把重点放在性能卓越的喷气机系列上，尽管每一架飞机都是由波音公司设计和制造的，但实际上全球的供应商们都为之做出了重要的贡献。长期以来，波音公司与日本的 4 家飞机制造公司：三菱（Mitsubishi）重工业公司、川崎（Kawasaki）重工业公司、石川岛播磨（Ishikawajima-Harima）重工业公司和富士（Fuji）重工业公司建立了良好的供应商关系。为了解波音公司与上述日本供应商的关系，要追溯到几十年前。当时，波音公司在日本第一次试销飞行和推销自己的产品，日本要求的附加条件是波音公司必须把某些有关的零件制造业务承包给日本的公司。为了打开和占领日本市场，波音公司的管理者接受了这个条件。这就使双方开始了一个动态的策略变化过程，最终形成了二者目前重要的相互依赖关系。事实上，日本这 4 家公司在宽体喷气式飞机的机体中已贡献了将近 40%的价值，使用的专业技术和工具在许多方面都是全球最领先的。

供应商关系管理还包括关系的解除，竞争激烈的公司都会淘汰一定比例的供应商。采购商应在采购合同中明确关系解除的条件，建立具体的量化指标，并在供应商的表现接近临界值时，坦率而直接地提出警告，以积极的态度协商解决问题，并将对供应商的考核绩效和改进建议及时传递给供应商。在达到规定期限后，若供应商已改正不足，可以再次提出成为合格供应商的申请；否则，就要解除供应商。供应商关系的解除应是友好、有次序的分离，应有清楚的结算记录，尽量使成本达到最小化。

3.4 供应商资源整合

供应商数量庞大、管理混乱、采购费用居高不下、采购谈判没有优势，这些都是供应商结构不合理、资源没有整合而导致的问题。

1. 供应商资源整合的作用

一般而言，供应商资源整合是降低成本、提高供应效率、创建竞争优势的一条主要途径。总的来说，对供应商进行资源整合有如下重要作用：

（1）降低成本与改善效率。缩减供应商的数量，将采购订单集中分配给少数供应商，有利于获得更好的价格与服务。因此，如果能成为供应商的主要客户，那么不管价格、质量还是交货都会得到供应商的优先关照。不管是让整个供应过程更为精简，还是实现联合技术开发上的规模经济，在保证产品质量的同时，供应商结构的合理化可以帮助企业不断优化供应渠道，确保所采购物资的质量和供货的及时性，降低供应的直接成本。

（2）准确预测需求。准确的需求预测是企业决胜市场的关键因素，在采购商方面也是

如此。通过与供应商实行共同预测和补货，可以降低不必要的供应链库存，获得采购成本优势。应对关键材料或者服务的需求进行合作预测与合理计划，以减少生产运作中需求的不稳定性。对于重要的原材料或服务，在整体短缺的情况下，如果能保证供应，将是企业的一个重要的竞争优势。

（3）优化供应商关系。企业通过建立和实施科学的供应商综合评价指标体系，加强供应商的评价和选择，既可以改善与供应商之间的关系，又可以培育出有竞争力的供应商。确切地说，供应商评价能够帮助企业针对供应商的性质及其对企业的战略价值而进行分类，评出不同的优先等级，从而采取不同的对待方式，加强与重要供应商的关系，建立竞争优势。供应商关系资源与客户关系资源一样是企业重要的竞争资源，供应商关系管理的有效实施可以引导、改变和管理与供应商的合作关系与业务模式。

（4）满足客户需求。以计算机产品为例，如果没有英特尔的芯片和微软的操作系统，那么联想可能就没有今天的品牌形象，因为客户在选购计算机品牌的同时也在选购其零部件供应商。客户所寻找的不仅仅是能提供产品与服务的企业，还要求企业背后紧密的供应商伙伴关系能够为他们提供完整的解决方案，保障产品和服务达到最优水准。

（5）创造新市场价值。这可能是供应商关系管理带来的最高层次的贡献。与优秀的供应商合作不仅能创造更多的市场价值，甚至能为整个市场创造全新的贡献。经由合作共同创造的新的市场价值，将为企业和供应商带来更加强而有力的竞争优势。

随着经济的发展和技术的进步，加强供应商关系管理给企业带来的竞争优势会越来越明显。企业已经认识到供应商的重要作用，并把建立和发展与供应商的关系列为企业整个经营战略中的重要环节。

2. 供应商资源整合趋势

供应商整合包括精简供应商数量以及对供应商分类分级管理，目的是使供应商结构更合理，从而进一步提升采购与供应管理的竞争力。

（1）精简供应商数量。从统计数字上看，很多跨国公司正在积极减少供应商的数量。1992 年，在世界 500 强企业中，有超过 1.4 万家以上的供应商；到了 1998 年，只有 6500 多家，减少了大概 60%。导致这个结果的主要原因是，跨国公司希望最大限度地集中采购，取得最大的价格优势。从管理的角度讲，供应商的数量越多，管理的复杂程度越高，管理成本也越高，而且不利于与最重要的供应商形成战略合作伙伴关系。

缩减供应商的过程不只包括识别最佳供应商，还会包括产品标准化和减少种类。执行这一标准的一个例子就是大众公司，其汽车点火器从原先的 26 种减少到 5 种。关于究竟如何减少供应商数量，西门子提供了一些参考指标（见表 3-4）。企业根据自身的采购目标来选择供应源，对每一项采购产品进行分析后，就可以明确该项采购品的采购目标和确定其供货商的数量。

表 3-4　减少供应商数量的参考指标

A 与领先者密切合作以保证更新	L 降低供应商的开发费用
B 在市场需求较大时，通过质量与其他竞争对手竞争	M 在潜在的供应商那里要避免涉及行业风险
C 积极地进行技术协作，共同分析价值增值的因素	N 在潜在的供应商那里要避免涉及经营风险
D 产品和材料的质量水准	O 在潜在的供应商那里要避免涉及政治、社会风险
E 与其他供应商之间的竞争激烈，采取改善价格水平	P 在采购量加大时，要避免依赖风险

（续）

F 通过在某一个供应商那里增加采购量来实现更好的交货条件及价格	Q 在需求量过为集中时，要避免依赖风险
G 自用和他用的工具费用要保持较低的水平	R 通过密切合作增强短期和临时供货能力
H 压低订单处理的费用	S 长期提供服务和备用件
I 用协议仓库、准时供货的方法减少库存	T 确保业务广泛的营业量
J 便宜的运输和包装费	U 确保没有货币风险
K 降低质量审核费用，可能时在公司外部进行质量审核	

除了减少产品品种外，另一种主要形式是集中采购。通过将先前从不同供应商处购得的商品集中起来向一个供应商采购，或者把同一集团不同实体的同一类产品进行集中采购来达到精简供应商的目的。精简供应商的成功案例很多（见表3-5）。例如，克莱斯勒公司将供应商群体从20世纪80年代末的2500家精简到少量的300家核心企业。在20世纪90年代，供应商很乐意为克莱斯勒公司服务，原因很简单：克莱斯勒公司的生产量增长迅速。克莱斯勒公司会积极听取供应商关于设计改进和减少成本方面的建议。它取消了具有对抗性的竞价招标系统，取而代之的是指定供应商负责某种部件，并用目标价格来确定部件供应价格和相应的实现方法。在产品的整个生命周期内，大部分部件都是从一个供应商那里采购。这种削减使得企业的制造成本和供应链运转费用大大降低，能够集中精力于长期发展战略。

表3-5 各公司减少供应商的实例

	现在/家	过去/家	变化百分比
施乐公司	500	5000	-90%
摩托罗拉	3000	10000	-70%
通用汽车	5500	10000	-45%
福特汽车	1000	1800	-44%
德州仪器	14000	22000	-36%

精简供应商数量有两点好处：一是供应商的作用增强，企业可以把精力集中于更重要的事情上；二是在生产发展过程中供应商得到了发展，成为采购商的系统供应商。

但精简供应商毫无疑问要涉及的一个问题是究竟选择单一供应政策还是多源供应政策。这种决策超过了供应管理部门、商品部门或跨职能部门所负责的采购决策的范围。

最大的争议在于，如果将企业的所有业务都托付给一个供应商，当发生资源短缺的情况，这个供应商可能会优先满足它自己的其他战略客户或特殊客户的需要，这就涉及供应风险方面的问题。不过，鉴于单一供应商政策在很多情况下也是合理的，所以需要企业管理层的慎重决定，不能断然拒绝单一供应商。

（2）供应商的分级管理。对于一个采购组织来说，供应商的结构层次很重要。如果一

家企业的供应商都属于同一层次，即没有层次划分，那么久而久之，势必造成企业供应商数量过于庞大，采购部门整天为订单忙碌，而真正值得投入精力与资源进行管理的战略采购活动却被耽搁了。

很多现代企业面临多级供应商的层次结构。一般说来，第一层为直接供应商；而第二层和后面的层分别是指直接供应商以下更低级别的层次。例如，第一层供应商提供设备或系统；第二层提供元器件；第三层提供零部件和辅助性采购品等。图 3-6 所示即为供应商分级管理模型。

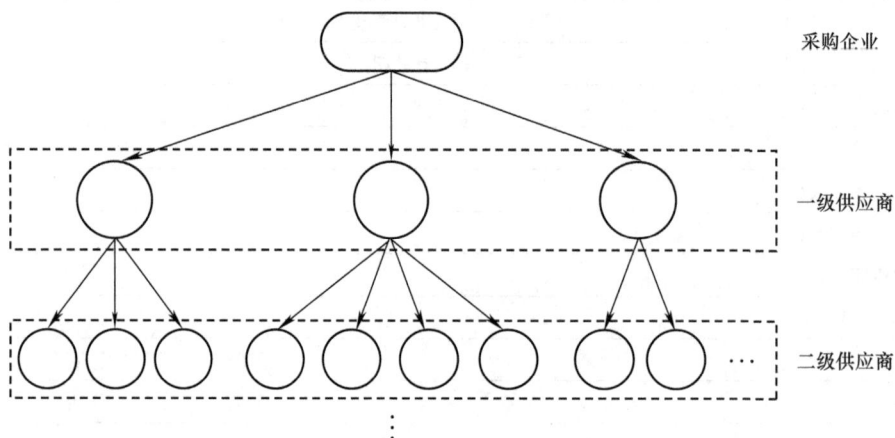

图 3-6　供应商分级管理模型

现代汽车行业通常采用典型的供应商分级管理政策。汽车零部件供应商可以分为三个主要层次：第一层以总成配套厂为主，厂家总量少、规模大，包括配套额较大的零件厂、原料厂、工艺厂以及相关厂；第二层以零件配套厂为主，围绕各自总成厂形成小的区域配套网，厂家可多可少，规模可大可小；第三层以原材料厂和工艺厂为主，为零件厂、总成厂以及总装厂提供原材料和工艺加工。表 3-6 所示为整车企业面临的供应商分层结构，以及对不同层级的供应商所采取的不同管理模式。

表 3-6　整车企业的供应商分层结构

	第一层	第二层	第三层
供应商性质	总成配套，属于最大的且参与程度最高的供应商	零件配套，较低层的供应商向较高层的企业供货	原材料，较低层的供应商向较高层的企业供货
职责范围	不仅提供模块，还进行产品设计和开发，并且替整车厂承担一定的管理供应链的职责	为第一层供应商提供完整的亚模块	为第二层提供子模块、原材料或大型部件的某个特定部分
提供产品	发动机、悬挂系统、传动系统、汽车内饰件系统、轮胎等	气囊、控制元件、电动机罩、金属铸件等	钢材、铝材、塑料等
关注的问题	供应商的开发、设计能力，制造零部件的工艺能力，以及质量控制能力	供应商制造零部件的工艺能力、质量控制能力、零部件零缺陷标准	供货准时，价格合理、低廉

【附录】

JH 联合股份有限公司供应商情况调查表

厂名		□ 初次考察 □ 复查 □ 审核
地址		供应商质量联系人:
品种		供应商采购联系人:
电话		供应商技术联系人:
邮编		有效期:

观察/建议:
结论:
技术支持部参加人员:
技术支持部经理意见:

一、公司组织

考察时是否在场		
总经理	□ 是	□ 否
销售经理	□ 是	□ 否
总工程师	□ 是	□ 否
质管经理	□ 是	□ 否
生产经理	□ 是	□ 否
职工总数__人 生产人人数__人 质管部人数__人 工程部人数__人		
质管经理的主管领导		
质管部是否兼职? 兼何职?	□ 是	□ 否
主要客户（产量占 10% 以上）		
质管部经理的下属有:		
主管__人 检验员__人 质量工程师__人		
备注:		

二、设备/设施

面积____ m²		
1. 厂房布局	□ 可以接受	□ 不能接受
2. 厂房的保养	□ 可以接受	□ 不能接受
3. 环境的整洁程度	□ 可以接受	□ 不能接受
4. 生产设备有无足够保养	□ 是	□ 否
5. 是否有一个较完备的预防保养系统	□ 是	□ 否
备注:		

三、质量管理组织

1. 每班是否有质量监督	□ 是	□ 否
2. 供应商质量管理系统是否有详细的书面文件	□ 是	□ 否

（续）

3. 质量管理体系是否在各方面都致力于缺陷的预防	□ 是	□ 否
4. 供应商是否有足够的质量检验员培训程序	□ 是	□ 否
5. 培训记录是否齐全	□ 是	□ 否
6. 生产人员是否有机会参与质量活动（质量会议）	□ 是	□ 否
7. 供应商是否采用统一的质量标准	□ 是	□ 否
8. 供应商是否对本身的协作厂实施质量保证系统	□ 是	□ 否
9. 供应商是否拥有与其业务相适应的全部有关标准	□ 是	□ 否

备注：

四、进货检验

1. 供应商是否有足够的控制能力以保证原材料与规范相符	□ 是	□ 否
2. 供应商是否有自己的原材料测试设备	□ 是	□ 否
3. 原材料是否被标明已确认其测试报告或合格证明	□ 是	□ 否
4. 供应商是否检验外购的零件/元件	□ 是	□ 否
5. 倘若供应商发外加工，是否有足够的控制能力来保证质量	□ 是	□ 否
6. 供应商是否正式标明外购材料/零件的检验状态	□ 是	□ 否
7. 接受检验的记录是否齐全	□ 是	□ 否
8. 是否有足够的书面检验规范	□ 是	□ 否
9. 是否采用正式的抽样标准，且是否合适	□ 是	□ 否

备注：

五、生产过程的检验管理

1. 是否保持详细的检验记录	□ 是	□ 否
2. 供应商的所有班次是否都在关键工序检验半成品	□ 是	□ 否
3. 检验人员是否有足够的检测规范	□ 是	□ 否
4. 是否有合适的目测标准	□ 是	□ 否
5. 用来检验产品的检验和测试设备是否充足	□ 是	□ 否
6. 检出的缺陷是否进行记录和监控，以查明问题所在	□ 是	□ 否

备注：

六、最终检验

1. 最终检验是否由质管人员进行或监督	□ 是	□ 否
2. 是否使用正式的抽样标准，是否合适	□ 是	□ 否
3. 是否使用书面的检验/测试规范，是否合适	□ 是	□ 否
4. 供应商是否有足够的检验/测试设备	□ 是	□ 否

备注：

七、包装

1. 是否有书面的专用包装指南	□ 是	□ 否
2. 记录是否表明包装/发货场地处于质管部门的控制	□ 是	□ 否

（续）

3. 包装过程中是否有足够的防护措施以确保产品合格才包装	☐ 是	☐ 否
4. 质管部门是否有阻止发货的权力	☐ 是	☐ 否
备注：		

八、不合格品管理

A. 生产过程中半成品/成品		
1. 各工序的不合格品是否都分开堆放	☐ 是	☐ 否
2. 不合格品是否做了明显标记	☐ 是	☐ 否
3. 保持的记录是否齐全	☐ 是	☐ 否
4. 记录是否表明返工的半成品/成品将被重新检验	☐ 是	☐ 否
B. 来自客户的故障信息		
5. 供应商是否研究客户反映的故障信息，并反馈到它的设计/生产部门	☐ 是	☐ 否
6. 供应商是否采取有效的纠正行动以防止客户反映的质量问题重演	☐ 是	☐ 否
7. 供应商是否把采取的纠正措施及其效果通知客户	☐ 是	☐ 否
备注：		

九、测试设备管理

1. 量规和测试检验设备，包括客户所拥有的量规和设备，是否保存	☐ 是	☐ 否
2. 供应商是否有检查系统来检查量规和测试设备，并保存记录	☐ 是	☐ 否
以下项目是否标明：		
a. 仪器的名称和编号	☐ 是	☐ 否
b. 仪器的检定日期	☐ 是	☐ 否
c. 仪器的下一次检定日期	☐ 是	☐ 否
d. 检定人签章	☐ 是	☐ 否
备注：		

案例分析

沃尔玛的供应商认证体系

沃尔玛作为世界500强企业中数一数二的企业，其实力自然不言而喻。它凭借先进的电子商务平台和高效的物流管理系统，继续着惊人的业绩和扩张的神话。

为了配合其总体战略，沃尔玛实施了富有成效的全球采购战略。而进入21世纪的中国正在成为全球的采购中心，所以中国是沃尔玛全球采购战略中非常重要的一环。在最近几届的中国商品交易会和华东商品交易会上，沃尔玛都是作为特约的大宗采购商参展的。尽管沃尔玛采购数量巨大、品种繁多，但要成为沃尔玛的供应商却并不容易，因为沃尔玛有着一套非常严格、近乎苛刻的供应商认证体系。现简介如下：

1. 工厂审计程序

工厂审计程序是由供应商提出申请后，沃尔玛派出审计员，在沃尔玛的产品开始生产之前的30天完成。通常的审计程序如下：

（1）问卷。沃尔玛在审计的时候，会优先采用精通当地语言的审计团队。当审计人员到达工厂后，首先与工厂的管理层会面，工厂的管理层应提供填写完毕的工厂问卷，这些问卷是在工厂提出申请后，沃尔玛发给工厂的。

（2）工厂巡视。会议结束后，审计员会巡视工厂。通常，审计员是在尽可能少的工厂管理层陪同之下巡视工厂。沃尔玛认为，只有在尽可能少的陪同下，审计员才能按照自己的方式以最有效率的方式进行审计。审计员应该多根据自己的经验，而不是工厂的解释来判断事物。工厂巡视所需的时间不一，视工厂的规模大小而定。

在巡视的时候，审计员将在生产区域与员工进行简短的对话，询问机械操作及其他相关问题。另外，审计员可能测试防火设备和其他设备，以确保其处于受控状态，并检查维修保养记录。

在巡视的最后，审计员将要求查看有关人事、工时和工资记录的文件，并提取其中的一些数据。这是沃尔玛审计时非常重要的一环，以此来查验工厂是否有不符合沃尔玛劳工权益方面的问题。

（3）雇员面谈。在巡视完以后，审计员会要求进行雇员面谈。沃尔玛认为，雇员的意见是审计过程中重要的一部分，认证发现和观察到的问题可通过这类面谈获得确认。

雇员面谈是在生产区以外的私人空间进行。理想状况下，工厂应该提供一个私人房间。无论在任何情况下，面谈都不可以在工厂管理层或他们的代表在场时进行。面谈的目的是发现雇员有哪些和审计有关的事项要说明。

面谈员工一般不少于15位，也不超过25位，视工厂规模而定。每位员工的面谈时间通常需要5~15min。理想情况是，面谈对象应包括工厂男、女两性和不同部门的员工。最好能够面谈担任主要生产职位的员工，而且面谈的对象并不是由工厂指定的，而是审计员在巡视工厂时挑选的，或者是审计员认为有必要进行面谈的某个岗位的人员。

（4）工厂巡视总结。审计所发现的内容将在结束会议上与工厂进行总结。不符合沃尔玛供应商标准的部分将被提出并与工厂管理层讨论，同时要求纠正行动，然后正式纳入纠正行动计划中。审计员会留下一份签名的审计情况报告给工厂管理人员保存，这样工厂便有一份该审计期间观察到的缺陷的记录。

（5）工厂评估定义。在工厂审计结束后，沃尔玛会根据审计的情况给出结果。审计评估结果按其标准分为五种：绿色、黄色、红色、不合格、永久取消资格。这分别代表了不同的可接受程度：绿色代表可接受；黄色代表需要改进；而红色则代表需要重大改进；不合格则为在几次审计中没有通过而暂时取消供应资格；永久取消资格就是永久取消沃尔玛供应商的资格。

在工厂接到黄色和红色评估结果的时候，供应商仍可以向沃尔玛供货，但是必须提供改进计划。沃尔玛也会进行重新跟踪审计，若工厂改进不充分，取得3次黄色标志或2次红色标记的时候，将被列为不合格，暂停向沃尔玛供货。但是，若工厂通过第三方认证，证明自己已重新成为合格供应商以后，沃尔玛会重启自己的认证程序。

永久取消资格是最严厉的，只有在工厂违反了沃尔玛的根本信念时才会发生。这些情况有：违法使用童工、强迫劳工、体罚、非法运输、歧视、侵犯人权及不安全的工作环境等。

2. 沃尔玛的"三振出局"政策

作为全球最大的百货零售企业，沃尔玛坚守其经营的根本信念"尊重个人、服务客户、力求完美"。为了贯彻其政策和以最高的道德标准开展业务，沃尔玛在劳工权利和安全方面的标准特别严格。

例如，如果发现供应商违反任何有关使用童工、强迫劳工、不安全工作环境等法律或道德标准，或转运用以提供或卖给沃尔玛的商品，供应商将被视为从事违规生产，将受到惩罚，乃至终止它和沃尔玛的业务关系。违规生产的意思是，在发现违规之日，货品在以下一种或多种情况下生产：

1）童工的使用。

2）强迫劳工（尤其是监狱产品）。

3）不安全的工作环境（指严重污染和存在安全隐患的工作条件）。

4）转运（指非原产国商品）。

以上这些违规生产的例子只是其中的一部分。因此，确保在生产或运送货品给沃尔玛时，始终遵守所有相关法律和道德标准是每一个供应商的责任。被认为违规生产的供应商将会收到违规书面通知，并将受到下列制裁：

"第一振"：供应商违规工厂的所有待发订单将被取消；生产中的和尚未出货的违规产品将被拒收。违规将从发生之日起在供应商的记录中保留两年。

"第二振"：在初次违规后的两年内，若供应商发生第二次违规生产，将造成所有待发订单的取消、生产中的和尚未出货违规产品的拒收。在发生第二次违规后的90天里，供应商将不能接到在发生违规工厂的国家里生产的任何订单。在这90天里，供应商将被要求在自行负担费用之下，完成由独立的第三方认证公司为其所用来生产沃尔玛商品的所有工厂进行的审计，并必须获得令人满意的审计结果。

"第三振"：任何时候，若沃尔玛认为某供应商存在重复违规的情况，将终止与该供应商的关系。该供应商所有未生产的订单都将被取消；生产中的和尚未出货的违规产品将被拒收。

沃尔玛带给我们的是完全不同的经营理念。它并不是不择手段地追求低成本，而是将较高的道德和法律标准作为考量供应商的重要标准，达到了这一标准后，才涉及价格和数量的谈判。

（资料来源：根据《沃尔玛供应商工厂认证手册》改编。）

案例分析题：

1. 简述沃尔玛的供应商选择流程与分类管理标准。

2. 讨论沃尔玛在供应商选择时重点考察道德与法律标准的原因，以及对中国企业的启示。

【本章讨论】

1. 供应市场分析包括哪些方面？具体内容有哪些？

2. 讨论供应商开发的意义，供应商开发的实施步骤、采用的方法和遵循的原则。

3. 根据具体公司实例讨论供应商培育的方法。

4. 讨论传统供应商关系和现代供应商关系管理的主要内容，比较两者之间的区别。

5. 讨论进行供应商资源整合的意义，供应商资源整合的主要表现以及这种整合在供应商关系管理方法及理念上有什么变化。

6. 霍尔公司对供应商总的要求是"我们必须认识到，公司未来的发展要求我们对供应商共享我们的管理和技术，使得双方都为对方的经营创造价值。""通过与供应商和客户伙伴式的合作，采购部门将以最优的成本保证最高质量的产品。"

根据该材料，谈谈你对建立供应商合作伙伴关系重要性的理解。讨论如何培育和维护与优质供应商之间的合作关系，并给出你的举措。

第4章

采购成本与价格管理

【导言】

虽然基于成本的定价方法被广泛使用，但价格也不总是依据成本而定的。当采购商处于强势或者与供应商势均力敌时，给予供应商合理的利润空间是保持供应质量稳定的前提。但供应商的利润空间取决于供应商的价格和成本。因此，了解供应商的价格与成本就显得十分重要。当供应商处于强势时，成本分析也许并不那么必要，但对供应商的价格分析则十分重要，因为它是获得有竞争力价格的基础。不管怎样，供应商价格和成本分析可以使采购商对某一成本因素或整个定价过程的合理性提出异议。在任何情况下，当确保质量、运送和服务达到要求时，采购部门还是应尽可能以最低价格获得所需要的物料和服务。

采购成本管理就是运用多种工具和技术，如所有权总成本分析法、价值分析、学习曲线等来分析供应商成本的合理性与议价的可行性。

学习目标

1. 采购成本构成复杂，现实中所核算的往往只是冰山一角。通过本章学习，了解所有权总成本的构成。

2. 学会运用倒推价格分析法、学习曲线分析法和作业活动成本分析法进行采购成本分析。

3. 采购价格在采购总成本中占比很大，因此，在保证质量的前提下有效控制采购价格是降低采购总成本的关键所在，学会运用合适的策略来获得合理的采购价格。

4. 供应商定价与市场环境有很大的关系，有必要了解影响供应商定价的影响因素及供应商定价策略，为采购价格谈判提供依据。

导读案例

美心——厂商协同降低采购成本

2002年，美心公司与大多数高速发展的企业一样，开始面临增长瓶颈。掌门人夏明宪毅然采取以利润换市场的策略，大幅降低产品价格。然而，降价不久，风险不期而至：原材料钢材的价格突然飙升。继续低价销售——卖得越多，亏得越多；涨价销售——信誉扫地，再难立足。面对两难抉择，降低成本，尤其是原材料的采购成本，就成了美心生死攸关的"救命稻草"！

夏明宪向采购部下达指令：从现在开始的三年内，企业的综合采购成本必须以每年平均10%的速度递减。

这让美心采购部的员工们有点傻眼，甚至不服气：此前美心公司的"开架式采购招投标制度"属国内首创，既有效降低成本，又杜绝暗箱操作，中央电视台都为此做过专题报道，而且此举已经为美心节约了15%的采购成本，还有什么魔法能够让青蛙变得更苗条？

在夏明宪的带动下，美心员工开始走出去，从习惯坐办公室到习惯上路，超越经验桎梏，不知不觉形成了一套降低采购成本的管理模式。

1. 联合采购，分别加工

针对中小供应商，美心将这些配套企业联合起来，统一由其出面采购原材料。由于采购规模的扩大，综合成本减少了20%。配套企业从美心领回原材料进行加工，生产出来的半成品直接提供给美心，然后凭验收单到美心的财务部领取加工费。同时，随着原材料成本的降低，配套企业也更具竞争力，规模扩大，价格更低，形成良性循环。

2. 原材料供应，战略伙伴

针对上游的特大供应商，即国内外大型钢铁企业，美心的做法是收缩采购线，率先成为其中一两家钢厂的大客户乃至战略合作伙伴。而钢厂面向战略合作伙伴的价格比普通经销商低5%~8%，比市场零售价低15%。于是，仅2002年的一次采购，美心就比同行节约成本近1000万元。

随着采购规模的与日俱增，美心人开始有了和钢厂进一步谈判的砝码。应美心要求，钢厂定期提供钢材的价格动态，并为美心定制采购品种。比如，过去钢板的标准尺寸是1m，而门板尺寸是90cm，其中10cm就只能裁下来扔掉；现在钢厂为美心量身定制生产90cm钢板，就大大减少了浪费，节约了成本。又如，他们还专门为美心开发一种新材料门框，品质相同，价格每吨可节约600元。

3. 新品配套，合作共赢

对于新配套品种的生产，由于配套企业需要增加大量投资，导致新配套产品与其他配套产品相比，价格大幅增加。美心就以品牌、设备、技术、管理等软硬件向生产方入股，形成合作。合作条件为，美心公司自己使用的产品，价格只能略高于生产成本。这样一来，合作方在新品的生产上减少了投入，降低了风险；同时，美心也降低了配套产品的采购成本，增加了收入。于是，各方受益，皆大欢喜。

4. 循环取货，优化物流

解决了原材料和配套产品的采购问题，美心还与配套企业携手合作，从物流方面进行优化。由于不同配套企业的送货缺乏统一的、标准化的管理，在信息交流、运输安全等方面都会带来各种各样的问题，因而双方必须花费很多的时间和人力资源成本。美心明白，配套企业物流成本的提高，将直接转嫁到配套产品的价格上。于是，美心聘请一家第三方物流供应商，由他们来设计配送路线，然后到不同的配套企业取货，再直接送到美心的生产车间。这样一来，不仅节约了配套企业的运送成本，提高了物流效率，更重要的是，把这些配套产品直接拉到生产车间，保持了自身很低的库存，节省了大量的库存资金。

美心通过与原材料供应商及配套企业的携手合作，使原材料厂商拥有了稳定的大客户，配套企业降低了生产风险，而其自身则在大大降低成本的同时，扩大了产销量，形成了各方

皆大欢喜的共赢局面。

2002 年，美心门的产销量同比翻了一番，综合采购成本下降了 17%，比全行业的平均水平低 23%！美心公司成为唯一一家在原材料价格暴涨时期维持低价政策的企业，企业形象如日中天，渠道建设终于根深叶茂。

随着科学技术的不断发展和市场经济的不断深化，市场竞争越来越激烈，企业之间的竞争逐渐演变为供应链之间的竞争。采购与供应管理是企业供应链管理中的一个重要环节。供应链环境下的采购成本管理，是对供应链的各个环节进行动态管理以达到供应链整体最优化的过程。采购成本是企业成本中的主体和核心部分，采购成本管理水平的高低会对企业利润产生重大的影响。一般来说，制造企业至少要用销售额的 50% 来进行原材料、零部件等的采购，采购的速度、效率、订单的执行情况都会直接影响到企业能否快速、灵活地满足下游客户的需求，采购成本的高低则会影响到企业最终产品的定价和整个供应链的最终获利能力。

"知己知彼，百战百胜。"要想控制好采购成本，首先需要对采购成本进行有效的分析。

（资料来源：http：//www.itjj.net，聚杰网。）

4.1 采购成本分析

采购商需要对采购成本进行较为准确的核算与分析，识别主要的成本因素，评价供应商报价的合理性。同时，对供应商成本的识别与管理可能也会帮助供应商获得降低成本的机会。对成本的分析需要借助多种分析方法或技术，一般可以采用定性与定量的分析方法。定性分析主要是由企业的采购决策者、采购员等相关人员提出若干问题来确定采购成本是否存在改进的可能性。举例来说，主要有：①对客户来讲，该产品有什么基本用途？有附加用途吗？产品设计和质量说明是否严格遵循客户的要求？②客户的购买成本与该产品对客户的用处成比例吗？划算吗？③产品的现有功能和特性是否必要？零部件是否都必要？④还有更好的生产方法吗？对于部分部件，是否购买比自己生产更为有利？⑤有无更低的成本标准？是否存在效用相同但成本更低的替代物料？在包装和运输方面是否还可以降低成本？⑥在采购数量预测与计划准确性方面是否还有改善的可能？⑦除此之外，还有其他适合的供应商吗？

定量的成本分析方法多种多样，如倒推价格分析法、学习曲线分析法、作业成本分析法、生产成本计划表、收支平衡分析法等。这里着重介绍前三种，其他分析法在财务管理或运营管理的课程中均有介绍。

4.1.1 倒推价格分析法

采购商可以使用倒推价格分析法来估计供应商成本。倒推价格分析法也称为应有成本分析法，即如果供应商以适当的方法分摊成本，依据供应商成本分摊方法来估计产品成本应该是多少。采购商通常假设供应商使用的是成本加成定价。根据成本加成定价法，供应商制定价格的标准是补偿全部可变生产成本和部分的固定成本，并产生一定的利润。

在倒推价格分析中，采购商有时不得不使用内部技术来估计，或依靠历史经验与判断来估计，或依靠公开的财务资料来分析供应商的成本数据。这些财务资料包括利润表、现金流

量表、公司年报等。但这些财务资料往往反映的是整个企业的财务情况，因此对于其某一产品或生产线的成本信息仍需具体问题具体分析。采购商需要把价格分解成物料、劳动、营业费用和利润等不同的细分成本。

4.1.2　学习曲线分析法

熟能生巧是人人都知道的道理，学习曲线正是提供了使这个道理得到科学分析的框架。它起源于第二次世界大战时的飞机工业，那时根据经验发现，当产量上升时，组装每架飞机的劳动时间呈逐渐下降趋势。后来随着研究的增多，发现在许多行业领域都存在这种现象。所以，学习曲线被定义为产出数量与生产所需时间两者之间的经验关系。虽然大多数人认为这是生产作业上的技术，但事实上它对采购经理分析供应商成本非常有用，尤其体现在谈判过程中对新产品的定价分析上。

如果一件新产品是按特定规格做的，那么生产 100 件和 200 件时的单位成本情况是不同的。显然，当生产数量提高时，单位产品的成本在不断减少，但究竟减少多少，就需要通过学习曲线得到答案。只要在图中将数字一一对应，就可以知道成本减少情况。以一条 90% 的学习曲线为例，每当产量翻一番时，单位产品所需的劳动时间下降到一半产量时生产单位产品所需时间的 90%。假设生产一件产品需 100h 的劳动时间，数据如表 4-1 所示。

表 4-1　学习效率为 90% 的学习曲线数据

产品件数/件	该件产品所需劳动时间/h	累计劳动时间/h	单位产品劳动时间/h
1	100	100	100
2	80	180	90
3	74	254	84.7
4	70	324	81

随着产量从 1 件到 2 件，平均单位产品劳动时间从 100h 下降到 90h；产量从 2 件到 4 件时，平均单位产品劳动时间从 90h 下降到 81h，下降幅度均为 10%。虽然新产品的产量不断增加，但学习效率是不变的，每次产量成倍变化时，所有产品的平均单位劳动时间都以 10% 的幅度递减，这就是拥有 90% 学习效率的学习曲线。

图 4-1 所示的学习曲线反映了劳动者从事劳动次数越多，就会变得越有效率。这同时体现在速度和技能上，使得单位产品劳动时间大大缩短，大大降低单位人工成本，同时产品合格率也会提高，所以单位新产品的成本就会随着总产品数量的增加而大幅下降。

从理论上讲，确定学习曲线只需要两个点（在双对数图上），然后就是确定使用何种学习效率。一般对简

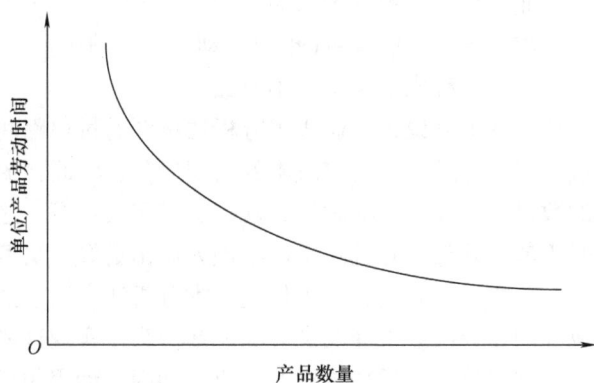

图 4-1　学习曲线

单的生产作业采用95%的学习曲线，中等复杂的生产作业采用80%～90%的学习曲线，高复杂的生产作业为70%～80%。例如，电子和机电部件的学习效率一般在75%～90%。

对采购人员来说，通过使用学习曲线可以得到累计折扣，估算供应商交付时间，并运用到目标定价中。但在应用学习曲线之前，采购经理要确保学习效应的确是按固定比率发生的。因为许多生产过程并不一定产生学习效应，如果生硬使用，可能会适得其反。这里列出不适用的条件：①学习效率不一致。如果数据和学习曲线不是很吻合，就说明学习效率不固定。②非劳动密集型产品。如果产品由机器完成，那么产出效率完全取决于机器性能。学习效应只存在人工劳动中，一般多存在于装配作业中。③已有生产历史的产品。供应商曾经有过该产品的制造经验，此时即使采购商认为该产品是非标准化的或是新的，也不能使用学习曲线，因为再要减少成本已经不太明显了。

采购人员要考虑到使用学习曲线的每个条件，如果光是获取分析数据就费时费力，那么就不值得用这种方法去做供应商的成本分析。因为研究学习曲线就是为了节约成本，如果它花费的成本远大于节省下的资金就得不偿失了。另外，采购人员也要确定数据的真实作用。很多时候成本的节约是由于规模生产分摊了金额较大的固定成本，而并不是学习曲线的功劳。

最后要注意的是，随着产量的不断增加，曲线变得越来越平缓，这也是学习曲线对新产品最有价值的原因。毫无疑问，学习曲线也给人们另一种暗示，那就是无论产量增加到多大，效率的改进都不会停止。当然，随着产量的不断增加而使供应商单位成本不断下降，除了学习效应还有规模效应等。

4.1.3 作业成本分析法

随着直接成本在企业制造总成本中占据的比例越来越小，根据直接成本按比例分配间接费用就显得不太合理了。20世纪80年代基于作业活动的成本分析法（Activity Based Cost，ABC分析法）的诞生，使得分摊供应商提供产品的间接费用更为合理。

在作业成本制度下，成本被划分为单位基础成本和非单位基础成本两类。作业成本法认为一些成本是随着生产单位数的变动而变动的，同时也认为许多非单位基础成本会随其他作业（除生产量外）的变动而变动。例如，假设某公司的成本可用三对变量解释：单位水准作业动因和销售量、批量水准作业动因和生产准备次数、产品水准作业动因和工程小时。那么，作业成本的方程可表示为

总成本＝固定成本＋（单位变动成本×销售量）＋（生产准备成本×生产准备次数）＋（工程成本×工程小时数）

从根本上来说，作业成本分析法试图通过追踪间接成本产生的原因来把间接成本转化为直接成本。它通过对间接成本的动因确认，将间接成本分摊到产品中。成本动因可能包括订单的数目，安装设备的时间、规格、工艺改进等。这个确认的过程可以使管理人员识别并把握时机节省开支，并且能帮助经理人做出更好的决策。

对采购人员来说，利用作业成本分析法有助于消除不产生价值增值的作业，从而减少诱发成本的作业次数来降低供应商成本。为了实现这些目标，采购人员必须从供应商那里收集信息，这些信息包括特定作业、成本动因、动因频率。采购人员必须清楚供应商在多大程度上了解他们自己的成本结构，如果他们控制不好成本，采购商应该帮助他们改善对间接费用

的分摊情况。

在成本分析中，采购商往往要求供应商在报价时提供详细的产品成本的分类数据，同时采购商自己也进行成本分析，然后逐个考察供应商提供的信息与自己公司对供应商进行成本分析之间的差异。这里有两大难点：一是有些供应商不愿意在报价中提供包含详尽成本细目的信息，但如果有一个供应商提供了符合条件的报价单，其他供应商由于压力也就不得不遵守约定提供成本细目；二是有些成本分析可能比较复杂，耗时耗力，当需要进行大量的计算和分析时，就需要雇用专职的成本分析人员。这些人员需要像供应商按成本定价时那样分析成本与价格，因此，他们需要具备和供应商同样的生产经历、经验、专业知识以及相关的估价知识与分析手段。

4.2　供应商报价分析

供应商报价分析是采购管理中的重要环节，因为它直接影响到采购为企业带来的增值效应，也是企业缩减成本的重要渠道。通常来说，在买卖双方对产品的交易价格达成共识之前，会进行多轮价格博弈。因此，采购方需要对供应商的定价策略有一个大致的了解，才有可能在谈判过程中占得优势。

此外，人们常认为采购容易滋生腐败，这正是指供应商价格的控制问题。采购的暗箱操作往往出现在价格控制上，从供应商处收取好处费而随意抬高定价导致企业利益受损的例子屡见不鲜。所以，如何加强供应商价格控制，使采购定价透明化和科学化，正是企业需要不断学习和改进的地方。

4.2.1　供应商定价策略

了解影响供应商定价的因素和供应商定价方法，对于分析供应商定价合理性和进行有效的价格谈判非常重要。

1. 影响供应商定价的因素

首先来看影响供应商定价的因素到底有哪些。基本上可以认为有三类因素左右着定价决策，如图 4-2 所示。

（1）供求关系和市场因素。对于竞争激烈的产品，价格是一种重要的竞争手段，企业必须考虑比竞争对手更为有利的定价策略，这样才能获胜。如在第 3 章中分析的供应市场一样，在此做一下简单回顾。

图 4-2　影响价格决策的因素

完全竞争市场的价格是由整个行业供求关系自发决定的，每个人都只是既定价格的接受者，而不是价格的制定者，因此无所谓定价问题；在完全垄断市场，由于垄断企业控制了进入这个市场的种种要素，所以它能完全控制市场价格；垄断竞争市场价格是在激烈的竞争环境中形成的，每个经营者都是其产品价格的制定者，都有一定程度的定价自由；寡头垄断企业不能随意改变价格，只能相互依存，因为任何一家企业的活动都会导致其他几家企业的迅速反应，从而难以奏效。所以，在寡头垄断的情况下，彼此价格接近，企业成本意识强。

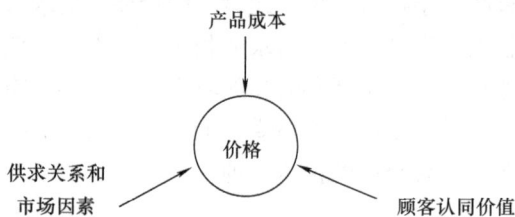

除非完全垄断，几乎所有类型的定价都会受到供求关系的影响。在经济学中有均衡价格的概念，即在该价格上需求和供给平衡。均衡价格的产生有助于市场决定生产。例如，倾销案例中的定价会非常低，低于其生产成本，也低于生产均衡价格。其目的是打败竞争对手、取得市场垄断地位后，再通过各种方式提高价格，获得超额利润。

（2）产品成本。任何企业都不能随心所欲地制定价格。某种产品的最高价格取决于市场需求，最低价格取决于这种产品的成本。从长远来看，任何产品的销售价格都必须高于成本，只有这样，才能以销售收入来抵偿生产成本和经营费用，否则难以持续地经营。因此，企业制定价格时必须估算成本。

毫无疑问，基于成本的定价方法是企业广泛使用的。供应商生产成本在前面已经分析过，可以认为"基于成本的定价"也是不够准确的。这主要是因为生产成本中包含了对管理费用的分摊，但企业恰恰可以利用这一点来灵活定价，增加利润。

（3）顾客认同价值。顾客感知的产品价值也会影响企业定价，因为决定市场定价的因素除了产品本身外，还包括产品的使用价值。顾客认同价值定价基于顾客对相对价值的感知，而不是基于对成本的认识。

新产品一开始定价偏高是因为它在市场中稀少，顾客认为新产品往往技术先进，认同它的高价定位。而当新产品沦为普通产品时，它的价格也会随之降低。这就是针对顾客心理的"取脂定价"策略，即新产品上市初期定价较高，以便在较短的时间内获得最大利润，因与从牛奶中撇取油脂相似而得名。采取此类定价策略的产品多为还没有形成激烈竞争的新上市产品或拥有市场垄断地位的专利产品。高利润将引发对该类产品生产的追随，导致激烈的竞争，因而此法多适用于产品生命周期的初始阶段。

当然，生产企业也可以有不同的定价策略。比如一开始就设定一个较低的价格来达到市场渗透的目的，这就是渗透定价策略。这种策略适用的条件是目标市场必须对价格敏感；生产和分销成本必须能随销量的扩大而降低。这种价格策略较易打开产品销路，扩大销售量；其不足之处在于投资回收期较长，通常作为一种长期的价格策略。

有两个指标可以反映顾客认同价值：需求收入弹性和需求价格弹性。需求的收入弹性是指因收入的变动而引起需求的相应变动率。一般来说，高档食品、耐用消费品、娱乐等的收入弹性较大；而生活必需品的收入弹性较小；有些低档产品甚至是收入负弹性。需求的价格弹性是指需求变动对价格变动的反应程度，用 E 来表示，该系数是需求量变化的百分比与价格变化的百分比的比值，即

$$E = \frac{\Delta Q}{\Delta P} \times \frac{P}{Q}$$

例如，一件商品以 100 元销售了 100 件，如果价格增加 4% 到 104 元，就会使销量下降 10% 到 90 个，此时其价格弹性就是 $E = (10/4) \times (100/100) = 2.5$。

$E = 1$，反映需求量与价格等比例变化，表明价格变动对销售收入影响不大。定价时，可选择预期盈利率定价方法或通行的市场价格。

$E > 1$，反映需求量的相应变化大于价格的自身变动。这类商品价格上升（下降）会引起需求量较大幅度的减少（增加）。定价时，应通过降低价格，薄利多销，达到增加盈利的目的。反之，提高价格时必须谨慎，以防止需求量锐减而影响企业收入。

$E < 1$，反映需求量的相应变化小于价格自身变动。这类商品价格上升（下降）会引起

需求量较小幅度的减少（增加）。定价时，高水平的价格往往会增加盈利，而低价对需求量刺激效果不大，薄利不能多销，反而会降低收入水平。

一些基本的日用品，如香烟、食盐、汽油等都是缺乏弹性，而其他许多消费品的需求对价格变化极具敏感，这就是顾客根据自己的生活需求对商品的认同价值不同的缘故。

2. 供应商定价原则

在分析了各个影响因素之后，供应商会确定自己的定价模式，可能会根据其成本结构来定价，或者根据市场需求和竞争情况来定价，也可能综合考虑这两个因素或是根据对其更为重要的其他因素来定价。采购商分析供应商定价策略时，以下几个问题是需要思考的：①这是供应商的长期还是短期定价模式？②供应商是市场上的价格制定者还是价格跟随者？③供应商制定低价的真实意图是什么？④供应商制定的价格与生产成本是否有关？

一般来说，供应商的定价原则可分为三类：需求定价法、成本定价法和竞争定价法。

（1）需求定价法。需求定价法是以消费者需求为依据制定价格的一种方法。企业定价时注意到市场需求的强度和消费者的价值观，根据目标市场消费者所能接受的价格定价。具体方法有习惯定价法、理解定价法、逆向定价法等。

1）习惯定价法。习惯定价法是指企业考虑并依照长期被消费者接受和承认的价格来定价的一种方法。

2）理解定价法。理解定价法是指根据消费者对商品价值的理解，即商品在消费者心目中的价值来决定价格的方法。这种定价不是以供应商的成本为基础，而是以客户对商品的需求和价值的认识为出发点。企业可运用销售推广影响消费者，使他们形成一种价值观念，然后根据这种价值观念制定价格。例如，一瓶啤酒在超市售价为5元，在某高级酒店或歌厅就可能售价20元。理解定价法成功应用的关键是把自己的产品同竞争者的产品相比较，找到比较准确的理解价值。因此，在定价前必须做好营销调研工作，否则，定价过高或过低都会造成损失。如果定价高于买方的理解价值，顾客就会转移到其他地方，企业销售额就会减少；如果定价低于买方的理解价值，又必然使收入减少，企业也同样会受到损失。

3）逆向定价法。逆向定价是指企业根据消费者能够接受的最终销售价格，依据自己经营成本和利润逆向推算出产品的批发价和出厂价。

（2）成本定价法。成本定价法是指以商品的成本为基础，综合考虑其他因素制定价格的方法。它包括成本加成定价法、变动成本定价法和盈亏平衡定价法等。成本定价法为采购商提供了可以寻求成本较低的供应商和考虑成本较低的替代品机会，并能够对价格高于直接成本的部分进行分析。

1）成本加成定价法。成本加成定价法是指在单位总成本的基础上加上预期利润的定价方法，也称补偿定价法，其价格在补偿了固定成本和可变成本后还能保证一定的利润。此方法多用于零售业，加成的比率因商品不同有很大差异。运用成本加成法并非一定能制定最佳价格，因为它忽视了市场需求和竞争。尽管如此，成本加成定价法还是在零售业被广泛采用。其优点是：把成本与价格直接挂钩，简化了定价手续；供应商"将本求利"可保持合理收益，采购商也不致因需求强烈而付出高价。但这种定价方法忽视了商品的社会价值和市场供求状况，缺乏灵活性，难以适应市场竞争形势。其计算公式为

$$单位产品价格 = （单位固定成本 + 单位变动成本）\times（1 + 预期利润率）$$
$$= 单位产品总成本 + 单位产品预期利润$$

2）变动成本定价法（边际贡献定价法）。变动成本定价法是指在定价时只计算变动成本，而不计算固定成本的一种定价方法。采用变动成本定价法的商品一般价格较低。这种方法通常在市场竞争激烈时采用。其计算公式为

单位产品价格 = 单位变动成本 + 单位成本边际贡献

这种定价方法可解决由于平均成本较高而引起的商品滞销问题，也可鞭策企业提高效率，迅速降低成本。

3）盈亏平衡定价法。盈亏平衡定价法是用盈亏均衡点的原理来定价的一种方法。盈亏均衡点又称盈亏分界点、保本点。其计算公式为

单位产品价格 = 单位变动成本 + 单位固定成本

除上述三种成本定价法以外，有时供应商可能无法计算出真实的生产成本，于是采用简化定价法，即先计算与某种产品相关的直接成本，然后在此基础上增加一个百分比，从而确定一个价格。这个增加的百分比用于补偿间接成本与其他固定成本并获得利润。这种定价法简化了定价过程，使用的是估计成本，没有考虑真实成本。

在经济增长迟缓期，供应商可能会采取存活定价法，也称买入定价法。其目的是在需求较低时取得收益，或从竞争者那里"偷取"市场份额。用此方法确定的价格大于可变成本，但对补偿固定成本和获取利润作用不大。供应商仅是运用此法来获取业务，度过销售低迷期，而无意长期保持这种低价。

成本定价法制定的价格与需求定价法制定的价格相比，前者提供的单位利润减少，但在有较强的竞争者进入市场的情况下，较低的单位利润可能会为具有潜在"大规模市场"的产品带来相当高的销售量。这种定价法还可以抬高行业进入壁垒，获取垄断地位。当然，采购商也需要注意供应商运用此方法的真正意图，是真的希望以低利润的价格获得高市场份额，还是想消灭竞争者从而获得垄断地位，以求以后抬高价格。

（3）竞争定价法。竞争定价法是以竞争者的同类商品的价格为主要依据，充分考虑自己商品的竞争能力，来确定价格的方法。具体方法有随行就市定价法、密封投标定价法等。

1）随行就市定价法。随行就市定价法是根据本行业平均定价水平作为企业定价标准的一种方法。这种方法的应用很普遍。因为有些产品的需求弹性难以计算，随行就市定价可反映本行业的市场供求状况，同时还有利于处理好同业关系。由于价格由市场决定，并且可能不与成本直接相关，此时采购人员必须接受市场上的现行价格，或者找到避开这些价格的方法。

2）密封投标定价法。密封投标定价法是供应商在采购商引导下通过竞标成交的一种方法。这种方法通常适用于建筑包工、大型设备制造、政府大宗采购等。一般由采购商公开招标，供应商竞争投标，密封递价，采购商择优选取，到期公布"中标"者名单，中标企业与采购商签约成交。投标递价主要以竞争者可能的递价为转移。价格低于竞争者，可增加中标机会，但不可低于边际成本，因为过低则不能保证适当收益。因此，投标企业通常要计算期望利润，以期望利润最高者作为递价依据。

除了以上三种定价法外，还有一种社会责任定价法，一般用于自然灾害或其他危及整个人类社会突发事件的特殊时期，此时供应商可能会降低价格，不以获利为目的提供产品，进行公共援助，以帮助大家渡过难关。

3. 供应商定价的其他因素

影响价格的其他因素还可能包括各种折扣和运费等，这些影响因素也是供应商制定价格需要考虑的因素或作为供应商价格的组成部分。

（1）价格折扣。供应商在定价时可能还会根据采购商是否提出特殊要求、具体采购数量、支付及时情况、采购商的地位以及其他一些特殊情况提供折扣。如果采购商对产品或服务提出特殊规格要求，供应商可能会提出较高报价。这也是采购商应该尽量选用行业认可的标准零部件的原因。当然，如果定制产品能够提升产品竞争优势或有利于获得市场上有利的产品差异，则可以选用定制产品。

1）数量折扣。数量折扣是指企业根据购买者的购买数量或金额的多少，订货量超过一定数量之后，供应商给予采购商的价格优惠。例如，顾客购买某种商品100单位以下，每单位10元；购买100单位以上，每单位9元。这就是数量折扣。这种折扣被用来鼓励大批量采购。采购商可以通过集中采购、联合采购或独自大批量采购来获得供应商提供的数量折扣。但大批量采购是有风险的，容易产生浪费，增加库存成本以及融资成本。因此，采购商使用此法前一定要加以权衡。

2）现金折扣。供应商有时会对在一定时期内提前支付货款的采购商提供现金折扣，以鼓励其及时付款。现金折扣是指根据购买者在规定付款时间内所付清款项的一种减价。例如，顾客在30天内必须付清货款，如果10天内付清货款，则给予1%的折扣。通常现金折扣是值得采购商加以利用。放弃现金折扣的机会成本一般高于利用现金折扣的机会成本，因为通常采购商很难在10天内赚到与现金折扣等值的收入。

3）地位折扣。地位折扣是指供应商根据采购单位的状况提供不同的折扣。例如，供应商对零售商、代理或其他中介组织与对最终用户提供的价格往往有区别，因为前者是在帮助供应商销售货物。同时，供应商可能出于一些考虑，如互惠互利、同属某一集团、长期客户等，对优先客户或大客户提供地位折扣。

此外，还有一些特殊折扣，如季节折扣，是指企业给那些购买过季商品或服务的顾客的一种减价，从而使企业的生产和销售在一年四季保持相对稳定。例如，一辆新车标价10万元，顾客以旧车折价1万元，购买只需付9万元，这叫作以旧换新折让。如果经销商同意参加制造商的促销活动，则制造商卖给经销商的物品可以打折扣，这叫作促销折让。

（2）运费。供应商在定价时，还会考虑到的一个重要因素是运费，尤其是运费占变动成本的比重很大时。这类定价策略总结起来有以下几种：

1）FOB原产地定价。FOB原产地定价是指由供应商定出厂价或产地价格，由采购商负担全部运费。它是单一的定价，适用于各地区的客户。采用这种价格时，供应商负责将货装上运输工具（如货车、火车、船舶、飞机），并负担货物装上运输工具以前的一切费用和风险。采购商负担从产地到目的地的运费及保险费，是很合理的。但实际上这不利于路途较远、运费较高和风险较大的采购商，会限制企业的贸易范围。

2）统一交货定价。统一交货定价是指企业对卖给不同地区客户的产品都按照相同的出厂价加相同的运费（按平均运费计算）定价。也就是说，对于全国不同地区的客户，不论远近，都实行一个价格。这种定价又称邮资定价。

3）分区定价。分区定价是指企业把全国（或某地区）分为若干个价格区，对于卖给不同价格区客户的产品，依据不同区域的具体情况分别制定不同的地区价格，而在各个价格区

范围内实行一个价格。

4）基点定价。基点定价是指企业选定某些城市作为基点，然后按一定的出厂价加从基点城市到客户所在地的运费来定价，而不管货物实际上是从哪个城市起运的。

5）津贴运费定价。津贴运费定价是指企业为了减轻远地购买者的运费负担，保持一定的市场占有率，按采购额的大小给予不同程度的运费津贴或全部运费的方法。

了解供应商采用怎样的定价原则有利于采购人员在价格谈判时把握主动权，最终达到降低采购总成本的目的。

4.2.2 供应商价格分析工具

供应商价格分析是指比较各供应商之间的价格差异或对供应商报价的构成进行合理性分析。其目的是更好地理解定价是如何产生的，使采购管理者可以对报价的某组成部分或整个报价的合理性提出异议。常用的价格分析工具有以下几种：

1. 数量折扣分析（Quantity Discount Analysis，QDA）

很多供应商使用折扣作为激励，来吸引客户购买更多的产品。供应商最常用的激励工具就是数量折扣，即单位价格随着采购数量的增加而减少。供应商之所以能提供数量折扣，是因为规模效应和学习效应而降低了供应商成本。实践中，供应商常常会提供两种形式的数量折扣报价单：一种是针对具体数量的报价，如采购一台为800元/台，两台为750元/台，三台为700元/台等；另一种是针对数量范围内的报价，如果客户的订货量超过给定的量，通常会获得更优惠的价格，如采购量在50个以内为8元/个，50~100个为6元/个，100~150个为5元/个等。对供应商提供的基于数量折扣方法制定的报价单，往往会找到某些未必合理的地方。许多报价单都显示，供应商报价单中的单位价格减少的比例要小于少量采购时的减少比例。下面通过两个例子来进行分析，如表4-2和4-3所示。

表4-2 针对具体数量的QDA实例（一）

数量/个	50	100	250	500	1000
报价/元	17.76	16.76	16.56	16.36	16.26
每单位新价格/元	17.76	15.76	16.42	16.16	16.16
拐点每单位价差/元		2.00	-0.66	0.26	0
价格降低百分比		11.26%	-4.19%	1.58%	0

表4-2中每单位新价格的计算方法为追加的资金除以追加的数量。例如，15.76元=$[(100 \times 16.76 - 50 \times 17.76)/(100 - 50)]$元，16.42元=$[(250 \times 16.56 - 100 \times 16.76)/(250 - 100)]$元，等等。

通过表4-2可以看出，当采购数量由50个增加到100个时，单位价格降低幅度最大；采购数量由100个增加到250个时，采购价格降低百分比为负，说明随着采购数量的增加，供应商的价格并没有持续下降；当采购数量由500个增加到1000个时，采购价格降幅几乎为0。因此，从上面的报价来看，供应商似乎提供了一个随着采购数量增加，价格更加优惠的报价，但通过数量折扣分析（QDA）后发现事实并非如此，采购数量250个的报价偏高，可与供应商就定价合理性提出异议。可见，作为采购商对供应商提供的数

量折扣报价单进行分析也很重要。再来看针对某一数量范围内的报价的 QDA 实例（二），如表 4-3 所示。

表 4-3　针对某一数量范围内的报价的 QDA 实例（二）

数量/个	49 以下	50 ~ 99	100 ~ 299	300 ~ 499
单位报价/元	7.76	6.76	6.56	6.16

通过表 4-3 可以看出，买 50 个所需要的金额为 338 元，如果购买量不足 50 个（此时价格为 7.76 元）就只能买 43 个，再多买一个就不够了。由此可以知道，作为采购商应该对供应商提供的数量折扣报价进行认真分析，或许可以找出其中的漏洞或议价空间。

2. 固定成本与变动成本分析

供应商的报价一般包括固定成本和可变成本两部分，即

$$价格 = 固定成本/数量 + 单位可变成本$$

$$P = F/Q + V$$

式中，P 为价格；F 为固定成本；Q 为数量；V 为单位可变成本。

可以用这一方法对供应商报价单分析，由此预测合理的单位采购价格。下面同样通过一个例子来进行分析，如表 4-4 所示。

表 4-4　数量与采购价格关系

项　　目 ＼ 供　应　商	Ⅰ	Ⅱ	Ⅲ
数量/个	2	5	10
单位报价/元	500	450	430

利用上面的公式对其固定成本及单位可变成本进行分析。通过组合Ⅰ和Ⅲ的数据，可得到一个二元一次方程组（$500 = F/2 + V$；$430 = F/10 + V$），解得 $F = 175$ 元，$V = 412.5$ 元。因此，$P = 175/Q + 412.5$，代入Ⅱ的数据可以求得 $P = 447.5$ 元，比实际的报价要少 2.5 元或低 0.56%。因此，可以通过固定成本与可变成本分析，就价格的合理性与供应商进行交涉。当然，这是假定供应商价格由固定成本与可变成本构成而进行的分析，现实的价格远远没有这么简单，但这种方法可以提供分析供应商价格的一条途径或一种辅助决策工具，往往只能作为有限的参考。这样也会促使供应商降低变动成本（直接材料、劳动力等），因为他们的变动成本偏高。

注意：从方法上说，固定成本和单位可变成本只需要任意两组报价的信息就可确定，但由于没有用到其他组合的报价信息，故此方法有一定的局限性。为此可以考虑用最小二乘法或一元线性回归分析的方法来确定 F 和 V 值。

3. 组合报价分析

组合报价分析就是采购商对不同供应商提供的分项明细报价表进行同类项目的对比分析，从而可以就某一分项成本因素的合理性提出异议，最终达到降低供应商报价的目的。实践证明这一方法既简单又有效，是降低供应商价格的一种有效途径。下面看一个具体的例子，如表 4-5 所示。

表 4-5   M 公司的茶杯零部件组合报价表   （单位：元）

产　品 厂　商	不锈钢杯	皮护套	塑料瓶盖	总计
A	75			
B		12		
C	67			
D		14		
E			3	
F			5	
G	69	15	6	90
H	76	11	4	91
I	72	12	5	89

　　假定 G、H、I 都可以高质量完成整个产品的组装，并且都提供了分项明细报价；A 与 C 是专门生产不锈钢瓶的供应商，反映了这一分项产品的市场行情；同样，B 与 D 是生产皮护套的专业供应商；而 E 与 F 则是塑料瓶盖的专业供应商。如果该企业不想自己组装，那么到底应如何制定一个供应商的选择策略？通过上面的报价表可以看出，如果采购商选择单一采购的话，那么就应该向供应商 C 采购不锈钢杯，向 H 采购皮护套，向 E 采购塑料瓶盖，这样一套零部件的采购价格为 81 元，可看为采购价格下限，而 89 元可看成采购价格上限。议价可以从三个供应商中的较高报价 H 开始，因为直接与最低的总报价 I 议价，可能难度很大。然后，以不锈钢杯分项报价最有竞争力的 G 作为杀价的依据，对最没有竞争力的 H 中不锈钢杯分项报价开始砍价，而对 H 中有竞争力的其他分项报价则暂不与供应商议价。如此开展与供应商的谈判与博弈，最终可能达到降低供应商价格的目的。当然，实际的报价远远要比上面复杂得多，很多因素，如供应商利润与物流成本等并没有被考虑进去。这里只是提供了一个分析思路，而且很多采购实践证明了这种报价分析方法往往行之有效。

4. 变动成本分析法

　　如果供应商能提供他们的分项明细报价表，那么供应商组合报价分析是比较各供应商之间的价格差异，或就供应商的某一成本要素的合理性提出异议的一种比较有效的分析工具。但当采购商只能掌握所采购产品中最大分项的成本而其他分项成本不太清楚时，变动成本分析法是比较各供应商之间的产品竞争力的一种途径。在变动成本分析法中，具体分析的基本等式为

$$成本变动率 = \frac{供应商报价 - 材料成本}{供应商报价} \times 100\%$$

$$基准价格 = \frac{材料成本}{1 - 基准成本变动}$$

　　为了方便，以具体例子来讲解变动成本分析法在供应商的报价分析中的应用，如表 4-6 所示。

　　某采购商现得到三家供应商 S1、S2 和 S3 的单位报价分别为 0.98 元、1.04 元、1.00 元（见表 4-6 的 A 行）。其中成本最大的一块是材料，经过材料估价工程师评估，得到它们的单位产品材料总成本分别为 0.52 元、0.55 元、0.54 元（见表 4-6 的 B 行）。用 A 行减去 B

行得到 C 行，即单位变动成本；然后用 C 行除以 A 行得到 D 行，即单位成本变动率，该行比值越低说明供应商的管理效率和竞争力越好。在三家供应商中，S3 的单位成本变动率最低，为 46%，因此被选择为单位变动成本基准率，由此可以求出三个供应商的基准价格。显然，按变动成本分析法可知，三个供应商中 S3 的综合管理效率最优，或者说供应商 S1、S2 的报价偏高。

表 4-6 变动成本分析表

供应商	S1	S2	S3
A 单位报价/元	0.98	1.04	1.00
B 单位材料成本/元	0.52	0.55	0.54
C 单位变动成本(A - B)/元	0.46	0.49	0.46
D 单位变动成本率(C/A)(%)	0.46/0.98 = 46.9	0.49/1.04 = 47.1	0.46/1.00 = 46
E 单位变动成本基准率(%)	46	46	46
F 基准价格/元	0.52/(1 - 46%) = 0.96	0.55/(1 - 46%) = 1.02	0.54/(1 - 46%) = 1.00
G 差值(A - G)/元	0.02	0.02	0

4.3 所有权总成本

一般来说，供应商关心的是为客户生产和配送产品的成本有多少，而采购商眼中的成本远远超过这些。因为采购商不仅需要根据价格来采购，还需要对采购品在企业中的各种可能成本给予核算。如图 4-3 所示，一个产品的成本组成需要考虑到方方面面，具体包括很多问题，如运输、关税、企业行政管理成本、供应商培训等。把所有这些相关成本合起来，即为采购的总成本，也就是采购人员需要认识的新的分析工具——所有权总成本（Total Cost of Ownership，TCO）。

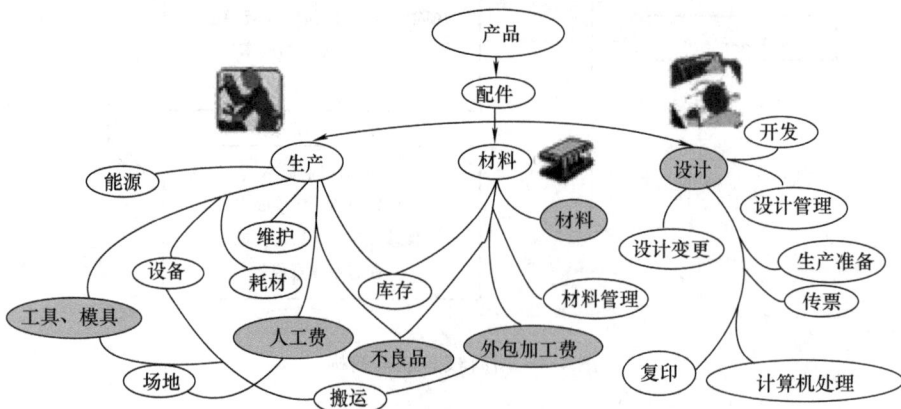

图 4-3 复杂的产品成本构成

所有权总成本正受到越来越多企业的关注和重视。所有权总成本之所以重要，是基于企业优化供应基础的需要。随着企业减少供应商数量并对少数重点供应商的依赖程度增加，选

择并保持合适的供应商变得非常重要。对采购成本的分析不局限于对供应商报价的分析，而是对所有权总成本进行分析。现实中，越来越多的企业人员认识到在组织活动和交易中有许多幕后活动或成本的影响因素，如果只利用一些已有的数据和价格，不能得出正确的决策建议。而 TCO 的关键就是能够通过分析那些影响成本的因素，挖掘出潜在的成本来支持分析和决策。

所有权总成本分析是通过分析一个组织的成本和绩效如何独立影响与其发生交易的组织的成本和绩效，来达到支持企业供应链管理的作用。任何采购专业人员都要有这个意识，即所有权总成本才是真正需要重视的成本。过分强调降低成本或压低采购价格，往往并不能解决企业成本居高不下的问题，而利用所有权总成本分析能够了解与供应链有关的所有交易成本，从而找出需要解决的问题。

所有权总成本分析是一个多学科相结合的分析，如财务上的净现值分析、会计上的产品定价和成本分析、物流中的物料运输过程和库存控制策略、运作管理上用到的可靠性和质量分析、市场营销中的顾客需求分析、经济学中的最小化单位生产成本以及信息技术上的电子商务等。采购人员需要和所有跨职能团队中的人员一起参与到这项分析中，运用自己的知识、技能和经验来有效地进行所有权总成本分析，以保证确实考虑到了所有相关成本。

4.3.1　所有权总成本的构成

所有权总成本主要包括三个组成部分，如图 4-4 所示，下面将做逐一阐述。

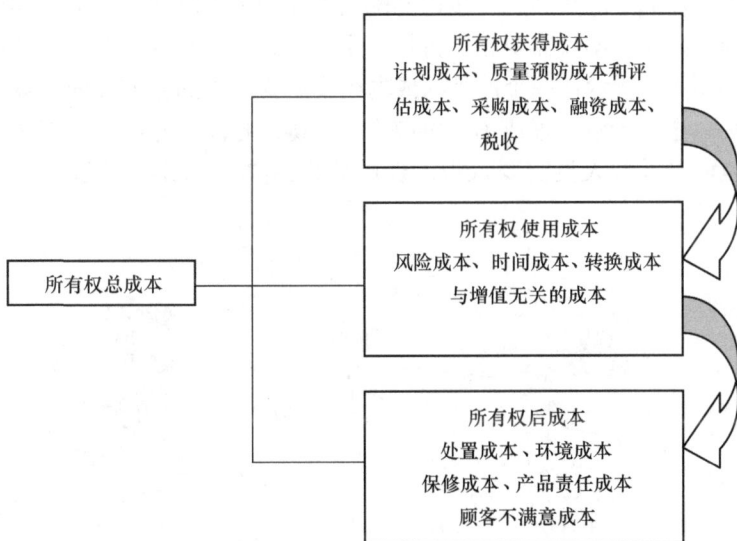

图 4-4　所有权总成本的构成

1. 所有权获得成本

获得成本是与产品与服务购买相关联的成本，包括计划成本、采购成本、质量预防成本和评估成本、融资成本、税收。

（1）计划成本。这部分成本包括不断变化的要求及特殊性成本、价格调查与分析的成本、供应商选择成本、谈判与合同拟定成本、初始订单履行成本和监控成本、采购时除采购

价格外的其他发生的成本。尽管为了制定更好的采购策略可能会导致这些成本不断上涨，但这并不意味着不能降低未来的所有权成本。例如，在新产品的研究阶段多花些时间与工程师代表及供应商进行接触，用标准化的部件代替定制的部分，将有助于降低获得成本，这同样也会降低未来的维修、更换、运输成本。

（2）采购成本。采购成本是购买直接和间接材料、产品或服务所支付的采购费用。它涉及的获得成本包括装卸及运输成本、场所准备（资产购买）成本、最初培训成本、安装成本及检测成本。采购人员可以通过采取有效的价格谈判（基于对供应商定价的了解）获得数量折扣和延期付款信用、标准化说明书及价值分析，来降低获得成本。购买二手的但质量还可接受的物料及设备也许是另外一种可以降低获得成本的方法。

（3）质量预防成本和评估成本。质量预防成本和评估成本是致力于使产品和服务达到质量水平和符合性能要求的有关费用。从一开始就对供应商进行质量确定，既能获得最优的产品质量，也能监控产品使用结果。例如，对实验设计和过程统计的控制可以保证产品达到满足采购需要的质量。除此之外，在这个过程中所建立的质量控制系统也具有长期利益。

（4）融资成本。通常情况下，融资成本不是一个采购人员会关注的问题，但对于一个企业整体而言，必须对其予以考虑。不管是购买存货和物料、开设新设施，还是进行设备投资，采购团队都应考虑融资的数量和成本。可以考虑借助企业多余的现金、负债筹资或者股票筹资对购置资产进行融资，每种形式的融资既产生成本又带来收益。因此，在进行这样的决策时，企业的可信额度（包括现金流量、获利情况、负债情况及未来销售情况）以及预期的投资回报均是进行融资时需要考虑的重要因素。

（5）税收。如果企业存在国际采购，就必须考虑税收对物料和产品的影响。产生直接影响的税种有关税、加工税等；产生间接影响的有燃料税、通行税、设备税等。采购人员在关注运输收费率、存储服务成本和货物购买价格时，同样也要关注潜在成本，这就是税收。用减少税收来降低成本的方法包括：①在自由贸易区内生产和采购会减少甚至免除某一产品的相关税费；②运用转移价格将收入从高税率地区转移到低税率地区；③运用虚拟客户票据交换达成货物转移。

2. 所有权使用成本

使用成本发生在最初购买后，它是与所购产品、物料、设备的使用过程相关的成本。使用成本有的可以量化，有的很难量化。可量化的成本包括所耗用的数量、停工、定期的保养和维修；不可量化的成本一般是指使用过程中的方便性和易操作性（可减少工人疲劳）及审美愉悦感等。

（1）风险成本。企业并不一定总能及时买到质量合格的产品，所以就会发生不产生任何附加价值的生产中断时间。这段时间就造成了中断生产的成本，主要包括：①产品数量减少及资源空闲造成的浪费和损失；②产品质量低劣而销售不出产品的机会成本；③交货时间无法保证导致与客户发生摩擦的关系成本或信誉损失形成的成本。例如，对于一条汽车生产线来说，因为设备故障或者是材料不符合规格而导致停工，或许会造成每分钟数万美元的损失。

存货成本就是一种典型的风险成本。为了防止缺货而保持过多的存货只能是权宜之计，因为保持过多的存货是一种浪费。一个企业应该尽可能地减少甚至消除过量存货所带来的成本，产品过时、发生偷盗丢失以及存货所占用的空间都会导致成本的发生。

风险成本还包括很多，如从新供应商手中购买产品时的可靠性风险，生产过程中使用新材料、新工艺时的风险等。

（2）时间成本。减少一个新产品进入市场的时间或增加单位时间内产量或加速产品流通，都会因为降低总成本而增加盈利，并且提高投资收益率。尽管为了从这些方面来提供投资收益率而花费的初始成本很高，但它将在直接材料、直接劳动力及经常性开支等方面带来长期的节约。这种节约会使组织运行得更加稳健，从而真正利于组织的长期发展。

（3）转换成本。转换成本就是所有为了使生产适应物料而额外进行改进活动的费用。产品的生产方法（大规模定制或小批量生产、手工制作或机械自动化）、劳动力培训、工作环境的改变等都是可能导致出现转换成本的因素。

（4）与增值无关的成本。据估计，在所有的成本中，有大约40%的成本产生很少的价值或者几乎不产生价值。举例来说，在生产活动中制定不科学的、繁杂的操作程序，往往会导致员工重复劳动和执行重复工序；或者以随机形式完成每日的任务，而不按照能够最小化在途时间的设计路线等，都会造成不产生价值的成本。

采购人员可以通过实地参观供应商的生产车间并且观察产品的生产过程来减少这些成本的发生，这样就有了与供应商协商降低价格的空间。对企业自身来说也一样，观察一套操作过程可以发现那些不会产生价值的成本。一旦这些成本被剔除，对双方来说均是一种资源的节约。

3. 所有权后成本

剩余材料和设备的处置成本是资产购置之后进行所有权后成本估计的两个重要因素。处置成本是处理剩余物资、资产时产生的成本，包括处置费用、税费、人工费用等。对于许多购买者来说，总存在一个资产市场能够提供数据以估计资产合理的未来价值。工厂设备及资产的评估师也能帮助评估工厂或设备的价值。除此之外，还有一些成本也是需要被考虑进去的：

（1）环境成本。在环境问题日益受到人们关注的时候，这种类型的所有权后成本也显得越来越重要，因为如果不注意，就可能付出巨大的代价。例如美国亨斯迈（Huntsman）石油化工集团的英国分公司和英国石油公司非法排放苯、甲苯、乙苯、二甲苯。这些企业的行为违反了1996年颁布的一项环保指令，如不采取补救行动，将面临相关指控。这样将不仅降低其资产净值，而且会影响公司形象，甚至对公司的市场竞争产生严重不利的影响。

（2）保修成本。产品质量低劣、设计上存在漏洞等都会产生意想不到的相关保修成本。采购管理人员作为产品制造及服务设计跨职能团队的成员之一，应该尽早指出将来可能发生的保修成本或召回成本，以促使企业能够将更多的注意力放在产品上设计及生产制造零缺陷的产品上，并提供相应可靠的服务。

（3）产品责任成本。如果产品问题通过保修能解决，企业应该感到庆幸，因为产品设计问题及低劣的质量很有可能造成伤害事故，此时就关乎产品责任的问题。油箱因挤压而发生爆炸、食品卫生问题、儿童玩具致使儿童受伤等现象不胜枚举。而当事故发生时，企业要承担的赔偿会远远超过一般维修保养的费用，因此，产品责任成本也是所有权后成本中的重要组成部分。

（4）顾客不满意成本。这是一个很难量化的成本。事实证明，留住一个老顾客要比发展一个新顾客合算。据统计，大约75%的消费产品领域中的失败案例均起因于其采购材料

的缺陷，而当顾客觉得产品不理想时，就会产生不满意的情绪。当一个顾客感到不满意时，他经常会将这种不满意传达给他的朋友及其他认识的人，而这些人很有可能是潜在的购买者。这种消极的产品宣传造成的潜在损失就是顾客不满意成本，很有可能导致企业的销售业绩下滑。

4.3.2　所有权总成本分析法的应用

所有权总成本包括对一项采购产品或服务的获得、使用、管理、保持和处置等多方面的综合成本。它不仅是构成最终产品价格的单个成本因素的加总（例如，物料、劳动时间与工资率、间接成本、一般成本与管理成本、利润），还包括运送、操作程序、检验、质量保证、设备维护、后续作业和其他许多相关工序所造成的成本。由于所有权总成本分析需要花费大量时间、人力、物力与财力，因此在实际使用时并不要求精确计算，而且也不是对所有的采购项目都能理想地进行所有权总成本分析。

所有权总成本在企业中的应用越来越重要。企业首先利用总成本最低选择供应商；其次利用期望绩效与实际绩效的偏差，与供应商沟通、反馈，并提出改进供应商绩效的方法，从而提高供应商的责任意识与控制能力；最后在分析法应用过程中，对于优秀的供应商要建立长期伙伴关系。除了供应商的选择、绩效改进、评价等应用外，利用所有权总成本分析法还可以在与供应商谈判时确认采购合同中需要改进的地方。此外，该方法还可以向违约供应商索赔。下面是埃尔拉姆（Ellram）在《国际物流管理杂志》（*International Journal of Logistics Management*）（1993）上提出的理想的所有权总成本分析方案的采购特征：①企业在这一项目上的投资相对较大；②企业对项目采购的周期有一定规律，主要是为了能够提供一些历史经验数据，但更重要的是能收集目前的成本数据；③采购组织相信项目有重大的、目前还没有认识到的交易成本；④采购组织相信在没有认识到的成本中，有一个或多个是非常大的；⑤采购部门通过谈判，转换供应商或提高内部运营效率，对交易成本可以产生重要影响；⑥那些采购或使用这些项目的人将共享数据，以便对项目的成本结构有更多的了解。

纳尔科亚太区采购部实施的 TCO 项目

纳尔科公司是全球领先的水处理和工艺改进服务公司。公司 2009 年的全球销售额为 40 多亿美元。纳尔科亚太区采购部一共有 40 多位员工，分布在亚洲的近 10 个国家，2009 年直接原材料的采购金额达到将近 1 亿美元，其中中国区大约是 2200 万美元。

纳尔科亚太区采购部实施的 TCO 项目只是以采购部牵头其他部门协调的项目，因此，TCO 项目所涉及的成本领域并不是包括整个成本，而是更加侧重以下几个领域：原料成本、包装成本、运输成本、资金成本（付款周期）。其中，原料成本更是重中之重。首先，对采购的原料按照类别进行分类，然后按照国家分离；其次，从项目组成员来看，以相应的亚太区产品采购经理牵头为项目经理，其成员包括工厂采购员、研发人员、质检、生产部门、计划员等；再次，从项目的时间跨度来看，不同的采购经理同时开展工作，但是每个采购经理都会按照相应的进度开展某一类原材料的 TCO 项目。通常一个项目会在六个月内结束，六个月后即开始执行 TCO 的成果。

该 TCO 项目从 2009 年 9 月份开始，到 2010 年 3 月份结束，并于 2010 年 4 月份正式开始执行。截至 2010 年 10 月底，公司一共节约了大约 363 万美元的成本。

4.4 采购成本的控制策略

面对市场的竞争、产品的不断更新换代和顾客消费品位的提高，企业的生存压力越来越大。企业要不断挖掘降低成本的机会，其中采购成本控制是最为行之有效的方法之一。合理制定采购计划，管理和控制采购相关的各种成本，将直接关系到整个采购运作的成败和企业的盈利能力。

1. 采购价格的控制

采购总成本控制的关键是采购价格的控制，降低采购总成本的关键是降低采购价格。那么，如何控制供应商产品的价格？不可否认，在采购商强势或与供应商势均力敌时，压价是控制供应商产品价格最直接的方法，但也需要很多处理方法和技巧以达到控制价格的目的。

（1）采购流程控制。在采购政策上做好具体规定，可以对价格控制起到较好的作用。但这并不意味着采购需要繁杂的多层审批，而是要从流程的每一步控制好价格，以使采购全过程透明化和规范化。

OTIS 公司的采购报价规定

超过 5000 元人民币的采购决策必须取得两方可比性报价，超过 15000 元人民币的采购决策必须取得三方可比性报价，除非该供应商依据阶段性（如一年）的货源选择流程已经被确认为优先选择或签约供应商。如果较低的报价未被选择，必须提供正当理由。

对于超过 50000 元人民币的采购决策，如没有获取可比性报价，必须通过单一供应商/唯一供货商审核，并取得非生产采购部门经理/首席财务官的批准。

超过 250000 元人民币的采购需要选择委员会的参与，该委员会由采购部门、财务部门和申请部门的人员组成，对报价进行审核。非生产性采购部门负责提供全面的报价单和支持性文件。

超过 500000 元人民币的采购需要执行密封投标流程，并由选择委员会负责开标。

委员会成员至少（但不限于）由以下部门组成：采购部门、财务部门和申请部门。委员会拥有最终采购决定权。如未选择最低出价的投标人，必须由选委会提出正当理由，所有招标的文件、竞标方案及评标记录应当进行存档保存。对于不适用密封投标或密封投标项目或采购类型，需要经过供货管理部长的审批，非生产性采购部门可以使用其他可选的竞争性采购途径来确定最佳货源，获取最有利的价格。

超过 1000000 元人民币的采购需要选择委员会的全程参与，包括供应商的筛选，招标建议申请，供应商评估，投标收录、开标和审查及确认供应商选择。

OTIS 公司的非生产采购定价规定如表 4-7 所示。

表 4-7 OTIS 公司的非生产采购定价规定

采购金额/元	申请采购部门是否参与	是否比较报价	选择委员会是否参与	是否密封投标	选择委员会是否全程参与
0～5000	是	否	否	否	否
5001～15000	是	是	否	否	否
15001～250000	是	是	否	否	否
250001～500000	是	是	是	否	否
500001～1000000	是	是	否	是	否
10000001 以上	是	是	否	是	是

上述采购程序中的任何例外情况（包括在价格审核和控制基础上进行的供货商选择）必须经 OTIS 公司供货管理部长和首席财务官批准。如果需要的话，OTIS 公司供货管理部长和首席财务官也可以要求指定项目通过更加严格的报价审核及供货商选择程序。如果是单一货源决策，必须通过单一供货商的审核，并提供适当的支持文件，同时通过采购经理及运营单位的财务总监的批准。

（2）竞标控制。竞争性招标是采购商确定市场价格的一个重要工具。特别对于采购金额大的产品，通过实施竞标来确定其价格是一种抵制采购暗箱运作的有效手段。采购人员通过竞标来选择供应商，并就最终价格和其他采购条款与选定的供应商进行谈判。

从法律上来说，一份采购订单只有在注明价格及确定价格的方法后才具有约束力。当企业决定公开竞标（不管是在线还是非在线的）后，一般都需要按照以下基本步骤进行：

1）选择潜在的货源并向供应商征求报价单。对投标者一般要求有：①能够根据客户需要制造出产品/服务；②能按时交货；③具有信誉（可靠性）。竞标还要求投标者的数量合理。投标者太少，价格显示不出真正的水平；投标者太多也没有必要，反而浪费人力。一般选择 4 ~ 5 家供应商，以保证他们之间的竞争确实能够影响价格。

2）确定采购价格。采购人员通过竞标确定采购价格，有时并不一定是为了获得低价。如果采购人员觉得一些开价很低的供应商并不能提供有保障的服务，就不应让他们参加竞标。不管怎样，采购人员都应该明确，竞标不是一个游戏，供应商投标需要承担一定费用，如果没有希望达成供货协议，采购人员不应该随意发出投标邀请。

3）重新竞标。如果所有的投标价格都高于采购商期望的价格范围，那么采购商可以通知投标者都没有中标，同时通过重新制定竞标规则，重发投标邀请或采取公开招标的方法来进行采购。采购人员不应该放弃自己的价格标准与价格底线，竞标至少可以使采购人员了解供应商的心理价位，并保证得到的是合理价格。

4）规范竞标。如果供应商提供了相同的价格，很可能意味着投标者有串通嫌疑，这样对采购商获得期望价格是很不利的。一般竞标中可以将规则定为不允许出现相同报价，也可以让投标者就合同的某一部分进行投标，而这一部分正是采购商认为可以有商量余地的部分。

某企业竞标节约实例如表 4-8 所示。

表 4-8　某企业竞标节约实例

竞标项目	电视监控系统	车间上水给水管	套筒项目	0#国标用油 150t	连铸机轴承座
供应商数量/个	3	3	3	3	3
预算	80000 元	220000 元	—	627000 元	180000 元（共 4 根）
起价	63000 元	210000 元	23000 元	4150 元/t	40000 元/根
领先标价	55000 元	190000 元	18000 元	3930 元/t	34000 元/根
授标原因	标价最低	标价最低	交货期短	—	后协商价 33000 元/根
节省额/率	25000 元（31.25%）	30000 元（13.64%）	5000 元（21.74%）	37500 元（5.98%）	44000 元（24.44%）

（3）比价谈判。谈价不是只给出一个很主观的目标价格让供应商降到目标价格这么简单，它也有一些技巧和方法，除了直接谈判价格，还有其他一些方法可以达到控制供应商产

品价格的目的。

首先，一定要制定一个目标价格。合理的目标价格是能否实现成本下降的一个很重要的因素。无论是供应商成本分析还是供应商报价分析，都是为得到一个合理的价格范围做准备。如果是已经合作过的产品，价格很难有所下降，可以从服务方面考虑降低成本的可能；如果是一些很复杂的产品，无论是新供应商还是老供应商，都可以要求降低价格或者降低成本，此时让产品专家或价格分析师来分析产品成本下降的可能是很有必要的。由此，一个目标价格就可以初步确定下来。

接下来就是谈判。无论通过怎样的方式谈判，采购人员都需要记住：目标价格不能放弃。这就需要采购人员运用谈判技巧。采购人员每时每刻都要记住，供应商，尤其是一些重要的战略供应商是企业的合作伙伴，能否很好地控制成本，很大程度上在于能否与他们建立互相信任合作的关系。

除了直接谈判，还有一些方法同样可以达到降价的目的。例如，让工程师和专家检查是否所有的供应商生产流程和工艺程序都是必需的，从而可以从工程的角度降低成本。获得合适的价格是采购与供应管理中最重要的任务。采购人员平时要注重通过多种途径发现供应商，随时进行价格比较并有效利用竞标和谈判，争取各种折扣形式和服务优惠。

在关注价格时，采购人员要对当前经济形势具有敏锐洞察力和判断力，通过使用先进的成本分析工具来辅助采购的有效决策。需要注意的一点是，无论怎样的成本分析，都要基于所有权总成本的概念，即使采购人员只负责采购这一职能，也应该具有全局性成本管理的理念。

2. 采购成本控制

采购成本控制还与产品开发设计、价格变动、采购人员的素质与能力等因素有关。

（1）产品开发设计。产品开发设计是产品生产的开始，新产品开发的成功意味着确定了其所需的原材料，因此，采购部门在产品开发设计时就需要关注所需材料、零组件，及时与供应商进行谈判，选择成本有优势的部件。同时，产品设计优化的目标就是与供应商一起实现成本和利润的双赢，以最优的而不是最好的材料用于新产品中，使产品在具备满足市场要求的性能的情况下达到最低的生产成本。

（2）价格变动。采购市场价格经常随着市场供求状况、投资情况等因素发生变化，因此，采购部门应设立预警机制，关注市场原材料价格波动的趋势，把握好采购时机。采购部门还可以充分进行市场调查，并将相应的信息进行收集和整理。

（3）采购人员的素质与能力。降低采购成本，还要加强采购人员管理。首先，采购人员必须具备成本意识和效益观念；其次，采购人员要有预测能力，对瞬息万变的市场，要能及时判断货物的供求关系，根据掌握的供应商信息，判断对采购成本的影响，对将来的采购行为做出合理的判断；再次，采购人员要能准确表达产品信息，出现问题及时与供应商进行沟通，做到随机应变，还要有较高的情商，能够与供应商建立良好的合作关系；最后，采购人员要掌握采购的专业知识，能够主动寻找合适的替代产品，从而进一步降低成本。此外，采购人员还要有高尚的采购职业道德，维护企业利益。

3. 采购定价方法

目标定价法与成本定价法作为成本管理方法，是采购人员常用的定价方法。其实现需要一个关键因素是供应商成本信息与客户的确认与分享。由于担心采购商今后可能会利用供应

商的成本信息压低价格，很多供应商不愿意与采购商分享自己的成本数据，而将其看作机密情报。应该指出，在实践中，供应商有这种担心是有道理的。但是，也有越来越多的案例证明，采购商与供应商双方已经或正在从双方详细的信息共享中获益。除了成本信息，双方还需要确认产品的产量、可衡量的生产能力和质量改进计划、供应商资产回报要求等信息。

（1）目标定价法。目标定价法是指根据估计的销售额和销售量来制定价格的方法。它是在新产品发展初期，在采购商与供应商之间建立合同价格的一种方法。在采购决策中，目标定价法被用来决定可接受的产品成本。

传统的定价法为：产品成本＋利润＝销售价格。但由于激烈的市场竞争，许多厂商不一定能成为市场价格制定者，而不得不成为市场价格追随者。这就意味着销售价格是相对稳定的。那么为了盈利，企业将不得不控制成本。而利用目标定价法，采购人员可以计算出可接受成本：销售价格－利润＝可接受的产品成本。企业先在营销部门的建议下确定最终产品的销售价格，将这一价格分解到零部件层次，确定某一零部件的第一年的目标采购价格，然后，采购部门对这一零部件的采购就以这一价格为目标。这也是采购商实现最终产品价格的一部分。

一般情况下，供应商的报价可能会高于采购商设定的目标价格，而且买卖双方之间的谈判不一定能一次就成功地让供应商降低到目标价格。于是，供应商的当前价格与采购商的目标价格之间的差距即成为战略性的成本削减目标。双方需要共同采取成本削减的措施，如价值分析、流程改进、产品标准化或重新设计调整某些产品功能等。

（2）成本定价法。从采购商的角度来讲，成本定价法被用于从财务上激励供应商改进运营绩效，促进生产领域的投资。成本定价法需要考察供应商的生产成本，其决定的价格除了补偿生产成本外，也给予供应商一定的利润。该利润不像市场驱动下的定价那样是成本的直接函数，而是采购商给予供应商的用于所购项目的生产性投资的回报。成本定价法以最有效的生产流程及其运作为基础来确定成本。采购商与供应商必须确认与所购零部件相关的成本与供应商投资，确认供应商对投资回报的要求，确认供应商承诺的年绩效改进目标。这些确认将决定价格是否公平和具有竞争性。

成本定价法的一个重要特点是采购商与供应商双方共同分享成本节约带来的利益，提倡的是长期合作。而在传统的市场定价法中，采购商往往希望完全占有供应商的成本节约，注重的是短期利益。采购商降低了所购产品的成本，并且为持续的成本改进建立了基础，供应商也从长期合同中获益，并在采购商的帮助下提高了运营绩效和竞争力。因此，成本定价法有利于与供应商发展更为密切的关系，可以推动供应商更努力地进行成本节约。

案例分析

格兰海芬的采购成本控制措施

格兰海芬公司是一个有80年历史的世界级汽车配件制造商，格兰海芬公司的产品是各类变速排挡机械和电子制动系统，其目标是为全球客户提供世界级的产品设计、开发和项目管理以及精益生产和卓越品质。格兰海芬上海独资公司成立于2004年12月，主要生产乘用轿车换挡器，目前客户有本田、通用、克莱斯勒、铃木、现代、尼桑、福特等。

控制采购成本对一个企业的经营业绩至关重要。格兰海芬公司一直致力于加强采购成本的管理和控制，完善采购管理制度，取得良好的经济效益。下面介绍格兰海芬在采购成本控制上的具体做法。

1. 建立、完善采购管理制度，做好采购成本控制的基础工作

（1）建立严格的采购制度。采购制度应规定物料采购的申请、授权人的批准许可权、物料采购的流程、相关部门的责任和关系、各种材料采购的规定和方式、报价和价格审批等。

（2）建立供应商档案和准入制度。对企业的正式供应商要建立档案。供应商档案内容除有编号、详细联系方式和地址外，还有付款条款、交货条款、交货期限、品质评级等；要建立供应商准入制度，重点材料的供应商必须经质检、物料、财务等部门联合考核才能进入。

（3）建立价格档案和价格评价体系。企业采购部门要对所有采购材料建立价格档案，对每一批采购物品的报价，应首先与归档的材料价格进行比较，分析价格差异的原因。对重点材料的价格要建立价格评估体系，由企业的相关部门组成价格评价组，定期收集有关的供应价格信息，分析、评价现有的价格水平，并对归档的价格档案进行评价和更新。

（4）建立材料的标准采购价格，对采购人员根据工作业绩进行奖惩。

以上几方面的措施虽然不能完全杜绝采购人员的暗箱操作，但对完善采购管理、提高效率、控制采购成本确实有较大成效。

2. 降低材料成本的方法和手段

（1）通过对付款条款的选择降低采购成本。如果企业资金充裕或者银行利率较低，可采用现金交易或货到付款的方式，这样往往能带来较大的价格折扣。此外，对于进口材料、外汇币种的选择和汇率走势也要格外注意。

（2）把握价格变动的时机。价格经常会随着季节、市场供求情况而变动，因此，采购人员应注意价格变动的规律，把握采购时机。例如，格兰海芬公司的主要原材料聚碳酸酯（PC塑胶），每年八九月份是其价格高点，采购部门若提前采购适当数量，会给公司带来很大的成本节约。

（3）以竞争招标的方式来牵制供应商。对于大宗物料采购，一个有效的办法是实行竞争招标，通过供应商的比价，最终往往能得到较低的价格。

（4）向制造商直接采购或结成同盟联合采购。向制造商直接订购，可以减少中间环节，降低采购成本；另外，有条件的几个同类厂家可结成同盟联合采购，形成批量，以获得更多的价格优惠。

（5）选择信誉佳的供应商并与其签订长期合同。与诚实、讲信誉的供应商合作，不仅能保证供货的质量、交货的及时性，还可以得到其付款及价格方面的关照。

（6）充分进行采购市场的调查和信息收集。企业应注意对采购市场的调查和信息的收集、整理，只有这样，才能充分了解市场状况和价格走势，使自身处于有利地位。

3. 实行战略成本管理来指导采购成本控制

（1）估算供应商的产品或服务成本。以前的采购管理过多地强调企业内部的努力，而要真正做到采购成本的全面控制，仅靠自己内部的努力是不够的，还应该对供应商的成本状况有所了解。只有这样，才能在价格谈判中占据主导地位。

（2）对竞争对手进行分析。对竞争对手进行分析的目的是明确已方与竞争对手相比的成本态势如何。

（资料来源：根据百度文库《格兰海芬战略采购的成本控制》改编，2011。）

案例分析题：

1. 格兰海芬在进行采购成本控制的过程中都采用了哪些方法？
2. 谈谈一般企业如何才能对采购成本进行有效管理？

【本章讨论】

1. 以你采购一件大件产品为例，说说采购过程中涉及的成本项目有哪些。对比本章中的所有权总成本，这些项目分别隶属于所有权总成本中的哪些部分？说说降低这些成本项目的方法。

2. 采购成本分析的常用方法有哪些？选择其中一种对第1题中的采购过程进行成本分析。

3. 影响供应商定价的因素有哪些？供应商可以选择哪些定价策略进行定价？这些定价策略对采购商进行采购成本分析与控制有哪些启示？

4. 影响采购价格控制的因素有许多，简述你所了解的因素，并提出相应的采购价格控制策略。

5. 在全球大多数市场，宜家一直以优质低价的形象出现，这得益于其经济的采购策略。宜家在为产品选择供货商时，从整体上考虑总体成本最低，即计算产品运抵各中央仓库的成本，将其作为基准，再根据每个销售区域的潜在销售量来选择供货商，同时参考质量、生产能力等其他因素。由于宜家绝大部分的销售额来自欧洲和美国，所以一般只参考产品运抵欧洲和美国中央仓库的成本。

宜家在全球拥有近2000家供货商（其中包括宜家的自有工厂），供应商将各种材料由世界各地运抵宜家全球的中央仓库，然后从中央仓库运往各个商场进行销售。这种全球大批量集体采购模式可以取得较低的价格，挤压竞争者的生存空间。

同宜家的大批量相比，复制者无法以相同的低价获得原材料，要使产品定位低于宜家的价格，只能偷工减料或者降低生产费用，然而降低生产费用的空间不会太大。因为宜家供货厂家由于订单的数量大，其单位生产费用、管理费用已经相当低了，且宜家在价格上所加的销售费用、管理费用也不会太高。如果没有足够的利润空间，复制也就没有了原动力，偷工减料的产品更无法长期同宜家竞争。

试分析宜家是如何控制和降低采购成本的。

第5章

采购质量管理

【导言】

　　近年来，汽车召回事件不断发生，主要原因往往是整车制造商从供应商处采购而来的发动机、离合器、变速器、制动器、转向器、悬架、电子电器、车轮等零部件出现质量问题。这既给汽车用户和整车企业造成了巨大的损失，也使相关供应商受到沉重的打击。由此可见加强采购质量控制与管理的重要性。

　　高质量的产品需要高质量的原材料和零部件。企业产品的大部分质量问题都源自供应商的质量问题，因此，加强采购质量管理对提升终端产品质量水平非常重要。采购质量评价与控制体系作为企业质量体系的一个重要组成部分，是企业有效进行质量管理的前提和基础。与供应商通过合理的质量责任分担来保护双方的利益，并通过采购质量的动态评估管理，是企业成功进行采购质量管理的重要保证，也是企业保证产品质量一致性和稳定性的有效途径。

学习目标

　　1. 了解质量与质量管理的含义。

　　2. 掌握传统质量管理方法中的产品质量检验和统计质量管理两种方法；了解直方图、因果图、控制图、散布图、排列图、分层法与检查表等统计质量管理主要工具。

　　3. 掌握现代质量管理方法中的质量功能展开（QFD）、全面质量管理（TQM）、"六西格玛"管理和ISO 9001、失败模式与后果分析（FMEA）；掌握全面质量管理开展的步骤及方法；掌握PDCA环在质量管理中的应用。

　　4. 掌握"六西格玛"管理中σ系数的选择及其对质量管理的影响。

　　5. 掌握提高采购质量的措施、进行供应商质量控制的具体方法以及实现与供应商合作质量管理中可采取的举措。

导读案例

中国石油的采购质量管理

　　2006年，中国石油超额完成了电子采购目标任务，全年累计完成电子采购200多亿元，是全年考核指标的108%。其中，勘探与生产板块和炼油与化工板块完成情况较好。目前，中国石油网上供应商超过3100家，涉及近60个大类的物资品种，共有产品目录20万多条。

其中，电子采购系统 I 类物资供应商 501 家，涉及 13 个大类、76 个中类和 313 个小类，共有 17 万多条产品目录；电子市场系统 II 类物资 2598 家，涉及 59 个大类、1800 多个中小类，共有 3 万多条产品目录。据统计，中国石油目前网上采购额约占物资采购总额的 1/4，二级网上采购比例达到 50% 以上。这不仅在国内几大石油公司中名列前茅，而且在国际大石油公司中也处于高水平。

电子采购不仅是数量的天平，质量更是重要的砝码。2007 年，加强采购质量管理是中国石油电子商务的重要任务，这主要通过强化集中采购管理制度建设及制定重要物资的安全生产标准两个方面来实现。具体而言，就是进一步整合采购资源，不断提高集中采购水平。同时，如何做好物资的保障工作，全力为基层做好服务，也是质量管理的重要内容。质量管理包括价格管理，如何千方百计降低采购价格、节约采购资金是 2007 年的重要工作之一。质量管理还包括对供应商的科学考核，强化对供应商的管理是质量管理的重要内容。对供应商的科学管理，有两点十分重要：一是严格的市场准入制度，这就需要一定的标准规范，即准入门槛，也称"入围管理"；二是科学的动态管理体系，合作伙伴好与坏，不能仅看一方面，而要从多个方面进行考察，这就要求采取动态的管理手段。质量管理就是要抓好这两方面。

（资料来源：《市场导刊》第 291 期。）

5.1　采购质量与质量管理

正确、系统、全面地理解质量的概念，对有效开展质量管理工作是十分重要的。人们对采购质量与质量管理的认识随着科学技术和社会经济发展而日趋加深。

1. 采购质量基础

首先了解一下现在人们对质量与质量管理的认识，这将有助于更好地开展采购质量管理工作。

（1）质量的定义。2008 版 GB/T 19000—ISO 9000 标准中对质量的定义是：质量是一组固有特性满足要求的程度。这个定义可以从以下几个方面理解：①质量不仅是指产品质量，也可以是某项活动或过程的工作质量，还可以是质量管理体系运行的质量。质量由一组固有特性组成，这些固有特性是指满足顾客和其他相关方的要求的特性，并用其满足要求的程度加以表征。②特性是指区分的特征。特性可以是固有的或赋予的，可以是定性的或定量的。质量特性是固有的特性，并通过产品、过程或体系设计和开发及其实现过程形成的属性。③满足要求就是应满足明示的（如合同、规范、标准、技术、文件、图样中明确规定的）、通常隐含的（如组织的惯例、一般习惯）或必须履行的（如法律、法规、行业规则）需要和期望。④顾客和其他相关方对产品、过程或体系的质量要求是动态的、发展的和相对的。

（2）质量的内涵。满足顾客需求是一个比较抽象的概念，为了能够更为具体地指导质量管理工作，哈佛商学院戴维·加文（David Garvin）教授将以下八项要求作为衡量产品质量的标准：①性能——产品或服务的主要功能；②附加功能——附加到产品或服务上的各种次要的感知特征；③耐久性——预期寿命；④合格性——满足规格；⑤服务性——维护性和容易安装；⑥可靠性——在一定时期内失灵的概率；⑦美学性——外观、气味、感觉和声

音；⑧印象质量——顾客眼中的形象。

以上八方面的质量指标主要偏重于制造企业的产品，而对于服务行业来说，美国的作业管理专家查德·施恩伯格（Chad Schonberg）对服务行业质量标准给出了进一步的补充：①价值——是不是最大限度地满足了顾客的期望，使其觉得钱花得值；②响应速度——对服务业来说，时间是一个主要的质量性能要求，如果顾客等待时间过长，服务质量就会大打折扣；③人性——不仅是对顾客笑脸相迎，还包括与顾客的有效沟通，对顾客尊重、信任与理解；④安全性——尽可能减少风险、危险和疑虑；⑤资格——具有必备的能力和知识，提供一流的服务。

（3）采购质量的衡量。采购质量管理是将质量管理的思想和方法应用到采购活动中，因此可以从以下方面来衡量采购质量：

1）标准化。标准化就是用一系列标准文件规定商品和服务的质量要求，如产品规格、运行条件、操作规程、测试方法和术语汇编。采购中可利用的标准有个别标准、公司标准、行业标准、国家标准和国际标准五种。采购质量的标准化可以使采供双方消除不明确的内容，提高产品的可靠性，降低交易成本、设计与制造时间、库存品种类，同时，可以对不同供应商之间的产品与报价进行精确的比对分析。

2）经济适用性。经济适用性就是寻找采购价格要求下的最适质量，使商品和服务能够达到基本功能和基本用途的能力。因此，采购质量的衡量不仅要考虑产品质量，还要考虑采购价格。因此，可以利用价值工程理论中的商品经济性公式加以量化，如价值＝功能/成本，以此来衡量采购质量。价值大、效益好就成为衡量采购质量的重要标准之一。在衡量该指标时，具体可以从以下几个方面考虑：①产品或服务价格、成本相近时，功能越强，价值越大，越能满足企业的需求；②产品或服务功能相同、价格不同时，价格越低，价值越大，故应选择价格较低的；③服务好，交通方便，地理位置好，能有效降低运输费用和消除很多后续困扰。应该指出，如果质量不符合要求，那么再低的价格也是没有意义的，即采购者应该做到"质量不行，一切免谈"。

3）保障性。保障性是指商品与服务能在指定时间内正常工作的性能，与商品和服务的稳定性、无故障性联系在一起。保障性主要包括产品与服务的耐久性、设计的可靠性、出现故障的易维修性。保障性对于采购质量来说，是用来预测和控制的基础资料。采购部门可以根据期望效果，对保障性进行评估。

2. 质量管理的内涵

质量管理是指通过制定质量方针、目标、职责和程序，进行过程管理、质量策划、质量控制、质量保证和质量改进来使其实施和实现所有管理职能的所有活动。该定义可从以下几个方面来理解：

（1）质量管理是通过建立质量方针和质量目标，并为实现质量目标进行质量策划，实施质量控制和质量保证，开展质量改进等活动。

（2）组织在整个生产和经营过程中，需要对诸如质量、计划、劳动、人事、设备、财务和环境等各个方面进行有序的管理。由于组织的基本任务是向市场提供符合顾客和其他相关方要求的产品，因此，围绕产品质量形成的全过程实施质量管理是组织的各项管理的主线。

（3）质量管理涉及组织的各个方面，能否有效地实施质量管理关系到组织的兴衰。组

织的最高管理者应正式发布组织的质量方针，在确立质量目标的基础上，按照质量管理的基本原则，运用管理的系统方法来建立质量管理体系，为实现质量方针和质量目标配备必要的管理资源，开展各项相关质量活动。这也是各级管理者的职责。

3. 采购质量管理内涵

采购质量管理对采购活动的要求主要体现在三个方面：①如何把质量管理理论应用到采购的各流程活动中；②如何保障与提高产品和服务的质量；③如何运用采购质量管理方法。因此，采购质量管理就是对采购部门进行质量管理，对采购品进行质量控制，并通过对供应商质量的评估，建立适合的质量管理方法体系，以保证企业的物料供应而进行的计划、组织、协调、控制等各项活动的总称。

4. 其他相关基本概念

质量控制、过程控制和持续改进等与质量相关的其他概念对于正确理解和把握质量管理的实质也是非常重要的。

（1）质量控制。质量控制主要是指通过收集数据、整理数据，找出波动规律，把正常波动控制在最低限度，消除系统性原因造成的异常波动。把实际测得的质量特性与相关标准进行比较，并对出现的差异或异常现象采取相应措施进行纠正。质量控制大致可以分为七个步骤：①选择控制对象；②选择需要监测的质量特性值；③确定规格标准，详细说明质量特性；④选定能准确测量该特性值的监测仪表，或自制测试手段；⑤进行实际测试并做好数据记录；⑥分析实际与规格之间存在差异的原因；⑦采取相应的纠正措施。

（2）过程控制。过程控制是指对企业生产过程的三个阶段：产品设计、工艺要求、生产制造进行质量控制的管理方法。

在产品设计阶段，对产品提出明确的性能要求、具体规定设计标准，是质量评判的依据。从设计阶段就要考虑到生产时的质量控制，采用标准化零件或统一设计规格都能使后期质量易于控制。设计人员不只要考虑到产品的可用性，还要全面权衡每一个设计零部件生产的可得性和预期质量水平，对于关键制造件的质量控制应给予重点解释和建议。完成设计后，需要进行试生产。产出的样品件可以帮助设计人员了解工艺制造上的具体要求，此时同设计时一样，需要考虑工艺操作上的难易程度、可操作性、工艺步骤的合理化和效率问题。工艺决定了生产质量，如果工艺上存在缺陷，那么再理想的产品设计也无法达到预期效果。对生产制造上的质量管理，主要还是加工过程的控制。从生产线开始的每一步都需要有具体的评判标准，它是工艺要求的进一步细化。从每一个细节权衡产品的生产进程状况，这样就能对加工步骤切实把关，保证了过程控制的可靠性。

（3）持续改进。持续改进是指以超前的视野预见过程实施中可能遇到的要素（包括特定的设计、作业方式以及与之相关联的成本要素），并借助先期规范制约的各种手段进行预期调整，同时结合相应的效果计量和评估方法，确保以预期的低成本运作。通常持续改进的步骤是：

1）分析系统过程。持续改进意味着要时常对系统进行分析，需要不断收集系统数据，分析和找出与目标绩效的偏差。持续改进应该成为企业管理工作的一部分。

2）强化过程改进。应该制定一份简单报告，说明改进的方法和所做改进对系统的影响。报告要列出改进后的优点，包括新系统的实施和维护计划，以确定新系统能否达到新的绩效水平。

3）持续改进循环。持续改进应该被视为一个循环，参与持续改进的各团队需要长期、连续地在这个循环中活动。也就是说，当一个问题已经解决时，员工的参与也不能终止，还有新的改进要实施，新的系统要分析，新的创意需要研究。

4）总结经验。企业的生存取决于是否有给客户提供良好产品与服务的能力，并且这种能力应该超越同行业的其他企业。只有更快地响应客户需求、提供更高质量的服务，企业才能够持续地生存下去。一旦企业进入持续改进循环，就将拥有更好的信息、更新鲜的创意、更好的过程和控制。

5.2 传统质量管理方法

质量管理这一概念早在20世纪初就提出来了，许多质量管理的方法伴随着企业管理实践的发展而不断完善。很多早期的经典质量管理方法至今仍然被广泛使用，并且被不断完善。下面主要介绍产品质量检验和统计质量管理两种方法。

1. 产品质量检验

20世纪初，美国企业出现了流水作业等先进的生产方式，因此对产品的检验要求在不断提高，很多企业管理队伍中出现了专职检验人员，成立了专门的检验部门。

产品质量检验是在过程控制后使用的质量管理方法。检验产品质量主要有两种方式：全数检验和抽样检验。

（1）全数检验。全数检验一般适用于批量小、检验简单且费用较低的产品。当未经检验的不合格品造成的损失大于检验成本时，也应当进行全数检验。

（2）抽样检验。抽样检验适用于那些需对产品做破坏性试验的产品。批量大、检验复杂、费用较高的产品也通常采用抽样检验。抽样检验的目的在于通过测试产品来检验质量是否达到预期标准。

因为抽样检验无法确切知晓产品的不合格数量，所以企业在制定具体的抽样方案时要根据产品使用的要求和实际情况设置不同的参数，主要有以下参数：

1）可接受质量水平（Acceptable Quality Level，AQL）。可接受质量水平是受检验产品批次被认为合格时的不合格品率的上限，也是合格批次产品的最低质量指标。对采购商来说，若对供应商的产品质量水平感到满意，就应该选择接近其实际水平的AQL。如果该值过小，供应商为了达到该水平，生产成本就会随之增加。

2）批次允许不合格品率（Lot Tolerance Percent Defective，LTPD）。该参数是受检验产品批次不合格时的不合格品率下限。当验收产品批次的不合格品率大于该值时，就应以高概率拒收该批次产品。

3）平均出厂不合格品率（Average Outgoing Quality，AOQ）。这个参数适用于多批量、非破坏性的检验。经过验收后，被允许出厂产品批次的质量水平被称为AOQ，它反映的是验收前后产品质量水平的关系。抽样方案和验收制度是两个不同的概念。当抽样方案一定时，不同的验收制度对验出的不合格品的处理方式不同，接收验收产品时还分为全部接收和剔除不良品，所以验收可以提高产品质量。

质量检验一直被视为一个非增值的业务活动，但它在质量管理活动中却是不可或缺的。它是企业产品出口的最后一"关"，也是体现质量管理水平的重要标准。但这种质量管理方

法的任务只是"把关",即严禁不合格品出厂或流入下一工序,而不能增加产品的价值。

2. 统计质量管理

统计质量管理方法的产生是在第二次世界大战期间,那时的质量检验方法显示出了它的弱点,由于事先无法控制质量以及检验工作量大,军火生产常常延误交货期,影响前线军需供应。鉴于此,美国的哥伦比亚大学的"统计研究组"提出了统计质量管理方法。

这个方法主要利用数理统计原理,预防产生废品并检验产品的质量。这标志着将事后检验的观念转变为预防质量事故的发生并事先加以防范,使质量管理工作前进了一大步。常用的统计质量管理工具主要有以下七种:直方图、因果图、控制图、散布图、排列图、分层法与检查表。

(1)直方图。直方图代表了数据分布的形状,是用来整理观测数据并找出其统计规律的工具。直方图在过程能力调查中的应用十分广泛,既可以对大批量数据进行统计研究分析,也可以就总体的分布特征进行推断。常见的几种直方图如图 5-1 所示。

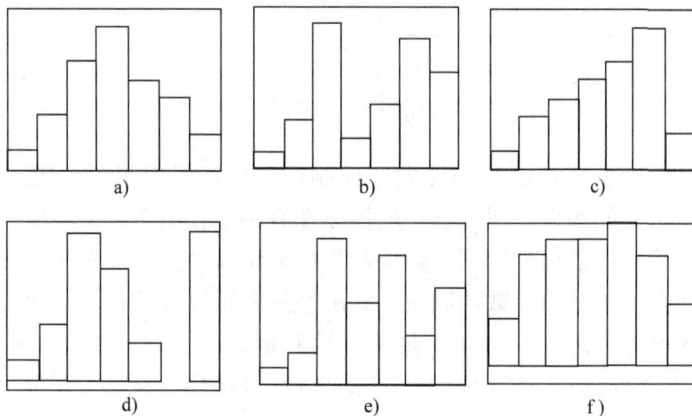

图 5-1 常见的直方图

a) 对称型 b) 双峰型 c) 偏向型 d) 孤岛型 e) 锯齿型 f) 平顶型

(2)因果图。因果图又名鱼骨图,因为图表的形状就像一个鱼骨头,表示质量特性波动与潜在原因之间的关系。运用因果图可以刨根问底,从现象开始逆向倒推,发掘问题的症结所在,所以,它在找出问题关键的讨论分析中十分有用。一般在分析影响质量原因时,将其分为"5M1E":人员(Man)、设备(Machine)、材料(Material)、方法(Method)、测量(Measurement)和环境(Environment),如图 5-2 所示。

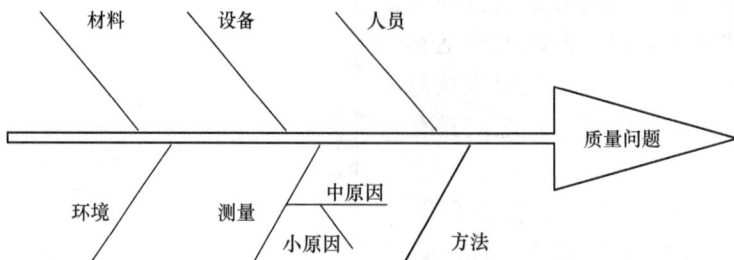

图 5-2 因果图

（3）控制图。控制图又称管理图，如图 5-3 所示。控制图是统计质量管理最常用的方法，它通过测得的数值来判定质量状况，区分引起质量波动的原因是偶然的还是系统的，并根据异常数值确定生产出现了什么问题，然后进行必要的修正，以此来保证生产的正常运作。

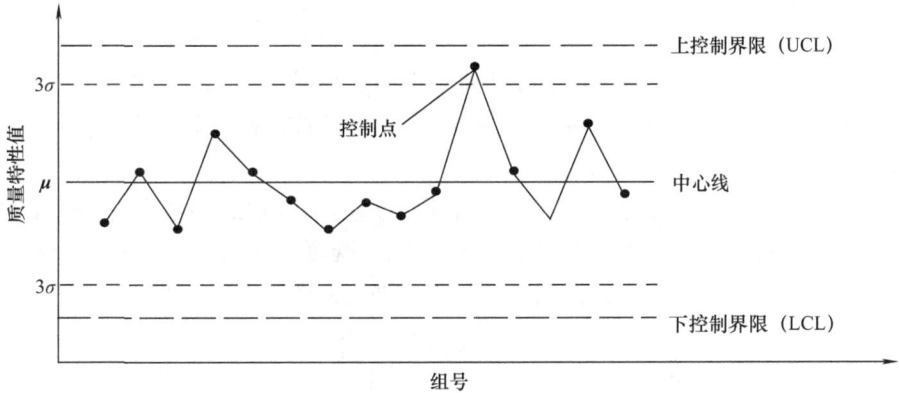

图 5-3　控制图

控制图可以分成计量值控制图和计数值控制图。计量值控制图一般适用于以长度、强度、纯度等为控制对象的场合，属于这类的控制图有单值控制图、平均值—极差控制图、中位数—极差控制图等。计数值控制图以数值数据的质量特性为控制对象，属于这类的控制图有不合格品率控制图、不合格品数控制图、缺陷数控制图以及单位缺陷数控制图等。

按照控制图的设计原理，它必须满足正态性假定，即质量特性值服从正态分布，以及 3σ 准则，即在生产过程只受随机影响下，产品质量特性数据应有 99.73%（距分布中心 $\mu \pm 3\sigma$ 的范围所含面积）的概率落入该范围内。在多数应用中，X 控制图的极限就是 $\mu \pm 3\sigma$，同样的原理也体现在 R 控制图上。

如果过程可以控制，那么落在控制极限之外的任何点通常都表示存在异常情况，即工序出现了问题。在受控的控制图上，按照标准，所有的点都应该落在控制界限内，排列没有明显的趋势性和规律性，而且越接近中心线的点密度越大，越趋向两边越疏。如果没有呈现标准的受控状态，即使点都落在控制界限内，也表明工序可能已经失控了。

（4）散布图。散布图是研究两种质量特性之间存在何种关系的一种工具图。在面临大量数据分析时，很难直观获得两种质量特性之间的相关程度，此时如果把它们放在散布图内（见图 5-4），就可以获得清晰的认识，并初步判断出它们之间具有何种相关关系。

（5）排列图。排列图又称帕累托图，最早是意大利经济学家帕累托（Pareto）发现的，用来分析社会财富的分布状况。他发现少数人占有绝大多数财富，而绝大

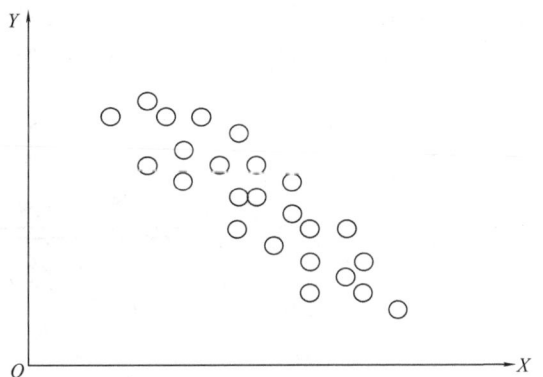

图 5-4　呈现负相关的散布图

多数人却占有少量财富。这种少数人占有着绝大多数财富、左右社会经济发展的现象，即所谓"关键的少数、次要的多数"。后来，美国质量管理专家朱兰（Juran）把这个"关键的少数、次要的多数"的原理应用于质量管理中，它便成为常用方法之一。目前在仓库、物资管理中常用的 ABC 分析法就出自排列图的原理。

排列图由两个纵坐标、一个横坐标、几个按高低顺序依次排列的长方形和一条累计百分比折线组成（见图 5-5）。其中，左边纵坐标表示频数，右边纵坐标表示频率，分析线表示累积频率，横坐标表示影响质量的各项因素，按影响程度的大小（即出现频数多少）从左到右排列。通过对排列图的观察分析，可以找到影响质量的主要因素。

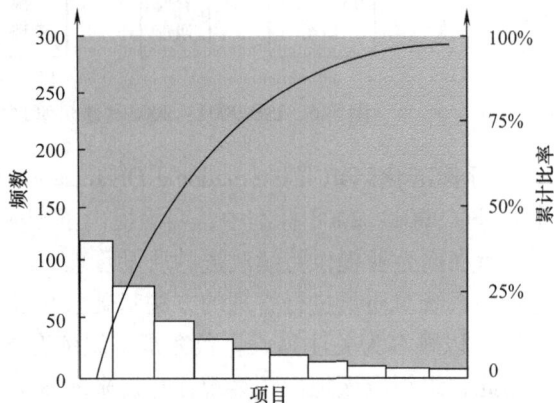

图 5-5　排列图

（6）分层法。分层法是按照一定的标准，将大量的统计数据进行归类、汇总和整理的方法。分层法能使看似杂乱无章的数据反映出客观事实，是数据筛选必须进行的一个步骤，所以它常结合其他统计方法一起使用，如分层散布图法、分层直方图法等。

（7）检查表。检查表是一种用来收集数据的规范性表格。它把一件产品可能出现的情况预先分类列在表上，在检查产品时，只需在相应的分类中进行统计即可。为了对产品进行质量控制，质量管理人员需要跟踪记录产品的质量情况，此时检查表就是数据统计处理的好帮手。

5.3　现代质量管理方法

从 20 世纪 50 年代开始，由于科学技术的迅速发展，工业生产技术手段越来越现代化，工业产品更新换代也越来越频繁。加之出现了许多大型产品和复杂的系统工程，质量要求大大提高了，特别是对安全性、可靠性的要求越来越高。随之，新的质量管理方法层出不穷。企业也往往根据自身所提供的生产或服务的类型，同时使用几种不同的质量管理方法。下面介绍几种比较流行的现代质量管理方法。

5.3.1　ISO 9001 国际质量标准与质量功能展开

ISO 9001 国际质量标准和质量功能展开对于理解和把握现代质量管理方法和提升采购质量管理水平非常重要。

1. ISO 9001 国际质量标准

提到质量管理体系，很多人会想到 ISO 9001：2008 国际质量标准（见图 5-6）。ISO 9001 标准的发布的确在世界范围内掀起了一股质量标准的热潮。而随着这些标准在各行各业的广泛使用，它成了供应商质量管理体系的一个重要组成部分。但 ISO 9001 标准实质上是一个质量保证体系，只有通过实施内部质量管理体系才能提供证据，所以在供应商质量管理体系中，它可以被称为质量评估体系。

图 5-6　ISO 9001：2008《质量管理体系　要求》的主要组成部分

国际标准化组织（International Organization for Standardization，ISO）2008 年 11 月正式发布的 ISO 9001：2008 标准中，明确提出了当今世界范围质量界普遍接受的质量管理八项原则，旨在向企业提供持续改进的质量管理方法。这些原则推动了 ISO 标准的变化，形成了质量管理系统对质量进行管理的方法基础，并且可以作为一个框架来引导组织的业绩改进。

（1）以顾客为关注焦点。顾客是组织依存的基础，组织能否发展，取决于顾客的满意度，因此，组织应该把握顾客现在与将来的需求，不仅满足顾客的需求，并且努力超越顾客的期望。

（2）动态变化与调整。质量管理体系的建立应紧密联系业务环境变化，以及环境风险的评审机制，如风险管理评审会议，评审质量管理体系与业务环境的动态变化、风险管理之间的适应性，并进一步识别调整和再造的必要性与操作性。

（3）外包与风险。一个组织提供满足要求产品、服务能力的潜在影响决定了对外包过程控制的类型和程度；根据过程对产品、服务符合性和质量管理体系的影响分析决定了对外包过程监视与测量的类型和程度。这些都充分体现了风险管理思想。

（4）过程方法。使用资源并将输入转化为输出的活动即被认为是过程。组织为了有效地运作，必须识别并管理许多相互关联的过程。系统地识别并管理组织所有的过程，特别是这些过程之间关系的方法，称为过程方法。只有当把活动和资源作为一个过程来管理时，组织才能更加有效地实现所期望的结果。

（5）管理的系统方法。将相互关联的过程作为系统加以识别、理解和管理，有助于组织提高实现目标的有效性和效率。管理的系统方法包括确定顾客的需求和期望，建立组织的质量方针和目标，确定过程及过程的有效性，防止不合格，寻找改进机会，确立改进方向，实施改进，监控改进效果，评价结果，评审改进措施和确定后续措施等。

（6）持续改进。持续改进是组织生存和发展的需要，是组织的价值观和行为准则，也是一种持续满足顾客需求、增加效益、追求持续提高过程有效性和效率的活动。综合业绩的持续改进应该成为组织追求的永恒目标。

（7）基于事实的决策方法。成功的结果取决于活动实施之前的精心策划和有效决策。有效的决策以对数据和信息的分析为基础。依据信息做出判断是一种良好的决策方法。统计技术可以应用于基于事实的决策方法，以事实为依据，有助于保证数据的正确性、可靠性和可行性。

（8）与供方互利的关系。组织和供应商之间相互依赖的关系能够加强双方创造价值的能力。供方提供的产品会对组织向顾客提供满意的产品产生重要的影响，因此，把供方、协作方、合作方都看作是组织经营战略同盟的合作伙伴，有利于组织和供应方共同获益。

（9）环境保护。质量管理体系中首先特别强调了产品或服务交付后的活动，包括担保条件下的措施、合同规定的维护服务、附加服务，充分体现了对遵守法律法规的承诺。其次，突出了对产品回收或最终处置的要求，体现了当前越来越被重视的环境保护要求。

企业能够应对 ISO 9001：2008 标准的挑战，通过努力满足这些要求的时候，也就是促进质量管理体系完善、质量管理水平得到大幅度提高的时候。一个组织为了能够长期稳定地提供满足顾客需求的产品或服务，不仅要有适宜的技术规范，而且还要按照 ISO 9001 标准的要求建立一个有效的质量管理体系。按照 ISO 9001 建立起来的质量体系并不是质量管理和质量保证的最高要求，质量体系始终需要不断改进和完善，这恰恰跟 2008 版 ISO 9001 标准所强调的以过程为基础的持续改进原则相一致。

2. 质量功能展开

质量功能展开（Quality Function Deployment，QFD）是日本三菱重工在神户造船厂于 1972 年最早使用的，20 世纪 80 年代以后逐步得到欧美发达国家的重视并得到广泛应用。

企业认为产品能被顾客接受并购买，一定是满足了顾客的需求。因此，企业必须认真分析顾客的需求，将顾客的需求转化为可以进行产品设计的质量特性来体现，如物理特性、性能特性、经济特性、使用特性等，最终转化成产品特征。QFD 就要求制造企业掌握顾客需求和对产品的改进意见后，通过合适的方法将其量化，并且分步骤地展开，落实到从产品研发到产品生产的一系列过程中。同时要求企业各部门制定出相应的措施，使它们之间能够协调一致地工作，促进部门之间的相互沟通与资源共享，也有助于企业提高产品质量、缩短开发周期、降低生产成本和提升顾客的满意度。

因此，QFD 是从产品质量的保证与提高出发，通过市场调查掌握顾客需求，采用矩阵图解法和质量屋的方法将需求分解到从产品开发到生产的各个环节，实现各部门工作的协调与统一部署，既保证产品质量，又能满足顾客需求。

（1）质量屋。QFD 的关键就是如何转化需求。质量屋（House of Quality）是一种直观的矩阵表达方式，是需求转化的基本工具。QFD 包括一系列质量屋矩阵。一个完整的质量屋包括六大部分，即顾客需求、技术需求、关系矩阵、竞争分析、屋顶和技术评估，如图 5-7 所示。

1）顾客需求——What。它用来描述顾客的需求，可以采用市场调查研究、直接面谈、小组讨论、客户规范要求、保修服务数据和现场使用报告等方法。在收集、整理数据后，将顾客需求 1、顾客需求 2……顾客需求 nc 填入质量屋中。

2）技术需求——How。技术需求是产品的最终特性或技术指标，由顾客需求出发，用标准化的形式表达。

3）关系矩阵。关系矩阵是指顾客需求和技术需求之间的关系矩阵，描述技术需求对顾客需求的影响程度。可用数值域 $[0，1]$ 内的任何一个数值表示，或从 $\{0，1，3，9\}$ 中取值。取值越大，影响程度越强，两者的关系也就越强；反之越弱。

4）竞争分析。从顾客的角度出发，对本企业产品和竞争对手产品在满足顾客需求方面进行评估。

① 本企业及其他企业的情况。它能反映企业自身与竞争企业满足顾客需求的程度及评价，并客观地反映本企业相对于竞争企业的竞争力。

② 未来的改进目标。通过情况反映、对比、评估，对企业的现状进行研究分析，在充

屋顶

竞争分析

技术需求

	产品特性1	产品特性2	产品特性3	产品特性4	…	产品特性np	企业A	企业B	…	本企业U	未来的改进目标	改进比例	销售考虑	重要程度	绝对权重	相对权重
顾客需求																
顾客需求1	r_{11}	r_{12}	r_{13}	r_{14}	…	$r_{1,np}$										
顾客需求2	r_{21}	r_{22}	r_{23}	r_{24}	…	$r_{2,np}$										
顾客需求3	r_{31}	r_{32}	r_{33}	r_{34}	…	$r_{3,np}$										
顾客需求4	r_{41}	r_{42}	r_{43}	r_{44}	…	$r_{4,np}$										
⋮	⋮	⋮	⋮	⋮		⋮										
顾客需求nc	$r_{nc,1}$	$r_{nc,2}$	$r_{nc,3}$	$r_{nc,4}$	…	$r_{nc,np}$										

技术评估

	企业A						
	企业B						
	⋮						
	本企业						
	技术指标值						
	重要程度						
	相对重要程度						

关系矩阵

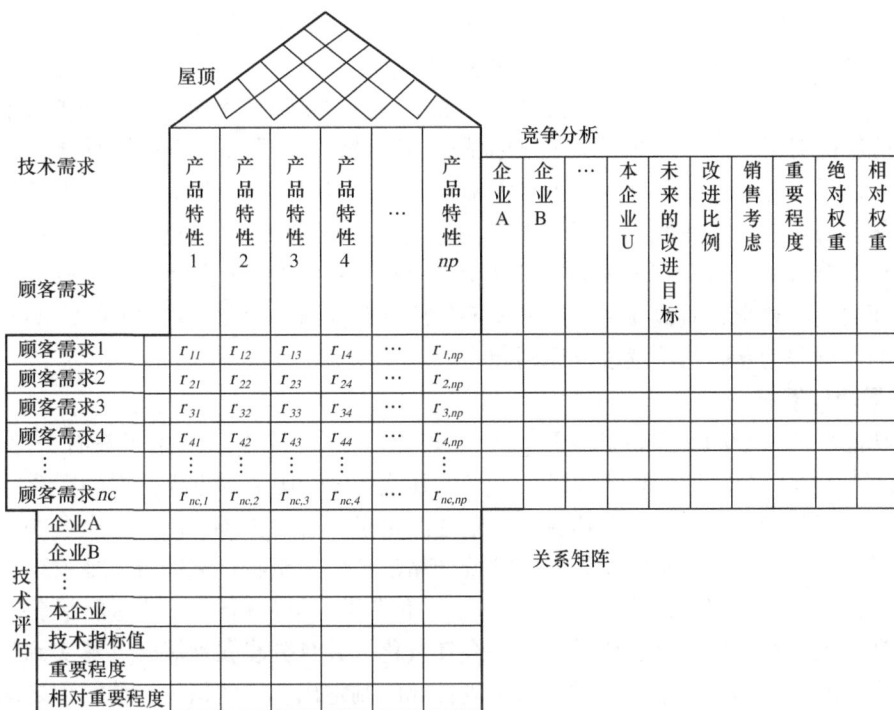

图 5-7 质量屋结构形式示意图

分考虑顾客需求的情况下，制定企业产品未来的改进目标。

③ 改进比例。它是本企业未来满足顾客需求的目标与现状之比。

④ 销售考虑。产品的改进对企业产品销售的影响一般可以分为 {1.5，1.2，1.0} 三个级别，1.5 是显著影响，1.2 是中等影响，1.0 是基本无影响。产品质量的改进必须以产品的经济性为前提。

⑤ 重要程度。按顾客需求的重要程度进行排列。

5）屋顶。屋顶是技术需求的相关矩阵，即技术需求的关联程度，主要用于反映一种技术需求如产品特性对其他产品特性的影响。它呈三角形，因此称为质量屋的屋顶。如果两者呈负相关，说明一种技术需求指标的提高导致另一种技术需求指标的下降，那么两者存在制约关系；反之，则存在促进关系。

6）技术评估。对技术需求进行竞争性评估，确定技术需求的重要程度和目标值。

针对上述质量屋的框架，输入顾客需求信息，通过分析输出技术需求信息，从而实现需求转换。

（2）QFD 的实施。首先掌握顾客需求，其次分解顾客需求，然后将其引入从产品研发到生产的各个过程中。在这个转化过程中，要满足产品具体的技术要求和质量要求，通过技术、质量要求满足顾客需求。可见，QFD 是一种质量保证与提升的思想。通过质量屋的方法可以将上述思想转化为实际操作，并且保证上述过程的顺利实施。QFD 实施主要包括四个阶段，具体如图 5-8 所示。

主要按顾客需求→产品技术需求→关键零件特性→关键工序→关键工艺及质量控制参

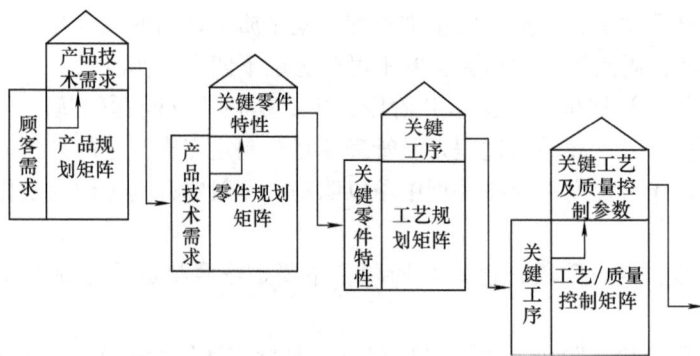

图 5-8 QFD 实施的四个阶段

数将顾客需求分解为四个质量屋矩阵来实施。

供应链的发展使采购质量管理从事后检验过渡到设计和制造过程。因此,采购质量的管理与控制从供应商的产品设计、产品生产就已经开始。一方面,供应商可以与采购商进行沟通与交流,充分了解采购商的需求,同时利用 QFD 方法有助于提升产品质量,最大化地满足采购商的要求,从而保证采购质量的水准;另一方面,采购商可以利用 QFD 把自身要求转化为供应商的资源能力要求,并且进行排序,是对供应商评价的精确的数量方法。

5.3.2 全面质量管理和六西格玛管理

全面质量管理和六西格玛管理是被企业实践证明为行之有效的质量管理方法,对于有效提升企业运营效率和质量水平具有重要的作用。

1. 全面质量管理

全面质量管理(Total Quality Management,TQM)于 20 世纪 60 年代产生于美国,最早由费根堡姆(Feigenbaum)提出,后来在西欧与日本逐渐得到推广与发展。费根堡姆对全面质量管理的定义是"为了能够在最经济的水平上,并考虑到充分满足顾客需求的条件下进行市场研究、设计、制造和售后服务,把企业各部门的研制质量、维持质量和提高质量的活动构成一种有效的体系"。

全面质量管理是代表组织执行持续改善的一个理念和一套指导原则。它利用大量的人力资源提高供应给组织的物料服务水平,改善组织的所有流程和顾客满意度。"全面质量"不仅指产品服务质量,还包括工作质量,是用工作质量来保证产品或服务质量。整个质量管理包括采购、设计、生产制造直至储存、销售、售后服务的全过程。它强调"好的质量是设计、制造出来的,而不是检验出来的"。

根据美国会计总署(General Accounting Office)的资料,全面质量管理有四个重要的特征:①质量管理必须与整个企业的业务活动融合在一起;②员工必须为不断改进质量做出努力;③顾客满意度以及与其有关的系统性、连续性的研究过程是全面质量管理系统的推动力;④供应商是全面质量管理过程中的合作方。

全面质量管理活动通常通过 PDCA 循环完成,如图 5-9 所示。PDCA 循环又称戴明环,是美国质量管理专家戴明(Deming)博士首先提出的。它是英语单词 Plan(计划)、Do(执行)、Check(检查)和 Action(处理)的第一个字母的简写。它是全面质量管理所应遵

循的科学程序。全面质量管理活动的全部过程，就是质量计划的制定和实现的过程，这个过程按照 PDCA 循环，周而复始地运转，基本可分为以下四个工作阶段：

（1）第一阶段：计划阶段，也称 P 阶段，主要是在调查问题的基础上制定计划。计划内容包括制定目标、方针和活动过程以及管理项目和制定完成任务的方法。为了达到这些目标，怎样干、干到什么程度都要在计划中予以明确，一般应有具体的数量化指标和可操作的措施。

（2）第二阶段：执行阶段，也称 D 阶段，主要是按照制定的计划去实施、落实计划中的各项措施。

（3）第三阶段：检查阶段，也称 C 阶段，就是检查计划的落实情况，找出存在的问题，肯定成功的经验，并对执行计划的结果进行检测评定。

（4）第四阶段：处理阶段，也称 A 阶段，就是把经过实施、检查之后找出的问题进行处理。对正确的要加以肯定，总结成文，纳入企业标准体系中，形成制度化、标准化，并在以后的工作中执行；对错误的做法要引以为戒，在以后的工作中避免；对在本次 PDCA 循环中没有解决或解决不彻底的问题，要转入下一个 PDCA 循环中加以解决。在每次循环中都不断赋予新的内容，这样反复下去，就会使工作不断前进。

PDCA 循环具有以下几个特征：

（1）PDCA 循环像一个不停转动的车轮，周而复始，依靠组织的力量推进。管理工作做得越扎实，则转动越有效，企业管理水平也越高。

（2）PDCA 循环是大环套小环、一环扣一环、环环相约所组成的，大环和小环都在不停地循环转动中，如图 5-10 所示。

（3）PDCA 循环每转动一次，都把质量管理活动推向一个新的高度，而不是在原来的水平上空转，如图 5-11 所示。

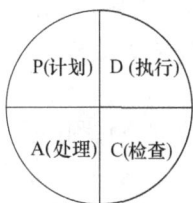

图5-9　PDCA 循环　　　图 5-10　大环套小环　　　图 5-11　PDCA 循环上升

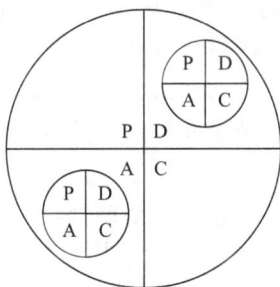

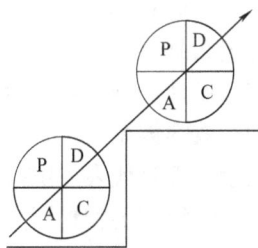

（4）PDCA 循环必须围绕标准转动，以企业的质量方针为目标，并在循环的过程中，把行之有效的措施、对策制定为管理制度或标准。

全面质量管理活动的运转，离不开管理循环的转动。这就是说，改进与解决质量问题，赶超先进水平的各项工作，都要运用 PDCA 循环的科学程序。不论提高产品质量，还是减少不合格品，都要先提出目标，即质量提高到什么程度、不合格品率降低多少，这个计划不仅包括目标，也包括实现目标需要采取的措施；计划制定并执行之后，就要按照计划进行检查，看是否实现了预期效果，有没有达到预期的目标；然后，通过检查找出问题和原因；最后就要进行处理，将经验和教训制定成标准和形成制度。

2. "六西格玛"管理

"西格玛"（Sigma）一词源于统计学中标准差 σ 的概念。标准差 σ 表示数据相对于平均值的分散程度。"西格玛水平"（或 σ 水平）将过程输出的平均值、标准差与顾客需求的目标值、公差限联系起来并进行比较。这里，目标值是指顾客需求的理想值；公差限是指顾客允许的质量特性的波动范围。假设过程输出质量特性服从正态分布，并且过程输出质量特性的分布中心值重合（见图5-12，即无偏移情况），那么 σ 越小，过程输出质量特性的分布就越靠近目标值，同时该特性落到公差限外的概率也越小，出现缺陷的可能性就越小。

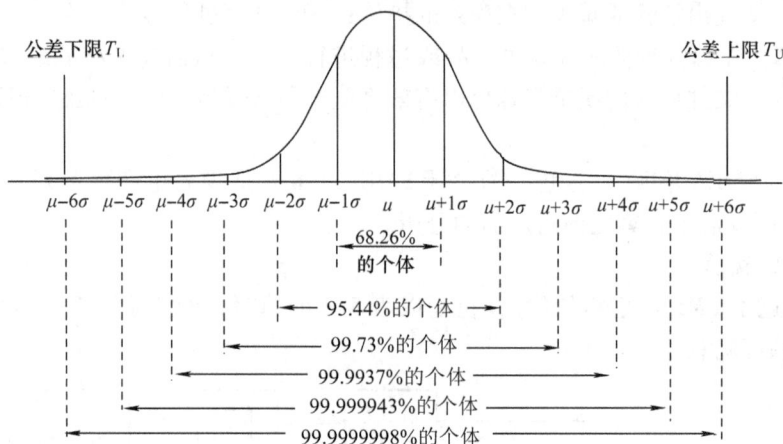

图5-12　正态分布曲线

六西格玛管理强调对组织的过程满足顾客需求的能力进行度量，并在此基础上确定改进目标和寻找改进机会。这里，西格玛水平（通常用 Z 表示）是对过程满足顾客需求能力的一种度量。西格玛水平越高，过程满足顾客需求的能力就越强，过程出现缺陷的可能性就越小；反之，西格玛水平越低，过程满足顾客需求的能力就越低，过程出现缺陷的可能性就越大。

六西格玛质量管理的重点在于减少过程波动，达到每100万次仅产生3.4个错误的要求。从产品制造过程中衡量质量水平。3.4/1000000 的缺陷率（DPMO）是衡量的标准，如果企业能够符合六西格玛的水准，那么产品质量就可以几近完美。表5-1显示的是西格玛质量水平和其相对应的产品合格率，通过使西格玛的数字增大，为企业改进质量水平提供了一个清晰和明确的目标。

表5-1　西格玛质量水平和产品合格率

西格玛	产品合格率（%）	DPMO
1	30.9	690000
2	69.2	308000
3	93.3	66800
4	99.4	6210
5	99.98	320
6	99.9997	3.4

5.3.3 失败模式与后果分析法

失败模式与后果分析（Failure Mode and Effects Analysis，FMEA）法起初产生于美国军事领域，目前已被广泛应用于各行业。

1. 失败模式与后果分析的内涵

FMEA 是系统化的操作规程，即对系统内潜在的失败进行分析，并且按严重程度或失败对系统的影响进行分类，提出纠正措施。其主要分为三个阶段：①评价产品的潜在失效以及该失效的后果；②提出消除或减少潜在失效的措施；③将全部过程形成文件。

完成 FMEA，能够以较低的成本对产品或过程进行更改，从而改善产品或过程的质量，提高顾客满意度。文件形式的质量跟踪可以有效降低产品与过程风险，并及早识别、纠正和消除风险。

现今主流的 FMEA 有两种类型：①设计 FMEA，主要是投入生产之前对产品的分析；②过程FMEA，即发放给顾客之前对产品的分析。

2. FMEA 的实施

图 5-13 描述了 FMEA 实施的顺序，再配以表 5-2 的填写，能消除风险并策划适宜的控制方法以确保顾客满意。

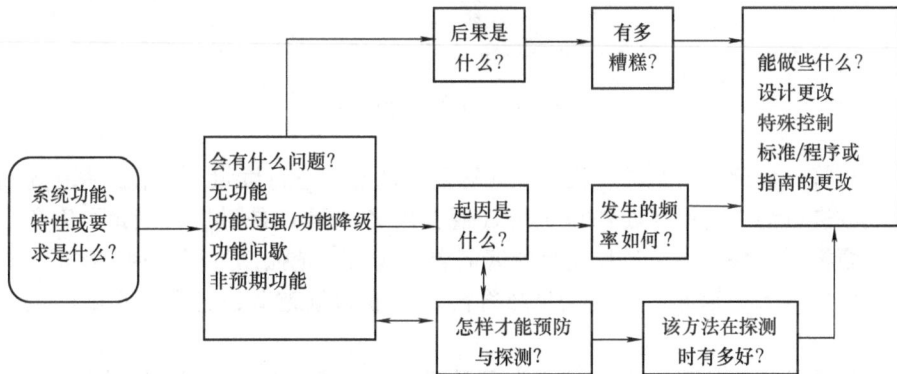

图 5-13　FMEA 实施流程图

表 5-2　FMEA 工作表

子系统功能	潜在失效模式	潜在失效后果	严重度 S	级别	潜在失效起因/机理	频度 O	现行控制		探测度 D	风险系数（RPN）	建议措施	责任及目标完成日期	措施结果			
							预防	探测					采取的措施	S	O	D	风险系数（RPN）

首先，对当前系统或子系统的功能进行描述，这时工程师就能明白系统的哪些用法是需要的。

其次，根据图 5-13 画出产品或过程步骤以及它们之间的联系。

最后，创建表 5-2，列出分析对象的所有项目或功能。

在进行 FMEA 时，主要有三种情形：

（1）新设计、新技术或新过程。FMEA 的关注点是设计、技术或过程。

（2）对现有设计或过程的修改。FMEA 的关注点应集中于对设计或过程的修改。

（3）将现有的设计或过程用于新的环境、场所或应用。FMEA 的关注点是新环境或场所对现有设计或过程的影响。

FEMA 图表的输入应由责任单位的工程师（如设计、分析、制造、装配等）启动，并且通过团队的努力来完成。

5.4　采购质量管理方法

通过对质量控制方法的介绍，可以看出质量的重点应该是第一次就准确生产，而不是通过检验保证其合格。因此，通过买卖双方的合作，尽可能地保证第一次准确生产，既能够实现质量改进，又能够降低成本。

实施采购质量管理时，需要回答以下几个问题：①采购部门如何在质量管理中发挥作用？②怎样与供应商合作以不断改进产品质量？③怎样选择供应合作伙伴以维持产品质量的一致性？

5.4.1　采购组织质量管理

采购组织质量管理主要依靠采购商，他们在采购质量管理中发挥着重要的作用。采购商要积极主动地为供应商提供帮助，从而尽可能地使双方达到共赢的目的。采购商需要在以下几个方面保证采购质量：

1. 选择合格的供应商

作为采购部门，首先要为企业选择合格的供应商，其所供货物要质量可靠、供货及时，能够成为企业的有益资源，从而确保供应链的稳定、有序、增值。这也是采购质量的重要保障。关于供应商的选择，本书第 3 章已进行了详细讨论，此处不再赘述。

2. 提供明确的产品质量要求

对供应商进行质量监控是采购商的一大重要职能。在进行供应商质量管理之前，首先要明确对供应商的质量要求，因为对供应商提出明确的质量要求是有效采购管理的基础。

采购商必须能够将产品/服务需求准确地描述出来，以便获得想要的产品或服务，也使供应商能够清楚地知道所要提供的是何种产品或服务。虽然质量要求主要是由质量控制部门负责制定的，但在检查产品质量时，采购人员也负有直接责任。因此，需要坚持准确而详细的产品质量描述，以确保采购的产品和服务满足生产的要求。

对供应商产品质量要求的制定通常有三种来源：①根据个别要求广泛征集用户、工程部、质量控制部、供应商、销售部的意见而得出的标准；②根据技术协会和行业专业机构的大量研究而得出的标准；③由政府立法规定的标准。通常采购企业会在政府和技术协会等机构制定的标准的基础上，再灵活修改本企业的质量要求。这些质量要求会不断地更新，然后再告知主要合作的供应商，以供他们参考。

在制定质量要求的时候，采购人员应该同工程部、质量控制部等一起，尤其是要同供应商一起，听取他们对质量要求的建议，探讨质量改进的可能性。

对供应商的产品质量要求必须清晰、明确，双方都要理解这些需求。一般来说，需求涉及的要素有：实体产品说明书、原材料、供应商交货的承诺或特定供应商任务和责任等。

常用产品质量描述

1. 品牌描述

品牌描述是建立在采购商对供应商的信誉认可基础上的。当通过品牌购买所需部件时，如果产品在最初使用上令人满意，就会使采购商相信，以后采购时只要要求同样品牌，就能获得同样的质量。

品牌描述在生产过程中保密。这在供应商享有技术专利情况下是必需的，因为此时得不到具体的产品规格，也就无法提出细节上的质量要求。有时采购企业已经形成对某种采购品的特殊偏好，就会一直使用品牌描述，这在非生产性采购中比较常见。

对品牌的要求是采购人员需要反复权衡的，因为如果对品牌过度依赖，就等同于减少潜在供应商的数量，丧失获得更低价格或质量改进的机会，更何况品牌产品往往价格很高。

2. 物理化学特性描述

这是限制物料属性的要求。产品规格中这些可测量的属性是保证产品获得正确使用的必要条件，并且能够以最低成本保证质量。

3. 技术生产描述

这使得采购商有机会从不同的供应源获得相同技术规格的产品，所以这种描述要求是比较重要的。它通常借助工程制图描述来加以明确。当采购品存在特殊要求需要定制的时候，这种描述是必需的而且是关键的。采购人员必须同生产人员详细了解该技术要求的具体细节，才能有的放矢地去寻找合适的供应商。这一步同时也是采购人员参与供应商开发的一个重点，通过技术生产上的沟通探讨，来挖掘工艺上改进的可能性。

4. 性能描述

性能描述的关键是准确理解需求。在企业运作中，因为随意理解功能需求而导致产品不合规格的事例已发生得太多，包装箱太大、服装面料缩水、油漆容易剥落、零件装不上等问题都会增加人力、财力的耗损，甚至直接造成毁约赔偿。这就是对性能描述没有正确理解造成的，此时价值分析和价值工程中对功能含义的准确注解就派上了用场。

性能要求是面向使用结果的，它可以让供应商保留创新余地，由自己来考虑生产怎样的合适产品以达到要求。这实际上也促进了供应商的提高进步。所以，这种质量要求在招标中常会使用。

5. 工程制图描述

通过几页图样和具体描述性资料一起说明是生产型企业常见的质量要求形式，尤其针对电子电气元件、锻件、铸件等精密度要求高的零部件，它也是所有要求形式中最准确的一种。这种描述形式比较昂贵，不仅在于它需要计算机辅助设计和使用，而且还因为它所描述的产品零部件往往需要供应商花费大量的人力物力去理解才能生产。

6. 样本描述

样本描述是非常直观而又方便的一种要求形式，通过呈送供应商一件需要采购品的样本，就可以让供应商立刻理解具体的质量要求，而这种理解中的很多信息可能是从文字和图样描述中无法获得的。几乎所有的采购企业都会使用这种方法，但占的比例不一定大，因为如果样品昂贵的话，这种花费不是每次采购都能承担得起。

3. 加强沟通，满足供应商需求

在双方签署相关条约的条件下，采购商应该尽可能地与供应商进行沟通，理解供应商的

需求和期望，为供应商提供方便。例如：①一旦生产开始，尽可能不再对产品设计进行改动；②发出采购订单后，尽量避免改变采购量；③及时预测未来新产品的需求，为供应商未来生产计划的制定提供帮助；④适度的采购提前期；⑤公平对待供应商；⑥适时支付。

4. 提供反馈信息

为供应商提供反馈信息是采购商的主要职责之一。如果供应商无法及时、准确地得到采购商对产品的反馈信息，就很难有针对性地提高产品的质量。

戴明环质量管理的方法中，对产品的检测和应用环节的反馈机制提出了很高的要求。它不仅能够保证本次质量控制的效率，同时也能为此后的 PDCA 发展提供持续的支持。

5. 奖励或鼓励措施

适当的奖励能够拉近采购商和供应商双方的关系并激发供应商的积极性。以往采购商追求供应商绩效的改善，但不愿意将所得的利益与之共享，而供应商也不愿意花大量的时间和资源进行产品质量和双方关系的改善，这对于希望长期合作的买卖双方来说无疑是不利的。

现在，越来越多的企业意识到对优秀的供应商采取一定奖励措施所能带来的效益。例如，对于评价体系中表现突出的供应商，采购企业可以给予更高的采购额度，或者通过建立长期协议等方式，刺激供应商进行产品的持续改进。

通常，采购企业为优秀的供应商提供的奖励或鼓励措施有以下几种：①双方分享由供应商产品改进带来的利益；②公开认可优秀供应商，给予大的业务份额，建立长期采购合同；③为供应商提供新业务的机会，为供应商提供运用新技术的途径，为供应商及早加入采购商新产品开发创造机会。

6. 对供应商实行动态管理

对供应商的管理，要实时地、动态地对供应商的各项指标进行评估，并及时将相关信息反馈给供应商，促使供应商尽快改进不足之处。

对供应商实行动态管理，建立供应商档案，定期排序，是后续采购质量管理非常重要和关键的一步。例如，定期对重点物资供应商就进货质量合格率、抽检合格率、供应商准时交付率、质量检验报告准确及时性、售后服务等内容进行考核评分排序。考核评分排序的主要目的是评估供应商的质量及综合能力，以及为是否保留、更换供应商提供决策依据。

5.4.2 与供应商联合进行质量管理

对供应商产品质量的控制，通常使用一些手册以及规范进行条例化管理，从而在制度上保证产品质量不会偏离期望太远，也使企业利益不至于受到太大的损害。

1. 制定供应商质量管理手册

生产优质产品需要有效可行的文件化的质量系统来明确、协调和控制。该系统应以合作及持续改进的理念为基础，强调在供应链中预防错误及减少供应环节中的偏差和浪费。供应商质量管理手册正是这样一种文件化的质量系统，供应商质量管理体系健全的企业都会拥有这样一本手册。作为企业实际操作的准则和规范，它明确了供应商必须遵守的一般规范及要求，目的是降低为企业提供的零件与服务的总成本，并推动企业持续改进。

美国联合技术公司（UTC）的供应商质量管理手册

美国联合技术公司通过使用统计方法和预防错误方法控制机器和工艺，并认为这是达到低成本、高质量

及最佳发运目标的关键。他们认为缺陷是指任何不能满足规格要求的现象，而在生产过程中将已知的缺陷传递到生产过程中的下一个阶段是绝对不允许发生的。通过检验、筛选、淘汰和返工而获得的产品既不能有效地节约成本，也不能达到最佳的质量标准。所以，建立供应商质量管理体系就是要帮助供应商不断改进和提高产品和服务的水平，因为这同样也有利于企业自身不断减少对供应商产品进行控制和检验的成本。

手册对供应商明确提出了以下一些与质量有关的活动和要求。

（1）采购的产品和服务须符合下列已建立的规范：①适用于产品或服务的技术规格；②适用于产品或服务的材料规格；③适用于特定产品或服务的图样要求；④规格中没有明确指出的工业标准；⑤产品和服务必须100%符合要求。

（2）供应商须学习并知晓公司在接受供应商供货时所采用的有关产品或服务的所有相关标准。当供应商对某一要求不了解或不清楚其产品在公司产品组装过程中的用途时，希望供应商同公司联系。

（3）供应商须能够证明其：①符合设计规范；②符合工艺控制和性能要求；③完全符合经论证后规定成文的所有标准。

（4）供应商须符合质量认证要求，并以此为基础开发改进计划。

（5）供应商必须对为其供应原材料和零件的下级供应商保持足够的控制，以确保提供产品或服务的一致性。希望供应商在其供应链中实施与此处给出的内容相类似的期望和控制，并能证明已实施了控制。

（6）供应商须具有一个适当的涵盖设计、图样控制、资格认定、预生产活动和现行生产过程的质量系统。

（7）供应商须保存工艺和产品/服务的文件资料。变更控制系统时，供应商须以即时、准确的方式反映出所有变更之处。

（8）供应商应协助公司共同解决与其产品和服务相关的问题。要求包括帮助公司正确使用其产品和服务，调查相关问题，也包括在公司的系统内部对其他部件产生的相互作用。供应商应运用技术专家和资源进行有效的根源分析。

（9）供应商在其产品和工艺方面的任何变更应遵从前述程序。任何情况下，一切变更实施之前均须得到公司的书面批准。

（10）供应商应向公司通报在下列方面可能造成负面影响：所提供产品的质量、可靠性和安全性；设计和/或生产。

2. 供应商质量管理体系评估

供应商质量管理体系需要定期或不定期地通过评估来施以改进，这样才能保证其始终与企业和供应商的发展相一致，才能达到质量管理的目的。对质量管理体系的评估主要通过以下五种方式进行：

（1）供应商以往的业绩或合作记录。通过了解供应商过去的表现记录，如准时发货、质量合格、价格合理等资料来判断供应商的等级。如果企业在以往的采购过程中对每次采购合作的供应商都做过相应的评估与考核，则可以直接从以往的合作记录中了解供应商的具体情况。

（2）走访供应商。走访可以让每位合格供应商展示其实际的生产能力，这样便于对供应商的质量能力有更直接的了解。虽然实际走访会产生很多的费用，但是对质量管理所能带来的保证是最直接有效的。

（3）第三方认证。目前市面上出现许多由某些独立机构对供应商的质量进行考察和评估后给出的第三方证明。证书至少是供应商在有限期内通过质量体系认证的能力证明，因此对采购商有一定的参考价值。

（4）样品评估。让供应商先试制少量样品供采购商检验评估。如果样品的质量符合采

购商的预定标准，则说明该供应商具备相应的生产能力；但如果生产的样品不符合质量标准，应该及时分析在哪方面出了差错，是规格说明没有描述清楚，还是供应商在某些工艺技术上没有达标，这时可以考虑是否继续选择与该供应商合作。

（5）供应商自评。让供应商自己评定质量管理体系的实施效果也是获得对质量管理体系客观评价的一种方法。因为供应商质量管理体系本身就是采购商针对供应商制定的质量管理方案，所以它能在多大程度上促进质量管理完全是由供应商决定的，其效果也是供应商最为清楚。所以，供应商对质量管理体系的回馈和反映是采购商实施评估和改进的基础，采购商必须予以重视。

以上五种方式分别从五个角度对质量管理体系进行评估，各自都有一定的片面性，所以如果在评估中能将这五种方法进行交叉组合使用，将会获得更好的评估结果，更为客观、真实地反映出质量管理实施效果。

3. 制定联合品质计划

对采购商来说，产品的采购不仅是购买产品本身，还是购买供应商在产品设计、制造工艺、质量控制、技术帮助等方面的能力。要有效地购买供应商的这种能力，需要把供需双方的能力对等协调起来，协调的办法就是制定联合品质计划。联合品质计划中一般包括经济、技术、管理三个方面。

（1）经济方面。经济方面的计划主要包括：进行成本分析，以便协助采购商从合同中取得最大价值；对成本、质量和交货期等方面进行综合平衡，以便最佳地实现需求；对使用费用进行审查，使原材料成本降到最低水平。

（2）技术方面。需要制定一系列的技术计划，这涉及采购商和供应商各自的职能及操作。

（3）管理方面。这方面的计划主要是要识别必不可少的管理活动，并且建立明确的责任制来进行活动。此外，还要开展建立采购商和供应商双方沟通渠道的工作，建立迅速、灵敏的信息反馈系统，变单向沟通为双程式多向沟通。

4. 向供应商派常驻代表

为直接掌握供应商的产品质量状况，采购商可向供应商派出常驻代表，主要向供应商提出具体的原材料质量要求，了解该供应商原材料质量管理的有关情况。例如，质量管理机构的设置，质量体系文件的编制，质量体系的建立与实施，产品设计、生产、包装、检验等情况，特别是对出厂前的最终检验和试验要进行监督，对供应商出具的品质证明材料要核实并确认，在供应商内部进行质量把关。

对具有长期、稳定的业务联系，采购批量大、技术性强、对品质要求严格的供应商，采购商还可派出质检组常驻供应商处，不仅对原材料质量进行全程、全面的检查和监督，而且还要监督买卖合同的全面执行，保证及时生产、及时发货，满足采购商各方面的要求。同时，质检组还可向供应商反映已购原材料在使用过程中的问题和对原材料新的要求，以促使供应商改进和提高产品质量，并不断开发用户所需要的新原材料。

5. 供应商早期参与产品设计

在现代企业管理中，越来越多的企业将优秀的供应商纳入早期的产品设计。通过这种方法使供应商能够对设计提出批评，对材料的选择提出建议，在产品的制造过程中发挥更大的作用，从而使设计更改不至于引发高昂的成本。还可以让供应商提前进行批量生产准备并选

择他们自己的供应商等，最终帮助采购企业达到缩短新产品上市时间的目的。

【附录】

设计 FMEA 的框图示例

失效模式及后果分析（FMEA）
框图/环境极限条

系统名称：　　　　闪光灯
车型：　　　　　　新产品
FMEA 识别号：　　S001

工作环境极限条件

温度：$-20 \sim 160\ ^{\circ}F$　　　耐腐蚀性：试验规范 B　　　振动：不适用

冲击：$6ft^{\ominus}$ 下落　　　外部物质：灰尘　　　湿度：$0 \sim 100\%\ RH$

可燃性：（靠近热源的部件是什么？）

其他：

字母 = 零件　　　　＝附着的/相连的　　　----- = 界面，不相连

数字 = 连接方法　　　　　　　　　　　-----

　　　　　　　　　　　　　　　　　----- = 不属于此 FMEA

　　　下述示例是一个关系框图。FMEA 小组也可用其他形式的框图阐明他们分析中考虑的项目。

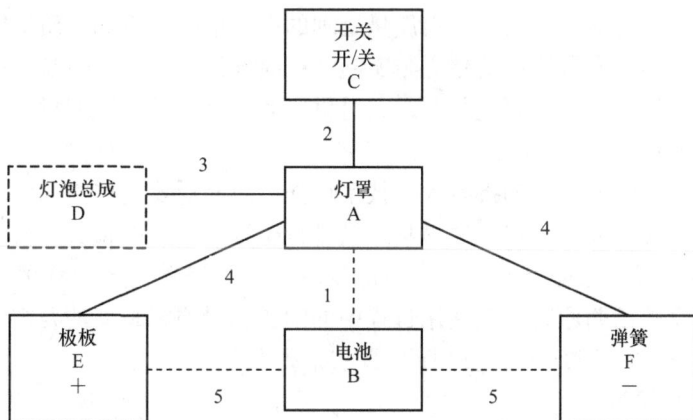

$\ominus$　1ft = 0.3048m。

部件：
A. 灯罩
B. 电池（2 节直流电池）
C. 开关　开/关
D. 灯泡总成
E. 电极
F. 弹簧

连接方法：
1. 不连接（滑动配合）
2. 铆接
3. 螺纹
4. 卡扣连接
5. 压紧装接

案例分析

Acme 公司的采购质量保证系统

Acme 是一家大型家用电器制造和组装公司。公司遵循大幅度减少基本供应商的方针政策，现在用于生产制造家用吸尘器序号为 149 号的部件供应商只有一个了。该吸尘器的销售量在国内和出口的总和超过 100000 台。149 号部件是比较便宜的，但它是一个含有高安全风险因素的部件，其中一个要求就是部件的电气绝缘必须足够可靠，以防止用户使用时遭到电击。

149 号部件由 Elston 电气工业公司供货。Elston 公司是在 6 年前被 Acme 公司从 5 个潜在的供应商候选名单中挑选出来的，当时选择的原则是 Elston 公司产品的价格比起最相近的竞争对手来说是相当便宜的。另外，Elston 已具备了相关的质量资格证书，Acme 公司的设计人员和采购人员对它的质量管理系统也做了全面、彻底的独立调查。Elston 公司以每两天的间隔向 Acme 公司供应 149 号部件 750 件，估计每月要供应 15000 件。Elston 公司的车间位于距离 Acme 公司 60mile⊖远的地方，所以，Acme 公司只要有够两天用的较少的缓冲库存即可。合同中的条款已确认 Acme 公司无须对 149 号部件再进行任何独立的进货检验。

直到现在，Elston 公司供应的 149 号部件没有出现过任何质量问题的记录。因此，Acme 公司按照惯例续签一年合同，仅仅通过需要协商适当地提高价格。由于对所供部件的质量的信任，从下达最初的订单起，Acme 公司就没有再对 Elston 公司的质量管理系统做审计。

然而，Acme 公司近来开始接到零售商的抱怨，用户反映 Acme 公司吸尘器有轻微的电击现象，更严重的是一位心脏衰弱的用户使用了 Acme 公司吸尘器时受到电击致死，该用户的律师来信声称要对 Acme 公司采取法律行动。对 Acme 公司吸尘器的负面报道也出现在国内的传媒上，因此销售量大大下滑了。

经调查，已确定电击是由于 149 号部件造成的。进一步的调查又揭露，正是 Elston 公司在不通知 Acme 公司的情况下决定在 149 号部件中使用更便宜的绝缘材料，通过这种降低成本的方法才使 Elston 公司保持了相对便宜的报价。

对此，Acme 公司已决定召回它在过去 4 个月中销售出去的 35000 台吸尘器。公司也已发出指示，绝缘材料必须恢复原来的标准。但是公司也知道，它的新供应商要达到这个要求最少需要 14 天，而且也必然会提高价格。在这期间，Acme 公司的生产组装线必须停顿下来。

⊖　1mile = 1609. 344m。

（资料来源：http：//www．msqlcgs．com。）

案例分析题：

1. Acme 公司应该怎样来改进它的采购质量保证系统？

2. 罗列由于这样的质量问题会引起 Acme 公司发生什么样的费用。

3. 本案例对采购质量管理工作有何启示？

【本章讨论】

1. 说说你在生活中是如何对产品质量进行评价的，你最看重哪些标准，并与本章讨论的有关质量内容进行对比，看看有什么不同。

2. 统计质量管理工具有哪些？结合其中一种谈谈它在质量管理中的应用。

3. 谈谈你对全面质量管理（TQM）的理解以及 PDCA 在质量管理中的应用。

4. "六西格玛"管理的重点是什么？谈谈"六西格玛"管理法中 σ 系数的选择及其对质量管理的影响。

5. 失败模式和后果分析法的优缺点分别是什么？质量功能展开如何影响采购质量？

6. 采购质量管理与控制最终归结为对所采购产品的质量进行管理和控制，结合前述质量管理的内容与方法，谈谈如何实施采购质量管理和控制。

7. 采购质量管理的关键是供应商质量控制，谈谈实施供应商质量控制的方法。

8. 由于竞争的日益加剧，Kodak 公司不得不时刻注重降低成本。而降低成本的重要途径之一就是精简供应商数量，这又要求公司必须与更少的供应商保持更密切的合作。Kodak 公司在这方面的切入点就是对电气和流程控制设备进行标准化，以及对其供应商的合并。下一步的工作是确定选择供应商的标准及其管理措施。整个过程还邀请了固定资产设备和采购人员一起参加，以确保有关的商业和技术问题都被考虑进去。

请你根据材料说明如何建立供应商合作伙伴关系，以及如何对供应商进行质量管理。

第6章

采购与库存管理

【导言】

　　库存是指为了满足将来的需求而暂时处于闲置状态的资源。一般而言，库存可以起到防止短缺和供应中断、缩短订货提前期、保证生产过程连续性、分摊订货费用、快速满足用户需求等作用。但是，过高的库存水平意味着库存占用了大量资金，容易产生较高的财务风险。过高的库存水平也说明了运作系统的低效，因为高库存往往掩盖了生产经营过程中不确定的需求、不准确的预测、不可靠的供应商、低质量的产品与服务等诸多问题。

　　通过对库存消耗的特点与规律的掌握，制定合适的库存补货策略，是控制库存水平的基本途径。库存补货意味着采购，因此，库存与采购密切相关。库存控制的主要决策即为如何盘点库存，何时采购，采购多少。采购商与供应商通过合作来管理库存的方式主要有供应商管理库存、零售商管理库存（寄售库存）和联合管理库存。值得一提的是，如 MRP、SCM、JIT、OPT 等现代管理方法最初的起源都与库存的管理有关，因此，了解库存管理方法有助于深刻领悟很多现代管理思想与方法的本质。

学习目标

　　1. 掌握库存的基本分类，把握库存相关成本的构成，了解库存形成的因素以及企业持有库存的原因。

　　2. 了解影响需求预测的关键因素，掌握企业的采购数量策略。

　　3. 能够深入探讨经济订货批量背后的逻辑关系，针对某一产品计算出经济订货批量。

　　4. 掌握不同情形下经济订货批量的确定方法，能够评估经济订货批量出现偏差时所造成的影响，并在实践中灵活运用经济订货批量。

　　5. 掌握并应用供应链环境下几种常见的库存管理模式。

导读案例

戴尔的直销模式实现零库存目标

　　戴尔公司的飞速发展是美国高技术企业经营管理的一个奇迹，被人们视为推动美国个人

计算机业发展的功臣。戴尔经营的特色就是"速度决定一切"：制造快、销售快、盈利快。下面分析一下该公司是怎样在库存管理方面实现零库存目标的。

戴尔公司的竞争优势主要来自其独特的经营方式：直销——顾客通过电话、邮件以及互联网直接向公司订购计算机，而不经过分销商或代理商。这有利于公司最大限度地减少成品库存。

直销是在公司接到顾客订单后再将计算机部件组装成整机，而不是根据对市场的预测制定生产计划，先批量制成成品，再将产品存放在仓库里等待分销商和顾客的订货。如果每年的库存维持费用是产品价值的 30%，价值 1000 万元的产品库存每年的维持费用将是 300 万元。按订单生产系统及时从供应商处获得零部件，由此消除了供应链中的零部件库存，而且按订单生产的产品无须储存在供应链各结点的仓库里，而是直接交付给顾客，从而将供应链库存降至最低。

不论是谁"支付"了库存的开支，顾客最终都将承担更高的价格。因而消除供应链中过剩的库存成本，也给顾客带来了利益。并且由于微处理器等重要部件的性能不断升级，价格不断下降，新型计算机的开发周期不断缩短，技术更新很快，售价下跌，因此产品库存更易造成贬值。

对于计算机产业，时间就是金钱。按常规，计算机削价后，公司有责任对代理商库存产品进行差价补偿，代理商退货时，公司按原价支付。对于本公司尚未销出的库存产品，当然要自己背包袱。上述特点使得库存对计算机厂商的压力特别大，但对现做现卖的直销公司来说，就避免了这种压力。

针对高科技企业产品贬值快的特点，戴尔公司最大限度地做到降低制造成本，及时利用新技术。因为戴尔只在接到一批订货时才要求供应商及时提供计算机部件，部件的库存也可以降到最低水平。上面已提到计算机部件价格不断下调，更新换代快，如果仓库里没有使用过时技术而必须先卖掉的产品，就可能加快使用新技术的步伐。戴尔公司按订单生产方式进行制造带来利益的一个例子是，因为戴尔没有需耗时 100 多天才能处理完的库存，所以它可能是第一个转而使用新的奔腾处理器的厂家。

为了充分实现直销的竞争优势，戴尔特别强调快速制造这一关键环节，并能够把快速制造与直销很好地结合起来。戴尔一直是 JIT 制造的典范：为了做到这点，它坚持计算机部件供应商把大部分部件存放在离其工厂更近的仓库内；为了压缩制造时间，它改由离工厂较近地区的供应商供货；为简化和零部件供应商的协调手续，尽量减少供应商的数量，它专门挑选那些能够满足其部件储存计划要求的合作者；为了在大批量采购的条件下实现更高的折扣，戴尔对某些高成本部件只找一两家供应商。

从戴尔的案例可以发现：在戴尔计算机生产的供应链上，节点企业只有供应商、制造商（核心企业）和顾客。这种构链模式可以较好地在供应链管理环境下解决库存问题。传统上，供应链的上游企业总是将下游企业的需求信息作为自己需求预测的依据，并据此安排生产计划或供应计划，这一需求信息的产生过程是导致"牛鞭效应"发生的主要原因。而戴尔的直销模式避免了分销商和零售商放大需求信息的风险，形成了良好的合作伙伴关系，达到相互之间信息透明化，实现了 JIT 敏捷制造。

（资料来源：根据豆丁网，《案例分析：戴尔（Dell）公司的供应链管理》改编。）

6.1　采购与库存管理基础

合理的采购有助于库存的有效管理。而库存的有效管理能够使企业在不增加新成本的前提下不断提高客户服务水平。因此，进行合理的采购与有效的库存管理，对企业的发展有着重要作用。

6.1.1　需求预测与库存管理

供应链管理专家曾经预言，21世纪创造供应链价值最大化的武器将是基于需求的管理。库存的一项重要作用是应对需求的不确定性。而有效的需求预测与管理是提高库存控制效率的重要保证。需求预测与库存管理已经成为企业采购与供应链管理持续成功的必要条件，也是企业赢得成本竞争优势的重要基础。

1. 需求预测

做好预测工作，应先从准确性、时效性、可用性和经济性等方面选择好的预测方法，再从整体上来管理需求预测工作。准确的需求预测可以使企业及时调整产品结构，瞄准特定的目标市场和消费群体。

预测可以分为前瞻性预测与趋势性分析，实际预测是两方面的结合。前瞻性预测是收集市场信息，面向市场分析产品发展方向与需求情况；而趋势性分析是建立在过去或现在的资料数据等信息的基础上，对需求趋势进行分析，以发现产品需求是处于上升还是下降趋势，给予前瞻性预测一定的指导。一般来说，前瞻性预测往往使用定性预测方法比较多，如德尔菲（Delphi）法、销售人员直接预测法、市场问卷调查法以及跨职能部门联席会议商议法等；而趋势性分析更多地借助于一些定量分析工具，如指数平滑法、回归分析法、周期性波动预测法等。有效的预测方法往往是定性与定量分析方法的有机结合，同时需要根据环境的变化和最新信息不断调整预测方法与预测结果。预测管理人员必须记住五大基本原则：①预测总是错误的。在预测未来的需求量时，结果永远不会完全一致，但这并不意味着预测没有意义，尽可能缩小预测误差就能最大限度地发挥预测的作用。②评估和改进预测。通过使用具体数值指标评估预测准确度，然后努力减少失误率。③大类预测更准确。预测一个大类显然要比预测单项产品容易。④时间越近，预测越准确。未来无法估计，但近期的状况却可以预料。⑤需求不稳定、用量少的生产用料最难预测。

当然，在进行产品预测时，会牵涉许多方面的问题，如客户数量及需求、产品的种类和档次、销售渠道、新产品开发能力、市场定位和价格等变化，因此，在实际工作中很难做到准确预测。那么，预测的准确性要做到多少才有实际意义呢？根据经验，对于系列产品，每月应对预测结果进行评估，准确性差异要求在0～20%，但是3个月的平均准确差异要求达到10%以内，并要求对每月的预测准确性进行跟踪并由此修正预测方法。对于单项产品而言，预测的难度要大一些，因为受各种因素的影响较大，一般月预测差异要求在0～30%。

由于企业经营产品的种类往往很多，不同产品的市场走势和需求、生产能力、对企业生存和发展的影响等均不尽相同。因此，可以考虑将产品进行分类。例如，一类产品的预测差异要求在0～10%，二类产品的差异要求在0～35%，三类产品的差异要求在0～150%。这就是ABC分析法在需求预测管理中的运用。然后，将预测资源按三类不同预测的相对重要

性进行分配。当然,对于行业中的龙头企业或供应链中的主导企业而言,其需求预测准确性会更高些。

大多数企业已经采用了先进的计划工具,用于制定原材料和零部件的采购计划。以"客户需求为导向"的经营理念和"按订单生产(MTO)"的制造模式对预测提出了新的要求。其中有四项关键因素影响预测的准确性:①企业需要更多地考虑各种因素,从而使上下游企业能够协同运作,并共享需求预测、生产与采购计划等信息;②将预测建立在更详尽的数据基础之上;③需求随季节的变化和需求的区域差异性也需要考虑;④灵活选择和使用各种分析工具将有助于减少预测误差。

2. 采购需求管理

根据市场需求和生产能力可以确定某一时期的生产计划,生产计划对生产所需零件及材料的数量有明确的要求。由于各企业处于不同的环境,拥有不同的生产能力,因此需要根据自身的情况采用不同的策略来管理采购需求以保证供应。比较典型的采购需求管理策略有以下几种:

(1)保守策略。为防止市场上可能出现的物价上涨或物料短缺,许多企业通常会提前购入生产计划需要的物料。采用这种策略最大的好处在于如果有紧急情况发生,也有足够的预备库存,不会发生长时间停工待料的情况。然而不足之处在于如果市场需求发生波动或产品设计发生改变,无法及时地对物料进行相应的调整,很可能会发生待料。同时,过早入库会增加库存管理费用。保守策略通常适用于市场需求较稳定,或对市场的掌握程度较高,而且存货的存储空间较小、不易变质并且价值相对较低,或者市场价格处于上升通道的情况。

(2)及时采购。只有在需要时才采购相应数量的物料,采购来的物料直接投入生产,免去了入库、保管的阶段。这样不仅节省了库存保管、二次搬运成本,而且不存在库存积压占用资金的风险。同时,还可以根据市场需求的变动灵活调整产品设计及采购数量。然而,存在的不足在于每次采购的数量较小,议价能力比较弱,无法获得较高的数量折扣。另外,一旦发生物料短缺,由于没有库存,企业不得不面临停工待料的损失。及时采购策略通常比较适合市场需求变动较快,并且物料的来源比较稳定或物料不易存储,或者市场价格比较稳定或价格处于下降通道的情况。

(3)多源供应。将采购的数量分散给多个不同供应商(每种直接主要材料的供应商数目不会太多,平均3个左右,以避免过度竞争和与供应商关系恶化,通过供应商之间的良性竞争,可以获得价格与服务的优势)。拥有多个供应商可以降低货源中断的风险,并且由于各供应商分布于不同的区域,采购商可以了解多方面的市场情况,便于掌握市场的发展趋势。然而,将采购数量分拆而无法获得较高的价格折扣是这种策略的一大缺点。同时,由于与多个供应商合作,没有固定合作关系,使得采购商与每个供应商的关系都不紧密。多个供应源的采购策略适用于采购总量大、单一供应商无法独立供货的情况,同时对产品的标准化也有严格的要求,避免因供应商不同而发生产品质量上的差异。

(4)独家供应。与多个供应源相反,独家供应即采购商只有唯一的供应商。独家供应的优缺点基本上与多个供应源相反,因此比较适用于来源受限的情况。有时企业会将间接材料和MRO打包后由能提过一站式服务的一个综合供应商来供应,比如所有办公用品由一个文具供应商提供全部服务。

3. 库存类型

库存可以从物资的用途、在企业经营中的作用、存放地点、来源、所处状态等几个方面来进行分类。了解库存的分类有利于更好地理解库存的内涵。

（1）从库存物资的用途角度分类。按物资的用途可以将库存分为五类，即原材料，半成品库存，在制品（Work in Process，WIP）库存，产成品库存，维护、修理和运营（Maintenance, Repair and Operations，MRO）等非生产性物料库存。

（2）按存放地点分类。库存按存放地点可分为库存存货、在途库存、委托加工库存、委托代销库存。

（3）按库存来源分类。库存按其来源可分为外购库存和自制库存两类。

（4）按物品所处状态分类。库存按物品所处状态可分为静态库存和动态库存。

（5）从库存在企业经营中的作用角度分类。按企业经营过程中库存所起作用的角度可将其划分为六类，即经常库存、安全库存、季节性库存、促销库存、投机库存和积压库存。

1）经常库存。经常库存是指在正常的经营环境中，企业为满足日常需要而建立的库存。这种库存随着每日的需要不断减少，当库存降低到某一水平时，就要按一定的规则来补充库存。其一般包括处于加工状态以及为了生产的需要而暂时处于储存状态的零部件、半成品或成品库存；也包括运输过程的库存，即处于运输状态或为了运输而暂时处于储存状态的库存。

2）安全库存。安全库存是指为了防范风险而建立的缓冲库存。由于在供应与需求方面有很多不确定因素的存在，进行安全库存决策要比经常库存更难。

3）季节性库存。季节性库存是指为了满足特定季节出现的特定需要而建立的库存，或指对季节性出产的原材料在出产的季节大量采购所建立的库存。

4）促销库存。促销库存是指为了应对企业开展促销活动引起预期销售增加的情况而建立的库存。

5）投机库存。投机库存是指为了避免因物资价格上涨造成损失，或为了从物资价格上涨中获利而建立的库存。

6）积压库存。积压库存是指因物资品质变坏而不再有效的库存，或因没有市场销路而卖不出去的产品库存。

4. 库存相关成本

由于持有较高水平的库存会对企业的资金流动性造成不利影响，不利于企业生产经营，因此，识别企业库存成本的来源和类型，可以有效地进行成本跟踪和管理，从而提高企业的效率。库存相关成本主要有订购成本、库存持有成本和短缺成本。

（1）订购成本。订购成本是指完成一次订货所需支付的一次性成本，一般与订货的数量无关。订购成本包括询价、比价和议价等交易成本和获得商品信息的成本、制定和发送订单的成本，也包括进货验收成本（验收人工费与检验仪器费用）和进库成本（物料搬运费用）等。

（2）库存持有成本。库存持有成本包括库存占用资金的成本、存储成本、物品在保存期间的有形或无形磨损以及保险费用等。对于大多数企业而言，资金成本占物品持有成本的比重最大，其次是存储成本。对于易变质物品，过期作废所产生的成本在总持有成本中也占据相当的比重。

（3）短缺成本。短缺成本是指停工待料造成的损失和有料后的加班需要的额外成本，以及失去销售机会、客户服务水平和信誉降低等造成的损失。

库存成本还可以包括因物料质量不合格所产生的质量成本，以及其他，如保险关税、汇率变动等物流成本和管理费用等。

5. 持有库存的原因

一般而言，库存可以起到防止短缺和供应中断、缩短订货提前期、保证生产过程连续性、分摊订货费用、快速满足用户需求等作用。但是，高库存往往掩盖了生产经营过程中不确定的需求、不准确的预测、不可靠的供应商、低质量的产品与服务等诸多问题。因此，库存管理水平能从一个侧面衡量企业管理水平。在制定库存控制策略时有一些基本原则：当持有库存的（期望）收益高于其（期望）成本时，才维持库存；当库存水平的调整所带来的收益高于库存成本的增加时，执行库存水平变动决策。下面从积极和消极两个方面考察企业持有库存的原因。

维持库存的积极原因包括保证正常生产、运营维护、客户服务、规避风险以及获得批量采购折扣的需要。

（1）保证正常生产。支持生产、保证供应是企业维持一定库存水平的主要原因，这些持有的库存物料包括原材料、半成品、在制品、包装物等。其中，生产性存货占了库存的绝大部分。因此，生产性存货水平的降低能有效地降低整体库存水平，从而为企业带来利润。

（2）运营维护。维持企业正常生产与运营所需要的库存主要是维护、修理和运营（MRO）库存。由于传统上 MRO 库存的管理职能往往分散在各个部门，而且需求量难以精确确定，又缺乏互联网、电子数据交换等信息实时交流工具，使得 MRO 库存难以得到有效控制。随着企业逐渐认识到 MRO 库存长期累积下来的诸如订购成本过高、库存冗余、浪费等问题，企业也开始重视 MRO 库存管理。

（3）客户服务。企业为了满足客户服务的需要，有时会维持大量用于维修和更换零部件的库存。如果这部分的库存水平太高，会造成企业资金的浪费，如果库存水平太低，可能产生缺货使服务水平降低而遭到客户投诉的风险。因此，备用零部件库存水平的合理控制，是企业以较低成本获得较高客户服务水平的重要保证。

（4）规避风险。例如，市场价格波动的影响。当采购商预期物料会短缺或价格会上涨时，他们会提高库存水平以抵抗风险；而当采购商预计物料的价格会下降时，他们又会降低库存水平。

（5）获得批量采购折扣。当大量采购物料的折扣收益大于存储以及多次交货带来的运输成本时，企业通常会考虑增加一次采购的规模效应。

而维持库存的消极原因包括低效率的物料产出、不确定的供应商交货期、不合格的物料质量、不准确的需求预测等。为了应对采购物料质量低下的问题，企业有时会以一定的预期比率，采购多于实际需求量的物料，而不会转而更加费力地纠正质量问题本身。企业有时也会通过提高安全库存来抵御需求不确定性或订单预测的不准确性。另外，由于上游供应商交货时间的不确定性，在某种程度上也会促使企业提高安全库存。

从本质上来说，库存有利于缓和供给和需求之间的不平衡以及减缓环境的不确定因素的影响。由于库存涉及资金占用、仓储、老化、丢失、保险、安全等方面的成本，因此，在保证正常的生产与服务水平不下降的前提下，企业应该不断降低库存。

6.1.2 采购与库存管理的关系

有效的库存管理是保持企业竞争优势的重要途径。因为高水平的库存占用了大量资金，将会导致资金流动性下降、利润空间缩减和市场占有率的下降，以及可能的无形损失。同时，高库存水平通常会掩盖生产经营过程中出现的各种问题。库存的有效管理需要同与供应商合作才能实现，因此，认真选择合格的供应商并与之谈判协商，合作管理库存，正是通过采购部门实现的。

1. 采购决定库存管理数量

采购与库存管理是上下承接、互相关联的两个环节，如图6-1所示。库存变化的源头就是采购。

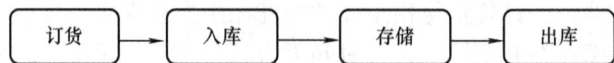

图6-1 库存流程图

首先，采购部门与供应商合作，促进其改善产品质量，实施双方一致的质量标准，通过采购部门的检验，企业就可以减少库存数量，因为采购的产品质量得到了保障，采购企业就不必进行检验。同时，生产的稳定减少了每批货物的运输成本，节约了人力、物力、财力。其次，采购部门与供应商合作，促进其缩短提前期并提高供应的稳定性，企业就可以降低库存水平。再次，供应商更熟悉如何存储自己的产品，而且可能不只向一家企业供应同一种物料，因而可以在库存管理方面获得更大的规模效益，采购企业也可以进一步降低自身的安全库存。

2. 库存管理协调采购等部门的业务活动

无论是商贸企业还是生产、制造企业，在经营过程中都存在库存。在采购、生产、销售或采购、销售的不断循环过程中，库存管理对这些业务活动都起着作用。

库存可以应对各个环节之间供求品种、数量的不协调问题，如采购的是原材料，生产中是半成品，销售的是产成品。更为重要的是，库存管理把采购等各个环节连接起来，起到桥梁作用，如图6-2所示。采购的原材料入库，出库到生产流程，产成品入库，出库销往各地，前后顺畅流通。低效率的库存管理将导致成本的增加和获利能力的减弱。太多的流动资金困在库存上会引起一系列现金流问题，进而引起其他问题的产生。随着供应链管理的发展，企业的采购从原来为实现安全库存，如生产的连续性、产品销售无缺货，采购职能很少关心市场需求的变化，转变为以降低库存成本，提高整个供应系统速度和库存周转率为目标的采购，采购成为真正从市场需求和订单出发而进行的业务活动。

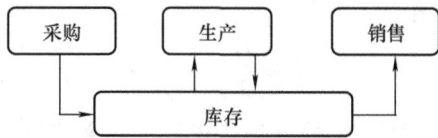

图6-2 库存协调采购等部门

6.2 采购库存管理与控制

有效的库存管理与控制能够使企业在不增加新成本的前提下不断提高客户服务水平，或

者说在不降低客户服务水平的前提下不断降低库存总成本。管理者需要根据库存消耗的特点和要达到的服务水平，制定使库存成本尽可能小的补货策略。

6.2.1 需求确定条件下的订货决策

市场上有数百种库存控制系统来控制库存水平，但实践中最常用的是经济订货批量模型。不允许缺货的经济订货批量（EOQ）模型是哈里斯（F. W. Harris）于1915年首次提出的，但在当时没有引起重视。直到1934年，威尔逊（R. H. Wilson）重新得到哈里斯的结果后，库存控制的理论与实践才开始被人们重视，因此这一公式也称为威尔逊公式。

由于一些简单的库存控制模型的实践应用也可能产生很大的作用，因此库存控制模型的理论研究与实际应用长期以来一直受到人们的重视。这里主要介绍确定条件下的三种基本经济订货批量模型，其他经济订货批量模型往往由此派生发展而来。这三种经济订货批量模型的基本假设如下：①库存补充系统的运行时间无限长；②包括单位产品采购价格 P、单位产品单位时间（年）库存持有成本 H、每次订货费 K 在内的各种成本参数已知且固定不变；③需求率 D（每年）已知且固定，提前期 L 固定且交货时间准确；④一次订货量无最大和最小限制且每次订货量均为 Q，不存在数量折扣。

应该指出，实践中存在许多满足不了这些基本假设的情况，如假设系统运行期无限长而实践中考虑的时间范围往往是明确而且有限的；各种成本参数被假设已知且固定不变，而实践中成本参数往往是变动的，甚至是随机或模糊的；需求往往也是不确定的。因此，人们一般把经济订货批量（EOQ）公式求得的解作为制定库存控制策略或订货策略的决策参考。

1. 不允许缺货的订货模型

在不允许缺货的订货模型中，只要库存一降到零就可以瞬间得到补充，并且每次按相同的时间间隔对库存补充相同的量。库存水平的变化情况如图6-3所示。假设 TC 为库存总成本，根据库存总成本 = 订货成本 + 库存持有成本，可知

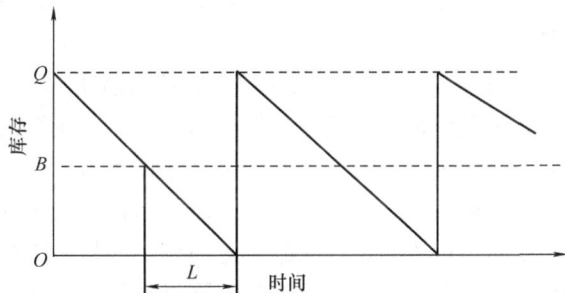

图6-3　不允许缺货的订货模型

$$TC = \frac{Q}{2}H + \frac{D}{Q}K$$

采用微积分对 Q 进行求导，并令其为零，求得经济订货批量为

$$Q^* = \sqrt{\frac{2DK}{H}}$$

有时也将库存持有成本表达成库存产品价值的百分比，用 h 来表示，则经济订货批量又可以表示为

$$Q^* = \sqrt{\frac{2DK}{Ph}}$$

上式中求得的 Q^* 即为使年库存总成本最小的经济订货批量值。由于提前期 L 固定，因此当库存水平降到订货点 B 时，就需要发出 Q^* 单位的订货单给供应商。其中再订货点 B 可表示为 $B = DL$。

2. 允许缺货的订货模型

前面模型的解是在不允许缺货（缺货成本非常大）的情况下推导出来的。那么，为了应对缺货，企业持有高库存，而高库存所带来的成本增加可能远超过缺货造成的损失，这时允许一定程度的缺货对企业是有利的。允许缺货的经济订货批量模型中的库存水平变化情况如图6-4所示。下面讨论允许缺货情况下的订货决策问题。

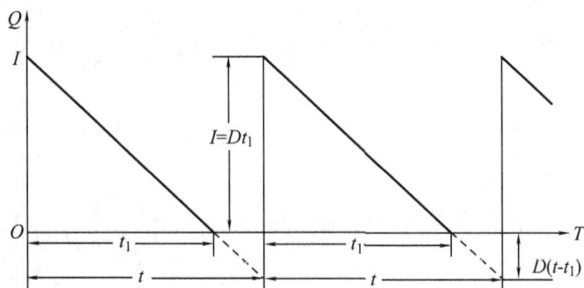

图6-4 允许缺货的订货模型

设每次订货费用为 K，缺货成本（单位缺货损失）为 S，求使总成本最小的最优订货策略。假设初始库存为 I，可以满足 t_1 时间内的需求，t_1 时间的平均库存为 $\frac{1}{2}I$，在 $(t-t_1)$ 时间内的库存为零，平均缺货量为 $\frac{1}{2}D(t-t_1)$。由于 I 能满足 t_1 时间内的需求，故 $I=Dt_1$，那么 $t_1=\frac{I}{D}$，在 t 时间内的库存成本为 $\frac{1}{2}H\frac{I^2}{D}$，在 t 时间内的缺货成本为 $\frac{1}{2}S\frac{(Dt-I)^2}{D}$。

单位时间的总成本为

$$C(t,I)=\frac{1}{t}\left(H\frac{I^2}{2D}+S\frac{(Dt-I)^2}{2D}+K\right)$$

上式中有两个变量，分别对这两个变量求偏导，得

$$\frac{\partial C}{\partial I}=\frac{1}{t}\left(H\frac{I}{D}-S\frac{Dt-I}{D}\right)=0$$

求得

$$I=\frac{SDt}{S+H}$$

$$\frac{\partial C}{\partial t}=-\frac{1}{t^2}\left[H\frac{I^2}{2D}+S\frac{(Dt-I)^2}{2D}+K\right]+\frac{1}{t}\left[S(Dt-I)\right]=0$$

即

$$-H\frac{I^2}{2}-S\frac{(Dt-I)^2}{2}+tD[S(Dt-I)]=0$$

将 $I=\frac{SDt}{S+H}$ 代入上式，消去 I，得订购周期为

$$t^*=\sqrt{\frac{2K(S+H)}{SDH}}$$

由于这一模型是假设缺货后再补足，因此可得最优订购批量为

$$Q^*=Dt^*=\sqrt{\frac{2DK(S+H)}{SH}}$$

将 $t^*=\sqrt{\frac{2K(S+H)}{SDH}}$ 代入 $I=\frac{SDt}{S+H}$，得

$$I^* = \sqrt{\frac{2DSK}{H(H+S)}}$$

将 $t^* = \sqrt{\frac{2K(S+H)}{SDH}}$ 和 $I^* = \sqrt{\frac{2DSK}{H(H+S)}}$ 代入 $C(t,I) = \frac{1}{t}\left[H\frac{I^2}{2D} + S\frac{(Dt-I)^2}{2D} + K\right]$，得

$$C(t^*, I^*) = \sqrt{\frac{2HSKD}{S+H}}$$

当 S 很大或不允许缺货时，$S \to \infty$，$\frac{S}{S+H} \to 1$，则

$$t^* = \sqrt{\frac{2K}{DH}} \quad I^* = \sqrt{\frac{2DK}{H}} \quad C(t^*, I^*) = \sqrt{2HKD}$$

因此，又回归到不允许缺货的经济订货批量模型。

6.2.2 需求不确定条件下的订货决策

到目前为止所介绍的订货模型都是基于需求确定的条件，然而现实中的库存决策环境往往是不确定的，这就涉及不确定环境下的库存控制问题。一般地，如果掌握了描述不确定环境的变量取值的统计规律，那么由此建立的库存模型就是随机库存模型。下面介绍两个比较典型的随机库存决策模型：

1. 随机离散需求的订货批量问题——报童问题

报童每天售报数量是随机的，单位缺货损失为 s 元，若报纸未能售出，每份赔 h 元。假定根据以往的经验，每天售出报纸份数 d 的概率 $P(d)$ 是已知的，易知 $\sum_{0}^{\infty} P(d) = 1$，那么报童每天最好采购多少份报纸？

设报童采购报纸的数量为 Q，那么当供过于求，即 $d \leq Q$ 时，因报纸不能售出而承担的损失的期望值为 $\sum_{d=0}^{Q} h(Q-d)P(d)$；当供不应求，即 $d > Q$ 时，因缺货而少赚钱的损失的期望值为：$\sum_{d=Q+1}^{\infty} s(d-Q)P(d)$。作为报童，希望最小化以上两种损失。于是当订货量为 Q 时，总损失的期望值为

$$C(Q) = \sum_{d=0}^{Q} h(Q-d)P(d) + \sum_{d=Q+1}^{\infty} s(d-Q)P(d)$$

由于报童订购报纸的份数只能取整数，所以不能用求导的方法直接求极值。为此，可用边际分析法来求解。设报童每天订购报纸的最优数量为 Q，其损失期望值应同时满足 $C(Q) \leq C(Q+1)$ 和 $C(Q) \leq C(Q-1)$，即

$$\sum_{d=0}^{Q} h(Q-d)P(d) + \sum_{d=Q+1}^{\infty} s(d-Q)P(d) \leq \sum_{d=0}^{Q+1} h(Q+1-d)P(d) + \sum_{d=Q+2}^{\infty} s(d-Q-1)P(d)$$

简化后得

$$\sum_{r=0}^{Q} P(d) \geq \frac{s}{s+h}$$

$$\sum_{d=0}^{Q} h(Q-d)P(d) + \sum_{d=Q+1}^{\infty} s(d-Q)P(d) \leqslant \sum_{d=0}^{Q-1} h(Q-1-d)P(d) + \sum_{d=Q}^{\infty} s(d-Q+1)P(d)$$

简化后得

$$\sum_{r=0}^{Q-1} P(d) < \frac{s}{s+h}$$

于是，报童应订购报纸的最优数量 Q 应根据下列不等式确定

$$\sum_{r=0}^{Q-1} P(d) < \frac{s}{s+h} \leqslant \sum_{r=0}^{Q} P(d)$$

也可以利用盈利最大化来考虑报童的订货决策问题，得出的结论与上面相同。具体推导过程留给读者完成。

2. 随机连续需求的订货批量问题

上述报童问题解决的是离散型随机需求的订货决策问题。下面介绍需求是连续型随机变量的订货批量决策问题。现假设需求 ξ 是连续的随机变量，其密度函数为 $f(x)$，分布函数为 $F(x)$，商品单位采购成本为 c，单位售价为 P，单位库存成本为 H，采购数量为 Q。当 $\xi < Q$ 时，实际销售量为 ξ；当 $\xi \geqslant Q$ 时，实际销售量只能是 Q。因此，只有在 $\xi < Q$ 的情况下才会产生库存，其成本为 $H(Q-\xi)$。于是，利润可以表示成

$$R(Q) = P \times \min(\xi, Q) - cQ - H(Q-\xi) \times \chi\{\xi < Q\}$$

$$E[R(Q)] = \int_0^Q Pxf(x)\,dx + \int_Q^{\infty} PQf(x)\,dx - cQ - \int_0^Q H(Q-x)f(x)\,dx$$

$$= \int_0^{\infty} Pxf(x)\,dx - \int_Q^{\infty} Pxf(x)\,dx + \int_Q^{\infty} PQf(x)\,dx - cQ - \int_0^Q H(Q-x)f(x)\,dx$$

$$= PE(x) - \left[P\int_Q^{\infty}(x-Q)f(x)\,dx + \int_0^Q H(Q-x)f(x)\,dx + cQ \right]$$

式中，$PE(x)$ 为期望销售收入；$P\int_Q^{\infty}(x-Q)f(x)\,dx$ 为因缺货带来的销售损失；$\int_0^Q H(Q-x)f(x)\,dx$ 为因滞销而遭受的损失（这里只考虑了库存成本）；cQ 为采购成本。

令 $P\int_Q^{\infty}(x-Q)f(x)\,dx + \int_0^Q H(Q-x)f(x)\,dx + cQ = E[C(Q)]$，那么要使期望利润最大化，有

$$\frac{dE[C(Q)]}{dQ} = \frac{d}{dQ}\left[P\int_Q^{\infty}(x-Q)f(x)\,dx + \int_0^Q H(Q-x)f(x)\,dx + cQ \right]$$

$$= H\int_0^Q f(x)\,dx - P\int_Q^{\infty} f(x)\,dx + c$$

令 $\dfrac{dE[C(Q)]}{dQ}=0$，记 $F(Q) = \int_0^Q f(x)\,dx$，于是有

$$HF(Q) - P[1-F(Q)] + c = 0$$

$$F(Q) = \frac{P-c}{H+P}$$

从上式中解出 Q^*，又因为

$$\frac{d^2E[C(Q)]}{dQ^2} = Hf(Q) + Pf(Q) > 0$$

因此，Q^* 为使总利润最大的最佳订购批量。

3. 安全库存的确定

库存中的不确定因素主要可分为两种：一种是订货提前期的不确定性；另一种是需求率的不确定性。在不确定性的库存模型

中，库存由两部分组成：一部分是周转库存，用于两次订货之间的平均库存消耗；另一部分为安全库存，它的设置是为了应对不确定性因素的影响（如大量突发性客户订货导致临时用量急剧增加、供应商交货期突然延期或者误期等）。一旦需求或提前期发生变化，实际需求就可能超过期望需求。所以，为避免在提前期内发生缺货，再订货点的确定还需考虑到增加安全库存量（见图 6-5），即

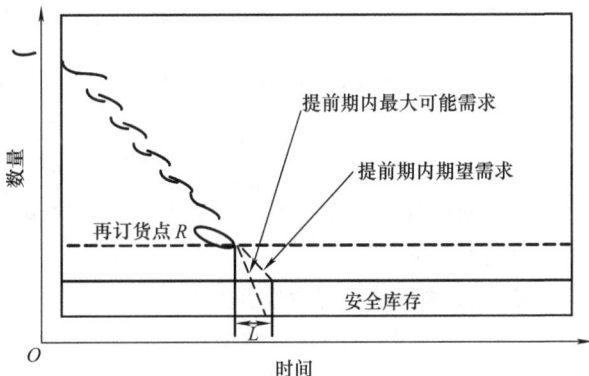

图 6-5 安全库存降低提前期内的缺货风险

$$再订货点 R = 提前期内期望需求 + 安全库存$$

安全库存量的确定一般取决于以下因素：①平均需求率与平均生产提前期；②需求与生产提前期的变化量；③想要达到的服务水平。

对于特定的服务水平（这里是指库存能够立即满足用户需求的概率），需求率或生产提前期波动幅度越大，则达到特定服务水平所需的安全库存量越大；同样，给定波动幅度的需求量或生产提前期，要提高服务水平则需要增加安全库存量。

如果假定提前期内单位时间的需求量服从正态分布，那么

$$ss(安全库存水平) = Z(安全因子) \times \sigma_L(提前期内单位时间需求的方差) \times \sqrt{L(提前期长度)}$$

$$R(再订购点) = \bar{d}(单位时间平均需求) \times L(提前期长度) + ss(安全库存水平)$$

其中，安全因子 Z 为服务水平所对应的标准正态分布的分位点。给定服务水平，通过查正态分布表可以得到 Z 值。一般愿意承担的风险越小（即服务水平越高），则 Z 值越大。如果进一步假设单位时间需求和提前期为相互独立的随机变量且均服从正态分布，则提前期内需求的平均值为 $L \times D$，其标准差为 $\sigma_{LD} = \sqrt{L \times \sigma_D^2 + D \times \sigma_L^2}$，再订购点为 $L \times D + Z\sigma_{LD}$。其中，需求的均值为 D；标准差为 σ_D；订货提前期的均值为 L；标准差为 σ_L。

6.3 供应链库存管理

供应链的库存管理不是单个企业库存的需求预测与补给，而是要通过对供应链各节点库存的控制来降低供应链总成本和提升终端用户服务水平。其主要内容包括：采用先进的建模技术来评价供应链库存策略、提前期和运输变化的准确效果；能够对供应链中由于不确定性产生的缺货、延迟等风险进行有效的识别、缓解与控制，确定最适当的服务水平。

1. 供应链库存管理模式

根据供应链库存管理主体及内涵的不同，基于供应链管理的库存管理可分为以下四种

模式：

（1）传统库存管理模式。在这种模式下，各节点企业的库存管理是相对独立的，每个节点企业都有自己的库存控制策略而且相互封闭。

传统库存管理模式是基于交易层次之上的，由订单驱动的、静态的、单级的管理库存方式，如图 6-6 所示。

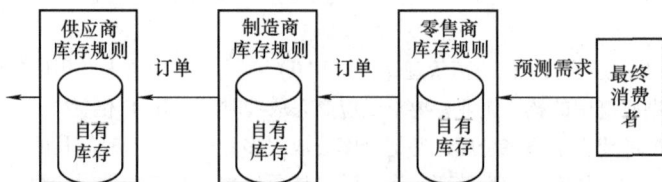

图 6-6　供应链传统库存管理模式

（2）联合库存管理（Joint Managed Inventory，JMI）模式。JMI 模式是一种基于协调中心的库存管理模式，更多地体现了整条供应链上各企业之间的协作关系，可有效减弱供应链中的牛鞭效应，提高供应链的同步化运作水平。这种模式强调供应链上各企业共同制定库存计划，从而使供应链中的每个库存管理者从全局的角度来考虑问题，保证供应链相邻的库存管理实体对需求预测水平的高度一致，从而减弱甚至消除需求变异放大带来的不利影响。任何相邻层级企业的需求确定都是供需双方协调的结果，库存管理不再是各自为政的独立运营过程，而是供需的连接纽带和协调中心，如图 6-7 所示。

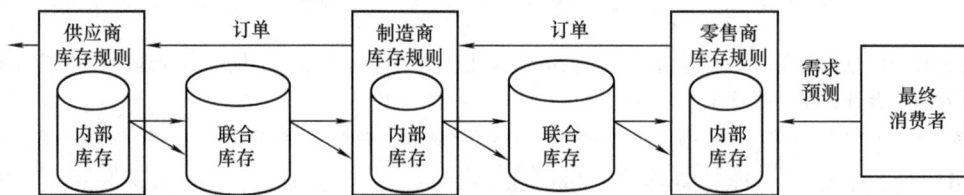

图 6-7　JMI 模式

（3）供应商管理库存（Vendor Managed Inventory，VMI）模式。VMI 模式是一种供应链战略伙伴之间的合作性策略，是一种库存决策代理模式。它以系统的、集成的思想管理库存，使供应链系统能够协同运作。在这种库存控制策略下，允许上游组织对下游组织的库存策略、订货策略进行计划与管理，在一个共同的框架协议下，以获得系统库存最低成本为目标，由供应商来管理库存。VMI 模式允许供应商代理采购商行使库存决策的权力，并通过对该框架协议经常性地监督和修正，实现库存管理效率的持续提高，如图 6-8 所示。

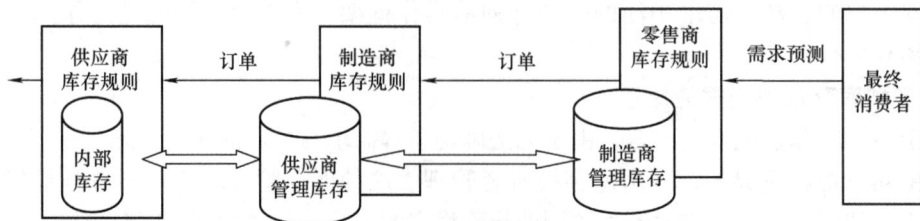

图 6-8　VMI 模式

美的公司的 VMI 模式

在 2002 年美的公司导入供应商管理库存（VMI）模式前，空调行业普遍存在的诸如价格战、库存压力、材料涨价等因素，不断压缩美的的盈利空间。美的意识到，要想在市场上保持竞争优势，除了对产品和市场进行创新外，成本领先显得更加关键。在实施 VMI 模式前，美的空调有最少 5~7 天的零部件库存周转期和十几万台成品库存。这样的库存水平严重地影响了生产效率和资金周转，影响着美的公司的健康、快速发展。

2002 年，美的空调业务导入了供应商管理库存（VMI）模式，开始引入"用信息代替库存"这一经营理念。美的空调作为供应链中的核心企业，要求供应商采取准时制（JIT）供货方式。以出口为例，美的空调在设于顺德的生产总部建立了很多仓库，并把仓库分成很多片区。运输时间长的外地供应商一般会租赁一个片区，并把零配件放到片区仓库里储存。当美的空调要使用这些零配件时，则通知供应商，进行资金划拨并取货。这样，零配件的产权就由供应商转移到美的公司。

美的的供应商有 300 多家。零配件出口内销加起来共 3 万多种。在实行了 VMI 之后，有 60% 的供应商仓库在顺德周围，还有部分供应商在距离生产总部车程 3 天以内的地方。此外，美的空调在企业资源计划（ERP）的基础上实施了二次开发，与供应商建立了电子交货信息平台。通过这个网络平面，供应商可以在各自的办公地点读取美的的空调订单，包括品种型号、数量和交货时间信息。

实施 VMI 之后，2002 年美的零部件周转率达到 70~80 次，零部件库存由原来平均保存 7~9 天减少到现在的 3 天，而且这 3 天的库存也是由供应商管理。VMI 的导入提高了美的空调零部件和成品空调的周转率，减少了资金占用，从而提高了资金利用率，资金的风险也得到了有效控制，从根本上降低了库存成本。从此之后，美的空调的竞争优势大幅度提高。2002 年度美的空调销售量同比 2001 年度增长约 50%，而成品库存降低了 9 万多台。VMI 的成功实施，确保了美的公司在激烈的市场竞争条件下仍然创造了可观的利润。

随着我国信息进程的进一步推进、先进供应链管理理念的进一步深入，供应商管理库存模式为激烈市场竞争的参与者开辟出一个崭新的利润源泉。

（4）协同式供应链库存管理（Collaborative Planning Forecasting & Replenishment，CPFR）模式。CPFR 模式是一种协同式供应链库存管理技术，建立在 JMI 和 VMI 的最佳分级实践基础上，同时抛弃了二者缺乏供应链集成等缺点。它应用一系列处理过程和技术模型，覆盖整个供应链，通过共同管理业务过程和共享信息来改善供应商和采购商之间的伙伴关系，提高预测的准确度，最终达到提高供应链效率、降低库存和提高客户满意度的目的。CPFR 模式的最大优势在于能及时、准确地预测由各项促销措施或异常变化带来的需求高峰和波动，使供应链各成员企业都能做好充分的准备，从而赢得主动。CPFR 模式采取了多赢的原则，始终从全局的观点出发，制定统一的管理目标以及实施方案，以库存管理为核心，兼顾供应链上其他方面的管理。因此，CPFR 模式更有利于实现企业伙伴间更广泛、深入的合作，帮助制定面向客户的、基于需求预测的生产计划的合作框架，进而达到供应链运作同步化的目的，如图 6-9 所示。

2. 各种库存管理模式的比较

对于传统库存管理模式而言，由于无法确切了解需求与供应的匹配状态，库存的设置与管理是由同一企业完成的，即由库存拥有者管理。这种库存管理模式并不总是最优的。例如，供应商利用提高库存应对不可预测的或不稳定的需求；分销商利用库存来应对不稳定的内部需求或提前期以及供应商方面的不确定性。这样做的结果将会影响供应链优化运作，导

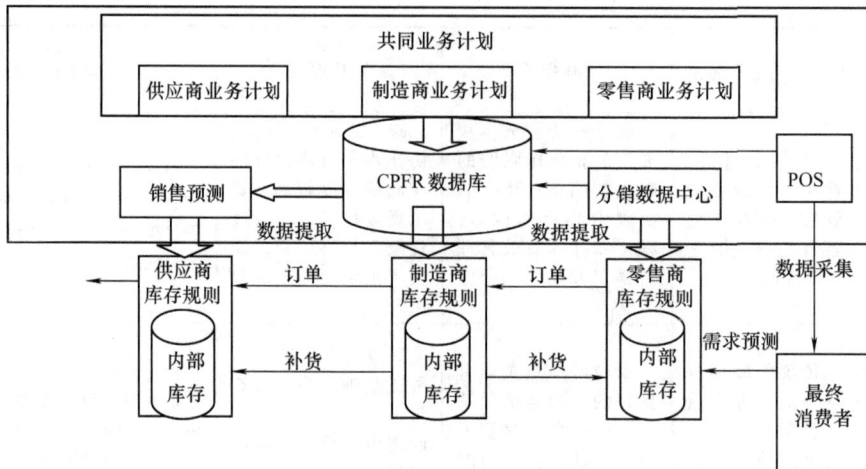

图 6-9　CPFR 模式

致重复建立库存，因而无法达到供应链总库存成本最低，并且可能会随着供应链长度的增加而发生需求扭曲。因此，寻求供应链整体库存成本最低成为库存模式发生演变的推动力。

根据供应链中各节点企业的合作程度的高低，可以看出供应链库存管理模式的演进，经历了从单纯的交易处理到企业协同计划决策的过程，进而转移到整体的供应链库存管理上来。整个供应链的库存不再隶属于供应链中的核心企业或某一企业，其管理控制权也由供应链整体协同计划决定。这种控制权的转移说明供应链中库存所有权与控制权正走向分权化。供应链中各主体从系统协作的思想出发，确保了整体库存的成本削减、风险的降低和供应链的稳定性。各库存管理模式的比较如表 6-1 所示。

表 6-1　供应链中各种库存管理模式比较

模式 项目	传统库存管理模式	JMI 模式	VMI 模式	CPFR 模式
管理实体	各节点企业	核心企业/联合主体	供应商	协同计划协调工作组
主要思想	各节点企业独立管理自有库存，寻求降低自身的缺货、需求不确定等风险的方法	各节点共同参与库存管理，共同制定统一的生产与销售计划，并将计划下达到各制造单元和销售单元执行	各节点企业共同帮助供应商制定库存计划，要求供应商参与管理客户的库存；供应商拥有并管理客户企业的库存	CPFR 应用一系列的处理和技术模型，提供覆盖整个供应链的合作过程，通过共同管理业务过程和共享信息来改善零售商和供应商的伙伴关系，提高预测的准确度，最终达到提高供应链效率、减少库存和提高消费者满意度的目标
主要优点	降低缺货、需求不确定性等风险以及减少对外部供应商的依赖	共享库存信息，加强相互之间的信息交换与协调，改善供应链的运作效率，降低成本与风险，改善客户服务水平	降低库存、减少成本，改善缺货、提高服务水平，缩短提前期、提高库存周转率，提高需求预测精确度，配送最佳化	实现企业之间的功能合作，显著改善预测准确度，降低成本、库存总量和现货比例，改善客户服务水平，发掘商业机会，最大地发挥供应链的潜在效率

(续)

项目 \ 模式	传统库存管理模式	JMI 模式	VMI 模式	CPFR 模式
主要缺点	库存量过高，存在严重的牛鞭效应，库存管理各自为政，缺乏协调沟通	建立和协调成本较高，企业合作联盟的建立较困难；建立的协调中心运作困难；联合库存的有效管理需要双方高度的合作和支持	缺乏系统集成能力，协作水平有限；对供应商依存度较高，要求高度信任；决策过程缺乏足够协商，加大了供应商的成本与风险	以客户为中心的思想未能完全实现，CPFR 始于需求预测，终于订单产生，因此合作过程不是十分完善
适用范围	传统的库存各自分离，协作信任程度较低，对待风险的态度较保守	供应链节点企业有良好的沟通与信任基础；有联合库存管理中心，以及良好的配送能力	下游企业没有 IT 系统或基础设施来有效管理其库存；上游厂商实力雄厚、市场信息量大、有较高的直接存储交货水平	供应链中各企业都有良好的 IT 系统支持并且协作关系固定，对供应链中业务流程保持高度一致，整个系统能够快速响应客户与预测客户需求
支持技术	MRP/MRPII、订货点技术方法、双堆/多堆系统	企业内部大型 ERP、SCM、CRM 系统，基于 Intranet/Extranet 的网络通信系统	互联网、条码技术、连续补货系统、企业信息系统	企业间的交互系统，如基于 SCM/ERP/CRM 集成的系统、高级计划与协调系统、商业智能等技术
实施策略	确定独立需求库存，设置订货库存策略，设定自有安全库存量	建立供需协调机制，发挥制造与分销两种资源计划的作用；建立快速响应系统，充分利用第三方物流系统	建立客户信息系统，建立销售网络系统，建立合作框架协议，组织机构的变革	供应链伙伴达成协议，创建共同业务计划，创建销售预测，辨识销售预测的例外情况，例外情况的解决/合作，创建订单预测，识别订单预测的例外情况，例外项目的解决/合作，产生订单

案例分析

雀巢与家乐福的 VMI 计划

VMI 过去在实际运作上，因供应商与零售商的价格对立关系，以及系统和运作方式的不同，很难有具体的合作。台湾雀巢股份有限公司（简称台湾雀巢）与家乐福两家公司协议，在高效消费者响应（Efficient Customer Responses，ECR）方面进行更加密切的合作。整个运作的重点在于，台湾雀巢建立整个计划的机制，总目标为增加商品的供应率，降低顾客（家乐福）库存持有天数，缩短订货提前期，以及降低双方物流作业的成本等。

雀巢与家乐福公司在全球均为流通产业厂商。就雀巢与家乐福既有的关系而言，只是单纯的买卖关系，唯一特别的是家乐福对雀巢来说是一个重要的顾客，所以设有专属业务人员，买卖方式仍是以家乐福具有十足的决定权，决定购买哪些产品与购买数量。在系统方面，双方各自拥有独立的内部 ERP 系统，彼此之间不相容。在推动计划时，家乐福进行与供应商以电子数据交换（EDI）连线方式的推广计划，雀巢的 VMI 计划也打算以 EDI 的方式进行连线。

因此，整体系统的构建就是为了改善上述状况。在经费的投入上，家乐福方面主要是在EDI系统建设的花费，没有其他额外的投入；雀巢方面除了EDI建设外，还引进了一套VMI系统。

经过近半年的实际上线执行VMI后，雀巢对家乐福物流中心产品到货率由原来的80%左右提升至95%（超越目标值），家乐福物流中心对零售店产品到货率也由70%左右提升至90%左右，库存天数由原来的25天左右下降至目标值15天以下，在订单修改率方面，也由60%~70%的修改率下降至现在的10%以下。

对雀巢来说，最大的收获却是在与家乐福合作的关系上。过去雀巢与家乐福是单向的买卖关系，所以顾客要什么就给什么，甚至是尽可能地推销产品，彼此都忽略了真正的市场需求，导致卖得好的商品经常缺货，而不畅销的商品却有很多库存。经过这次合作，双方相互更加了解，也愿意共同解决问题，并使各项问题的症结点陆续浮现，有利于改进供应链的整体效率。另外，雀巢在原来与家乐福的VMI计划基础上，也进一步考虑在降低缺货率以及促销合作各方面加强合作。

对流通业而言，这种本质改善就是ECR，雀巢与家乐福的VMI计划是其中的一种应用；就供应链的角度而言，ECR将影响整个后端的工厂制造，并提升前端店铺效率，实质性地降低库存成本。

（资料来源：http://wenku.baidu.com/view/89b4f695dd88d0d233d46a65.html。）

案例分析题：
1. 实施VMI给雀巢与家乐福带来了哪些益处？
2. 雀巢与家乐福的VMI模式给库存管理带来了哪些启示？

【本章讨论】

1. 描述采购库存的分类，并分别举例说明。
2. 举例说明企业持有库存的作用。
3. 简述采购库存的数量控制方法。
4. 供应链管理环境下采购库存管理模式有哪几种？简述这些库存管理模式的现实应用。
5. 莎拉在一家专门为海军提供发动机某种零部件的工厂工作。这种部件是以批量的形式进行生产的，每当新的订单投入生产时，由于生产中断所造成的机会成本为1640元，装配工人的工资是280元。该部件每年的需求量为1250单位产品，每单位产品的价格为300元，售价的60%来自原材料和生产的直接成本。试问：如果这家工厂设定的预期资金回报率为20%的话，最佳生产批量和相关成本各是多少？
6. 对某种产品的需求是每年1800个，生产这种产品的速度是恒定不变的，为每年生产3500个。产品的单位成本为50元，批量生产的开工成本为650元，库存持有成本为每年存货价值的30%。在这种情况下，最佳生产批量是多少？如果生产开工时间需要两周，应该在什么时候开始？
7. 对某种产品的需求为每年1000个，并且保持恒定不变。该产品的单位成本是50元，订货成本为100元，库存持有成本为每年产品价值的25%，并且不允许出现缺货的情况。

请你制定出针对这种产品的最佳库存政策。请问：在订货批量为多少的情况下，总可变成本可以控制在最佳总成本的 10% 以下？如果供应商每次只能供应 200 个产品，总成本是多少？

8. 某航空公司每年工作 50 周，该公司储存有一种电动机，具体数据如下：$D = 20$ 个/周；$K = 50$ 元；$P = 2500$ 元/个；$H = 660$ 元/个/年。请计算最佳订货批量。如果这个订货批量不是整数的话，把这个非整数批量向上近似或者向下近似到相近的整数是否会产生较大的差别？

9. 由于寒流即将到来，气温迅速下降，W 公司准备订购一批加热器。这批加热器的采购价格为每台 2000 元，而在寒流到来时的销售价格为每台 4000 元。而在寒流过去后，市场对加热器的需求大幅下降，未售出产品的残值仅为每台 1000 元。而且根据以往的经验，市场对加热器的需求特点如表 6-2 所示。

表 6-2　市场对加热器的需求特点

需求/台	1	2	3	4	5
概率	0.2	0.3	0.3	0.1	0.1

请问：W 公司应该采购多少加热器？

第7章

采购谈判

【导言】

　　谈判是采购过程中一个至关重要的环节，直接关系到采购战略的执行和采购成本的降低。不管是对抗性谈判还是合作性谈判，谈判都是一个双方甚至多方的博弈过程，采购人员不仅需要有合作的谈判态度，也需要掌握一定的谈判技术和技巧，这样才能更好地控制谈判局势，获得谈判主动权。

　　了解谈判的过程并做好谈判准备是成功谈判的基础。能成功地对各种类型的合同进行谈判或许是采购人员最重要的技能，因为采购目标最终都要通过谈判来实现。采购谈判面临的最大挑战是如何使企业得到尽可能大的利益，而又能使供应商接受相关条款。当然，谈判是双方消除分歧的决策过程，有时也需要通过必要的妥协达到互利双赢。

学习目标

　　1. 了解采购谈判的一般流程，掌握影响采购谈判的因素。

　　2. 了解采购谈判的目标，以及实现这些目标的方法。

　　3. 了解采购谈判前信息分析的主要内容，掌握谈判策划的主要内容。

　　4. 掌握并熟练应用谈判策略。

　　5. 学会谈判过程中运用的技巧，并熟悉这些技巧的应用环境。

　　6. 价格是谈判的核心，也是所有合同条款中最困难的谈判内容，学会价格谈判技巧。

　　7. 谈判人员是谈判过程参与主体，了解一个合格的谈判人员应具备的基本素质。

导读案例

如何巧妙回应供应商提出的棘手问题

　　如果能获得供应商的尊重和认可，那么采购人员会在谈判过程中更具说服力。而要获得供应商的尊重，采购人员必须表现得非常自信，这就需要充足的准备，在任何情况下都不要被供应商问倒。

　　比如以下四个问题，如果回答不够巧妙，可能会使采购处于被动。

　　(1) 您是只接受最低竞标价，还是有谈判的余地？

　　(2) 您是决策者吗？

（3）您对我们提供的计划书如何评价？

（4）如果我针对您的反馈意见修改我们的计划书，是否我们就可以成交？

试试看你会怎样回答上述问题。以下说明和建议可以帮助你更好地掌握类似问题的应对方法：

问题1：

供应商在递交报价之前经常问这一问题，这样他们可以考虑究竟是报出最好的价格还是留有余地。从采购的角度来讲，自然希望供应商提供最好的报价，而如果明确告诉对方你有谈判的意愿，对方自然就不会很快给你最好的价格；如果告诉对方你不打算谈判，而在事后进行谈判，这又显示出采购不够专业、不够诚信，从而失去供应商对你的信任和尊重。对于这个问题可以这样来回答：这要看情况而定，我们保留进行谈判的权力。但如果你们提供最好的报价，有可能我们就不需要谈判而直接接受了。我们希望你们能报出最有竞争力的价格，以便最大限度地使你们的报价得到我们的重视。

问题2：

供应商不喜欢与没有最终决定权的人谈判，因为担心自己的卖点不被重视，或可能失去商机，所以他们千方百计想绕过采购直接与决策者交涉，这样做可能使得购买决定未能建立在消化所有信息的基础上。对于问题2可以这样回答：决定由我们团队共同做出，我是负责这个项目的联络人，任何决定都必须经过我来主持协调。

问题3与问题4：

供应商经常在你确定与谁合作之前提出问题3，而采购商会向供应商提出某些不能接受的方面，如价格偏高等，这就会导致问题4。如果在没有审核完所有报价之前就回答问题4，可能会对你不利；如果不正面回答这个问题，也会导致一些负面效应：你不是决策者，只是个跑腿的。这样也会失去使供应商对你的信任和重视。所以，对问题3不如这样回答：我们的报价审核程序还未结束，所以我还不能给你一个公平的结论。在你准备同供应商谈判之前，不要对他的建议书提供任何具体的反馈意见，以避免问题4的发生。

（资料来源：www.supplylink.cn，当今采购网。）

7.1 谈判基础

采购谈判的目的是使采购商获得最佳的长期或短期合同，并保持最低的总成本。对采购人员而言，能够对各种类型的合同进行有效谈判是最重要的技能之一。

1. 谈判与采购谈判

所谓谈判，就是指由两个或两个以上个体就一个或多个问题通过一定的方式进行正式沟通并寻求协议的过程。对于任何一家企业，谈判都是采购过程中一个非常重要的部分。采购协商谈判是采购部门日常工作的一个必要组成部分。

谈判作为一个管理过程，大致可以分为五个阶段：明确目标、谈判准备、谈判策划、进行谈判、达成协议。

谈判过程包括管理时间、信息等工作。一次成功的谈判必须以充分掌握对方的信息为基础，成功的谈判90%以上是由有效的前期准备决定的。当然，专业的谈判技能和技巧也是

成功谈判的必不可少的因素。

价格的商定往往是谈判的工作重点，同时也是谈判中最难达成一致的内容。要赢得成功的价格谈判，除了需要掌握基本的谈判技能和技巧外，还必须了解价格谈判所独有的特点。

采购谈判是一项复杂而具有艺术性的工作，从谈判准备到达成协议，整个过程都需要采购人员精心准备和认真对待。在多数情况下，成功的谈判能够达成双赢，应该把谈判看成是一个价值创造的过程，而不是一个零和博弈。

2. 影响谈判的因素

谈判的一个不可忽视的内容就是正确处理谈判中各方的影响力关系。谈判中的影响力来自各个方面，在谈判过程中，既有积极的一面，也有消极的一面。同时，不同的影响力会对谈判产生不确定的短期或长期影响。作为采购商的谈判代表，必须了解使用不同的影响力对谈判的最终结果可能带来的影响。

研究者总结出个人或企业采用的六种影响力类型：①信息；②奖励；③胁迫；④合法性；⑤专业性；⑥权威。谈判者往往把施加上述影响力作为其谈判战略的优先策略，并借助上述影响力来让对方同意某个条款。

（1）信息。掌握完整、及时的信息是谈判中最常用的武器。它的说服力依赖于所使用的事实、数据和其他论据。谈判中有时可以通过仅提出支持某个条款的信息来左右谈判局势，有时也可以通过仅提出相悖的信息来反驳对方。

（2）奖励。奖励是指一方能够向另一方提供对其有价值的东西。大额采购合同就是奖励，特别是在供应商重视这笔订单的时候。奖励只有在对方重视它的时候奏效，才会成为一种有效的影响力。使用奖励表现为直接施加控制，这与使用更依赖于说服力的信息因素形成对比。奖励作为影响力的基础是，认为个人在可得到奖励的时候会有相应的反应或行为。奖励主要的风险是对方对奖励习以为常，只有在提供奖励的时候才会做出有利的反应。

（3）胁迫。来自胁迫的影响力与奖励有某种联系。如果一方能给予奖励的影响力，那么另一方也可以采取胁迫的影响力。但是，胁迫影响力比奖励影响力有更多的积极作用，它包括惩罚——财务的、物质的或精神的惩罚。例如，如果供应商不同意特定的要求，采购商就威胁单方面撤回订单或压低价格。

（4）合法性。这一影响力与管理学中权力或职权的概念有联系，个人所在职位是合法性影响力的基础。例如，采购主管、采购经理、财务主管以及行政人员等职位。供应商会经常对采购商的相关职权做出反应，因为采购商代表了一个主导型公司的相关职权而具备职权影响力。

（5）专业性。来自专业性的影响力与信息力量有关，是信息力量的特殊形式。专家通常具有由专业知识所带来的专业影响力，因为专家被看作是在某一学科积累和掌握了大量知识的人。

（6）权威。这种影响力基于个人品质和特点。这些特点可以是物质的，也可以包括诚实、感召力、友善等品质。当一个人具有某种品质或特点能够吸引另一方或者能够让另一方想要和影响者一样时，权威就在发挥作用了。在谈判的一方拥有这种力量时，权威影响力最可能促进谈判的结果向着有利于影响者的方向发展。

总之，在谈判过程中，拥有各种影响力的一方会在某种程度上使用这些影响力。谈判者在使用这些影响力时应该谨慎，不要滥用影响力而破坏谈判双方的关系，从而使得在以后的

业务来往中招致报复，或者减小了某种影响力的价值。在大多数情况下，最有效的影响力是信息、合法性和专业性。

7.2 谈判过程管理

整个谈判除了前期的资料准备外，最重要的就是双方的谈判过程。谈判过程中可以逐步掌握对方的诉求，并运用不同的谈判技巧。当然，谈判有时候需要经过几轮才能签订合同，这就要求谈判者有充足的谈判经验和对过程的把控。

采购谈判在采购活动中有着重要的作用，如可以争取降低采购成本，保证产品质量，争取采购物资及时送货，获得比较优惠的服务项目，降低采购风险，妥善处理纠纷，维护双方的效益及正常关系，为以后的继续合作创造条件。

7.2.1 谈判计划

计划是为了获得满意的结果而制定的方法或方案，它是谈判过程中最重要的一部分。采购人员一旦建立了一个明确的计划，就能进一步制定执行计划的策略。成功的谈判计划包括如下步骤：

1. 明确目标

一个明确的目标对谈判能否取得成功至关重要。在谈判实践中，因为没有明确目标而导致谈判陷入僵局或混乱场面的例子很多。一旦出现这样的局面，将会产生负面影响，会在很大程度上削弱团队士气和战略战术的使用效果。因此，要将大家经过讨论确定的目标写下来，作为后面一系列准备工作的指向，让谈判人员能始终明确该怎样去准备，让谈判双方都了解这个目标。谈判目标可以按照谈判的侧重点不同，分为价格谈判、质量谈判、服务谈判、管理谈判、成本谈判等。

价格谈判是谈判中涉及最多的内容，将在7.3节重点阐述。这里要说明的是，如果谈判双方将价格作为谈判的核心，如何争取一个公平合理的价格应该是采购人员最需要关注的，而不是只一味压低价格。当价格处在合理的预期范围内时，就可以认为实现了谈判目标。

质量谈判的目标是获得产品设计以及客户需要的公认质量。当一次谈判的主要讨论是围绕质量而进行时，采购人员也需格外注意提高质量要求对成本的影响。此时建立一个高水平、精确的管理信息系统来提供必要的数据，能够帮助采购人员掌握质量要求与成本控制之间的平衡。

服务谈判常就采购品的按时交付而展开。供应商的主要任务就是把指定质量和数量的产品按时交付到采购商手中。在以此为重点的谈判中，采购人员应该着重确认供应商能够实现的交货时间，及早规划好整个交货过程。

管理谈判是采购商与供应商就合作过程涉及的控制权进行的磋商。如果供应商不能很好地执行合同，履行合作义务，就会严重影响到采购商的经营活动。因此，与供应商的合作很重要。在谈判中如何获得控制权是采购商的谈判目标，这样能从根本上保障供应商在质量、数量、交货等方面按预期的计划执行。

成本谈判其实包含了上述所有的谈判目标，因为谈判的侧重点在于如何降低合作中涉及

的成本，所以，不管是质量、价格、服务还是管理控制，都需要采购人员重视讨价还价的过程。采购人员应该注重运用价格和成本分析以及学习曲线等工具，将所有权总成本的有效降低作为最终目标。

2. 谈判准备

谈判的整个过程中有90%的时间是用在准备上的。这并不意味着准备过程越长越好。如何在尽可能短的时间内有效地准备好谈判所需的一切事宜，是采购人员需要通过实践来掌握的一门技巧。谈判者会在谈判的过程中不断地收集来自对方、自身和外部的信息，并不断地对对方的谈判地位进行评价，对外部的变化做出反应。准备工作包含以下两个方面：①收集并分析对手的信息；②谈判预演。

（1）收集并分析对手的信息。谈判准备过程因谈判目标的不同而有所差异，但基本的一些活动是不可避免的。首先就是信息的收集。信息收集要有时间上的限制。因为谈判人员真正可以利用的时间不多，而且资源也有限。此时，采购谈判人员要明确一些关键的问题，这些问题从采购合同所需要的各个方面进行考虑：①供应商的质量记录如何？交付记录又如何？②有哪些有利于达成谈判的成本数据？③曾经是否进行过谈判？是否有过争议？能否避免争议再出现？④我们希望供应商有怎样的交付条件、质量和价格？这些条件容易实现吗？⑤合同涉及法律的条款是否明确责任分摊？⑥会与什么样的人进行谈判？这些人中谁具有拍板权？谁是重点需要交流的？

此外，如果采购商能了解供应商使用的技术流程，从而估计供应商的成本结构，就能够确定一个公平合理的价格。有时采购商还可以确定供应商对数量、物料收益以及物料和人工成本变化的敏感性等信息。

了解以上基本信息后，谈判人员就应该大致明确需要在哪些方面着重下功夫准备分析了。通常有以下几点是会经常被重点分析到的：

1）对产品或服务技术的了解。由于采购人员一般对本企业的产品和零部件都会有一定的了解，因此这项准备花费的时间不会太多。谈判人员并不需要全面掌握产品生产的技术细节，但是对影响质量、履约时间和生产成本的因素要有清楚的认识，知道产品的限制条件和可能的替代品，尽量对可能影响未来生产的问题做出估计，拟定出与供应商洽谈时特别需要关注的问题。

2）价格和成本分析。在成本管理中已经讲过，价格和成本分析是采购人员必须掌握的分析技能之一。谈判人员在准备期间完成所有适当的成本分析后，就会有信心与供应商讨论价格的合理性。所以，收集合适的成本、价格和财务上的数据资料很重要，因为信息越多，越有可能做出正确的分析，谈判成功的机会越大。

3）对双方谈判实力的分析。这主要是指对双方讨价还价的能力进行分析，明确双方的强弱势所在，并对己方的弱势和对方的弱势进行比较，准备应对策略。

供应商的讨价还价能力通常取决于供应商对获得合同的渴望程度、采购商谈判目标的上下限设置以及就谈判目标达成一致需要的时间。当供应商对获得合同的渴望程度不高，那么他们的谈判实力就较强；而如果供应商知道自己的报价比别人高了，或清楚自己的服务并不太好，那么在谈判时就会更积极主动。时间设置也是一个问题。如果让供应商知道了采购商急需这项产品，那么这对采购商进行谈判会非常不利，供应商会尽量拖延时间来获得更为有利的条款。

（2）谈判预演。在实施了上述三个方面的准备工作后，同样重要的一项工作就是谈判预演。谈判预演是指谈判的其中一方为了更好地实现谈判的目标，在正式谈判之前，利用事先收集的信息及分析的结论，而进行的谈判排练。例如，采购商的谈判成员可以邀请本公司的谈判代表扮演供应商，在双方尽力追求实现各自利益时，可以事先发现忽略的或者有待改进的问题，在谈判开始前做到知己知彼，从而有利于日后正式谈判的成功。

3. 谈判策划

谈判策划是在已制定的谈判战略基础上，进一步制定谈判策略。谈判策略较谈判战略而言，更着眼短期的计划和活动，其目的在于通过影响对手来实现谈判的目标。谈判策略从明确谈判内容、人员结构安排、预测对方谈判策略、底线设置到方法技巧选择，都需要采购谈判人员详细考虑和安排。

首先是明确谈判内容，这其实就是结合谈判目标和在资料准备时发现的重点问题，详细列出需要进行讨论的关键内容。不管是对供应商生产上有疑问的细节还是供应商的费用与其竞争者的比较分析，只要这个问题对本方谈判目标实现有利，都应该将它列入谈判内容中。

其次就是人员结构安排上。由谁来参与谈判是一个很关键的问题。通常采购组织内由于分工不同，采购人员对各类产品的了解程度是不同的。如按照产品细分的组织，有些人专门负责 MRO 采购，有些人专门负责主要原材料采购，此时谈判应根据采购品的不同而选用不同的人。根据谈判目标选择人员也是一种方法。如果此次谈判主要针对质量要求，那么质量管理人员的参与就是必需的。

另外，根据谈判参与的人数，也需要进行不同分工。如果谈判双方都只派出唯一一名代表，一般这两人能够对分歧做出独立决策。这种谈判通常不会在首次合作谈判中使用。对于重要的谈判，双方都会选择团队式的谈判形式。所以，合理地分配谈判角色是谈判前一项重要的准备工作。谈判团队中的角色主要有：谈判首席代表，也就是发言人，由他代表整个团队的观点，通常他就是团队的领导者；谈判记录人员，主要负责记录谈判中双方的观点和问题，用于谈判经验的积累和以后谈判的参考；谈判一般代表，可能有财务会计人员、质量管理人员、制造工程师、法律顾问等，主要就谈判首席代表的观点进行补充说明。

一个谈判团队中的成员需要相互沟通和信任。在谈判过程中，也许不是每个人都会发言，但每个人都应该表现一致。如果能在谈判时运用手势、眼神等暗号使成员之间配合默契，就会使团队表现上胜于对方。

预测对方谈判策略也是在谈判前必须做的，所谓"知己知彼，百战不殆"正是这一策略的应用。谈判策略是在谈判过程中根据不同的情况使用或持有的一种立场和态度。例如，在谈判中讨论事项的顺序，是否会提出谈判中场休息或延长，在哪些情况下做出让步或采取强硬的态度。了解对方会采用哪些策略是采购商使用何种策略进行应对的一个重要前提。当然，事实上谈判的双方是无法完全确定对方使用何种策略的，但对基本策略的了解将大大减少出现无法应对的局面。根据对双方强弱势的分析以及在一些敏感问题上的准备，可以预测出对方会在哪些问题上毫不让步。具体的谈判策略和技巧在后面会做详细分析。

不管谈判过程简单还是复杂，底线设置都是谈判策划必须进行的一项。底线设置其实就是对谈判目标的一个具体接受范围。例如，如果采购商的谈判目标是将价格降为 5000 元，那么底线设置就是将可接受范围控制在 4500~5000 元，只要低于 5000 元，就可以认为达到谈判目标。而如果出乎谈判人员意料价格低于 4500 元，那么谈判人员需要慎重考虑是否达

成协议。因为这并不在采购商认为的合理范围内，那么低廉的价格很有可能是以牺牲服务或质量为代价的。谈判人员至少需要了解低价的原因，并就是否会影响供应的产品质量和服务水平进行评估。底线设置是基于前期资料分析得出的预期目标，它会直接反映采购战略的实施效果，所以谈判人员必须坚守底线，这是谈判的基本原则。同时，也要防止供应商在采购部门培育"内线"而导致底线泄露，进而给谈判带来被动。

4. 进行谈判

谈判过程并不是一成不变的，即使是以合作双赢的理念来进行谈判，双方之间仍会不可避免地出现对抗性的争辩，也会出现不可预测的局势变化。所以，相较谈判前准备工作的可控性，谈判过程是一个动态多变且难以操控的阶段。此时，采购人员应尽量清楚地认识谈判所处状态的变化，虽然不能说可以控制局面变化，但至少能有心理准备，并最大限度地发挥己方的战术策略。谈判阶段如表7-1所示。

表7-1　谈判阶段

阶段1	谈判双方见面，商议谈判进程和注意事项
阶段2	互相介绍谈判涉及的问题和希望达成的共识
阶段3	对有希望达成一致的目标进行讨论，并相互让步，向对方靠拢；对仍存在分歧的事项进行细节探讨，考虑接下来可能采取的步骤
阶段4	起草声明，就达成一致的内容进行确认，若能全部达成协议，则谈判圆满结束；若仍有分歧，考虑下一轮谈判的可能

采购谈判人员若要在谈判过程中发挥出自己的谈判能力，让谈判朝着有利态势发展，最终达成预定目标，应该把握好以下四点：

（1）营造协商气氛。谈判地点是营造气氛的一个重要因素。一般采购商都会坐等供应商上门进行谈判。这对采购商来说有很多优势：一个优势是因为不受供应商招待而不欠人情的心理优势；另一个优势就是采购商能自主布置谈判场所、选择座次安排的谈判环境优势。例如，给供应商的座椅高度要相对己方的稍低一些，给对方一种心理上的压迫感；供应商座位最好背对大门，使其易产生疲劳感，己方则应选择有变化的场景（如正对窗）作为朝向，这样可以随时保持清醒的头脑。

（2）运用应变技巧。谈判技巧是采购谈判人员需要加强学习的地方。在谈判过程中，谈判人员经常会面对对方使用计策和手段试图转变局势的场面，所以，如何应对这些计策并实施反计策很重要。但要明确的一点是，如果对方没有使用取巧的计策，那么己方最好也不要使用。因为使用计策有欺骗和不诚信的嫌疑，会妨碍双方建立信任、合作的长期关系。

谈判技巧有很多种，这里根据关系类型分为普遍适用的技巧、对抗关系的技巧和合作关系的技巧。

1）普遍适用的技巧。知己知彼是谈判中可以着重运用的一种技术。在谈判前亲自了解对方谈判人员的秉性脾气、行为方式，会更具有优势。特别是谈判陷入僵局，对方情绪上有抵触反应时，谈判人员可以将话题转移到令对方感兴趣的方面，或者说一个笑话、暂时休会、一起喝下午茶等，都是缓解紧张情绪的好方法。所以，谈判人员了解对方对哪些问题有所抵触是非常有必要的。

提出问题并回答问题的技巧也很重要。采购谈判人员应该始终将问题的内容引向有利于

达成谈判目标的一面，除非对方紧追不舍，否则一些难以回答的问题就可以忽略。言谈用词也是谈判中必须注意的，同一个观点不同的表述会有不同的效果。例如，直接对对方说"这你就错了"，不仅显得不礼貌，而且会破坏谈判中协商的气氛。如果换个方式表达能理解并认为这也是合理的考虑，即使不赞同，也会让对方觉得可以接受，这样谈判双方就仍会保持冷静而友好。永远记住：提问和回答不是辩论会上的辩驳，不是为了显示自己的口才，而是为了达成目标。

2）对抗关系的技巧。对抗关系是在采购谈判中常会遇到的关系类型。供应商由于各种原因，并不愿意表示友好，也未必想与采购商发展长期关系，所以在谈判开始就可能采用凶猛的攻势；同样，有时采购商也会采用这种攻势，因为大家都非常清楚谈判的结果———赢一输。

面对这种情形，采购谈判人员绝不能示弱，从一开始就应采取主动进攻的策略。最好的防守就是进攻，谈判人员此时要针对供应商提出的一切苛刻条件予以正面回应，并施加给供应商更大的压力。如果供应商提出价格上不合理的要求，谈判人员就应以自己估计的成本为基础，抨击对方的不合理性，并提出要求对照其成本明细。如果供应商拒绝提供其成本的真实资料，谈判人员可以以第三方的成本为依据或提出帮助对方建立成本估计模型，并利用已有的估计模型，强调供应商这样的态度会造成的消极影响。即使面临谈判破裂的可能，采购谈判人员也应该让供应商清楚替代产品的威胁，以此对抗供应商的无理要求。

3）合作关系的技巧。合作性质的谈判不像对抗关系那样紧张和激烈，但也并不表示谈判就一定能获得圆满结果。谈判过程仍有可能存在敌意，只是双方的态度是以建立双赢为共识的，局面上会显得缓和而稳定。经验表明，在这种谈判下，注重运用以下两个原则有助于促成双方达成一致协议：

①始终坚持使用客观的标准。这种客观标准可以使合作关系长期发展，不会因为互相揣摩对方的态度而遭到破坏。例如，讨论价格问题，建立一个成本模型来分析价格，或坚持以一种定价方法贯穿合作的过程。

②为了建立良好的合作关系，采购商不仅要重视己方的利益，也要重视对方的利益。明智的做法就是发现能够满足双方利益的解决方案，提出多种选择的可能性。这样做很费时费力，但却是值得的，因为合作性的谈判就是为了达到双赢。但这不意味着利益的分摊就是平均的，一般谈判实力强的一方获得的利益总会更多一些。所以，在制定解决方案的时候，采购商应该考虑如何使己方获得更多的利益，同时又兼顾对方的利益。

专业采购人员的谈判技巧

1. 做正面的开场，总结共同利益。
2. 如果供应商有竞争对手，尽早告知。
3. 销售员在谈判初期会倍感压力，所以提早集中于重要部分。
4. 制造疑惑使销售员思路不清。
5. 切忌提早制定指标，公开式压力最有效用。
6. 用积极的问题，如"您会给我多少折扣？"而非"您不可能给我折扣对吗？"
7. 把各项优惠逐个串联起来。
8. 提出选择性的问题，例如："您打算给予多少折扣？7 天还款期或一个月还款期？"
9. 当你提出一个难题时，避免在对方回答前又问一个较容易的问题。

10. 避开本身的弱点不谈，专注于本身的优点并猛攻对方的弱点。

11. 不必回答所有问题，沉默以对能加重对方的压力。

12. 如果不能在某些讨论点取得讨论，暂且搁下，待下回再谈。

13. 利用暂停和小休进行信息补充和重新思考。

14. 不做任何承诺，除非你能肯定已争取到最佳交易。

15. 在会谈结束时，按你了解的协议细节做个总结，并书面加以签订。

（3）谈判风度。不管谈判双方是趋于对抗还是合作，即使谈判进行得很激烈，一个优秀的谈判人员始终要保持一定的谈判风度。风度不仅显示了一个人的修养和素质，而且代表着企业的形象，所以无论如何，谈判人员都要尽可能地维持应有的礼貌和态度。

1）谈判人员的风度首先体现在其面对攻击的态度上。对事不对人，是一种起码的礼貌。冷静的谈判人员应该可以承受对方发泄的不满而不予反击，并且能够站在对方的立场考虑问题，始终只对事情本身进行回应和解释。

2）学会聆听也是谈判人员的风度体现。一般与采购商谈判的对象都是供应商的销售代表，他们最大的特点就是口才很好，滔滔不绝。此时，谈判人员应该认真倾听对方的观点和要求，观察他们的姿势和情绪，这些都可以帮助谈判人员得到许多有助于解决问题的线索。

3）始终保持微笑。这一点看似简单，却很难做到。但如果谈判人员能够坚持这样做，就会发现谈判变得容易很多，因为人对表情的反应要比言语更为敏感。一方面，在对方看来你的态度谦和礼貌，不容易引起纷争和攻击；另一方面，微笑会让人觉得你胸有成竹，从心理上给人强势的感觉。而保持微笑本身也是对自己的心理暗示，使己方人员更有信心。

（4）争取达成目标。谈判就是为了达成谈判目标。谈判人员在谈判过程中要进退合理，既要据理力争，也要学会妥协，以争取达成目标。

5. 达成协议

经过所有的准备和一个可能很艰难的谈判过程，谈判最终会进入最后一步——达成协议。此时双方需要起草协议，将谈判时达成一致的内容详细而清楚地写下并确认，谈判双方代表签上名字并盖上公章。此外，还需要商讨如何执行协议，可能的话还需要设立专门的协议执行团队和监督小组。

7.2.2 谈判策略

在谈判过程中，谈判人员可以选择多种谈判策略。合理的策略能够影响对方并且说服对方达成交易。

1. 事先做好谈判分工

谈判开始前明确谁是谈判的主角，谁是谈判的配角；谁唱红脸，谁唱白脸；谁负责插科打诨、活跃气氛，谁在关键时刻才上场。最忌讳的是不分主次，你一言，我一语，争着发言。

2. 找到谈判关键人员

谈判过程中首先要弄清有权做决定的人，一定要邀请他参加谈判会议。如果谈判对象是被授权的，那么谈判过后，谈判人员还要向上汇报，谈判成功的概率会大大降低。

3. 营造良好气氛

谈判开始前，先和对方聊聊大家感兴趣的话题，一方面可以缓和谈判的气氛，另一方面

也可以营造活跃的谈判氛围。谈判过程中，谈判双方为了谋取各自利益最大化，难以避免地会出现分歧，双方应克制情绪，保持冷静。这时应做到：①要耐心倾听对方的意见，不要打断或者反驳对方，倾听可以获得重要信息，又可取得对方的好感和信任；②不要直接提出否定意见，应提出探索性的建议并强调双方立场的共同点；③谈判无法继续进行下去时要及时休会，调整双方思绪，避免进一步的僵持。

4. 时刻谨记谈判目标

为达到谈判目标，有时可以将谈判主题有意识地引到相对次要的问题上，借此转移对方的注意力，以实现自身的谈判目标。如果对方非常快地满足己方的要求，在其他环节上也要做出适当让步，否则也不能长期合作。

5. 合理安排谈判进程

可以把谈判进程安排得宽松些，如每天安排 3h 谈判，其他时间用来休闲、娱乐，使对方不能在谈判桌上集中注意力。同时还要在休闲、娱乐时转告对方，如不能及时达成协议，将找其他公司谈判，使对方感到心理压力，产生如不迅速做出决定将失去机会的感觉。

6. 善于提出问题

一方面，不要急于回答对方的问题，要让对方把问题说清楚，后发制人往往更能掌握主动权；另一方面，主动提出各种问题，让对方提出解决问题的方法，可摸清对方的真实意图和底细。

7. 有更换谈判人员的意识和资源

谈判结束后，如发现谈判没有实质性进展，可以更换不同谈判个性的谈判人员。

7.3 价格谈判

价格是谈判的核心，也是所有合同条款中最困难的谈判内容，所以价格谈判作为谈判中最重要的一部分在此单列一节进行详细阐述。如果了解了价格谈判，那么对其他条款的谈判技能的理解与掌握也就容易多了。

7.3.1 价格谈判基础

价格谈判是以成本而不是以价格为中心的。实践证明，以成本为基础的谈判能产生上好的协议。价格谈判不只是为了和供应商达成成本上的共识，还要看双方对利润是否都满意。虽然价格谈判没有成本谈判那么复杂，成本谈判中涉及的每一项成本要素都需要进行分析和谈判，而价格谈判要建立在成本分析的基础上。专业的价格谈判必须能够在每次提出价格要求的同时提出合理的理由，而成本就是最合理的理由。当企业想与供应商建立合作关系甚至战略联盟时，详细分析供应商的成本要比仅仅了解竞争市场价格来得重要。此时双方要清楚有关成本、成本的分摊、可能存在的成本降低以及涉及利润的部分，并就此在价格谈判上讨论。如果想要以成本为基础的谈判达成协议，必须做到两方面：①彻底了解供应商成本的构成，并有诚意分担这些成本；②理解行业规范，确立目标价格。

要了解供应商的成本构成，应该做成本分类和成本分析，这有利于定出公平的价格。充分的信任是了解供应商成本和价格的第二个重要因素。如能做到这一点，供应商往往愿意将有关成本的信息与采购商共享。当然这需要事先签订保密协议。相互信任的另一好处在于双

方存在讨论成本降低的可能性。成本降低可通过产品或工艺的改造来实现，这也称为价值工程。很重要的一点就是采购商必须了解供应商所在的行业，以及相关产品和服务的成本信息，这样就能在谈判之前估算出对方的成本和可能的价格。对供应商行业的竞争程度的了解也至关重要，有多少商家能提供相似的产品，一个产品是否只有极少数的供应商，这些都直接影响供应商的利润率。这就是价格分析。价格分析在第4章采购成本管理中已经有详细解释，在此不做展开。从价格分析中，谈判人员应该可以从各方收集来的供应商信息中找出供应商报价不同的原因，然后需要根据己方采购上的要求，如规格、数量、交货时间等来确定报价是否合理。

如果双方开诚布公，目标价格很快会促使双方达成双赢协议，采购商也能尽早估算出支出的费用。对成本要素的理解程度和信息的挖掘对谈判成功至关重要。

7.3.2 价格谈判技巧

价格谈判技巧有如一本《孙子兵法》，采取虚实招数只为了能够在谈判中占得上风，最终获得有竞争力的价格。根据不同的作用，价格谈判技巧可以分为以下三种：

1. 议价技巧

议价是在双方都没有对价格做出硬性规定或双方都不知对方底线价格的情况下进行的一个过程。若双方都觉得在价格上还可以有商量的余地，则此时采用一些技巧就可以获得对己方有利的价格。

（1）间接议价。在谈判还未进入正面冲突前，采取一些迂回战术，对价格进行试探，有利于采购商做好议价的准备。例如，一开始不要急于切入主题，先同供应商聊聊行业情况、企业文化之类的话题，熟悉供应商所了解的范围，通过供应商对行业趋势的观点，可以大致了解其对产品价格的定位，此时再正式谈价格问题就知道该如何应对了。

（2）试探议价。有时采购商也清楚自己提出的价格要求有点苛刻，对方很难接受。此时可以先从非价格因素上着手，根据供应商的反应来决定是否可以在价格上再做进一步要求。例如，先要求供应商承担各种售后服务，如果供应商认为这样有必要提高售价，那么正中下怀，采购商可以要求放弃这些服务，同时要求供应商降低价格。因为供应商一般已经将售后的各种服务成本加入售价中，采购谈判人员故意去提这些原本容易忽略的成本因素，就是要试探供应商是怎样考虑价格因素比重的。

（3）分摊差价。当两方报出的理想价格存在一定差距时，采购商可以就这个差价提出各出一定比例。这在双方都想达成协议的情况下是可以实现的。但如果双方对获得合同的意愿不一致时，采购商就不能轻易提出这个建议，因为这会让供应商看来是本方开始投降妥协的征兆，他们的态度反而会更强硬。

（4）动之以情。如果采购商明显需要依靠供应商支持生产活动，索性从一开始就放低姿态争取供应商的同情也不失为一种策略。例如，以经费紧张为借口，请求供应商以较低的价格先卖给己方，并承诺日后给予供应商回报。供应商并不会拒绝每个可能的客户，所以即使为将来做打算，他们也会予以考虑。

（5）合理加价。如果要避免处于优势地位的供应商提出离谱的高价，采购谈判人员从一开始就可以将预先分析好的成本构成摆在供应商面前，并且加上己方认为合理的利润作为采购价格。供应商一般不会轻易透露自己的真实成本构成，但当他们发现确有利润空间时，

很可能就会同意采购商成本加利润的定价。

（6）坦白底价。有时采购谈判人员可以直接告知对方预设的价格底线，并一再强调这个价格无法更改，以此刺激供应商报出较为接近该底价的价格。关键是告知对方的价格底线要比谈判人员在谈判前设定好的价格底线更低一些，以此达到获得更接近价格底线的价格的目的。

（7）若即若离。如果买卖双方实力相差无几，任何一方都无法通过强硬的态度取胜，这时心理战术的运用就很重要。例如，采购谈判人员可以表现出若即若离的态度，在表情、神态上表现出漫不经心，让供应商觉得如果价格不吸引人，采购商就会另找其他供应商。这对急于完成业绩的销售人员就是一种折磨。而当供应商提出价格让步时，采购商就应该果断地做出决定：如果需求紧急，就迅速成交；如果并非紧急需求，则还可以继续"演戏"，直到供应商确实表现出无奈为止，此时的价格很有可能就是供应商真正所能承受的价格底线了。

2. 还价技巧

还价技巧是针对供应商已经提出明确价格时使用的技巧。此时采购商如何巧妙地进行还价，是能否使议价向供应商价格底线靠近的关键。

（1）步步为营。若采购谈判人员一开始就提出比供应商价格低很多的目标价格，很容易使谈判陷入破裂的境地。这对迫切需要这份订单的采购人员来说是禁忌。采购谈判人员应该在供应商提出的价格和自己的目标价格之间划分几个区域，按比例一步步实施降价计划。例如，先对供应商开出降价20%，如果供应商同意，此时要再找出一些理由来证实供应商还有降价空间，再提出降20%的要求。这些理由可以通过成本分析、供应商历史价格、与同期其他供应商的价格比较获得，或在非价格因素中去寻找。

（2）危机援助。仔细分析供应商的不利因素、可能存在的经营危机，并对这些可能存在的危机施以援手，这样会让供应商觉得采购商比较诚心，与采购商合作比较有利，此时采购商提出还价就非常容易了。

（3）逐层谈判。若要供应商自己降价不太可能，采购谈判人员还价又很困难，这时如果巧妙设置一下谈判的过程，就可能轻易获得降价。在谈判开始，先让与供应商派来的谈判人员同等职位的人员进行谈价，如果还价进行得不顺利，此时就可以请出高一级职位的领导来同他还价。尽管不是同一企业的领导与下属关系，但人们一般都会对比自己高一级职位的人产生尊重的心理，尤其是当对方领导怀着诚恳合作的态度与自己谈判时，供应商一方会有受到尊重的感觉，很难再强硬拒绝，此时就容易获得还价。如果采购合同很重要，请出高层领导直接与对方高层领导谈判是获得理想价格的捷径。因为高层领导不仅谈判经验丰富，而且社会关系广泛，令对方重视双方之间的合作。

（4）错觉还价。采购谈判人员在进行还价时，完全可以采取一些策略，如转换价格单位、化零为整、聚小为大等来转移供应商的注意。心理分析上认为，人对不同单位具有不同的敏感性。比如500元/kg可以改成50万元/t，5t/月改为60t/年，让供应商觉得对方采购量大，降低一点价格并不影响他们赚取合理的利润，那么这个技巧就起作用了。当然，供应商未必看不出这个技巧，他们也会进行单位转换。但如果谈判时间长了，双方都有些疲劳的时候，就难免会产生错觉。采购谈判人员必须始终保持清醒头脑对供应商进行还价分析，这是成功使用错觉还价的要点。

3. 让步技巧

在谈判过程中，让步是能否达成协议的关键，同时也是区分优劣的关键。能够控制好自己让步幅度的一方总会处于优势地位，获得的利益也相对另一方要多。所以，如何控制让步就显得非常重要了。

（1）夸张困难。这跟博取同情一样，需夸大让步所要付出的代价，让供应商不好意思进一步提出其他要求。双方的让步都可能造成本企业的相对损失，这些损失造成的影响不同。谈判人员应该详细描述做出让步对企业各方面造成的影响，通过无奈的表情和合理的分析让供应商觉得事实确实会很严重。另外，即使供应商同意做出让步，也不要太快答应，而应表现出左右为难的样子，让人感到是情有可原的。

（2）小幅让步。这其实也跟人的心理暗示有关。同样从 500 元的价格让到 700 元，如果每次以 20 元的价格让步 10 次，就要比以 50 元的价格让步 4 次显得更为艰难。销售人员往往没有那么好的耐性等到让步 10 次，只要坚持小幅让步，谈判就有可能在第 10 次让步之前达成协议。

（3）不先让步。同采购谈判中始终贯彻的坚持谈判目标一样，在重要问题上要坚持不先让步。因为在重要问题上先让步的一方等于自动处于劣势，通常也是最终吃亏的一方。

（4）需求让步。采购谈判人员要确定每次做出的让步都是供应商所需要的，而不是抱着旁敲侧击的心理，在一些不能满足供应商需要的方面进行让步，以期供应商觉得得到补偿。如果供应商不认为这种让步可以满足其需求，就会继续提出要求，这样等于白白损失己方原有的利益。所以，一定要针对供应商的要求，这样才能达到让步的目的。

（5）让步条件。每一次的让步并不是简单地同意供应商提出的要求，而应该同时附加一些可以增加己方利益的条件。例如，供应商提出增加采购额，那么采购谈判人员就可以在同意要求的同时提出要求供应商再给予优惠价格和付款条件。

家乐福采购谈判技巧

1. 永远不要试图喜欢一个销售人员，但需要说他是你的合作者。

2. 要把销售人员作为我们的"头号对手"。

3. 永远不要接受对方第一次报价，让销售人员请求，这将为我们提供一个更好的机会。

4. 随时使用口号：你能做得更好！

5. 时时保持最低价的纪录，并不断地要求更多，直到销售人员停止提供折扣。

6. 永远把自己作为某人的下级，而认为销售人员始终有一个上级，这个上级总是有可能提供额外的折扣。

7. 当一个销售人员轻易接受条件，或到休息室去打电话并获得批准，可以认为他所做的让步是轻易得到的，可进一步提要求。

8. 聪明点，要装得大智若愚。

9. 在对方没有提出异议前不要让步。

10. 记住：当一个销售人员来要求某事时，他肯定会准备一些条件给予的。

11. 记住：销售人员不会要求，他已经在等待采购人员提要求，通常他从不要求任何东西作为回报。

12. 注意：要求建议的销售人员通常更有计划性，更了解情况。花时间同无条理的销售人员打交道，他们想介入，或者说他们担心脱离圈子。从竞争对手的那些初级销售人员身上拿到更多东西，同时要帮助那些初级销售人员完成任务，且不断削弱竞争对手的竞争潜力。

13. 不要为和销售人员玩"坏孩子的游戏"而感到抱歉。

14. 毫不犹豫地使用结论，即使它们是假的。例如，竞争对手总是给我们提供最好的报价、最好的流转和付款条件。

15. 不断地重复反对意见，即使它们是荒谬的。你重复越多，销售人员就会越相信。

16. 别忘记你在最后一轮谈判中会获得80%的条件。

17. 别忘记对每日拜访我们的销售人员，应尽可能了解其性格和需求。

18. 随时要求销售人员参加促销。尽可能得到更多的折扣，进行快速促销活动，用数额销售来赚取利润。

19. 在谈判中要求不可能的事来烦扰销售人员；通过延后协议来威胁他，让他等待；确定一个会议时间，但不到场；让另一个销售人员代替他的位置；威胁他说你会撤掉他的产品；你将减少他的产品的陈列位置；你将把促销人员清场，等等，不要给他时间做决定。

20. 注意折扣有其他名称，如奖金、礼物、礼品、纪念品、赞助、资助、小报插入广告、补偿物、促销、上市、上架费、希望资金、再上市、周年庆等，所有这些都是受欢迎的。

21. 不要让谈判进入死角，这是最糟糕的。

22. 避开"赚头"这个题目，因为"魔鬼避开十字架"。

23. 假如销售人员说他需要花很长时间才能给你答案，就是说你已经和其竞争对手快谈妥交易了。

24. 永远不要让任何竞争对手对任何促销讨价还价。

25. 你的口号必须是"你卖我买的一切东西，但我不总是买我卖的一切东西"。也就是说，对我们来说最重要的是要采购将会给我们带来利润的产品。很好流转的产品是一个不可缺的获利因素。

26. 不要允许销售人员读到屏幕上的数据，他越不了解情况，就越相信我们。

27. 不要被销售人员的新设备吓倒，那并不意味着他们已经准备好谈判了。

28. 不论销售人员年长或年轻都不用担心，他们都很容易让步：年长者认为他知道一切，而年轻者没有经验。

29. 假如销售人员同其上司一起来，应要求更多折扣，更多地参与促销，威胁说你将撤掉其产品，因为如果上司不想在销售人员前失掉客户，就会做出让步。

30. 每当一个促销正在别的超市进行时，询问销售人员：你在那里做了什么？并要求同样的条件。

31. 在一个伟大的商标背后，你可以发现很多没有任何经验的、仅仅靠商标的销售人员。

家乐福采购"十戒"

1. 让销售人员流汗，要他努力工作。在谈判开始时，保持怀疑态度，要表现得没有热忱。

2. 永远对首次建议表现负面态度。用一些语气词，如："什么？你一定是在开玩笑！"让对方解释自己的方案。

3. 永远要求没有可能的东西。要求一些你认为没有可能的东西，有时可能令你从供应商那里得到很好的条件，当你对自己的"过分的要求"做出少许让步时，你的供应商会觉得尝到甜头而同意。

4. 永远不要接受首次建议。

5. 告诉你的供应商他们要更加努力，重复这句话，直到他们不可能再做改善为止。

6. 在谈判结束前，对供应商说明还要得到高层的最后决定，这样可能会给自己更多的时间和机会。

7. 要醒目，要装傻。这样可以令你稳占谈判上风。

8. 用帕累托原则，80%的协议会在最后20%的时间进行，会议初期的要求通常不会被采纳。

9. 遇障碍时要回避，当在其他方面有共识时才可再提出来讨论。

10. 保护自己的立场跟控制供应商之间只差一线，要小心不要跨越界限，否则只会成为被控制的受害者。

7.4 谈判人员的行为准则

采购谈判人员并不都由专业的采购人员组成，谈判团队会根据需要邀请不同部门的专家和工程师来协助谈判。谈判人员的表现会受到很多因素制约，主要包括专业知识、对谈判技巧的掌握和运用、实战经验以及个性特征等。谈判没有绝对的标准去比较优劣，但它确实与实践积累呈正比关系。具有娴熟谈判技巧和商业经验的谈判者不仅会比没有经验的谈判者准备得更详细、更充分，而且在谈判时也更少出现失误。个性特征也能影响谈判的进程，但这并不是说有哪种特定的个性特别适合谈判，个性特征通常会决定谈判者所采取的谈判策略，而谈判策略的使用对不同人的效果是不同的。

优秀的谈判人员虽然性格、背景、经历各异，但他们在整个谈判过程所表现出来的态度和体现的素质却是大致相同的。一个成功谈判人员会遵守以下六条关键的行为准则：

1. 重视对方的立场

重视对方的立场意味着能从对方的角度理解问题。社会心理学家曾证明，大多数人在理解其他人的角度上存在困难。成功的谈判人员承认，克服以自我为中心的倾向至关重要，但这一点在谈判过程中往往被人忘记。虽然谈判人员有时明明知道对方关心的问题是什么，但却无视它们的存在，因为从心理上他们认为这不是他们的问题，可让对方自己解决，而先解决他们他们的问题比较重要。这个想法本身并没有错，但问题是这是一个谈判，在谈判过程中这种态度恰恰会让谈判人员丧失影响对手的能力，往往导致双方都不能从有利的角度来思考问题。

美国传媒大亨默多克（Murdoch）的同事总结了默多克谈判时一个最大的特点，那就是他总会以供应商的身份去理解供应商，而且不管他试图做什么，他总是在理解对方的基础上进行报价。最重要的是，能把自己放在对方的角度，努力地理解对方真正希望从交易中得到什么。谈判时相互尊重理解，可能更容易使双方达成一致意见。

2. 客观认识己方观点

双方对谈判问题都能理解，也能很好地尊重对方立场的状态，虽然是个很好的开始，但如果不能客观地去认识己方观点，那么还是解决不了关键问题。

心理学家证明，人们会不自觉地以一种很强的自我服务的方式来解释对己方有利的信息，而这种自我心理会导致谈判人员做出错误的判断，这就是角色形成的一种偏见。太相信自己的观点，坚持自己的路线，是人们常犯的一种错误。对己方的一些重要信息进行分析时，这种自认为优势的偏见已经存在；而在估算对方时，这种偏见更为明显。尤其是在对抗的情况下，这种自我断定使双方之间的差距会不自觉地被拉大。偏见影响行为，如果谈判人员从一开始就夸大了双方之间的矛盾，认为对方很顽固，这种心理暗示会影响自己的谈判观点与行为举止，使自己也变得异常顽固起来，而这势必会导致本可以签订的一项协议变为不可能。

由此可见，当矛盾激化时，成功的谈判人员应该客观考虑到双方可能会持有的偏见问题，尤其是先消除己方的偏见。欠缺经验的谈判人员会被对方的固执激怒，而完全忘记了自己的观点；经验丰富的谈判人员就会先意识到这些自我偏见的存在，这样对对方的偏激行为也就能予以理解而不致真被激怒。企业在谈判培训时，完全可以通过练习来消除这种认识偏

见。通过让谈判人员相互扮演对方的角色，模拟可能会出现偏见的情况并做好准备，就可以纠正谈判人员自我认识的不良倾向，并锻炼谈判人员的观察力和忍耐力，谈判技能可以通过学习和演练加以提升。

3. 避免仅以价格取胜

请教那些经验丰富的谈判人员对达成交易的看法，他们可能会很有感触地表示，很多交易是要靠交情的，交情所占的比重有时甚至高于利益因素。这说明什么？人们所关心的问题比自己的绝对经济利益要多，谈判时竞争的利益不只包括价格，还包括感觉上的公平、自我形象的维护等。价格是谈判中重要的因素，但不是唯一的因素，一心只注意价格的谈判人员会将原有可以合作的业务关系逐渐转变为对抗性的业务关系。成功的谈判人员明白，价格不会决定每件事情，有三个非价格因素也是非常重要的：

首先是关系。经验丰富的谈判人员即使有强硬制人的谈判技巧，也从来不会轻易使用。因为过于激进的战术只会使双方关系更加恶劣，尤其对跨国谈判而言，这绝不是企业发展所希望看到的。很多亚洲、拉美国家都很重视关系，并认为关系更能左右利益。所以，谈判人员应该重视交情的建立，要避免因为公事公办破坏了双方的感情，这样只会对自己不利。

其次是过程。成交的过程同其内容一样重要。如果双方都认为过程是互相尊重的、开诚布公和公平的，那么成交的结果将要比互相揣测、使用技巧而达成一致的结果更好。因为过程同时在培养交情和信任，谈判是双方企业接触的第一个环节，小到一个握手的细节都可能决定对方对己方的看法。

最后是全体利益。缺乏经验的谈判人员因为只关注价格，可能不顾实际投入使用造成的不便或各种成本的发生，那么其他部门的人员必然会提出抗议。因此，谈判要把所有内部潜在的、有影响力的参与者都考虑进来，不要忽视他们的利益和对谈判的影响力。

事实上以价格取胜并不一定能获得最大收益。有很多谈判确实是需要讨价还价的交易，但除了利益因素，谈判人员还有许多事要积极去做。聪明的谈判人员从多角度去看待价格，着眼于更大的利益，而不局限在狭隘的、看得见的金额范围，如还可以争取更长的信用期、更短的提前期、更好的服务等。他们会先阐明共识，再同对方一起探索最关心的问题。这其中当然包括价格，但因为是从整个问题来考虑，又会有互相之间的让步，所以到最后双方各自的利益总能获得满足，而价格早已在无形中被分成了很多小部分而一一化解。

4. 懂得求同存异

谈判毫无疑问是为了解决分歧，以求达成一致。这自然要求双方通过求同来达到结果。双方有共同观点总是好事，但谈判中最常被忽视的价值资源却恰恰是从各方的分歧中产生的。因为存在不同的利益和立场，这就促使谈判人员去创造性地寻求能满足各方需要的解决方案。

在一场纯粹的商务谈判中，双方常因为价格不能达成一致而陷入僵局，如己方要求的价格远低于对方要求的支付价格等情况的发生。不同企业对风险、时间、资金、发展的看法不尽相同，成功的谈判人员会积极从这些不同中挖掘相同点，求同存异，从分歧中使双方共同获利。

5. 善用替代方案

替代方案是当一方建议的方案不被采纳时所采取的应对措施。可以说，它也是一种应对技巧，如在谈判不成时撤离谈判、拖延时间、积极接触其他供应商、法律诉讼等。必须明确

的一点是，替代方案始终是双方的最后选择。准备一个可靠的替代方案是谈判的重要工作。替代方案越有力，己方在谈判中所处的地位也越有利。不仅采购商有替代方案，供应商也有自己的替代方案，所以，谈判人员也要留心对方的替代方案，这样就不会对供应商突然变化的态度措手不及。善于利用替代方案的谈判人员会在谈判前仔细分析对方的替代方案，再制定出己方的替代方案，让替代方案与谈判推进过程一起为达成谈判目标而发挥作用。

6. 融合深层利益

谈判中需要关注的因素有三个：问题、立场、利益。问题是谈判的原因；立场是谈判的观点；利益既是谈判的动力，也是谈判的原因。对问题所持的立场反映了潜在的利益，同时利益又反过来作用于问题和立场。

大多数人都认为谈判是不赚即赔的交易，是非输即赢的零和博弈，因此人们往往会一切向"钱"看，成为以价格（也就是立场）为驱动因素的谈判者。这种立场式的谈判会使谈判陷入为获取价值而不择手段的苦战中，得到的结果往往不尽如人意，即使获胜的一方其实也未必能获得实际价值。真正为获取价值而进行的谈判是要通过立场看清所有潜在和深层的利益关系，并融合各方面利益来创造价值。优秀、卓越的谈判人员不仅自己清楚这一点并付诸实践，而且会影响对方放弃对立场的顽固坚持，让对方一起参与到对深层利益的追求中。双方通过互相倾听、提出问题、耐心挖掘互相之间牵扯的利益源泉，就可以避免出现原来对峙的局面，从根本上控制谈判局势朝合作的方向发展。

这可能是谈判人员最难做到的一点，因为这不仅需要谈判人员正确的自我认识、良好的控局能力，更需要敏锐的洞察力和深层次的全局观。没有一种训练可以保证谈判人员一定能获得这种能力，但不管怎么说，坚持以这样的态度参与谈判总是非常重要的。

案例分析

联合电子零部件直接采购谈判

联合汽车电子有限公司（简称联合电子）成立于1995年，是中联汽车电子有限公司和德国博世有限公司在中国的合资企业，是国内最早成立的汽车发动机控制系统研发生产企业，具有得天独厚的技术与市场优势。2000年以后，市场形势发生了重大变化，中国汽车行业的迅速增长吸引了几乎所有的发动机系统供应商进入中国，包括全球知名的德尔福、伟世通，欧洲的大陆集团、西门子威迪欧（2007年被大陆集团收购）、马瑞利公司，以及日本的电装公司，市场竞争日益激烈。价格优势成为竞争的重要因素之一，零部件采购成本占总成本的60%以上，成为产品总成本构成中最重要的部分。作为博世公司在中国的合资企业，联合电子生产的大部分产品都是博世公司在引进中国以前就已经在欧美生产的产品，有现存的技术、设备能力和供应链。公司成立之初，绝大部分零部件都从欧洲进口，通过博世公司采购后卖给联合电子，博世公司从中收取一定的管理费和利润，因此，导致零部件采购成本较高。

2006年开始，联合电子开始避开博世公司，采取直接采购策略。真正大批量的直接采购开始于2007年。直接采购项目实质上是采购渠道的变化，而整个实施过程面临着比较复杂的过程。下面就其中的一个环节即供应商关系处理和谈判做出分析。这里主要涉及两个问

题：一个是了解和互信的问题；另一个是细节和谈判的问题。

联合电子的供应商主要是以德国为主的欧洲供应商，其文化和美国、中国有很大的差异。和这些公司合作，互相信任及给对方信心至关重要。德国的商业氛围比较平等，很难通过博世母公司对其施压而达成一些协议。对于这个问题，以下措施的采用取得了一定的效果：

（1）通过博世公司对供应商进行一些必要的介绍。

（2）向来访供应商介绍公司情况，如中国汽车行业的发展前景，公司发展前景，以及公司在企业文化、人才培养、市场开拓、产品开发等各方面的努力和成绩，使其确信联合电子是值得合作的客户。

（3）在新项目和新产品上发现潜在合作机会。

（4）尊重对方的文化，重视信誉和承诺。

（5）通过直接采购及合作，使其对中国市场更加了解。

对于采购谈判，谈判的重点主要体现在以下三个方面：

（1）价格。无论如何必须得到博世公司和供应商的合同价格，从而确保联合电子享有同样的基准价格。博世作为庞大的集团公司，在与供应商的议价中有很大的优势，是联合电子不能比拟的，因此，价格方面建议采用博世公司的价格而避免重复谈判。

（2）付款方式。博世公司在这方面有良好的声誉，大多付款周期都是比较短的，一般在一个月以内。而联合电子作为国内的公司，由于国家外汇管制及内部严格的审批程序，整个付款周期比较长。因此，如何让供应商同意付款方式，成为谈判的主要问题。

（3）合同。公司的标准合同几乎被所有的供应商拒绝，其敏感的部分主要是索赔等方面，而汽车行业在这方面存在很大风险。为了缩短谈判周期、减少风险，最后采用的方式是借用博世公司和供应商的标准合同。

另外，在采购谈判方面还有很多细节值得重视，如物流条款、包装、交货频率等。

（资料来源：曹海平，《联合汽车电子有限公司先期采购管理探讨》，2009 年。）

案例分析题：

1. 联合汽车电子公司处于谈判弱势时，可采取哪些谈判策略与技巧？
2. 价格谈判中如何能最终降低联合汽车电子公司的采购成本？
3. 采购谈判中如何解决付款方式周期长的问题？

【本章讨论】

1. 简述采购谈判的一般流程，并回答影响采购谈判的因素有哪些。
2. 采购谈判的具体目标有哪些？如何实现这些目标？
3. 采购谈判前如何进行信息分析？谈判策划的主要内容是什么？
4. 常用的谈判策略有哪些？举例说明运用背景。
5. 谈判过程中可以运用的技巧有哪些？如何运用这些技巧？可以几个同学一组模拟谈判情景，学会应用这些技巧。
6. 价格是谈判的核心，也是所有合同条款中最困难的谈判内容。讨论在谈判过程中如

何应用价格谈判技巧。

7. 谈判人员是谈判过程参与主体。讨论作为一个合格的谈判人员应具备哪些基本特点，衡量一下自己能否胜任。

8. 佳能公司的渠道经销商可以做办公自动化（OA）设备的采购，但无法做计算机等其他产品的采购，而能做这次整包采购的系统集成商却不是佳能公司推荐的政府办公设备协议供货商，不能直接与客户签订合同和收款，这样就给客户造成了两难的局面。于是，客户找到佳能公司政府采购担当，寻求解决办法。为了促成该笔订单的成功，给客户提供最大的便利，替客户减少不必要的费用开支，佳能的政府采购担当与佳能办公设备与影像设备的同事、佳能协议供货商和系统集成商共同协调，最后找到了一个大家都满意的方案。此案例中，你认为为何要进行采购谈判？

第8章

采购合同管理

【导言】

在采购中，合同管理是非常重要的一环。只有掌握日常合同管理的基本方法，了解合同管理中一些基础的法律知识，熟悉采购合同执行与纠纷处理的流程，才能更有效地履行合同义务和享有合同权利。

加强采购合同的管理有利于确保采购合同条款的全面性、准确性、具体性，并能对有问题的合同条款及时进行修订，也有利于确保采购部门对供应商提供的产品或服务进行全程跟踪检查和质量验收，更有利于确保采购合同资金安全，规避经营风险。此外，还有利于有效处理与供应商的纠纷，更好地维护合作关系。因此，加强采购合同管理直接关系采购绩效的提升，也与企业长期的良性发展密切相关。

学习目标

1. 在签订采购合同之前，学会分析所要签订的采购合同的性质与类型。
2. 掌握采购合同的结构和内容，了解签订采购合同时的注意事项、应该遵循的原则及签订采购合同的具体程序。
3. 掌握零售企业的采购合同条款包含的主要内容。
4. 通过具体的合同执行和跟踪措施，有效地实施合同管理。
5. 掌握合同执行前、执行中和执行后跟踪的具体内容，以及跟踪注意事项。
6. 理解采购合同相关的法律依据，掌握如何保障自身权益。

导读案例

合同管理的五大误区

虽然大家都知道合同的重要性，但长期以来，合同管理并没有得到足够的重视，很多企业不采取任何合同管理系统，从而导致成本增加，最终使利润率降低。

以下介绍的五大误区旨在让大家明白合同是一个极其重要的商业工具，必须将其从文件柜中取出来更好地为公司服务。

误区1：利用标准的计算机操作软件（如 Word、Excel、Access 等）**对合同进行管理**

标准的计算机操作软件已经发展得相当完善，但仍然无法取代合同管理系统，而且不能通过衡量运作及财务的表现来与合同条款进行对照。如今的商业合同越来越复杂，理想的合

同管理系统专业性很强，具备集中管理整个公司合同的能力，能够将合同拆分成许多条款并储存起来。此外，合同管理系统还必须能够与其他管理系统相容，能够让不同权限的人获得不同的合同数据和信息，这一点对于合同这样极为敏感的文件尤为重要。

误区2：企业资源计划（ERP）系统及客户关系管理（CRM）系统提供了所有合同管理的功能

虽然 ERP 和 CRM 系统在各自的领域发挥着重要作用，但它们并不具备有效管理合同的能力。一般来讲，ERP 重点在于管理公司有关的产品或服务的交易，而 CRM 重点在于收集并利用客户的数据。尽管它们或多或少地触及合同管理的某些方面，但只有企业合同管理系统才能全面管理公司所有的合同，并保障所有的交易能够符合合同条款的要求。合同代表着双方或多方的商业关系，甚至在不同的阶段代表着不同的关系，有效的合同管理系统能够兼顾所有这些不同阶段的不同关系。

误区3：销售人员能够管理和监督合同的各个关键点和有效期

从表面上看，销售人员能够管理和监督合同的各个关键点和有效期，但是这只适合于销售合同，而不适合于采购合同和与供应商有关的其他合同。此外，销售人员并不具备足够的技能来有效管理各种不同的合同，即便销售人员愿意承担这个责任，但如果没有一个合同管理系统，他们很有可能错过合同执行的某个重要日期而给公司带来损失；同样，不能履行合同规定的义务可能会使公司遭遇审计方面的麻烦，甚至导致巨额罚款。而有效的合同管理系统能够自动发出电子邮件进行预警。

误区4：公司所有的交易都符合客户和供应商的合同

通常很少有公司对交易是否符合合同的规定加以核实。如要进行核实，唯一的途径就是建立一套中央管理系统，储存所有的合同条款，并与其他交易系统相连接，及时发现交易是否偏离合同的规定，并采取行动加以更正。80%的商业交易都受合同的制约，可见有效管理合同数据是何等重要。

误区5：合同管理涉及的只是公司少数人

这个误区的产生往往是由于公司里只有少数人有接触合同的权限，人们总是认为只有这些人才会用到合同。其实，合同影响着几乎所有的部门和员工，当然其重要程度可能因部门或合同性质的不同而不同。正因如此，建立让相关人员获取相关合同信息的中央合同管理系统就非常重要。这样，法务、财务、采购和运输等部门就可以快速获取与其业务运作相关的合同信息。

（资料来源：www.supplylink.cn，当今采购网。）

8.1 采购合同的类型与内容

经济合同是法人之间为实现一定的经济目的、明确相互的权利和义务关系而签订的书面契约。经济合同是商品经济发展到一定阶段的产物，是商品交换关系在法律形式上的体现。经济合同的订立是以交易双方的自愿互利为基础，一经签订就具有法律效力并受法律保护。

商业合同是经济合同的重要组成部分，是保证商业经营顺利进行的重要手段。商业合同的种类很多，按业务性质不同可划分为采购合同、销售合同、储运合同、信贷合同等。其

中，采购合同是使用最频繁、最主要的一种合同。

1. 采购合同的类型

可以根据采购合同的特点和目的，将其分为不同类型。由于绝大多数采购合同是以一定形式的价格机制为基础，因此可以分为固定价格合同与成本定价合同两大类。其中，固定价格合同包括一般固定价格合同、弹性价格合同、再决定价格合同和激励性价格合同；成本定价合同包括成本加酬金合同、成本共担合同和时间加物料费用合同等。

（1）固定价格合同。这类合同对于管理者来说，是最简单和容易掌握的。因为它最大的特点就是价格一旦在合同中标明，无论发生什么情况（如宏观经济发展环境、产业竞争、供给状况影响等）都不再更改。大多数采购合同属于这种类型。

由于外界各种难以预料因素的变化，管理者采用此种合同时，必须在价格的制定上多加考虑。如果日后由于外界因素（如市场竞争、技术变革等）使得市场价格低于合同标明的价格，采购商将承担一切风险和损失。因此，在签订合同之前，采购商必须准确地掌握现有市场的状况，充分考虑在整个合同有效期内会影响采购成本的各种不利情况。

（2）弹性价格合同。在很多情况下，采购商所面对的是供应期相当长的买卖关系。由于持续的时间较长，市场价格可能极不稳定，上涨、下跌的可能性都很大，合同存在较大的市场风险。为适当降低双方的风险，弹性价格合同是比较合适的选择。此类合同在一般的基础合同中加入了一个可以再商谈的弹性条款，它允许双方根据外界因素的变化对基础价格做适当调整。使用此类合同的关键在于对外界影响因素的确定和基础价格调整的机制与方法。

（3）再决定价格合同。由于生产规模对生产成本有很大的影响，有时双方都很难准确地预测劳动力和物料成本，甚至连确切的生产数量也难以确定，这时则可以采用再决定价格合同。再决定价格合同要求买卖双方先对成本做一个适当的估计，确定一个初始的目标价格。当达到一定的生产数量后，双方再重新考虑整个生产状况，并对价格重新调整。这类合同一般只适用于为满足追加需求而进行的采购。

（4）激励性价格合同。这种合同与再决定价格合同非常相似，只是它允许采购商和供应商一起分享成本节约所带来的收益。由于双方在真正生产前很难准确预估价格，如果供应商通过采用更高效的生产方式使生产成本大大降低，那么与初始目标价格相比得到的节约部分由供应商与采购商按照激励性合同中预先确定的比例共同分享。这种采购合同通常适用于生产提前期相对较长的情况。

（5）成本加酬金合同。这种合同类似于激励性合同，只是初始目标价格是根据认可的供应商成本确定的。如果供应商能够提高效率，减少物料使用费用，那么买卖双方将按照预先确定的比例分享任何成本的节约。这种采购合同适用于双方都能对所确定的初始目标成本做出相对比较准确估计的情况。

（6）成本共担合同。在这种合同中，双方认可的成本是由双方按事先约定的比例共同承担。谈判的关键在于明确一系列的生产和运营策略、目标及合同的目的。在成本共担合同中，双方需要将具体细节尽可能地描述清楚，从而避免对各自利益和责任产生混淆和误解。

（7）时间加物料费用合同。这种合同主要用于工厂生产和设备维修协议中，在提供维修服务之前，供应商不能准确地确定成本。合同应当明确劳动费用、日常开支和利润比例，以形成一个总价格上限。为了控制总费用，采购商应在整个合同期内仔细审核劳动力的费用。

不同的合同类型适合不同的采购情况。采购商在与供应商选择合同类型时，应全面考虑各种因素，如市场的不确定性、合同的期限、供应商的生产能力等。市场不确定性主要指原材料价格的波动性，市场价格越不稳定，选择固定价格合同就越不适合，因为价格的上升会将合同风险转移到供应商；相反，价格的降低会给采购商带来经济损失的风险。此外，合同期限对合同类型的选择也有很大影响。一般来说，合同期限越长，供应商越愿意采用带有弹性条款的合同，因为可以减少市场不稳定带来的风险。

2. 采购合同的主要内容

一份采购合同主要由首部、正文与尾部三部分组成，如表 8-1 所示。其中，首部包括合同名称、合同编号、签订日期、签订地点、合同双方的名称及合同序言。正文包括采购物品的名称、规格、数量、单价和总价（计量单位的价格金额、货币类型、国际贸易术语、物品的定价方式）、包装、装运、到货期限、到货地点以及付款方式（支付手段、支付时间、支付地点）等内容。除此之外，正文还包括保险、商品检验、纷争与仲裁、不可抗力、保值条款、价格调整条款、误差范围条款等法律适用条款。尾部则包括合同的份数、使用语言及效力、附件、合同的生效日期、双方签字盖章。

表 8-1 采购合同基本内容列表

结 构 名 称	具 体 内 容
首部	合同编号 签订日期 合同双方的名称、地址、电话等
正文	采购物品的名称、规格、数量等 价格（单价、总价、价格基础、货币） 付款方式（即期 L/C、远期 L/C、D/P 或 D/A、分期付款） 交货期 运输方式 包装要求 质量要求 检验方法 保险条款 保守商业秘密事项 知识产权保护规定 双方违约责任 合同期限 合同的解除与变更 其他特别条款
尾部	合同双方签字盖章

合同具有法律效力，其规定签约者应履行的义务和应享有的权利（不能列入与法律相抵触的条款），受到国家法律的承认、维护和监督。因此，签订合同既是一种经济活动，同时也是一种法律行为；经济合同既是一种有效的经济手段，也是一种依据法律办事的法律办法。

一般来说，起草一份新的合同的最好方法是从一份样本合同入手，根据自身情况对合同样本做适当修改，这样可以尽量避免对某些细节问题的遗漏。同时，采购经理要经常与法律相关部门沟通，并仔细核对合同中各条款的用词是否恰当。

采购合同的条款应力求具体明确、便于执行，避免不必要的纠纷。以零售企业为例，合同主要具备以下条款：

（1）商品的品种、规格和数量。商品品种应具体，避免使用综合品名；商品规格应规定颜色、式样、尺码和牌号等；商品数量应按国家统一的计量单位标出。必要时可附上品种、规格、数量明细表。

（2）商品的质量和包装。合同中应规定商品的质量标准，注明是国家或行业标准；无国家和行业标准的应由双方协商或凭样订（交）货；对于副、次品应规定一定的比例，并注明其标准；对实行保换、保修、保退办法的商品，应写明具体条款；对商品包装的方法、使用的包装材料、包装式样、规格、体积、重量、标志及包装物的处理等，均应有详细规定。

（3）商品的价格和结算方式。合同中对商品的价格要做具体的规定，规定作价的办法和变价处理方法等，以及规定对副品、次品的扣价办法；规定结算方式和结算程序。

价格条款的内容及注意事项

1. 价格条款的内容

合同中的价格条款一般包括商品的单价和总价两项基本内容，除此之外，确定单价的作价办法和与单价有关的佣金与折扣也属价格条款的内容。商品的单价通常由四个部分组成，即计量单位（如公吨）、单位价格金额（如200）、计价货币（如美元）和贸易术语（如 CIF 伦敦）。例如，在价格条款中可规定"每公吨200美元，CIF 伦敦"（USD200 per M/T CIF London）。总价是指单价同成交商品数量的乘积，即一笔交易的货款总金额。

2. 拟定价格条款的注意事项

为了使价格条款的规定明确合理，拟定时必须注意下列事项：

（1）合理确定商品的单价，防止作价偏高或偏低。

（2）根据经营意图和实际情况，在权衡利弊的基础上选用适当的贸易术语。

（3）选择有利的计价货币，以免遭受汇率变动带来的风险；如采用不利的计价货币，应当加订保值条款。

（4）灵活运用各种不同的作价办法，以避免价格变动的风险。

（5）参照国际贸易的习惯做法，注意佣金和折扣的合理运用。

（6）如交货品质和数量约定有一定的机动幅度，则对机动部分的作价也应一并规定。

（7）如包装材料和包装费另行计价，对其计价办法也应一并规定。

（8）单价中涉及的计量单位、计价货币、装卸地名称，必须书写正确、清楚，以利合同的履行。

（4）交货期限、地点和发送方式。交（提）货期限（日期）要按照有关规定，考虑双方的实际情况、商品特点和交通运输条件等来确定。同时，应明确商品的交送方式是送货、代运还是自提。

（5）商品验收办法。合同中要具体规定在数量和质量上验收商品的办法、期限和地点。

（6）违约责任。签约一方不履行合同，必将影响另一方经济活动的正常进行，因此违约方应负经济责任，赔偿对方遭受的损失。在签订合同时，应明确规定，供应商有以下三种情况时应付违约金或赔偿金：①不按合同规定的商品数量、品种、规格供应商品；②不按合同规定的商品质量标准交货；③逾期发送商品，临时更改到货地点。

（7）合同的变更和解除的条件。合同应规定，在什么情况下可变更或解除合同，什么

情况下不可变更或解除合同，以及通过什么手续来变更或解除合同等。此外，合同应视实际情况，增加若干具体的补充规定，使签订的合同更切合实际。

需要强调的是，在合同的拟定过程中，要特别注意合同是否包含以下几方面内容：①采购物品的名称及价格；②质量要求；③采购物品的运输方式；④接受条款，具体指明买方以何种方式、何时接收产品；⑤适当的担保要求；⑥付款条件；⑦补救措施；⑧如果安装是合同的一部分，合同中还要涉及物品如何安装。

8.2　采购合同的签订

与供应商达成协议是采购的重要环节。采购合同的签订应遵循一定的程序和原则，一方面有助于保证合同的顺利履行，另一方面有助于减少发生合同纠纷的可能性。

8.2.1　签订采购合同的步骤

签订采购合同的程序是指合同当事人对采购合同的内容进行协商，取得一致意见，并签署书面协议的过程。其主要步骤有以下五项：

1. 确定采购目标

确定采购的是材料、项目，还是服务，根据不同的采购目标拟定框架协议。

2. 订约提议

订约提议是指当事人一方向对方提出订立合同的要求或建议，也称要约。订约提议应提出订立合同必须具备的主要条款和希望对方答复的期限等，以供对方考虑是否订立合同。提议人在答复期限内不得拒绝承诺，即提议人在答复期限内受自己提议的约束。

3. 接受提议

接受提议是指提议被对方接受，双方对合同的主要内容表示同意。经过双方签署书面契约，合同即可生效。接受提议也称承诺，承诺不能附带任何条件。如果附带其他条件，应认为是拒绝要约，而提出新的要约。新的要约提出后，原要约人变成接受新要约的人，而原承诺人成为新的要约人。实践中，签订合同的双方当事人就合同的内容反复协商的过程，就是要约——新的要约——再要约……直至承诺的过程。

4. 填写合同文本，履行签约手续

5. 报请签证机关签证，或报公证机关公证

对于一些经济合同，法律规定还应获得主管部门的批准或工商行政管理部门的签订。对没有法律规定必须签证的合同，双方可以协商决定，是否签证或公证。

8.2.2　签订采购合同的注意事项

1. 合同的当事人必须具备法人资格

这里的法人是指有一定的组织机构和可独立支配的财产，能够独立从事商品流通活动或其他经济活动，享有权利和承担义务，依照法定程序成立的企业。

2. 合同必须合法

当事人必须遵照国家的法律、法令、方针和政策签订合同，其内容和手续应符合有关合同管理的具体条例和实施细则的规定。合同签订以后，采购双方还要再一次核对合同内容，

如合同条款是否完备，是否准确地表达双方的意愿，是否存在歧义等。

3. 当事人应当以自己的名义签订经济合同

签订合同的具体经办人必须有法人的法定代笔人或法定代表人授权承办人签订，承办人在代笔法人代表签订合同时应出示身份证、法人代表的委托书和营业执照或副本。

4. 供应商的资格、履约审查

签订合同前要审查供应商的经营场所、设备、规模、资金情况，同时，还要审查技术、工艺、产品质量和管理水平等方面，最后审查供应商的历史交货情况，是否有客户投诉发生等情况。

5. 采购合同应当采用书面规范形式

采购合同必须使用规范的格式、内容、要求，使采购双方都能很好地理解合同。对于合同以外可能出现的新情况，合同中要有明确的、合适的处理办法。同时，合同必须以书面形式签订，一般合同文本一式几份，其内容与形式要简明扼要、措辞严谨。

应该重点指出，签订合同必须坚持平等互利、充分协商，必须坚持等价、有偿。

8.3 采购合同的执行与纠纷处理

采购合同能否实现有效的管理，从短期来看直接关系到采购绩效的提升，从长期来看则关系到企业的生存发展。采购合同的执行是采购合同管理的一个重要环节，而采购合同的纠纷处理关系到采购合同能否成功实施。因此，采购人员有必要掌握如何执行采购合同和处理采购合同纠纷。

8.3.1 采购合同管理与执行

1. 采购合同管理

企业为了保证采购合同的履行和采购任务的完成，必须加强对采购合同的管理工作。

（1）加强对采购合同签订的管理。加强对采购合同签订的管理，一方面是要加强对签订合同准备工作的管理，即在签订合同之前，应认真研究市场和货源情况，掌握企业的经营情况、库存情况和合同对方单位的情况，依据采购任务收集各方面的信息，为签订合同、确定合同条款提供信息依据；另一方面是要加强对签订合同过程的管理，即在签订合同时，要按照有关合同法律规定的要求，严格审查，使签订的合同合理合法。

（2）建立合同管理机构和管理制度，以保证合同的履行。企业应当设置专门机构或专职人员，建立合同登记、汇报检查制度，统一保管合同，监督和检查合同的执行情况，以便及时发现问题并采取措施，以保证合同的履行。同时，应加强与合同对方的联系和协作，以利于合同的实现。

（3）处理好合同纠纷。当企业的经济合同发生纠纷时，双方当事人可协商解决。协商不成时，企业可以向国家工商行政管理部门申请调解或仲裁，也可以直接向人民法院起诉。

（4）信守合同，树立企业的良好形象。合同的履行情况不仅关系到企业经营活动的顺利进行，而且也关系到企业的声誉和形象。因此，信守合同有利于树立良好的企业形象。

2. 采购合同执行

采购合同管理的一个重要环节就是采购合同执行，因为在合同执行过程中会发生许多与

合同条款冲突的情况。因此，当冲突或不一致发生时保证采购合同的执行，是采购合同管理的一项重要任务。保证采购合同正常执行的条件有：①按照合同规定条款执行，加强与供应商的沟通，合同提前或延缓执行要征得供应商的同意；②满足企业物料需求，不仅要严格遵守物料正常到达的时间，而且要有柔性，对要求紧急到货的物料要能按时完成，对需要延迟到货时间的物料要妥善处理；③控制库存水平在合理的范围内。

同时，为了保证采购合同的正常履行，合同管理人员还需进行以下一些工作：①计划审查。审查采购计划是否在规定的时间内转化成订单合同。②合同审批。审查合同编号、数量、单位、单价、币种、发运的目的地、供应商、到货日期等。③合同跟踪。检查采购合同的执行情况，对未按期到货的合同加强监控，提出应对策略。④缺料预测。与计划人员一起根据生产需求情况，推测可能产生缺料的供应合同，研究对策并实施。

合同跟踪是采购人员掌握合同执行情况的重要手段，也是采购人员最重要的工作职责。合同跟踪的目的有三个：①促进合同正常执行；②满足企业的物料需求；③保持合理的库存水平。在实际的采购中，供应、需求、库存三者之间会产生矛盾。恰当地处理供应、需求、库存之间的关系，是衡量采购人员能力的关键指标。

（1）合同执行前跟踪。当一个采购合同制定之后，供应商是否接受合同，是否及时签订等，都是采购人员要及时了解的情况。

同一物料有几个供应商可供选择，虽然每个供应商都有分配比例，但在具体操作时还是可能会遇到供应商因各种原因而拒绝订单的情况。供应商可能要提出改变"认证合同条款"，包括价格、质量、交货期等。作为订单人员，应该充分与供应商进行沟通，确认可选择的供应商。如果供应商确实难以接受订单，可以选择其他供应商，必要时可要求认证人员协助办理。与供应商正式签订过的合同要及时存档，为以后查阅做好准备。

（2）合同执行中跟踪。与供应商签订的合同具有法律效力，采购人员应该全力跟踪；合同确实需要变更时要征得供应商的同意。合同跟踪要把握以下事项：

1）严密跟踪。严密跟踪供应商准备物料的详细过程，保证采购工作正常进行。如果发现问题要及时反馈，需要中途变更的要立即解决。不同种类的物料，其准备过程也不同，总体上可以分为两类：一类是供应商需要按照样品或图样定制的物料，加工周期比较长，出现问题的概率大；另一类是供应商有库存，不存在加工过程，周期也相对比较短，不容易出现问题的物料。

2）及时响应生产需求。如果生产需求紧急，要求本批物料立即到货，采购员就应该马上与供应商进行协调，必要时还应该帮助供应商解决疑难问题，以保证需求物料准时供应。有时出现滞销，企业经过研究决定延缓或取消本次订单物料供应，采购人员也应该立即与供应商进行沟通，确认可承受的延缓时间，或者终止本次采购操作，同时付给供应商相应的赔款。

3）严格库存控制。库存水平在某种程度上体现了采购人员的水平。既不能让生产缺料，又要保持最低的库存水平，是一项非常具有挑战性的工作。当然，库存问题还与采购环境的柔性与制定生产计划的准确性有关。

4）控制好物料验收环节。物料到达合同规定的交货地点，对国内供应商一般是指到达企业原材料仓库，对境外供应商一般是指到达企业的国际物流运转中心或者保税区。供应商在交货之前会将到货情况表单传真给采购人员，订单操作者按照原先所下的订单对到货的物

品、批量、单价及总金额等进行确认，并录入归档，办理付款手续。

（3）合同执行后跟踪。在按照合同规定的支付条款对供应商进行付款后，仍需进行合同跟踪。订单执行完毕的条件之一是供应商按合同的付款条款收到本次订单的货款。如果供应商未收到货款，采购人员有责任督促付款人员按照流程规定加快操作，否则会影响企业的信誉和与供应商的合作关系。另一方面，物料在运输或检验过程中可能会出现一些问题，偶发性的小问题可由采购人员或者现场检验人员与供应商进行联系协商解决。

8.3.2　采购合同的纠纷处理

合同纠纷一直是采购经理头疼的问题。无论当初的合同写得多么规范和详细，发生纠纷和分歧还是可能无法避免。一般来说，合同涉及的金额越大、内容越复杂，纠纷与分歧发生的可能性就越大。因此，采购经理必须具备预见冲突发生的能力，并及时采取有效的解决措施。

我国《合同法》对合同争议的解决方式做了如下规定：合同争议包括双方当事人对合同是否成立、合同内容的解释、合同的履行、违约责任，以及合同的变更、中止、转让、解除、终止等问题所持的不同态度。

当事人可以通过协商或调解解决合同争议。当事人不愿意和解、调解或和调解不成的，可根据仲裁协议向仲裁机构申请仲裁。涉外合同的当事人可根据仲裁协议向中国仲裁机构或其他仲裁机构申请仲裁。当事人没有订立仲裁协议或仲裁协议无效的，可向人民法院起诉。关于仲裁和起诉的时效有如下规定：国际货物买卖合同和技术进出口合同争议提起诉讼或申请仲裁的期限为 4 年，自当事人知道或应当知道其权利受到侵害之日起计算。

由上可知，合同纠纷的解决方法主要有：买卖双方协商解决、第三方调解解决、仲裁机构仲裁解决和司法机关组织的诉讼解决。

最简单也是最常用的方法就是争议双方直截了当地、面对面地谈判，以期望达成和解；但当各方不能达成一致和解，甚至双方在情感上已经破裂、无法再调和时，则可以申请仲裁以解决纠纷。

一般情况下，人们对选择仲裁还是诉讼没有实质性的认识，但是实际上是有很大差别的。如果合同各方选择仲裁解决纠纷，必须在合同中明确仲裁机构，如是北京仲裁委员会还是上海仲裁委员会；如果在合同中只说提交仲裁机构仲裁，而未指明仲裁机构，那么这个仲裁条款就是无效的，只有进行诉讼。所以，仲裁是选择的，诉讼是必然的，不选择或选择不明，就要进行诉讼。另外，合同各方如果没有涉外因素（包括我国香港、澳门、台湾地区），一般不选择中国国际经济贸易仲裁委员会进行仲裁。

首先，仲裁裁决是一裁终局，而诉讼是两审终审。仲裁裁决结果不利于己方时，没有快速、有效的救济措施。其次，仲裁庭没有强制执行权，仲裁裁决胜诉一方还需要向法院申请强制执行。再次，仲裁费用非常昂贵。以一个标的 100 万元的案子为例，如果是诉讼，需要交纳的诉讼费为 15010 元；而如果是仲裁，以北京仲裁委员会为例，受理费为 18550 元，处理费为 16000 元，合计费用是 34550 元。所以，仲裁费比两审诉讼费用还多。

如果在合同中选择诉讼，诉讼管辖地的选择是有技巧的。一般而言，如果在合同中不选择诉讼管辖地，按照《中华人民共和国民事诉讼法》的规定，因合同纠纷提起的诉讼，由被告住所地或者合同履行地人民法院管辖。由此可知，合同中明确合同履行地是非常重要

的，这牵涉未来发生纠纷的管辖问题。如果公司签订的合同对合同管辖地没有约定，那么如果发生了纠纷需要诉讼，首先解决的就是诉讼地问题。如果合同中明确规定合同履行地是公司所在地，采购人员就可以选择在公司所在地的诉讼机构进行诉讼。当然，最有效的办法是在合同中约定管辖地。《民事诉讼法》规定，合同的双方当事人可以在书面合同中协议选择被告住所地、合同履行地、合同签订地、原告住所地、标的物所在地等地点的人民法院管辖，但不得违反本法对级别管辖和专属管辖的规定。总之，采购商遵从一个原则，就是尽量在合同中将合同管辖地约定在自己公司所在的区域。

8.3.3　采购合同的法律依据

采购合同的主要法律依据是《合同法》和《联合国国际货物销售合同公约》，了解这两项法律有助于从本质上理解采购合同的法律依据。

1. 《合同法》

我国于 1999 年 3 月 15 日第九届全国人民代表大会第二次会议通过颁布《中华人民共和国合同法》，于 1999 年 10 月 1 日起实施。《合同法》是调整平等主体之间的交易关系的法律，主要规定合同的订立、合同的效力及合同的履行、变更、解除、保全、违约责任等问题。《合同法》共二十三章四百二十八条，分为总则、分则、附则三大部分。

总则规定《合同法》的原则以及共同适用的规定，由八章组成。第一章，一般规定，共八条，包括立法宗旨、本法适用范围和基本原则；第二章，合同的订立，包括合同形式、合同订立内容、合同订立过程；第三章，合同的效力；第四章，合同的履行；第五章，合同的变更与转让；第六章，合同的权利义务终止；第七章，违约责任；第八章，其他规定，包括合同的法律适用、合同监督、合同争议的解决途径、合同争议诉讼或者仲裁时效。

分则规定了十五类合同的特殊性规定，由十五章组成。第九章，买卖合同；第十章，供用电、水、气、热力合同；第十一章，赠与合同；第十二章，借款合同；第十三章，租赁合同；第十四章，融资租赁合同；第十五章，承揽合同；第十六章，建设工程合同；第十七章，运输合同；第十八章，技术合同；第十九，保管合同；第二十章，仓储合同；第二十一章，委托合同；第二十二章，行纪合同；第二十三章，居间合同。同时《中华人民共和国经济合同法》《中华人民共和国涉外经济合同法》《中华人民共和国技术合同法》废止。

2. 《联合国国际货物销售合同公约》

1966 年，第 21 届联合国大会根据匈牙利代表的提案，通过关于加强国际贸易法的决议，并决定成立联合国国际贸易法委员会。该委员会于 1978 年完成了国际货物销售合同公约的起草工作，决定将 1964 年海牙外交会议通过的两个公约，即《国际货物买卖统一法公约》和《国际货物买卖合同成立统一法公约》合并为一个公约，定名为《联合国国际货物销售合同公约》（简称《公约》）。《公约》于 1980 年在维也纳举行的外交会议上获得通过，于 1988 年 1 月 1 日正式生效。

《联合国国际货物买卖合同公约》共分为四个部分：①适用范围；②合同的成立；③货物买卖；④最后条款。《公约》共 101 条，内容主要包括以下四个方面：

（1）公约的基本原则。建立国际经济新秩序的原则、平等互利原则与兼顾不同社会、经济和法律制度的原则。这些基本原则是执行、解释和修订公约的依据，也是处理国际货物买卖关系和发展国际贸易关系的准绳。

（2）适用范围。①公约只适用于国际货物买卖合同，即营业地在不同国家的双方当事人之间所订立的货物买卖合同，但对某些货物的国际买卖不能适用该公约做了明确规定。②公约适用于当事人在缔约国内有营业地的合同，但如果根据适用于"合同"的冲突规范，该"合同"应适用某一缔约国的法律，在这种情况下也应适用《公约》，而不管合同当事人在该缔约国有无营业所。对此规定，缔约国在批准或者加入时可以声明保留。③双方当事人可以在合同中明确规定不适用该公约（适用范围不允许缔约国保留）。

（3）合同的订立。包括合同的形式和发盘（要约）与接受（承诺）的法律效力。

（4）买方和卖方的权利义务。①卖方责任主要表现为三项义务：交付货物；移交一切与货物有关的单据；转移货物的所有权。②买方的责任主要表现为两项义务：支付货款；收取货物。③详细规定卖方和买方违反合同时的补救办法。④规定了风险转移的几种情况。⑤明确了根本违反合同和预期违反合同的含义，以及当这些情况发生时，当事人双方所应履行的义务。⑥对免责条件做了明确的规定。

1986年12月11日我国交存核准书，在提交核准书时，提出了两项保留意见：①不同意扩大《公约》的适用范围，只同意《公约》适用于缔约国的当事人之间签订的合同；②不同意用书面以外的其他形式订立、修改和终止合同。

【附录1】

简易购货合同（订单）

买 卖 合 同

当事人：

甲方：

乙方：

兹为甲方向乙方购买下列货品。双方议定各项条件如下：

货品名称及规范说明	
单价	
总价	
交货期限	
交货地点	
运货	
定金	
付款办法	
验收	
延期扣款	
解约办法	

（续）

货品名称及 规范说明	
保证责任	
其他	

甲方：　　　　　　　　　乙方：

负责人：　　　　　　　　负责人：

地址：　　　　　　　　　地址：

　　　　　　　　　　　　　提供担保

　　　　　　　　　　　　　支票字号

　　　　　　　　　　　　　年　月　日

【附录2】

材料采购年度合同样本

编号：

采购年度合同

　　本20　年度采购年度合同（以下称作合同）由以下双方于＿＿＿＿＿年＿＿＿＿月＿＿＿＿日订立：

　　需方：（以下称作甲方）一家依照中华人民共和国法律成立和存续的公司，其注册地位于＿＿＿＿＿＿＿＿＿＿，邮政编码：＿＿＿＿＿＿。

　　供方：＿＿＿＿＿＿＿＿＿＿＿＿＿＿＿＿＿＿＿＿（以下称作乙方）一家根据中华人民共和国法律成立和存续的企业法人，其注册地位于＿＿＿＿＿＿＿＿＿，邮政编码：＿＿＿＿＿＿。

　　甲、乙双方本着平等、自愿、互惠互利的原则，经过友好协商，就甲方采购乙方产品事宜达成如下协议。

1. 总则

　　本合同确定的是相关部件采购的通用标准条款。具体采购中的规格、数量及特定付款方式及交货期限等细节，都应在各个"采购订单"中另行明确。

2. 定义

　　2.1　产品：指与甲方根据本合同采购的部件相关的电梯、扶梯、自动人行道等产品或其零部件及辅助材料。

　　2.2　部件：指产品的具体构成部分，其细节由甲、乙双方在附件1中具体规定。

　　2.3　采购订单：指由甲方根据本合同发给乙方，并由乙方根据本合同确认的订明采购产品具体事宜的订货单。

　　2.4　不可抗力：指战争、敌对行为、武装冲突、恐怖活动、谋反、政变、罢工、暴动、民众骚乱、政府命令、重大失窃、洪水、冰雹、地震、海啸及其他无法预见、不能避免和克

服的事件或行为。

2.5 商业秘密：指法律规定的或者甲方的最终控股公司奥的斯公司制定的奥的斯公司保守商业秘密的规定所列举的技术信息和经营信息，即不为公众所知悉，不能自公开渠道直接获取的，能为奥的斯公司带来现实的或潜在的经济利益或竞争优势的技术、经营信息。

3. 合同标的

3.1 部件与价格

3.1.1 本合同所涉及的部件的部件号、名称、规格、价格、包装方式、标准交货期以及交货方式等，在附件1中具体予以明确。

3.1.2 在本合同有效期内，乙方应维持附件1所规定的价格水平。如果当市场上该类部件的价格出现较大波动，或因国家或政府调价使部件价格出现较大波动，则双方应再度协商解决，并签订书面补充协议。

3.1.3 如在合同期限内由于甲方修改图样、变更设计、改变材料规格而使成本降低，乙方应相应降低部件的价格。对此乙方如有异议的，应在十（10）天内提出书面意见。

3.2 交货期限

乙方应严格按照采购订单中约定的期限向甲方提供采购的部件。在交货期的十（10）日前，乙方应书面通知甲方做好接货准备。非甲方原因造成延期交货的，乙方必须及时通知甲方，以最大限度地避免或减少损失。

3.3 付款方式

乙方提供的采购订单所订的部件经甲方验收全部合格后，甲方应在收到乙方正确的发票之后六十（60）天内，以支票或汇票方式支付价款。

3.4 运输

除在采购订单中有不同规定外，部件由乙方选择甲方认可的合适、安全的运输方式实行送货或代运至甲方的营业地址，确保准时交货。

3.5 标的物交付

3.5.1 乙方未能按期发货，应赔偿甲方由此而支付的实际费用，如果造成甲方损失的，应按照本合同有关条款予以赔偿。

3.5.2 甲方未能按时接货的，应承担乙方实际支付的保管费用。

3.5.3 甲方收货后发现多发、错发产品情况的，应当及时通知乙方收回，并做好记录，妥为保管，由此发生的一切费用由乙方承担。

3.6 逾期付款

甲方未按合同约定期限付款，经乙方书面催款后仍未支付的，乙方有权向甲方主张逾期付款利息，按银行同期贷款利息计算。逾期一（1）个月以上的，乙方有权要求甲方支付相当于该采购订单金额10%的违约金。

4. 技术条款

4.1 技术要求

乙方所生产的部件应满足甲方的各项技术要求。并且，乙方应不断修改和完善部件技术标准，有效降低部件的成本，使价格相应地降低。乙方提供的部件应符合乙方提供并经甲方确认的有关设计方案、图样、规范和说明。若甲方需要乙方对部件提供相关的技术服务或支持，乙方有义务及时给予配合。

4.2　统一产品发展过程

作为甲方产品开发与改进过程中整体的一部分，乙方应当做到：

4.2.1　根据实际需要派遣自己的技术人员同甲方技术、生产及采购小组一起参与目前的技术和风险/成本削减活动。

4.2.2　发送样品材料以满足实施共同项目的需要。

4.2.3　依据本合同进行设计、开发、生产共同项目中的部件。

4.2.4　同意上述甲方产品开发与改进过程中的设计、发明、创造所涉及的知识产权全部属于甲方。

4.3　样品材料和工装成本

样品材料和工装成本由乙方承担。

4.4　当前技术水平

双方保持互相传递技术发展信息，以加强甲方部件的竞争优势。

4.5　其他技术支持

乙方有义务根据甲方的要求提供相应的技术支持。

4.6　技术保密

乙方不得将甲方的设计方案、样品、产品图样以及模具等相关资料转交、出售或直接透露给任何第三方，也不得出售按甲方图样设计制造的产品和（或）部件。乙方应将甲方所有过时失效以及半年内未收到甲方采购订单的该部分图样如数退还甲方，有关设计方案及样品都应退还，不得复印与仿制。乙方应对任何违反本条款的行为承担相应的法律责任；同时，甲方保留向乙方追偿该采购订单金额 30% 的违约金以及其他损失的权利。

5. 质量责任

5.1　乙方应有一整套合理的质量保障体系，以保证所有列在附件 1 或以后增加的部件的质量均符合国家或行业的强制性标准以及甲方的应用规格和标准。

5.2　乙方应向甲方提供其部件的主要构成零件及其来源清单，如甲方另有要求，乙方应提供相应的原产地证明书等证明文件。

5.3　乙方应向甲方提供其所购产品的质量控制计划以及相应的检验指导书，其中质量控制计划须经甲方品质部确认认可。

5.4　乙方所提供的每批（件）部件必须附产品合格证、技术资料、出厂检验报告，空白的出厂检验报告将作为附件提供给甲方。如果某批订单所订部件未有相应的出厂检验报告，甲方有权认为该部件为不合格产品并拒绝接受。

5.5　乙方应严格按照甲方的工艺规范进行包装，包装所用原材料由乙方自行解决。由于包装不良而引起的部件损坏或由于防护措施不善而引起的部件锈蚀等，乙方应赔偿由此造成的全部损失。

5.6　质量保证期限为部件验收合格后的三（3）年，如国家规定的质量保证期限更长，应适用国家规定。乙方应承诺并保证附件 1 上所列的每种产品的质保期及相应的生命周期。对质保期内的产品，乙方应承担无条件的不可撤销的质量责任。

5.7　在本合同期限内，乙方必须按要求在发运产品/部件后出示并保留认证、工艺、试验和（或）验收数据。

5.8　甲方有权定期审核乙方部件生产质量（包括派遣代表至乙方场地视察），乙方应

按要求在产品、部件、设备与质量体系的检查和试验方面予以协作配合。

6. 产品质量违约责任

6.1 质量违约责任的处理

6.1.1 如在进货验收时发现乙方提供的材料、部件的质量不符合甲方的规格和标准，甲方有权拒收及中止该采购订单的履行，并有权追究乙方的责任。部件因拒收产生的费用和风险由乙方承担。

乙方在收到甲方拒收通知后应立即派人对该产品做出处理，在四十八（48）小时内提供所有代替的合格品，并在十四（14）天内提交整改报告，保证于一个月内（或双方一致约定的期限内）完成整改以防止此类问题的再次发生。如乙方未予及时处理，甲方有权按废旧物资任意处置这些部件，并有权要求乙方退还处置这些部件的成本或费用（包括但不限于运费）。

6.1.2 如果在质保期内的产品出现使用质量问题（包括影响安全、性能、装配、正常运行等方面的问题），乙方应在接到甲方的 IRR（_____）单后一（1）个工作日内做出回复，并在三（3）个工作日内处理完毕现场问题，如有特殊情况不能及时处理的，应向甲方书面说明。如甲方认为有必要进行根源分析和制定纠正措施的，可向乙方发出书面要求；乙方应在收到甲方书面要求后一（1）周内向甲方提供失败结果根源分析及改进行动计划报告，并在双方商定一致的时间内完成修正行动计划；若经分析，此质量问题是由乙方造成的，则乙方应承担由此产生的一切责任。

6.2 质量违约责任违约金和索赔

如乙方提供的产品经甲方检验后存在质量问题（包括进货验收、安装过程、质保期内出现的质量问题），乙方应向甲方支付相当于该采购订单金额30%的违约金，并赔偿由此给甲方造成的一切损失（包括但不限于：额外的质量检测及鉴定费用、相关的甲方人工费用、运输及吊装费用、由此问题而导致的甲方客户的索赔费用以及甲方的产品及市场信誉损失费用等）。

6.3 质量保证期违约责任

在质量保证期内，如经甲方验收合格的部件，在安装及使用过程中发现在部件检验中难以发现或潜在的质量问题，乙方应负责包修或免费予以更换；由此造成甲方其他损失的，乙方应予全额赔偿。

6.4 产品责任事故

无论在质保期之前还是之后，因甲方产品发生产品责任事故（经判明）而使甲方承担相应的责任（无论是否造成人身、财产损害），经查实确是由乙方部件质量缺陷引起的，则乙方仍应据实赔偿甲方遭受的全部损失。

7. 采购订单条款

7.1 本合同的具体操作按照甲方日常签发的采购订单执行，甲方采购订单的批准人为采购部经理吴××或其授权代表丁××和董××。订单如有更改，甲方有义务及时通知乙方。

7.2 甲方向乙方发出的采购订单，应由乙方书面确认；但如乙方在收到后三（3）日内未有书面异议并已安排相关生产的，即视为已获乙方承诺，该采购订单即构成双方之间有效的并具拘束力的合同，应由甲、乙双方严格执行。该采购订单应作为本合同的一部分，与

本合同具有同等效力；但如采购订单中的条款与本合同有任何不一致之处，就且仅就该笔采购的部件而言，应以采购订单为准。

7.3 甲方的订单号码必须出现在所有的发票、包装、提单及送货单等文件上，发票上必须标出材料的规格、名称、单价和数量、乙方的邮政编码、供应商编号及甲方的公司全称。

7.4 乙方应提供质量合格证明和甲方要求的其他文件。乙方应保证发出的部件是全新的、未被使用的及精心制造的，且完全符合本合同及其采购订单规定的规格和质量标准，且应符合同一规格部件通常使用的目的，以及甲方于订立合同时明示或默示通知乙方的部件的任何特定目的。

7.5 乙方应按采购订单规定的交货日期准时交货，除非甲方书面通知更改交货期，否则，在乙方推迟交货的情况下，甲方有权根据下述条款的规定取消该采购订单，因此造成的损失由乙方自担。乙方可以提前二（2）日交货，但交货前必须提前五（5）日通知甲方并得到甲方同意。甲方接货后，仍可按正常交货约定的付款期限和方式付款。因推迟交货或未经甲方同意擅自提前交货的，应承担违约责任；因此给甲方造成损失的，乙方应负赔偿责任。

乙方应承担任一份采购订单项下逾期交货违约赔偿，逾期一（1）日支付总价百分之一（1%）的违约金；乙方逾期交付十五（15）日，应视为严重违约，甲方有权解除与该批部件有关的采购订单，乙方除向甲方返还已付货款外，还应承担该采购订单30%的违约金。在乙方确知无法按时全部或部分交货的情况下，应立即通知甲方，否则应就未能及时通知而给甲方带来的扩大的损失向甲方加倍赔偿。

7.6 乙方应按采购订单规定的交货数量交货，除非甲方在交付日前五（5）天书面通知同意更改交货数量，否则，乙方应按未足额交货占应交货数量的百分比承担相应比例的违约金，并且在乙方未足额交货且未足额交货数量达到应交货数量30%的情况下，甲方有权取消该采购订单且不承担任何责任。

7.7 乙方负责运输送货。乙方必须严格按甲方采购订单上要求的运输方式，于采购订单中约定的交货日期前，将采购订单项下的部件全部运抵甲方的营业地址。由部件运输而产生的一切费用，包括但不限于运费、保险费用，均应由乙方支付；甲方除在采购订单中约定的合同总价外，不再承担其他任何费用。甲方对在运输过程中及在采购订单中规定的验收之日前所发生的一切损失也不负任何责任。每份采购订单的发票应按甲方要求送交指定部门人员，送货单也应在部件到达时交给甲方指定人员，如果需要寄提单给甲方的，应把提单寄给相应的制单人。

7.8 因包装不符合规定而造成部件损坏或灭失的，乙方应承担一切相关责任。

7.9 尽管有其他约定，如乙方不能按采购订单约定交货的，应就不能交货部分占应交货的百分比承担相应比例的违约金，并在乙方不能交货部分达到应交货数量30%的情况下，甲方有权取消该采购订单且不承担任何责任。

7.10 甲乙双方无须对不可抗力所造成的损失负责，但首先得知不可抗力情况的一方应迅速通知另一方，并采取合理措施防止损失扩大。乙方如因不可抗力不能履行交货义务的，甲方有权解除采购订单，乙方应返还甲方已付货款。

8. 保守商业秘密事项

8.1 乙方负有保守甲方一切商业秘密的法律责任，不得利用任何不正当手段侵犯甲方的商业秘密。乙方不得以不正当的手段获取甲方的商业秘密，不得披露、使用或者允许他人使用其所掌握的甲方的任何商业秘密。

8.2 乙方单位或者工作人员的行为侵犯了甲方的商业秘密，无论甲方是否举证损失的大小，乙方均应向甲方支付被侵犯的商业秘密公平价值的 200% 的赔偿。为此，甲方有权解除本合同，由此造成的损失由乙方负责。

9. 有关知识产权保护事项

9.1 乙方对保护甲方知识产权负有法律责任。乙方应按甲方要求的方式、方法、范围、数量使用甲方的商标、注册商标、服务标志（如使用的话），并且不得允许或转让他人使用。

9.2 未经甲方书面授权同意，乙方不得生产和使用甲方的专利产品和专利方法，并且不得擅自使用甲方的或近似甲方的企业名称、厂牌、认证标志、名优标志、产品名称、产地、包装、装潢。

9.3 未经甲方书面授权同意，乙方不得将甲方转让或同意其使用的计算机软件进行复制、修改、注释、反编译或与任何第三方进行软件许可使用或转让行为。

9.4 乙方违反上述规定之一的均构成侵犯甲方的知识产权。乙方应向甲方支付被侵犯的知识产权公平价值的 300% 赔偿。为此，甲方有权解除本合同，所造成的损失由乙方负责。

10. 违约责任

10.1 以上条款由甲乙双方自主约定，双方均应恪守，任何一方如有违反，应当承担违约责任。

10.2 上述条款中约定违约责任承担方式的，在违约行为发生后，未违约方有权按有关条款的约定向违约方主张权利；上述条款中没有约定违约责任承担方式的，应当按照法律规定追究违约方责任。

11. 合同期限

本合同自双方签字盖章后生效，有效期至 20××年×月×日止。

12. 提前终止

12.1 若乙方欲单方面提前终止合同，须提前三十（30）天书面通知甲方，双方协商一致的，合同终止；乙方为此应向甲方支付采购订单金额 10% 的违约金，并赔偿由此造成的甲方的所有损失。

12.2 因不可抗力事由而确实无法履行合同的，提出方需及时通知另一方，并提供书面证明，双方加以确认并终止合同。

13. 合同的解除与变更

13.1 除另有规定外，本合同签订后不得擅自变更和解除，否则变更或解除提出方须承担由此造成的违约责任和所有损失。

13.2 出现下列情形之一的，一方可解除本合同：

13.2.1 在本合同有效期内，另一方明确表示或以其行为表明将不履行在本合同项下的主要义务。

13.2.2 一方经营情况严重恶化，或逾期不履行主要债务，或丧失商业信誉，或丧失或可能丧失履行债务的能力，另一方已通知对方提供适当的担保，但对方在十（10）个工作日的合理期限内既未恢复履行能力，又未提供适当担保。

13.2.3 一方严重违反其在本合同项下的义务，另一方发出书面通知要求对方改进或履行合同义务，但对方在收到就其不遵守或不履行合同行为的通知后五（5）个工作日内未予改进或答复。

14. 保证

乙方在此向甲方保证其在本合同签署时并在本合同履行过程中，为依中华人民共和国现行法律法规合法存续的实体，按照中华人民共和国法律法规合法经营，并获得生产、销售本合同项下部件的资格。乙方进一步向甲方承诺承担因其违反本保证而产生的一切后果。

15. 其他条款

15.1 合同任一方对另一方的通知或通信，通过邮寄方式或传真方式发到其登记办公地址，即被视为送达。

15.2 本合同中的未尽事宜经双方协商需补充的条款可另拟定协议书，视为合同附件，与本合同具有同等效力。

15.3 双方将在20××年×月就本合同续约进行协商。在综合实力（包括产品、服务、质量及价格）同等的情况下，甲方将选择乙方作为优选供应商。

15.4 凡是因为执行本合同、采购订单等相关事项发生的争执或纠纷，应该由双方友好地协商解决，如果协商不成，提交原告所在地法院做出判决。

15.5 本合同书一式四份，其中甲、乙双方各执两份，具同等法律效力。

甲方： 乙方：

签署： 签署：

公章： 公章：

签署日期： 签署日期：

案例分析

复印机合同

Kirkton 大学位于美国中西部，登记在册的学生人数超过25000人，有65座建筑物、16个系和学院，学校行政管理部门员工超过2000人。采购部门隶属于行政管理部门，负责接收、管理及供应维持学校正常运转所需要的物资。采购部门不断招标，接收各种投标书，以最优利益为标准选择供应商。这包括检查每份投标书的细节，以确保其符合最终使用者的需要，并确保学校能够用有限的资金获得最高的价值。要达到这些标准，责任主要落在采购部门主管和资深采购员的肩上。卡伦·马斯特（Karen Masters）在六年前加入 Kirkton 大学的采购部门，在关于合同投标和如何确定中标者方面，她积累了大量的经验。

1. 复印机合同情况概述

Kirkton 大学总共使用着 225 台复印机。其中，有近 100 台是根据一份四年期的合同从某复印机公司租借的。该合同包括每一次复印的服务和复印机的维修服务。

八年前，Kirkton 大学与 Excalibur 公司签订了一份四年期的供应复印机合同。Excalibur 是一家大型跨国公司，在市场中占主导地位，它以每次复印大约 3.3 美分的投标价格获得了合同。但是，在合同执行期间，Excalibur 公司的表现很一般：它提供的复印机是没有适应性的、简单的复印机（如没有放大功能等），并且不能保证及时维修。

四年后，合同期满，需要重新订立一份合同。这一次，当地一家小公司——Quickserver 公司获得了合同。生产复印机成本的降低使 Quickserver 公司提供了多种规格和适应性很强的机型，其中包括 Kortex100s、4000s 和 5000s。卡伦认为与 Quickserver 公司四年的合作是非常令人满意的。除了性能优良的复印机、很强的适应性以及较低的成本，Quickserver 公司的服务代表也提供了非常好的服务。实际上，与 Kirkton 大学的合同是由 Quickserver 公司的总经理亲自监督执行的，他不断地给卡伦提供关于每一台复印机服务记录的报告。而且，Quickserver 公司允许卡伦决定何时更换同类型的复印机。

2. 当前的投标

与 Quickserver 公司的合同期满后，卡伦总共收到了 19 份关于复印机合同的投标。卡伦把范围缩小到五家公司：Tanuras、Excalibur、Quickerserver、Doolittle&Byers 以及 Plumper。经过仔细考查，又淘汰了三家公司：淘汰 Tanuras 公司是因为它缺乏历史记录（这家公司刚刚成立两个月），并且不能确定其是否能够应对业务量这么大的一份合同（这份合同的业务量比它目前的业务量的 2 倍还要多）；淘汰 Doolittle&Byers 公司是因为它提供的标准复印机每分钟只能复印 40 张，显然这是需要大量复印的使用者所不能接受的，另外，Doolittle&Byers 公司没有计算机化的服务系统，并且也不准备安装这种系统；淘汰 Plumper 公司是因为它的设备技术含量低（液态的），这将产生低质量的复印件。

保留下来的两份投标来自 Excalibur 公司和 Quickserver 公司。Excalibur 公司的投标包括重新装备的复印机，提供与 Quickserver 公司相似的服务，价格比 Quickserver 公司的投标价低大约 20%；Quickserver 公司的投标是现存合同的延续，包括现在所使用的设备，而且它的投标价格与上次的合同价格相同。

3. 卡伦的决策

当卡伦考虑这些决策影响因素时，感到有些忧虑。显然，Excalibur 公司提供了一个在价格方面很有吸引力的投标，但在其他方面呢？另外，很难仅根据过去的表现就确定 Quickserver 公司的投标合理。公平性如何呢？作为一个较高层次的机构，如果它所签订的合同是不公平的，很可能会造成一些附带影响。卡伦必须权衡许多问题，并在三天后向采购部门提出建议。

（资料来源：http://wenku.baidu.com/view/535370eb102de2bd96058868。）

案例分析题：

1. Kirkton 大学采购部除了价格之外，还需要权衡哪些问题？

2. 为 Kirkton 大学采购部拟一份复印机采购合同样本？

【本章讨论】

1. 简述采购合同的性质和类型，并以你所熟悉的一种采购合同说明它的性质及所属类型。

2. 讨论有效的合同设计能否实现供应链上下游企业之间的合作。以"一个供货商面临多个独立的、分散的零售商"为例，说明哪种或哪些类型的供货合同有利于实现供应链上下游企业之间的合作，并阐述你的理由。

3. 采购合同的签订应遵循哪些程序？必须严格执行这些程序吗？

4. 合同执行前、执行中和执行后的跟踪事项分别有哪些？合同执行跟踪对于合同管理有什么意义？

5. 讨论：合同条款越详细，是否越有利于合同的执行，并能有效减少纠纷的发生？

6. 以某企业采购大型计算机软件为例，设计一份采购合同，并与同学讨论如何完善合同条款。

7. 中国甲公司5月9日发出要约给加拿大乙公司，电传："可供白糖1500公吨，每公吨500美元CFR温哥华，10月装船，不可撤销信用证，本月内答复。"乙公司6月10日回电："你方5月9日发出的要约我们予以接受，除提供正常单据外，须提供卫生检验证明。"甲公司没有答复。根据《联合国国际货物销售合同公约》分析，该合同是否成立？

第9章

采购绩效管理

【导言】

　　企业各项活动的开展都需要一定的激励机制，而要建立有效的激励机制，就必须建立一套科学、全面的指标评估体系来衡量和评价绩效，在采购活动中也是如此。目前很多公司采购部门的绩效管理和激励机制的设置和运行还远远落后于其他职能部门，采购部门的绩效衡量标准往往倾向于内部标准，而较少考虑企业整体目标，同时也不能较好地处理效率和公平这对矛盾。

　　调查显示，《财富》500强的CEO认为，考核采购有效性的前五个指标分别为所采购产品的质量、对关键供应商的影响力、供应商配送绩效、内部顾客满意度和库存额。这五个指标的优劣归根到底取决于供应商、质量、库存等方面的绩效。应该指出，当企业的质量、配送和服务的要求得到保证时，采购部门的一个重要职责就是以尽可能低的价格获得所需要的物料和服务。采购绩效管理其实就是对供应商、质量、价格、库存等关键性因素进行的评估与绩效考核。

学习目标

1. 了解实施采购绩效管理的必要性。
2. 掌握传统采购绩效管理和现代采购绩效管理之间的差异性与优劣势。
3. 供应链管理环境下采购绩效管理体系的构建和实施方法。
4. 掌握采购绩效评估指标的分类以及绩效评价方法。
5. 掌握供应商绩效评估指标体系及评估方法。

导读案例

中集集团对采购部门的绩效考核

　　从企业的角度看，要做好采购工作，不仅要做好供应商的考核和评价工作，还要做好采购部门的绩效考核工作，通过制定可测的、具有挑战性的考核指标，来监督采购部门以及采购人员的业绩，促使他们不断改进。中集集团非常注重对采购部门及采购人员的业绩考核，在总部和各下属公司形成了一套较完善的考核体系，并从以下两方面对采购部门及人员进行考核：

1. 运用业绩考核工具

中集集团会根据原材料重要程度、价格可节约程度以及对生产保障的影响程度等制定相应的考核指标，并采取部门考核与采购人员个人考核相结合的方式，对采购部门和采购人员进行考核。以统购材料（钢材）为例，有如下考核指标：

（1）资源保障率 $= \dfrac{\text{年度采购总量}}{\text{年度箱单总耗量}} \times 100\%$。

（2）对材料市场走势判断的准确性：对材料市场的趋势判断与市场走势是否一致。

（3）经营性采购收益 =（市场年度均价 − 集团年度采购均价）× 集团年度采购总量。

（4）市场年度均价 = 以前 n 位主要供应商年度市场平均价格。

（5）集团年度采购均价。

2. 运用内部看板工具

中集集团业绩管理的一个亮点就是"绩效看板"。无论是统购材料还是非统购材料，中集集团都建立了入库价格看板和材料成本价格看板，这样总部就可以清楚地了解各下属公司的材料采购情况及价格差异。对于下属公司来说，通过把看板中的采购价格与其他兄弟公司做比较，可以便捷地发现自己的价格优势和劣势，从而进一步分析原因，并予以改进。

（资料来源：根据豆丁网，《中集集团对采购部门的绩效考核》改编。）

9.1 采购绩效管理基础

在采购与供应管理中，采购部门已经成为降低成本、整合供应链资源、增强企业竞争力的重要职能部门。采购部门既要满足包括降低库存、保证供应质量等内部服务的要求，又要加强与供应商的协作，以提高供应链的整体竞争力。

1. 采购绩效管理的作用

如果没有采购绩效管理系统，就难以衡量采购与供应活动对企业实现战略目标的贡献，也难以及时发现采购与供应管理中存在的问题以及可能的改进机会。实施有效的采购绩效管理对企业至少能有以下几点作用：

（1）有利于优化决策。通过对计划实施后产生的差异进行分析，可以判断产生差异的原因，并可依此提出持续改进的措施。

（2）能有效地促进采购部门与其他部门之间的沟通。例如，通过配送绩效分析，可以使那些容易出问题的发运单得到更加合理的安排，从而增强采购部门同运输部门之间的协调。

（3）增强采购工作的被认可程度。通过向管理层提供采购部门的业绩，有利于增强企业对采购部门的认可程度。同时，对采购人员的采购绩效考核能够产生更好的激励效果。因为合理设计的绩效考核和评价体系可以有效地用于制定采购人员的发展计划和奖励机制。

2. 传统采购绩效管理的局限性

传统采购绩效管理基本停留在日常事务层面，主要工作集中在采购订单的跟踪、催货与监督，降低成本的手段主要是通过谈判与竞价逼迫供应商降价。总的来说，传统采购绩效管理主要有以下局限性：

（1）采购时间资源分配不均衡。在传统采购管理中，采购人员的大多数时间都花在了日常烦琐的策略采购工作上，而在战略采购上所花的时间很少，没有足够的时间收集、了解采购情报分析市场以及与供应商谈判，采购作业系统的效率难以改善。

（2）采购对公司的价值贡献难以被公司高层与其他职能部门认可。长期以来，采购部门作为一个公司业务的支持和服务部门，公司高层对采购的关注仅止于采购资金的使用不要超出预算，而很少把采购部门看作公司利润和竞争力的来源。因此，采购部门对公司的贡献往往无法得到企业高层及其他部门的认可，更多地只是发挥其基本的购买职能。

（3）采购部门内部客户关系管理面临挑战。在现实工作中，采购部门缺乏合作和服务的意识。企业内部供应链管理效率低下，内部职能部门对采购部门的抱怨、指责使得内部客户关系紧张，内部客户的服务水平较低。

传统采购绩效管理的这些局限决定了传统采购绩效管理与现代采购绩效管理有着很大的不同。首先，由于传统采购绩效管理关注采购的定量指标考核，采购部门把工作的重心放在短期的策略采购上面，采购活动是零散的、短期的、被动的，缺乏策略性、预见性和整体性，从而限制了采购功能的发挥，难以真正实现成本控制与提升企业竞争优势的目的。而现代采购绩效管理着重强调采购绩效的全面提升，采购部门愿意将更多的精力投入长期的采购战略发展上面，更加注重可持续发展和合作关系的提升及维护。

其次，传统采购绩效管理强调有形的结果，而不是关注整个采购管理的过程，评价指标过于简单，缺乏对采购工作的指导作用。而现代采购绩效管理涉及采购工作的全过程，关注采购流程的不断优化和提高，鼓励通过采购流程的改善来持续提高采购绩效。

最后，传统采购绩效管理往往认为采购绩效是采购部门的事情，与其他部门无关，因而造成部门之间缺乏有效的沟通与合作，采购绩效无法得到快速提升。而现代采购绩效管理强调非采购部门在采购绩效中的贡献，鼓励部门之间相互协作，共同提升采购绩效，通过平衡记分卡等工具，使多部门共同协作，提升采购绩效。

3. 提高采购绩效的途径

一个健全、完善的采购绩效管理体系包括组织绩效管理与个人绩效管理。组织绩效管理包括采购部门的内部目标达成、内部客户支持和外部供应商绩效管理。个人绩效管理是指采购人员的采购绩效管理，包括采购人员的工作成果、工作过程和发展绩效。企业需要从不同的途径提高采购绩效，才能确保采购目标的实现和企业竞争力的增强。

（1）加强供应商管理。目前，供应商管理体系存在的问题主要有：①没有对供应商实施差异化管理；②缺乏定期的供应商审核制度；③对供应商的成本构成、供应商的供应商缺乏了解。通过改善供应商绩效来提升采购绩效的途径很多，其中与供应商建立长期伙伴关系是一个重要途径。采购商要考虑成本和利润、长期合作和短期买卖关系等问题。采购绩效领先的公司已经摒弃了拼命压价的传统采购模式，不再千方百计逼迫供应商让步，或寻找多个供应商并采取分而治之的方式，而是更注重与供应商建立长期的供应伙伴关系。

（2）注重采购战略管理。采购战略就是针对某一特定物资或服务，通过对内部客户需求、外部供应市场、竞争对手、供应基础等进行分析，在标杆比较的基础上设定该物资或服务长短期的采购目标、达成目标所需的采购策略及行动计划。

（3）采购流程的调整。很多采购绩效不好的公司，往往没有进行集中采购。例如，一个集团下面的分（子）公司各设自己的采购部门，相同的物料由不同的部门小批量地重复

采购，丧失了规模采购的优势。通过采购资源的整合和采购流程的调整或重组来提升采购绩效，如通过电子采购来优化采购流程，可以节约内外部交易成本，提高采购需求的响应速度。电子采购将极大地降低企业的经营成本，并能促进企业与供应商建立更为密切的合作关系。

（4）建立学习型采购组织。面对日益变化的外部环境，任何组织都要提高自身的学习能力，掌握新的方法和技能，而采购组织同样面临这样的挑战。一个拥有多专业知识的学习型采购组织，在采购实践中越来越体现出不可低估的优势，对组织采购绩效的提升具有显著作用。

（5）建立跨职能采购团队。长期以来，随着企业规模的扩大和专业门类的细化，企业各部门之间的壁垒越来越严重，特别是产品研发设计部门、采购部门、制造部门，常常只是从本部门的立场出发，而不是从整体出发加以考虑，导致各部门之间摩擦与纠纷不断，成本居高不下，产品丧失竞争力。在采购绩效领先的组织中，采购职能往往由跨职能采购团队来担当。这种采购团队包括采购部门、制造部门、技术部门、产品研发部门、财务部门、销售部门、IT部门甚至客户，由他们确定战略采购的重点和优先顺序，设计供应商选择与评价的衡量体系，审核与论证重要供应商的资格以及相关因素等。

（6）改进采购成本的管理方法。有效的成本管理要求采购人员了解供应商财务的稳健性，熟悉产品制造的全过程，清楚供应商的成本结构，能对供应商成本进行分析，寻找降低成本的可能策略，并能与供应商分享成本降低带来的收益。同时，还要关注供应商的供应商，通过了解或参与供应商的供应商管理，寻求进一步降低供应链总成本的途径。

（7）转变质量部门的职能。传统质量部门的主要工作是对供应商的供应质量进行事后监督，反馈产成品的质量问题，这往往是一种被动的工作状态。而通过质量部门的职能转变，质量部门参与到供应商质量提高的过程中，使供应商明确关键的质量控制指标，有效地督促供应商改进质量，能够降低供应商的质量成本。

（8）转变研发设计工作的模式。研发部门转变工作模式，在产品开发初期就与采购部门和供应商进行有效的沟通，注重设计可行性，强调通用零部件的选用，运用模块化产品开发思路，可以最大限度地缩短产品从开发到上市的周期，缩短供应提前期，降低批量生产的难度，从而使采购绩效得到大幅度提升。

9.2　采购绩效评估与管理

要进行有效的采购绩效评估，首先要对指标涉及的业务领域进行分析，了解目前的状态；其次，分析存在的差距，找出关键差距存在的影响因素与环节；再次，制定相应的改进策略及阶段性目标；最后，必须建立定期的工作检查制度，调整行动缩短偏差或持续改进，确保阶段性目标的实现。

9.2.1　采购绩效评估指标

采购管理的目标是通过合适的供应商，在合适的时间以合适的价格获得质量合适的物料或服务。据调查，《财富》500强的CEO普遍认为，考核采购有效性的前五个指标分别为所采购产品的质量、对关键供应商的影响力、供应商配送绩效、内部顾客满意度和库存额。这

五个指标的优劣归根到底还是取决于供应商、质量、库存等因素。当质量、配送和服务的要求得到保证时，采购部门的一个重要职责是以尽可能低的价格获得所需要的物料和服务。因此，采购绩效评估应该从供应商、质量、价格、库存等方面进行绩效考核。

1. 质量绩效指标

在所有的评估要素中，质量是最基本的前提。采购的质量绩效可由供应商提供的原材料或者零部件的到货合格率、生产线上的质量偏差、是否有质量事故及其危害程度以及是否可能协助公司提升质量（如免检入库要求、六西格玛管理等）等方面来判断。其中，到货合格率是指供应商交货时，公司所接受的质量合格的采购项目数量或百分比；生产线上的质量偏差比例是指在生产过程中的在制品或最终产品中发现供应商提供的原材料或者零部件质量不合格的数量或百分比。此外，有关衡量采购质量绩效的指标还包括返修退货率、供应商因为质量原因被投诉的次数等。

2. 价格绩效指标

价格绩效是企业最重视也是最常见的衡量标准。价格指标可以衡量采购人员的议价能力以及供需双方的相对优势与竞争态势。采购价格既要与历史价格做比较，又要与市场价格做比较。价格绩效指标通常包括实际价格与标准成本的差额、实际价格与市场平均价格的差额、实际价格与过去平均价格的差额、当期采购价格与基期采购价格的比率以及当期物价指数与基期物价指数的比率的差异。营利性组织的价格绩效评估往往通过改进支付费用或采购价格来衡量采购对组织的利润贡献；而非营利性组织可以通过预算资金的结余来衡量采购对组织的利润贡献；应该注意的是，衡量价格绩效的内容还包括与成本节约相关的因素，如提前期（较长提前期也即较高的库存成本）、装配时间（直接劳动成本）和返工时间等。

3. 库存管理绩效指标

库存管理绩效评价一般可以从库存管理成本（存储成本、订购成本、缺货成本、库存转移成本等）、库存质量（包括出入库的正确性、仓库的利用率、库存周期、废弃与过时库存比例等）和库存满足需求的能力三方面进行衡量。

4. 供应商管理绩效指标

由于供应商管理的重要性，9.3节中将专门阐述供应商绩效指标及评估，主要考核内容除了价格、质量外，还包括供应提前期、交货的准时性、响应能力、技术支持及合作关系等。

5. 其他采购绩效考核指标

虽然采购中的服务绩效考核标准难以制定，但是也应该包括在考核过程中。采购绩效考核内容一般包括内部客户满意度、供应商认证与开发、跨职能团队采购的有效性、采购部门管理费用的减少额、采购完成率及错误采购次数、紧急订购次数等。

ZF 集团有限公司的采购绩效管理

俗话说："买的不如卖的精。"但对企业来说，只要对物资采购价格指标进行严格控制，就可以取得明显的采购绩效。ZF 集团有限责任公司是一家拥有 2 亿元资产的国有棉纺企业，每年要花 1.3 亿多元采购原材料，1998 年亏损 298.68 万元，是江苏省的脱困重点户。为加快脱困进程，他们首先从采购环节入手。年初，他们仅花 2000 元在当地报纸《京江晚报》上发布了招标采购信息，一下子吸引了 80 多个供货厂商，经过竞价，企业的原材料质量普遍提高了，而价格却下降了 5%～15%，其中编织袋价格更是下降了 26%。

ZF集团董事长说："一年下来，我们的原材料成本由原来占总成本的70%下降到60%，一年节约成本600万元。"到目前为止，ZF集团已盈利300万元，企业管理也步入良性循环的发展轨道。在江苏省，像ZF集团这样严格执行比价采购管理的企业已达到国有工业企业的91.9%以上，其中大型国有企业占95.8%。

9.2.2　采购绩效评估管理

确定了绩效评估的指标之后，必须选择合适的标准作为与目前实际绩效比较的基础。这里将介绍采购和供应管理中的标杆法。标杆法的重点是衡量和评估，其目的是了解当前最佳实践所取得的业绩，以便在自己的组织中赶上或超过这些绩效。

在实施标杆评估以前，采购管理人员需要考虑以下问题：①决定在哪些领域内采用标杆法。在采购中，几乎所有能被评估的活动都可以使用标杆法。例如，未完成的订货量、退货率、生产中断次数等。②应该以谁为基准点。一个可以确定最佳基准的方法，就是向供应商了解谁是他们满意的客户，并考察这些客户成功的采购运作方式和绩效情况。③怎样获得信息和分析信息。标杆法不仅要收集所需要的数据，还要对同类数据进行对比分析。一般来说，如果发现其他企业在某个领域表现优于自己，就应该着手制定自己的绩效标准，并设计出适当的方法来达到或者超越这些绩效标准。

在企业实际运作中，采购管理人员经常将公司以往的绩效作为评估目前绩效的基础，这是相当有效的做法。但只有在组织、职责、人员或者市场环境等没有重大变动的情况下，才适合使用此项标准；若过去的绩效难以取得或采购业务变化很大，则可以标准绩效作为衡量基础；若其他同行业公司在采购组织、职责和人员等方面均与公司相似，则可以与其绩效进行比较，以辨别彼此在采购工作成效上的优劣，若个别公司的绩效资料不可得，则可以与整个行业绩效的平均水准做比较。

在大多数企业中，CEO和负责采购的副总或其他高层主管对采购业绩各有自己的评价标准。在某种程度上，这属于正常现象，因为企业的高层管理人员，总有一些与所担任的职位相联系的具体目标，因而对不同的事情有不同的优先考虑顺序。在这方面处于领先水平的公司，一些CEO和采购主管使用同一个平衡计分卡（Balanced Score Card）来评价绩效（见图9-1），以使每一个人都能以大致相同的方式理解采购信息和采购评价标准。全公司的平衡计分卡能帮助各个不同的业务部门调整它们处理业务的轻重缓急，制定目标和期望，鼓励有利于业务开展的行为，明确个人和团队的责任，确定报酬和奖励，以及推动持续改进。

客户	财务
与采购的物料和服务有关的消费者投诉	可度量的成本节约
内部客户满意度	价格变化趋势和公开发布的价格指数之间的对照
组建跨职能部门小组	物料占有的总成本和单笔交易成本
评估和选择供应商	采购预算管理
内部业务流	学习和成长
占某项物料采购支出90%的供应商数量（供应商集中度）	培训/发展的时间和经费
满足优秀供应商要求的比例	取得专业资格证书的人员比例
从提出要求到下订单的时间	最佳做法的共享
采购订单的平均价值	员工满意度和员工流失率

图9-1　采购绩效管理平衡计分卡示例

平衡计分卡在采购管理绩效上的应用相当广泛，主要包括客户关系绩效、成本指标绩效、供应商管理绩效、内部业务流绩效、供应质量（来料合格率）、采购计划完成及时率、采购部门员工满意度、优秀供应商的比例等。具体的介绍超出本书的范围，读者可以自行查阅资料学习。

最后，需要对采购绩效进行评估。一般由采购主管负责评估，参与采购绩效评估的人员可以来自企业高层、生产部门、质量部门、财务部门和供应商，也可以邀请外界的专家或管理顾问。可以从三个层面对采购绩效进行评估：首先，作为独立的职能部门来评价它的运作效率；其次，作为企业的职能部门来评价它与企业其他职能部门之间的协调与整合效率，以及对实现企业战略目标的贡献；最后，对采购部门管理供应商的有效性进行评价。

评估方式可分为定期和不定期两种方式。一般定期方式是以人的表现，如工作态度、学习能力、协调精神、忠诚程度为绩效考核内容，但这对采购人员的激励及工作绩效的提升并无太大作用。若能以目标管理的方式，即从各项工作绩效指标中，选出年度重要性比较高的若干个项目定为目标，年终按实际达成程度加以考核，则能提升个人或部门的采购绩效。而不定期评估常以专案方式进行。例如，公司要求某项特定产品的采购成本降低10%。当设定限期一到，评估实际的成果是否高于10%，并以此给予采购人员适当的奖惩。这种评估方式对于采购人员的士气提升有相当大的作用，特别适用于新产品的开发、资本支出预算、成本降低专案等。

由于采购活动的绩效受评估方法的制约会显现出忽上忽下的水准，采购人员不可避免地会感受到对自身的要求和工作压力。高层管理者也可以考虑适时调整方案。但无论选取哪种方案，其目的都是要有利于改善或提升现有的采购绩效。

9.3　供应商绩效评估

供应商绩效管理在供应商管理工作中占据非常重要的地位。它需要从供应质量、价格、交货和服务等方面对供应商进行综合的、动态的评估，然后根据评估结果来进一步管理同供应商的关系。表现好的供应商将得到鼓励，获得相应的回报；而表现差的供应商则需提出措施并加以改进，否则将被警示，或列入整改名单，甚至被清除出合格供应商的名单。因此，供应商绩效评估对供应商而言也是非常重要的。

供应商评估体系分为供应商选择评估、供应商日常绩效评估、供应商改进评估以及供应商伙伴关系评估四个方面。其中，供应商的选择评估也是供应商资格论证的过程。在选择供应商后，建立供应商绩效评估体系。一般采取日常业绩跟踪和阶段性评比的方法，如采取QSTPR加权标准，即供货质量（Quality）、供货服务（Service）、技术考核（Technology）、价格（Price）、响应度（Response）。根据有关业绩的跟踪记录，定期或不定期地对供应商的业绩表现进行综合考核。供应商改进工作往往是通过供应商开发团队进行辅导和跟进的。而供应商伙伴关系评估是通过供应商的进入和过程管理，对供应商的合作关系采取分类管理方法。采购部门根据收集到的信息，由专门小组在进行全面的风险分析和成本分析后，讨论决定是否建立伙伴关系和实施该方法。

9.3.1　供应商绩效评估指标

不管出于何种目的对供应商绩效进行评估，有四个指标都非常重要，即质量、价格、交

货期和响应速度。

（1）质量。高质量主要体现在不合格品率符合要求、产品质量一致性好、质量控制流程完善有效并且通过相关的质量体系认证。买方不仅要评价与供货质量（如次品率、产品一致性、质量控制等方面）相关的内容，而且还要评价安全、培训、机器设备维修等方面的服务。

（2）价格。价格主要是指竞争性价格、成本控制和削减模式及持续的成本降低活动。其中竞争性价格的评价，主要是比较供应商提供的报价与其所在行业的产品平均价格之间的关系，看价格是否在行业中有成本领先优势，是否能为采购企业带来成本优势。

（3）交货期。交货期主要关注供应商能否按时发货到货、订单快速反应能力、JIT管理应对能力等。对交货期的评价在供应商评价过程中扮演着非常重要的角色。较短的交货提前期、准确的到货时间（不太晚或太早）、对临时紧急订单的快速反应能力，这些无疑为采购企业保证生产和降低成本提供了大力支持。

（4）响应速度。响应速度基于有效的服务和支持体系。响应速度快包括响应正常请求，订单确认，当天内响应紧急请求，以及短时间内提出问题的解决方案、应急计划等。

9.3.2　供应商绩效评估方法

供应商绩效评估主要有分类法、加权法和成本比较法三种方法。当然，很多采购商会采取定性和定量结合的方法进行供应商绩效评估。

1. 分类法

分类法（Categorical Plan）要求采购企业中不同部门的员工保留非正式的评估记录。这些人员包括来自供应管理、技术、质量、会计和验收等部门的人员。这些评估者要确定评估因素或者评估指标，并确定这些因素的相对重要性或权重，再以此对每个主要的供应商进行评估。评估结果通常采用简单的等级来表达，如按综合情况分成A、B、C三等。这种简单的定性方案容易操作，而且往往比较有效。

2. 加权法

运用加权法（Weighted Point Plan）首先要给评估的业绩因素（常常是质量、服务、价格的不同方面）一个"权重"。权重由有关人员根据因素的相对重要性来做出判断。例如，在某种情况下，质量占25%，服务占25%，价格占50%；而在另一种情况下，质量的比例可能提高到50%，价格的比例下降到25%。然后根据日常供应商评估情况，分别得到每个指标的得分，再乘以相应的权重，加总计算出总分，就得到了对供应商的最终评估。

举例说明：假设供应商在过去的几个月中，有10%的产品因质量原因而被拒绝，收到4份不满意的错误装运单，每份错误装运单扣服务分的5%，实际价格是每个100元，相比之下最低报价是每个90元。

根据以上数据归纳出其总体业绩评估，如表9-1所示。

需要注意的是，对供应商进行评估所使用的因素、权重、计算公式不能改变，这样才能公平、客观地比较供应商整体水平。加权法十分灵活，因为它能够适用于任何具体案例中的任何重要因素。而且，如果采购商希望在对供应商的最终评估中加入重要的主观因素，也可以和分类法共同使用，做到定量和定性相结合。但在实践中往往先对供应品分类，对不同类

的因素赋予不同的权重，也即供应商绩效需要分类评估。

表9-1 供应商每月业绩评估

因 素	权 重	实际业绩	业绩评估
质量	25	10% 拒收	$25 \times (1 - 0.1) = 22.50$
服务	25	4 次疏忽	$25 \times [1 - (0.05 \times 4)] = 20$
价格	50	100 元	$50 \times 90/100 = 45$
		总体评估	87.50

3. 成本比较法

采购商在质量和交货期得到满足的前提下，会更注重成本因素，他们通常会使用成本比较法选择出成本最低的供应商。成本比较法考虑的采购成本主要包括产品售价、订货费用和运输费用。标准做法是按照采购需求量与各家单位费用相乘再加上固定成本做最终比较。但这样太过简单，事实上对质量和交货期内发生的费用也应该做成本核算，这样才能做到相对公正。基于这个考虑，采购人员可以采用标准成本分析来评估业务活动。

当与特定的供应商交易时，采购商要确定额外成本，然后将这些成本的每一部分转换为"成本率"，它是采购商在供应商处采购所花费的总成本中的某一个百分比。然后把这三个单独的成本率加起来，就得到了供应商的全部额外成本率。为便于分析，供应商的价格要通过全部成本率来进行调整。然后在最终评估过程中，将每个供应商经过调整的价格与其他竞争者调整过的价格相比较。

举例说明：假设一个供应商的质量成本率是 4%，送货成本率是 3%，服务成本率是 2%，价格是 100 元。所有成本比率的总和是 9%，那么这个供应商调整后的价格就是 $[100 + (0.09 \times 100)]$ 元 $= 109$ 元，这就是用于和其他供应商相比较的价格。

从实际来看，这是一个比较复杂的分析方法，所以很多企业并没有采用。为了有效地运作，它需要进行特殊的设计，并且需要在企业内普及使用计算机化的成本会计系统来生成所需的精确的成本数据。对于采用成熟的信息系统的企业，通过对供应商业绩进行更加精确的分析而带来的盈余，也能够弥补设计和实施成本比率方案所花费的成本。

很多采购商会使用定量与定性相结合的方案，采用一个量化的、有代表性的评估模型，再加以修改，使它们符合企业的独特情况。无论使用哪种方法，评估的目标只有一个，那就是要尽可能客观、全面地衡量供应商的业绩。当组织继续保持与供应商的长期关系时，量化业绩的能力就变得日益重要。

供应商绩效评估是供应商分类管理及促进供应商改进的关键。所以，在完成供应商绩效评估后，企业还会采取相应的措施来激励或约束供应商管理。以西门子公司为例，西门子公司按照具体业务板块，用百分制结构来评级，不仅进行采购成本核算，而是以供应链总成本作为评估的最终标准。评估结果将供应商分为四个等级，从首选的到需剔除的，其合作关系也逐次递减。首选的自然是战略型供应商关系；可接受的则根据其关系战略象限不同，分为合作/战略关系和交易/合作关系；受限制的供应商则纯粹是交易关系。

【附录1】

采购经理绩效考核范本

职位名称	采购经理	职位代码		所属部门	物流中心
职　　系		职等职级		直属上级	
薪金标准		填写日期		核准人	

职位概要

制定、组织、协调公司或所属部门的采购计划，达成公司所期望的货物种类、库存和利润目标

工作内容

调查、分析和评估市场以确定客户的需要和采购时机

拟订和执行采购战略

根据产品的价格、促销、产品分类和质量，有效地管理特定货品的计划和分配

管理采购助理（若有）和其他相关员工，以确定采购的产品符合客户的需要

发展、选择和处理当地供应商关系，如价格谈判、采购环境、产品质量、供应链、数据库等

改进采购的工作流程和标准，通过尽可能少的流通环节，减少库存的单位保存时间和额外收入的发生，以达到存货周转的目标

发展和维护总部及区域采购部门、销售部门和市场部门、物流以及其他组织的相关职能部门的内部沟通渠道

向管理层提供采购报告

任职资格

教育背景：

　　经济、管理或相关专业本科以上学历

培训经历：

　　受过物流管理、生产管理、谈判、管理技能开发等方面的培训

经验：

　　5 年以上物资采购工作经验

技能技巧：

　　熟悉物资采购招标投标程序

　　具有丰富的流程管理技能，熟悉物流管理业务流程

　　能熟练使用计算机及办公软件

　　英语水平良好

态度：

　　积极进取，责任心强，有很强的自我约束力及独立工作和承受压力的能力

　　人际沟通、交往能力强

　　高度的工作热情，良好的团队合作精神

工作条件

工作场所：办公室，经常出差

环境状况：基本舒适

危险性：基本无危险，无职业病危险

直接下属：　　　　　　间接下属：

晋升方向：　　　　　　轮转岗位：

【附录2】

采购经理的绩效标准

工作职责	增值产出	绩效标准
完成项目所需的采购工作	使项目得到所需的设备和材料	1. 一个月内各项目组投诉没有在承诺的期限内得到设备或材料的次数不超过 1 次 2. 一年内因采购的设备型号错误造成的退货次数不超过 2 次 3. 项目采购的成本控制在预先设定的范围内 优秀绩效的表现： 尽可能地推迟付款时间；控制进货速度，使库存最小；向多方供货商询价，得到性价比最佳的供货
改进采购的工作流程和标准	改进了的流程或标准	上级主管人员对以下方面表示满意： 所有的采购有关流程和工作标准每年至少进行两次修订 相关的规定得到正确的发布和沟通 在流程中能够考虑到对不同情况的区别对待
供货商关系管理	供货商关系	1. 对大的供货商定期进行拜访 2. 供应商总数减少，使供货更为集中 优秀绩效的表现：能够帮助供货商解决一定的问题
向管理层提供采购报告	管理层所得到的信息	管理层对如下方面表示满意： 提供的采购报告有意义 报告有助于改进本公司以及供货商的服务水准

【附录3】

采购工程师绩效考核范本

职位名称	采购工程师	职位代码		所属部门	物流中心
职系		职等职级		直属上级	采购经理
薪金标准		填写日期		核准人	

职位概要

完成采购招投标工作，收集采购物资有关信息，为上级采购决策提供依据

工作内容

主持采购招投标，为开发项目采购重要物资

按照组织的要求，规范、考察、管理供应商

实时掌控市场价格、技术信息，不断为公司推荐新产品、新技术

收集已使用产品的性能和质量信息，以图改进

协助采购经理进行日常行政管理工作，汇编采购统计资料，撰写采购报告

（续）

任职资格

教育背景：

材料或相关专业本科以上学历

培训经历：

受过生产作业管理、项目管理、招投标等方面的培训

经验：

3 年以上物资采购工作经验

技能技巧：

熟悉物资采购招投标程序

熟悉企业产品所需设备材料，具备评价分析的专业知识和能力

能熟练操作办公软件

英语水平良好

态度：

积极进取，责任心强

人际沟通、协调能力强

高度的工作热情，良好的团队合作精神

工作条件

工作场所：办公室及生产场所

环境状况：基本舒适

危险性：基本无危险，无职业病危险

直接下属：	间接下属：
晋升方向：	轮转岗位：

【附录4】

采购专员绩效考核范本

职位名称	采购专员	职位代码		所属部门	物流中心
职系		职等职级		直属上级	采购经理
薪金标准		填写日期		核准人	

职位概要

执行单项采购计划，编制采购活动分析总结报告

工作内容

收集、分析、汇总及考察评估供应商信息

编制单项材料采购计划并实施采购

签订和送审小额采购合同

协助采购经理处理日常进出口业务，完成采购订单制作，确认、安排发货及跟踪到货日期

制作货物入库相关单据，积极配合库房保质保量地完成采购货物的入库

编制单项采购活动的分析总结报告

完成上级交办的其他工作

（续）

任职资格

教育背景：

市场营销相关专业大专以上学历

培训经历：

受过物流管理、生产作业管理、市场营销等方面的培训

经验：

2 年以上采购相关工作经验

技能技巧：

具有良好的中英文沟通、表达能力

对行业状况比较了解

能熟练使用计算机

态度：

积极进取，责任心强

有很强的自我约束力及独立工作和承受压力的能力

高度的工作热情，良好的团队合作精神

工作条件

工作场所：办公室，出差

环境状况：基本舒适

危险性：基本无危险，无职业病危险

直接下属：　　　　　间接下属：

晋升方向：　　　　　轮转岗位：

案例分析

西门子公司的采购评估体系

如图 9-2 所示，西门子公司对供应商评估并划分等级能够使其在跨领域范围内找到最好的供应商，并且通过不断循环评估来加强供应商管理。当供应商面临竞争，而且这种竞争是通过定量衡量时，供应商自然会感到压力，并会努力改善现状。

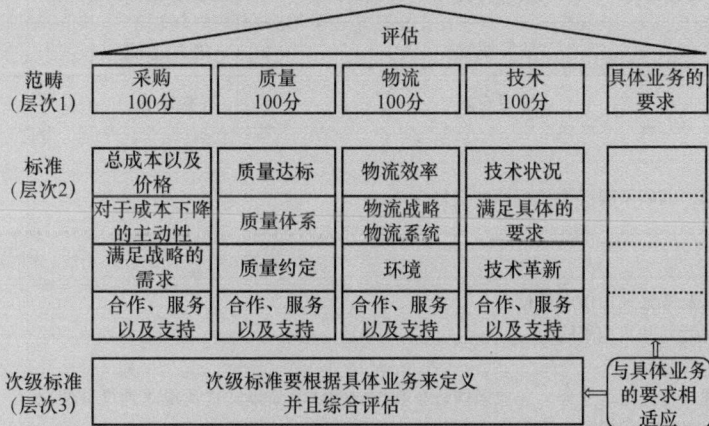

图 9-2　西门子公司的供应商评估系统

首选的 90~100分	可接受的 70~89分	受限制的 50~69分	需剔除的 <50分
采购量	上升	根据不同的 资源战略	减少	尽可能快地 减少
询价	每一次	根据需求	在被选出的 情况下	从不
（战略的） 伙伴关系	是	可能	不是	不是

推导、商定以及更新评估结果。
在西门子范围内，在供应商评估系统公布评估结果。

图9-2　西门子公司的供应商评估系统（续）

针对不同的评估结果，需要制定不同的发展战略。通过与供应商进行不断的交流，开展各种类型的咨询活动，对供应商提出有针对性的改进项目，以改进供应商效率，具体如图9-3所示。

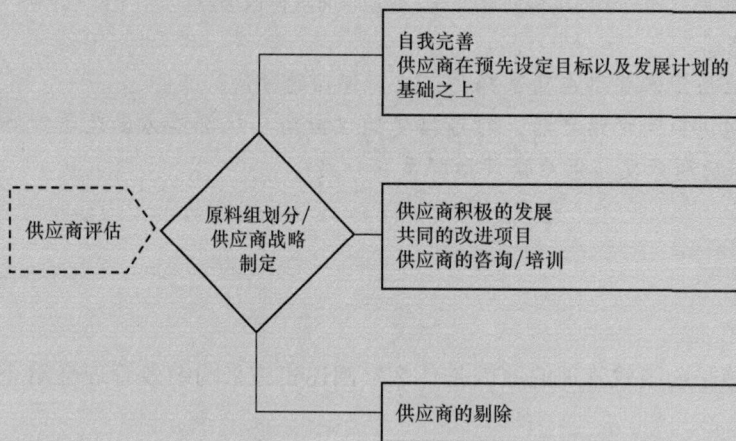

图9-3　供应商发展战略

在明确目标后，自我完善是供应商发展的主导战略。供应商越积极投入改善中，改进目标越能够实现，也就越能与西门子公司保持长期的合作关系。在双方生产效率都得到提高的同时，双方关系也会处于持续紧密的状态中。西门子公司坚持不懈地发展优化合作关系战略，不断改进物流，履行环保要求，实现联合技术创新，所以，西门子也会与供应商一起合作改进一些项目实施，帮助供应商完成预先设定的改进目标和发展战略。图9-4即为西门子公司在进行供应商评估后简要制定出的改进目标。

绩效评估后的进一步管理对于提高生产能力并降低采购成本发挥了积极作用，而且通过供应商绩效评估，在精简供应商数量的同时改善了与供应商的关系，使供应商真正成为企业的长期合作伙伴。

目标约定

评估结果：72分——可接受的
主要成绩：良好的技术状况
主要缺陷：相对于市场竞争的价格劣势
特别差的供货可靠性
建议的发展措施：
自我完善
一般管理费用的优化（通过西门子的咨询）
（参见措施表）
预期的改进（到下一次评估）：
评分达到80分
成本下降潜力：300.000德国马克
时间计划：2003.10
参与者：

日期	供应商签字	采购商签字
....	....	....

图 9-4 简要改进目标

（资料来源：根据《西门子内部培训资料——供应商管理》改编。）

案例分析题：

1. 西门子应用了哪些供应商选择与供应商评估的方法？

2. 西门子对供应商评估之后，对可接受的供应商可从哪些方面改进？如何进行供应商改进？如何将供应商开发与供应商评估联系在一起？

【本章讨论】

1. 企业实施采购绩效管理的原因是什么？阐述实施采购绩效管理会给企业带来哪些方面的改善。

2. 列表分析传统采购绩效管理和现代采购绩效管理之间的区别。将你和其他同学的分析结果进行对比，归纳出区别两者的关键因素或指标。

3. 在供应链管理环境下，采购绩效评价指标是如何进行分类的？每一类指标的评价内容是什么？你认为最常用、最有效的指标是哪一类或哪几类？

4. 影响采购绩效评估的关键因素有哪些？有哪些绩效评估方法？评估方法的选择依据是什么？

5. 准确评估采购成本是有效降低采购成本的前提。如何准确地评估采购成本，如何有效地降低采购成本，谈谈你的想法。

6. 供应商绩效评估是供应商管理非常关键的一步，直接影响着采购质量。请阐述供应商绩效评估指标体系和评估方法，以及如何有效实施供应商绩效管理。

7. 非尔通航空结构公司的航空器生产部门正在进行战略性调整，为适应本公司重组改制后新体制的要求，将加强采购管理，实现采购与供应效益最佳化，进一步深化采购管理绩

效改革，开发并实施采购绩效评估。请你就如何实施采购绩效评估提供一些建议。

8. 电子类研究所的生产和科研任务繁重、产品种类繁多、器材所需数量大，从计划采购到质检各个环节流程复杂，众多原材料的采购和质检也十分复杂，部分采购人员的质检素质有待进一步提高。请问：如何在保障科研和生产不缺料的同时，减少库存的资金占用量？如何才能提升采购人员的采购绩效？

第10章

采购伦理管理

【导言】

市场机制的不完善和企业运作的不规范可能会导致一些不良行为。有的供应商为获取某些商业利益，以各种名义给予掌握采购资源的人员直接或间接的利益；而采购人员收受回扣、向供应商索要财物、以次充好、暗箱操作、徇私舞弊等事件也频频发生。采购中涉及的伦理问题会严重影响正常活动的开展，危害企业的利益，也违背了采购伦理的道德规范。

由于很多企业没有明确约束采购伦理道德的方法，导致企业以及供应商的权益没有得到有效的保护，因此，有必要对采购过程中的伦理道德规范进行分析，并提出有效的采购监督机制。建立和完善采购监管机制，提升采购伦理道德水平，有助于减少采购环节中可能存在的弊端和漏洞，促进各职能部门的合理分工、协调运作，增强企业的市场竞争力，更能有助于提高整个企业的形象与取得利益相关者的信任。

学习目标

1. 了解建立采购伦理道德规范的重要性。
2. 理解采购伦理的道德法规与采购政策。
3. 掌握在采购过程的不同阶段可能出现的伦理道德问题及其具体表现形式，以及这些行为所带来的危害。
4. 掌握企业与政府的采购监管内容及相应的监管策略。
5. 学会有效地设计和实施采购监督机制。
6. 了解企业采购政策的分类及组成内容。

导读案例

国外某大型制造企业的采购伦理实践规范

1. 任何情况下都不收受现金、支票、有价证券等。
2. 任何情况下都不接受商品券、会员券（高尔夫球、健身房等）等。
3. 访问合作单位时不收受加油票、交通费等。
4. 部门组织郊游、登山活动、运动会等活动时，不能从合作单位接受任何帮助及赞助的财务（商品）。
5. 不接受贿赂或过多的折扣优惠。

6. 从合作公司采购任何物品，在适当的范围接受优惠，不得无偿接受。

7. 不得与合作单位的员工进行赌博活动。

8. 与合作单位一同出差时，公司及个人的费用等不得要求合作单位来承担。

9. 部分会餐的费用不得让合作单位报销。

10. 采购时，要按照公正、透明的原则以合法的程序来行使职权。

11. 对与合作单位有关的工作不得做任何影响其决策的采购行为。

12. 不得利用优越的权势和支配地位做出任何不正当的采购行为。

13. 不得故意耽误工作来要挟合作单位付出代价。

14. 采购人员与合作单位人员做业务要遵守礼仪。

15. 不得要求合作单位替自己办私事或委托办事。

16. 不得要求合作单位替自己走后门或给他们施加压力。

（资料来源：http://cn.hyundai-wia.co.kr/about/ethics_rule.asp。）

10.1　采购伦理的道德法规与政策

伦理的本意是"本质""人格"，也与"风俗""习惯"的意思相联系。伦理学这个术语是在公元前4世纪由亚里士多德提出的，随着伦理学的发展，伦理已经成为道德、品行相关的理念，指导人类行为的道德准则和指南。由此可知，伦理学是关于研究道德的学科。

商业伦理是指导从事商业活动主体的道德准则和指南，是个人和群体在从事商业活动时应该遵循的道德规范和行为指南。商业伦理的基础是社会伦理，是社会伦理在商业领域中的具体运用。中国历史上的商家采取多种途径与方法，把诚信、仁义等价值观体现在商业教育与实践中，形成了买卖公平、诚信无欺、信誉第一、守义谋利等商业准则。其中以诚信无欺为核心，以对消费者负责为重点。现今，商业伦理在现代企业管理业务（物流、金融、市场营销、采购、会计）发展进程中有了新的内涵，如社会责任、环境保护、账目合法、保障员工福利，并且企业会审视与包括采购在内的利益相关者的互动。

采购人员在面临伦理方面两难的情况下应做出符合伦理的决定。采购人员一方面会处于能使用大量企业资金的位置，另一方面又代表企业与供应商谈判、交涉。因此，采购人员符合伦理的决定对企业非常重要。选择的采购人员不仅需要有杰出的专业才干，行为上也应站在企业的立场上，而且需要有良好的品德，如公正与诚实、临财不得、敬业精神。甚至，企业本身应将采购人员在采购业务上必须遵守采购伦理道德规范，以具体的方针、政策明示出来。因此，企业不仅要对采购人员的工作业绩进行考查，而且也要从生活习性、金钱财物的处理方式与态度方面进行审查，目的是培养符合公司利益的最适合的采购工作人员。

不论是人类历史上曾经出现过的，还是当代社会现存的各类道德规范系统，内部都包含众多道德规范。这些道德规范结合商业性质就会成为商业道德规范，结合具体的岗位特点就会成为职业道德，最后可能成为法律法规。因此，本章探讨的采购伦理主要围绕采购道德法规、政策与规范展开。

1. 采购道德法规

职业道德是员工职业素养的综合体现。行业法规可以很好地约束员工的行为，像医学、

法律、会计和建筑等不同行业都公布了行业法规。美国国家供应管理协会（ISM），其前身是美国采购经理协会（NAPM）。作为采购行业最大的组织，它在 1959 年颁布了采购业务行为法规（见表 10-1）。ISM 颁布的道德法规为采购行业提供了行为标准，要求采购行业能保持较高的道德水平。企业在制定采购道德政策或规定时，都可以此为基础。

表 10-1　美国国家供应管理协会（ISM）采购业务行为法规

序　号	内　　　容
1	在所有交易中首先要考虑所服务的企业的利益，且深信不疑地贯彻企业所建立的方针政策
2	善于接受来自同事的卓有见地的忠告，并且根据这些忠告引导工作
3	毫无偏见地进行采购业务，为每一美元的花费寻求最大限度的价值
4	坚持不懈地努力学习和掌握有关生产物资和制造过程的知识，并且为经营管理工作建立一套行之有效的办法
5	在生意的买卖中信奉真实和恪守诚信，摒弃一切形式的贿赂
6	只要条件允许，就应该对所有进行合法商务活动的来访者给予及时的和有礼貌的接待
7	为了尊重自己的义务和职责，应始终保持良好的商业信誉和实践
8	尽量避免商务活动中的急剧变化
9	每当时机允许，对于作为伙伴的采购商，在履行义务方面应相互商议，给予忠告和帮助
10	与致力于加强采购工作地位和发展而开展活动的组织机构和个人增进合作

（资料来源：Kenneth Lysons，Brian Farrington，《采购与供应链管理》（第 7 版），电子工业出版社，第 546 页。）

道德法规分为国家性质的法规和国际性质的法规两种。例如，英国颁布的《客户和供应商商品采购法规》就是具有国家性质的采购道德法规；而国际性质的法规，如联合国 1999 年推行的《全球契约》，涵盖了 9 个原则，要求全球的企业按这些原则来组织经营管理。

国内对于采购道德法规仍未有统一、明确的规定，但企业都会各自设置采购业务的行为准则。

华为公司采购业务行为准则

采购业务人员必须遵守商业品行和职业道德，有高度责任意识，自觉维护公司利益。

1. 采购业务人员的定义

采购业务人员不仅指采购部人员，还包括开发人员、IQC（来料质量控制）工作人员、暂存库工作人员等与供应商有接触的工作人员。

2. 工作制度

不论是接待供应商或参加谈判，我方参与人员不能少于两人，禁止与供应商单独接触。

3. 明确沟通

禁止向任何供应商做错误的或不实的说明；禁止与供应商谈论及传播竞争对手对我公司的流言蜚语，如果对方谈起，你可以正面回答，拒绝谈论，并按公司要求做出简要说明；禁止与供应商谈论与工作无关的事宜（特别是公司内个人事宜），更不能泄露（有意或无意）公司的商业和技术机密。

4. 采购项目管理

采购业务人员应致力于使公司在任何一次采购项目中获得尽可能优惠的商务条件和服务。在采购项目有关责任人员可以控制的范围内，获得当时最好的产品质量、价格和服务，不得以采购部业已存在的供应渠道、采购价格和服务标准为理由而降低工作的质量。

5. 供应商选择

在选择供应商时，应不带偏见地考虑所有主要因素。无论采购量多少，都要秉持公正原则。

对供应商的选择是一个集体决策的过程，不允许运用个人的影响力，使待选供应商得到"特殊待遇"。以公开的方式（或招标方式）选择供应商。供应商的产品状况、报价等相关资料，以及公司对这些资料的评估，均为机密，无领导的书面批准，在职或离职工作人员均不得于工作以外运用这些资料。严禁互惠交易行为，公司是否采购供应商的产品和接受其服务，与该供应商是否采购公司的产品和接受公司的服务无关。

6. 外界信息的使用

在一般商业活动中，经常要收集其他公司（包括竞争对手）的资料，这是正常的商业活动，并非不道德的行为。要从公开渠道收集这些信息，如报刊，用于评估相关公司的信用。

信息的取得及使用是有限制的，特别是关于竞争对手的信息，不允许使用任何足以引起争议的方式收集情报。只能在适当的情况下使用其他公司的敏感信息，并且只允许公司中依法或依契约需要知情的员工使用这些信息。

7. 款待与馈赠

不同公司所提供的礼品差异很大，小至可以接受的价值不高的宣传赠品，大至绝对不能接受的贿赂或馈赠。

馈赠不仅指物品，还包括服务，优惠或折扣。

（1）商业款待。经领导同意，员工可接受或给予他人符合商业惯例的款待，如餐宴及其他娱乐，但费用必须合理，且不为法律或已知的客户业务惯例所禁止。

（2）接受馈赠。一般来说，采购业务人员是不能接受馈赠的，但在具体操作时，应根据具体情况区别对待。

员工及家属不能接受可能影响或令人怀疑将影响供应商与公司之间的业务关系的任何赠礼。

员工可接受诸如新产品的宣传赠品、文化礼品、纪念品等不超过人民币 200 元的礼物，超过标准的一律要上交公司。

员工不得接受现金、现金代用券，不论价值高低。

在某些特殊情况下，员工在家中或在办公室因一时推脱不掉而收到金钱或异于一般习惯的礼物，应马上报告主管，并上交公司。

（3）在某些情况下，如新业务往来，员工可提供一般价值的礼物（如宣传赠品等）给供应商。

（4）遵守法律。采购业务人员在进行公司业务时，要遵守所有与其业务相关的法律、法规。

（5）对供应商也应做到有礼有节、相互尊重。

由上述内容可知，采购道德规范的设定可以从以下几个方面着手：

（1）遵守国家有关采购的法律法规，如合同法、政府采购法、贸易法案；遵守企业的采购规章制度，如采购流程、采购规章制度等。

（2）采购职业道德的范畴。例如，供应商的选择、礼品与款待形式、礼品与款待接受的上限、接受礼品后的操作与处罚等；如何反对、抵制不道德的采购行为，如何与供应商打交道等。

（3）针对电子采购、政府采购、招标采购、国际采购等特殊采购业务的道德规定。

2. 采购政策

任何一个企业都有自己的政策，小到规章制度，大到战略规划。政策为企业的正常运营指明了方向，让员工清楚地认识企业的最终目标以及为完成这些目标应该采用的正确方式。

（1）采购政策分类。企业内存在的政策具有不同的层次，分别指导着整个组织内相应

人员的行为。不同层次的政策又是相互兼容的，它们共同为企业使命、愿景和总体发展战略服务。政策的层次性在于政策指令是由高层次向低层次流入的，并且越向下越具体、越有指导性。从最高层次的战略政策，到第二层次的部门政策，再到第三层次的运作流程，最后形成用来限制或指导具体行为的规章制度。

采购政策为企业采购部门制定了明确的实施纲领，为企业采购的顺利实施起到保障作用。采购政策根据其内容的不同，所处的层次也不同。一般而言，采购政策主要由以下三方面组成：①对采购部门的职责进行描述的部门政策；②对采购部门人员行为予以约束的规章制度；③解决采购运作过程中出现的相关问题的运作政策。

1）部门政策。在这种政策中，采购部门的权力得到明确的授权与划分，不仅要说明采购部门的目标，还要对采购部门不同层次的职责进行详细描述。具体包括：①采购权力。明确规定了采购部门在哪些领域拥有权力，哪些领域的权力将受到限制。②采购部门目标。说明采购过程的总体目标及原则，这些目标、原则必须与整个企业的战略目标及原则相一致。③工作职责。详细描述了采购部门员工的工作范围及任务要求，明确部门在企业中所处的位置及重要程度。

2）规章制度。规章制度是对员工在采购过程中的行为道德要求与限制的书面描述，是对员工在日常工作中可能遇到的各种复杂情况进行的行为上的指导与限定，同时也是对员工进行奖惩的重要依据。

3）运作政策。运作政策是指对买卖双方关系的确定与维护、采购合同的签订等的相关规定。具体包括：①买卖双方关系。买卖双方的关系将直接决定采购部门的工作绩效，甚至整个企业的运作成本，因此，如何与供应商建立平等互利的合作关系是工作的基础。②签订采购合同的原则与指南。关于采购合同类型的选择及相关问题的处理，在采购合同管理一章中有详细的论述。

（2）采购政策的要点及组成。对于采购政策，不同的企业有不同的侧重点和控制方式，但归纳起来，企业的采购政策一般包含以下要点：

1）供应商资格认证。供应商资格认证是指根据采购商的总体要求对供应商进行的认证。供应商资格认证通过后，供应商可以开始与采购商进行初步业务合作。供应商资格认证应主要从质量体系、技术能力、过程控制能力、开发设计能力等方面进行确认。一般由质量部门、采购部门、制造部门等部门的代表组成跨职能团队对供应商进行现场考核与审查。

2）供应商确认。在发出采购订单或与供应商签订合同之前，一般由采购部门和财务部门进行供应商确认。除价格因素外，采购部门将对供应商营业范围及规模、供应商注册资本、供应商提供的增值能力、供应商营业执照及税务登记证的有效性、相同产品种类内的其他供应商数量、供应商保密和不行贿声明等方面进行确认。财务部门将根据收到的信息评价供应商的财务状况，以保证供应商财务背景稳健、收益良好并能长期提供服务。

3）供应商产品认证。供应商产品认证是对供应商提供的产品进行测试，以判定其是否达到采购商产品技术资料规定的测试要求。供应商通过产品认证后，就可以开始进行原材料、零部件的供应。

4）供应商生产能力评估。一般采购商在开始采购零部件之前，需由制造部门对供应商进行生产能力评估。评估内容包括：厂房的面积及位置、工厂的人员结构和组成、加工设备情况、工装夹具明细表以及零部件的加工方法（作业指导书）等。制造部门负责审核和计

算其生产能力，然后判断其是否满足生产要求。

5）供应商绩效评估。供应商绩效评估是周期性的，是指由制造部门、质量部门、采购部门及财务部门等职能部门联合对供应商表现进行的评估。其主要内容包括：交货及时性、生产能力、产品质量、成本、财务状况等。供应商绩效评估一般定期进行，通过定期监管来帮助供应商持续改进其工作表现。

6）供应商质量管理。采购商一般会对供应商的质量管理严格要求，如对供应商的生产程序、产品质量、技术控制等都有相应的要求。应定期对合格的供应商进行质量体系审核，无法维持合格水平的供应商，在改进限期内无法通过资格认证的，质量部门应从供应商清单中取消其合格供应商资格；质量部门可以根据供应商的质量状况决定进行质量体系的复审，同时，质量部门负责组织对供应商的现场审核，审核内容包括过程控制、检验计划、现场抽检和量具复核等。

7）竞争性价格。在进行采购之前，工厂产品技术或工业工程部门需提供采购需求所涉及产品的有关信息，如物料编号、物料数量和需求时间等。新的产品项目需要提供产品图样、材料单、技术规范及检测标准等产品技术资料，重要产品应参照质量手册中的规定执行。

采购商可以把所有现有的和潜在的供应商作为候选供应商，对需供应商报价的项目应采取书面形式的报价请求（Request For Quotation，RFQ）通知候选供应商。RFQ 一般应包含以下信息：公司简要介绍；此次项目的负责人姓名、联系方式；需询价产品的有关信息；RFQ 回复的最后期限；要求的交货期、交货方式及付款等规定。在多家供应商报价和竞标的基础上，充分利用公平的市场竞争，以求获得最具竞争力的价格。

8）跨职能部门的货源决策。货源决策是指对采购价格、供应商选择及供应商业务量分配所做的决策。选择有竞争力的报价是货源决策的一个主要因素。货源决策委员会一般由制造部门、质量部门、财务部门和采购部门组成，往往会根据不同的审批权限，由各部门的负责人或其指定代表共同参与决策。

供应商（货源）选择的建议由采购部门负责提交，采购部门应同时提交以下文件：询价书、供应商清单和供应商报价。当货源超过一个供应商时，还需提供业务量分配比例的方案。

9）采购申请。采购申请（PR）是由申请部门发出要求获得原材料、零部件的正式文件。任何采购需求都需要由申请部门提交有效批准的采购申请表给采购部。一般通过 MRP 系统处理的库存物料需求不需要填写采购申请表。采购申请应包括以下的信息：申请人、申请部门、有效的批准、要求到货的日期、产品的图号和描述以及有关的工程资料（如图样和物料表等）、需求的数量（如是第一次采购且需长期采购的产品，还要提供年预测需求量）等。

10）采购订单。采购订单（PO）是由采购部向供应商发出，要求采购原材料、零件及部件的正式文件。采购部门接到采购需求后，应审查所有条目是否在核准价格及供应商清单内，然后进行订单制作。采购订单主要包括以下内容：订单号、制单日期、交货日期、供方的名称和地址、材料名称、数量、价格、交货期、付款条件及运货地址等。

11）收货确认。工厂物料接收部门根据采购订单负责接收物料和数量的确认，质量部门负责制定接收物料的检验计划并实施检验。质量部门检验时发现不合格物料，将按接收检

验不合格品处理程序进行退货或与供应商更换货物。

10.2　采购道德规范

影响采购人员绩效最重要的就是与供应商的关系。各企业的采购道德规范不一样，影响着采购人员的行为。例如，美国采购管理协会要求采购人员敬忠职守，一切以公司利益为先，对供应商则要求以礼相待，避免欺压的手段。

我国企业受道德思想的影响，强调以诚信为准则规范，公司管理规则禁止采购人员接受供应商的招待，并要求采购人员保守业务秘密信息等。不过，将采购人员的行为进行标准规划后，有时工作失去了一定弹性。最好由采购人员自身建立采购伦理道德的共识。同时，我国大多数企业的采购过程中都存在着不同程度的采购伦理道德问题以及具体行为，特别是与供应商的交往中牵扯道德问题，采购业务漏洞难以封堵。建立良好的采购道德规范、营造良好的采购伦理环境、健全采购防范治理机制，是采购管理规范化和有效防止败德行为发生的重要保证。

有关采购人员伦理道德问题的调查总结

1. 接受供应商的礼物，如促销赠品与回扣率。
2. 提供竞标者的报价给其他供应商，并允许其重新报价。
3. 对供应商夸大问题的严重性，以获取较好的价格或特权。
4. 对某采购人员所偏好、介绍或建议的供应商特别礼遇。
5. 因与某位供应商的个人关系而影响供应商的选择。
6. 接受旅游、餐饮等其他免费的招待。
7. 向供应商询问有关竞争者的消息。
8. 对其他部门介绍的供应链给予照顾。
9. 劝诱新的供应商来报价，只是为了杀价。
10. 运用公司买方优势获得供应商的好处。

10.2.1　道德与道德规范

道德是社会意识形态之一，是人们共同生活及其行为的准则和规范。道德具有自我约束的力量，可以指引人们正确认识社会义务、准则、规律，从而指导人们的行为，处理人与人之间的关系，建立良好的道德意识和品质，培养正确的道德行为，最后演变为强大的社会力量。

道德规范主要包含三个层次：第一层次是道德准则，这是对人的行为与心理提出的道德要求，是一种具体道德要求的规范，如文明用语、礼貌待人；第二层次是道德范畴，这是一类道德要求的规范表达，道德范畴既服从于道德原则，又派生出多种具体道德准则的道德规范；第三层次是道德原则，是含有更基本、更重要的道德要求的规范。道德规范层次如图10-1所示。道德原则适用于所有的事务，而每个道德准则或道德范畴则只适用于一项

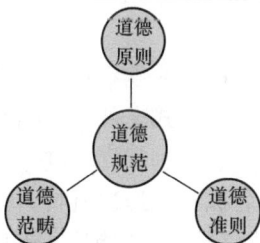

图10-1　道德规范层次图

事务或一类事务。

因此，道德在商业中的准则、范畴、原则的规范就形成了商业道德规范，采购道德或采购道德规范属于商业道德规范中的一种。

10.2.2　采购道德规范管理与维护

目前，腐败行为已经成为企业和政府采购中频繁出现的重大问题，在采购流程中的每一个环节、每一个主体上均有可能发生，因此需要从多方面规范采购人员行为。

1. 采购过程中非规范行为

在采购初期的合同形成阶段和采购后期的合同履行阶段涉及的腐败行为的主体大致相同，但合同形成阶段和合同履行阶段的腐败行为的表现形式却不尽相同。

（1）采购初期合同形成阶段。这个阶段是采购的前期准备阶段，包括确定采购需求、评估采购可能的风险、选择供应商、供应商资质认证、协商谈判、签订采购合同等环节。以招标采购为例，在此阶段收受供应商贿赂的采购人员可能会有以下非道德行为：

1）在选择供应商环节中，通过宣布采购处于紧急状态来避免采取公开招投标采购形式。由于相关程序规定，当采购任务处于无法预见的紧急情况下，或在已经存在的合同基础上产生了另外需求的情况下，或只有一个具有能力的供应商的时候，允许采用直接谈判的方式来开展采购工作。于是，腐败的采购人员往往会利用该规定，采取各种可能的手段来躲避公开招标投标采购形式。例如，将本应集中采购的项目进行拆分来规避集中采购；限制采购信息的披露等或者故意延后发布采购招标信息，以此创造条件，采用直接谈判的采购方式将采购合同授予那些与他们有利益关系的供应商。

2）在供应商资格认证环节中，通过制定特殊的标准来限制供应商竞标。供应商资格认证是采购部门在正式招标前对供应商资格和能力的预先审查，以缩小供应商的范围，避免不合格的供应商做无谓的投标，从而保证投标者更好地履行合同。然而，有些采购人员在资格审查中通过建立不合适或不必要的审查条件或设定一些特殊的要求来限制其他供应商参与竞标，从而帮助与自己有利益关系的供应商顺利通过审查。

3）发布采购信息时，通过限制信息的发布来缩小竞争范围。为了避免竞争，采购人员可能不进行信息披露或将信息发布在一个覆盖范围较小的信息源上，从而使得只有部分供应商得到第一手信息，进而限制其他供应商获得相关信息。

4）在投标过程中，通过泄露标底来帮助供应商竞标。为了使与自身有利益关系的供应商中标并同时保持一个合适的价格，采购人员可能会将其他供应商的竞标价格信息透露给相关供应商，以帮助其报出一个更低的价位。由于这种腐败行为的隐蔽性较强，较难被察觉。

5）在评标过程中，可以通过设置特定的评标标准来限制供应商中标。由于评标的过程会掺杂许多主观成分，因此，采购人员可能会在这一环节通过利用评标的主观性来制定一种特殊的标准，使与他们有利益关系的供应商中标。

以上是竞标还算透明的采购中可能会发生的问题。至于其他采购方式，如竞争性谈判采购等，暗箱操作的可能性更大。诸如回扣、付款条件让步太多、优惠太多、提出苛刻要求来为难供应商等，都是不道德的采购人员的惯用伎俩。

对供应商而言，采购初期合同签订阶段是其完成销售的关键阶段，决定了供应商能否在此次采购项目中中标。因此，供应商在此阶段可能会通过私下贿赂或其他激励手段来买通或

鼓励采购人员在采购过程中实施以上舞弊行为。

（2）采购后期合同履行阶段。采购后期合同履行阶段包括履行采购合同、合同的中/终期验收、结算、绩效评估四个环节。如果采购前期供应商因行贿或提供不切实际的低价格竞标而获得这一合同，他们在这一阶段可能会通过以下舞弊行为来弥补初期的开支或损失。例如，通过偷工减料来降低成本，甚至通过用劣质材料生产来获取高额利润；通过贿赂验货人员，使其进行不正确的评估或伪造质量合格证书，来躲过交货验货时的审查；通过向采购人员行贿，使其修改合同，以提高供应商的利润。

另一方面，不道德的采购人员也可能通过以下舞弊行为来回应供应商的行贿，主要表现为不去执行原定的质量、数量及其他相应的审查标准，同时向供应商要求其他个人利益，如礼品、私人旅行、子女教育问题等。

1）接受供应商贿赂。这是目前存在的最普遍的不道德行为。由于负责采购的人员可以决定企业大量资金的去向，并且在选择供应商时具有很大的影响力，因此，许多供应商为了获得订单，会通过向采购人员赠送礼物、提供好处等方式来增加夺标的成功率。而采购人员在接受了供应商的礼物后，往往根据礼物的价值对供应商做出判断和选择。

2）不正当手段。通过隐瞒相关信息误导或欺骗供应商，以较低的价格签订合同。例如，为了把一个合格供应商的价格压低，要求不合格的供应商提交报价；或者要求供应商给出大批量订货的报价，而在实施中却以这个较低的价格订购了较少的货，等等。

3）利用个人关系。有些采购员会因为自己、家庭或朋友与某个供应商的私人关系而将订单交给这个供应商。为了防止这种行为的发生，许多企业在选拔采购人员时就要求每位员工详细列明自己在其他公司的投资情况，并禁止采购人员将采购订单交给与自己经济利益密切相关的公司。

总之，我国采购非道德行为的主要特征就是通过金钱和权利的交易来谋取个人利益（见表10-2）。

表10-2　我国采购非道德行为的主要特征

采购腐败行为	特　征
实质	通过金钱和权力的交易来谋取个人利益
行为主体	一方为企事业单位的采购相关人员
目的	追逐个人、亲属、与个人相关的利益集团的利益
方式	非规范地运用或滥用职务权力以最终谋取个人利益
结果	以损害企业或社会公共利益来获取私人利益
充分条件	行为主体双方密切配合，甚至合谋

对采购人员来说，实施不道德行为将面临违法的风险，同时还会影响其自身的职业声誉。另外，不道德的采购行为除了危害企业的经济利益外，还会削弱企业的市场竞争力和损害企业的声誉。

2. 采购道德规范的建立与维护

道德是一个非常重要的专业尺度，却常常被许多企业和个人所忽视。许多人只是关注相关的法律条文，却忽视了同等重要的道德规范。采购人员比起其他大多数职能部门的人员，更容易面临不符合职业道德规范行为的诱惑。当采购人员利用本企业或单位高额的订单向供

货商索要回扣时，这一非道德行为会造成企业的损失。而道德规范就要求采购人员必须遵守被这个职业及整个社会都视为恰当行为的准则。

道德规范不能直接约束采购人员的行为，若采购人员忽视它的存在，则必将造成严重的影响。采购人员是企业与供应商打交道时的代表，所以，健康的道德品行对与供应商建立长期合作关系和商业信誉是十分重要的。表 10-3 是英国皇家采购与供应学会（CIPS）公布的采购人员入会必须遵守的道德准则。

表 10-3　英国皇家采购与供应学会的道德规范

介绍
1. 学会会员的工作应高于以下规范的要求，应把规范视为采购和供应良好行为的基础
2. 会员应努力使管理者按规范行动，并努力使企业雇员广泛接受
3. 会员直接，或如果可能，通过其他资深同僚，对所有道德问题进行监督，而不管此问题是否在规范中存在

原则
4. 会员要坚持并加强采购和供应的职业立场，而且专业地、无私地按以下方式采取行动
A. 无论对企业内部还是外部，在业务关系中保持标准的统一性
B. 反对一切可能被认为是不合理的商业操作，不利用职权获取私利
C. 获得、保持先进的技术知识和最高的道德行为标准，增强职业熟练程度和职业形象
D. 培养相关业务负责人，使其具有尽可能高的职业技能水平
E. 优化受其影响或由负责的资源的配置，为组织创造最大的经济效益
F. 遵守国家法律，学会章程，履行合同义务
5. 会员不应违反上述原则

指南
6. 在应用以上原则的过程中，会员应遵守以下指南
A. 声明利益——任何可能影响或被他人认为可能影响会员公正的、与其职务有关的利益都应该进行声明
B. 信息保密与精确——从职务中获得的机密信息应受到重视，不可用于私人目的。在工作中所传递的信息应该是真实的、清楚的
C. 竞争——合同的性质、长短及与供应商的关系会因环境而变化，因此要用合同的形式来保证履约双方的利益
D. 商务礼品——除了一些低价值的，如日记本、年历等外，不能接受其他商务礼品
E. 友善——在制定商业决策时，接受者不能因接受了对方的友善表示而受对方影响，或让对方感觉受到其影响。接受友善表示的频率与范围应该是公开的，并且应谨慎，不能超过会员的老板能够报答的程度

决策与建议
当判断什么可以接受、什么不可以发生时，应向会员监督者、其他资深同僚或学会寻求建议。学会可以提供关于规范的各个方面的建议

（资料来源：该道德规范由 CIPS 理事会于 1999 年 10 月通过，摘自《采购管理手册》（第 3 版），第 184 页。）

英国皇家采购与供应学会提供的采购道德规范准则，至今仍被广泛使用于采购人员道德素质方面的培训上。采购部门是一个企业中最大的资金流出部门，如果采购人员的道德素质不高，利用职务之便从中渔利，可能会给企业带来严重损失。所以，提高采购人员的专业素质是十分重要的任务。

（1）加强激励管理并避免"灰色地带"的存在。建立监控体系和激励机制，使采购团队在面对大量现金流的环境中摆正自己与企业的关系，真正做到"爱其职，尽其力，忠其事，图其久"；同时，通过物质上的奖励，激发采购人员的工作热情。在激励制度中，对于正确的高效的采购行为，要进行精神上和物质上的激励；对于以公徇私、中饱私囊之类的行为，要严厉惩罚，实行"零容忍"，一旦查有实据，即予以辞退或交有关部门依法处理。

（2）严格选择采购人员并实施轮岗制。坚持素质标准是提高采购工作效率的最佳途径。在人员选择时就注意选择各方面都优秀的采购人员，这对维持整个采购团队的高素质有着相当大的作用。有些跨国公司会自己或者委托第三方机构对即将录用的采购人员就其在大学以及以前工作单位的表现做尽职调查，严格选择采购人员。因为一旦让一些低水平、素质差或有不良记录的人员"混"进采购团队，很难通过培训或企业文化去改变他们。同时，对一些不能继续胜任采购岗位要求，或者是利用职务违法乱纪的在职采购人员，必须及时依法将其清理出采购队伍，否则会给公司带来巨大损失。

同时，企业还需要建立采购人员的轮岗机制。一般每年要对普通采购人员进行一次内部轮岗调整，而采购主管可以在相关部门之间轮岗，让整个采购部门风险可控，避免恶性事件的发生。采购人员轮岗有以下几点好处：①销售人员如果知道采购人员要经常轮换，就不会与之建立长期关系，付出回扣的可能性也会大大降低；②采购人员经常轮岗，就不容易与供应商建立密切的关系；③对采购人员进行轮换并总结考核，使得采购人员拿回扣会面临更大的风险。但轮岗并非可随意操作的，要想使轮岗顺利开展，还必须避免一些不利因素，如要减少人员变动可能给企业的供应商资源或商业机密带来的风险。

（3）提高采购人员技能并加强培训。一方面，需要促进采购人员更新知识、提高技能，以适应现代化、全球化的业务发展；另一方面，也需要对供应商进行培训，将企业文化、采购运作方式等渗透到供应商管理中，使供应商了解采购商的运作，减少对采购人员的诱惑。结合我国国情，将有关采购人员的职业道德规范培训主要概括为如下几点：

1）了解职业道德的范围及其可行性。要让采购人员了解非职业道德行为的后果和惩罚；对发现其他同事或上级有违背职业道德的行为，应采取怎样的行动。在接受礼品或受到款待时，应考虑以下因素：①礼品的形式或款待的本质是什么？应把礼品视为供应商的一种感激还是贿赂？②礼品或款待的价值是否超过了允许的限度？③呈送礼品的行为是公开的还是诡秘的？④礼品和款待会在上司和同事之间造成什么样的影响？如果采购人员对其中任何一条存有质疑，那么就不应当接受礼品或款待。

2）有关采购人员在节日或其他时间接受款待或礼品的规定。三种最常用的规定是：①禁止采购人员接受任何贵重的礼品，已收到的礼品必须退回；②采购人员可以留下那些明显是广告性质的礼品，如年历、月历、台历、日记本、笔等；③采购人员被允许自行判定，为盛情款待而赠送的礼品是对真诚商务关系的肯定和感谢，还是一种商业贿赂的企图。

3）遵守国家与采购相关的法律法规；遵守所在企业的规章制度，保持对企业的忠诚。

4）在不违反国家法规和政府条例的前提下，以与道德准则相符的精神达成采购目标。

5）公平、公正。在考虑全局的基础上，不带个人偏见，从提供最佳价值的供应商处采购。

6）坚持以诚信作为工作和行为的基础，谴责任何形式的不道德商业行为和做法。

7）规避一切可能危害商业交易公平性的利益冲突。

8）诚实地对待供应商和潜在供应商，以及其他与自己有生意来往的对象。

物美商城的《反商业贿赂协议书》

为了减少采购人员非道德采购行为的发生，北京大型综合超市物美与其供应商签订了一份特殊协议——《反商业贿赂协议书》。

商业贿赂多属于法律问题，但由于其性质特殊，法律很难起到有效的预防作用。要真正地杜绝非道德采购行为，只有从意识、精神方面入手，推崇自律精神、契约精神，才能把商业贿赂的空间缩小。

在反商业贿赂协议签订前，物美商品部就从大学生中培训高素质、爱岗敬业的采购人员。并且在一年前，物美连锁系统就引入计算机管理采购，从硬件上不易擅自抬高进货价格；在内部管理上，物美也相应地制定了《采购员守则》，在加强职业道德教育的同时明确奖惩办法；定期向供应商进行"反商业贿赂调查"，由企业内部的纪检部门处理商业贿赂行为。

10.3　采购监督机制

完善采购监督机制是保证采购健康运作的一个基本前提。由于采购行业的特殊性，腐败行为时有发生，因此，建立科学有效的管理监督机制对采购组织的控制非常重要，这也是组织采购行为得以顺利完成的保障。

很多跨国公司非常重视采购监督，主要在以下几方面加强监督机制：①建立完善的管理政策和各个环节的控制流程，分清各部门的职责，同时指定不同级别的控制权限；②招标和价格谈判过程要严格按规定、公开透明的原则有序进行，特别是在招标的具体环节上，须详细制定招标采购操作规程，招标采购人员要按照每个步骤操作，使每个环节既紧密衔接又相互制约；③建立统一的供应商评审制度，对潜在的新供应商实行公开的供应商准入制度，对同等条件的供应商实行同等待遇，形成公平的市场竞争。

10.3.1　采购监督的主要内容

做好采购过程监督是规范采购行为的关键。应尽可能最大限度地保证采购过程公开、公平和采购结果公正、合理；要建立科学民主的决策机制，加强采购决策实施的督查，确保重大采购决策的贯彻落实；对物资采购过程的关键环节进行有针对性的防范和监督。

1. 企业采购监督

大部分企业的采购都是处于买方市场下，采购有较大的选择余地。按照什么原则选择供应商，由谁来最终决定等问题是监督的突出点。

（1）采购计划的监督。编制采购计划要以需求计划和库存计划的平衡为依据，选择供应商关键看其是不是合格的供应商，主要原材料和零部件要尽可能减少独家供应，尽可能避免指定品牌和指定供应商。

（2）采购方式和价格的监督。采购部门要认真执行采购管理制度，严格按照程序操作。监督的重点是商务谈判计划是否严密，采购程序是否规范，采购价格是否合理。其中对采购价格的监督，要检查采购价格是否在规定的价格范围之内，是否进行了成本分析，价格变更的理由是否充分，是否按性价比最优和总成本最低的原则确定采购价格。由于产品的质量等级、功能、技术配置、交货条件等因素可能会使同一种物资的采购价格不同，因此什么样的性价比对企业最有利是需要关注的重点。

（3）采购品质量和出入库监督。实际到货的数量与质量是否存在短缺和质量不符合要求的情况，需要验收人员把关。监管的重点是必检物资是否进行过质量跟踪，入库物资是否按要求进行检验，是否按规定入库、存放和保养，出库物资手续是否齐全，原始凭证保存是否完好。

（4）采购资金使用监督。采购合同签订并开始执行后，货款结算的科学合理决策和有效执行是监督的重点。预付款应严格按合同规定的比例支付，合同未规定的一律不得预付。采购资金的支付要实行计划控制，确保其安全。对已批准的采购资金计划，要按资金计划申报明细表逐项对应，按顺序提报付款凭证。监督的重点是预付款项、采购货款的支付是否按规定、按计划、按程序进行，是否公开透明。

2. 政府采购监管

政府采购监管是政府采购制度的重要内容，也是规范政府采购运作和保证政府采购制度落到实处的重要前提。

（1）政府采购计划编制的监管。监管采购单位是否将纳入政府采购范围的项目编入采购计划；督查采购项目是否必要和适用；及时纠正不符合规定及有奢侈、浪费现象的采购项目。

（2）招投标环节的监管。从标书的制作到评标定标、签订政府采购合同，都必须符合规定的程序；投标项目的技术参数要力求准确，选择合理的集中采购方式，加强评标过程的透明度；要科学确定评标方法，确保招投标的公开、公平、公正，体现政府采购少花钱、多办事、办好事的原则。

（3）政府采购资金的监管。采购资金必须实行集中统一支付或采购办统一支付，不得由采购单位和供应商结算采购资金，要严格按照合同约定的付款方式和采购进度付款，不得预付采购款项，以确保采购资金安全。

（4）对供应商的监管。要调查了解供应商的资信程度、商业道德等情况，认真审核供应商的资格。对不认真履行政府采购合同的供应商，要给予警告，甚至取消其进入政府采购市场的资格。

（5）对采购单位的监管。要求采购单位认真验收供应商提供的商品，不得将采购款项直接付给供应商，不得在合同价款外另外补款给供应商，不得与供应商相互勾结，以次充好或搞虚假采购。

10.3.2 采购监督策略

好的采购监督制度不仅能规范企业的采购活动、提高效率、杜绝部门之间纠纷，还能预防采购人员的不良行为，使采购工作有章可依。

1. 企业采购监督制度

制定和完善企业采购监督制度要注意以下几个方面：

（1）建立严格的采购监督制度。采购监督程序应规定采购授权人的批准许可权、物料采购的申请、物料采购的流程、物料采购的规定和方式、报价和价格审批相关部门（特别是财务部门）的责任和关系等。例如，可在采购制度中规定采购的物品要向供应商询价、列表比较、议价，然后选择供应商，并把所选的供应商及其报价填在请购单上。

（2）建立供应商档案和准入制度。企业要制定严格的考核程序和指标，只有达到或超过评分标准者才能成为企业的正式供应商并建立档案。供应商档案除有编号、联系方式和地址外，还应有交货条款、交货期限、品质评级、付款条件和银行账号等。

企业的采购必须在已归档的供应商中进行。供应商档案应定期或不定期地更新，并由专人管理。同时，要建立供应商准入制度，重点物品的供应商必须经质检、物料、财务等部门

联合考核后才能进入。

（3）建立物品的标准采购价格。财务部门对重点监控的物品应根据市场价格的变化和产品标准成本定期定出标准采购价格，促使采购人员积极寻找货源，货比三家，不断降低采购价格。标准采购价格也可与价格评价体系结合起来进行，并提出奖惩措施，对完成降低采购成本任务的采购人员进行奖励，对没有完成采购成本下降任务的采购人员分析原因、进行惩罚。

（4）建立价格档案和价格评价体系。企业采购部门要对所有采购物品建立价格档案，对每一批采购物品的报价，除了与市场标准采购价格比较外，还应与归档的物品价格进行比较，分析价格差异的原因。如无特殊原因，原则上采购价格不能超过档案中的价格水平，否则要做出详细的说明。对于重点物品的价格，要建立价格评价体系，由企业有关部门组成价格评价小组，定期收集有关的供应价格信息，来分析、评价现有的价格水平，并对归档的价格档案进行评价和更新。

（5）对重要位置的采购人员实施工作轮换制。采购部门中参与采购决策及供应商选择的员工不可在同一岗位任职超过 3 年。假若不能被轮换到采购部门以外的部门，至少应轮换到本部门的其他职责岗位。订单管理及货源选择部门经理在同一岗位不得超过 5 年，这些工作人员必须在 5 年后轮换到另一岗位或另一部门。在他们回到相同岗位之前，必须在非供货管理岗位工作超过 3 年。

2. 集团监督策略

除企业内部的采购监督策略外，对企业集团整体性的监督也是很有必要的。很多公司由于特殊的扩张和发展模式，使其具有多家子公司和工厂，这些企业都具有相当的独立性，这从某程度上增加了集团有效监督的难度。在这样的情况下，集团须从整体出发，建立强有力的监督机制。在建立有效的集团采购监督策略时，须从以下几方面考虑：

（1）集团总部采购部门承担重要的监督作用。集团采购部门应被赋予相当大的监督职能，各实体采购部门需向集团采购部门汇报。这样集团采购部门才能及时收集到各实体采购部门的信息并进行市场分析，及时发现不合理的情况并提出整改意见。

（2）成立专门的审计部门或审计小组。集团可以根据企业的实际情况设立内部审计部门，或者也在一定时期专门成立一个由财务人员、生产采购人员、合同控制人员共同组成的审计小组，对旗下各企业的采购流程进行监督，对其流程是否符合政策、文件是否齐全、价格如何把握、成本预算如何获得等进行审计。

（3）制定完善的采购监督政策。企业要有明确的采购订单审批权限，建立逐级审批体制（见表 10-4）。采购订单及货源核准程序必须按照准则要求的权限得到批准，任何特殊情况必须遵照相关政策的规定，得到额外的批准方可实施。

表 10-4　OTIS 公司集团采购控制表

采购订单审批权限	下限/万元	上限/万元
工厂订单管理经理/主管	0	10
工厂采购部门高级经理	10	80
工厂首席运营官	80	200
集团采购部门部长	200	500
集团总裁	500	—

其中，财务部门负责监督政策的执行，主要任务包括：确认供应商，保证供应商价格及付款条件的真实性，参与联合货源决策，参与供应商表现的联合评估，批准不能遵照采购政策执行的特殊情况，确认采购节约，核实三方匹配的相关单证后付款。

（4）集团采购之间相互监督。在集团采购部门的组织下，各实体的采购部门可以收集到其他实体的采购信息，实现资源共享，共同发展战略合作伙伴，还可以通过相互比较采购信息有效地进行监督。

3. 政府采购监管策略

成功推行政府采购制度国家的经验表明，政府采购必须规范采购程序并引入竞争机制，以实现公开透明、规范操作、预防腐败等目标，其中财政预算和支付手段在政府采购程序中发挥着基础性作用。

（1）加强部门预算管理。各国一般都有严格的政府采购预算要求，各部门必须将所有采购项目编入预算，否则不能采购，财政也不予拨款。例如，英国财政部通过预算制定出收入和借贷额度，对未来三年中每年的公共支出做一个"总预算"，并对各部门支出和应急备用资金做出预算分配建议，即"供应估算"，最终成为政府向议会提出的资金要求，在每年的"公共支出核查"中得到解决。下议院通过对"供应决议"的投票来批准这些"供应估算"，而议会则是通过"拨款条例"对其进行批准，赋予各政府部门拨款支出的正式权力。德国政府以"三年滚动"的方式编制预算，每项支出必须经过论证和审核，并依据资产配置状况确定采购项目，没有列入预算的项目不能采购，已列入预算的项目不能突破预算额度。

（2）采取以公开招标为主的采购模式。实行招标制度的目的是保证政府采购透明和有效，使政府采购部门及其官员的行为得到有关机构的监督，以保证采购既经济节省，又能实现公共利益的最大增长。国际经验表明，在公共资源的配置过程中，单纯依靠道德自律或互相监督不能杜绝小集团与政府采购官员之间的合谋和腐败现象，而公开竞争机制的引入则大大降低了合谋的概率。由于公开招标具有透明度和效益优势，各国普遍将其作为主要的采购模式，只有在项目金额低于限额、项目要求特殊、产品技术复杂、供应商数量有限等情况下，才允许采用其他采购模式，但必须报政府采购管理机构批准。例如，美国的招标制度就明确规定，其政府采购要求使用招标程序，并以统一的单据和格式实行规范化管理，用标准的招标公告格式、规范的合同样本，同时规定招标的步骤与程序；确定招标的管理人员和操作人员在招标过程中的工作范围，保证部门之间相互衔接和配合。

（3）信息充分、公开、透明。各国政府采购制度对信息公开都有明确规定。一般做法是，采购项目招标信息和中标情况必须在财政部门或国家指定的政府采购信息媒体上公告。欧盟规定，达到其"指令"限额标准以上的采购项目，必须同时在本国政府采购信息媒体和欧盟指定的政府采购信息媒体上发布公告。

（4）实行以分散采购为主、集中采购为辅的采购模式。由于政府采购制度在国外实行时间较长、制度规定比较完备，各部门已经形成了依法采购的工作机制，再加上集中采购存在效率低等难以克服的缺陷，现在政府已从初期以集中采购为主转变为以分散采购为主。目前，欧美国家普遍实行分散采购，弱化了集中采购；集中采购主要针对各部门需要的通用商品，占全国政府采购规模不足10%，集中采购项目也由强制性采购改为选择性采购。

（5）重视合同管理。合同是整个政府采购活动的结果和支付依据。采购合同管理得好，政府采购效率就会比较高。因此，各国都制定了统一的招标合同格式或范本，政府采购合同草案也必须经财政部门审核后才能签订。此外，各国政府采购在注重高效率的基础上还特别重视质量。例如，英国重视对政府采购中公共服务的质量标准的确定，对合同中质量规格进行量化和指标化，并以此来保证政府采购的质量。同时，英国还特别重视对工程合同的监管，如果发现企业未能执行合同条件，如未很好地进行施工现场管理、工程未按进度进行、管理质量差、分包商未执行合同条件、施工不安全或不卫生等，都有可能随时被要求停工。美国政府采购法中关于合同修改、中止的程序也是值得借鉴的，其赋予合同官员很大的自由裁量权，且对行使该权力的程序和对损害补偿的救济程序也做了详细规定，避免了权力的滥用和对供应商权益的损害。西班牙在中央和地方政府采购管理机构中还专门设立了审核合同的分支机构。

（6）严格资金支付审核。欧美国家普遍实行采购资金财政直接支付方式。合同签订后，由财政部门按部门申请的合同金额，直接支付给中标供应商。在德国、西班牙等国，财政部门审核的内容除了合同，还包括送货单、收货单等采购凭据，只有支付申请合格，财政部门才向供应商支付货款。

（7）建立全方位的监管体系。为加强政府采购的日常监管，各国普遍设立了具有专业性和科学性的专职机构，同时还十分重视保护供应商的权益，特别是在纠纷处理机制上，已经形成了一套比较完整的体制，有些国家还设置了独立于政府采购主管部门的纠纷处理机构。如英国、法国在财政部设立了政府采购管理司。法国政府采购有着严密的监管机制，法国的审计法院是对政府采购进行司法监管的重要力量。根据法国宪法的规定，审计要"帮助议会和政府检查国家财政工作中执行财经法律的情况"。审计法院既不从属于立法，也不从属于行政，其独立性受它本身的司法地位保障，其职责是监管所有政府及公共机构的财务及其管理，以确定它们是否合法地使用了公共资金。政府采购所采取的公开、公平、竞争、择优的机制，使政府及其部门权力得到有效制约，公共资金绩效得到有效保障，深受社会的认同和国民的信任。美国在总统行政预算办公室设立了联邦采购政策办公室。目前，负责美国政府采购（除国防采购外）的专门机构是"美国事务管理总署"，下设"联邦供应局"为具体采办部门。"美国事务管理总署"除了由设在华盛顿的总部负责全面的采购管理及制度执行外，还在美国各大城市设立了分部，对地区政府采购进行监管。

（8）对采购人员实行资格管理。许多国家对各部门的采购从业人员都有资格要求。例如，美国目前拥有一支由 3 万名采购专家和 1500 名采购官员构成的庞大采购队伍，为采购人员提供持续的教育和培训，以提高采购人员的专业水平，实行政府采购人员资格认证制度。采购人员资格分为不同级次，各级次都有相应的条件和职责，级次的获得和晋升必须通过考试。各部门只有获得采购资格的人员才能组织采购活动和签订合同。有资格的采购人员独立开展采购活动，各部门行政首长不能干预，也不能改变他们做出的决定，但采购人员对所做出的决定要承担法律责任。

（9）运用高效、透明的电子信息手段。目前，许多国家已经开始实行政府采购电子化的试点工作，部分已初见成效。德国从 2006 年 1 月起，联邦一级政府的所有通用货物和服务都必须通过政府统一开发的电子平台进行采购。韩国已形成由电子招标、电子订货、电子合同和电子支付构成的一个完整的电子化政府采购系统。新加坡在互联网上专门设立了招标

信息服务网站，采购和供应双方可以方便、迅速地获取自己所需的政府采购项目、日程、报价及合同授予等信息。此外，新加坡还利用互联网建立了一种双向的、交互式的电子交易系统（MIPS），从根本上解决了过去采购程序烦琐、手工操作复杂、数据不够准确、缺少透明度等问题，使招标工作更加科学化、规范化、公开化，从而提高了采购效率，减少了政府官员在采购中可能出现的腐败行为。各国推行的电子化政府采购模式重新确立了采购机构与供应商之间关系，打破了时间和空间障碍，增强了采购信息透明度，提高了采购效率，降低了采购成本，规范了采购行为。另外，从政府采购管理的实践来看，运用电子信息手段已经成为发达国家政府采购制度改革的必然趋势。

【附录1】

奥的斯总裁致供应商的一封信

亲爱的奥的斯供应商：

首先，我代表奥的斯公司衷心地感谢在过去一年里贵公司对奥的斯的大力支持。借此机会，我们也希望向您重申奥的斯关于员工不得接受（或赠送）业务礼品的政策。同时，为了避免利益冲突，我们希望在您的帮助下进一步了解奥的斯员工（或者奥的斯前雇员）当前在贵公司是否拥有个人利益。

（1）奥的斯禁止其直接负责采购的人员向供应商或潜在供应商索取或接受任何形式的宴请及礼物，但以下情况除外：①在供应商举行业务会议时所提供的饮料、小点心及工作餐；②旅行中合理的业务餐；③无实际价值的宣传或广告类物品，如棒球帽或便笺簿。

（2）奥的斯坚决杜绝实际或潜在的利益冲突。我们的期望很简单，即奥的斯的董事、管理人员和员工不能因为个人的某种关系或行为而影响业务中的独立与判断。

关于奥的斯的政策，我们的政策说明手册中有详细描述，包括"来自供应商的礼物"和"联合技术公司商业行为规范"这两个政策。我们非常重视并积极执行我们的政策。为避免困扰或其他严重后果，请将我们的政策传达给您公司中所有与奥的斯业务有联系的人员，并协助我们推广贯彻上述政策。

我们的政策旨在保持公平和相互尊重，希望避免任何非正当业务行为的发生。所附文件是一份需要贵公司签署和盖章的文件，需声明理解并同意遵守上述要求。同时，请贵公司提供股东信息，以及那些在贵公司的与奥的斯员工或前雇员有密切家庭关系或者分享财务利益的关键员工或股东。

请接受我们良好的祝愿，以及对贵公司上下在过去一年中对我们的帮助所表示的诚挚谢意。请您相信，您一如既往的支持是送给我们最好的礼物。

此致

敬礼！

奥的斯电梯（中国）投资有限公司

【附录 2】

中国奥的斯集团（中奥集团）礼品接受管理标准操作程序

1.1　总则

1.1.1　按照从事商务的国家的习惯以及合理的价值和行为频率进行的商务礼品的馈赠与接受是被允许的。

1.1.2　一般来说，价值 200 元人民币以内的礼品在价格上是合理的。这个限制是指在 12 个月内一个人接受的礼品的总金额（不包括在商务活动中消费的食物和饮料），或在 12 个月内从一个单位接受的礼品总金额（不包括在商务活动中消费的食物和饮料）。

1.1.3　商务礼品不得因馈赠产生某种义务，或者使礼品接受者对馈赠者有承担义务的感觉。

1.1.4　禁止在只求获取礼品的情况下向政府官员馈赠礼品，一般也不鼓励向政府赠送官方礼品。但是由于文化习俗，如果不进行礼品馈赠可能会损害双方之间的关系，可以考虑准许在无商业目的情况下向官员馈赠礼品。在此情况下，不论准备馈赠的礼品价值大小，均须由集团法律部顾问及奥的斯中国区域商务行为监察官批准。

商务礼品在下列情况下是严格禁止的：

1）法律法规所禁止的情况。

2）由更严格的适用于商务关系的联合技术公司/奥的斯公司政策所禁止的情况，该商务关系包括与美国政府雇员进行政府关系（见《联技公司与美国政府签订的商务道德及规范政策声明》）。

3）有意接受礼品者的雇主一方有明令禁止政策。

4）有意造成不恰当的影响，或已有迹象表明正对接受方有不恰当的影响。具体表现为：①当了解到礼品或部分礼品的提供、承诺与馈赠将直接或间接地违背上述条款时，不允许向任何代理商、分包商、中介、个人或公司馈赠礼品；②礼品不能成为任何非奥的斯团体采取或不采取任何行动的诱因和奖励。

不允许将现金作为礼品馈赠或接受。能够很容易被转换为现金的礼品项目，如超市和商店的代金券，应视为与现金等同。

1.2　礼品馈赠

1.2.1　必须填写礼品馈赠申请表，除了与非政府官员进行的娱乐活动外，所有馈赠的礼品必须事先得到批准。在礼品馈赠申请表中，馈赠者必须写明接受礼品者的姓名、所工作的公司/机构的名称、所馈赠礼品的名称及礼品的价值。

1.2.2　得到批准的申请表应与下列文件一并提供：①如礼品需经采购部门购置，须填写采购申请；②如礼品需经财务直接付款，须填写付款申请；③如礼品费用需经月度费用报告（MER）的报销程序报销，须填写报销申请（月度费用报告）。

1.2.3　在提交申请表以求得到事先批准时，申请人应参照表 10-5 来了解谁有权批准该申请。在事先批准要求栏目中注明需两人以上批准时，应得到所有相关人员的批准。当礼品经由采购部门购买，或由财务直接付款（不经采购部门购买），或经 MER 程序报销礼品费

用时，应该按照正常的程序得到部门经理、所属单位财务总监及报销批准申请表中提及的其他管理人员的批准，同时附上已获事先批准的礼品馈赠申请表。当礼品价值大于200元人民币时，礼品必须由中奥集团财务总监批准以了解馈赠目的。

表 10-5　中奥集团礼品批准及报销申请

礼品类型	批准及报销	
	事先批准要求	报销批准要求
促销礼品，价值＜200元人民币	所属单位或职能部长	部门经理 所属单位财务总监
节日特殊礼品，价值＜200元人民币（如农历新年和中秋节）	所属单位或职能部长	部门经理 所属单位财务总监
促销/节日礼品，价值＞200元人民币	所属单位或职能部长 所属单位财务总监 奥的斯中国区域商业行为监察官 中奥集团财务总监	部门经理 所属单位财务总监 中奥集团财务总监
非促销礼品及娱乐费用，价值＜200元人民币	所属单位或职能部长 所属单位财务总监 奥的斯中国区域商业行为监察官 中奥集团财务总监	部门经理 所属单位财务总监
非促销礼品及娱乐费用，价值＞200人民币	所属单位或职能部长 所属法人单位财务总监 奥的斯中国区域商业行为监察官 中奥集团财务总监 中奥集团法律经理	部门经理 所属单位财务总监 中奥集团财务总监
所有超过800元人民币的礼品	所属单位或职能部长 奥的斯中国区域商业行为监察官 中奥集团财务总监 中奥集团法律经理 中奥集团总裁	部门经理 所属单位财务总监 中奥集团财务总监
就餐（不适用于提供给政府官员的餐饭）	基于各部门的相关指南	部门经理 所属法人单位财务总监

1.2.4　由中奥集团总裁的直接下属馈赠的礼品，应得到中奥集团总裁、中奥集团首席财务官及奥的斯中国区域商业行为监察官的事先批准。

1.2.5　由中奥集团总裁馈赠的价值小于400元人民币的礼品可经奥的斯中国区域商业行为监察官批准。中奥集团总裁馈赠的价值大于400元人民币的礼品应得到北亚区总裁及奥的斯世界总部高级商业行为监察官的批准。

1.2.6 每年度，中奥集团财务总监负责准备并提交礼品馈赠报告，总结所有本年度内馈赠礼品（价值大于200元人民币）的情况。报告将包括接受礼品的公司/个人的名称、礼品的描述以及每个礼品的价值。

1.3　礼品接受

1.3.1　中奥集团员工在任何情况下都不允许索要商务礼品。

1.3.2　当员工的配偶及子女接受了礼品，如果礼品的馈赠是基于员工与奥的斯存在的

雇佣关系，从而与奥的斯的商务关系相关，礼品的接受仍需按照政策规定执行。

1.3.3　在职能部门内部，除了接受提供的食物/饮料和娱乐消费外，接受鲜花或类似不具有再销售价值的物品，以及价值低于 200 元人民币的商务礼品，应要求员工将接受礼品一事报告给部门经理。

1.3.4　商务礼品的接受应从公司利益出发。当所接受礼品的价值大于 200 元人民币时，必须向奥的斯中国区域商业行为监察官和中奥集团财务总监报告并将礼品上交公司。公司管理层及奥的斯中国区域商业行为监察官将做出如何处理这些礼品的决定。

1.4　负有采购职责的人员接受礼品

1.4.1　在任何情况下，任何负责采购的人员或者可以对采购决定、承包商和分包商的选择以及外部采办活动施加影响的人员，或负责确定分销商及代理商的人员，均不允许接受任何礼品。

1.4.2　中奥集团负有直接采购职责（包括采购支持，如供应商质量监控或采购渠道的选择）的员工，可以接受在供应商或分包商办公地召开会议时提供的就餐和饮品，但不允许接受与他们存在商务关系的分包商、供应商等所提供的任何价值的任何其他商务礼品（包括馈赠物、会议地点外的就餐以及娱乐活动）。这项规定也适用于即将成为公司分包商和供应商的机构。

上述规定只有在以下情况例外：采购人员在喜庆活动期间作为全体员工的一部分，接受符合文化习惯的礼品。在这种情况下，喜庆礼品应以促进活动气氛为目的，价值应低于 200 元人民币。任何超过此限定的礼品接纳必须报告主管，并由主管与商务行为官协商如何处理礼品。

案例分析

实行采购公开加强采购监管

——JH 新材料资源有限公司采购案例

JH 新材料资源有限公司是一家合资企业，生产稀土，主要是出口到国外，每年的生产量约为 3000t。1993 年来，在激烈的市场竞争环境中，公司一直保持超常规、跳跃式发展，从当初不足百万元起步，迄今资产总值达 2.5 亿元，经济效益连年居全国同行业前茅，2002 年生产稀土 3000t，实现产值 2 亿元和利税 3000 万元。

物资采购供应是企业生产经营的第一道工序，也是廉政建设的重要关口。做好公司的物资采购管理，对于减少支出、降低成本、增强市场竞争力、提高经济效益及有着直接的决定作用。公司从实际情况出发，坚持"严"字当头，在规范采购行为、强化采购过程监管方面进行了积极的探索。

1. 采购决策民主化

为防止物资采购决策中"一个人说了算"的现象，公司根据采购物资的类别和金额大小实行分级把关、集体决策，出台《物资采购管理制度》。其具体规定如下：①生产物资的采购由生产部门提出计划，仓库管理员（或材料会计）审核后由单位分管领导审批；②设备、固定资产的采购由使用部门提出计划，总经理审批；③个人配备的非生产性物资采购由总经理审批；④办公用品的采购由办公室主任审批。集体决策即各级在决定物资采购事项时

应集体研究、民主决策。

公司的物资采购可分为四大类：①计划物资和设备的采购；②稀土矿物质材料的采购；③零星物资、急用、外协件的采购；④劳保及办公用品的采购。

为了使采购决策程序化、民主化，公司对各类物资采购制定了明确的决策程序，实行逐级把关、分权管理。对于一次性成套购买价值50万元以上的物资设备和全年用量在100万元以上的原辅材料或其他大宗材料的选购，公司特别重视。对计划物资和设备供应商的选择及成交价格的决策十分慎重，实行"六把关""三不准"。①"六把关"，即生产部门把好生产物资的计划关，仓库管理员（或材料会计）把好审核关，单位分管领导把好审批关，使用单位把好设备、固定资产的计划编制关（质量验收关），总经理把好审批关，招标委员会把好招标投标关，严格按招标投标程序进行。②"三不准"是纪律要求，即要求所有参与人员不准私下单独接触供应商人员，不准泄露本公司任何机密，不准接受供应商的任何钱物，做到决策程序清楚、各级权限明确、纪律严格。

对一次性成套购买价值10万元以上的物资或者设备和日常生产中常用的物资，虽然价值大，但由于品种繁多而不易招标的，实行询价采购，按照《物资采购管理制度》中的询价采购管理规定的程序进行。对公司日常生产、技术改造中常用的物资，因其品种繁多、数量巨大，可通过询价确定若干供应商进行采购，并在采购过程中进行比较分析，对同种类、同规格、同厂家、同质量的物资要求以最低价进行结算。

2. 采购过程公开化

（1）采购渠道公开。供应商的资格评定与选择要公开。对供应商的资格确认，该公司实行一年一定，由使用部门、技术部门、采购部门共同研究后提出推荐名单，再由公司领导集体研究确定，进而分门别类地建立合格供应商花名册。采购部门在实施采购时，不论是大宗物资还是小批零星物资，都必须严格在合格的供应商范围内选择供货单位，并按规定程序报批。如有特殊情况，需超出确定范围采购的，必须重新按程序规定审批。

（2）采购价格公开。采购价格公开是指所采购物资的定价和选价要公开。公司需要的稀土矿物、酸和碱的用量极大，采取比价压价的方法定价，即先由合格的供应商出报价，进而组织使用单位、技术部门、财务部门和采购部门一起比质比价，选择合理的价位，报公司领导审批。大型设备、成套设备和大宗物资的采购实行招标选价，即由公司招标委员会组织招投标，参加投标的单位不少于5家，最多不超过10家。

（3）采购结果公开。每月将采购的物资名称、数量、质量、价格、供应商和经办人员进行公开。公开的形式有以下三种：①在每月一次中层领导参加的生产调度会上通报；②在每月的物资采购汇总报表上公布；③在"厂务公开栏"上张榜公布。

3. 采购环节监督制度化

物资采购环节往往是权钱交易的地方，容易产生腐败。光靠人的觉悟和素质远远不够，一定要建立健全一种有效的监督制约机制，使之制度化、规范化。公司从实际情况出发，按物资采购的过程，建立了一套采购前、采购中、采购后的监督约束制度。

（1）采购前的监督。按照公司的《物资采购管理制度规定》建立物资采购计划申报与审核制度。各单位需要买什么，买多少，事先必须申报，按程序审查批准后才能实施采购。这样可以杜绝物资采购上的随意性，防止乱买、多买、错买给工厂造成不必要的损失。

（2）采购中的监督。要建立和完善合格供应商的评定制度、大宗物资的比质比价采购制度、招标采购制度和合同管理制度等。这些制度对规范采购过程，严格采购程序，防止"暗箱操作"，避免买"关系"货、高价货、劣质货，起到了有效的制约作用。

（3）采购后的监督。建立和完善物资验收进库制度、票据审核制度和结承付制度。这些制度用于所购物资的数量、质量的验证核对和价格审核，可以避免短斤少两、以次充好、多付货款等现象的发生。

多年来，由于公司重视物资采购管理，坚持"采购决策民主化、采购过程公开化、监督制约制度化"，取得了令人满意的效果：①大大降低了采购成本；②为公司节省了大量资金，由于采取询价比价方法，每年单是在采购稀土矿上就为公司节省资金 100 多万元；③促进了公司以"主人翁意识"为核心的企业文化建设，使其经济效益连续多年保持在全国同行业前列，有力地推动了企业持续、健康、高速的发展。

（资料来源：根据上海交通大学 MBA "采购与供应管理"课程论文集改编。）

案例分析题：

1. 公司在采购环节实施了哪些具体的监控策略？
2. 请为公司制定完整的采购过程的制度规范。

【本章讨论】

1. 作为一名合格的采购人员，应遵守哪些采购伦理的道德法规或规范？
2. 在采购过程的不同阶段可能发生哪些伦理道德问题？简述这些问题的具体表现及其危害。
3. 结合我国国情，讨论我国采购过程中伦理道德问题的主要特征。
4. 简述企业采购监督的主要内容及其相应的监督策略。
5. 简述政府采购监管的主要内容及其相应的监管方法。
6. 以连锁采购为例，提出设计采购监督机制的基本框架及实施建议。

第 11 章

外包管理

【导言】

外包是指一个组织将传统上由内部处理的一些非核心的、次要的或辅助性的功能或业务（产品、知识产权、服务等），通过分工合作的方式委托给外部的专业服务机构来承担执行，从而达到降低成本、提高服务质量、培育核心竞争力和增强企业环境适应能力的一种管理模式。通俗地讲，外包就是一个组织把自己做不了或做不好，或者别人能以更低成本做得更好的事交由别人来做。

选择自制还是外包属于一个组织战略层次的决策。传统上，许多企业追求"大而全、小而全"的组织形式，不断发展并拥有大量的制造与装配设施，同时自己从事包括物流在内的各种活动。而新的管理理念则偏好柔性和差异化竞争，关注企业市场竞争优势、顾客关系和供应商关系。这种新的经营管理理念使很多企业将零部件加工、仓储运输等物流服务、维护与维修、人力资源管理乃至财务管理等非核心业务外包给专业的供应商，从而将更多的企业资源集中于最能反映企业相对优势的领域，构筑企业的相对竞争优势以获得企业持续发展的能力。

学习目标

1. 了解企业在进行自制或外包决策时需要考虑的影响因素。

2. 企业进行自制或外包决策时需要从三个层面考虑，即战略性决策层面、战术性决策层面和运作性决策层面，了解每个层面的决策机制。

3. 掌握采购外包的影响要素，理解采购外包的主要动机。

4. 掌握企业外包决策方案的选择与实施，熟悉采购外包的决策过程，并能根据企业的实际选址做出适合自身企业发展的外包决策。

5. 企业在分享采购外包利益的同时，也必然要承担由此带来的诸多风险。认识、规避、监控和化解外包风险，是达到采购外包预期管理成效的必要条件。掌握外包风险的分类及其相应的风险控制策略。

家乐福集中采购和外包配送

法国零售巨商家乐福正加速争夺全球市场，力图成为全球零售业的领头羊。在欧洲、亚洲、拉丁美洲，家乐福共设有9200个分店。至1999年，家乐福收购其本国竞争对手普莫德集团（Promodes Group）之后，已成为世界第二、欧洲第一的零售商。在其中最大的"战场"之一——巴西，家乐福将与当地的零售商以及全球最大的零售商——沃尔玛展开竞争。

巴西的家乐福最早成立于1973年。这个拥有约2亿人口的国家既为零售商提供了巨大的发展机会，同时也给它们带来了诸多挑战。一方面，巴西市场拥有巨大的购买力；另一方面，它又被资源贫乏危机所困扰，缺乏必要的基础设施，时常经历经济危机。在机遇与挑战中，家乐福不断成长，如今已经成为仅次于巴西本国零售商 Companhia Brasilia de Distribuicao（CBD）的第二大零售商。

40年前，家乐福引入了高级百货商店这一新型业态，集百货商场和超级市场于一体，销售从鸡蛋到电子设备的所有商品。家乐福通过实施扩张性经营战略，在巴西成为首屈一指的零售商。仅在巴西，家乐福就拥有96家高级百货商场、122家超级市场、7家分销中心。

1999年，家乐福试图在巴西普及一种集中采购模型，即开始了一项商业系统和全球业务流程标准化的工程。这项工程是在系统开发商 Accenture 的帮助下，采用统一的财政和会计平台以及 PeopleSoft 公司的企业资源计划（ERP）软件模型。该项目的部分内容包括在任一国家创建共享服务中心（SSCS），以便组织商品的集中购买和供应。共享服务中心将来自许多零售店的订单进行分组、汇总，把总需求传达给厂商。但零售店经理仍负责决定商品订购数量和种类。

1. 集中配送

家乐福经营管理者发现圣保罗（Sao Paolo）地区有建立配送中心的显著需要，但一旦到了选择具有熟练配送经验的设施设备服务商的时候，家乐福却没有太大的选择余地。原因是巴西没有提供这项服务的市场。据家乐福物流执行官马科·奥雷利奥·费拉里（Marco Aurelio Ferrari）所说，家乐福是巴西唯一一家采用物流服务商的零售企业。因此，巴西几乎没有一家零售商具有丰富的零售经验，最终，家乐福选择 Cotia Penske 物流公司来经营圣保罗配送中心。该公司是一个新兴的物流公司，是 Penske 物流公司和 Cotia 贸易公司的结合体。Penske 物流公司本身是 Penske 运输租赁公司的子公司。而 Cotia 贸易公司拥有25年的进出口商品运作经验。

据 Penske 的副总裁吉姆·厄尔德曼（Jim Erdman）介绍，Cotia Penske 在巴西的第一个客户是福特汽车制造公司。它为福特汽车公司经营配送中心，代理销售340余种汽车零部件，1999年1月为福特公司配送了第一批货物。5个月后，家乐福与 Cotia Penske 开始洽谈合作，并于同年9月建立了配送设施。据 Cotia Penske 公司信息部经理穆罕默德·纳西夫（Mohamed Nassif）介绍，最初，合同仅应用于23个商店和有限的几类商品；随后，合同应用范围迅速扩展，现已包括96家高级百货公司、23家超级市场和6家较小的配送中心。

在圣保罗的奥萨斯库（Osasco），主要配送设施的建设分两阶段：第一阶段用地45万ft²[⊖]，随后几年将增长到80万ft²。圣保罗配送中心经营辐射范围达七八百公里。家乐福高级百货商场除少部分分布在附近其他州外，绝大多数都围绕着圣保罗。配送中心现在经营36000类产品，包括食品、器械和电子设备，拥有170台电动升降机和220台无线电频率接收器。随着设施逐渐完善、作业效率提高，圣保罗配送中心的员工数量由800人减少到600人。圣保罗配送中心每年处理3500万~4000万份货单。依季节不同，圣保罗配送中心平均每天交易货物约5500份。

Cotia Penske在距圣保罗东北方向500m的维多利亚（Vitoria）为家乐福开设了第二个配送中心，拥有30名员工和12000m²的工作场所，配送范围包括2个高级百货商场和15个超级市场。由于其规模庞大，家乐福不仅需要可储存充足产品的基本仓库，而且需要复杂的仓库管理系统。Cotia Penske新的物流服务商通过整合Penske零售商、世界其他地区消费品配送专业技术，凭借Cotia公司对巴西零售市场的掌握与了解，开发出自己的仓库管理软件，解决了库存管理系统越来越难以适应家乐福在巴西日益扩展的商业网络需求的难题，同时方便了与当地客户的联系。

2. 经营业绩考核

家乐福拥有两个配送中心，在经营中，这两个中心保持紧密联系。每个月家乐福和Cotia Penske都要在一起分析评估本月的经营业绩，业绩衡量标准有以下13个：

（1）质量检查。对基本设备和家用电器，家乐福检查所有产品并确定99.99%合格后才运往商店；对纺织品、玩具、快运食品，检查20%的产品并确定99.99%合格后运输。

（2）生产力。以每人每小时计算。

（3）配送时间间隔。以每天实际发车量计算。

（4）规定时间内完成运输任务的能力。实际统计以24h、48h或更长时间计量。

（5）将家乐福企业资源管理系统和Cotia Penske仓库管理系统的数据比较，差错率不高于0.05%。

（6）平均每车装载量。以车辆最大容量计算。

（7）货车预计接发货物数量及实际接发货物数量。

（8）从供应商处得到的货物数量及需求的货物数量。

（9）运至商店的货物数量及商店的需求量。

（10）货车装载时间。分货车及货物类型计算。

（11）由供应商提供的单一商品和混合商品的数量和比率。

（12）运至商店的货物为单一商品和混合商品的数量和比率。

（13）家乐福或Cotia Penske拒绝受理商店订单的比率。

3. 库存作业准确率

到目前为止，配送中心库存作业准确率非常高。由于采用条码技术，库存管理准确率达99.97%，外向物流订单处理准确率达99.89%。此外，尽管配送中心不能提供商品库存量和商品积压值的确切数字，但库存量和商品积压确实很少。其中最重要的是，由于产品现货

⊖　1ft² = 0.0929030m²。

供应能力、客户服务水平以及库存管理可见度的提高,商品销售量持续增加。

通过集中配送,家乐福实现了拥有少量库存,但却增加了存货项目分类的目的。尤其对于那些占地很大的商店,这点很重要。所以,商品必须被分类储存在各个商品架上。Cotia Penske 的配送中心不经营易腐食物,仅经营含有有效期的干燥食品。通过条码扫描技术提供的食品信息能保证供应新鲜产品,并准确除去原有商品架上的过期产品,而将指定的产品分配到相应的商品架上。

4. 交叉送货

家乐福计划在圣保罗配送中心增加交叉送货的功能。在这里,零售商引用沃尔玛的例子,仅在巴西开设 10 家高级百货商场,却通过交叉送货中心完成了 70% ~ 80% 的运输业务。由于增建换装站,涉及产品接收和运输的物流过程,不再需要长期储存货物,降低了库存成本,同时加快了产品的响应时间。费拉里说:"过去,我们建立的管理信息系统不具有'交叉送货信息'转换功能,但我们将更改信息系统,新建具有'交叉送货信息'功能的管理信息系统。"

5. 经营障碍

对家乐福经营影响最大的是巴西匮乏的基本设施资源和不稳定的经济因素。巴西高速公路货运量占总货运量的 75% 之多,但仅有 2 万辆商业经营性货车,而且这些经营车辆的驾龄仅 18 年。由于小公司在巴西有免税的优势,所以大型跨国运输公司不愿意在巴西投资。目前,巴西政府开始投资高速公路系统的外包发展和维修,极少数资金充足的私营公司也紧跟其后,增加投资。据费拉里说,现在巴西 85% 的运输市场份额属于巴西本国公司。

在巴西,像家乐福这样大型的零售商面临的最大问题是巴西有限的购买力。多数巴西人处于贫困线上,仅仅有 90% 的人有能力购买最基本的生活用品。假如巴西经济稳定并且中产阶级数量能继续扩大,这种困境将可能得到解决。同时,家乐福希望通过自行开发的信用卡操作系统使这种困境有所改善。

(资料来源:www.100test.com,百考试题网。)

11.1 自制与外包

著名管理大师彼德·德鲁克指出,任何企业在 10 ~ 15 年之内只做后台支持而不创造营业额的工作都应该外包出去,任何不提供向高级发展的机会和活动、业务也应该采用外包的形式。

自制与外包决策是任何一个企业都可能会面临的战略性问题,且在很大程度上决定了企业的生产率和竞争力。企业是否自己加工某种零部件,是否应该购买货车组建运输队或建立自己的仓库,是否应该拥有自己经营的餐厅,这些问题都是企业经营中需要考虑的。随着全球竞争的日益加剧,降低成本的压力越来越大,企业对自身的核心能力开始日益关注,对自制与外包决策问题的观念也在不断发生着变化。从自制到外包,再从外包到自制,企业需要为每次的决策改变给出充分的理由与依据。

11.1.1 自制与外包的影响因素

表 11-1 列出了企业在决定自制或外包的过程中可能遇到的问题。不同企业在遇到具体

问题时，可以做相关改动，以便权衡。

表 11-1　自制/外包检查表

从外包到自制	从自制到外包
自己公司有这种能力吗？	是否涉及企业核心机密？
如果有，这种能力在涉及的计划阶段能用得上吗？	如果停止生产某种物品，是否会导致生产能力过剩？
现在能以经济的价格获得必要的原料吗？	如果是，对这种过剩需要采取什么措施？
在计划阶段，还能以经济的价格获得这种原料吗？	如果涉及工具配备，那么工具的状况怎么样？未来的供货来源能使用它们吗？
如果涉及工具配备，那么获得成本如何？使用的预期寿命如何？购买后交货情况如何？	如果撤销生产设施的一部分，那么目前的制造设施中包括的机械能被充分利用来做另一种方案的工作吗？
目前供应商是否是最经济的供应源，对其满意吗？	我们有没有自己完成开发工作的可能性？如果有，那么能否与某家外部供应商一起令人满意地做好这项工作？
是否有专利问题，有可能需要支付专利费吗？	要购买的量能引起外部供应商的兴趣吗？
需要缴纳增值税吗？	与使用自己制造的设施比较而言，我们是否了解备选的供应方案目前和未来的成本（如运输和处理成本）？
目前的供应商是否正在做开发工作来改进本公司采购的物品？	该物品的生产是否为包含着几个制造阶段的一体化生产体系的一部分？如果是，那么外部的生产设施能做到与我们工作车间中的生产进度和机器负荷协调一致吗？
目前的供应商在交货质量、数量或时间因素方面是否有困难？是否因此导致其成本攀升，从而影响销售价格？	对于相关的计划阶段来说，该物品的未来市场地位如何？
如果其质量受到影响，那么供应商是否对其质量体系做过检查？质量问题的程度如何？	如果做出购买的决策，那么在供应原材料/零件方面是否有优势？供应市场是否有充足的选择可能？
我们的生产部门是否有信心在内部生产中经济地保持符合规定的质量？我们的质量规定要求是否过高？	潜在的供应商能就降低该产品的成本提出想法吗？
供货商的成本正在攀升的原因是什么？我们能够确保不受到同样的影响吗？	供应商能否提供符合要求的制作计划和能力？
如果购买的物品目前需要进口，那么其成本分解情况如何？如果需要缴付关税，那么适用什么样的税率？相关的原材料/零部件如果需要进口，适用什么样的税率？	供应商能否提供有保证的（最好是有品牌保证的）设备或零部件以及优惠？

提出问题之后，需要将这些问题和答案分类，找出影响自制/外包决策的主要因素。通常来说，影响自制与外包决策的因素可以分为两大类：一类是经济利益因素，这是自制与外包决策的主要影响因素；另一类是非经济利益因素，这也是不可忽视的重要因素，主要包括企业竞争优势、自制能力、生产柔性和敏捷性及市场供应情况等。

1. 经济利益因素

经济利益因素主要是指成本因素，是企业权衡自制或外包时考虑最多的因素。事实上，有时企业即使有自制能力，但当自制成本高于外包成本时，仍会考虑选择外包。

自制成本主要包括管理费用、直接人工费、福利、直接物料费、间接人工费、间接物料费、设备折旧费以及工程和设计费用；而外包成本主要包括采购成本、运输成本、收货检查成本以及管理费用。

另一个需要考虑的成本是时间成本。许多高新技术企业的产品竞争都体现为速度的竞争，因为率先进入市场的高科技产品就能占据绝大部分市场份额，所以对生产周期的压缩能力是赢得竞争优势的关键。因此，企业为了缩短产品开发与生产周期，通常会倾向于选择外包。

企业进行成本分析时，为了更清楚地比较成本，主要依据边际成本（增量成本）的分析原则，即只考虑那些随自制与外包决策而变动的成本。例如，对于有自制生产能力的企业，自制某零部件的增量成本只包括劳动力、材料等直接成本及动力、燃料等净增成本，其余不因决策而发生变动的成本，在进行费用比较时不用考虑；对于无自制生产能力，或需要增加部分生产能力的企业，其增量成本还应包括为增加生产能力所支付的成本。

成本可以在短期或长期的基础上计算。虽然很难确定自制决策的长期成本，但在比较自制和外包成本时还是应该选择用长期成本来计算。由于对预期成本的估算比较困难，所以通常在估算成本时使用整个时期的平均成本。

2. 非经济利益因素

非经济因素通常包括企业的竞争优势、自制能力、生产灵活性及市场供应情况，以及竞争、政治、社会或环境等因素。

（1）竞争优势。竞争优势主要依赖于企业的核心竞争力。而核心竞争力因素的重要性显而易见，这是企业为了确保自身核心技术、服务和产品不会轻易被其他企业模仿或超越而必须考虑的因素。不管公司选择哪种产品和服务进行外包，都要首先考虑是否会因此泄露公司的重要信息，如财务实力、先期开发产品的技术秘密等，然后才能进一步做出是否外包的决定。为了增强企业的核心竞争力和市场应变能力，有时精简组织结构以提高效率也会成为企业决定外包的主要因素。正如IBM公司首席执行官彭明盛（Sam Palmisano）在发给全球员工的一封信中说，"随需应变"的战略重点已经与个人计算机（PC）业务运营发生了不可调和的矛盾。这也能解释IBM为什么要出售个人计算机部门给联想了：个人计算机业务作为贡献率低的部门，却占用了巨大的资源、资金和精力，这不符合IBM的未来计划。为了保持核心竞争力，IBM将主要精力集中于开发和销售比较复杂的基础计算架构和应用软件，以实现向高端业务的全面转型。

（2）自制能力。考虑自制能力时，企业必须明确产品质量要求是不是很高或者很独特，是否需要特殊的加工过程，是否有利于充分利用企业的设备与人力以避免资源的闲置，或者说企业是否有足够的资源进行自制。如果以上回答都是"是"的话，那么自制的概率会比较高。另外，企业是否具备足够的管理或技术经验也是很重要的一点。如果企业具备超群的供应管理技术，可能更适合外包而不是自制。

（3）生产灵活性。自制零部件往往会限制产品设计的灵活性并降低生产系统的适应能力。因为如果一家企业在自制零部件上进行了很大的设备投资，很可能会限制企业向其他新产品灵活转移。外包件或外协件较多的企业在生产系统的适应性方面会处于有利的地位。对于加工装配类的企业，生产的专业化程度越高，外包或外协零部件的数量就越多。例如，波音公司的配件和材料中有70%是外包的。

（4）市场供应情况。市场供应情况也是企业决定外包与否的重要考虑因素。例如，较为极端的一种情况是，如果目前没有供应商能够提供该产品，那么企业也只能选择自制。一般企业在已有固定供应商的情况下也不会突然做出自制的决策。因为企业与固定供应商都建立了足够的信誉，而且供应的零部件一般都有品牌保证，使企业更容易接受由它们组装而成的整个成品。例如，建筑或矿业设备供应商通常会让顾客指定动力设备品牌，并将这种选择视为出售自己设备的特别优惠。企业如果在这种情况下开始考虑自制，多半是因为想避免由对供应商的依赖所引起的制约，希望使供应更具独立性，供需更有保障、更加协调。

（5）竞争、政治、社会或环境等因素。除了以上几大因素外，竞争、政治、社会或环境等因素对自制或外包也有一定影响。有时候企业可能希望外包，但是这些宏观因素通常会迫使企业自制。例如，许多国家强制规定，一定数量的原材料加工必须要在本国范围之内完成。

自制或外包的选择是一个重要的战略问题。一般来说，过多的自制会使企业经营向纵深

方向过度发展，经营战线会拖得过长。这样一来，一是会造成无法集中优势进行竞争；二是会造成企业经营风险加大。

但是，过多的外包同样不利于企业的发展。外包使企业可以选择横向发展，但是这样一来也会造成技术分散，难以持久地把握核心竞争能力。因此，企业需要慎重做出自制或外包决策。

11.1.2 自制与外包的决策

在明确了自制与外包决策的各种因素后，就需要建立一套合理可行的决策方法，以保证每一次都能从正确的思维角度进行决策。按照自制与外包产品的重要性，这里把自制与外包的决策分为三个层面，即运作层面、战术层面和战略层面。

运作性决策依据部门的实际情况，一般在给定资源的情况下做出。对于任何一种物品来说，采购部门首先考虑的是能否在内部采购。如果因能力限制而无法在自己可以利用的工厂里用现有技能制造出来，那么内部购买就被排除；如果凭借内部制造能力可以制造出很经济的物品，对外部采购就不予考虑。

战术性决策一般在当自制与外包决策的做出需要考虑获取更多的设备、人员或其他资源时出现。战术性决策不会涉及企业基本资产的变化。这类决策确定企业可以在内部制造某些物品，或者通过放弃少量资源，改为从外部采购以往在内部制造的物品。

战略性决策相比战术性决策更进一步，涉及企业建立或关闭某些重要的内部设施甚至是职能部门等决定。原则上讲，这是高级管理层或董事层面的决策，因为对自制还是外包的选择关乎诸如"我们正在做什么生意""我们想做什么生意""我们组织的关键优势是什么"此类问题，而这些根本性问题实质上就是重大的自制与外包决策，而且是公司制定战略的基础。

了解决策分类后，就可以将每次遇到的问题加以定位，然后根据不同的决策类型，施以不同的分析过程，或者说从不同的角度来看待解决自制与外包的问题。

1. 战略性决策

战略性决策用来确定组织的制造规模与能力。战略层次考虑的是哪些物品和服务需要外包，如果实行部分外包，比例应为多大等核心问题。影响战略性决策的主要问题是：如果不能投资于组织所需的所有物品或服务，那么，应该对哪些要素进行投资？应该将哪些要素外包出去？具体可分为：①生产的各种产品、服务以及企业的各个职能中，哪一种提供了竞争优势？是不是有些东西不需要自己生产？那些不产生竞争优势的业务需要外包出去吗？或者我们有机会制造自己所采购的物品或服务吗？②什么样的服务、物品或商品难以从外部获得？应当开发自己这方面的能力吗？

耐克的外包战略

耐克（Nike）作为世界著名的运动品牌，没有直接的原材料供应商，甚至没有自己的工厂。但在很多发展中国家的工厂里，耐克运动系列日夜不停地被生产出来，而工厂的主人却不是耐克——它们拥有自己的原料供应商。这种运营模式无疑是成功的，这种成功在很大程度上是建立在采购业务成功外包的基础之上的。

2. 战术性决策

战术性决策关系到企业资源的增减，所以考虑战术性的自制与外包决策，需要随资源环境的变化而加以审视。常见的需要紧急做出自制与外包决策的原因如下：①现有供应商的质量状况突然恶化，包括未按时交货或服务很差；②价格大幅上扬，面对削减成本的压力；③对相关物品的需求大大增加或减少；④无法进口；⑤迫切需要将资源集中于特定的核心竞争领域。

紧急情况的出现有时很难避免，但如果企业采购时总碰到各种各样的紧急状况，那么很有可能是企业自身的采购管理出了问题，这就需要企业采购部门采取积极有效的防范措施。例如，应当对组织要采购的各种材料、零件和服务进行检查，以评估供应出现问题的风险级别。

联合利华的采购外包

联合利华集团是由荷兰 Margarine Unie 人造奶油公司和英国 Lever Brothers 香皂公司于 1929 年合并而成的，分别负责食品及日化的经营，有 400 多个品牌，销往 170 多个国家与地区。因此，在采购环节中流程混乱，缺乏供应商有效管理，采购成本与风险不断上升。2004 年起，联合利华聘请 IBM 提供非生产性材料的采购外包服务，包括提供专业的采购人员、引进专业的采购信息系统，提供后台维护支持，承诺为客户提供高效、低成本、高产出的采购服务。首先，IBM 为联合利华优化了采购系统，使用 Ariba 系统统一线下订单，并且还为联合利华配备了资深的专业采购人员，完成更深层次的供应商选择、合同签订等业务。但是，联合利华在采购外包服务上也有压力，虽然采用采购外包服务可以节省内部采购资源的开支，但是所支付的外包服务费也是不低的，而且随着采购外包服务年数的增加，成本降低的幅度会越来越小。起初通过整合供应商与采购内容、与供应商签订合同进行大规模采购可以大大降低采购成本，而每年供应商采购售价成本会有所下降，但是下降幅度有限，并且随着年数的增加，成本降低的幅度减小。最终，联合利华终止了与 IBM 的合作，随后与埃森哲（Accenture）合作进行供应链上下游的业务流程转型。

3. 运作性决策

运作性决策总的原则是在做出自制与外包决策之前，在自制的成本与外包的成本之间进行比较。但这种原则可能过于简单，因为运作性决策的产品多为企业日常运作的必备品，数量过多且流于烦琐，决策可能等不及进行这种比较评估就需要直接做出。但即使这样，采购和相关财务人员仍需对以下问题做详细分析：①预期需要量是多少？预期会有多少废品（或需要多少重做的成本）？②自制需要多少投资？预期自制的材料成本会发生什么样的变动？③如果将其外包，企业增加的盈利比自制节省的成本更多吗？④所需技术的相关风险有多大？⑤合同适用的期限有多长？我们和供应商要保持什么样的库存水平或者实施什么样的供应商管理库存？

11.2　外包决策

外包具有集中优势资源培育企业核心竞争力，节约成本、获得外部企业的专业化服务，分担风险、提高组织对市场的反应速度等显著优势。因此，一个企业为了在激烈的竞争环境下得以快速、成功地发展，就必须进行外包决策。本小节从影响外包决策的要素和外包决策方案的选择与实施这两方面来对外包决策进行相关阐述。

11.2.1 影响外包决策的要素

总体上说，影响外包决策的要素可以分为外包需求、外包产品或服务质量、市场及行业的发展趋势和企业组织管理能力等方面。

1. 外包需求

外包决策首要考虑哪些可以外包，哪些需要外包。因此，企业需要掌握外包需求。一般外包可分为项目外包、独立性部件外包、服务外包和咨询外包四大类。

（1）项目外包。项目外包是指企业将某项任务或服务交由第三方来执行完成。随着外包发展得越来越成熟，像工程、研发、制造和市场营销这些核心职能也逐渐被企业外包出去，这种业务模式又称为职能外包。

（2）独立性部件（包括MRO）外包。企业根据需要，将独立性部件（包括MRO）交由其他企业或组织进行生产，以降低成本，实现效率最大化。独立性部件（MRO）是降低人力、投资、资产、设备和管理成本的主要因素，因为几乎80%的MRO项目都独立于当地业务部门，通过外包以实现材料、存货和人力成本的节约。

（3）服务外包。服务外包是外包的常见形式，其中又以人力资源外包和物流外包为主。人力资源外包是指将原来由企业内部人力资源部承担的工作职能，包括人员招聘、工资发放、薪酬方案设计、保险福利管理、员工培训与开发等，通过招标的方式，签约付费委托给专业从事相关服务的外包服务商。物流外包是将生产运输、产品存储、存货管理到订单处理、分销、包装、信息技术等一系列活动交由第三方专业物流服务商。

（4）咨询外包。咨询外包用于企业内部技术和管理咨询，即企业不设专门的研究小组，而改为聘请外部咨询公司为企业出谋划策。

2. 外包产品或服务的质量

企业外包的产品、服务、项目确定以后，从供应商采购的产品、服务、项目的质量至少要与自制持平，甚至更高。因此，选择的供应商应专业，拥有更先进的工艺与技术、更高的效率、更大规模的生产能力。如果产品质量达不到要求，但采购成本很低，这时候，企业可以外派技术人员进驻供应商帮助改善产品质量。例如，丰田、福特等汽车巨头派遣技术人员帮助外包供应商提升产品质量，得到较低的采购价格。

3. 市场及行业的发展趋势

市场及行业的发展趋势也是外包决策的重要影响因素。行业越发展，分工越细，专业化程度越高，企业越应该考虑加大外包、采购规模力度。同时，行业发展水平越高，需求越高，企业越容易实现规模效益，实行外包战略。例如，苹果公司、三星公司等企业通过专业化的社会分工进行外包管理，改进企业流程，降低产品库存时间，加速资金流转。当然，企业也应从长远角度思考市场发展趋势及行业发展变化。

4. 企业组织管理能力

外包规模的大小，外包项目、内容等决策，还要依据企业的组织管理能力。外包使得企业从内部管理转化为外部管理，管理职能转向如何有效管理与控制外包业务。若企业的组织能力、控制能力强，就应该扩大外包规模。同时，企业实行外包，就要设立专门的、不同于采购部门的外包组织部门进行管理。

多数企业对外包的动机和外包所起的作用的考虑都差不多。最初考虑外包的动机都是降

低成本，但这并不是唯一需要考虑的因素。通过外包，企业可以降低成本，强化核心能力，分散由政府、经济、市场、财务等因素产生的风险。惠普公司就是一个典型的例子。20 世纪 80 年代，惠普公司移动电话测试设备业务部的管理人员经过深入内部调研，认定他们的核心能力是新产品的研发、最终组装、关键零部件调试。因此，他们将其余业务全部外包出去，大大减少了管理资源的耗费，而且使企业更专注于核心业务。

11.2.2 外包决策方案的选择与实施

外包决策方案的选择可以通过相关的科学分析方法进行，其良好的实施依赖于对实施过程的充分了解与掌握。

1. 外包决策方案的选择方法

要合理地选择外包决策方案，就需要科学的分析方法，如 SWOT 分析法、价值链分析法、成本效益分析法等。

（1）SWOT 分析法。SWOT 分析法又称态势分析法，最早是由旧金山大学的管理学教授于 20 世纪 80 年代初提出来的，随后由美国哈佛大学商学院的安德鲁斯教授在其著作《企业战略概念》中确立了 SWOT 分析框架。它是一种能够较客观而准确地分析和研究一个企业现实情况的方法。SWOT 四个英文字母分别代表：优势（Strength）、劣势（Weakness）、机会（Opportunity）、威胁（Threat）。企业要发挥自身的优势，规避风险并发现问题，找到解决办法。其次，通过四象限矩阵确定企业未来发展方向，确定战略目标，围绕战略目标，确定需要解决的最大问题是什么。进行 SWOT 分析时，主要运用各种调查研究方法，分析企业所处的外部环境因素和内部环境因素。外部环境因素包括机会因素和威胁因素，属于客观因素；内部环境因素包括优势因素和劣势因素，属于主观因素。例如，企业在外包决策方案的选择过程中，可以从以下方面展开分析：

优势：企业的竞争能力、财务状况、企业品牌、市场份额、技术研发能力、产品质量。

劣势：生产设备老化、组织结构混乱、缺乏核心技术、经营不佳、产品积压。

机会：新技术开发与技术壁垒、新兴市场、新需求、全球市场的开放、竞争对手的改变。

威胁：行业发展趋势、国家政策、经济环境、市场行情、竞争对手、替代产品。

SWOT 是一种系统分析方法，考虑问题比较全面，从外到内，既找到问题，又提出解决问题的思路，对于外包决策方案的选择和改进都是很好的分析方法。

（2）价值链分析法。价值链分析法是美国哈佛商学院著名战略学家迈克尔·波特教授提出的，是一种寻求确定企业竞争优势的分析方法。它运用系统性方法来考察企业各项活动和相互关系，从而找寻具有竞争优势的资源。

价值链分析方法的思想是把企业活动看成既彼此独立又相互联系的价值增值过程，其中把企业内外价值增加的活动分为基本活动和支持性活动。基本活动涉及企业生产、销售、进料后勤、发货后勤、售后服务；支持性活动涉及人事、财务、计划、研究与开发、采购等。基本活动和支持性活动构成了企业的价值链，每一活动都可以分为直接增值活动（零部件加工、产品设计）价值、间接增值活动（设备维护与管理、工具制造、新产品开发）价值和质量保证活动（监督、视察、检测、核对、调整和返工）三部分。

外包企业应特别重视自身参与的价值过程，从功能、成本的比较中确定自己在哪些环节

上具有比较优势或能建立起竞争优势，把不具有优势或非核心的一些环节有计划、有策略地外包出去。因此，一般来说，在外包决策方案的选择中，首先应详细分析不同外包方案的价值增值活动，其次分析各活动类型，从而确定外包类型、业务范围、外包规模、产品质量等外包决策，确定外包方案。

（3）成本效益分析法。成本效益分析法（也称费用效果分析法）是指在一定时间内，用于比较、评定某项社会活动或工程成本和效益的技术，即将某项社会活动或工程中可能发生的成本与效益归纳起来，利用数量分析方法计算成本和效益，从而判断该项活动和工程是否可行的方法，是一种清晰、明确的方案选择方法。

成本效益分析法起源于第二次世界大战后的美国，从20世纪60年代后，这种方法广泛流行于各工业部门。为了实现某种经济上或军事上的目的，可供选择的经济技术方案很多，这些方案在实现目标的效果和消耗的费用上各不相同，通过效用分析，可以从这些方案中找出给定效果，采用费用最低的方案。对于外包决策方案来说，每个外包决策方案所涉及的成本与收益都是不同的。例如，费用有研发费用、产品设计费用、固定设施投入费用、人员培训费用、存储与维修费用等。收益有产品销售、客户服务、方案咨询、设备维修等。成本效益分析法要求把这些有形或无形的成本和效益转化为具有共同特性的事物以便进行比较。从经济学的角度看，最常用的具有共同特性的事物就是货币。所以，要把成本和效益转化成货币单位，再进行比较。

2. 外包决策方案的实施过程

外包决策方案的实施过程主要包括确定外包目标、决定外包领域、选择外包供应商、管理外包关系、解决外包相关问题以及制定外包决策等环节。

（1）确定外包目标。虽然每个企业实施外包的动机差异不大，但外包目标是各有侧重的。相比而言，美国企业更多地实施以获得新技术和技能、发展核心竞争力以及提高服务质量和增强变化能力等为导向的外包战略，其目的是利用外包获得价值增值。而欧洲企业则更注重通过外包获得规模经济，倾向于成本控制和降低成本，以及利用外包培育企业内部专家等。

（2）决定外包领域。外包最初在IT领域开展，后来逐渐扩展到商务流程管理和其他众多服务项目，并由一种职能过程或活动转向整个流程重组，以实现整个企业的更大价值。欧美企业以基本服务和IT服务为主要外包领域，其中基本服务领域显示了更强的外包趋势。其次则是人力资源管理、通信服务以及设备管理外包。另外，还有10%～20%的企业选择了将电子商务相关流程活动、呼叫中心、财务会计等领域外包。

（3）选择外包供应商。外包供应商的选择是外包成功的关键。许多新型外包供应商，如应用服务供应商、商务服务供应商和计算机服务供应商等不断涌现。超过60%的欧美企业喜欢选择具有行业经验和良好历史记录的供应商，有40%以上的企业选择小的专业化供应商。另外，混合型供应商、大型IT服务供应商以及五大咨询机构等也较受欢迎，成为20%以上企业的选择对象。

（4）管理外包关系。外包涉及购买者和外包供应商之间的合作。根据外包的职能活动以及供应商的类型，企业可以采取多种形式与供应商进行合作，如单一合同、多个供应商的供应合同、长期合同、以绩效为基础的合同、合伙企业以及战略联盟。大部分欧美企业非常重视与具有良好信用的供应商发展长期合作关系，并签订单一合同。此外，1/4以上的企业

选择与外部服务供应商签订以绩效为基础的合同和滚动合同。1/6 以上的企业选择了由多个供应商提供无缝隙服务、合伙企业、战略联盟,并签订弹性价格合同。

(5)解决外包相关问题。外包往往会导致企业业务流程再造,如何处理外包对企业内部人力资源管理的影响,是关系到企业内部协调和外包顺利实施的重要因素。欧美企业强调外包不应该产生重大的人力资源影响,即使发生工作环境、工作单位调换,仍然应保持相同的雇用条件。另外,20% 以上的企业选择混合的人力资源战略和冗余政策,而只有很少的企业赞成变更雇用条件调遣人员。

(6)制定外包决策。欧美企业通常由董事会、执行委员会或职业经理人制定外包决策。比较而言,欧洲企业更多选择由董事会和职业经理人进行外包决策,而美国则更多由后者做出决策,只有少数企业由董事会进行决策。另外,约有 1/3 的欧美企业选择了由执行委员会制定外包决策。

11.3 外包风险管理

外包就是企业在关注自身核心竞争力的同时,将全部或部分相关业务活动外包给供应商。企业在分享外包利益的同时,也必然要承担由此带来的诸多风险。认识外包风险、规避外包风险、监控和化解外包风险,是达到采购外包预期管理成效的必要条件。

11.3.1 外包风险分类

作为企业经营的一种管理模式,外包也避免不了各种宏观和微观层面的风险。宏观风险如政治政策风险、环境风险;微观风险如系统风险、控制风险、质量风险、安全风险、组织风险等。在此主要介绍微观风险。

1. 系统风险

系统风险主要是指由于发包方外包管理能力薄弱或缺失而导致企业外包损失或失败的风险。具体表现为错误地将核心或潜在的核心业务外包,错误地将本身有问题的业务或流程外包,外包前和外包过程中没有建立专业的外包团队,没有系统地正确地选择承包商的标准和定期回顾检查的机制,没有建立与承包商的良好沟通渠道和方式等。以上这些由属于发包方企业管理的问题而引起的外包风险均可称为系统风险。这种风险带来的后果可能是发包方被套牢,后续成本或转换成本高昂,或者是发包方完全丧失该业务能力。

2. 控制风险

企业在将业务外包后,其生产运营在一定程度上依赖于第三方承包商的绩效。当第三方承包商获得企业的更多业务后,企业的某些控制权可能失控:第三方承包商在深度介入一个企业的运营后,在某种程度上掌控了企业运营权。因此,企业对业务外包的程度应持有一定的底线。对于大多数企业来说,外包业务往往是非核心业务,但完全将业务外包则意味着企业对该业务控制力的削弱,这将导致第三方承包商具有与企业讨价还价的能力。随着第三方承包商在企业业务介入程度上的深入,其对企业形成的潜在威胁容易削弱企业对该业务的控制力。

3. 质量风险

在企业与第三方承包商签订合约后,第三方承包商就拥有了外包业务的代理权,可以在

有关业务范围进行决策。按照这种委托代理关系,第三方承包商理应在委托方的监督之下,全力为委托方谋求利益,并获取相应的报酬。但由于信息不对称,发包方很难对第三方承包商的具体行为进行考察和监督,这时出于机会主义动机,第三方承包商就有可能利用自身的信息优势侵害委托方的利益,为自己谋取私利。

4. 安全风险

安全风险是指因商业信息、专利技术信息、设施等的保密性、完整性受到破坏而给发包方的企业发展带来的影响。这种风险可能是承包商行为不当而造成的,也可能是发包方自己的雇员故意破坏而造成的。这种风险常常表现为盗窃知识产权,越位抢发包方的市场,破坏发包方的原有数据系统或原有程序,还包括发包方内部管理缺失导致承包商失窃等而影响到发包方的正常生产或客户服务。

5. 组织风险

业务外包往往会令企业裁减职工。随着更多业务的外包,企业相关部门的有些人员会担心失去工作。如果他们知道自己的工作被外包只是时间问题的话,就可能失去对企业的信心,失去努力工作的动力,导致职业道德和业绩水平下降。因此,如何使由于业务外包而导致的企业内部不稳定性降至最低水平,是决策者不可回避的问题。

11.3.2 外包风险控制策略

风险与收益总是同时存在的。企业应该利用风险管理理论建立自己的风险管理体系,这样既可以享受外包的收益,又能将风险控制在最小的范围。业务外包对企业管理提出了新的挑战,企业需要转变传统的管理模式,提高柔性和市场响应能力,增加和第三方承包商的信息联系与合作,建立新的合作模式,有效地规避业务外包风险。

1. 加强对供应商的监控

对业务外包活动进行监控是外包顺利实施的重要保证。企业即使与承包商签订了协议,也应当监控承包商的绩效,同时给他们提供所需的业务信息。企业不能认为业务外包了,就一切由对方承担,而应当与他们一起制定采购作业流程、确定信息渠道、编制操作指引,从而使双方相关人员在作业中步调一致,同时也可以为企业检验对方的采购作业是否符合要求提供标准和依据。因此,企业要建立采购外包的控制机制,对承包商的业绩进行定期检查,并制定标准对其业绩进行考核。

2. 建立开放式交流机制

信息掌握完全与对称有利于合作双方高效率的运作,而这又依赖于合作双方能进行有效地进行交流。建立开放式交流机制能促进外包决策的成功运作,能对外包风险进行有效的规避。

3. 建立长期战略合作关系

在经过必要的观察和磨合之后,企业与承包商之间双赢的合作同盟关系应该逐步得到确认。特别是对于业绩优良的承包商,应建立战略合作关系,形成供应链上相互协调、互相依存的共赢协作关系。

4. 通过合约设计实现"激励相容"

利益共享合约是在交易费用的约束下,从风险的分散中使其所获得的收益最大化的一种颇具代表性的现代企业产权制度。它兼顾了人力资本和财务资本对产权的要求,在共同承担

风险的同时，企业剩余或损失按契约由缔约双方分享或分担。当风险分散带来的收益在补偿交易费用后仍有剩余时，人力资本所有者与金融资本所有者签订分成式的以股权为基础的激励契约（分成合约）是较为普遍的现象。现代企业与外包商建立分成合约制度，有利于分散企业采购外包的风险，同时还能通过激励相容机制使得缔约双方获得最大收益。

5. 签订正式的外包合同以应对安全风险

虽然从决策层面上，高层管理者已经决定了零部件采购和部分产品生产实施外包模式，但在运作层面上，考虑到知识产权、商业信息等外包安全风险问题，在发出与企业产品相关的信息给供应商前，必须签订经过律师审核的标准保密协议，同时签订详细的正式外包合同以防范企业可能面临的安全风险。

6. 组建和培训专业团队

专业团队的组成人员应来自外包项目涉及的各个相关部门，应当对他们进行包括外包业务分析、外包流程、供应商合作交流与管理等业务培训。

案例分析

三菱公司的物流外包决策

目前，物流业务从生产运输、物资配送等小范围，扩大到从原材料采购、生产运输、产品存储、存货管理到订单管理、分销、包装、信息技术等一系列大范围的活动。三菱公司目前采用以贸易服务为主的经营方式，因此，在选择相应的物流决策时，也考虑选择相应的符合贸易服务性质的物流服务提供商。三菱公司在选择第三方物流服务商时，首先考虑其作业质量，其次是综合物流满足能力和物流运作的经济性。

三菱公司在选择第三方物流服务商时，主要考虑以下原因：①得到更好的运输解决方案。第三方物流企业服务商可以集并许多小批量的送货要求来获得规模效应。②降低成本和提高服务质量的需要。与自营物流相比，第三方物流企业服务商在组织企业的物流活动方面更有经验、更专业。③企业自身物流技术和信息系统的局限。在企业的核心业务迅猛发展时，也需要企业的物流系统跟上，但这时企业原来的自营物流系统往往因为技术和信息系统的局限而滞后，需要更多的资金和人力去开发相应的信息系统，而这会造成成本增加和人力浪费。④提高用户满意度的需要。三菱公司为全国客户提供产品，第三方物流企业更能满足用户的需要。⑤提高柔性的需要。选择第三方物流服务商，企业就能更好地控制其经营活动，并在经营活动和物流活动中找到一种平衡，保持两者之间的连续性，从而提高其柔性。⑥资金限制和企业内部资源的限制。无论企业处于扩张期还是压缩期，大多数企业用于投资的资金总是有限的，寻找第三方物流服务商会节约资金和人力的投入。

企业进行物流外包决策是一个复杂的过程，应该考虑企业自身的战略、所处的竞争环境、企业状况、外部的经济因素等问题。大多数企业往往倾向于扩大其外包业务数量，而忽视这些决策的战略和战术的重要性。不恰当的外包决策可能会削弱企业的核心竞争力，甚至架空企业的权力。企业需要考虑能够外包的物流领域、第三方物流服务商的状况和可能引起的风险，在此基础上决定外包和自营领域，才能获得长期的竞争优势。为了确保较少风险，三菱公司制定了一系列物流外包决策的步骤：

1. 物流外包决策的制度

（1）分析自己的核心技能。作为一个贸易型的公司，三菱公司主要侧重市场营销领域，因此，公司确定将主要的物流业务外包给第三方物流服务商，以利于企业更好地专注于核心业务，从而提高企业的竞争力。

（2）充分考虑自己所处的竞争环境。为了确保外包政策的实施能够使企业获得长期竞争优势，企业应该从准备外包的领域来考虑自身相对于竞争者的位置。三菱公司考虑每个型号的产品在整个公司中的位置，以便分担投资成本和风险，从而提供追求新技术、进入新市场的机会。

在考虑了上述两个因素后，三菱公司对自己的状况做了一个综合分析，确定外包的物流业务为仓储、全国的物流配送。

（3）考虑企业所面临的经济因素。三菱公司根据不同的产品，设计不同的物流操作模式。对于仓储方面，针对不同价值的货物租用不同仓库：对于价值高的货物，采用相应的保税仓库；对于中低价值的货物，采用国内非保税仓库。针对全国的物流配送，根据区域选择2~3家相应的物流公司。根据这个物流操作模式，三菱公司选择相应的物流供应商。

2. 选择合适的物流供应商

（1）第一阶段。这一阶段的主要任务是文件准备、发标、供应商回复和初步报价分析。该阶段的主要目的是使投标者通过阅读公司所提供的文件，全面理解业务内容、服务范围、报价须知等。

（2）第二阶段。这一阶段要对竞标者的硬件设施实施评估，派专门小组前往各个物流公司的现场，考察相应的硬件设施。关于仓库，会对仓库的资质、人员素质、管理水平、服务响应等进行多方面考察。关于物流公司的运输车队，特别是有分拨点的公司，都要事先考察相应分拨点的能力。通过对竞标者（办公室、人员、仓库、车队）的实际考察，以当面问答的形式从不同侧面全面了解该公司的现状、业务能力、技术发展的潜力、整体管理水平等。同时，三菱公司采用同一问卷和打分标准，小组成员独立打分，不得商讨，以保证整个考察的公正性。在完成对硬件设施的评估后，三菱公司根据硬件设施得分情况、价格水平，决定进入下一轮的竞标者名单。

（3）第三阶段。这一阶段主要进行案例研讨、内部讨论和谈判，以最终决定承包商。在该阶段，三菱公司根据未来主要业务范围，提供2~3个典型案例，如从上海到北京的整车、零担运输业务。进入本轮的竞标者，可以利用第一次正式的面对面的机会全面介绍公司的服务理念、服务标准、运作系统、网络设置，并基于现行的操作水平对案例提出解决方案和接手项目后的运行计划。对于三菱公司而言，这同样是全面考察竞标者整体素质的机会。

完成案例研讨后，三菱公司结合前面两轮的结果及设施评估、案例研讨分析、价格水准尽快进行内部讨论，并结合自身业务的发展，主要从以下几个方面对不同竞标者做出分析：①最大的受益点是什么；②最大的风险是什么；③系统、网络是否满足要求；④报价总体水平，是否可以有更多的节约；⑤可持续发展的增长点；⑥团队素质。

根据以上三个阶段的分析，三菱公司与最有可能获得此项业务的竞标者展开谈判，包括进一步确认各项服务承诺、报价、设施的改进计划，项目启动运行的计划，使双方的理解达到一致。同时，还要进行商务条款的谈判，通过前面几个阶段大量细致的工作，应当说大部

分的合同条款已被涉及。三菱公司会有法律部分介入，以保证合同条款符合惯例和所在国的法律。如果没有其他差异，即可决定由谁获得此项业务。

（资料来源：根据百度文库，《物流外包决策分析》改编。）

案例分析题：

1. 三菱公司选择第三方物流服务外包，此时三菱公司有哪些比较优势？物流服务外包又会存在哪些潜在风险？

2. 三菱公司选择物流服务外包的流程主要包括哪些方面？分析最优可能中标的第三方物流公司的特点，并为其设计标书。

【本章讨论】

1. 企业在做自制或外包决策时需要考虑哪些因素？你认为哪个因素最为关键？请阐述理由。

2. 阐述你对三个层面（战略层面、战术层面和运作层面）采购决策问题的理解，并举例说明。

3. 外包需求主要分为哪几类？分别举例说明。

4. 以实例分析外包决策方案的选择方法。

5. 当前许多家庭请钟点工做家务。请回答：

（1）这些家庭请钟点工做家务的主要动机是什么？企业采购外包的主要动机有哪些？

（2）家庭在请钟点工之前需要做哪些前期工作？进一步分析企业采购外包决策过程。

（3）家庭在请钟点工时面临着哪些风险？如何控制这些风险？控制这些风险需要花费额外的成本吗？具体有哪些？

全球采购

【导言】

　　全球采购是指在世界范围内寻找在质量、价格、交货期、服务等方面具有综合优势的供应商。为了在激烈的市场竞争中赢得优势，许多企业突破国界的限制，在一个或多个国际市场中实施采购，整合全球采购资源，完成了资源全球优化配置，从而在很大程度上降低了成本。

　　互联网和电子商务的广泛应用为全球采购提供了一个良好的技术平台；电子支付为全球采购提供了快捷的支付渠道；同时，国际陆路、海洋与航空运输业的大力发展使全球采购物流变得更加安全，集装箱运输成本的大幅降低和关税的不断降低，为企业通过全球采购获得成本优势提供了坚实的保证。全球采购环境的这些新变化，预示着全球采购具有广阔的发展前景。

学习目标

1. 掌握全球采购模式，了解影响实施全球采购的因素。

2. 了解全球采购中物流运输的选择。

3. 了解全球采购的支付结算方式。

4. 了解影响实施全球采购的关键因素，以及如何通过相关管理措施解决这些因素所带来的问题。

5. 了解全球采购中货物保险及其纠纷解决。

导读案例

全球采购如何加速小天鹅发展

　　随着全球采购离中国经营商越来越近，大型跨国公司和国际采购组织的采购网络正在加速向小天鹅开放，很多国际专业化的家电采购组织和经纪人或国际采购团近年来也纷纷到访小天鹅。在一些国际性的展览会上，这些人与小天鹅广泛接触，寻求与小天鹅的合作机会，希望从小天鹅获得可靠、合理、便宜且优质的商品和资源，并将中国企业纳入他们的全球采购网络。

　　通用电气、西门子、沃尔玛、家乐福这样的跨国公司已经开始在中国设立了国际采购部或采购中心，一些经济发达的城市和地区也正在成为国际采购中心。全球采购网络正在向中

国市场延伸，其日益频繁和活跃的采购活动，实际上已经对中国经济的发展，特别是出口的增长，产生了重要影响。

这种国际采购活动无疑为小天鹅等过去以内销为主的企业提供了一个开拓国际市场、建立稳定的销售渠道、带动企业产品出口的机遇。全球采购的迅速发展及其在小天鹅日趋频繁的采购活动，为小天鹅带来了商机和发展的新增长点，也给小天鹅降低单位成本带来了许多积极的影响。小天鹅在参与全球采购并与跨国公司及国际企业合作的过程中，不仅能够与其建立稳定的供销关系，而且能够按照国际市场规则生产和提供产品，这样可以促进小天鹅加快自身产品结构的调整和技术的创新，提高产品质量和竞争能力。小天鹅目前面临着"走出去"的发展挑战，这需要其学习和尽快适应全球资源配置方式，最终能够在与国际对手竞争的过程中也建立起全球化的生产和采购网络，达到真正提高在国际市场上的竞争能力的目的。

全球采购进入中国市场，还有效地促进和维持了小天鹅的竞争性市场结构。因为，全球采购让小天鹅学会了采取符合国际市场规则的、更加规范的竞争手段来寻求企业的发展，逐步走出了以恶意价格竞争、依靠传统的人脉维持市场优势的低层次竞争怪圈，使其逐步进入国际主流市场，参与高端市场的竞争，从而真正发挥市场机制的作用，以促进小天鹅的稳健发展。

当然，全球采购活动进入中国，也对小天鹅提出了许多挑战，使其必须尽快学会使用世界级采购的最佳方法与工具。例如，企业的产品种类、质量与标准能否满足跨国公司全球生产体系和国际市场的要求，小天鹅如何了解和适应国际采购的规则和方法，是否能够适应国际采购中心运作要求，小天鹅还存在哪些不利于企业参与全球化竞争的内容等。这也正是当前小天鹅需要深入进行流程再造、组织再造的原因。目前小天鹅已采用了国际的第三方物流，使其物流产业融入全球性物流产业跨国化、大型化和经济化的潮流之中，并对小天鹅的贸易和生产布局产生了深远的影响。

早在 2000 年，通用电气就开始与小天鹅在洗衣机零部件方面展开合作。在小天鹅成功地闯过 2002 年自我改革的阵痛再次腾飞后，双方的合作又有了突破性的进展。小天鹅的全球采购本身就是竞争力。

2004 年 5 月 27 日，美国通用电气公司两位全球副总裁劳埃德·特罗特（Lloyd Trotter）与詹姆斯·坎贝尔（James Campbell）飞抵无锡，专程访问了小天鹅集团，并与小天鹅集团高层就深层次合作进行商谈。

谈起小天鹅，无论业内外都会说，这是一个高速发展、成绩显赫、在国际上有一定竞争力的企业。小天鹅竞争力的取得，首先是有市场需求这个发展动力，但更重要的是有竞争。在与几乎包括了国际上所有家电跨国公司的竞争中，小天鹅并没有垮掉，反而走向了世界，成为全球家电的重要供应商之一。

小天鹅通过全球采购，已经与国际 500 强中的 8 家家电企业结成战略联盟，这表明小天鹅的制造能力和全球采购已达到国际先进水平。小天鹅在全球采购、全球家电资源整合中发挥了积极作用。它之所以成为全球家电市场的主要供应商，不能简单地理解为是一个量的概念。如果没有全球采购，如果没有多品种、多档次，小天鹅也不会有年年翻番的增长。这是因为，小天鹅多年来在充分竞争的市场环境中，一方面靠自身奋斗提高；另一方面，在与跨国公司的合资、合作及同台竞争中，学习了它们先进的全球采购运作经验，在竞争中提升了

小天鹅的整体水平和竞争能力。

中国是全球的制造基地，其十分细化的市场需求和激烈的全球采购竞争，迫使小天鹅有着极高的新产品开发速度，新品产值率达 80%~90%。而且，针对全球化市场，小天鹅努力满足不同国家的技术要求，不断跟进国际水平。为了继续做大、做强洗衣机产业，小天鹅加大了与通用电气的合作力度，打造国际化战略。小天鹅通过与通用电气合作，大大加速了其国际化发展的进程。现在，小天鹅在功能设计、技术研发、产品开发等各方面均拥有了引领全球洗衣机行业发展走向的核心技术，在行业中处于领先地位。小天鹅已经向技术先进与国际化品牌迈出了坚实的脚步。

小天鹅的全球采购得到了国际同行的认可。通用电气公司总裁杰夫·伊梅尔特说："小天鹅是一个很好的例子，可以说明通用电气和中国企业能够建立很好的合作关系。从另一方面来说，小天鹅可以为通用电气生产更好的洗衣机，同时填补了通用电气产品群中的空缺。小天鹅的产品质量好、成本低，有较好的创新性，而且工艺也相当优秀。而通用电气能做的，是将小天鹅的产品推向国际市场。所以在很多方面，双方都能实现各自的目标，并创造了双赢的局面。"

过去，很多外国企业都是把在本国市场上淘汰的产品打进中国。而现在，中国是家电产品的"晴雨表"，很多跨国公司将在本国都没有上市的产品先投进了中国。

小天鹅在进行全球采购的过程中，还积极学习国际市场游戏规则，在争取国际市场时，不再采用"价格战"的手段，为获得订单而竞相压价。目前，小天鹅洗衣机（每台）的最高出口价超过 300 美元。事实证明，"好机卖好价"。

小天鹅在全球采购时要认真研究各国的经济状况、市场需求和法律，做好细分产品的定位。小天鹅在注意保护自己知识产权的同时，也要尊重别人的知识产权，学会国际市场的游戏规则，维护中国产业和产品的信誉。小天鹅要多参加国际大展，在大展中多接触客户、了解市场信息。这样，小天鹅才能发展成为亚洲级规模的洗衣机制造商和具有国际竞争力的综合性电器集团。

（资料来源：http：//www.examda.com。）

12.1 全球采购基础

全球市场竞争的日益激烈、信息技术和互联网的迅猛发展，使得全球经济一体化成为现实，电子商务环境下的国际贸易也出现了许多新的形态，最为典型的是以买方为主导的全球采购格局的形成。在这一经济环境中，很多跨国公司实现了全球采购、全球生产和全球销售的发展战略目标。

全球采购作为企业采购的一种方式，充分整合了全球的采购资源，完成了资源全球优化配置，大大降低了成本。因此，有必要对全球采购的基础——影响全球采购的重要因素和全球采购模式进行了解。

12.1.1 影响全球采购的重要因素

全球采购最基本、最简单的原因是从国外购买原材料可以获得更多的利益。虽然使全球

采购具有吸引力的特定因素会因商品的不同而不同，但影响企业实施全球采购的因素差异不大。主要因素有：

1. 成本因素

很多研究表明，美国和加拿大进行全球采购的主要原因是国外供应商提供产品的总成本要比国内供应商低。例如，发展中国家的劳动力成本要比北美低得多，很多公司为寻求低廉的劳动力成本，将工厂迁往这些地方以获得低加工成本。同时，国外供应商采用的设备和工艺比国内厂家的效率更高，这也会使得国外产品的价格更具有竞争力。这些价格方面的因素是全球采购在目前流行的主要原因。而发展中国家的全球采购，主要目的是想获得发达国家的高技术水平，以低劳动力价格结合高技术优势，提高产品的竞争力。此外，还有汇率的影响：当美元汇率逐渐上扬时，从国外购买产品的价格大幅降低；反之，当美元汇率降低时，国外产品会相应失去其吸引力。

2. 质量因素

虽然从总体上来说，国外供应商的产品质量不一定比国内供应商的好，但在某些产品上，它们的质量更加稳定。例如我国的海尔，虽然零部件都可以从国内市场获得，而且质量也未必比国外企业差，但某些零部件在质量稳定性方面要比国外企业差。所以海尔选择了不少国外的世界500强企业作为自己的供应商（如爱默生等）。同样，在汽车产业，由于我国起步较晚，零配件的质量及稳定性还没有经过大生产的考验，尚未达到国外的先进水平，因此，我国汽车产业的关键零配件还需要从国外进口，进而再推进国产化进程。

3. 产品的可得性

某些原材料，如铬矿，只能从国外进口。随着相对经济优势的改变，一些制造业产品，如某些办公设备，与计算机相连的台式打印机、录像设备，也主要从国外进口或者在国内的外资企业采购。在汽车行业，由于设备和开发能力所限，对于某些系统，我国还不具备研制和开发的能力，甚至即使模仿开发出来的产品，其成本可能也远远高于从国外进口。

4. 更快的交货和供应的连续性

在一些情况下，国外供应商的交货速度要比国内的快。因为国内供应商可能会受设备及生产能力所限而无法立即发运；而国外供应商可能在某地有产品库存，一旦需要，可以立即发运，而且运输时间也比较精准。对于日益强调供应链的快速响应能力的企业来说，更快的交货和供应的连续性无疑是非常重要的。

5. 市场竞争

在激烈的市场竞争下，企业必须不断寻找价格更低、质量更好的供货商，以提高企业产品的竞争力。迫于这样的压力，为了自身和市场的长期利益，供应商总要提高自己的劳动生产效率，如果国内供应商还是无法达到采购商的要求，全球采购就开始了。例如，韩国三营贸易株式会社根据市场行情购买了美国的 MEK 这种化工产品，报价为 CFR BUSAN KOREA 1670USD/T，当时这个价格非常具有竞争力。但随着中国工厂的新建装置投入商业运行，供求比例失衡且充斥市场，MEK 的中国国内报价为 CFR KOREA 700USD/T。由于市场价格暴跌，韩国国内对 MEK 产品进行抛售，最终该公司损失了 550 万美元。因此，在全球采购中要充分调查市场竞争行情，预判价格走势。

12.1.2　全球采购模式

20 世纪 90 年代以来，全球经济一体化出现了加速发展的势头。基于全球经济一体化的

加速发展，以及跨国公司寻求全球扩张和最大限度利用全球优势资源的内在要求，全球采购策略成为跨国公司或国际化企业获得竞争优势的一个重要途径。由于采购活动是企业经营活动中最大的成本领域，采购质量与效率的高低在很大程度上决定着企业最终产品的价值和竞争力，因此，全球采购成为许多国际企业非常重要的战略选择和策略手段。全球采购模式主要有以下三种：

（1）生产者驱动的全球采购活动。这种模式主要出现在资本和技术密集型的行业中，如汽车、飞机、信息产品、重型设备等行业。在这些领域里，制造和研发能力突出的大型跨国公司成为全球采购网络的核心，在全世界范围内进行最为有利的采购活动，从而形成竞争优势。

（2）购买者驱动的跨国采购活动或全球采购活动。这种采购模式在劳动密集型行业或消费品行业中有着非常突出的表现，如家电、服装、鞋类、玩具和家庭日常用品行业。这种全球采购模式的特点就是根据零售商、批发商和贸易公司所掌握的市场需求情况来提出对商品包括样式、规格、质量、标准方面的具体要求，然后在全球范围内寻找最好的生产者或者供应商，最后销往全球市场。

（3）专业化的全球采购组织和国际经纪人所从事的全球采购活动。无论在中国还是全世界，为数众多的中小企业存在着合理利用全球资源的要求和愿望。这些企业如果自己来进行全球化采购，一方面成本过高，另一方面缺乏充足的信息和全球采购专业人才。因此，在国际贸易领域中，一些专业化的采购组织和采购经纪人应运而生，成为面向中小企业的采购供应商。这些全球采购组织和经纪人往往出现在各个国家的展会上，或者以组团的方式来到世界各国，特别是低成本国家或地区寻求采购资源。

12.2　全球采购的物流管理

有效的物流管理能降低企业成本，提高企业竞争力。在全球采购中，寻求资源的区域扩大、产品选择范围扩大、产品生命周期缩短、供货渠道变长等因素加大了物流管理的难度，因此，如何对物流进行合理的评价和如何对运输方式进行合适的选择，成为全球采购的物流管理的焦点问题。

1. 物流评价的标准

（1）物流基础设施。例如，港口现代化，内陆结算仓库，自由港，当地进口控制，当地出口控制，公路、铁路网络布局等。

（2）供应方国家。如是否是欧洲、北美和远东经济贸易集团，这些成员方能对采购方实施统一、标准、全面的物流产品服务，对物流成本节约具有很大的影响。

（3）自由港、自由贸易区。在这些划定的区域内，货物进入国内市场之前是免于海关检查和收益审查的。采购方的产品就可以从散装货到整箱货运输，大大节省了运输成本。其次，可以从事制造和加工组装，同样可以节约成本。

（4）海关。海关中包括关税税率、关税优惠、增值税、进口加工减税、海关仓库、自由贸易区、支票簿、进口许可、进口估价和地方进口控制等内容，影响物流成本。

（5）包装。包装是对货物的保护，以便于搬运、储存和验货。但不合理的包装会增加货物体积、重量、尺寸，从而增加运输成本。采购方必须要明确最低接受标准的包装形式。

（6）全面质量管理。采购方应选择具有 ISO 9001 或者 BS 5750 全面质量管理资格的承运商。承运商服务水平高、训练有素，在物流行业中具有良好的信誉。

（7）服务的灵活性。采购方应选择灵活的物流网络，以便对不同类型的进口业务做出有效的反应。灵活性主要取决于承运商。

（8）服务的经常性与可靠性。承运商有竞争力的运输时间、可靠的稳定的服务及有竞争力的价格，是全球采购中物流管理最重要的考虑因素，因为采购方能从中得到尽可能大的利润。

除此之外，运输费用、供应方国家关于物流的法律法规与政治约束、采购方公司的竞争实力以及与供应方市场的远近等，都是需要考虑的因素。

2. 物流运输方式的选择

全球采购中，涉及的主要运输方式有海洋运输、国际铁路货物联运、国际航空运输、集装箱运输、国际邮政运输等。

（1）海洋运输。海洋运输又称国际海洋货物运输，是指使用船舶通过海上航道在不同国家和地区的港口之间运送货物的一种方式。海洋运输具有运力强、运量大、运费低等优点，同时也有速度慢、易受天气等自然因素影响、风险大等缺点。海洋运输由于涉及不同国家或地区，因而受到国际法和国家管理的约束。其运营方式主要有两类：班轮运输与租船运输。

班轮运输又称定期船运输，是指按固定的航线和预先规定的时间表航行，沿途停靠若干固定的港口，从事这些港口之间的货运业务，并按时限公布费率收取运费的船舶运输方式。班轮运输是国际海洋货物运输的主要运输方式，适用于少量的件货与杂货。

租船运输又称不定期船运输，是相对于班轮运输而言的另一种船舶营运方式，是指租船人向船主租赁整条船舶进行货物运输。租船运输通常适用于大宗、低价货物的运输。租船运输没有预定的航线、港口、船期表、固定费用，是船东与承租人双方签订租船合同来安排船舶运输的具体事务。租船运输的具体运营方式主要有定程租船、定期租船与光船租船。

租船运输需要承租人既要掌握租船市场的竞争状况，以及船舶、船东的基本情况，还要掌握租船合同与贸易合同的衔接性。

（2）国际铁路货物联运。国际铁路货物联运是国际货物运输中仅次于海洋运输的一种运输方式。国际铁路货运运输一般不受气候影响，运量大、速度快、风险小、手续简单，但投入成本较高。

国际铁路货运联运由铁路负责经过两国或两国以上铁路的全程运送，且由一国铁路向另一国铁路移交货物时，不需要发货人和收货人参加且使用统一的国际联运票据。由于国际铁路联运涉及两个或两个以上国家，因此当事国必须要有书面协定，明确联运的运作流程及责任和义务。目前，主要有中国、前苏联、东欧签订的《国际铁路货运联运协定》和西北欧各国之间签订的《国际铁路货物运送公约》。

国际铁路货物联运运费主要有发送国运费、到达国运费，都是根据国内运价计算；过境费用，由国际铁路联运协定统一定价。

（3）国际航空运输。国际航空运输是以飞机为运载工具进行进出口货物的运输。航空运输速度快、时间短、安全性能高、不受地面条件等限制，但是运费高、运量有限。因此，国际航空运输适用于鲜活商品、易腐商品和季节性较强和价值高的货物的运输。

国际航空货物运输主要有班机运输、包机运输、集中托运和急件运送四种方式。

1）班机运输。班机运输是指有固定时间、航线、始发站和目的站的运输。它适用于急需物品、鲜活物品和节令性物品的运输。

2）包机运输。包机运输是指包租整架飞机或几个发货人联合包租一架飞机来运送货物。

3）集中托运。集中托运是指集中托运人将若干批单独发送的货物组成一整批，向航空公司办理托运，采用一份航空总运单发送到同一目的站。集中托运是航空运输最主要、最普遍的业务。集中托运运费较低，但贵重物品、活物、危险品不得采用集中托运。

4）急件运送。急件运送是指由专门经营此项业务的部门和航空公司合作，设专人以最迅速的方式传送急件，是国际航空运输中最快捷的运输方式。因此，它适用于急需药品、医疗器械、贵重物品、图样资料等。

（4）集装箱运输。集装箱是一种运输辅助工具，适用于海洋运输、铁路运输、公路运输、内河运输与国际多式联运。集装箱运输是以集装箱作为运输单位进行货物运输的一种现代化的运输方式。集装箱运输有利于提高装卸效率、加速船舶周转、减少货损货差、节省各项费用、简化货运手续，把单一运输串联成连贯的成组运输。

集装箱托运方式分为整箱托运和拼箱托运两种。装货量达到每个集装箱容积的75%或达到每个集装箱负荷量的95%即为整箱货，托运人直接装箱后运到堆场，收货人到达目的港堆场提货。如达不到整箱标准的，就按拼箱托运，货主把货物运到集装箱货运站，承运人按照货物目的地、性质进行分类整理装箱，货到目的港后，由承运人拆箱分拨给各收货人。

（5）国际邮政运输。国际邮政运输是指根据本国和国际上各项邮政方面的规定和制度，利用国与国之间的邮政系统办理货物运输的方式。

邮政运输具有费用低、手续简便，能实现"门到门"的特点。托运人只要向邮政局照章办理一次托运，一次付清邮费，并取得邮包收据即可，邮件的发送、交接、保管等工作都由各国邮政局负责。收货人凭到件通知和收据向邮政局提取邮件。因此，它适宜运送重量轻、体积小的商品，如精密仪器、配件、药品和样品等。

此外，还有国际多式联运、大陆桥运输与国际公路运输。国际多式联运和大陆桥运输主要的运载工具是集装箱，与集装箱运输有诸多相同之处；国际公路运输适用于短途运输，是其他干线运输的重要补充，也是边境货物运输的主要方式。

12.3 全球采购的资金管理

在全球采购中，不仅要确定贸易术语、采购方与供应方在买卖中双方的责任、费用和风险的划分，还要确定计价方式和支付方式。但由于各国所用货币、计价方式、支付方式不同，因此，如何有效利用上述不同方式，既达到采购目标，又能最大限度地节约采购成本，是全球采购资金管理的重点内容。

1. 计价货币管理

全球采购合同中的价格条款一般包括四个方面：计价货币、单价、计量单位和贸易术语。

（1）计价方法的确定。商品定价的基本方法有两种：固定单价和非固定价格。

1）固定单价。买卖双方在签订合同时，已经明确确定的货物单价，不做变动。由于全球市场变化莫测，采购方与供应方都要承受合同有效期内由于价格发生巨大变化所带来的风险，因此，采购方要认真研究市场供应关系的变化趋势，同时掌握供货方的资金、信用情况。该种方法适用于采购量小、交货期短、价格变动不大的商品。

2）非固定价格。非固定价格是相对于固定价格而言的。先确定一个初步价格，等确定最终价格后进行多退少补，或者商品单价中部分固定价格，部分非固定价格。这种定价方法适用于交货期长的商品。但是由于非固定价格是先订约再确定价格，因此给后期合同执行带来很人的不确定性。

（2）计价货币的选择。世界上许多国家实行浮动汇率制，因而各国用来计价的主要货币的价值就会发生变化。在全球采购中，若商品的交货时间较长，将会加大货币市值的不确定性，从而影响采购方的资金管理、经济利益、采购成本等。因此，计价货币的选择对采购方资金管理具有重要的意义。根据全球采购的特点，计价货币既可以是采购方国家的货币，也可以是供货方国家的货币，或者双方商定的其他国家的货币。因此，选择计价货币时要注意以下几个方面：

1）自由兑换。一般全球采购合同的计价货币都是可以自由兑换的，而且也是国际上通用的，但是有些国家之间的贸易协定直接规定了计价货币。

2）付软得硬。在国际货币市场上，有些货币比较坚挺，称为硬币；有些货币比较疲软，称为软币。采购方应选择软币或具有下浮趋势的货币作为计价货币，以减少外汇收支带来的资金损失。

3）货币组合。货币组合是指在全球采购合同中使用两种以上的货币来计价，以消除外汇波动带来的影响或者减轻汇率波动带来的风险。它主要适用于采购中必须要使用对己方不利的货币的情况。

2. 资金支付方式的管理

货款的支付直接关系采购方的资金周转及其各种风险和费用的负担，因此，要在全球采购中确定有利于自身的支付方式。支付方式的选择包括票据、汇付、托收与信用证。

（1）票据。票据是由出票人签名在票据上，约定由自己或另一个人无条件地支付确定金额的可流通转让的证券，包括汇票、支票和本票。在全球采购结算中，主要采用汇票。

票据首先可以流通转让，不需要通知票据上的债务人，主要是因为票据流通过程中的持票人行使票据权利时不必向债务人陈述或证明该票据产生或转让的原因。但是，票据上面记载的项目必须齐全且合法，当事人不得随意变更。债权人必须在规定的时间内向付款人出示票据，超出期限则丧失票据权利。付款人支付款后要收回票据。

（2）汇付。汇付又称汇款，是指汇款人主动通过银行或其他途径将款项付给收款人的方式。在全球采购中，使用汇付方式结算货款，银行只提供服务而不提供信用；使用汇付方式是买卖双方中的一方出于对另一方的信任，并在此基础上提供信用和进行资金融通。汇付业务流程如图12-1所示。

（3）托收。托收是指供应方为了向采购方收取销售货款或劳务价款，开立汇票委托银行代收的结算方式。供应方将作为货权凭证的商业单据与汇票一起通过银行向采购方提交，采购方只有在承兑或付款后才能取得货权凭证。托收有光票托收和跟单托收之分。跟单托收

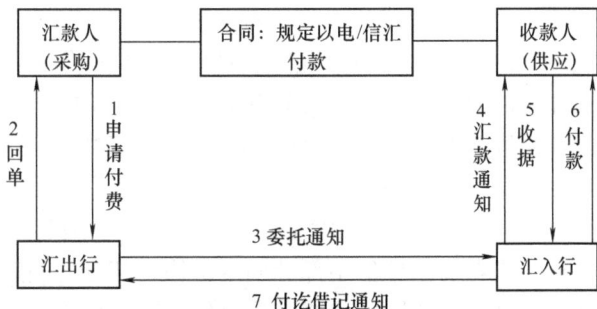

图 12-1　汇付业务流程

按交单条件的不同，又有"付款交单"和"承兑交单"两种。而付款交单又有"即期付款交单"和"远期付款交单"之分。远期汇票的付款日期又有"见票后××天付款"、"提单日后××天付款"和"出票日后××天付款"三种规定方法。但在有的国家还有"货到后××天付款"的规定方法。所以，在磋商和订立合同条款时需明确规定。

（4）信用证。信用证（Letter of Credit）是指保证在采购方交来符合信用证条款规定的汇票和单据时，必定承兑和付款的保证文件。即只要供货方按信用证要求提交符合要求的单据，银行就保证付款。信用证性质属于银行信用，信用证结算方式是建立在银行信用的基础上的。信用证以其是否跟随单据，分为跟单信用证和光票信用证两大类。在全球采购中经常使用的是跟单不可撤销信用证。

（5）各种支付方式的比较。各种支付方式可以从风险、费用、手续和时间等方面进行比较分析：

1）风险。信用证风险较小，因为是以银行信用为基础的支付方式。但是，也有采购方伪造信用证或利用其中的条款进行欺诈。托收方式风险较大，主要是以商业信用为基础的支付方式。因为供货方先把货物运到采购方国家，而后委托银行向采购方收款，能否收到货款，全部基于采购方的商业信用，因此对于供应方来说，风险较大，但是对于采购方来说，风险较小。

汇付是风险不对等的，同时也是基于商业信用的。由于发货与付款不同时进行，先发货后付款，供货方风险很大；若先付款后发货，采购方风险很大。因此，采购方先预付部分货款，交货后再汇付余款。

2）费用。在信用证支付方式下，有开证费、通知费、议付费、保兑费、电报费等费用，还包括额外结算给银行的不符点费、电报费和单据处理费等。如果信用证存在不符点，一个不符点费为 150～200 美元，因此，使用信用证的费用相对较高。同时，若信用证跟单，供货方可能还要承担仓储费、滞期费。

在汇付条件下，尤其是在电汇方式下结算，由于不需要银行对单据进行处理，只需要支付部分的汇款手续费用，所以费用相对较低。

3）手续和时间。信用证开证手续烦琐，开证、改证、处理单据，需要耗费相当长的时间，效率相对较低，因此收款时间相对较长。托收结算方式下，出口商需要先将货物和全套跟单汇票通过托收行和代收行转交到进口商手中，因此在时间上并不占优势。

汇付手续简便，汇款速度快，一般在 3 个工作日内货款就可以到账。

12.4　全球采购的保险与索赔

在全球采购过程中，机遇与风险并存，因此，全球采购对于任何企业来说都是一把双刃剑。全球采购让企业在激烈的国际市场竞争中赢得优势、降低成本，同时也使企业面临着各种不确定的风险。例如，各种自然灾害和意外事故，使货物遭受部分损失或全部灭失，从而给买方或卖方带来不利的经济后果。为了使货物在此过程中可能遭到的意外损失得到补偿，货物的买方或卖方需要按合同规定向保险公司办理保险手续，从而将货物在整个过程中可能遭到的风险交由保险公司承担，并且要留下尽可能多的现场依据（如单据、保单），出现事故后以此向保险公司索赔。

12.4.1　全球采购的风险

全球采购意味着在全球寻找与配置资源，即可以在更大范围内寻找合适的供应商，但同时也将面对复杂、多变的国际市场、经济、经营环境、文化，伴随着各种不确定的风险。这些风险对全球采购的顺利进行势必会造成不小的影响，因此有必要对全球采购可能发生的风险进行具体分析。

1. 语言与文化

与不同国家进行商业贸易行为，要受到不同国家和地区语言与文化差异的影响。不同国家和地区的文化往往存在差异，因此其礼仪、语言表达方式、价值观、习惯与商业贸易行为也会有所不同，甚至差异很大。不同国家和地区的语言与文化的差异都会对全球采购中的谈判与沟通带来风险。

2. 政治与道德

在全球采购中，供应商所在国可能会因受到政治影响而导致供应中断。例如，由于伊朗核问题的影响而中断对欧洲国家输送石油。因此，采购者必须对相关风险做出评估。在做评估时，采购者还可以利用专业的风险评估代理机构，对政治、军事、战争武装、种族、宗教等方面做出评估，了解事态的发展，以便做出反应与寻找替代方案。

道德涉及供应商雇用童工、工作环境、工资待遇、自然环境保护等方面的问题。许多全球采购商都会在合同中加入某些条款，说明雇用工人的年龄、工作环境、待遇等要求。例如，不雇用小于 16 岁或正接受义务教育年龄段的工人；工作场地必须符合国际劳工组织和国家法律认可的安全和健康标准；供应商员工必须得到工资和福利待遇，要达到法律规定的最低工资和待遇，如加班，员工必须得到额外工资，且不低于当地法律规定的标准。

3. 外汇汇率

在国际采购中，采购商与供应商双方使用不同的货币，因此供应商选定之后首先要确定计价货币，然后才能进行结算与支付。但是从 1973 年开始，国际上开始实行浮动汇率。由于从双方接触、谈判、合同签订、交易执行需要一个时间段，而在这段时间内，汇率可能受各方面的影响发生变化致使采购方所要支付的金额可能要比预期的更多，因此，采购合同中必须注明可接受的汇率浮动范围。

4. 手续与交货

在国际采购中，首先，采购往往会涉及进出口商品检验、通关、报关等复杂手续。其

次，不同国家的经济发展水平不一，商品竞争性差异较大，因而会实施不同的关税或非关税保护、关税政策或手续。再次，供应商所在国为保护本国商品地位和竞争力，通过各种政策限制先进产品与技术出口。有代表性的是出口许可证，无出口许可证的产品不准出口，而且办理该证手续烦琐，时间不可预测，这会给国际采购方造成很大的风险。

除了办理手续烦琐及其时间不可确定外，国际采购中的运输往往距离长、时间长、风险高，因此，全球采购中大多数国家的立法、公约对商品风险的转移都做出了规定。

因此，为了保证国际贸易的顺利进行，国际贸易委员会发布国际贸易术语解释通则（Incoterms），用来解释贸易方式中运用的主要条款。国际贸易条款适用于任何运输模式，如果买卖双方指明了国际条款中的一条，就意味着确定了各自的责任，尤其是关于所有权的转移、风险和成本，这样就减少风险和争端的发生。例如，巴斯夫全球领先的化工公司，对于产品 Butadien Rubber，每年约消耗 55 个 20 尺集装箱的货量。若是 CIF，每个集装箱货量价格为 712 欧元；若是 FOB，价格则是 339 欧元。每年可以节约 20515 欧元。

每个国际贸易条款由 3 个字母组成的缩写词指代，被分为四个类别，每一类由条款的首字母标示，具体内容如表 12-1 所示，其中 FOB、CFR、CIF 为最常用条款。

表 12-1　国际贸易条款

分　组	国际条款	说　明	运　输	风　险	费　用
E组 离岸	EXW	工厂交货（指定地点）：卖方在自己场地备好货物，由买方安排提货	买方安排	当买方提到货时，风险就由卖方转移给买方。此条款下，卖方风险最小	买方提到货以后发生的费用就由买方承担
F组 主要承运部分不由卖方支付，但卖方必须将货物交给买方指定的承运人	FCA	货交承运人（指定地点）：卖方负责安排原产地（国）的前段运输，但是除非卖方同意，否则不负责安排出口报关	由买方安排运输，或由卖方代表买方安排。	卖方交货至指定地点的承运人时转移风险	卖方交货至指定地点的承运人后发生的费用由采购商承担
	FAS	船边交货（指定装运港）：交货至船边或内陆水运指定装运港以备装船。卖方负责出口报关	买方安排	交至船边风险转移	货物交至船边后由买方承担
	FOB	离岸价（指定装运港）：卖方负责到货物交至指定港越过装运船舷后，并负责出口报关	买方安排	越过船舷风险转移	越过船舷买方承担
C组 主要承运部分由卖方支付	CFR	成本加运费（指定目的港）：卖方负责出口报关，交货给指定承运人，并支付成本及至目的港的运费，但风险和附加费用在货物交运后就转移给买方	卖方安排	越过船舷风险转移	货物抵达目的港后，由买方承担运输合同中卖方不承担的其他费用

（续）

分　组	国际条款	说　明	运　输	风　险	费　用
C组 主要承运部分由卖方支付	CIF	到岸价，成本加运费保险费（指定目的港）： 和CFR相同，但卖方还需购买承保运输过程中货物的最低海洋运输保险	卖方安排	越过船舷风险转移	货物抵达目的港后，由买方承担运输合同中卖方不承担的其他费用
	CPT	运费付至（指定目的港）： 卖方负责出口报关，交货给指定承运人，并支付至指定目的地的运费。买方负责交货后的一切风险，若是多式联运，则由第一程交货起算	卖方安排	交至承运人处风险转移	货物抵达目的地后，由买方承担运输合同中卖方不承担的其他费用
	CIP	运保费付至（指定目的港）： 卖方负责出口报关，交货给指定承运人，并支付至指定目的地的运费。卖方还需购买承保买方在货物运输中遭受的损失或危险的最低运输险。第一程交货后风险转移给买方	卖方安排	交至承运人处风险转移	货物抵达目的地后，由买方承担运输合同中卖方不承担的其他费用
D组 卖方的风险和成本提到最大，其责任延续到货物抵达指定的目的地	DAF	边境交货（指定地点）： 卖方将采购商管辖下的运送来的货物转交至边境指定地点，并安排出口报关，但不负责进口清关。销售合同上应明确卖方是否承担转接时的风险和装卸费用	卖方安排	货物交抵指定边界地点后风险转移	货物抵达指定边境地点后，费用由采购商承担
	DES	船上交货（指定目的港）： 卖方将采购商管辖下的货物交至船上，但不负责进口清关。卖方承担至目的港卸船前的一切风险和费用	卖方安排	交抵承运船只风险转移	抵达承运船交由采购商管辖后的费用由采购商承担

（续）

分　组	国际条款	说　明	运　输	风　险	费　用
D组 卖方的风险和成本提到最大，其责任延续到货物抵达指定的目的地。	DEQ	码头交货（指定目的港）： 卖方责任延续到将买方管辖下的货物运至指定目的港的码头上。卖方承担运输至目的港，包括装卸的所有费用和风险。买方负责进口清关，并支付所有海关手续和关税。可用销售合同进一步明确卖方在进口时的责任	卖方安排	交抵指定码头风险转移	交抵码头交由采购商管辖后的费用由买方承担
	DDU	未完税交货（指定目的地）： 卖方送货至任何指定地点，但不负责进口关税和目的地卸货。卖方承担承运的费用和风险，但不包括进口海关手续和关税。销售合同可进一步明确卖方在进口海关手续方面的责任	卖方安排	货物交由买方管辖时风险转移	交由买方管辖后的费用由买方承担
	DDP	完税交货（指定目的地）： 卖方风险最大的条款。卖方负责承运至指定地点的费用和风险，并缴纳进口关税；但不负责抵达目的地时的卸货。销售合同需明确卖方是否可以免除任何相关进口的费用 在卖方无法获得进口许可证的情况下，此条款不适用	卖方安排	货物交由买方管辖时风险转移	交由买方管辖后费用由买方承担

12.4.2　全球采购保险的险种与保费

在全球采购中，商品的主要风险来自国际货物运输过程中，可能会遇到无法控制的自然灾害或事故。面对这些风险，企业可购买货物保险，以便在遭到承保范围内的损失时，可以从保险公司及时得到经济补偿。

国际货物运输保险是以对外贸易货物运输过程中的各种货物作为保险标的的保险。国际货物运输有海运、陆运、空运以及邮政运输等多种方式，因此，全球采购货物运输保险主要有四类：海洋运输货物保险、陆上运输货物保险、航空运输货物保险和邮包保险。有时候一

批货物要用到两种或两种以上的运输工具，投保的险种以主要的运输工具来确定。

1. 海上货物运输保险

海上货物运输保险包括平安险、水渍险、一切险、一般附加险别和特殊附加险。

（1）平安险。平安险（Free from Particular Average，F. P. A. ）的英文原意是指单独海损不负责赔偿。这一险别的责任范围主要包括：

1）在运输过程中，由于自然灾害和运输工具发生意外时，被保险货物的实物的实际全损或推定全损。

2）由于运输工具遭搁浅、触礁、沉没、互撞，与同一运输工具上其他物体碰撞以及失火、爆炸等意外事故造成被保险货物的部分损失。

3）只要运输工具曾经发生搁浅、触礁、沉没、焚毁等意外事故，不论这个事故发生之前或者以后曾在海上遭恶劣气候、雷电、海啸等自然灾害所造成的被保险货物的部分损失。

4）在装卸转船过程中，被保险货物一件或数件落海所造成的全部损失或部分损失。

5）运输工具遭自然灾害或意外事故，需要在中途的港口或者在避难港口停靠，因而引起的卸货、装货、存仓以及运送货物所产生的特别费用。

6）发生共同海损所引起的牺牲、公摊费和救助费用。

7）发生了保险责任范围内的危险，被保险人对货物采取抢救、减少损失的各种措施，因而产生合理施救费用。但是保险公司承担费用的限额不能超过这批被救货物的保险金额。施救费用可以在赔款金额以外的一个保险金额限度内承担。

8）运输契约订有"船舶互撞责任"条款，按该条款规定应由货方偿还船方的损失。

平安险的承包范围很有限，因而它一般适用于大宗、低值、粗糙无包装货物。

（2）水渍险。水渍险（With Particular Average，W. P. A. ）的英文含义是"负单独海损责任"。水渍险的责任范围除了包括上列平安险的各项责任外，还负责被保险货物由于恶劣气候、雷电、海啸、地震、洪水等自然灾害所造成的部分损失，但对锈损、碰损、破碎以及散装货物的部分损失不负责任。

（3）一切险。一切险（All Risk，A. R. ）的责任范围除包括上列平安险和水渍险的所有责任外，还包括货物在运输过程中，因各种外来原因所造成保险货物的全部损失或部分损失。由于一切险的承保责任范围是上述三种险别中最广泛的一种，因而适宜于价位较高、可能遭受损失因素较多的货物投保。

上述三种险别都有货物运输的基本险别，被保险人可以从中选择一种投保。此外，保险人可以要求扩展保险期。不过，在上述三种基本险别中，明确规定了除外责任。所谓除外责任，是指保险公司明确规定不予承保的损失或费用。

（4）一般附加险别

1）偷窃、提货不着险（Theft, Pilferage and Non – delivery, T. P. N. D）。保险有效期内，保险货物被偷走或窃走，以及货物运抵目的地以后，整件未交的损失，由保险公司负责赔偿。

2）淡水雨淋险（Fresh Water and/or Rain Damage, F. W. R. D）。货物在运输中，由于淡水、雨水以至雪溶化所造成的损失，保险公司都应负责赔偿。淡水包括船上淡水舱、水管漏水等。

3）短量险（Risk of Shortage）。负责保险货物数量的短少和重量的损失。通常包装货物

的短少，保险公司必须要查清外装包是否发生异常现象，如破口、破袋、扯缝等，如属散装货物，装船量和卸重量之间的差额作为计算短量的依据。

4）混杂、玷污险（Risk of Intermixture & Contamination）。保险货物在运输过程中，混进了杂质所造成的损换。例如，矿石等混进了泥土、草屑等因而使质量受到影响。此外，保险货物因为和其他物质接触而被玷污。例如，布匹、纸张、食物、服装等被油类或带色的物质污染而引起的经济损失。

5）渗漏险（Risk of Leakage）。流质、半流质的液体物和油类物质，在运输过程中因为容器损坏而引起的渗漏损坏。例如，以液体装存的湿肠衣，因为液体渗漏而使肠发生腐烂、变质等损失，均由保险公司负责赔偿。

6）碰损、破碎险（Risk of Clash & Breakage）。碰损主要是对金属、木质等货物来说的，破碎则主要是对易碎性物质来说的。前者是指在运输途中，因为受到震动、颠簸、挤压而造成货物本身的损失；后者是指在运输途中由于装卸野蛮、粗鲁、运输工具的颠震造成货物本身破裂、断碎的损失。

7）串味险（Risk of Odour）。它是指承保货物在运输途中因受其他带异味货物的影响而造成串味的损失。例如，茶叶、香料、药材等在运输途中受到一起堆放的异味货物的影响而使品质受到损失。

8）受热、受潮险（Damage Caused by Heating & Sweating）。例如，船舶在航行途中，由于气温骤变，或者因为船上通风设备失灵等，使舱内水汽凝结、发潮、发热引起货物的损失。

9）钩损险（Hook Damage）。保险货物在装卸过程中因为使用手钩、吊钩等工具所造成的损失。例如，因粮食包装袋被吊钩钩坏而造成粮食外漏所造成的损失，保险公司在承保该险别的情况下，应予赔偿。

10）包装破裂险（Loss or Damage Caused by Breakage of Packing）。因为包装破裂造成物资的短少、玷污等损失。此外，对于因保险货物运输过程中续运安全需要而产生的候补包装、调换包装所支付的费用，保险公司也应负责。

11）锈损险（Risk of Rust）。保险公司负责保险货物在运输过程中因为生锈造成的损失。不过这种生锈必须在保险期内发生，如原装时就已生锈，保险公司不负责任。

上述11种附加险不能独立承保，而必须在投保平安险或水渍险的基础上加保。但如果投保一切险，则上述险别均包括在内。

（5）特殊附加险。特殊附加险（Special Additional Risk）不属于一切险的范围之内，是指承保人由于军事、政治、国家政策、规章法令以及行政措施所引起的风险与损失的险别。目前中国人民保险公司承保的特殊附加险别有以下八种：

1）战争险（War Risk）。战争险是承保因战争或类似战争行为等引起保险货物的直接损失。

2）罢工险（Strikes Risk）。保险人承保因罢工者，被迫停工工人，参加工潮、暴动和民众战争的人员采取行为所造成的承保货物的直接损失。

3）交货不到险（Failure to Deliver）。不论何种原因，从被保险货物装上船开始，如货物不能在预定抵达目的地的日期起6个月内交付的，保险公司负责按全损赔偿。

4）进口关税险（Import Duty Risk）。承保货物虽然受损仍需按完好的价值缴纳进口关

税所造成的损失。

5）舱面险（On Deck Risk）。当货物置于船舶甲板上时，保险公司除按保单所载条款负责外，还赔偿货物被抛弃或浪击落海的损失。

6）拒收险（Rejection Risk）。承保货物在进口国由于各种原因，被进口国的有关当局拒绝进口、货没收所产生的损失。

7）黄曲霉素险（Aflatoxin Risk）。花生、谷物等易产生黄曲霉素，对此类产品因黄曲霉素含量超过进口国限制标准而被拒绝进口、没收或强制改变用途所遭受的损失，保险公司负责赔偿。

8）出口货物到我国香港（包括九龙在内）或澳门地区的存仓火险责任扩展条款。出口到港澳、九龙的货物，如直接卸到保险单载明的过户银行所指定的仓库时，加保该险，则保险公司负责存仓期间的火险责任。

2. 陆上运输货物保险

陆上运输货物保险（Over Transportation Cargo Insurance）主要承保以火车、汽车等陆上运输工具进行货物运输的保险。中国人民保险公司现行的《陆上运输货物保险条款》是1981年1月1日修订的。该条款规定，陆上运输货物保险的基本险别分为陆运险和陆运一切险两种。为适应陆运冷藏货物的需要，专门制定了陆上运输冷藏货物保险。此外，还有附加险、陆上运输货物战争险，这与海洋运输货物保险的各种附加险是相同的。

（1）陆运基本险

1）陆运险。承保责任范围与海洋运输货物保险条款中的水渍险相似。

2）陆运一切险。承保责任范围与海洋运输货物保险条款中的一切险相似。

（2）陆上运输冷藏货物险。陆上运输冷藏货物险是陆上货物险中的一种专门险。其主要责任范围：保险公司除负责陆运险所列举的各种损失外，还负责被保险货物在运输途中由于冷藏机器或隔温设备的损坏或者车厢内储存冰块的融化所造成的解冻融化以致腐败的损失。

（3）陆上附加险

1）陆上运输货物战争险。该险别为陆上运输货物险的特殊险，在投保陆运险和陆运一切险的基础上可加保该险。陆上运输货物战争险承保在火车运输途中由于战争、类似战争行为和敌对行为、武装冲突等所造成的损失，以及各种常规武器，包括地雷、炸弹所致的损失。

2）陆上运输罢工险。该险别承保责任范围与海洋运输货物罢工险相同，其保险手续的办理也与海运货物罢工险相同，即在投保战争险的前提下加保罢工险，不另收费。若仅要求加保罢工险，则按战争险费率收费。

3. 航空运输货物保险

根据我国《航空运输货物保险条款》规定，航空运输货物保险是以飞机为运输工具的货物运输保险，分为航空运输险和航空运输一切险。其承保范围与海洋运输保险条款中的水渍险和一切险相似。其次还有航空运输货物战争险，与海洋货物运输战争险的有关规定基本相同。此外，航空货物运输险还可以加保罢工险，其责任范围与海洋运输罢工险相同。

4. 邮包运输保险

邮包运输保险是指承保邮包通过海、陆、空三种运输工具在运输途中由于自然灾害、意

外事故或外来原因所造成的包裹内物件的损失。

邮包运输保险承保通过邮政局邮包寄递的货物在邮递过程中发生保险事故所致的损失。以邮包方式将货物发送到目的地可能通过海运，也可能通过陆上或航空运输，或者经过两种或两种以上的运输工具运送。不论通过何种运送工具，凡是以邮包方式将贸易货物运达目的地的保险均属邮包运输保险。根据我国《邮包险条款》的规定，邮包险分为邮包险和邮包一切险两种基本险。

（1）邮包险。负责赔偿被保险邮包在运输途中由于恶劣气候，雷电、海啸、地震、洪水等自然灾害，或由于运输工具遭受搁浅、触礁、沉没、碰撞、倾覆、出轨、坠落、失踪，或由于失火、爆炸等意外事故，所造成的全部或部分损失。此外，该保险还负责被保险人对遭受承保责任范围内危险的货物采用抢救、防止或减少损失的措施而支付的合理费用，但以不超过获救货物的保险金额为限。

（2）邮包一切险。该险别除包括邮包险的责任外，还承保被保险邮包在运输途中由于外来原因所致的全部或部分损失。

5. 保费

对于出口货物运输保险业务，在国际贸易中广泛采用的装运港交货一般有三种价格：离岸价（船上交货价，即 FOB 价）、成本加运费价（即 CFR 价）和到岸价（包括成本加运费加保险费，即 CIF 价）。一般来说，各国保险法及国际贸易惯例一般规定出口货物运输保险的保险金额在 CIF 货价基础上适当加成，加成率一般是 10%，也可以与被保险人约定不同的加成率，但一般不超过 30%。保险金额 = CIF 货价 × （1 + 加成率）。如果是 CFR 报价，则应折算成 CIF 价，CIF = CFR/ [1 - （1 + 加成率）×保险费率]；如果是 FOB 报价，则需先在 FOB 价中加入运费，变成 CFR 价后，再折算成 CIF 价。

对于进口货物运输保险业务，保险金额以进口货物的 CIF 价格为准，若要加成投保，可以加成 10%。若按 CFR 或 FOB 条件进口，则按特约保险费率和平均运费率直接计算保险金额。按 CFR 进口时，保险金额 = CFR 价格 × （1 + 特约保险费率）；按 FOB 进口时，保险金额 = FOB 价格 × （1 + 平均运费率 + 特约保险费率）。

12.4.3 全球采购的违约与索赔

全球采购的违约是指买卖双方之中任何一方未能履行或未能全部履行合同义务的行为。违约的行为不同，所引起的法律后果及应承担的责任也有所不同。各个国家对全球采购违约在法律上的规定不完全统一。

英国《货物买卖法》把违约分为违反要件与违反担保两种。违反要件是指违反合同的主要条款；违反担保是指违反合同的次要条款。如果一方违反要件，受害方有权因此解除合同并要求损害赔偿；如果违反担保，受害方只能要求损害赔偿，而不能解除合同。

美国法律规定，若双方当事人中任何一方违约，致使另一方无法取得该交易的主要利益，则是重大违约。在这种情况下，受损的一方有权解除合同，并要求损害赔偿。如果一方违约情况较弱，并不影响对方在该交易中得到的主要利益，则属轻微违约，受损一方无权解除合同，而只能要求损害赔偿。

我国《合同法》第 107 条规定，当事人一方不履行合同义务或者履行合同义务不符合约定的，应当承担继续履行、采取补救措施或者赔偿损失等违约责任。第 112 条规定，当事

人一方不履行合同义务或者履行合同义务不符合约定的，在履行义务或者采取补救措施后，对方还有其他损失的，应当赔偿损失。

索赔是指遭受损害的一方向违约方提出赔偿要求的行为。在实际业务中，索赔主要依据是合同中的索赔条款。在全球采购合同中，有异议与索赔条款和罚金条款两种方式。异议与索赔条款主要是针对卖方交货的品质、规格、数量、包装不符合合同规定或卖方装运不当而订立的，其主要内容除明确规定一方如违约另一方有权提出索赔外，还包括索赔依据、索赔期限、索赔金额及赔偿损失的办法。罚金条款又称违约金条款，是在合同中规定如果一方当事人未按合同履行义务，应向对方支付一定数额的罚金，以补偿对方损失的条款。其数额依据违约时间长短或违约造成的损害程度而定，一般在合同中规定罚金的百分率。罚金条款一般适用于卖方延期交货、买方延迟开立信用证或延期接货等情况。但罚金的支付并不解除违约方应履行的义务，违约方不仅要交付罚金，还要继续履行合同规定的义务。

案例分析

施耐德电气公司与全球采购

施耐德电气公司是全球电力和控制领域的领导者，拥有悠久的历史和强大的实力。配电和自动化及控制是施耐德电气携手并进的两大业务领域，其产品覆盖民用住宅、建筑、工业以及能源与基础设施四大市场。20世纪80年代以来，施耐德电气逐渐脱离了非电力业务，将战略重点重新聚焦于电气领域。施耐德电气2013年全球销售额为236亿欧元，净利润达到18.88亿欧元，拥有152784名员工、224家生产企业；2014年全球销售额为249亿欧元，近利润达到19.41亿欧元，拥有167124名员工、近200家生产企业。

施耐德电气2012年在中国已经拥有28000名员工、28家生产型企业、4个分公司、53个地区办事处、700多家代理商和全国性的销售网络，以及7个物流中心、1个实验室与1个电气研修学院和3个全球研究发展中心。

随着像中国和印度这样的巨大市场逐渐向外国公司开放，更多的跨国公司正在把采购策略上升为新市场战略的一个重要部分。全球采购已经不是一个新概念了，很多公司都正在从低成本国家采购某些产品以降低成本。

无论是进行全球化采购的公司数量，还是全球采购目标地国家的数量，或是进行全球采购的产品数量和种类，都在不断地增长，而且这一趋势显然将不断继续。埃森哲的一份研究报告显示，大约有91%的受访者计划增加他们在低成本国家和地区的采购规模。而且，像施耐德电气这样的跨国公司正在把采购策略上升为新市场战略的一个重要部分。

近年来，价格和竞争压力继续成为促使大多数公司选择从较低成本的国家进行采购的主要动力。这些新兴的低成本国家正以其独特而显著的优势吸引着更多的全球采购。新兴低成本国家的以下四点重要优势在很大程度上是全球性的，在这里选择中国作为例子：

①劳动力的受教育程度。到2010年，已有60%以上的中国人口接受了中学或更高程度的教育。②中国拥有巨大的低成本劳动力资源，其制造业领域的劳动力成本和欧洲、美洲等发达国家相比具有极大的优势。③巨大的国内和出口市场规模。根据国家统计局的数据显示，中国的国内生产总值在2014年达到636462.7亿元，相比2013年增长了8.23%；出口

总值则达到了 143911.66 亿元，比 2013 年增长了 4.94%。④市场自由度。由于受到加入 WTO 等因素的影响，2005 年中国已经将关税从平均 24.6% 降低到 9.4%。

在看到低成本国家在全球采购上的巨大优势的同时，也看到了它们的文化、机构组织、供应商关系和科技成熟度之间的差异给全球采购带来巨大的挑战：

(1) 供应商关系的选择。大多数公司都投入了大量的时间、精力和资金，希望能建立一个高效的供应商关系网络。事实上，很多成熟的跨国公司已经成功地建立了这样的网络。现在如果因为选择了新的采购基地而需要改变这些网络，其代价将是昂贵的。在一些低成本国家，供应商的信息往往琐碎而不成体系，而且常常缺失严重，这就意味着要获得完整的供应商信息并进行比较筛选将相当困难。

(2) 落后的科技和信息系统。在中国，虽然一些地区已经较为发达，但总体来说，除沿海发达地区以外的大部分地区，IT 系统和信息基础设施都还很不健全，整合度也比较低。

(3) 在邀标、评估和筛选的过程中，国外的采购者往往会对潜在供应商的成熟度抱有很高的期望。然而在低成本国家和地区，信息往往很难获得，而且由于信息系统水平的限制和语言的障碍，信息的整合和评估也很困难。而且，这些地区的质量标准和法制管理往往比较薄弱，因此采购者可能需要承担更大的责任和风险。

(4) 基于关系的谈判。公司在进行质量、服务和价格的谈判时，需要对当地的商业文化和关系有一个完整而深入的了解。这一点在很多发展中国家都很普遍。很多时候人们对"关系"的关注甚至比对商业本身的关注程度要多。

从施耐德电气的国际采购团队（International Sourcing Team, IST）的目标来看，可以明显看出跨国公司对全球采购的目标和信心：①从低成本国家的采购中，短期内即能获得收益；②在低成本国家为国际或国内建立供应商数据库；③保证持续的成本控制；④在组织内部发展技巧和建立全球采购流程，并将其传授给其他国家。

中国集成了低成本国家所具有的一系列最具吸引力的优势，包括较低的劳动力成本、大批接受了较好教育的劳动力、广阔的国内和出口市场以及低关税政策。

跨国公司通常使用以下三种商业模式来从低成本国家进行采购，这三种模式的关键区别在于其采购承诺和责任的程度：

(1) 贸易代理。贸易代理可以帮助筛选当地的供应商、谈判价格并负责打理其后的订单履行以及物流。他们作为第三方的服务提供商，可以使其客户免于应付复杂、琐碎的日常操作，甚至可以替客户进行一些较小规模的投资。

(2) 当地合资和独资的外商投资企业。一般情况下，如果投入了更多的精力和资金，公司往往可以获得对其供应商更为充分的了解，并可以对质量进行更紧密的控制。同时，公司也便于与供应商开展更为长期和直接的合作。当然，伴随这些好处而来的是更大的挑战。

(3) 在全球范围内建立采购办公室来专门评估、选择和发展当地供应商。这种方式基本上是一种共享服务的模式，利用一批专业的采购团队来专门负责打理从订单到物流管理的相关事宜。

施耐德电气采用了以上 (2)(3) 方式的结合。施耐德电气在中国的 16 家合资公司的供应商为全球采购的成功运作建立了很好的数据库。他们就供应商的信誉、实力、质量和供货能力积累了大量的第一手资料，而且在很大程度上，供应商给他们提供的原材料在质量标准

和品种上与全球采购的要求是一致的，这为其全球采购的成功和快速建立奠定了扎实的基础。

（资料来源：根据 MBA 智库以及施耐德电气公司年度财务报告整理。）

案例分析题：

1. 讨论施耐德电气公司进行全球采购的风险。

2. 施耐德电气公司在全球采购中如何实施供应链选择、评估、维护等措施？以在中国市场采购为例进行说明。

【本章讨论】

1. 企业转向全球采购最直接的动力是什么？在实施全球采购过程中会面临哪些困惑？

2. 全球采购会对企业采购模式的选择产生什么影响？能否找到适合全球采购特定的采购模式？

3. 近些年，越来越多的跨国公司开始在中国设立全球采购中心，中国吸引全球跨国企业的因素有哪些？

4. 实施全球采购面临诸多制约因素，如贸易环境、法律制度、文化差异等，请选择其中一个因素进行分析，并提出应对的管理措施。

5. 电子商务的发展为全球采购带来便利，其主要制约因素就是支付方式。请以此为背景，讨论全球采购常用的支付方式和新型的方式，并讨论具体的支付方法、适用条件、优缺点。

6. 医药公司成功实施全球化采购之后，效益极其明显。

带给买方（医院）的利益：全面、精细地评估供应商资质及药品质量，买到了更好的药品；供应商的来源范围大幅度扩大，获得了更多的选择；采购周期从传统需要 3 个月缩短到 1 个月，效率更高；药品平均售价比原来降低 20% 左右，单品价格降低最高达到 70%，成本大大降低；过程高度透明，杜绝暗箱操作，从源头上治理了回扣问题。

带给卖方（药品经销商、药厂）的利益：更低的市场推广成本、更低的交易成本、更快速准确的客户沟通、更有计划的生产；厂家与医院直接对话，精简供应链；经销商角色由销售渠道转变为物流配送服务商，顺应世界供应链潮流。

试分析医药公司实施全球化采购的原因。

电子采购

【导言】

电子采购是指企业应用互联网等技术，将企业的采购流程电子化、网络化、自动化的一种新型采购模式。电子采购可以协助企业管理供应关系，有效降低采购成本，逐步提高竞争力。对采购商而言，电子采购系统可以优化采购流程，降低采购管理成本和采购价格，缩短采购周期，减少安全库存，规避或减弱采购风险，改善供应商管理，提高服务质量，促进交流与合作。对供应商而言，电子采购可以使其更及时地掌握市场需求变化，降低销售成本，增进与采购商之间的关系，从而获得更多的交易机会。

学习目标

1. 了解电子采购兴起的背景和发展历程。
2. 理解电子采购给企业、政府和采购中介三方所带来的好处。
3. 了解制约电子采购广泛应用的因素，掌握成功实施电子采购的关键措施。
4. 掌握电子采购的运作模式。
5. 掌握电子采购系统的基本功能和基本业务流程。
6. 掌握电子采购信用管理的内容。
7. 理解电子采购安全管理的措施。

导读案例

惠普的电子采购方法

位于美国加利福尼亚州帕罗阿尔托市惠普公司历来都是商务史上的革新者。它有一种"离经叛道"的典型做法，就是成立了许多完全独立的子公司，并让它们做任意想做的事情（只要其针对总公司的主导产品设计出来的附属产品能够在市场上卖得出去并赚到钱就行）。这种做法使得惠普公司的发展极其迅速，几十年来一直在行业领域内独领风骚，将其他的竞争对手远远抛在后面。不过近几年来，惠普的发展速度有所减缓。

惠普公司"分而治之"的经营战略的确有其隐含的不利因素，其中较明显的一点就是由于各部门分头采购，使得它们采购来的办公设备、文具用品以及各项服务都惊人地昂贵，因此，公司每年在这些项目上的开销都是天文数字。到 1999 年年底，惠普花在这些项目上的总金额就高达 20 亿美元。

惠普对这个问题早有察觉，并于 1998 年进行过调查。调查发现，自己公司的集团购买行为过于分散、随便，缺乏统一的规划与控制。"许多雇员自己跑到附近的一家计算机与办公用品商店去随意采购东西拿回来报销，而不是到与我们有供应协议的供应商那里去采购，这样做的结果当然是要多花很多冤枉钱。"公司前采购主任说。

因此，惠普公司立即着手建立一个基于网络的采购系统，旨在促使惠普的 84000 多名员工全都从指定的供应商那里取得诸如铅笔、台历和计算机这样的办公用品，改掉"阔少爷买东西"陋习，全面实现采购的决策与实施过程无纸化。作为这个过程的副产品，惠普得以对其庞大的供应商资料库中的 10 万个供货点进行筛选，只留下了最可靠、最高效、能够进行网上交易的少数大型供应商。

在各种各样的软件选择方案中，公司的电子采购组最终选定了 Ariba 采购系统，并于 1999 年 9 月正式启动。4 个多月的试运行时间，这套系统先后接待了一百多个用户。运行的结果使惠普官员们确信，Ariba 网上采购将能够让公司每年在 MRO 项目上的支出减少 6000 万～1 亿美元。

事实上，效果比原先估计的更好。

在惠普实行采购电子化的过程中，发生了一件很有意思的事情。尽管公司对试运行的结果十分满意，但他们实际上并不想亲自驾驭这只庞然大物。按照公司惯常的做法，电子采购组要从总公司剥离出来，成立一个完全独立的营利性的商业服务公司。商业服务领域正好是目前方兴未艾的一个全新的 BSP 概念，而专业化的电子采购又是这个领域中填补空白的一种服务专案。电子商务的业内分析家都对此极为关注，认为它将在未来几年内得到无比迅速的发展。

现在惠普的员工需要买什么东西都上 Alliente 的网站去订购。网站对所有的交易都有详细的记录，以方便日后的维修与保养。惠普公司从此能够与其 100 个供应商进行更加快捷的交易与联系了。

过去需要两个星期的采购过程，现在只需要不到两天就可以完成了。对于供应商来说，过去所有的开票、调货和信用卡问题需要占用 70% 的工作时间，而现在这些时间仅占 30% 左右。将来有一天，惠普的员工将不必为购买纸张或墨盒而操心了，因为系统能够自动算出某台印表机需要换墨盒的时间并及时提醒他们。

（资料来源：www.100Test.Com，百考试题网。）

13.1 电子采购概况

互联网和计算机技术的飞跃发展，使许多商业流程从传统的手工方式变成了以计算机网络为基础的自动化流程。电子采购系统（E-Procurement System）是伴随着互联网的兴起而发展起来的产物。早在 1998 年，以美国 Ariba、Commerce Once 等公司为代表的电子采购系统开发商陆续开发了类型各异的电子采购系统。如今，电子采购已成为一种有效的采购模式。

20 多年以来，经济全球化使采购业发生了巨大的变革。各种新概念、新思想、新理念和新方法涌现出来，如供应链管理、战略采购、采购外包、电子采购、电子竞价等。采购从

传统的后勤支持角色逐步走到了令人注目的前台，地位较之从前有了极大提升。尤其是在采购成本占企业总成本70%～80%的电子机械制造与装配领域，采购成本的降低已成为企业新的利润源泉。

随着采购部门角色和定位的变化，传统采购模式的弊端也日益凸显出来。在很多企业中，采购主管受到成本过高、采购周期过长、库存过多、资本利用率低、供应商关系紧张、采购数据难以汇总分析等问题的困扰，而如何解决这些问题关系到企业生存和持续发展。

随着互联网和信息技术的突飞猛进，电子采购已成为一种有效的采购模式。它可以对企业的采购过程进行系统化与流程化管理，从根本上实现减少采购环节、提高工作效率和降低采购成本等目的。同时，电子采购还能帮助企业实现集中采购，进而改善客户服务质量。一项对全球200家大企业的调查显示，30%的企业已实施了电子采购，61%的企业已开始筹划或考虑实施电子采购。雅马哈电子有限公司（苏州）通过实施电子采购，建立全球电子采购平台，建立了标准化的电子订单流程，整体效率得到很大提高，大大简化了交易程序，缩短了采购周期，降低采购过程成本，并为制定采购计划等决策提供支持。表13-1清晰地显示了与传统采购相比实施电子采购的优势。

表13-1　传统采购与电子采购的比较

项目 ＼ 采购类型	传统采购	电子采购
支出	高	低
流程处理	手工	自动
处理费用	中	低
采购单周期	几天	几小时
错误率	中	低
订单状况	不可知	在线可得
数据	冗余	清晰可查

1. 电子采购的优势

一般来说，低采购成本是电子采购的最大优势。采购商通过借助电子采购系统提供的决策支持工具，可以获得越来越多的效益。总的来说，电子采购的优势主要表现在以下几个方面：

（1）降低价格。通过使用电子采购提供的报表更新和集中采购功能及电子招标采购方式，并结合自身的议价能力，许多企业可以大幅度降低商品的采购成本。

（2）缩短采购周期。通过提高信息的时效性并加强沟通，电子采购可以缩短采购周期，并明显提高订货的准确性。

（3）降低交易费用。尽管改善供应商管理等可以降低采购费用，但电子采购降低成本的原因在于交易费用的大幅度降低。

（4）信守合同。电子采购可以提高信守合同的程度，采购商能够通过保质、保量地履行合同，改善与供应商的关系。此外，这一过程的改进最终还可以减少采购组织在策略性采购管理中的成本并提升效率。

（5）提供准确的信息和报告。电子采购通过互联网、企业内部网以及其他外部网络技

术，能够使众多的交易企业实时进行信息沟通，从而以最低的采购成本获取经济利益最大的产品。正如美国技术公司供应管理开发部经理萨姆·法尼所说："我们发现电子商务有两个方面的好处。首先是实时性——实时获取并跟踪信息；其次是获取数据本身的价值。以前，我们还来不及收集整理过去一年投资支出的有关信息，就已经进入了下一年度，现在通过电子商务，可以立即获取并分析这些信息。"当然，电子采购的作用还不仅局限于此，它的潜在运用还包括订单跟踪、资金转账、收据确认、产品计划和进度安排等信息的共享等，从而最终加速企业采购运作，缩短采购提前期，同时把大量的人力资源从烦琐的事务性工作中解放出来，全面降低采购管理的成本。

IBM 的电子采购

20 世纪 90 年代中期，IBM 的采购运营极为分散：有 20 个业务单位负责采购，5 万个供应商遍布世界各地，IBM 与每个供应商平均签订了 6 份合同。采购部门职能控制 70% 的开销，处理每个采购订单的平均时间超过 30 天。IBM 迫切需要电子采购系统。这时，IBM 就开始由传统采购方式向电子采购进行转变。1999 年，IBM 电子采购额高达 130 亿美元。电子采购为 IBM 提供了高效的购货服务手段，它有效地将供应商、用户和业务伙伴联系在一起，为向客户提供优质、高效的服务创造了良好的条件。通过电子采购，IBM 的成本在不断降低，自 1995 年以来，电子采购市场已经为 IBM 节约了大约 90 亿美元。现在的 IBM，80% 的采购开支集中于 300 家产品供应商和 2500 家非产品供应商，而且和每家供应商仅签订一份合同。采购部门控制了 98% 以上的开销，80% 的交易在 4h 内即可完成。新的电子采购系统大幅度提高了采购的速度和灵活性。

2. 电子采购的局限性

采购管理是一个极为复杂的系统工程。现代采购包含的内容较为广泛，其中既有成本控制、及时采购的要求，又有供应市场的调查与分析、合作伙伴关系的建立与维护等要求。不仅如此，作为企业价值链的组成部分，采购活动往往又与企业管理的其他领域发生各种交互行为，所以，合理采购体系的建立不是仅靠推行电子采购就能解决的。相反，电子采购的顺利开展和采购绩效的提升，有赖于整个企业的管理规范以及竞争行为的规范，甚至行业宏观经营体制的健全。脱离了最基本的管理规范和良性经营环境，电子采购可能不仅不能发挥应有的作用，而且还会加大企业经营的难度和风险。

尽管电子采购是当今企业采购领域的发展趋势，但是这并不说明电子采购完全适合于所有的行业和产品。因为基于公开竞价招标的采购形式不一定适用于高附加值、非标准化的产品和竞争不充分的供应市场。因此，如果不讲条件地推行电子采购，可能会出现福特汽车公司的一个主要供应商谈到的情况——"电子商务交易是一个冷冰冰的平台，它把具有巨大潜质和增值能力的企业踢得很远。如果强行推行电子采购，那么只有选择退出交易。"

13.2 电子采购模式

电子采购突破了时间和空间的障碍，使得采购部门可以足不出户就能完成采购任务。在国际上，不同的国家有不同的电子采购平台。例如，韩国的电子采购平台被选为联合国电子采购全球典型模式，其运作中的透明性和效率性得到业界的高度评价；英国中央政府的采购平台为采购商与供应商提供了自由交易的开放式服务平台；意大利的 Consip 电子采购平台

提供电子目录、网上拍卖、交易地带等不同方式实现买卖的功能。以此为基础，本节主要阐述综合型电子采购、垂直型电子采购和交易型电子采购三种模式。

13.2.1　综合型电子采购

综合型电子采购是市场主要的运行模式，也称为水平型电子采购，是把各个行业中相近或相似的采购交易过程放在一个第三方网站平台上的采购模式。第三方网站平台上汇集了大量的交易信息，能够满足采购商的一般要求，但无法满足采购的个性需求。综合型电子采购最大的特点是企业数量巨大，特别是中小型企业；其缺点是由于第三方采购平台上的信息数量巨大，采购方要花费大量时间去甄别信息，并且大量信息的可信度低。

目前，综合型电子采购模式运行最成功的企业之一是阿里巴巴公司（见图13-1），除此之外，慧聪网、环球资源网也具备一定的实力。该模式占据了电子采购市场的主要份额，因此，综合型电子采购模式是最为主要的运行模式。

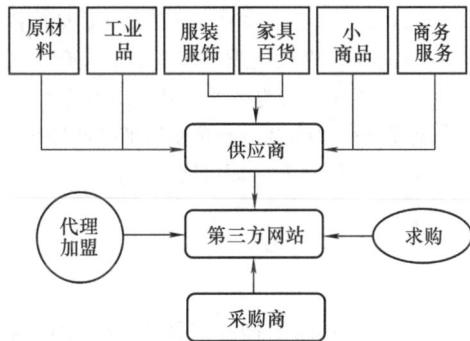

图 13-1　综合型电子采购模式（以阿里巴巴为例）

13.2.2　垂直型电子采购

垂直型电子采购模式是另一种采购模式，它与综合型运行模式恰恰相反（见图13-2）。首先，综合型电子采购能为采购商提供大量市场信息，为采购商找到适合自己的交易类型提供平台；而垂直型电子采购是为采购商提供更为专业化的和个性化的采购服务，服务对象非常明确，针对性比较强，该服务更适合采购商的需求。其次，综合型电子采购涉及多个行业；而垂直型电子采购专注于某一行业，对该行业的上下游采购流程与业务有深入的掌握。最后，综合型电子

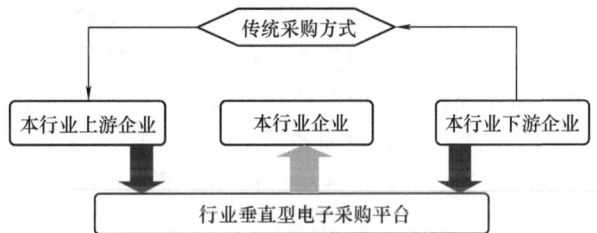

图 13-2　垂直型电子采购模式

采购平台是由第三方建立的；而垂直型电子采购平台由某一行业较强实力的企业或企业间战略联盟组建，能吸引的资金有限（只局限于某行业），市场开拓能力不足，难以实现平台的品牌优势，而且由于只涉及行业的上下游，产业链过短，往往会被传统的联系方式弱化其作用。

垂直型电子采购模式由于与综合型电子采购形成差异化竞争模式，因此在国内还是有比较广阔的发展前景和发展空间的。例如，医药行业的海虹医药网、以化工行业为主的中国化工网，都占有一定的市场份额。

13.2.3 交易型电子采购

交易型电子采购与综合型电子采购有一定的相似之处，都是为供应商与采购商提供中介平台。但交易型电子采购模式是为供需双方沟通交流提供方便，其中沟通的内容包括产品信息、报价、库存信息、电子数据表格、图片、项目实施的标准、合作文件样本等，功能类似于企业之间的电子数据交换（EDI），但在共享内容上比 EDI 更深入、更完善、更系统，因此供需双方的合作更紧密。比如，现今交易型电子采购的发展趋势是专有交易型电子采购模式，提供一对一的信息交流，甚至共享供应链流程（如库存管理、订单管理、生产计划）。一些企业利用专有交易型电子采购模式改善企业业务流程，建立电子采购交易平台。例如，美国道化公司（Dow Chemical）建立的专有交易型电子采购平台，每年物资采购总额达1250亿美元，同时节约采购成本5% ~30%。

13.3 电子采购方案

电子采购的优势是降低价格，缩短采购周期，降低交易费用，提高信守合同的程度，提供准确的信息和报告。尽管实施电子采购有诸多好处，但由于它的局限性，如何有效实施电子采购就成了迫切需要解决的问题。然而，电子采购的有效实施离不开完善的电子采购方案，因此有必要了解电子采购方案是如何制定的。

13.3.1 电子采购技术

电子采购技术是电子采购方案的基础设施，因此，电子采购方案的顺利实施离不开电子采购技术的支持。为了更好地实施电子采购方案，必须对电子采购技术进行相关的了解。电子采购技术主要分为采购平台构建技术和采购数据处理技术。

1. 采购平台构建技术

采购平台构建技术包括 Internet 技术、Web 技术、目录服务技术和中间件技术等。

（1）Internet 技术。Internet 是全球最大的、开放的、由众多计算机网络互联而成的国际性网。Internet 技术，特别是 TCP/IP 协议，可以实现不同网络之间的连接与操作，向用户提供一致的、通用的网络传输服务。

（2）Web 技术。Web 全称为 World Wide Web，中文为万维网。Web 是一种体系结构，通过 Web 可以访问 Internet 所有主机上的超链接文档。Web 技术主要分为静态页面技术与超文本标志语言、浏览器与编程语言、动态页面技术等。

（3）目录服务技术。目录在网络系统中是指网络资源的清单，以一定的格式记录现实世界中的大量信息，供用户做出各种查询和修改。目录服务是基于分布网络信息处理、有层次结构的目标管理体系，将网络系统中的各种信息集中管理起来，为用户提供一个统一的清单。

（4）中间件技术。中间件是基础软件的一大类，属于可复用软件的范畴。中间件处于

操作系统软件与用户的应用软件的中间，在操作系统、网络和数据库之上，在用户应用软件之下。它为应用软件提供运行于开发的环境，帮助用户灵活、高效地开发和集成复杂的应用软件。

2. 采购数据处理技术

随着电子采购的发展，数据量越来越大，需要应用数据处理技术对这些复杂的数据进行科学的管理，提高企业业务效率。一些软件，如 ERP、SCM、CRM、OA 与 KM 的开发与应用，其实就是对数据的保存、挖掘、处理，为企业决策提供支持。因此，把采购数据处理技术分为数据仓库技术、数据挖掘技术、商业智能技术。

（1）数据仓库技术。从业务处理数据库中抽取数据，并将其转换为新的统一存储格式，这种支持决策的、特殊的数据存储称为数据仓库。在此技术上进行分析与挖掘，支持整个过程的技术称为数据仓库技术。数据仓库技术为企业对业务数据的深入分析与挖掘提供有效的技术支持。

（2）数据挖掘技术。数据挖掘是指根据企业的要求与发展目标，对业务数据与收集的数据进行分析与探索，揭示数据背后不为人知或已知的商业定律，并进一步将其规范化的数据处理。数据挖掘能够建立未来预测的分析模型。

（3）商业智能技术。商业智能是指将企业中的数据转化成信息和知识，帮助企业做出正确的经营决策，这些决策在管理学中可以是战术层面的，也可以是战略层面的。数据包括供应商、采购商、企业内部的库存、订单、企业的竞争对手以及外部环境的数据。商业智能技术不是创造性技术，而是数据仓库技术、联机分析处理工具、数据挖掘技术、数据备份和恢复技术的综合运用。

除上述采购数据处理技术外，还有电子采购的网络规划（局域网规划、广域网规划）技术、电子采购中的物流技术（全球卫星定位、地理信息系统技术、射频识别技术）等采购数据处理技术。

13.3.2　电子采购流程

一个完整的电子采购流程包括采购标准制定、网站构建、发布采购信息、供应商在线报价、在线沟通供应商和采购订单履行这几个方面。

1. 采购标准制定

采购标准制定即进行电子采购的详细分析，掌握与传统采购的异同，策划电子采购过程标准，并对现有采购过程进行优化。

2. 网站构建

这是电子采购的基础平台，要按照采购过程标准设计网站、组织网页内容。

3. 发布采购信息

通过网站、互联网等技术手段发布采购信息或招标信息，详细说明对产品、服务、项目的要求，如规格、数量、标准、供应商资格要求、服务内容等；也可以通过网络寻找合适的供应商，主动与其联系，通过邮件、电话等方式询问，广泛收集相关信息。

4. 供应商在线报价

供应商通过网站了解了采购方对产品、服务、项目、供应等方面的需求信息，满足要求的供应商就可注册、登录网站，填报采购方所需要的信息以及产品、服务、项目的信息和报价。

5. 在线沟通供应商

通过网站收集到供应商的信息，进行筛选和评比，确定若干供应商在线沟通与谈判，就某些细节问题与供应商进行协商和谈判，重要情况还可以进行网络视频会议。

6. 采购订单履行

供需双方完成采购合同的签订，采购方以电子邮件方式下发电子采购订单，传送给供应商。供应商确认订单后及时反馈，提供服务、送货的时间安排。采购人员跟踪订单直至供应商履行采购合同后，把单据回馈给财务部门进行电子支付货款。

13.3.3 电子采购方案的实施

电子采购系统模块功能及其使用是电子采购方案的基本内容。

1. 电子采购系统模块

电子采购系统模块主要包括组织结构管理模块、供应商目录管理模块、产品目录管理模块、采购计划管理模块、采购过程管理模块、合同执行管理模块、采购效果分析模块、决策支持模块、采购成本管理模块等。

（1）组织结构管理模块。组织结构管理模块提供了承担特定采购任务的角色和权限管理，通过角色和权限的可定制功能实现对内部用户群的分级分组管理，保证了合适级别组别的人群能够浏览和操作合适的项目或进行系统管理等。它能根据组织或运营变化的要求，轻松地实现角色、权限与用户的动态管理；同时，还能有效地支持对外部成员，如供应商等的动态管理。

其主要功能包括：①实现集团化结构管理，包括对下属子单位、部门的管理；②实现基本结构管理，包括对部门、职务、项目团队等的管理；③实现对外部供应商和外部专家资源的管理。

（2）供应商目录管理模块。基于提供决策支持系统和采购成本管理系统的资源支持，供应商目录管理模块提供了比较实用的统计分析功能，能够帮助采购商预测市场前景与交易风险，调整采购策略。供应商目录管理模块为采购商决策支持系统和采购成本管理系统的有效运作提供了可量化的、准确的依据，既提高了采购质量和采购效率，又改善了采购商与供应商的关系，使原来的交易管理转向关系管理，为与客户长期的可持续发展战略提供了有力支持。

供应商目录管理模块的主要功能包括：①实现了由供应商对其内部信息和产品信息的动态维护。供应商登录系统能够维护单位基本信息，并可以按照采购商设定的权限范围内的产品目录动态更新自己的产品信息，包括新增产品种类、更新产品基本信息描述、更新产品价格、更新产品库存、更新生产能力及目前剩余生产能力、更新产品信息的有效期。供应商可以提供标准价格，也可以提供分级价格，还可以提供价格折扣，如所有产品价格折扣、特定产品价格折扣或特定订购量的价格折扣等。②实现采购商对供应商的资信评估。采购商能够对供应商在一段时期内的供货质量、价格、交货期、服务、可持续性的改进等各方面进行综合的统计和评估，实现对供应商的动态管理。

（3）产品目录管理模块。产品目录管理模块提供了灵活的目录设置和动态更新功能，能够帮助采购商实时更新产品目录，保证产品目录的先进性，以符合市场需要。产品目录管理模块为采购商决策支持系统和采购成本管理系统的有效运作提供了目录标准，为采购商长

期的可持续发展战略提供了有力支持。

产品目录管理模块的主要功能包括：①采购商可以设定本单位的产品目录、定制产品目录下的产品信息数据视图，如产品名称、产品编码及价格等。②采购商可以设定产品目录发布管理流程，严格控制入市产品目录的准确性。③采购商还可以设定产品目录浏览操作权限，即可以设定浏览操作某产品目录的供应商或者供应商群。无权限的供应商不能查看该产品目录，只有赋予权限的供应商才能按照产品目录视图维护企业产品信息。④对于经常采购的产品，系统会自动形成快捷目录，以提高后续采购的工作效率。

（4）采购计划管理模块。采购计划管理模块是基于工作流技术开发的，能够帮助客户轻松实现采购计划编制、采购计划管理及请购管理等，可以应用工作流技术自行设定计划编制流程与计划产品分类请购流程，同时还可以自定义计划外产品请购管理流程，严格规范本单位的额外采购。

采购计划管理模块的主要功能包括：①用户可以实现年度、半年度、季度、月度采购计划的编制，并可以随时调整采购计划。②用户可以实现对不同产品目录或不同产品的请购管理。③用户可以实现对经常性请购产品与定期请购产品的方便管理。对于经常性请购产品，可以形成请购模板；对于定期请购产品，系统会设定时间自动发送请购申请。④用户可以实现对额外采购的规范管理。

（5）采购过程管理模块。采购过程管理模块可以提供以下四种主要电子采购方式，即招标采购、竞价采购、竞争性谈判采购和直接采购。招标采购模块是基于工作流技术开发的，该模块集资源管理、流程定制、综合统计查询于一体，提供了在线招投标、在线开评标等完备功能。竞价采购模块整合了先进的电子采购技术和科学的采购模式，与传统的招标采购相比，竞价采购允许供应商多次报价，使投标的静态报价转为动态报价，从而创造了一个充分竞争的环境，极大地降低了采购商的成本，并缩短了其采购周期。竞争性谈判采购，谈判采购模块结合谈判采购的实际情况，提出了可定制的"谈判对象"概念，用户可以将谈判关心的要素列入谈判对象，与供应商进行网上谈判。直接采购模块基于供应商目录和产品目录的资源支持，可以直接采购市场价格透明的产品。

（6）合同执行管理模块。合同执行管理模块凭借流程自定义功能，可以轻松实现在线合同签订、合同管理、合同执行状态跟踪和电子支付等活动。合同执行管理模块提供了可靠、灵活、安全的支付平台，该平台提供了强大的异常处理机制、数字证书强认证机制和操作日志机制。

合同执行管理模块的主要功能包括：①实现合同模板功能。针对产品目录或经常性采购产品，制作合同模板。②自定义在线合同签订管理流程，关联不同合同模板。③自定义合同的发货、收货、入库、退货等环节跟踪流程，监控合同执行状态。④自定义付款流程，实现电子支付。运用工作流技术，建立适合自身业务情况的支付流程，包括支付额度、审批权限等，以提高采购活动的效率与质量。⑤实现合同分类分状态管理。

（7）采购效果分析模块。采购效果分析模块主要用来帮助采购单位评估业务项目的采购效果，包括项目最终成本和项目质量、供应商合同履行质量、采购人员绩效等。用户可以自行设定评估模型，也可以应用工作流技术自行制定评估流程。评估时使用的数据可为业务流程中的项目数据、生产过程中的反馈数据和采购成本管理系统数据。

采购效果分析模块的主要功能包括：①分析采购项目成本，评估项目采购质量。依据采

购项目最终成本和项目预算成本情况，分析项目费用执行情况；结合采购周期、采购物品质量等因素，评估项目整体采购质量。②评估项目供应商质量。结合交易价格、合同履行等情况，综合评估项目供应商。③评估项目采购人员绩效。结合项目最终成本、采购周期及项目执行等情况，评估采购人员完成采购项目的质量情况。

（8）决策支持模块。决策支持模块拥有强大的统计查询功能，可为采购决策提供依据。用户可根据业务需要自行设置多种统计查询模板，相关权限人员可以使用统计查询模板，实现对采购项目所关注信息的统计查询。与传统的统计查询功能比较，统计查询模板的最大特色就是统计查询条件自定义，统计查询结果显示自定义，统计查询权限自定义，即单位不同层次的人员只能统计查询与其相关的采购项目信息。例如，经营层可以统计查询战略性决策辅助信息，管理层可以统计查询管理性决策辅助信息，执行层可以统计查询作业性决策辅助信息等。

（9）采购成本管理模块。采购成本管理模块贯穿了采购业务的全过程，其工作流技术的运用为严格规范财务用款申请和报销程序提供了强有力的技术支持。

采购成本管理模块的主要功能包括：①用户可以自行设定财务费用种类，如会议费、差旅费等。②用户可以进行年/季/月度采购成本预算和产品采购成本预算。③用户可以自行设置用款申请审批流程。针对具体单笔采购，采购人员提出用款申请，批复同意后方可正式启动采购项目。④用户可以自行设置费用报销审批流程。采购过程中采购人员提请费用报销，需经审批，财务才能予以报销。⑤用户可以进行项目成本核算，包括项目交易成本、采购过程发生成本，如人力投入、报销费用等。⑥用户可以进行年/季/月度采购成本核算和产品采购成本核算。⑦用户可以统计各种财务费用发生明细。

2. 电子采购的实施

随着电子采购的发展，企业面临的问题已经不再是"是否需要"，而是"如何实施"。要想实现电子采购的价值，关键是要制定可靠的长远战略，采取最佳的市场策略，并建立专家团队。一项电子采购计划可能包括重新构思商务处理进程、更改报告结构、重新培训和安排采购人员、改进奖励机制、与外部合作伙伴协商等内容。以下事项是必须要考虑的：①评价店铺、分销中心、公司和现场办事处的采购进程，深入理解进程流动、平均订货量和采购周期；②计算存档交易费用，即使只是粗略估计；③合并为服务、产品和设备建立的各种报价请求（RFQ）清单；④分析采购支出文件，了解合同采购与非合同采购的区别；⑤编制厂家列表，包括采购的产品、交易次数和支出费用等。

完成上述步骤后，就可以评价行动的备选方案，并根据能力和战略方向，制定相应的对策。现在已有很多企业利用在线市场或拍卖来进行谈判议价，采购议价只是采购流程中的一小部分。近年来，电子采购技术的进步，帮助企业解决了供应管理领域的诸多难题。下面是可以考虑采取的解决措施：

（1）制定供应管理策略。成功的采购始于清晰的策略。为制定出明确的策略，各公司必须对他们要买什么、向谁买、付多少费用有清楚的了解。过去获得这些信息比较难，因为成本数据通常牵涉到公司多个不相关联也未经整合的系统。但现在的网络技术可以帮助公司迅速、方便地收集和管理各种数据，以及更新信息。这不仅仅为企业经理和采购主管提供了削减成本所需的信息，还为其提供了制定并执行更有效的采购策略所需的信息。

（2）描述需求。对货物和服务进行成功议价谈判的首要步骤是清楚地描述采购商需求

和合同条款。要实施一项有效率的采购项目，采购商需要制定出详细的包含总成本在内的RFQ，以使他们可以与竞标文件进行对比。上述工作非常复杂并消耗时间，但是，通过把收集和分类数据的过程自动化，能极大地简化这一工作。例如，无须每次为货物或服务收集数据和撰写RFQ，公司可以利用技术在定制化的模板上产生RFQ文件，保存下来在需要时进行更新就可以了。无须再通过标准的信件或传真分发RFQ，而是把RFQ发布到网页上，就可与供应商进行信息互动反馈。

（3）开发并管理供应商。采购商了解并描述出需求后，还必须开发并核查供应商。传统的采购模式通常局限于与已发生业务关系的供应商打交道。技术化采购方案能极大加强识别和管理供应商。首先，技术方案使采购商可以在全球范围内寻找供应商。其次，采购商可以通过在线互动论坛从供应商处迅速收到并评估投标。最后，促进了简便的通信和协作，使采购商能够持续有效地监控管理供应商。

（4）进行议价谈判。货物和服务的议价谈判是采购专业人士的关键任务之一。当采用传统谈判方式进行议价谈判时，这个过程可能需要花费数周时间，有时需几个月才能完成。采用技术化解决方案，如在线市场或拍卖，企业可以在数小时内完成谈判。在这种方式下，供应商按照买方对交易做出的精确描述，实时进行在线竞争。基于互联网技术，供应商可在线参与投标。买方可以在线查看并评估所有提交的投标。

（5）做出最后决策。采购商通过竞价优化技术，实时地按照多项指标，如价格、产品质量、地理位置和交货期等对投标进行评估，可以引起更激烈的竞争，推动产生更多的采购优化方案。这意味着采购商可以运用约束机制，如把业务分配给三家不同的供应商，促使他们在很短的时间内进行购买决策。这种分析也可以通过人工方法完成，但是非常耗费时间。

（6）开发新供应商。供应商决策做出后，应该把新供应商纳入供应管理体系。

惠普的电子采购解决方案

惠普公司是全球知名的跨国企业，世界500强之一。由于惠普的跨国性，在各个方面的采购量都非常大，而且不同的业务部门有不同的供应链运行、采购计划、采购策略，从而导致各个部门只看到了自己部门的情况而忽视了整体，不利于公司整体发展战略的实施。同时，各个部门尽力降低本部门的采购成本，并没有与其他部门合作协调，从而导致局部成本下降、整体成本上升。因此，惠普希望通过电子采购战略形成采购流程与采购工具的创新，形成供应链的竞争优势与成本竞争优势。惠普电子采购解决方案主要由四部分组成：

1. 订单和预测协同

惠普利用互联网的功能，来做网上的订单和预测处理。订单处理与预测协同，跨越的不仅仅是惠普内部，还有一级供应商、二级供应商的系统，解决了各业务部门系统平台的不同，同时可以与供应商更快地时时磋商，更快地应对变化。最重要的是惠普成立了协同中心，采购计划通过协同中心发给惠普的各供应商。供应商的反馈送到协同中心，协同中心会有一些调整和修改，最后送到采购业务部门。

2. 库存协同

库存协同主要是利用一套电子化的供应链的解决方案和服务工具、服务流程来得到几个供应链的性能，从而减少库存成本，包括采购成本、应用成本，完成与供应商的协同。方案实施后，惠普的任何业务部门任何时候都能够看到供应链上针对某些供应商或者某些需求的实际库存和目标库存，看需求和实际中间的匹配关系是不是有差异要做处理。

3. 电子拍卖

电子拍卖即电子买卖，建立惠普自己的自由电子化买卖系统。

4. 购买力协同——物料资源的寻求、获取、选择和决定

电子化物质获取及处置，在不同的物料中心要采取不同的政策，与不同的供应商使用不同的交互策略。当产品处于不同的产品生命周期时，需要有不同的供应商选择标准。例如，在产品快速成长期，就要和供应商进行更深层次的交互，因为成熟期竞争趋于白热化，所以要与供应商协同，让供应商和公司一起成长，使它的成本结构能够适应惠普的成长对成本的要求。在这种情况下，惠普和它的主要供应商建立了战略联盟，目的是最大限度地利用资源，实现时时互补。

3. 电子采购实施的障碍

电子采购实施的障碍包括从寻找供应市场开始到签订合同在内的战略采购环节，例如，对资源的寻找和识别、技术论证、确定供应资源、实地考察供应商、与供应商面对面谈判等还是需要采购人员线下完成的。电子采购一般更适用于供应商资格论证后的策略性采购环节或者供应物流管理环节工作，较佳的使用领域也包括一些标准化、通用化产品或服务，包括办公用品、旅行、快餐服务、MRO用品在内的采购。电子采购实施的主要困难包括：

（1）对企业信息系统要求高。电子采购能够正常实施的要求是信息能够及时、有效地传递，以及信息能够达到集成与共享。

（2）网络安全性。电子采购与传统交易相比，最大的弊端就是交易的安全性。因为电子采购往往存在先后性和不稳定性，大量的信息有可能被竞争对手获悉。

（3）采购业务流程再造。电子采购不仅仅是一个系统，它还是一种全新的运营方式，要求业务流程发生很大改变。

（4）人才能力素质要求较高。电子采购需要经过专业教育的高素质人才，而且需要综合的专业知识与能力。

13.4 电子采购的支付与信用管理

电子采购快速发展的过程中不断出现虚假交易、假冒行为、侵犯消费者合法权益等各种违法行为产生的信用危机，造成消费者对电子采购的投诉不断增加。因此，对电子采购的信用管理已经非常关键与迫切。电子采购模式决定了采购过程中支付方式也必须适应电子采购的特点，既要能保障采购商的权益，又要能保护供应商出货后收到货款。因此，了解电子采购的支付形式及其特点，了解信用风险及对风险的管理方法，有助于电子采购的应用。

13.4.1 电子采购的支付形式

电子采购是建立在互联网上的采购运作模式，突破了传统采购在空间和时间上的限制，创造了新的商业机会。电子采购凭借速度快、成本低、信息量大、不受地域限制等优点逐步在国内发展起来，而且电子采购的支付已成为实行采购的关键环节之一。如没有合适的支付工具，电子采购就成了网上虚拟采购。

1. 电子钱包

电子钱包又称电子现金。电子钱包的使用需要在用户的客户端安装专门用于电子支付的应用软件，而且适用于电子支付的软件需能满足用户的多方需求，具有提供多种支付手段的软件集成功能。电子钱包内可以装入多种类型的电子货币，包括电子货币、电子信用卡、电

子借记卡。电子钱包不仅可以进行采购支付，而且还可以管理电子货币及其交易信息。

各种电子货币本身也可作为支付工具，具有快捷、方便、灵活、用途广泛等特点，而且电子货币无需跟银行联系就可以直接支付。电子货币主要有两种形式：一种是智能卡形式的支付卡（如 Mondex 卡）；另一种是数字方式的支付（如 eCash）。

2. 电子支票

电子支票与传统支票的工作原理相同，易于被各方掌握，而且电子支票适用于各种市场，兼容一些电子采购技术，如电子数据交换，更好地推动了电子采购方式。为了鉴定电子支票的真伪，需要专门的验证机构做出认证，同时能够对银行、供应商资质提供验证。电子支票是利用数字传递将钱款从一个账户转移到另一个账户的支付形式。采购商、银行在网络上以密码方式传递，采购商通过网络将电子支票发向供应商，同时电子付款通知单发向银行，银行随即把款项打入供应商的账户（见图 13-3）。因此，电子支票支付的处理费用较低，支付效率高。

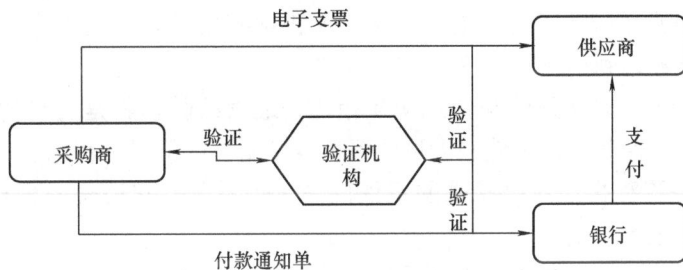

图 13-3　电子支票支付流程

3. 信用卡

信用卡与电子货币在功能上十分相似，但信用卡与电子货币最大的区别就是通过信用卡可以查到钱款的流向。信用卡在国际上分为三种类型：先存款后消费的借记卡（Debit-Card）；先消费后存款的贷记卡（Credit Card）；综合上述功能的综合卡。信用卡将支付、信贷融为一体，除了客户与银行发生关系外，还与商户发生关系。所以，当采购商决定在网上支付给供应商时，只需要输入信用卡的卡号与密码，加密发送到银行进行支付即可。

4. 网上银行

随着电子采购的发展，越来越需要银行能够提供更多网上业务。网上银行又称电子银行、网络银行、在线银行，是银行利用网络技术开设的虚拟网络柜台，处理与实体银行相同的业务活动，如开户、销户、查询、对账、转账、信贷、网上证券、投资理财等传统服务项目。客户有一根网线、一台计算机就可以轻松快捷地管理支票、信用卡、存款以及投资，享受全天候的网上金融服务。采购商需支付款项时，可直接登录银行网页，通过公司账户密码登录账户，就可以进行转账支付，有效减少双方交易成本，节约时间。

13.4.2　电子采购的信用分析与管理

电子采购突破了传统的交易模式，是计算机、互联网技术发展的产物。但是，电子采购持续发展的瓶颈在于采购交易平台的信用问题，即信用缺失。一旦信用缺失，势必会增加交

易成本和交易风险。而且电子采购的信用风险主要来自资金流、物流、信息流，任何一个环节出现问题，都会产生失信行为。

1. 电子采购的信用风险

电子采购的信用风险主要包括交易双方身份信息风险、产品与供求信息风险、资金挪用风险等。

（1）交易双方身份信息风险。交易双方身份信息主要包括两个方面：第一，双方在交易平台登记的信息是否与真实身份相一致。有些交易平台为了拉拢人气，放宽对交易者身份信息的检查与认证，因此难以保证交易双方的身份的真实性。第二，在同一平台注册多种身份。这样会产生虚拟交易记录与评价，影响对交易对象的真实判断，也会在竞争对手中产生恶性竞争。

（2）产品与供求信息风险。电子采购中的产品信息风险主要由供应商产生。供应商通过虚拟网络发布产品信息，采购商难以从表象上识别信息，而且为了增加自身的竞争力，供应商往往会伪造产品质量、功能等信息。供求信息风险包括采购商使用虚假大额订单进行诈骗和供应商提出低价陷阱两种。大额订单的诈骗是采购商以大额订单吸引供应商，然后通过手段欺诈供应商，比如要供应商出产品验证费用等；供应商的低价陷阱是，供应商先以低价吸引采购商，但往往没有现货，要求采购方先付定金，等到交货时再以各种理由涨价。

（3）资金挪用风险。电子采购中采购商下单后需要支付货款，但不直接向供应商支付，而且是支付到以第三方名义开设的监管账户中，如支付宝。采购商收到货物并确认后，第三方支付公司才向供应商支付货款。但是，第三方支付公司往往与网站平台有着股权关系，同时又不是专业的金融机构，因而在资金管理中存在较大风险。其次，第三方支付公司掌握着大量资金，而现行管理体制中存在对第三方支付公司的监管缺位现象，因此资金存在被挪用的风险。

2. 电子采购的信用管理方法

信用是市场经济的基石。电子采购的信用管理需要供需双方自身建立信用度，也需要第三方中介和政府共同监管，才可能有效地降低或规避信用风险。

（1）加强供需双方的信用建设。电子采购突破了时间、地理等因素的限制，促进了供需双方的多项选择，既是机遇又是挑战。电子采购要可持续发展，供应商和采购商首先要做的就是要建立良好的信用度。而且借助电子采购平台，会使这种良好的信用度发挥巨大的作用，使不良企业无法立足。只要在有网络的地方都能查询供应商、采购商的信用记录，使企业违约成本大大高于收益。因此，供需双方树立良好的信用形象，是突破电子采购风险最重要的举措。

（2）加强第三方中介监管。交易平台、支付中介对于供应商和采购商来说，都是第三方中介。交易平台是交易双方联系的基本纽带，通过收集、整理、发布相关信息，提供低成本的交易平台和环境。良好的交易平台可以吸引大量交易双方加入，走上良性轨道。因此，交易平台要制定公平、公正、公开的交易制度，公开交易信息和供需双方的信息，建立担保和核查体系，并提供仲裁惩罚投机分子。支付中介提供支付转账环境，掌握大量客户资金，因此需要政府公共金融监管部门监管，并提升其自身的信用度，以保证客户资金的安全。

（3）加强政府监管。随着电子采购的实现、交易的发生，政府原来的采购监督体系已经难以适用于电子采购。例如产品的抽查，电子采购中产品是以图片等方式呈现的，难以用

实物呈现，加大了抽查的难度。再者，供需双方信用的建立是以买卖双方互评、打分等形式展现的，故意恶评、打低分等现象频频出现，交易平台、支付中介等机构难以管理，这更需要政府部门的监管。电子采购正日益成为主流消费模式，政府部门在控制监督、监管成本的前提下，建立全面的监管体系，将有助于极大地提升电子采购的信用度。

13.5 电子采购的安全管理

网络在推动电子采购发展的同时，也面临着越来越严重的威胁与攻击，因此，电子采购安全也越来越受到重视。保证电子采购的正常、顺利运作，安全管理至关重要，这不仅关系到资金安全、货物安全，更关系到国家经济秩序的安全。因此，本节主要介绍从人员安全管理、保密安全管理、网络安全管理，到数据安全管理等方面进行电子采购的安全管理。

1. 人员安全管理

交易的发生需要人员操作和管理，因此，电子采购的人员管理在很大程度上是非常重要的。首先，要对电子采购人员进行上岗培训；其次，要对各采购级别落实工作权限与责任，如一般采购人员、采购主管、采购部门经理、总监等各个角色的采购额度、规模、数量都是不一样的。对越级采购的行为要及时处理；最后，工作岗位轮换，对长期负责电子采购安全管理的人员要定期轮换，比如三年一小换，五年一大换。

2. 保密安全管理

电子采购涉及公司诸多信息，如企业经营范围、市场情况、采购项目情况、财务状况等，因此要实施严格的信息保密制度。公司可对信息分层管理：一般信息，如采购信息、交货方式、产品要求、供应商资质，可在网上公开发布，以供厂家浏览；机密信息，如公司采购的会议记录、交谈内容，只有公司中层通过密码登录才能打开，且网页不能公开；绝密信息，如公司长远发展规划、未来采购预算、财务报表等，只限于公司高层掌握。

3. 网络安全管理

公司管理人员必须建立系统档案，记录所购买硬件设备的型号、生产厂家、配置参数、安装内容。对于服务器和客户机，还应记录内容、硬盘容量和型号、终端型号及数量、多用户卡型号；对于网络设备，要做到网络拓扑结构的自动识别、显示和管理，网络系统结点配置与管理系统故障诊断等，还可以进行网络系统调优、负载平衡等；对于不可管设备，应通过手工操作来检查状态，及时、准确地掌握网络的运行状况；对于系统软件，要及时更新，补查漏洞，定期清洗系统，应用软件要注意控制版本，以免影响网络的正常运行。

电子采购的交易活动、信息情况可能会遭到病毒袭击，阻碍电子采购的顺利开展，因此必须建立病毒防范管理。①给计算机安装杀毒软件。对于企业来说，应装联机版杀毒软件，进行事前防范。其原理是在网络端口设置一个病毒过滤器，它能够在病毒入侵到计算机系统前，将其挡在系统外边。②不要打开陌生的电子邮件。电子采购的交易双方经常以邮件形式交流，在打开对方的附件信息之前，一定要核对供应商信息，确保邮件来源。③病毒定期清理。有些病毒要过段时间才会起作用，因此计算机要定期清理病毒，更新病毒库。④已感染病毒的文件设置权限，只限阅读，不能更改。

4. 数据安全管理

首先，计算机要进行定期数据备份；其次，当计算机或网络突然遭受攻击时，可以利用

瞬时复制技术、远程磁盘镜像技术和数据库恢复技术等安全技术进行数据安全管理。

【附录】

电子采购系统

电子采购方案的有效制定并不能最终解决电子采购问题。要想顺利实施电子采购方案，必须依赖于完善的电子采购系统。

1. 电子采购系统构成

一对一电子数据交换和供应商实现方案不但昂贵，而且十分复杂，在这个要求"更快、更廉价"的世界中不可能长久存在。对于寻求更好的基本采购处理方法的采购商和供应商来说，电子采购至今已经发展出了多种专用和公共模型。

（1）专用模型。创建联机目录的供应商可使许多采购商采用实时的特定合同购买工具，联机浏览和购买产品。

采购商维护多家供应商的商品和服务的联机目录及数据库，并负责将所有交易传入这些公司的采购和财务系统。

全球办公用品公司巨头 Office Depot 开发了一个卖方"电子采购"系统，希望与客户建立更密切的联系。该系统非常容易接入主要客户的内部网络，如美洲银行等。如今，客户通过该系统购买的办公用品占总量的85%。Office Depot 通过网络销售的商品价值已接近10亿美元，可谓利润丰厚。尽管有些公司认为从事办公用品业务的零售商为数不多，但卖方"电子采购"的确适合零售业。拥有联合销售或礼品销售部的百货公司和提供承包业务的家庭房屋改建、店铺装修、仓储式会员店、电子消费品商店等，都能采用卖方"电子采购"解决方案。

（2）公共模型。在独立贸易交换模型中，由独立网站为多家买方和卖方提供入口点，买卖双方则需要支付使用费用。

纵向贸易交换模型一般突出某一行业的需要，由一家或多家大企业提供赞助。

横向贸易交换模型涉及多个行业，突出多个公司通用的各种商品及服务。

电子拍卖是一种联机贸易交换方式，它通过论坛提供在线实时交换，买方和卖方可以登录论坛，对拍品出价。其过程既可以私下进行，也可以公开进行。

（3）第三方模型。第三方采购服务一般提供托管和买方解决方案。作为一种为提高供应链效率、节省资源、降低成本而开发的专用采购模型，它是指由服务供应商创建和管理联机目录，通过集中采购方的购买力，利用价格杠杆进行采购，为企业节约成本。

一家主要的零售商需要为其新建的 $23000ft^2$ 的办公楼添置家具。借助第三方采购服务，该公司从初始的8万美元报价中节省了38%。

一家全球性零件供应商认为，它拥有一个健全的员工出差项目系统。尽管如此，在经过细致的评价后，第三方采购服务又为该公司节省了18%的住宿费和10%的欧洲旅行机票费。在1140万美元的总支出中，仅此一项就占了210万美元。利用基础设施，该公司通过合并供应商和加强旅行管理节省了大量开支。

广义的电子采购系统可以分成两个层次：一是企业内部的电子化采购；二是企业对外的

采购门户系统的建设。而企业内部的采购流程电子化是企业广义的电子采购系统建设的基础和必由之路，如图13-4所示。

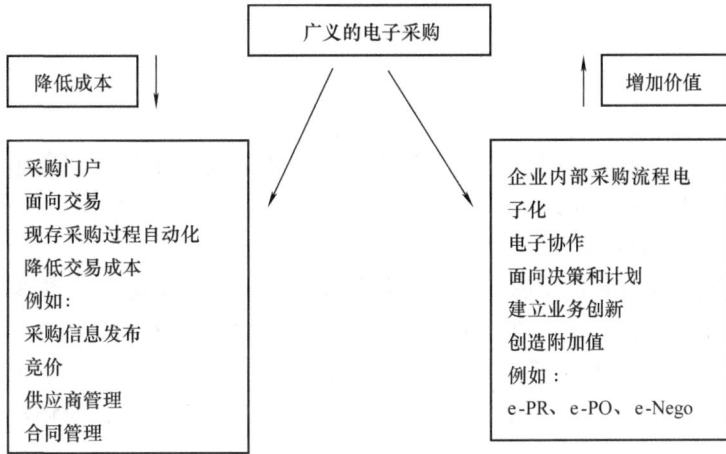

图13-4 广义的电子采购系统构成

可见，企业内部采购流程的电子化是使得一个企业能够达到电子化采购所要求的高效运作和服务质量水平的基础。

对企业来讲，高效的电子协作环境能给企业提供决策支持和计划管理。它不是模拟手工作业过程，而是建立业务流程重组，帮助企业不断获得增值。而采购门户利用互联网技术实现原有运作的自动化，在技术上表现出了一大进步，同时也达到了降低采购过程中各种成本的目的。一般来说，完整的电子采购系统往往包括很多部分，如图13-5所示。

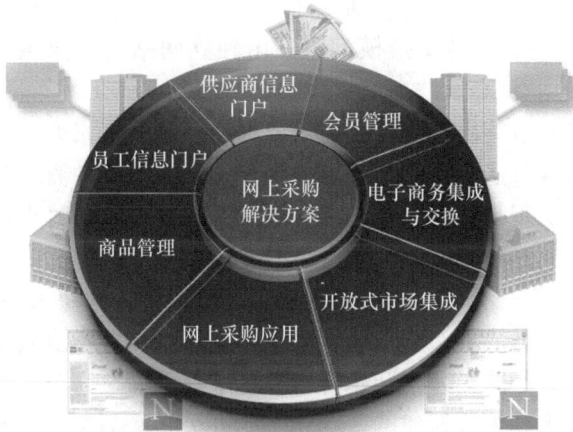

图13-5 电子采购系统组成内容

目前众多软件供应商都在网上采购系统的开发和完善方面投入了巨大的精力，一些主要供应商的电子采购平台功能在逐步完善，在应用中也取得了一定的效果。目前被广泛认可的网上采购的功能主要有以下内容：①供应商选择，包括产品目录制定、产品分析、供应商评估、RFQ/RFP、产品招标、集体采购和数量采购；②订单准备，包括基于网上产品目录的

订单拟定和网上订单审批；③订单采购，包括订单执行、订单状态和货物接收；④支付，包括电子支付和电子账单核对；⑤资产管理，包括货物信息记录和使用情况记录

2. 电子采购系统流程

现阶段比较通用的网上采购的基本流程如图 13-6 所示。

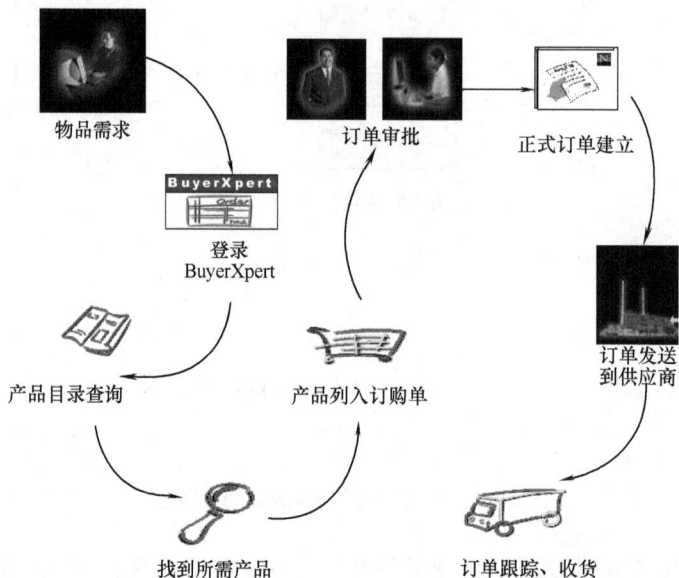

图 13-6　网上采购的基本流程

当然，建设一个电子采购系统需要方方面面的配合，尤其是要考虑到与相关业务系统的整合，因此更需要一个完整的电子采购解决方案，使得电子采购系统一方面可以建立起采购商与供应商之间的联系，另一方面要能够与现有的普通采购系统进行信息的交换与同步。

完整的从采购商到供应基地的一体化流程如图 13-7 所示，其数据流程如图 13-8 所示。

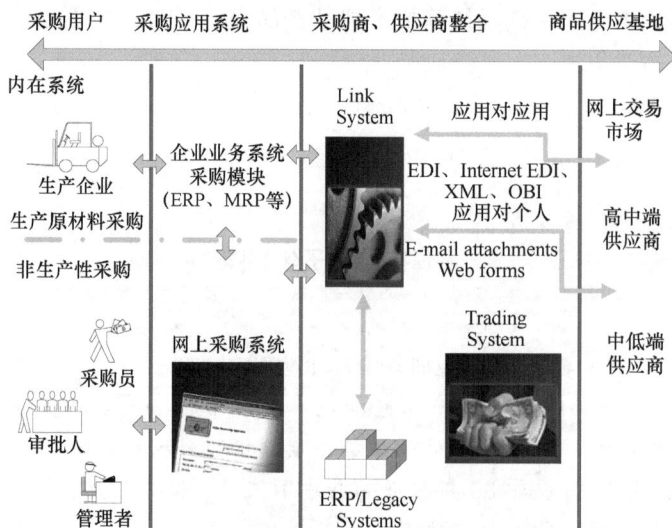

图 13-7　从采购商到供应基地的一体化流程

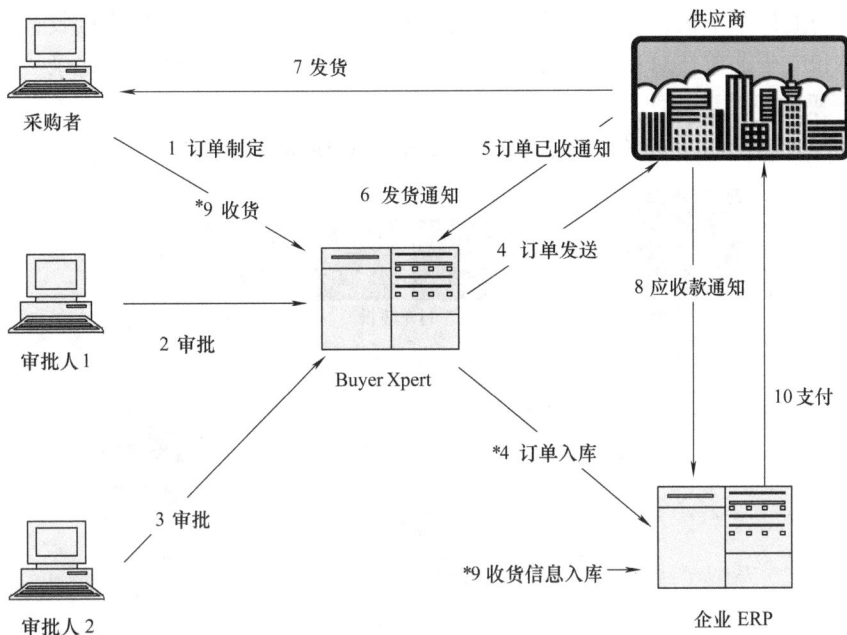

图 13-8　采购商到供应基地的数据流程

考虑到与现有系统的集成及现有业务的开展，分步建立采购中心的业务模型。具体步骤如下：①使供应商上网，成为电子采购系统的成员用户（根据供应商实际，逐步发展，并最终全部纳入体系）；②鼓励供应商网上提供数据和共享产品信息；③确定交易行为和规则；④实现网上订单处理，通过 Link System 实现自动与现有后台系统集成，缩短交易周期和降低交易成本；⑤实现网上订单确认及确定收货日期；⑥跟踪收货信息，利用 Link System 实现与其他系统的集成；⑦在线数据分析；⑧实现自动服务体系及工作流定义，包括竞价、订单确认及供应商自动补货体系等。

在条件成熟后，将电子采购系统建成虚拟的产品交易平台，在更为广泛的范围内使用，降低采购成本，提高竞争力。

案例分析

GE 实施电子化采购

1. 基本情况

通用电气公司（GE）家用电器集团是全球最大的家电生产商之一，主要生产 Monogram、Profile、RCA 和 Hotpoint 品牌产品，产品包括电冰箱、冰柜、电灶具、煤气灶具、微波炉、洗衣机、烘干机、洗碗机、家庭垃圾处理设备、空调机和净水系统等。

GE 家用电器集团于 20 世纪 80 年代开始在中国采购，迄今为止，GE 家用电器集团在中国的采购活动涉及原材料、零部件及成品，成品包括空调、冰箱、微波炉、冷柜和洗衣机等产品。中国家电领域的王牌军，如海尔、长虹、新飞、澳柯玛都曾是 GE 的供应商。2001 年

8月中旬，GE家用电器集团宣布它把中国作为重要采购总额的1/3，并计划在今后的1～2年内将这个采购额翻一番。由此可以看出，GE立志要把中国变成其重要的采购基地。

2. 采用电子化采购的背景

（1）传统采购模式缺乏主动性。传统采购模式的采购目的很简单，就是补充库存，即为库存而采购。采购部门并不关心企业的生产过程，不了解生产的进度和产品需求的变化，因此采购过程缺乏主动性，采购部门制定的采购计划很难适应制造需求的变化。

（2）传统采购模式太注重价格，忽略质量及交货期。传统采购重视供应商的价格，而往往把质量、交货期放在事后把关，双方来回谈判等于浪费金钱。传统采购的重点放在如何与供应商进行商业交易的活动上，重视交易过程供应商的价格比较，质量、交货期都是通过事后把关进行控制。因此，供应商与采购部门经常要进行报价、询价、还价等来回谈判，且多头进行，最后从多个供应商中选择一个价格最低的供应商签订合同。

（3）传统采购过程无法进行有效的信息沟通。传统采购过程首先是典型的非信息对称博弈过程，选择供应商在传统采购活动中是一个首要的任务。在采购过程中，采购商为了能够从多个竞争性的供应商中选择一个最佳供应商，往往会保留私有信息，因为如果给供应商提供的信息越多，供应商的竞争筹码就越大，这样对采购商不利。因此，采购商尽量保留私有信息，而供应商在与其他供应商的竞争中隐瞒自己的信息。这样，采购、供应双方都不进行有效的信息沟通，导致因信息沟通的因素而出现一系列的采购问题。

（4）传统采购验收检查、质量控制难度大。验收检查是采购部门的事后把关工作，质量控制难度大。在传统的采购模式中，要有效控制质量和交货期，只能通过事后把关。因为采购商很难参与供应商的生产组织过程和有关质量控制活动，双方相互的工作是不透明的。因此，需要通过各种有关标准，如国际标准、国家标准等进行把关。

（5）检查验收。缺乏合作的质量控制会导致采购部门对采购物品质量控制的难度增加。

（6）传统采购模式供需双方缺乏长期合作的氛围。供需双方关系是临时的合作关系，且竞争多于合作。由于缺乏合作与协调，采购过程中各种抱怨和扯皮的事情比较多。很多时间消耗在解决日常问题上，没有更多的时间用来做长期性预测与计划工作。供应与需求之间这种缺乏合作的气氛增加了许多运作中的不确定性。

（7）传统采购往往导致采购商满足用户的能力下降。由于供应与采购双方在信息的沟通方面缺乏及时的信息反馈，在市场需求发生变化的情况下，采购商也不能改变供应商已有的订货合同，因此采购商在需求减少时库存增加，需求增加时出现供不应求。

总之，由于传统的采购模式存在许许多多不尽如人意的地方，促使GE决定采用电子化采购。

3. 电子化采购的程序

电子化采购一般分为以下几个步骤：

（1）搜寻供应商。GE在搜寻供应商时不局限于一些传统的方法，如通过代理商、政府的贸易促进机构、电话黄页等，公司采购人员在许多商业网站上无拘束地寻找理想的供应商。例如，在阿里巴巴网站，通过关键词搜索，往往有几十家甚至数百家供应商被搜寻出来。整个搜寻过程通常只需要几个小时，并且只需要一名普通的文员。

而且，GE内部网中的Quickplace网站则将采购人员的基础信息联系在一起。从Quick-

place 上能找到区域范围内符合 GE 评估的供应商、每个采购项目的进程、新的采购需求、相关的文件条款。换句话说，Quickplace 就像一部供给 GE 采购人员使用的电子手册，必要时 GE 可以不断地查阅并将外界获得的有意信息及时补充到网上，供同事们分享。

（2）联系供应商。经过搜寻，GE 一旦发现了合适的供应商，或者发现某个供应商的潜力符合需要，GE 的采购人员就会通过电话及电子邮件等方式迅速与供应商取得联系，告诉备选供应商 GE 公司采购项目的内容。如果供应商对其感兴趣，GE 就将所需产品的图片和生产规范一并通过电子邮件传输给供应商。供应商也将自己的业务能力通过书面形式让 GE 了解。通过这一步骤的双边了解，合适的供应商就有机会参加 GE 的网上竞标。具体操作如下：

首先，供应商需要通过互联网进入 GE 全球采购网（http：//www.gegsn.com）。届时，GE 的采购人员会将关于网上竞标的指导性文件通过电子邮件或传真发送给供应商。

网上竞标对供应商的进取心、计算机能力和英语能力也是一个有效的评估。由于绝大多数的供应商是第一次接触商务操作中的网上竞标，一些缺乏求新欲的供应商或因缺乏信心，或因缺乏必要的软硬件设施而逐渐被淘汰。但有能力的供应商则丝毫不必担心，必要的步骤都呈现在网页上，只要能读懂英语的竞标指导性文件和操作说明，熟悉互联网网站的操作环境，GE 网上登录就如同在易趣网上拍卖登录一样简单有趣。当供应商完成登录后，就得到了一个用户身份和一个用户密码。同时，供应商将下载并签署一份竞标规则，并按以上地址传真给 GE 在美国的采购人员。美方采购人员将给供应商发一封电子邮件，在此邮件中，有竞争的时间区间、供应商的竞标及另一个密码。供应商利用用户身份及密码，可在 GE 全球采购网上了解到标书的详细内容。

（3）网上竞标。网上竞标是一场优胜劣汰的竞争：在规定的时间内，供应商们纷纷在 GE 的全球采购网上登录，将自己的第一次竞标价键入，等待着自己所投出价格的反馈情况。

大约在 5min 后，供应商便能了解到当前的最低价，也看到了差距。这种差距使得近一半的供应商在第一轮就自动败下阵来。其余的供应商则在其力所能及的范围内调整自己的竞标价，再一次投标。即使是报出最低价的供应商，如果想到十几家甚至几十家供应商正在以其为目标而调整价格，领先的优越感也会荡然无存，唯有未雨绸缪才是上策。

由于时差的缘故，竞标往往在北京时间凌晨 3~4 点结束，中国的供应商和在中国的 GE 采购人员也就不得不监视着竞标的进程。此时，供应商的能力在此一览无余，任何赢取暴利的念头都是不切合实际的，特别是在竞标的最后阶段，竞争往往进入白热化阶段，最后的几个幸存者做着最后的努力，每几分钟都有竞标价键入。由于 GE 全球采购网有自动顺延竞标的功能，竞标往往会延长几个小时。竞争是残酷的，但落选的供应商实实在在地看到了自身与领先者的差距。同时，通过这一手段，使 GE 的成本压缩得到保证。要知道，传统的商业技巧、谈判技能会被这种全新的手段击得粉碎。

（4）最终确定供应商。最后一步，就是 GE 的采购人员通过网络竞标，筛选出具有价格优势的几家供应商进行供应评估。只有其中的一家或几家供应商通过了 GE 的体系评估和样品测试，才可能得到 GE 的订货，同时，作为合格供应商，其名称和联系方法将出现在 GE 的 Quickplace 上，让 GE 的采购人员分享信息。

4. 采用电子化采购的具体实施

GE采用电子化采购的具体实施表现在以下几个方面：

（1）在中国成立通用电气中国采购和出口有限公司。经过对中国市场长期考察之后，GE宣布，在中国成立通用电气中国采购和出口产品，同时还为中国供应商提供质量、技术、程序改进和技术咨询服务。采购和出口公司的成立，为GE在中国采购业务的发展做好了铺垫。

（2）举办零部件展览会，寻求潜在供应商。通用电气中国采购和出口有限公司的第一个杰作，是于2000年11月相继在深圳和青岛举办了两次零部件展览会，寻找国内的原材料和零部件潜在供应商。

（3）设立网站。GE家用电器集团专门设立了网站，配合在青岛举办的家电零部件展览会，利用网络工具使筛选供应商的程序以及向供应商提供信息的渠道变得便捷。这其中包括产品的详细信息、图片，一个全新的电子版"供应商概况调查"和重新修订的"供应商预筛选鉴定"。"供应商概况调查"用于收集供应商公司情况，然后按照GE家用电器集团的"关键质量"（标准）进行严格的筛选。该调查一旦生效，筛选合格的公司会收到电子版的通知和进入供应商网络的密码，并被邀请参加展示会。近200家颇具潜力的国内公司参加了展示会。

（4）召开招商采购大会。除了2000年的展览会外，GE工业系统集团也于2001年5月在上海召开采购招商大会，旨在通过GE采购网站和实物来展示GE工业系统采购产品和技术要求，向中国工业系统产品供应商介绍工业系统全球采购、供应商选择标准、采购流程和合作方式等，从而为GE工业系统集团在美国、欧洲和亚洲的工厂及销售机构寻找有关的零部件、配件和成品供应商。其间，共有80多家铸件、电动机、工程塑料、绝缘材料及其他产品厂商参加了大会。招商会之后，工业系统集团采购部门已与其中的许多厂商建立起联系，并开始从中筛选合格的供应商。

5. 电子化采购实施后取得的效果

GE在网络经济处于相对低谷状态的时候，就在采购环节上大力推行电子商务。尤其可喜的是，从1999年年初电子商务开始进入GE的营运系统到2000年年底，电子商务的实施已为GE带来了不可估量的效益。截至2000年年底，GE通过网上竞价的方式所采购的原材料和服务为64亿美元，而GE只是自2000年下半年才开始用这种方式来进行采购的。网上成交的销售额在1998年为零，1999年达到近10亿美元，到2000年已达70亿美元。

GE电子商务发展过程中最明显的变化是，电子商务早已不再仅仅是一种销售手段，而已成为GE的采购、企业日常业务及内部运作流程的电子化发展重点。借助电子商务工具，GE将在采购领域获得飞速发展。

（资料来源：百度文库。）

案例分析题：

1. 通用电气公司电子化采购的特点有哪些？
2. 电子化采购对企业的意义及本案例对人们有哪些启示？

【本章讨论】

1. 列表分析传统采购和电子采购之间的区别，并与其他同学的分析结果进行对比，归纳电子采购优于传统采购的关键特征。

2. 请从企业、政府和采购中介这三者中选择一个，说明电子采购对其影响。

3. 分析企业实施电子采购所带来的改善，并指出这些改善背后可能隐藏的风险。

4. 分析制约电子采购广泛应用的因素，归纳实施电子采购的局限性。

5. 指出电子采购系统的层次结构及其主要模块构成，并说明支持电子采购的三种通用模式。

6. 分析电子采购系统的基本功能，给出电子采购的一般业务流程。

7. 指出电子采购过程中数据交换的主要内容。

8. 为了提高医院药品采购透明度，纠正药品采购中的不正之风，保证药品质量，降低药品采购价格，减轻群众的不合理负担，国内许多省市政府和卫生系统纷纷推行药品公开招标采购。由于药品集中招标采购，多家医院同时招标，参与竞标的药品经销商和厂家数量众多，招标药品种类繁杂，再加上招标步骤必须遵循法律法规，程序严格，导致招标工作本身工作量非常巨大。如使用传统的人工方式处理，不仅耗力费时效率低，人为因素也难以排除。但药品是一种特殊商品，具备严格统一完善的技术标准、名称、质量体系，而且流通量大、单位价值高，因此非常适合采用电子商务方式购销。据此，卫生部门决定采用电子商务手段，解决困扰已久的问题。

问题：请结合材料说明电子采购的优势。

9. 分析电子采购的信用管理内容。

10. 提出对电子采购、网络贸易安全管理的建议。

第14章

招标采购

【导言】

　　招标采购是政府或企业在采购原材料、设备、零部件、MRO和办公用品时常用的一种采购方式，包括公开招标和邀请招标。招标采购有一整套制度和流程的规定，整个招标过程也需要一定的时间和成本，因此，招标采购一般适合比较大宗、标准化产品的采购。在招标之前，采购商可以事先提出采购的条件和要求，并列入招标文件中。招标采购由于有众多供应商参加投标，并按照规定的程序和标准选择交易对象，因此可以真正地体现公开、公平、公正和择优的原则。对于买卖双方而言，提高了透明度，客观上有效防止了采购腐败和不公平竞争，实现了市场的优胜劣汰，从而能保证采购物品的质量，降低采购成本。

学习目标

　　1. 理解招标的含义，掌握招标的基本特征及招标采购的主要方式。

　　2. 招标活动须依照一定的程序，掌握招标采购的一般程序。

　　3. 招标采购是一个复杂的系统工程，包括招标前期、投标、开标和评标、招标后期管理，掌握招标采购不同阶段管理的主要内容。

　　4. 招标采购过程复杂，需要对整个招标过程进行规范管理，了解招标采购过程规范管理的具体措施。

导读案例

H市道路工程招标采购案例

　　近日，某市政府采购中心组织了一次道路建设工程招标采购，因对招标文件做实质性响应的建筑施工单位不足三家而予以废标。该中心在重新组织实施建设工程项目采购时，违反政府采购法定程序，暴露了基层政府采购工作中存在的一些有法不依问题：

　　1. 擅自改变采购方式

　　在召开招投标会的当天，该中心通报废标理由并宣布废标后，立即采取竞争性谈判方式重新组织采购，没有履行应有的报批手续，这显然违反了《政府采购法》第三十七条的规定。该中心事先既没有向上级政府（设区市）相关部门报告，也没有向本级政府报告，而是在竞争性谈判结束后才报告本级政府，来了个"先斩后奏"。

2. 违反操作法定程序

首先，谈判小组人员构成不合理。由于是临时仓促组成谈判小组，其人员由三个行政单位的四名公务员组成，没有一人是有关方面的专家，而且无采购人员代表。其次，没有制定谈判文件。按规定，在谈判前应当将谈判程序、谈判内容、合同草案的条款以及成交标准等事项以文件形式明确下来。可是，该采购中心没有这样做，只是由谈判小组与施工企业进行座谈讨论，口头商定。再次，选择谈判的建筑施工企业数量不符合要求。该采购中心只选择了两家建筑施工企业参与竞争性谈判，与《政府采购法》规定的"确定不少于三家的供应商参加谈判"明显相悖。

3. 原因分析

（1）监管机制不健全。一方面，有不少县级政府采购工作仍是"管采不分"。以该市来说，政府采购管理办公室和政府采购中心实行"两块牌子，一套人马"，但两个机构都是财政部门下设机构，这与《政府采购法》第六十条的有关规定相悖，实施采购业务时难免会产生一些随意性，加上失去有效监管，经常出现一些违反法律程序和规定的做法。

另一方面，采购代理机构缺乏统一管理。《政府采购法》第十六条规定："设区的市、自治州以上人民政府根据本级政府采购项目组织集中采购的需要设立集中采购机构。"而事实上，设区市、自治州以下的县级人民政府大都设立了集中采购机构——政府采购中心，这些机构垄断实施本地政府采购代理业务，各自为政。更为严重的是，上级（设区市、自治州）政府采购监管部门很少过问下级采购代理机构，监督检查几乎是空白。所以，上述擅自改变采购方式的某市政府采购中心不向上级市政府采购监管部门报批就显得很正常了。上级监管不到位，下级"管采不分"、监管缺位，是产生以上违反《政府采购法》现象的主要原因。

（2）从业人员素质有待提高。第一是文化水平不高。以某市政府采购中心为例，该中心 6 名工作人员中有 3 名是高中以下文化程度，不仅无法完成处理技术性较强的工作，就是起草制定规范化的文件、书面材料都难以胜任。不少县级集中采购代理机构也存在类似问题。第二是缺乏精通政府采购业务的专家级人才。例如，某设区市 13 个县级政府采购中心，其从业人员中没有一人取得专家资格。第三是法律水平不高。做好集中采购工作，必须熟悉《政府采购法》《招标投标法》和《合同法》三大法律。可是该县级政府采购中心的工作人员学习自觉性、主动性不强，有的满足于一知半解，或者临时"抱佛脚"，到需要用时才匆匆翻开书本查一查。第四是依法行政意识不强。由于政策水平不高、业务能力不强，对很多事情心里没底、无主见，于是一切听领导的，按领导说的办，不敢依法办事，提不出有理有据有创见的好点子、好建议。

4. 几点建议

（1）规范采购代理机构。设区市、自治州政府采购监管机构要在本市（州）范围内开展规范政府采购代理机构的活动，对不符合条件的一律撤销。只要能满足业务需要，不一定要在每个县（市区）都设采购中心，设立采购中心应由设区市（自治州）政府审批，集中采购工作，接受采购监管部门监管。

（2）坚决实行"管采分离"。在设区市、自治州范围内，所有集中采购机构都接受设区市、自治州财政部门的监管，并且从财政部门彻底剥离出去，与其不存在任何隶属关系或者其他利益关系。存在问题的集中采购机构，由有关部门或者省级人民政府有关部门取消其代

理资格。

（3）加强从业人员教育培训。①对所有从业人员实行岗前培训，考核合格者发给上岗证书，没有上岗证书一律不能上岗；②从业人员要重点学习《政府采购法》《招标投标法》和《合同法》，提高政策法律水平；③集中采购机构实施每一项采购代理业务的文件资料都要报监督管理部门备案，需要上报审批的事项要严格履行报批手续。政府采购监管部门要定期对集中采购机构的采购价格、节约资金结果、服务质量、信誉情况、有无违法行为等事项进行考核，及时公布考核结果。

（资料来源：刘忠平，《政府采购信息报》，2008年7月18日。）

14.1 招标采购基础

招标采购是伴随着社会经济的发展而产生的一种有组织的、规范化的采购方式。招标采购作为一种有组织的交易行为，起源于英国的"公共采购"。1782年，英国政府为了规范政府采购行为，设立了文具公用局（Stationery Office），负责政府部门所需的办公用品的采购，采用了公开招标这种采购形式。这一机构逐步发展成国家物资供应部，专门负责政府部门所需物资的采购。继英国之后，其他很多国家相继成立了专门机构，或者通过专项法律，确定了招标采购的重要地位。随后，招标采购的影响力不断扩大，应用领域与适用范围不断拓展。目前，招标采购在工程建设、设备采购、药品采购等领域均得到了广泛的应用。

14.1.1 招标采购的主要方式与特征

所谓招标，是指招标人事先提出购买货物、工程或服务的条件和要求，邀请符合要求的投标者参加投标，并按照法定或约定程序选择交易对象的一种市场交易行为。

1. 招标采购的主要方式

按投标人是否特定、招标项目是否为法定项目、招标项目的标的、投标人的地域等不同的分类标准，招标采购可以分为不同的方式。

（1）按投标人是否特定分类。按照投标人是否特定，招标可以分为公开招标和邀请招标。公开招标是指招标人以招标公告的方式邀请不特定的法人或者其他组织投标。邀请招标是指招标人以投标邀请书的方式邀请特定的法人或者其他组织投标。

公开招标中，凡符合招标人关于投标人条件约定的法人或其他组织均可参与投标。公开招标对招标者而言，有较大的选择范围。公开招标方式有助于开展充分竞争，打破垄断，促使供应商或承包商努力提高货物质量和工程质量，降低成本。但是，在大型采购项目及建设工程项目中，公开招标常常因为投标人数较多，导致工作量较大，所费时间较多。

邀请招标不使用公开的公告形式，只有受到邀请的供应商才是合格的投标人，投标人的数量一般较公开招标要少。由于被邀请参加招标的竞争者有限，因此邀请招标减少了对投标者资格预审及投标书审查的工作量，节省了招标的时间及费用。但是，这种方式限制了竞争的范围，有可能排斥具有优势的投标人。因此，采用这种方式通常是有条件的，许多国家也规定了实行邀请招标的条件。

（2）按招标项目是否为法定项目分类。按招标项目是否为法律所规定必须进行招标的

项目，招标可分为强制招标和非强制招标。

强制招标又称法定招标，是指依照国家法律、法规规定必须采取招标形式来采购货物、工程或服务的交易方式。我国强制招标项目包括两类：①《招标投标法》已明确规定必须进行招标的项目，如大型基础设施、公用事业等关系社会公共利益、公众安全的项目；全部或者部分使用国有资金投资或者国家融资的项目；使用国际组织或者外国政府贷款、援助资金的项目。②依照其他法律或国务院的规定必须招标的项目，如《政府采购法》规定的必须招标采购的货物或服务，原外经贸部规定必须招标的进口机电设备的采购等。

非强制招标是指招标项目非法律规定而当事人自愿采用招标形式进行货物、工程或服务的交易行为。

（3）按照招标项目的标的分类。招标项目的标的一般有三种，即货物、工程和服务。货物是指具有一定的物质形态、占有一定的空间、具有一定的价值和使用价值、用于交易的物质。工程是指土木建筑或其他生产制造部门利用比较大而复杂的设备来进行的工作，如土木工程、机械工程、化学工程等。服务是指除货物和工程以外的其他采购对象，如维修、咨询等。招标类型也因此分为：①货物招标，如政府办公用品的采购招标、公立学校的教学设备招标等；②工程招标，如市政工程施工招标、房屋装修等；③服务招标，如招标人对招标代理机构的招标、政府对某一项目的咨询招标、房屋建筑的勘察设计等。

（4）按照投标人的地域分类。按照投标人的地域不同，招标分为国际招标和国内招标。

国际招标是指在世界范围内进行招标，符合招标文件规定的国内外法人或其他组织，单独或联合其他法人或组织参加投标的招标活动。我国利用国际金融组织贷款、外国政府贷款、国际商业贷款的主要工程、货物和服务，多属于国际招标的类型。

国内招标是指招标机构只对国内投标者发出邀请，符合招标文件规定的国内法人或其他组织，单独或联合其他国内法人或组织参加投标的招标活动。

2. 招标采购的特征

招标采购具有组织性、公开性、公平公正性、一次性等特征。

（1）招标的组织性。招标的组织性主要体现在有固定的组织人、固定的场所、固定的时间和固定的程序与条件。

招标的固定组织人即通过招标采购货物的买方或者工程项目的主办人，或者招标人委托的招标代理机构。招标组织人在招标过程中相对固定。招标固定的场所是指一般在招标机构所在地或招标机构所规定的场所进行。招标固定的时间是指招标开始的时间、结束的时间均按照预期的日程按期举行。

招标的组织性还表现在具有相对固定的规则与程序。按照目前各国法律及国际惯例，招标投标的程序和条件由招标机构事先设定并公布，对招标投标双方具有法定约束效力，当事人必须严格按照既定程序和条件并由固定招标机构组织招标投标活动。

（2）招标的公开性。招标的公开性主要体现在：公开发布招标；公开邀请招标人；公开进行开标；公开宣布投标人及其报价。公开运作使得符合招标书规定的投标人，均可自愿参与投标。

（3）招标的公平公正性。招标自始至终按照事先规定的程序和条件，本着公平竞争的原则进行。在招标公告或投标邀请书发出后，任何符合资格的投标者均可参加投标，招标方不得有任何歧视投标方的行为。同样，评标委员会在组织评标时必须公平、客观地对待每一

个投标者。

（4）招标的一次性。一般交易往往在进行多次谈判之后才能成交。招标采购则不同，投标者只能一次性递交投标书，交易双方没有面对面进行讨价还价的机会。

正是基于以上特征，招标采购可以获取最大限度的竞争，使参与投标的供应商和承包商获得公平、公正的待遇，提高采购的透明度和客观性，促进采购资金的节约和采购效益的最大化，实现资源的优化配置，杜绝腐败和滥用职权。

14.1.2 招标采购的一般程序

我国招标投标法对招标程序做了明确的规定。一般来说，招标采购过程需要经过招标、投标、开标、评标和定标等一系列程序。

1. 招标

招标是指以招标方式进行物资采购或进行工程项目建设全部过程的第一个步骤，主要包括：前期准备工作，如采购人资格审定，研究招标方案，制定招标文件，确定招标形式等；发布招标公告；公开或书面邀请招标人；出售招标文件等。投标人在资格通过预审后，必须按照招标公告要求，在规定的时间内向招标人购买标书。

2. 投标

投标是投标人（或投标单位）寻找并选取合适的招标信息，在同意并遵循招标文件各项规定和要求的前提下，在规定的时间提交自己的投标文件，以期通过竞争而中标的过程。

国家有关规定对投标人资格条件或者招标文件对投标人资格条件有规定的，投标人应当具备规定的资格条件。投标人应当按照招标文件的要求编制投标文件，对招标文件提出的实质性要求和条件做出响应。投标人应当在招标文件要求提交投标文件的截止时间前，将投标文件送达投标地点。在招标文件要求提交投标文件的截止时间后送达的投标文件，招标人应当拒收。招标人收到投标文件后，应当签收保存，不得开启。投标人少于 3 个的，招标人应当重新招标。投标人在招标文件要求提交投标文件的截止时间前，可以补充、修改或者撤回已提交的投标文件，并书面通知招标人。

3. 开标

开标是招标人按照招标公告或投标邀请函规定的时间和地点，当众开启投标文件，宣布投标人的名称、报价等的公开过程。

开标应当在招标文件确定的提交投标文件截止时间的同一时间公开进行，开标的地点应当为招标文件中预先确定的地点。开标由招标人主持，邀请所有投标人参加。开标时，由投标人或者其推选的代表检查投标文件的密封情况，也可以由招标人委托的公证机构检查并公证；经确认无误后，由开标主持人以招标文件递交的先后顺序逐个开启投标文件，宣读投标人名称、投标价格等。开标过程应当记录，并存档备查。

4. 评标

评标是由依法组建的评标委员会根据招标文件的要求，对投标人所报送的投标书进行审查及评议的过程。评标的目的在于从技术、经济、商务、法律、组织和管理等方面对每份标书加以评价。招标人应当采取必要的措施，保证评标在严格保密的情况下进行。任何单位和个人不得非法干预、影响评标的过程和结果。评标委员会可以要求投标人对投标文件中含义不明确的内容做必要的澄清或说明，但是澄清或说明不得超出投标文件的范围或者改变投标

文件的实质性内容。评标委员会应当按照招标文件确定的评标标准和方法，对投标文件进行评审和比较；设有标底的，应当参考标底。评标委员会完成评标后，应当向招标人提出书面评标报告，并推荐合格的中标候选人。

5. 定标

定标是招标人在评标委员会充分评审的基础上，最终确定中标人的过程。招标人根据评标委员会提出的书面评标报告和推荐的中标候选人确定中标人。若评标委员会经评审，认为所有投标都不符合招标文件要求，可以否决所有投标，招标人应当重新招标。

中标人确定后，招标人应当向中标人发出中标通知书，并同时将中标结果通知所有未中标的投标人。中标通知书对招标人和中标人具有法律效力。中标通知书发出后，招标人改变中标结果的，或者中标人放弃中标项目的，须依法承担法律责任。我国法律规定，招标人和中标人应当自中标通知书发出之日起 30 日内，按照招标文件和中标人的投标文件订立书面合同。招标人和中标人不得再行订立背离合同实质性内容的其他协议。招标文件要求中标人提交履约保证金的，中标人应当提交。

14.2　招标采购过程管理

在实际操作中，为了保证效益，有必要对招标采购的一系列过程进行管理。招标采购过程管理主要包括前期管理、投标、开标与评标、招标后期管理。每一环节的有效管理都有助于企业实现招标采购的目标，发挥招标采购的优势，也有助于杜绝招标采购中的败德行为。

14.2.1　招标前期管理

招标的前期阶段包括招标条件的准备、制定招标方案、编制招标文件、发布招标信息、资格预审、发放招标文件等步骤。

1. 招标条件的准备

招标条件的准备工作主要包括招标项目的审批和落实资金来源。

（1）招标的项目审批。招标项目按照国家有关规定需要履行项目审批手续的，应当先履行审批手续，取得批准。也就是说，如果国家法律、行政法规或者其他规定需要对项目进行立项审批的，如国家重点项目，必须在招标前履行审批手续；如果国家对项目没有审批手续要求的，则无须经过立项审批。如果招标的项目是应当审批的项目，项目审批是招标工作的前提，也是招标项目合法化的首要条件，审批工作应当在招标前就完成。

按照国家有关规定应审批而未审批的项目，或者违反审批项目权限进行审批的项目，均不得进行招标。擅自招标的，招标人应承担相应的法律责任和经济责任。

（2）落实资金来源。招标人应当有进行招标项目的相应资金或者已落实资金来源，且应在招标文件中如实载明。招标项目所需的资金是招标人对项目进行招标并最终完成项目建设的物质保证。资金是否落实，不仅关系到招标项目能否顺利实施，而且也关系到投标人的利益是否得到保证。建设项目的停滞，不仅会直接损害投标人的利益，而且会损害招标人的利益。如果建设项目属于大型基础设施、公用事业等工程，那么还会给社会利益带来难以估量的损失。在实践中，招标项目的资金来源一般有国家和地方财政拨款、企业自有资金、银行贷款，以及外国政府和国际组织贷款。

2. 制定招标方案

招标方案需要明确以下事项：①招标的标段。一般情况下，一个项目应当作为一个整体进行招标，但是对于特别大的项目，进行整体招标可能会大大降低招标的竞争性，因此，应当综合考虑各方面的因素来确定是否对标段进行划分以及划分为几个标段。②招标的组织形式。主要明确是委托招标还是自行招标。③招标方式。明确是公开招标还是邀请招标。④招标时间及进度计划，招标费用计划及解决方案等。

例如，二滩水电站总投资 285.4 亿元，当时是世界银行对单个项目贷款额度最大的项目，在国内外引起了广泛的关注。工程管理委员会充分考虑了工程特点、对工程造价的影响、竞争等因素，对招标方案反复进行讨论，最后决定将整个工程分为拱坝、地下厂房、水轮发电机组分别进行招标。

3. 编制招标文件

招标文件是投标人准备投标文件以及评标委员会进行评标的主要依据。招标人应当根据招标项目的特点和需要编制招标文件，载明招标项目的技术要求、对投标人资格审查的标准、投标报价要求和评标标准等要求和条件，以及拟签订合同的主要条款等事项。

招标文件应当采用国际或者国内公认的技术和标准，不得要求或标明特定的生产供应者以及含有倾向或者排斥潜在投标人的其他内容。国家对招标项目的技术标准有规定的，招标人应当在招标文件中提出相应要求。招标项目需要划分标段、确定工期的，招标人应当合理划分标段、确定工期，并在招标文件中载明。

编制招标文件时，若拟对投标人进行资格预审的，还应编制资格预审文件；委托招标的，资格预审文件和招标文件均由招标代理机构编制，并由招标代理机构递交有关行政主管部门审定或备案。

招标文件的内容主要包括：投标人须知；招标项目的性质和数量；技术规格；投标价格的要求及计算方式；评标的标准和方法；交货、竣工或者提供服务的时间；投标人应当提供的有关资格和资信证明文件；投标保证金的数额或其他形式的担保；投标文件的编制要求；提供投标文件的方式、地点和截止时间；开标、评标日程安排。

4. 发布招标信息

招标信息是连接发包方与承包方的桥梁和纽带，在招标过程中占有非常重要的地位。招标信息的发布采用招标公告和投标邀请书的形式。在发布方式上是公开发布还是定向发布，在发布力度上是选择有影响力的媒体还是只要发布了就行等，这些都将直接影响到招标活动的质量和效果。

（1）发布招标公告。招标人采用公开招标方式的，应当发布招标公告。招标公告应当通过国家指定的报刊、信息网络或者其他媒介发布。原国家计委根据国务院授权，对强制招标项目的招标公告的发布媒体做了规定，指定《中国日报》《中国经济导报》《中国建设报》《中国采购与招标网》为发布招标公告的媒介。其中，依法必须招标的国际招标项目的招标公告应在《中国日报》上发布。在法学意义上，发出招标公告是招标活动的要约邀请。招标公告应载明招标人的名称和地址，招标项目的性质、数量、实施地点、时间和项目的资金来源，以及对投标人的资质等级要求和获取招标文件的办法等事项。

（2）发出邀请。若采用邀请招标方式，则需要向 3 个以上具备承担项目能力、资信良好的法人或其他组织发出投标邀请书，其应载明的事项与公开招标相同。

5. 资格预审

招标人可以采用资格预审或资格后审方式对投标人的资格进行审查。资格预审是为了在采购过程的早期阶段剔除资格条件不适合的供应商和承包商。只有在资格预审中被认定为合格的投标人，才可以参加投标。招标人首先向潜在投标人发出参加资格预审的广泛邀请，然后向申请参加资格预审的申请人发放或者出售资格审查文件，最后招标人在规定时间内，对提交资格预审申请书的潜在投标人资格进行审查。

资格后审也叫细审，是指在开标后对投标人进行的资格审查，即对投标人的能力、信誉、设备、财务资金、履历等进行实质性的审核。进行资格预审的，一般不再进行资格后审，但招标文件另有规定的除外。

6. 发放招标文件

招标文件必须按照招标公告或投标邀请书规定的时间、地点出售。投标单位在收到招标文件、图样和有关技术资料，并认真核对无误后以书面形式予以确认。招标文件售出后不得退还。除不可抗力原因外，招标人在发布招标公告或发出投标邀请书后不得终止招标。进行资格预审的，招标文件只发给通过资格预审获得投标资格的单位。

招标人对已发出的招标文件进行必要的澄清或者修改的，应当在招标文件要求提交投标文件截止时间至少 15 日前，以书面形式通知所有招标文件收受人。所澄清或者修改的内容纳入招标文件的组成部分。

14.2.2 投标管理

招标管理工作主要包括编制投标文件和接收投标文件。投标人应当按照招标文件的要求编制投标文件。投标文件应当对招标文件提出的实质性要求和条件做出响应。招标项目属于建设施工的，投标文件的内容还应当包括拟派出的项目负责人与主要技术人员的简历、业绩和拟用于完成招标项目的机械设备等。

招标人应在预先确定的地点和截止时间之前接收投标人递交的投标文件。招标人在收到投标文件后，应当签收保存，不得开启。投标人少于 3 个的，招标人应当依法重新招标。在招标文件要求提交投标文件的截止时间后送达的投标文件，招标人应当拒收。投标人在招标文件要求提交投标文件的截止时间前，可以补充、修改或者撤回已提交的投标文件，并书面通知招标人。补充、修改的内容为投标文件的组成部分。

14.2.3 开标与评标管理

招标活动经过招标准备、招标、投标之后，就进入了开标阶段。开标是招标采购活动中的一个法定环节。开标活动是否合法、合规，直接关系招标活动能否贯彻公开、公平、公正的原则，也直接影响到评标、中标活动的成败。开标一般按照如下程序进行：

（1）检查投标文件密封的完好性。由招标人或者其推选的代表检查投标文件的密封完好情况，也可由招标人委托的公证机构检查并公证，确认密封情况的完好。如果发现密封被破坏的投标文件，应作为废标处理。

（2）当众拆封投标文件。只有经确认密封情况良好的投标文件，才可以由现场工作人员在所有在场人员的监督之下当众拆封。招标主持人按照收到的先后顺序逐个开启投标文件。招标人在招标截止时间前收到的所有投标文件，开标时都应当众拆封。

（3）宣读投标文件的主要内容。拆封以后，开标主持人应当高声唱读投标人的名称与投标价格，以及投标报价有无折扣或者价格修改等其他内容。对于工程建设项目，其他主要内容还包括工期、质量、投标保证金等。这样做的目的，在于使投标者了解各投标者的报价和自己在其中的顺序，了解其他投标者的基本情况，保证招投标的顺利进行和开标的透明度。

投标文件经开封后，送达评标委员会进行评议。评标委员会根据招标文件的要求，对所有的标书进行审查和评比，以选择最符合招标人要求的投标人。在招标投标过程中，评标是审查确定中标人的关键性程序，直接关系招标人能否得到最有利的投标，也直接关系到投标人能否受到公平、公正的对待。评标工作应严格按照程序进行，并最终形成一份评标报告。图14-1给出了一份评标报告模板。评标一般分为初评和详评两个阶段。

×××项目评标报告

根据采购人名称与招标代理机构的委托代理协议，"项目名称"实施公开招标。

由随机抽取的_____名技术专家和_____名采购人代表组成了评标委员会（见评委签到表）。评标委员会于_____年___月___日，在（地点）进行评审。评审过程如下：

到截止时间，本项目共有_____家供应商按时递交了投标文件，他们是：（供应商名称）_____。

评标委员会按照招标文件规定，对____家投标人的投标文件进行初审（资格性检查和符合性检查）。审查时发现的投标文件中未按招标文件要求提供（"招标文件中要求提供的资料，如社保记录、资信证明等"），属于资格性和符合性审查不合格，为非实质性响应投标，不进入详细评审。其余____家投标人的初审为合格，可以进入下一步评审。

评标委员会对初审合格的____家投标人产品的投标报价、技术性能、相关业绩、综合商务进行评审，并进行独立打分。汇总所有评委打分并排序：（供应商名称）得分最高，排名第一；（供应商名称）____排名第二……

图14-1 评标报告模板

1. 初评

初步评审的内容包括对投标文件的资格性审查、符合性审查、技术性审查和商务性审查。此阶段不对各投标书进行比较，只以招标文件的投标须知为依据，检查各投标书是否为响应性的投标，即对投标书的有效性进行确定。

（1）资格性审查。依据法律法规和招标文件的规定，对投标文件中的资格证明、投标保证金等进行审查，以确定投标供应商是否具备投标资格。审查的内容包括：是否提交投标保证金；是否按照招标文件规定要求密封、签署、盖章；供应商是否按照招标文件要求提交资格证明文件等。由采购代理机构整理后，交评标委员会成员审核，并形成资格性检查评审意见。采购代理机构工作人员、评标委员会应在资格性检查评审意见上签名。

（2）符合性审查。依据招标文件的规定，从投标文件的有效性、完整性和对招标文件的响应程度等方面进行审查，以确定是否对招标文件的实质性要求做出响应。

投标文件在实质上应响应招标文件的要求，即无实质性背离。所谓实质上响应招标文件

的要求，是指投标文件应该与招标文件的所有条款、条件和规定相符，无显著差异或保留。投标文件对招标文件实质性要求和条件响应的偏差分为重大偏差与细微偏差两类：①重大偏差表现为：没有按招标文件要求提供投标担保，或者所提供的投标担保有瑕疵；没有按照招标文件要求由投标人授权代表签字并加盖公章；投标文件记载的招标项目完成期限超过招标文件所规定的完成期限；明显不符合技术规格、技术标准的要求；投标文件载明的货物包装方式、检验标准和方法等不符合招标文件的要求；投标附有招标人不能接受的条件；不符合招标文件中规定的其他实质性要求。②细微偏差是指投标文件在实质上响应招标文件要求，但在个别地方存在漏项或者提供了不完整的技术信息和数据等情况，并且补正这些遗漏或者不完整不会对其他投标人造成不公平的结果。细微偏差不影响投标文件的有效性。评标委员会应当书面要求存在细微偏差的投标人在评标结束前予以补正。

（3）技术性审查。技术性审查主要内容包括：方案可行性评估；劳务、材料、机械设备、质量控制措施和评估等。

（4）商务性审查。投标文件的商务性审查内容包括：报价数据计算与书写是否正确；报价是否明显低于其他投标报价；在设有标底时，报价是否明显低于标底。总价金额与单价金额不一致的，以单价金额为准，但单价金额小数点有明显错误的除外；投标文件中的大写金额和小写金额不一致的，以大写金额为准。在评标过程中，评标委员会发现投标人的报价明显低于其他投标报价，或者在设有标底时明显低于标底，使得其投标报价可能低于其个别成本的，应当要求该投标人做出书面说明并提供相关证明材料。投标人不能合理说明或者不能提供相关证明材料的，由评标委员会认定该投标人以低于成本报价竞标，其投标应作废标处理。

2. 详评

经初步评审合格的投标文件，评标委员会应当根据招标文件确定的评标标准和方法，对其技术部分和商务部分做进一步评审和比较。

（1）最低投标价法。最低投标价法是以价格为主要因素确定中标人的评标方法，即在全部满足招标文件实质性要求的前提下，经评审的最低投标价的投标人为中标候选人。最低投标价法是一种评标方法，也是一种中标标准。经评审的最低投标价法一般适用于具有通用技术、性能标准，或者招标人对其技术、性能没有特殊要求的招标项目。最低价评标法操作简便，应用范围较广，是评标的常用方法。但此种方法在评标时着重考虑价格因素而忽略其他因素。每个厂家的生产能力、规模、生产条件、质量保证、信誉度、交货期都不尽相同，在招标时的报价就会不同，因此，该方法有一定的局限性。采用经评审的最低投标价法是指评标委员会应当根据招标文件规定的评标价格调整方法，对所有投标人的投标报价以及投标文件的商务部分做必要的价格调整。评标委员会无须对投标文件的技术部分进行价格折算。

例如，在某输电线项目招标中，招标文件规定电线中铝的纯度不得低于95%。采用经评审的最低投标价法完成评标后，评标人建议将合同授予第二低标的投标人，因为该投标人的铝导体纯度为97%，其报价高的那一部分可以被所减少的输电损失抵消。

（2）综合评估法。评标时除考虑投标价外，还应考虑投标文件中所报交货期及付款方式，货物的技术水平、性能、质量，货物发到最终目的地的运输、保险及其他费用等。综合评估法是指在最大限度地满足招标文件实质性要求前提下，按照招标文件中规定的各项评价

标准进行综合评审后，以评标总得分最高的投标人作为中标人的评标办法。不宜采用经评审的最低投标价法的招标项目，一般可以采取综合评估法进行评审。例如，将影响评标的各种因素给予分值，投标人基本情况 16 分，投标产品情况 30 分，投标报价 40 分，优惠条件 5 分，售后服务情况 7 分，资质等级 2 分，满分 100 分。评标委员会根据投标方的情况进行打分。其中报价得分可用下式求得

$$报价得分 = 40 - (投标报价 - 最低报价) \times \frac{K}{最高报价 - 最低报价}$$

式中，K 值是变量，需在开标之前确定并公布。

14.2.4 招标后期管理

招标后期管理工作主要包括合同的签订、合同的履行、供应商评价与管理等。

1. 合同的签订

定标后，如果招标人和中标人一方不与对方签订合同，或者不按招标文件和中标人的投标文件订立合同，都会使招标投标活动失去意义。招标人和中标人应当自中标通知书发出之日起 30 日内，按照招标文件和中标人的投标文件订立书面合同。招标人和中标人不得再行订立背离合同实质性内容的其他协议。

2. 合同的履行

中标人应当按照合同约定履行义务，完成中标项目。中标人不得向他人转让中标项目，也不得将中标项目分解后分别向他人转让。中标人按照合同约定或者经招标人同意，可以将中标项目的部分非主体、非关键性工作分包给他人完成。转包意味着合同主体的变更，相当于改变了中标人；分包意味着部分内容不是由中标人来履行，在一定程度上改变了中标结果。转包和分包都有可能损害招标人的利益，因此应禁止或限制。中标项目的分包必须符合以下规定：①中标人的分包必须按照合同约定或者经招标人同意；②分包的只能是中标项目的部分非主体、非关键性工作；③接受分包的人应当具备完成承包任务相应的资格条件，并不得再次分包；④中标人应当就分包项目向招标人负责，接受分包的人就分包项目承担连带责任。

招标人应密切跟踪合同的履行情况，检查交货或工程的进展，督促中标人按时、按质、按量履行交货义务或开展工程建设。一旦发现问题，应立即采取补救和惩罚措施。交货完成或工程竣工后，应整理并将相关的技术和商务资料归档，以便对物资和项目的情况进行总结和复查。

3. 供应商评价与管理

合同履行完成之后，招标单位应考察中标人提供的货物、工程或服务的质量、技术规格、时间等实际情况，对中标人进行客观的评价，建立供应商档案，为以后的评标和定标提供参考和依据。

14.3 招标采购的规范管理

当前，在我国的招投标活动中存在着许多问题，主要有：招标人度身招标、倾向招标、故意废标等；投标人挂靠、信息隐匿、弄虚作假，投标人之间共同围标、合谋抬标、低价抢

标，投标人中标后擅自转包和违法分包等；不按照法定程序开标、评标和定标；有关行政监管部门对违法行为查处不力；一些政府部门和领导干部直接介入或非法干预招投标活动，招投标活动中存在行贿受贿、贪污腐败现象。这些问题严重影响着招标采购的质量，对招标人和投标人的切身利益产生严重损害。因此，本书旨在通过几个代表性问题（度身招标、围标和挂靠），反映招标采购中的不规范现象，并对招标采购的规范管理提出相关建议。

14.3.1　招标采购的常见问题

招标采购中常会出现各种问题，如度身招标、围标、挂靠等。

（1）度身招标。度身招标是招标单位为让特定的供应商中标，在招标要求中有意增加一些针对性条款，使其他投标人不满足要求。其实招标单位先前与供应商已经达成一致，招标过程只是例行一些必要的程序。

（2）围标。围标本质上是串通投标，是指几个投标人之间达成约定，对投标价格进行一致处理，使价格高于实际价格或低于其他投标人可以承受的价格，从而达到排挤其他投标人的目标，最终使利益相关者中标，以此分得利益的方法。

江苏省某高校新成立一个生物实验室，需采购一批试剂盒设备，学校为在保证公平、公正的前提下，尽可能降低采购成本，因此采用招标采购。但在招标过程前期，各供应商的销售人员与学校设备项目负责人沟通，发现采购方对产品专业是不了解的，对市场的价格信息和供求信息了解不全面，从而使采购偏向了供货方，最后各供应商提供标书，并提出报价。由于行业规模小，各供应商彼此都有一定的了解和认知。于是，供应商在报价上面心领神会，达成了一致，分担了这批采购合同，为自己公司争取到了最好的利益。作为采购方的学校虽然有所察觉，但也无计可施，无法为实验室争取到太多的价格优势，只能在交货时间和质量上面提出要求。

（3）挂靠。招标单位为保证项目质量能够高水平地完成，前期对投标人资质资格审查时非常严格，且要求资质较高的单位才能进入最后投标。实践中，一些不满足资质资格要求的单位，就会想办法挂靠其他满足要求的公司委托投标，中标后，双方按约定分享利益。但在实际履行合同时，因为不满足招标公司提出的资格要求，往往会在以后的执行过程中出现问题。另外，满足资质资格要求的公司中标后也会分包或转包给其他公司，项目就很难保质保量完成。

14.3.2　招标采购的规范管理策略

对招标采购进行规范化管理是维护公平竞争，促进生产要素在不同地区、部门、企业之间合理流动的内在要求，是加强工程和货物采购质量管理、预防和遏制腐败的重要手段。

1. 规范招标文件的编制

招标文件是招标人向投标人提供的为进行投标工作所必需的程序性文件，是招标人向潜在货物或服务供应商书面阐述其所购货物或服务的要求和条件的说明书，是评标的重要依据。招标文件的编制质量是招标活动效果的重要一环。招标文件除了应遵守国家法律法规、内容详尽和完整之外，编制人还应对文件中的重要细节进行分析和规范，以使招标达到预期的效果，提高招标的效率。

（1）合理设置技术规格。技术规格的要求明确了招标对象的条件。不恰当的技术规格设定可能会造成对投标人的歧视待遇，或者造成采购资金的浪费。技术规格的选择应与招标目的相适应，防止偏高或偏低，同时还应避免空泛和笼统的规定，以便供应商有针对性地做出响应。另外，应尽量选择标准化程度高的规格，这不仅有助于促进潜在投标人对招标要求的理解，更重要的是有助于招标人有效地比较各个投标方案。

（2）重视招标文件中对重大偏差及细微偏差的区分。按照《评标委员会和评标方法暂行规定》的规定，对重大偏差可以认定为废标，故在招标文件有关条款的设定上不能随意把应属于细微偏差的情况一概认定为废标或无效标，以避免增加招标失败的风险，以及对投标人造成不公。

（3）对提出的所有实质性要求和条件做明确表述。招标文件中应注意实质性要求与一般性要求的区别，不得随意把应属于一般性要求和条件的内容也作为实质性要求和条件提出，无谓地增加投标及评标的难度。对于非实质性的错误，应当允许投标企业当场修正，并不得以此作为评标扣分或废标的条件。

某视频会议系统设备的采购中，项目投标人资质要求为"投标人须具有信息产业部颁发的计算机系统集成2级（含）以上资质；投标人须具有ISO 9001系列质量体系认证资质"。资质要求非常明确。但是，采购人在开标前一日书面来函要求修改投标人的资质要求，即将资质要求修改为"成功案例10个以上；产品案例、集成3点以上"。最终本项目的中标结果在公示期间收到其他投标人的质疑，质疑内容就是中标人不满足招标文件对投标人的资质要求，最后还投诉到财政部。最终处理决定认为本项目招标文件的投标人资质要求不明确。例如，成功案例的证明方式是必须以合同为准，还是以用户出具的成功案例的证明文件为准，还是两者都可以证明，还是两者之外的其他证明方式也可？最终项目流标。

（4）避免歧视性条款。招标文件不得要求或者标明特定的生产供应者以及含有倾向或者排斥潜在投标人的内容，否则就会失去公平性和广泛性。招标文件中还应注意公正地处理招标人和投标人的利益分配，不能将过多的风险转嫁给投标人。

2. 健全评标专家管理制度

为切实保证评标专家独立、公正地履行职责，应该不断充实和调整专家库内的专家，并对专家按不同专业进行分类，逐步对现有分散的部门专家库进行整合，吸纳一定比例的跨部门、跨地区的专家组建评标专家库。

为了保证参与评标工作的专家具有代表性和权威性，招标代理机构在确定专家组时，应根据不同项目的具体情况，在不同专业内选定人数不等的专家，使专家组的结构更加合理。同时改进专家抽取方式，尽量避免同一专家在多个项目中出现，以防止投标单位拉拢专家评委。同时，还应严格评标专家资格，加强对评标专家的培训、考核、评价和档案管理，根据实际需要和专家考核情况，及时对评标专家库进行更换或者补充，实行评标专家的动态管理。

3. 采取措施防范串标

串标是指招标人与投标人之间或投标人之间采用不正当手段，对招投标事项进行串通，以排挤竞争对手或损害招标人利益的行为。串标的形式多种多样，比较典型的有以下几种：投标人与招标人串通；投标人相互串通；投标人与招标代理机构串通。要防范串标，首先要

能准确识别串标。对"疑似串标"可以用以下几种方法加以识别：

（1）价格分析。这是最基本的诊断方法，如投标供应商的报价出现以下情况，应引起高度重视：总报价相近，但分项报价不合理，且无合理解释；总价相近，其中部分项目价格雷同，且提不出计算依据或合理单价组成；总价相同，没有成本分析，分项乱调的。

（2）测量标书。在一次招标活动中，所有投标供应商中仅有一家标书做得很厚实且详细，而其他供应商的标书则显得十分"单薄"，明明是实力很强的公司却显得很不认真，材料短缺，漏洞百出。这种情况下，串通的可能性极大，如不能及时识破，串标易成功。

（3）行为观察。若在众投标供应商中，有几个供应商关系甚密，同来同往，进一步观察，还能发现同吃同住，合伙一起来投标，开标后又聚在一起议论不停，仿佛是"一家人"，定标后又聚在一起，由一人做东尽地主之谊，宴请其他人。如果投标供应商数量足够多，此类小范围串通往往很难左右结果，但须作为诊断串标的重要参考依据。

（4）品牌比较。在货物类采购中，采购法律的相关解释规定，同一品牌、同一型号的货物原则上只能有一家投标供应商，如果所有投标供应商所投品牌少于3个，则很可能存在串标行为，尤其是均投同一品牌、同一型号的供应商嫌疑更大。评审专家在诊断疑似串标时，不能忽视这一关键的鉴别方法。

（5）错漏对比。若不同的投标供应商出现明显相同的错误或疏忽，特别是改动笔迹一模一样，结合前几种诊断方法，倘若再出现上述情形，则基本能确定为疑似串标，但仍须辅以其他方法做进一步诊断。

（6）隔离审查。评标委员会在对投标文件进行澄清时，发现投标人面对提问闪烁其词，不知所云，则很可能是受人指使前来串标的。来人除奉命投标外，其他一无所知，如果给他一定的时间，仍然不能做出明确答复，则该供应商存在重大嫌疑。

南京滨江整治工程是政府投资项目，2012年9月，南京市住建委下属的市政工程建设处发布招标公告。随后，南京润盛建设集团有限公司、陕西建工集团机械施工有限公司第五分公司等11家企业报名参加该工程投标。2012年10月19日该项目开标后，润盛公司综合得分最高，被确定为中标人。当年11月初，润盛集团开始进场施工。

当年11月底，有人向南京市纪委举报，反映在滨江整治工程中有人串标。南京市纪委即派出调查组展开对案件的核查，初步摸清了润盛集团等6家企业涉嫌串通投标犯罪的基本事实。

串标如何查实？企业往来暴露"蛛丝马迹"。

南京市纪委办案人员介绍，查实相关企业串标实属不易，抓住它们之间的业务联系，尤其是资金往来，是办案的关键。调查组在工商部门的注册资料中，发现相关几家公司关系"不一般"：11家投标公司中，大部分都来自某地同一行政区；而在调查组收集到的投标信息中，有数家公司经常携手参加同一个项目投标，表现出"良好的合作关系"。

办案人员介绍，按照规定，参与投标的公司必须向招标方交纳投标保证金。而在串标犯罪中，"陪标"者的保证金通常由策划围标、保其中标的"主谋"公司垫付。因此，查清相关公司之间的资金往来，成为认定围标行为的一个突破口。涉案几家公司之间，资金往来频繁，每个月资金进出都有近200笔。调查人员经手的账目近1000笔，仅复印的"可疑账单"就有一尺多高。

随着核查深入，南京润奥劳务服务有限公司、南京久大路桥建设有限公司两家招标活动外的企业进入调查组的视线。表面上看，两家企业都不是南京滨江整治工程的投标人，但调查组发现，这两家企业却是参与滨江整治工程招标的相关企业投标保证金的重要"二传手"，而南京久大公司的法人代表又是润盛集团的股东之一，两家公司多次参与同一项目的投标。调查组的这一重要发现，成为判别涉嫌串标围标犯罪

线索的关键。

（资料来源：《人民日报》，2013 年 5 月 21 日第 004 版。）

为从根本上遏制串标，以规范招标采购，净化招标采购市场，建立公开、公平、公正的采购秩序，促进招标采购健康发展，可以从以下几个方面着手：

（1）建立部门监管和社会监督的联合机制。串标现象与招投标监管力度不大有直接关系。一方面，应加大对串标行为的查处力度，建立起公安、工商、行业主管部门联合查处机制，形成监管合力，对串标行为有必查，查必究，让串标者对违法行为付出高昂代价；另一方面，鼓励招投标当事人互相监督，并加大对招标代理和招标公证的管理。

（2）完善资格审查制度。对一般工程项目，不需要资格预审的，要充分利用媒体的力量，让尽可能多的单位参加投标；对复杂的工程，需要进行资格预审的，要制定科学合理的资格预审条件。因为投标竞争越充分，串标成本就越高，串标的成功概率就越小。

（3）加快建立投标人的信誉体系。招投标管理部门对投标人建立诚信档案，制定出诚信评价标准，对诚信度差的投标人依法给予必要的处罚，如予以曝光、限期整改、列入黑名单等处罚，并且依法追究其法律责任。

案例分析

某单位要采购统一的图书馆自动化系统及系统的安装、调试、培训和售后服务等。5 家投标人参与投标，项目招标和评审阶段都很顺利。但是中标结果公示后，有 2 家投标人分别向财政部提起投诉。财政部经调查，做出如下处理决定：

（1）采购人代表评审时存在明显不合理、不正当倾向性。本项目评标委员会由 5 名随机抽取的评审专家和 2 名采购人代表组成。评分细则规定"产品品牌形象和市场占有率"等 3 项技术项目占 14 分，对上述项目进行评分时，2 名采购人代表给中标人打满分 14 分，给 2 家投诉人打 0 分。而投标文件显示，3 家公司均有销售业绩和应用案例，在"市场占有率"等方面差异不大，2 家投诉人不应当得 0 分。同时，中标人与排名第 2 的投诉人最后综合得分仅差 0.8 分，2 名采购人代表的评分直接影响了中标结果，属于《政府采购货物和服务招标投标管理办法》第 77 条规定的"在评标过程中有明显不合理或不正当倾向性"的情形。

（2）评标委员会成员存在没有按招标文件规定的评标方法和标准评审的行为。招标文件服务部分对技术培训标准和条件的打分分为 3 档：不完全满足招标文件要求 0 分，满足招标文件要求 3 分，优于招标文件要求 4~5 分，即最终打分只能是 0 分、3 分、4~5 分。但是评委会成员给中标人打 2 分，没有按照招标文件和标准进行打分，违反了 18 号令第 49 条第 2 款"评标委员会成员应当按照招标文件规定的评标方法和评标标准进行评标"的规定。

最终财政部认定本项目中标结果不成立，项目废标，责令重新组织采购。

（资料来源：《中国财经报》，2010 年 7 月 14 日第 005 版。）

案例分析题：

1. 分析案例中招标采购出现的问题，并提出解决策略。

2. 讨论招标采购规范的重要性。

【本章讨论】

1. 招标采购逐渐成为许多企业越来越重要的一种采购方式，讨论这种变化的原因。

2. 简述招标的基本特征。目前可以选择的招标采购方式有哪些？

3. 简述招标采购的一般程序。现实中是否必须严格遵照这样的程序来实施招标采购？分别从企业和政府的角度加以说明。

4. 简述招标采购过程不同阶段的主要管理内容。

5. 如何规范招标采购过程？具体措施有哪些？现实中一种常见的现象就是"串标"，对此现象你有什么好的应对措施？

第15章

服务采购

【导言】

　　服务采购是指对除货物和工程以外的其他需求对象进行采购，即除有形商品以外的采购。由于服务的价值行为表现与有形商品有比较显著的区别，但又依托有形商品，因此一般商品的采购过程与方法很难适用于服务采购。

　　服务采购已经成为采购与供应管理工作的重要组成部分，并且成为企业降低成本和增加竞争优势的主要手段。但服务采购的主要难点在于如何合理定价和如何客观地评价服务质量，这也是提升服务采购竞争力的关键。本章首先介绍服务采购的特点，然后分别从服务采购管理、服务定价管理、服务采购合同管理、服务采购的风险管理四个方面展开论述。

学习目标

1. 理解服务采购的含义，掌握服务采购的特点及其主要类型。
2. 理解服务采购的流程，重点掌握服务采购提供商的评估与选择。
3. 服务也有成本，理解服务成本分析，掌握服务提供商的定价。
4. 理解服务采购的合同制定与执行。
5. 掌握服务采购的风险与管理。

导读案例

上海通用汽车公司的 IT 服务采购

　　上海通用汽车 SAP IS-Auto 项目是一个极具挑战的里程碑式的项目，是全球汽车行业第一个整车厂最为完整、最为复杂的 SAP 汽车行业解决方案，大大提升了上海通用的信息化投资产出效率。无论从项目规模、难度还是复杂度来看，在全球汽车行业都是罕见的。面对项目的困难与挑战，IT 服务采购项目确定了目标，包括：有效支持上海通用汽车的业务增长和运营；通过将适当的主机系统替换为现货供应的应用解决方案，减少 IT 系统总体拥有成本；为上海通用汽车提供可升级的共同的整合 IT 计算平台，支持上海通用汽车直到 2008 年对业务量和业务复杂度的增长需求；整合 SAP IS-Auto 新的解决方案提供的产品和服务，并应用于上海通用汽车所有的工厂；实施通用汽车集团全球的财务框架（CFPM）标准。围绕上海通用汽车这个长期而复杂的项目，IT 服务采购项目作为集成商、咨询商、服务供应商及硬件产品供应商为一体的一个特殊项目，为该项目的成功实施做了大量的工作，包括提

供各类领先的产品和解决方案、咨询与集成服务、项目团队的协调。这些工作不仅为项目的最终成功奠定了良好的、不可或缺的基础，而且体现了 IT 服务采购强大的综合实力。

（资料来源：http://www.e-gov.org.cn/。）

15.1 服务采购基础

服务采购是指除有形商品以外的采购，主要包括专业服务、技术服务、维修、培训和劳务、咨询服务等。传统上，采购人员一直把精力放在产品、原材料、零部件和 MRO 材料的采购上，但随着市场竞争的加剧和第三产业的发展，服务采购显得越来越重要，服务采购也越来越受到重视，包括传统上采购部门并不涉及的广告服务，新产品发布，软件、专利等采购业务，采购人员也可以介入并发挥作用。有效的服务采购已经成为企业减少成本、提升竞争优势的主要手段之一。

15.1.1 服务采购的特点

服务有别于一般有形商品，因此，采购服务与采购商品相比，有很多异质性。服务采购的特点主要表现在以下几个方面：

1. 无存储性

在本质上，服务是不能存储的。许多服务只是一种过程或手段，供应商不可能由于预计到需求会增加而先把服务存储起来，用户也不可能存储服务。这就需要将提供服务的时间、计划与采购者的要求保持一致。如果对服务的需求不确定或难以预知，就要求供应商有足够的资源以满足客户的各种需求。

2. 偏外包性

有形的材料可以通过材质、体积、密度等物理或化学方法进行衡量、称量、测试和检查，以确保符合双方协商或国家要求的规格。因此，进行有形商品采购时，企业是否进行外包这一决策，问题明确，衡量方法具有较高的预测性。但服务通常很难测试质量，检查的方法是使用"服务绩效"来衡量。同时，由于进入服务提供领域成本低、障碍小，以及经济、环境等因素变得越来越复杂，企业进行服务采购时，更倾向于与外部组织签订合同进行外包。

3. 采购的复杂性

现实中，有形商品与无形服务的采购往往是难以独立区分的，服务的价值行为表现与有形商品有比较显著的区别，但又依托有形商品。例如，企业的原材料采购就并不完全是货物供应，还要考虑运输过程中的注意事项等无形因素。又如 IT 服务采购，也不可能不涉及物资材料的采购。所以，服务采购比有形货物更复杂。

4. 易变性

商品通过标准化的生产模式与有效控制，可以达到标准化，但服务是由人提供的，每个人都是独特的个体，一个人在不同时刻、不同地点的表现不一致，同一时刻、同一地点不同人的表现也不一致；另一方面，服务的"绩效"评价的主体也是人（客户），客户本身的因素（如价值观、兴趣、偏好等）也直接影响服务的表现和效果。因此，在提供服务方面，

完全的一致性很难达到。标准化、一致性和可重复性是服务采购的发展方向。

5. 供应与消费的同时性

有形商品从生产、流通到最终消费的过程中，往往要经历一系列的中间环节，生产与消费也具有一定的时间间隔，即先生产后消费。然而服务与之不同，服务的供应与消费同时进行，时间与地点二者是不可分离的，服务开始消费也就开始，服务结束消费也就结束。而且，服务的消费者与生产者必须直接发生联系，生产过程就是消费过程。服务采购的即时性决定了服务无法再销售，因此，许多服务只有服务供应者真正在场时才能获得。

6. 缺乏所有权

与有形商品的采购不同，服务采购不涉及所有权转移。服务在交易完成之后消失，采购方并没有"实质性"地拥有服务。例如 IT 服务采购，采购方实际拥有的是计算机的硬件与软件，但系统的调试、维护、升级、数据库的建立等核心服务并没有被采购商拥有。

15.1.2 服务采购的主要类型

从政府采购层面，我国《政府采购法》对服务采购范围并没有准确的界定。例如，《政府采购品目分类法》将服务概括为印刷，出版，专业咨询，工程监理，工程设计，信息技术，信息管理软件的开发设计、维修、保险、租赁，交通工具的维护保障，会议，培训，物业管理和其他服务 11 个大项。

从企业采购层面，采购的服务主要有金融服务采购、IT 服务采购、物流服务采购和 HR 服务采购等。还有许多企业采购一些服务类产品：信息系统的建立、设备检修和维护、市场推广、财务审计等。

IO 协会对包括广告业、医疗保健业、制造公共事业以及政府部门在内的企业进行长期在线调查显示，企业服务采购三大领域是信息技术、运作和物流（见表 15-1）。其中，运作包括行政管理、客户服务、财务、人力资源、房地产和实物资产、销售和市场六大块；物流包括分销和运输两部分。

表 15-1 服务采购的主要类型

类型		企业向供应商采购的服务	企业可能要采购的服务
信息技术		维护/修理、培训、应用开发、咨询和重构、上机数据中心	客户/服务器、网络、桌面系统、终端用户支持、全部 IT 资源
运作	行政管理	印刷和复印、收发室、咨询与培训	档案管理、行政管理信息系统、供应/存货、印数和复印
	客户服务	现场服务、现场服务派遣、客户热线支持	客户服务信息系统、现场服务派遣、客户热线支持
	财务	薪酬处理、交易处理	薪酬处理、税务事务
	人力资源	职位再安置、员工补贴、招聘和安置	咨询与培训、人力资源信息系统
	房地产和实物资产	食品和餐厅服务、设备维护保安	设备管理、设备维护、设备信息系统
	销售和市场	邮寄广告、广告、电话推销	预订和销售运作、现场销售
物流	分销	货运审计、广告、电话推销	仓储、分销和物流信息系统
	运输	车队管理、车队运作、车队维护	车队管理、车队运作、车队维护

15.2 服务采购管理

一项研究报告显示，对年均营业收入为40.2亿美元、年均服务支出为4.34亿美元的大公司来说，企业营收总额的11%和采购总成本的30%都是用来采购服务的。其中，用于采购物流服务的支出约占企业采购总成本的5%。显然，服务采购管理对企业来说存在着巨大的挖潜增效机会。由此可见，有效的服务采购管理对提升企业竞争力非常重要。本节主要从介绍服务采购流程开始，了解服务采购管理工作的主要内容，重点分析服务质量管理。

15.2.1 服务采购流程

服务采购流程的具体环节会随着企业的不同而不同，但是服务采购的一般性流程大致相同，主要包括以下几个方面：

1. 准备工作

（1）建立采购组织的专门服务采购部门。要进行有效的服务采购，首先需要建立一个独立的采购部门或小组。应根据企业所采购服务的特点选取有经验的人作为小组成员，可以利用他们的专长来判断对服务供应商的选择是否合理。

（2）分析采购成本结构。第二步需要对服务采购成本结构进行分析。关键的问题有服务采购成本占企业总采购预算的比例，企业采购的服务类型与特点、需要的预算等。

（3）明确供应商应具备的条件。根据服务的类型明确提供该种服务的供应商应当具备哪些必要条件，以此作为选择的依据。例如，物流服务的采购，考核供应商的基础设施设备的规模、信息系统、交货方式及时间、货损率等。

2. 制定采购需求单

采购需求单应明确对服务的性能期望值、接受的标准以及详细的评价满意指标等。采购需求单可以在很大程度上帮助供应商提供满意的服务。在编制采购需求单时，组织成员应当掌握影响采购工作执行的因素，重点是服务价格、服务过程、服务绩效。

3. 分析供应方案，选择供应商

在服务采购过程中，对供应方案的分析包括供应商分析、价格分析以及自制和外包的决策分析。

（1）供应商分析。在选择提供服务的供应商时，要对其实力、服务内容、声誉、经验、技能、规模、费用、有效性、个人素质和背景加以考虑；另外，还应考虑其工作时间的安排、咨询方式、培训和通信能力，甚至供应商高层背景与知识结构。对供应商的调查方法有很多，比较常见的有：①内部工作的专业人员提供或推荐一些供应商的名字；②研究公开出版的电话号码黄页，并通过电话咨询；③参加并研究地区或全国的贸易展览，识别具有专门技术的服务供应商；④利用互联网开展调查；⑤通过专业调研机构调查；⑥供应商的实地调查。

（2）价格分析。服务的价格可以是固定的，也可以是浮动的，这主要由服务的性质和时间决定。例如，加急快递就要比一般快递的价格高。另外，价格还由市场竞争环境决定。竞争越激烈，市场价格越透明。谈判是确定价格的一种有效方法，经验丰富的采购者对服务项目的成本结构非常清楚，因此在谈判中容易取得优势。

（3）自制和外包的决策分析。自制和外包一直是服务采购决策中比较重要的问题。现在的国际趋势是把原来由公司内部提供的服务外包出去，典型的例子有保安、餐饮、维修、法律咨询、工程问题、软件开发、培训等其他专业化服务项目。

4. 签订采购协议

服务采购协议通常称为服务合同，合同可以是规范化的，也可以是个性化或特定的文件。许多专业的服务供应商一般用某些专业团体制定的规范合同。通常，这种团体有相应的制度来规范酬金的构成和特殊项目，采购者也愿意接受这样的合同，因为这种合同可以简化许多烦琐的过程，节约大量时间和人力。

15.2.2 服务采购质量管理

服务的四大特征"无形性、无存储性、易变性、供应与消费同时性"使服务质量区别于实物产品。适用于实物产品的质量管理方法难以充分满足服务的要求：①服务的无形性意味着制造业为统一质量而进行的标准化生产不适用于服务业；②服务的易变性使服务业应用标准化生产的难度变得更大；③服务的供应和消费的同时性与无存储性意味着服务在交付给消费者之前，无法进行质量评估。

1. 服务质量的构成要素

关于服务质量的构成，早在19世纪80年代，服务管理学科创始人克里斯琴·格罗路斯（Christian Gronroos）就指出，服务质量包括两大部分，即技术或结果要素和功能或过程要素，也就是服务结果质量和服务过程质量。

由于服务是一种供应与消费互动的过程，消费者能亲自体验到服务的供应或生产。因此，客户对服务质量的评价不仅取决于服务的结果，还取决于服务的过程。所以，客户在评价服务质量时，过程质量与结果质量具有同等重要的意义。

从图15-1中可以看出，服务总体质量取决于技术质量和功能质量。技术质量是指企业向顾客提供什么服务，即服务结果；而功能质量是指怎样提供服务，即服务过程。两者共同构成了顾客对服务质量评价的两个维度，缺一不可。但需要注意的是，企业声誉的好坏会在顾客服务质量评价过程中起到"过滤器"的作用。如果企业声誉非常好，当顾客遇到服务质量问题时，可能会倾向于"降低"服务质量问题的严重性；而当企业声誉不良时，顾客可能会倾向于"放大"服务质量问题，进而不利于形成对企业良好形象的感知。

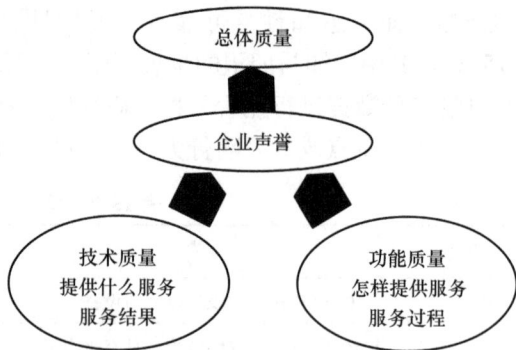

图15-1 服务质量的双构成要素

2. 服务采购质量的主要衡量标准

服务采购质量的主要衡量标准包括可感知性、可靠性、反应性、保证性、理解性等（见图15-2）。

（1）可感知性。可感知性是指服务产品提供中依托的有形部分。一方面，提供了考核服务质量本身的有形标准；另一方面，直接影响顾客对服务质量的感知。

（2）可靠性。可靠性是指企业能准确无误地完成所承诺的服务。可靠性通过企业在服务过程中的差错率来衡量，可靠性太低可能会给企业带来直接意义上的经济损失，而且意味着会失去很多潜在顾客。

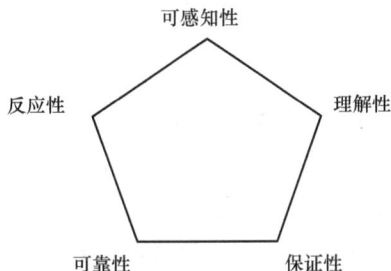

图 15-2　服务采购质量的主要衡量标准

（3）反应性。反应性是指企业随时随地准备为顾客提供快捷、有效的服务。对于顾客的各种在企业职责范围之内的合理要求，企业能否给予及时满足，将体现出企业的服务能力和服务理念，即是否把客户的利益放在第一位。

（4）保证性。保证性是指服务人员的态度是否友善，工作能力是否胜任，工作计划是否合理，它能增强顾客对企业服务质量的信心和安全感。

（5）理解性。理解性是指企业要真诚地关心顾客，了解他们的实际需要，使整个服务过程富有"人情味"。这要求服务人员应具有"换位意识"。

上述五点基本上把抽象的服务变成了采购活动的具体变量，从而具有管理实践的意义，也是服务采购质量评估与测量的基础。

3. 服务采购质量的评估与测量

评价与测量服务采购质量存在许多困难。首先，质量的感受往往依赖于采购方对待特定服务感受的重复比较；其次，服务与有形产品不同，顾客评价的不是最终产品，而是服务的过程以及它的结果。

正常情况下，评价与测量服务采购质量主要运用差距理论，即感知服务质量 = 感知 − 期望。如果采购商的感知大于期望，则对服务满意，否则为不满意。主要的标准就是上述五大一级指标，即可感知性、可靠性、反应性、保证性、理解性，以及 21 个二级指标（见表 15-2）。其中感知与期望的量表相同，因而许多学者在实地调查过程中，为节约成本，对期望和感知的数据进行先后采集。通过量化分析，找出服务采购质量感知与期望相差较大的方面，就可以重点改进采购行为，同时可通知服务供应商进行质量改善。

表 15-2　服务采购质量评价量表

一级指标	二级指标
可感知性	1. 拥有先进的服务设施与设备
	2. 供应商的宣传恰当且具有吸引力
	3. 供应商的员工业务熟练且仪表整洁
	4. 设施与所能提供的服务相匹配
可靠性	1. 对采购商所承诺的能及时完成
	2. 采购商遇到问题时，能提供帮助且解决问题
	3. 第一次就会提供正确的服务
	4. 服务的时间意识强
	5. 准确地记录服务过程

（续）

一级指标	二级指标
反应性	1. 准确地提出服务内容
	2. 响应及时的服务
	3. 供应商乐意帮助采购商
	4. 供应商完成服务后回应客户
保证性	1. 供应商的服务能获得采购商的信任
	2. 采购商在与提供商的沟通过程中有安全感
	3. 供应商态度好、有礼貌
	4. 供应商有足够的专业知识
理解性	1. 营业时间灵活性强
	2. 为采购商提供个性化服务
	3. 理解采购商所需要的需求
	4. 从采购商的利益出发

15.3 服务定价管理

购买者对服务价值的感受是一种对所购买服务感受到的利益与根据支付成本所感受到的损失之间的利弊权衡，是服务定价的核心。顾客花费的总成本远不止单纯的服务所支付的货币价格，还包括时间成本、精力成本和体力成本，反映了顾客为得到服务而不得不花费的时间和忍受的麻烦。同样，顾客的总价值也会延伸到产品价值以外，包括服务价值、人员价值和形象价值，如图 15-3 所示。

总体上说，如果价格是服务价值的真实外在表现且是采购商主要考虑的方面，那么，有吸引力的价格将可能增加需求。如果服务采购商以总成本为主要考虑因素，那么服务总价值的价格就具有负面的或排斥的影响并可能减少需求。因为感受到成本与价值之间的联系，购买会有较低的和较高的两个临界

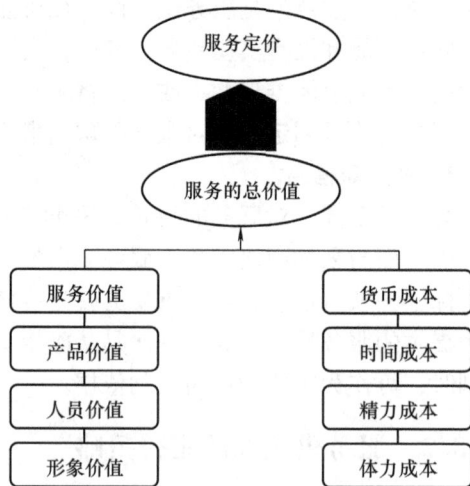

图 15-3 服务定价的核心

价格。例如，当购买者感到价格太低时，也会阻碍他们购买，因为他们把低价格看作是质量低劣的表现。

15.3.1 服务定价的影响要素

服务定价的影响因素主要包括服务成本、服务产品、采购商信息等。

1. 服务成本

一般供应商在制定服务价格时，首要从服务成本考虑。但由于服务的特殊性，有形产品的成本分析很难适用于服务。首先，有些服务只有在服务现场开始被提供时，服务价格才会被最终确定，因此，消费者承担着很大的价格不确定性。其次，由于服务没有销出商品（没有有形物产生出来）的成本，因此，成本导向定价对服务来说就更加困难。最后，服务的大量生产只会产生有限的规模经济。

（1）某种服务在完成前，消费者可能不知道他们实际需要支付的精确价格。尽管在购买前消费者通常可以找到基准价格，但许多服务价格是在提交过程中制定的。例如，律师委托人可能知道某位律师每工作一小时收费多少，但是不知道完成全部工作需要花费多少小时。

（2）难以进行服务成本导向的定价。许多服务主管感到很难精确地估算服务的成本，因为服务的成本核算很难在会计目录中显示出来，因而被认为是最常用的定价方法——成本导向定价法，对于服务提供商来说，是非常难以实施的。

（3）服务的规模经济通常是有限的。因为服务的不可分离性和易损失性，其消费在时间和空间上是不能分离的。库存并不能用来缓冲需求，顾客和服务供应商的同时出现才能发生交易。所以，服务供应商经常是出现需求时才生产服务，而不是事先生产服务的。因此，服务供应商要想取得传统上与规模经济相联系的成本优势是困难的。

2. 服务产品

服务产品主要从三个方面影响服务定价：首先，由于不同服务企业提供的同一服务产品存在差异性且有时很难比较优劣，因此，同一服务产品的价格不同。采购商在对一些企业进行比较时，要注意的是服务供应商往往可能利用品牌或者其他因素而要求较高的价格，但提供的服务可能并没有实质差异。其次，由于服务不能被储存且缺乏价格弹性，需求发生时，采购商也不大可能推迟购买或直到将来某一时间有更合适的价格时再采购。最后，有形商品常采用的价格排列定价，对服务采购商来说不太适用。

3. 采购商信息

与商品不同，对服务的评价，采购商很难用具体的标准衡量，有时只能用一些隐性指标，供应商与采购商之间关于服务成本的信息是不对称的。那么，采购商可从为数不多的显性指标中去获取信息，比较重要的就是价格。价格经常成为质量的表现，即价格越高，往往视为提供的服务质量越高。其次是从已接受服务的其他采购商中获取详细信息，在进行价格谈判时，可作为重要的价格谈判依据。

15.3.2 服务供应商的定价策略

服务采购与有形的原材料和零部件采购差异决定了服务定价的特殊性。服务定价策略主要包括以服务承诺为基础的定价、关系定价、效率定价等。

（1）以服务承诺为基础的定价。以提供服务承诺为基础的定价的主要目标是减少与购买服务有关的风险，满足目标市场的价值要求。服务承诺正在逐渐成为一种有效吸引顾客的方法。承诺就是向顾客的保证，如果对所购买的服务不满意，他们就可以依据承诺获得部分或者全额退款。提供承诺就是告诉顾客，供应商保证提供优质服务。在那些价格类似的竞争性服务中，服务承诺提供了一种差异化服务定价策略。

（2）关系定价。关系定价的主要目的是加强服务供应商和目标顾客之间的关系。例如，在金融服务业，关系定价策略通过特殊的定期存款账户、保管箱业务和根据存款凭证确定的特殊利率，能培育银行和现有顾客之间的关系。关系定价包括两种类型：长期合同和成套价格。

签订长期合同的服务供应商因与顾客进行多年的交易，而为顾客提供价格或者非价格的激励。由于交易连续，其规模经济也逐步发展起来，成本的节约也使顾客获益，同时也改进公司利润业绩。例如，UPS跟Land'End和福特汽车公司订立了长期的运输合同。通过这种长期合同，能把与这些客户之间的业务从断续的发展成为连续的。UPS现在拥有完全为这些特殊顾客提供服务的业务和人员。

成套价格就是把两种或更多种的产品和/或服务整合成套餐业务，以一种价格销售。由于大多数服务供应商提供多种服务，因此可以提供成套服务。通常，成套服务的提供使采购商可以同时购买服务A和服务B，也可以分别购买其中一种。而且，虽然可以单独购买一种服务，但是服务的组合价格可能要比两种服务价格之和小得多。

（3）效率定价。效率定价的主要目的是吸引那些正在寻找性价比最高的服务的采购商。效率定价者不是行业领先者也不是跟随者，而是别出心裁者。服务供应商避开传统的业务运行方式，目标是寻求明显的成本优势。效率定价的重点是为所给定的价格提供最好的服务、成本上最有效的服务。其特点是业务运作是流水线的，企业文化是创新性的、创造性的，利润率与同行业平均水平相比较低，增加的价值都转移给客户（消费者、采购商），导致竞争对手很难模仿且难以进入。

15.4　服务采购合同管理

服务采购合同主要有三方面作用：首先，服务采购合同是采购商和服务供应商双方权利、义务的主要体现；其次，服务采购合同是采购商采购结果的最终见证，以及采购商的采购监督管理部门对服务采购活动进行监督管理的重要依据；最后，依法订立和履行服务采购合同既有利于巩固服务采购的成果，也有利于实现服务采购的目的。一个企业的服务采购合同与合同管理有密切的关系。因此，合同管理必须是全过程的、系统性的、动态性的，不仅要重视合同签订前的管理，更要重视合同签订后的控制。

15.4.1　服务采购合同的制定

一般来说，企业会给出比较规范的服务合同文本。但由于企业为适应自己的情况和采购的特定服务，会使用特定的服务用语，这样常常会导致合同的多样化。每份合同都有特定的要求，其结果是合同与合同之间存在很大的差异。下面是服务采购合同的主要条款（甲方是服务供应商，乙方是服务采购商）：

1. 法人地位

甲方应被视为具有独立法人地位。在一般情况下，甲方的工作人员和分包人不允许是乙方的雇员和代理人。

2. 行为表现

在履行合同中规定的服务工作时，甲方应避免任何有损于乙方的行为，履行合同并尽全力维护乙方的利益。

3. 甲方对雇员应负的责任

甲方应对雇员的服务态度和专业技术水平负责，并根据合同挑选可靠并能有效完成合同任务的雇员。这些雇员应尊重当地的社会文化，具备高尚的品格和职业道德。

4. 转让

甲方不得将合同的任何部分或卖方的任何权利、利益或责任转让、委派、许诺、安排给他人，除非乙方书面同意。

5. 分包

如果甲方需要将服务分包，那么甲方必须预先取得乙方对分包人的书面同意和认证。乙方对分包人的认可并不解除甲方根据合同所应承担的责任。甲方与分包人所签协议必须和乙方所签条款一致。

6. 保障

如果甲方及雇员和转包人执行合同而产生了任何后果，甲方都需保证乙方以及乙方企业、代理人和雇员不受到法律起诉，不承担赔付要求和任何性质的责任，保障他们的利益，并且由甲方支付由此产生的一切费用。

7. 第三方责任保险

包括以下内容：

第三方责任保险

（1）甲方应对自己的财产和执行合同所需的设备进行投保和续保。

（2）甲方应提供并延续必要的工人赔偿保险或这类保险的等同物，用于支付因执行合同带来的人身伤害和死亡赔偿。

（3）甲方应提供并延续足够数额的责任保险，用于赔付在提供合同规定的服务时所产生的第三方伤亡和财产损失。

（4）除工人赔偿保险外，此条款下所有的保单都应：①将乙方作为附加被保险人；②在做出有关保险专案的取消或改变决定的 30 天前，确保乙方收到保险公司的说明书。

（5）甲方应按要求向乙方出具本款下规定的投保证明。

8. 设备所有权

任何由乙方提供的设备，其处理权属于乙方在合同履行结束之后或在甲方不再需要此设备时归还乙方。

9. 版权、专利和其他产权

与乙方合同直接有关的专利版权、品牌或知识产权均应属乙方所有。根据乙方的要求，甲方应采取尽可能的措施，办理必要的文件，全面协助保护这类所有权并依据适用的法律条文将它们让渡于乙方。

10. 乙方名称、标记和正式印章的使用

甲方不得用广告的形式公开宣扬卖方为乙方提供商品及服务；也不得以任何形式将乙方的名称、标记正式印章或者乙方的缩写用于其他商业用途。

11. 文件和咨询的保密性

（1）甲方因履行合同时收集或收到的所有地图、绘图、照片、报告、建议、评估、文件和所有其他乙方的资料应视为乙方的财产。以上提及的所有资料应保密，在合同结束时要交予乙方。

（2）除非乙方授权同意，甲方不能与乙方以外的个人、企业或其他任何组织机构交流自己知道但乙方尚未公开的任何信息，也不能将这些信息应用于个人用途。该规定并不随合同的终止而取消。

12. 不可抗力，其他变化

（1）一旦不可抗力的事件发生，且甲方被认为无力履行合同中规定的全部或部分职责，甲方应以书面形式通知乙方并告知有关细节。甲方还需通知乙方任何阻碍或者可能阻碍合同执行的情况。在接到本条款所要求的通知后，乙方有权根据自己的情况采取认为合适的措施，其中包括给予甲方一段时间以延期执行合同。

（2）如果认定甲方因不可抗力的缘故将无力履行全部或部分合同规定的责任，那么乙方有权依据第 13 条"终结"条款之规定，暂时终止或者终结该合同，所不同的是通知的时间为 7 天而非 30 天。

（3）本条款中的不可抗力应解释为大自然、战争（无论是否公开宣战）、入侵、暴动、叛乱，或者其他具有相似性质的事件。

13. 终结

（1）任何一方都可以终止合同，但必须提前 30 天书面通知对方，并依据下面第 14 条中的"仲裁"条款进行仲裁，仲裁的开始不应被视为合同就此终结。

（2）如果甲方经法庭裁决破产，清偿或者资不抵债，或者甲方因其债权人的利益做出让渡决定，再或者因甲方资不抵债而派驻破产管理人，那么，乙方可以在不损害自己其他利益的情况下，立刻终止该合同。

14. 解决争端

（1）协商。签约双方应尽可能地以协商的方式来解决与合同有关的争端、争议或赔偿。如果双方愿意以调解的方式解决问题，应以双方约定的程序进行。

（2）仲裁。在解决因合同引起或与合同有关的，或解决因毁约、合同终结、无效合同等引起或相关的争端、争议或赔偿时，除非在一方收到另一方提出的协商解决方案（在上一条款中提及）后 60 天内协商解决，否则任何一方均可诉诸仲裁。

15. 遵守法律

甲、乙双方在执行合同时，必须遵守有关的法律、法令和规章制度。

15.4.2　服务合同的执行与管理

服务合同的执行与管理包括合同的执行、服务质量控制、服务后评估、付款方式、备忘录与服务合同管理等相关方面的内容。

1. 合同的执行

服务合同的执行需要采购企业内部用户和供应商联合监督核查。服务使用部门监督供应商执行合同进展，以确保用户的意见能得到及时解决。在执行中，用户部门的意见可以成为联系采购部门与供应商的纽带，这样供应商可以扩大与用户的接触面，更好地了解并满足用户部门的服务需求。

2. 服务质量控制

服务的提供是即时的，必须在提供服务的同时进行质量控制。不过即使质量控制可以同步进行，当出现问题时，也很难使服务进程中断。所以，与有形产品采购相比，服务的质量

风险相对要高。一旦质量不合格，首先不可能要求供应商全额退款，而且如果服务质量不达标，很可能会影响后续的工作。

3. 服务后评估

服务后评估是进行有效服务采购的一个重要因素。例如，在进行服务后的评估时，至少应回答两个问题：①是否对问题的解决感到满意？②将来是否还会再采购该供应商的服务来解决某些问题？

同时，可以通过以下方式来减少质量风险：①与过去合作过的服务供应商联系；②与信誉有问题的供应商保持距离；③提前与自己有相似需求的其他用户合作对供应商进行审查；④和某些供应商及用户保持联系，以保证服务需求及时得到满足；⑤不断挖掘供应商市场的信息与资源。

4. 付款方式

服务采购的付款方式和实物采购的付款方式有所不同，主要有预付款、服务提供时付款、延期付款、分期付款、定期付款等。某些服务项目需要预付款项，如与某些著名代理商的合作；某些服务是在提供时付款，如招待服务；而有一些项目则需要延期付款，小型供应商通常不愿意接受延期付款条件，而采购者在同意预先付款时，常要求得到价格或其他优惠；对数额较大且执行时间较长的合同，一般采用分期付款；而对于持续的服务项目，如建筑物维护和餐饮服务，一般采用定期付款。

5. 备忘录和服务合同管理的相关方面

服务采购中进行正确的记录非常重要，但这存在着不少困难。其中的困难在于从消费服务到采购服务一系列环节中的信息反馈和服务过程中的信息更新。

合同签订后，在合同管理过程中经常会遇到需要变更的情况，如交付日期、服务内容与性质、服务要求与质量、交付地点等都可能变更。因此，要建立应变机制，供应商和采购商代表之间要及时沟通，以应对变化的发生。在进行变更之前，双方应就所做的改动对企业的影响和成本费用的变化做出估计。因此，在合同签订之前就应考虑到可能会遇到的变更因素，对其后果做出估计，并将其写入合同的备注附录与备忘录的原始记录中。

15.5　服务采购的风险管理

服务采购的风险管理对提高企业的盈利水平和增强可持续发展能力具有关键作用，其重要性不可轻视，需常抓不懈。任何服务采购项目中都存在风险，需要采购者察觉风险、认识风险以及降低或规避风险，只有这样才能保证服务采购有效、顺利、成功地运作。本节先就影响服务采购的不确定因素进行阐述，然后提出一些降低或规避服务采购风险的策略。

1. 影响服务采购的不确定性因素

各种服务之间存在着显著的差异，这些差异会影响到采购方案的选择，最终会影响采购的效果。影响服务采购的不确定性因素应考虑以下几点：价值、重复性、确定性、服务对象、需求特性、交付特性等。

（1）服务的价值。服务的价值不同，选择的采购方案也就不同。价值越高，考虑的因素越多，选择起来就越慎重，采购的不确定性越强。事实上，有些企业将服务按价值分为高、中、低三个等级。企业应将注意力更多地放在高价值服务的采购上。这里所说的价值，

是指在一个时点或一段时间内，花在该服务上的费用总和，或者失去该项服务会导致直接后果的机会成本。

（2）服务的可重复性。对于可重复性服务的采购，企业应当有一套完整的采购程序，并要求企业员工具有相应的专业知识，掌握相应的采购技术，那么采购的不确定就会降低。例如，对于维护和安全采购，采购人员应当具备相应的专业知识，了解采购程序，掌握采购技术。另一方面，对于较为特殊的服务要求以及那些临时的需求，应到外界寻求帮助。

（3）服务的确定性。根据服务的特性可知，每种服务都有其不确定性的一面。例如，可以对设计师绘制的草图或设计的方案进行审核并最终付诸实施，建成后的实物的结构特性也可由专业人员进行审核评定。但是其艺术的特性却很难进行评价，无法用量化的指标进行衡量。对于这种服务，很难制定服务评价的标准，在采购方案中也很难向供应商提出具体的相关要求。

（4）服务对象。服务采购的不确定性还表现为服务对象的不确定性。服务对象可以是物，也可以是人，例如，接待服务的对象是顾客，维护服务的对象是建筑物或者设备。如果对象是顾客，那么就该认识到顾客的特殊要求的重要性。因为以顾客为对象的服务项目采购具有很大的不确定性，评价指标也难以确定，所以指标的确定就需要服务采购者和供应商协商解决。

（5）服务的需求特性。对服务的需求并不是千篇一律的，某些特定服务的需求可能是持续的或是定期的，也可能是分散的，这就对服务采购的确定增加了难度。持续性服务的典型例子是24h连锁超市和24h的安全保障等。而分散或一次性服务是诸如电话安装或咨询、办公室的色彩设计之类的服务。持续性服务需要持续不断的监督，使得检测服务质量的指标更加可信。但是对于分散性服务并不强调此类要求，如果可能的话，需要加强对服务提供过程的监控能力。定期服务具有规律性，对于那些每隔一周或一个月都要开展的定期检查，应该有固定的程序可供参考，使所有采购行动程序化。

（6）服务的交付特性。服务交付的地点和特性对服务的采购过程和采购方案都有很大影响。如果服务的交付在采购所在地，那么在合同协议上就要添加许多预备条款，如在安装服务中的安全性问题、顺利进入工作场所问题、工作时间的安排问题等，应在合同中一一列出。

2. 服务采购风险管理策略

服务采购风险管理策略主要包括明确服务采购的范围和要求、对服务采购实施全程管理以及规范服务采购流程。

（1）明确服务采购的范围和要求。规避服务采购的不确定性，首先要从源头抓起，即清晰地描述服务的范围和要求。但由于服务采购自身的特点，明确服务采购的范围和要求的重点是要有效地协调企业内外关系。

1）企业内部。采购管理部门必须与其他职能部门沟通好，并且保持良好的关系，这是采购有效实施的重要保证。一是在收集、确定准确和详细的服务要求时，有关部门需与之密切配合，共享各自所掌握的信息，并共同参与决策；二是获得企业高管层的支持对服务采购的成败至关重要。

2）企业外部。采购管理部门与供应商的关系也会对服务采购的成败产生影响。为了建立或培育与供应商的良好关系，采购管理部门可以向服务供应商派驻采购管理人员，以加强沟通和建立良好的关系。例如，市场营销部门要寻找具有创造性的广告方案，以加深顾客对

产品的"预期和感觉",采购管理部门可以与市场营销部门协商指派一个熟悉该业务的人去帮助确定具体的服务要求,或者寻找能够满足要求的服务供应商。

但值得注意的是,内外部关系越稳定、越紧密也存在一定的问题,那就是采购部门的决策受到的限制可能越多,也可能成为改进服务采购流程的障碍。

清晰地说明所需采购的服务范围和要求条件首先是服务质量的保证,其次是服务总成本尽可能低的保证。但在实践中,服务范围和要求表述不清的情况经常发生,主要原因是:①需求服务部门本身不能清晰地描述服务的特性与要求;②对服务供应商与服务效果的评价带有较强的主观性与偏见或偏好。

事实上,这种采购部门与内外部关系的协调和沟通合作的努力就是创建一种良好的氛围,把用户的需求和采购管理工作的最佳实践有机地结合起来,进而对服务采购管理提出明确和具体的服务范围和要求。

(2)对服务采购实施全程管理。全程管理是一种管理理念,是提升采购管理部门的战略地位与实际权力的有效方法。在大多数企业,服务采购还没有被纳入采购部门的全程管理。随着市场竞争压力的增大,特别是经济形态已经明显地从产品经济转向服务经济,越来越多的企业开始重视服务采购。虽然服务采购不同于产品和物料的采购,但研究表明,25%的服务支出是与货物采购混在一起的,25%的直接物料采购和20%的间接物料采购是与服务采购混在一起的。一些行业中领先的企业,已经认识到对服务采购实施全程管理的重要性。

(3)规范服务采购流程。所谓规范的服务采购流程,是指用于服务采购的系统性的采购过程与方法。这个流程一般是从服务使用者确定清晰的服务范围和服务要求开始的,然后是评价市场并了解行情,全面向内部用户征询采购方案的细节问题,进而确定决策标准和评价潜在的服务供应商,最后通过谈判或者竞标等方法达成一项服务协议。许多采购经理认为,根据规范的采购流程来管理服务采购,以及在这个过程中吸收企业内部相关职能部门的知识和技能,是采购增值的最好方法。

服务采购内外合作程度越高,越能够降低采购部门的风险。而合作程度的高低,体现在企业是否有一个规范的采购流程。为了有一个规范的采购流程,企业首先要考虑下述问题:①采购流程范围:是用于采购产品还是采购服务,或是两者都有?②流程的应用是否有利于采购管理部门活动的开展?③流程的应用能否带来成本的节约,即采购所投入的时间和资源是否与期望获得的收入相匹配?④流程和结果(合同)的匹配性能否体现采购的总体使命和实现采购的总体目标?对这些问题的思考将表明对服务采购实施规范的采购管理的难易程度。如果没有规范的采购流程为依托,采购管理就很难使服务采购的价值最大化。实施规范采购流程所考虑的层面如图15-4所示。

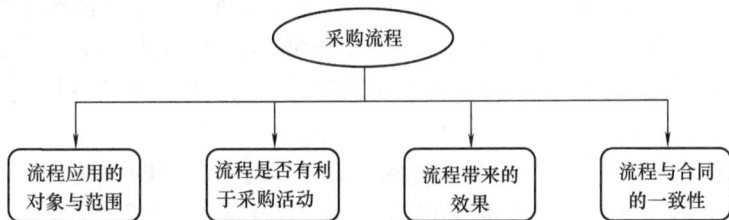

图15-4 实施规范采购流程所考虑的层面

案例分析

联邦快递：物流服务采购方的忠实客户

联邦快递在 1973 年 4 月 17 日第一次开业时，运送了 8 个包裹，其中的 7 个是从一个联邦快递的雇员到另一个雇员之间的试运行。弗雷德·史密斯（Fred Smith）——联邦快递的 CEO——在耶鲁大学的本科生论文中就已经概述了企业运作的早期细节。到 1990 年，公司的年销售收入就达到了 70 亿美元，并且控制了航空快递市场 43% 的份额。

联邦快递有两个宏大目标：每一次接触与交易的 100% 顾客满意；每一件包裹处理上的 100% 表现。早年，联邦快递把服务质量定义为及时运送包裹的百分比。通过多年对顾客抱怨的登记分类，可以明显看出，按时递送的百分比是服务质量的一个内部测量工具，没有从顾客角度反映绝对的服务质量。

顾客角度的服务质量的定义，即人们熟知的 "Hierarchy of Horrors"（恐慌等级），包括八种应该被避免的服务失败：①递送日期错误；②递送迟到；③没有提取；④包裹丢失；⑤顾客被联邦快递告知错误的信息；⑥账单和文件错误；⑦雇员表现一般；⑧包裹损坏。根据这些由顾客抱怨产生的分类，很明显，及时递送并不是顾客对联邦快递唯一的重要衡量标准。

除了对顾客抱怨进行分类，联邦快递还通过每天跟踪 12 个服务质量指示者，包括个人的与总体的，来测量服务质量。此外，公司每年在五个主要的类别上实施了多次顾客调查研究，包括：①服务质量研究，一季度进行一次。它分为四个市场部分：打电话给联邦快递的基础业务、出国顾客、人工中心的顾客和丢失物品的顾客。②10 个目标顾客的研究，每半年进行一次。联系那些有一次与 10 个具体的联邦快递程序中的一个有关的顾客，这些程序有顾客服务、开具账单和发票调整。③联邦快递中心评估卡，一年两次收集和制成表格，并可作为每一个中心经理的反馈信息。④联邦快递 7600 个大客户的顾客自动化研究。这些大客户代表了公司总的包裹规模的 30%，为他们配备了自动化系统，允许包裹跟踪和其他多种多样的自助服务项目。⑤加拿大顾客研究，一年进行一次。加拿大是从美国运出的联邦快递包裹最频繁到达的目的地国家。

联邦快递有多么成功？从货币角度来说，它的成功创造了历史。联邦快递是美国历史上在创立的前 10 年就获得了 10 亿美元收入的第一家企业，它的顾客满意率也是一个神话。到目前为止，达到的最高顾客满意季度比率是 94% 的 "完全满意"，这一比率是根据李克特五分量表得来的，包括从 "完全不满意" 到 "完全满意"。大多数企业在计算顾客满意率的时候，把 "稍微满意" 和 "完全满意" 的反应合并在一起，但是联邦快递不是这样做的。根据诸如以上和很多其他的成就，联邦快递成为马尔科姆·波多里奇国家质量奖的获得者。

（资料来源：根据《联邦快递，速递使命》与上海交通大学 MBA 案例论文整理）

案例分析题：

1. 讨论联邦快递提升服务质量的策略。

2. 从服务采购角度分析联邦快递给服务提供商的启示。

【本章讨论】

1. 简述服务采购的基本特征。目前市场上主要的服务采购内容有哪些?

2. 服务采购质量评价的标准有哪些?讨论进行有效的服务采购质量评价的方法。

3. 简述服务采购的流程。

4. 简述服务采购过程中主要存在的风险,小组讨论如何规避风险。

第16章

政府采购

【导言】

一般认为，政府采购是指一国政府部门或其他直接或间接接受政府控制的组织，为实现政府职能和公共利益，使用公共资金获得货物、工程或服务的交易行为。政府采购不仅是指具体的采购过程，而且还是采购政策、采购程序和采购管理的总称，是一种公共采购管理的制度，是一种政府行为。政府采购的含义因各国国情的不同而不同，而且在具体的采购实践中也存在较大差别。政府作为一个单一的、特殊的消费者，在市场中扮演着重要的角色，因此十分有必要对政府采购进行专门分析。

学习目标

1. 理解政府采购的概念，掌握政府采购区别于企业或个人采购的特点。
2. 掌握政府采购常用的方式，熟悉政府采购的一般流程。
3. 了解在不同的政府采购模式下如何进行政府采购管理。
4. 了解目前我国政府主要采用的采购模式及其实施效果。
5. 掌握政府采购实施的组织框架。
6. 了解政府采购的主要法律法规及监督管理。

导读案例

某县政府采购案例

某县政府采购中心代理一医院招标。招标文件规定，投标截止时间为某日 10 点 30 分（北京时间），投标人必须在投标截止时间之前将投标文件递交至该县医院综合楼 509 室，超过投标截止时间的投标文件将被拒绝接收。当日在该医院会议室开标，10 点 30 分，主持人按时宣布开标。

然而，主持人话音刚落，一个投标人举着投标文件气喘吁吁冲进来，后面还跟着该医院的保安。此时，时针已指向 10 点 31 分。尽管投标人一再解释，是因为保安的阻拦和盘查才延误了到场时间，该保安也承认是自己的责任，但采购中心还是依法拒收投标文件。无奈之下，该投标人离开招标现场，直接去了监管部门投诉。迟到的投标文件是否该一律拒收？业内人士对此看法不一。

1. 不拒收是违法

许多招标文件都有"对迟到的投标文件，招标单位将不予接受""一切迟到的投标文件都将被拒绝""迟到的投标文件不予打开、不予唱标，原封退回给投标商"等拒收迟到投标的规定。某招投标中心政府采购部门经理认为，对迟到的投标文件，应该都拒收，"迟到1秒钟都不行"。

无论是《招标投标法》还是财政部第18号《政府采购货物招标投标管理办法》，对此都有明确规定。财政部令第18号第三十一条明确规定："投标人应当在招标文件要求提交投标文件的截止时间前，将投标文件密封送达投标地点……在招标文件要求提交投标文件的截止时间之后送达的投标文件，为无效投标文件，招标采购单位应当拒收。"此案中的采购项目是工程项目，适用《招标投标法》，而《招标投标法》第二十八条也要求："投标人应当在招标文件要求提交投标文件的截止时间前，将投标文件送达投标地点……在招标文件要求提交投标文件的截止时间后送达的投标文件，招标人应当拒收。"本案中，采购中心的拒收是理所当然的。

2. 都拒收不合理

"根据国际惯例，并不是一律拒收的，是否拒收应视情况而定。如果还没宣读投标开始，迟到了也是可以接收的；如果已经宣读投标开始，但投标文件尚未开启，也可以灵活处理。"某国际招标公司老总说："全盘拒绝并非绝对公平，也会出现不合情理的特殊情况，此案如果拒之，就很不合理。"

不过，赞同此观点的人认为，如果碰到特殊情况要做特殊考虑，那就应事先在招标文件中明确。例如，某《电力工程设备招标文件范本》规定："投标文件应于投标截止时间以前送达指定地点，一切迟到的投标文件都将被拒绝。如有特殊客观原因，投标人应于投标截止日期前通告招标人和招标代理机构，得到其同意者除外。"又如有些招标文件如此规定："迟到的投标书应该尽快原封退回，除非投标者因为不得已推迟了投标，并在预定的提交日期之前通知了招标代理机构，则招标代理机构可以推迟正式开标的时间，直到收到迟到的标书为止。"

3. 证据充分该收

业界专家指出，相对稳定的法律面对的是千变万化的社会，难以预料将会发生的事件。因此，在执法时，如遇特殊情况，应从立法的精神去考虑。《政府采购法》追求的是公开、公平、公正的采购环境，案中出现的由于招标方的原因而造成的投标人迟到，投标文件当然不该被拒收。

于是，有人质疑："投标人迟到了，还收其文件，会不会对其他投标人不公平？而且谁能保证保安是不是被投标人买通了而作伪证呢？"

对此观点，多数人认为，作为投标人，谁能保证自己不会遇到因对方原因而功亏一篑的情形？所以，此次允许迟到供应商投标，其他投标人应理解和支持。当然，投标人迟到的原因不能只凭保安说了算，还应有充分的证据或其他的人证证明投标人迟到的原因是保安造成的。

（资料来源：http://www.sei.gov.cn，陕经网。）

在欧美国家，政府采购已有200多年的历史，政府采购制度也已非常成熟。而我国实行

政府采购制度还处在探索阶段，本书借鉴西方国家的经验，结合我国国情，对我国政府采购做如下定义：政府采购是指各级国家机关、事业单位和团体组织，使用财政性资金采购依法制定的集中采购目录以内的或者采购限额标准以上的货物、工程或服务的行为。该定义中的货物是指各种形态和种类的物品，包括原材料、燃料、设备、产品等；工程是指建设工程，包括建筑物和构筑物的新建、改建、扩建、装修、拆除、修缮等；服务是指除货物和工程以外的其他政府采购对象。

16.1 政府采购基础

政府采购和企业、个人采购的相似之处在于：采购时都关心"合格的"质量、"正确的"数量、"适当的"价格和"正确的"的时间、"正确的"供应点。但是，政府采购与企业、个人采购又有相当大的差别。美国学者道布勒（Donald W. Dobler）和裴季（Harry Robert Page）对此做了精辟的论述。道布勒指出了这种差别所在："最重要的区别是公共采购部门履行的是托管人的职能（Stewardship Function），因为受雇的管理员花费的资金来自别人的捐助或税收，雇主依靠这些资金为代表他们的客户或捐助人提供服务。因此，非营利机构或政府的采购职能就成为一个受管制却透明的过程，受到无数法规、条例、司法或行政决定，以及政策和程序的限定和控制。另一些差别包括非营利机构和政府采购信息的公开性以及部门之间的协作频率。"

裴季还分析了政府采购和企业、个人采购的区别：①政府采购所支出的资金是公共资金，而不是公司业主或公司法人的资金，因此只能按法律的规定进行开支。为此，要实施严格的预算限制和公共审计程序。②政府采购和分配的物品是供请购机关或部门使用的，通常不用于制造或转售。③从事和管理政府采购职能的人员没有公司雇员要营利的动机。④政府采购过程是或者应该是在完全公开的情况下进行的。在企业、个人领域，管理当局没有必要透露采购的要求、规格、来源、招标条款或支付价款。⑤政府采购程序事先经过严格规定。政府采购和物料管理者几乎毫无例外地在严格的法律和管理限制下操作，同私营领域的同行相比，他们没有多少灵活性。⑥政府官员、管理者受到公众和新闻媒介的监督，渎职、失误都要曝光。而在企业、个人领域，只有重大的失误或欺诈才被曝光，其他则进行内部处理。⑦政府可以而且确实具有至上的权力，还可以左右市场。这些条件使公共采购官员处于一个具有相当影响力的位置，有滥用职权的可能，而企业、个人则很少有这样的影响力。

根据归纳西方采购专家和学者对采购所做的分类和比较，可以归纳出以下政府采购的特点：

（1）政府采购资金来源的公共性。政府采购资金来源于政府财政拨款，即由纳税人的税收所形成的公共资金（Public Fund）；而企业、个人采购的资金来源于采购主体的私有资金（Private Fund）。资金来源的不同决定了政府采购与企业、个人采购在采购管理、采购人员责任等方面有很大区别。实际上，正是采购资金来源的不同，才将政府采购与企业、个人采购区别开来。

（2）政府采购的非营利性。政府采购的目的不是为了营利，而是为了实现政府职能和公共利益；而企业、个人采购是为了生产、转售和营利。

（3）政府采购的管理性。很多国家都制定了系统的政府采购法律和条例，并建立了完

善的政府采购制度，政府采购活动几乎毫无例外地在严格的法律和管理限制下进行；而企业、个人采购则没有这么多限制。

（4）政府采购的公开性。政府采购的有关法律和程序都是公开的，采购活动也是在完全公开的情况下进行的，一切采购活动都要做出公共记录，所有的采购信息都是公开的，没有秘密可言；而在私营领域，采购者则没有这项义务。

（5）政府采购的政策性。公共支出管理是国家管理经济的一个重要手段，而作为公共支出管理重要环节的政府采购，必然承担着执行国家政策的使命，而且还利用政府采购作为保护本国产品和企业的手段；而企业、个人采购则没有这种责任。

（6）政府采购的广泛性。政府采购的对象从汽车、家具、办公用品到武器、航天飞机等无所不包，涉及货物、工程和服务等各个领域。因此，采购的广泛性是政府采购的一个重要特点。

（7）政府采购数额巨大。政府始终是各国国内市场最大的用户。据报道，自 2005 年起，美国政府的年采购金额一直保持在 2 万亿美元以上，2009 年的合同总额更是突破 3 万亿美元大关，达到了 3.02 万亿美元，比例占到了当年全国 GDP 的 10% ~ 15%。

16.2　政府采购模式与流程

建立科学合理的政府采购模式与流程，可以有效地节约财政资金，提高财政资金使用效率和财政支出管理水平，减少和遏制腐败的发生，同时能有效发挥政府采购的政策功能作用。我国政府采购起步较晚，尚处于发展阶段，因此，要有效借鉴国外政府采购模式的经验，包括预算、资产管理、审批、监管，为我国政府采购模式以及实施流程指明方向。

16.2.1　政府采购模式

政府采购模式是指政府采购集中管理的程度和类型。政府采购模式丰富多样，国外与国内也有较大区别。对政府采购模式的有效选择可以提升采购的综合效益与效率，为健全采购制度打下良好的基础。

1. 国外政府采购模式

各国的政府采购模式不尽相同，有的国家实行集中采购模式，即本级政府所有的采购均由一个部门负责，如韩国财政经济院的政府采购厅，负责对中央政府以及中央政府驻地方机构的所有货物、工程和服务的采购、分配和管理；有的国家实行分散采购模式，即所有的采购任务由各采购单位负责。完全实行分散化采购的国家不多，多数国家实行半集中半分散的采购模式，即一部分物品由一个部门统一采购，另一部分物品由采购单位自己采购。例如，新加坡财政部对批量产品，如计算机、纸张等实行集中采购，其他的则由各部门自己采购。美国联邦总服务局统一负责为联邦各政府部门提供办公用房、办公设备及内部服务，其他物品则由联邦政府各部门自己采购。英国负责集中采购的机构有两个：一是中央计算机与通信局（CCTA，现为英国政府商务部），代表其他各部门统一购买计算机；二是中央采购处，集中采购急救、消防和家具等设施和物品。

（1）集中采购模式。集中采购模式就是所有应纳入政府采购范围的货物、工程和服务统一由政府委托一个部门负责。

　　集中采购是政府采购的重要组织方式。集中采购能够节约资金，而这正是政府采购制度改革的主要目的之一。集中采购能够带来规模效益。采购量的增加有利于吸引潜在供应商，有利于获得更好的供应商履约表现和更有利的价格。另外，集中采购提高了采购效率，节省了采购费用。在分散采购模式下，每个部门均从事采购，采购行为重复。而集中采购由一个专业部门进行，减少了采购次数，且由于专业采购人员业务熟练，实行专业化作业，采购效率高，保证了采购质量，节省了采购费用。

　　（2）分散采购模式。分散采购模式就是所有纳入政府采购范围的货物、工程和服务由各需求单位自行组织采购。分散采购模式的主要优点是易于沟通，采购反应迅速。集中采购往往在需要对采购要求做出快速反应的时候显得比较困难，不仅可能造成实际的时间延误，而且也不利于用户解决具体问题或确定具体的延误原因。实际上，完全集中化的采购组织可能会阻止有效的沟通和用户需求的满足，这可能使用户对集中采购的组织产生怀疑。而在分散采购中，采购人员接近供应品的使用人员，因而可以进行快速和直接的沟通，有利于培养采购人员与使用者之间的良好工作关系。

　　（3）半集中和半分散的采购模式。该采购模式就是把所有应纳入政府采购范围的货物、工程和服务分为两种类型进行采购，即一部分由政府委托一个专门部门统一采购，另一部分由需求单位自行采购。至于集中和分散的程度，主要根据采购物品的性质、数量和采购政策而定。对于高价值、高风险的采购而言，专业化、技术精湛的采购人员进行管理则会更加经济和有效；低价值、低风险、在性质上属于常规采购的，通常可以由采购单位进行分散采购。这种模式可能会同时获得集中采购和分散采购的双重利益：一方面，集中采购有利于制定和实施统一的采购政策，有利于对高价值、高风险采购进行管理；另一方面，分散采购可以充分发挥低价值、低风险采购的灵活性。

　　选择政府采购模式是世界各国在推行政府采购制度时需解决的首要问题。同时，从世界各国的政府采购发展历史来看，政府采购模式又是随着社会的发展而变化的。决定政府采购模式的客观因素主要有以下几个：①市场经济体系发育的完善与否；②政府采购能否满足各级政府及其所属机构实施公共管理职能的需要；③实施政府采购的目的；④社会发展的不同历史阶段。

2. 我国政府采购模式

　　目前，我国政府采购制度正处于推广阶段，《政府采购法》对我国政府采购模式进行了界定。《政府采购法》第七条第一款规定："政府采购实行集中采购与分散采购相结合。"

　　我国目前推行采取的政府采购模式应该是以集中采购为主，集中采购与分散采购相结合。

　　（1）我国推行政府采购制度是对传统政府采购模式的改革。我国传统的政府采购模式是"财政供给资金，各单位分散自行采购"。这种采购模式存在的弊端很多，其中最主要的有两方面：一是采购效益低下，浪费严重；二是客观上存在滋生腐败。因此，推行政府采购，改变过去"分散自行采购"方式，消除传统采购方式所导致的弊端，是我国实行政府采购制度改革的目的之一。《政府采购法》第一条就此做出明确的规定："提高政府采购资金的使用效益""促进廉政建设"。要改变传统的"单位分散自行采购"方式，就必须树立新的政府采购模式——集中采购，以确保政府采购制度的施行。

　　（2）集中采购模式能有效提高政府采购资金的使用效益，但与传统的自行采购相比，

也存在速度较慢的问题。同时，政府采购要服从和服务于各级政府及其机构实施公共管理职能的需要。因此，在制定集中采购目录和限额标准时，要考虑各单位的特殊需要和及时性，确定一些采购项目由各单位自行采购，但不能否定集中采购的主体地位。

（3）我国的具体国情决定了目前我国政府采购应该以集中采购为主。首先，我国的市场体系还有待建立和完善，各单位分散采购还不能充分实现，因此，集中采购将是我国目前政府采购的主要形式。其次，传统的分散采购模式导致腐败行为已成为社会关注的焦点，要遏制政府采购中的腐败现象，必须建立科学规范的政府采购制度。实施政府项目集中采购，有利于政府采购监督部门的有效监督，杜绝政府采购中的腐败现象。

2003 年我国实施了《中华人民共和国政府采购法》，随后出台了《中华人民共和国招标投标法》《政府采购管理暂行办法》等配套法规。但是，政府采购中技术硬件设施还不成熟，如网络技术、信息传播方式比较落后，财政性资金的管理模式和体制不尽合理和完善，人们的采购意识有待提高等。因此，各级政府要高度重视政府采购制度建设，规范传统的分散采购行为，建立高效廉洁的政府集中采购模式。

16.2.2　政府采购流程

政府采购的基本流程是体现政府采购工作顺序、联系方式以及各要素之间相互关系的一种模式，它是实施政府采购的行为规范。

根据国际惯例和我国国情，一个完整的政府采购项目一般包括以下环节和阶段，具体流程如图 16-1 所示。

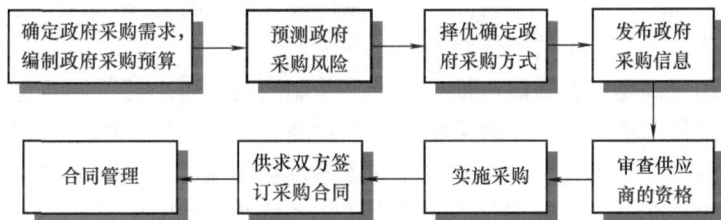

图 16-1　政府采购的基本流程

1. 确定政府采购需求，编制政府采购预算

政府采购计划是实施政府采购的依据之一，是实施政府采购活动的起点。政府采购预算是指采购单位根据事业发展计划和行政任务编制的，并经过规定程序批准的年度政府采购项目支出计划。政府采购计划为政府采购提供采购单位的可能性需求，而采购单位根据采购计划编制政府采购预算是采购单位的现实需要，每次具体采购都要求采购单位编制政府采购预算。政府采购预算由采购单位根据批准的政府采购计划编制，反映了采购单位实施政府采购项目的具体要求，包括性能、规格、技术参数、用途及采购时间要求和售后服务要求等。

政府采购预算在一定程度上反映了采购单位的资金使用规模、业务活动范围和方向。加强政府采购预算管理，不仅对采购单位计划和任务的完成，而且对财政预算的顺利实施，都有十分重要的意义。编制采购预算需要遵守以下原则：

（1）实用性原则。在安排政府采购预算项目时，要精打细算，不要盲目追求"超前"，应该在满足工作需要的前提下，适当超前；同时也要避免因不考虑长远发展而导致项目刚投

入使用就落后，造成不必要的浪费。

（2）可靠性原则。政府采购预算一经批准，便要严格实施，一般不再调整。因此，采购单位在编制采购预算时，既要确保根据单位发展需要确定必要的采购项目，还要注意政府采购资金的来源是否可靠，有无保证。

（3）统一性原则。在编制政府采购预算时，要按照国家统一设置的预算表格和统一口径、程序以及统一的计算方法填列有关数字指标。这样便于财政部门统一审核、统一汇总、统一批复，以提高效率和精确性。

（4）市场价原则。政府采购预算必须以市场价为基础，因为只有市场价才是真实可靠的。政府采购计划的采购预算审定也是按市场价核定的。

（5）公平性原则。公平性主要是指采购货物不能指定品牌。政府采购不仅要维护采购单位的利益，而且要维护供应商的利益。如果允许采购单位指定具体的采购品牌，就意味着默许采购单位指定具体的供应商，这对其他供应商来说是不公平的。由于我国政府开展政府采购的时间不长，长期以来形成的购买思维模式较难改变，采购单位可以参照某一品牌的规格、技术参数提要求，避免指定某一供应商的品牌。

2. 预测政府采购风险

政府采购风险是指由于制度设计和运行失当、管理缺陷以及外部事件冲击等因素导致采购失败而造成直接或间接损失的可能。一般而言，政府采购风险具有隐藏性、突发性和连锁性等特点，主要表现为以下几种形式：

（1）管理风险。管理风险是指由于政府采购程序不规范、合同管理不严格、执行人员不能正确理解管理人员的意图或有意错误操作等而导致的风险。主要的管理风险有采购信息未公开、采购政策不合理、采购程序不规范、评标过程不公平、合同管理不严格，即政府采购行为不符合法律法规要求所导致的风险。

（2）信息风险。信息风险即信息不公开、虚假陈述、内幕交易与信息误导，使得信息在组织内部或组织之间的接收、处理、储存、转移等环节出现故障。

（3）道德风险。道德风险的表现主要有两个方面：一是缺乏足够的合格的从事政府采购事业的人员，缺乏对员工的恰当评估和考核等导致的风险；二是部分从事政府采购的人员违反职业道德，在进行政府采购过程中滋生权钱交易等败德行为，从而直接导致或间接引发的风险。

（4）决策风险。决策风险与管理者的知识水平、经验、阅历有关。一个受到良好教育、有丰富经验的管理人员，就有可能针对各种不利情况，做出较为有利的决策，从而将风险控制在最小范围内。

（5）市场风险。虽然遵循"公开、公正、公平"原则，但受主客观条件限制，不能完全保证采购到质优价廉的商品，实现预期目的。市场风险的主要表现形式是市场价格的不确定性导致采购失败。

（6）监管风险。监管风险主要表现为：政府采购管理和执行机构的职责和权限不明确，缺乏法规和制度规定，监督机制不健全、不完善；缺乏具体的监管手段，沿用传统的行政手段办事，实施监管落空。

从事政府采购工作要增强风险意识和忧患意识，对政府采购中可能存在的风险及其危害性应保持清醒的认识。在实施采购活动以前，要精心准备，周密安排，充分考虑到可能发生

的风险，加强事前、事中、事后的预防、监管与挽救。

3. 择优确定政府采购方式

采购方式合理与否决定着政府采购的工作效率乃至成败。采购方式选择得当，不仅可以加快采购速度，而且可以节约投资，减少不必要的人力和物力消耗。

一般来说，一个国家对国内使用的采购方式及其适用条件有明确的规定，但这些规定都是相对而言的，因为每个项目的情况都不一样。招标采购是政府采购广泛使用的一种方式，这种方式是非常有效和经济的。但是，招标采购也有其内在局限性，尤其是在采购货物批量较小的情况下，招标采购的优势就体现不出来。另外，在紧急情况下的采购，用招标的方式会延误时机。因此，采购时应随机应变，根据不同的情况选择不同的采购方式。

4. 发布政府采购信息

发布政府采购信息是指通过新闻媒体或其他渠道向所有潜在的供应商发出的通告。通过发布信息，使尽可能多的潜在供应商了解到采购项目的概况，并对是否参与该项目进行考虑和准备，能促进供应商之间的竞争，从而达到降低政府采购成本、提高采购质量的目的。

政府采购信息的发布是否有效，直接关系到招标的竞争程度和透明度，以及是否对潜在供应商或承包商造成歧视。因此，需要对政府采购信息的发布进行必要的法律规制：①要保证政府采购信息以统一、有效的方式发布。这要求政府有一定的采购信息发布媒体，并为供应商所了解和容易获得。由此可以保证采购信息能够及时、有效地通达供应商，并能降低供应商获取采购信息的成本。②法律要求政府采购信息的内容应符合最低的法定要求，以保证供应商在获取采购信息方面的透明度和公平性。

一般来说，主要有三种类型的发布方式：

（1）采购公告（或总公告）。采购公告是向潜在供应商预告未来合同的一种方式。此类公告要列明未来一定时期内的采购项目或某一大型综合项目未来采购的情况，使有兴趣的供应商、承包商或服务提供者能够提前获得采购信息，以及时表达参与采购意向并做好竞争准备。

采购公告通常只是引起供应商注意并同采购单位取得进一步联系的一种方式，因此，其公告内容较为简略，但又必须把参加政府采购的重要事项和重要信息说清楚。以下是一则以公开招标采购方式采购教学设备的政府采购公告。

政府采购公告（采购编号：NBjyCG040602）

根据《政府采购法》和宁波市政府采购管理有关办法，宁波市学校装备管理与电化教育中心对宁波市教育局直属学校课桌椅等教学设备以公开招标采购方式进行采购。现邀请合格投标人参加投标。

1. 采购项目

编号：nbjycg040602 宁波市直属学校课桌椅等教学设备采购项目

采购金额：约 200 万元

2. 供应商资格要求

供应商必须符合《政府采购法》关于供应商的资格条件，具备相应的经营资格，注册资金不少于 100 万元。

3. 购买标书价格、时间和地点

200 元/份，即日起至 6 月 21 日每天 9：00—17：00（节假日除外），宁波市横河街 58 号宁波市学校装备管理与电化教育中心内。外地供应商可以函购（另加邮费 50 元）。

开户银行：浦发银行宁波分行账号：7001415××××××

4. 投标起止时间

2004 年 6 月 25 日 8：30—9：30

开标时间：2004 年 6 月 25 日上午 9：30

5. 开标地点

宁波市学校装备管理与电化教育中心

联系人：罗先生 Tel：0574-××××××× E-mail：lyh@ nbedu. net. cn

宁波市学校装备管理与电化教育中心
2004 年 6 月 4 日

（2）投标邀请书。它是针对某一具体项目的采购通知，采购单位公布其将要投予的某项具体合同，是邀请性招标最重要的一种采购公告，也是一份正式的投标邀请书。因此，其内容必须较为详细，以使供应商和承包商能够确定所采购的货物、工程或服务是否他们能够提供的，并了解如何能够参与投标程序。

投标邀请书可以通过一般新闻媒介发布，也可以由采购单位或采购单位委托的社会中介机构直接寄给已经注册并取得市场准入资格的供应商。以下是一则县政府采购中心发布的投标邀请书。

投标邀请书

荣县政府采购中心受采购单位委托，为其采购荣县西门桥至新城区入口路段的路灯改造工程，现向省内邀请招标。

1. 标书编号：荣政采［2004］61 号

2. 采购单位：荣县建设局

3. 采购方式：邀请招标

4. 采购项目的简要内容

（1）采购项目名称：路灯改造工程。

（2）该工程包括以下内容：①成套路灯部分：灯杆高度 9m 的共 4 盏，灯杆高度 11m 的共 18 盏，具体要求详见招标文件。②路灯安装工程部分：荣县西门桥至新城区入口成套路灯的安装、调试（包括成套路灯组装、调试、地下埋线，挖坑、土石方、混凝土工程等）。

（3）工程交付使用：时间：2004 年 11 月 20 日前；地点：荣县西门桥至新城区入口路段。

（4）投标人资质条件：①房屋建筑安装总承包三级及以上的企业或路灯生产厂家。②有从事市政路灯安装、调试、施工的专业队伍，电器安装人员必须经过专业培训，持有电器安装方面的资质证书，必须持证上岗。③其他条件应当符合《中华人民共和国政府采购法》第二十二条的有关规定。

5. 招标文件的发售

（1）发售时间：2004 年 9 月 22 日—2004 年 9 月 28 日上午 12 时（北京时间）。

（2）发售单位：荣县政府采购中心；地点：荣县行政服务中心政府采购窗口。

（3）购买标书时请带好企业法人营业执照、建筑企业资质证、税务登记证、组织机构代码证备查（如果是复印件，请在复印件上加盖单位公章，并写明本复印件与原件一致）。

（4）招标文件售价：每份人民币 150 元，售后一律不退。

（5）联系人：毕×× 联系电话：08138834×× × 08136102×× ×（传真）

6. 投标、开标

（1）投标截止时间：2004 年 9 月 28 日下午 3 时，地点：（同上）

（2）开标时间：2004 年 9 月 28 日下午 3 时，地点：（同上）

热忱欢迎符合资质条件的建筑安装企业对本标书的内容进行投标！

敬请光临！

荣县政府采购中心

2004 年 9 月 20 日

（3）资格预审公告或更新合格供应商名单公告。在使用资格预审程序或选择性招标程序时，都需对投标人的资格进行预审。招标人需发布预审通知。此类通知可包含在招标文件中，也可单独发布。招标人必须在资格预审通知中说明采用此类程序时资格预审的条件和进行资格预审的手续。在使用合格供应商名单选择供应商时，采购单位应将该名单公布在指定的媒体上，并定期对该名单进行更新。

5. 审查供应商的资格

审查供应商的资格是政府采购过程中最为重要的环节之一。从各国政府采购实践及其政府采购法规的规定来看，资格审查程序可以根据资格审查的时间分为三种类型：资格预审、资格中审和资格后审。这里主要介绍最常用的资格预审，对资格中审和资格后审仅做一般性的介绍。

资格预审是政府采购单位通过审查潜在供应商的条件，确定许可哪些潜在供应商参与政府采购的一个过程。资格预审是政府采购过程中的一个重要步骤。特别是大型或复杂的采购项目，资格预审是必不可少的。资格预审实际上是对所有供应商的一次"粗筛"，目的是剔除资格条件不适合履行合同的供应商或承包商。因此，资格预审的法律意义在于，采购单位以合法的程序和条件限制那些没有通过资格预审的供应商进一步参加采购竞争。

以下是一则中国淮河流域污染治理项目日照市东区污水处理厂尾水排放系统（供货与安装）工程资格预审公告。

中国淮河流域污染治理项目资格预审公告

中华人民共和国政府已从国际复兴开发银行申请一笔贷款（贷款号：CHA4597）用于中国淮河流域污染治理项目，并拟将此笔贷款的部分款项用于日照市东区污水处理厂尾水排放系统（供货与安装）工程（RC3）项下的支付。我中心作为日照城市排水有限责任公司的采购代表，对有意承建上述工程的承包人或公司进行资格预审。招标邀请预计 2004 年 10 月发出。

本工程位于山东省日照市东部，管材为预应力钢筋混凝土管，管线总长度约 3.2km，管径 DN1000mm。工期要求为 2004 年 11 月 20 日—2005 年 6 月 20 日。投标人应具备中华人民共和国建设部颁发的施工贰级（或相当）及以上资质，具备相应管道的供货（或采购）能力，并具备相当的城市污水管网系统工程业绩。

资格预审将按照世行规定的资审程序进行。有兴趣的合格投标人可在 2004 年 8 月 26 日—9 月 24 日（北京时间）9：00—16：00 在本文末所载地址得到进一步的信息和查阅资格预审文件。有兴趣的投标人向文末地址提出书面申请后，可以购买上述资格预审文件（人民币 600 元/套），售后不退。资格预审申请必须在 2004 年 9 月 27 日上午 9：30 之前以密封方式送达文末地址。

采购代理：山东省建设工程招标中心　邮政编码：250001

地址：济南市经五小纬四路 46 号北楼 104 房间　联系电话：(086) 531-×××××××

联系人：李××　传真：(086) 531-×××××××

资格预审一般包括以下三个步骤：

（1）发出资格预审公告或资格预审申请书。资格预审公告可以在招标公告或招标文件中做出，也可以通过媒体刊登。资格预审公告的内容主要包括：计划采购货物或工程的简介；合同条件；项目资金来源；参加资格预审的资格；获取资格预审文件的时间、地点以及递交投标邀请书的时间、地点。

（2）发出资格预审文件。资格预审文件应提供采购单位及采购项目的全部信息，其内容比资格预审公告所提供的应更为详细。一般包括以下内容：项目的名称、地址及联系方式；项目的性质和主要内容，包括采购数量；项目所在地点的基本条件；项目要求的时间、进度、规格及主要合同条件的简单介绍；投标保证金及履约保证金要求；项目融资情况；支付条件；价格调整条款；承包合同使用的语言；合同应遵循的法律；本国投标人的优惠条件；扶持产业优先发展原则；组成联合体投标的要求；指定转包人的作业范围。

资格预审文件中还应规定供应商申请资格预审的基本条件，列出限制性条款，规定资格预审申请表的内容及资料递交的份数、递交时间和地点、文件所使用的语言，以及规定投标人是否应必须有当地代理人，是否必须保送代理协议和提供代理人的基本情况。

（3）资格评审。资格预审的评审工作由政府采购单位按供应商管理的有关规定组织实施。资格预审的内容包括：供应商的基本情况、人员、设备、综合技术能力；供应商的财务状况；供应商的经验及其过去的表现；是否符合国家产业政策重点扶持行业等。

资格中审是采购单位在比较和评审供应商的投标书时，对供应商是否具有履行合同能力所进行的审查。资格预审所要解决的是采购单位将邀请谁参与特定的采购过程，而资格中审是采购单位在采购过程中对供应商进行的审查。就审查的实质内容来看，它们是相同的，都是对供应商或承包商是否具有履行合同能力所进行的审查。

资格后审是在采购单位初步确定了中标人之后，对候选中标人资格所做的审查。采购法一般规定，如果事先没有对参与政府采购的供应商进行资格预审，政府采购单位就应对提供最低价的供应商进行资格后审，以确定其是否有能力履行合同义务。当然，也可以在已经进行了资格预审的情况下采用，这种情况下采用资格后审是为了使采购单位能够对选中的供应商重新确认其资格。

6. 实施政府采购

在发布政府采购信息和进行供应商资格预审以后，采购单位就应按照事先制定的采购方案着手组织实施政府采购工作，也可以委托有政府采购业务代理资格的社会中介机构组织实施。一般来说，采购单位不得在实施过程中自行改变采购方式。如果确有必要改变采购方式，必须报有关部门批准，同时告诉相关供应商。

采购方式不同，采购机关的具体实施程序也不一样。下面分别给予简要说明：

（1）公开招标采购程序。一个完整的公开招标采购过程主要由招标、投标、开标、评标、决标等阶段组成。

1）招标。招标采购是指采购单位根据已经确定的采购需求，提出招标采购项目的条件，向潜在的供应商或承包商发出投标邀请的行为。该阶段所要经历的步骤主要有确定采购需求，编制招标文件，确定标底，发布采购公告或发出投标邀请，进行投标资格预审，通知投标商参加投标并向其出售标书，组织召开标前会议等。这些工作主要由采购单位组织进行。

2）投标。投标是指投标人接到招标通知后，根据招标通知的要求填写招标文件，并将

其送交采购单位的行为。在这一阶段，投标商的工作主要有申请投标资格，购买标书，考察现场，办理投标保函，算标，编制和投送标书等。

3）开标。开标是采购单位在预先规定的时间和地点将投标人的投标文件正式启封揭晓的行为。开标由采购单位组织进行，但需邀请投标商代表参加。在这一阶段，采购单位要按照有关要求，逐一揭开每份标书的封套，开标结束后，还应由开标组织者编写一份开标会纪要。

4）评标。评标是采购机关根据招标文件的要求，对所有的标书进行审查和评比的行为。评标由采购机构组织进行。在这一阶段，采购单位的工作主要有审查标书是否符合招标文件的要求和有关规定，组织人员对所有的标书按照一定的方法进行比较和评审，就初评阶段选出的几份标书中存在的某些问题要求投标人加以澄清，最终评定并写出评标报告等。

5）决标。决标也即授予合同，是采购单位决定中标人的行为。决标虽然是采购单位的单独行为，但需由使用机关或其他人一起进行裁决。在这一阶段，采购机关所要进行的工作有决定中标人，通知中标人其投标已经被接受，向中标人发授标意向书，通知所有未中标的投标者，并向他们退还投标保函等。

（2）邀请招标采购程序。采购单位一旦决定采用邀请招标采购方式，就可以直接向认为符合招标文件规定资格的潜在投标人（供应商）发出投标邀请书。所选的潜在投标人应尽可能多，并且至少有3家，以确保有效的竞争。在对投标人进行资格审查后，就可以把招标文件发给他们，并要求投标人按照招标文件的要求提交标书和投标保证金。此后的开标、评标程序与公开招标的程序相同。在经过认真的评标后，选出中标者，并与之签订采购合同，采购即进入实质的合同履行阶段。

（3）竞争性谈判采购程序

1）成立谈判小组。谈判小组由采购商的代表和有关专家共3人以上的单数组成，其中专家的人数不得少于成员总数的2/3。谈判文件应当明确谈判程序、谈判内容、合同草案的条款以及评定成交的标准等事项。

2）确定邀请参加谈判的供应商名单。谈判小组从符合相应资格条件的供应商名单中确定不少于3家的供应商参加谈判，并向其提供谈判文件。

3）谈判。谈判小组的所有成员与供应商分别进行谈判。在谈判中，谈判的任何一方不得透露与谈判有关的其他供应商的技术资料、价格等信息。谈判文件有实质性变动的，谈判小组应当以书面形式通知所有参加谈判的供应商。

4）确定成交供应商。谈判结束后，谈判小组应当要求所有参加谈判的供应商在规定时间内进行最后报价，采购商从谈判小组提出的成交候选人中，根据符合采购需求、质量和服务相等且报价最低的原则确定成交供应商，并将结果通知所有参加谈判的未成交供应商。

（4）单一来源方式采购程序。采取单一来源方式采购的，采购单位与供应商遵循规定的原则，在保证采购项目质量和双方商定合理价格的基础上进行采购。

（5）询价采购程序

1）成立询价小组。询价小组由采购方的代表和有关专家共3人以上的单数组成，其中专家的人数不得少于成员总数的2/3。询价小组应当对采购项目的价格构成和评定成交的标准等事项做出规定。

2）确定被询价的供应商名单。询价小组根据采购需求，从符合相应资格条件的供应商

名单中确定不少于3家的供应商，并向其发出询价通知书让其报价。询价小组要求被询价的供应商一次报出不得更改的价格。

3）确定成交供应商。采购商根据符合采购需求、质量和服务相等且报价最低的原则确定成交供应商，并将结果通知所有被询价但未成交的供应商。

7. 供求双方签订采购合同

无论采取何种采购方式，最终都要形成一份合同。供应商在签订采购合同时，须按标准交纳一定数额的履约保证金，以保证能够按合同的规定履行其义务。

8. 合同管理

前七个阶段，即确定采购需求、预测采购风险、选择采购方式、发布采购信息、资格审查、实施采购方式及签订合同，称为合同形成阶段。合同形成以后，政府采购过程并未结束。接下来的合同管理阶段也是采购过程极为重要的一部分，与合同形成阶段共同构成了整个采购过程。合同管理包括履行采购合同、验收、结算和效益评估。

（1）履行采购合同。在合同签订以后，即进入合同实施阶段。在此阶段，供应商必须按照合同的各项规定，向采购单位提供货物、工程或服务，采购单位也应随时关注合同履行的进展，对合同进行监督，当出现新情况、新问题时，应及时协调处理。一般地，《政府采购法》规定，采购单位或供应商都不得单方面修改合同条款，否则属于违约，且违约方必须按合同规定向另一方赔偿损失。

（2）验收。在合同实施过程中或实施完毕之后，采购单位应对合同实施的阶段性成果或最终成果进行检验和评估。合同验收一般由专业人员组成的验收小组来进行，验收结束后，验收小组要做验收记录，并分别在验收证明书和结算验收证明书上签字。

（3）结算。财政部门按验收证明书、结算验收证明书及采购合同的有关规定，与签署合同的供应商或承包商进行资金结算。如果合同实施情况基本符合要求，在财政部门办理结算后，采购单位应将事先收取的履约保证金还给供应商或承包商。

（4）效益评估。采购单位及有关管理、监督部门对已采购的项目的运行情况及效果进行评估，检验项目运行效果是否达到预期目的。通过效益评估，还可以判定采购单位的决策、管理能力及供应商的履约能力。如果采购项目运行效益差，而原因是出在采购单位的身上，财政部门以后在该采购单位上报采购计划时，要严格审查，或者禁止该采购单位实施采购活动；如果原因出在供应商身上，也要予以通告。

16.3 政府采购的实施管理

政府采购实施管理有利于规范政府采购行为，提高政府采购资金的使用效益，促进廉政建设。政府采购具体实施由相应的政府采购组织进行，政府采购组织根据采购物品的特点，在资源合理分配的前提下，选择包括招标采购、竞争性谈判、单一来源采购、询价采购方式等合适的采购方式，并提出有效实施政府采购的策略。

16.3.1 政府采购的实施组织

政府采购实施主要包括实施的组织机构和采购方式两大部分。政府采购过程中相关的组织机构主要包括需求单位、政府采购执行机关、政府采购社会中介机构和财政部门等。政府

采购具体的采购方式是指政府在采购所需的货物、工程和服务时采取的方式。

1. 组织机构

（1）需求单位。需求单位即政府采购中货物、工程和服务的直接需求者，包括国防部等国家机关，协会团体，事业单位及其国有企业。

（2）政府采购执行机关。政府采购执行机关是具体执行政府采购政策，组织实施政府采购活动的具体操作机构。

（3）政府采购社会中介机构。政府采购社会中介机构是取得政府采购业务代理资格，接受政府采购执行机关委托，代理政府采购的中介组织。

（4）财政部门。财政部门是负责政府采购的管理、协调和监督的专门机构，是政府采购组织机构中最核心的部门。它负责法规、政策的制定与监督执行，年度采购计划的编制，采购代理资格标准的制定和审查，采购人员的培训与管理，采购争端的仲裁等。

2. 采购方式

根据各国政府的采购制度和采购法律法规，目前使用较多的政府采购方式主要包括公开招标、邀请招标、竞争性谈判、单一来源采购和询价采购等。

（1）公开招标。公开招标是指在所要采购的货物、工程或服务没有特殊要求和规定的前提下，采购单位通过公开程序，邀请感兴趣的供应商参加投标。公开招标具有以下特点：①规模大。这种采购一般属于集中性采购，把各种性能相同的采购需求集中起来，以达到规模效益，因此采用这种方式要求采购资金达到一定规模。②前期准备时间长。由于采购规模大，为了使其后招标程序尽量标准化、合理化和公正化，应对各个环节和程序做仔细的设计和考虑。③效率高。由于资金量大、集中度高，把需要几次或几十次的分散采购集中起来，大大降低了管理成本，提高了透明度和竞争性，因此容易获得更高的效率。

（2）邀请招标。邀请招标又称选择性招标，与公开招标的不同之处在于采购单位邀请投标的方式不是通过发布广告，而是将投标邀请直接发给一定数量的潜在投标商，其他程序和公开招标完全一样。因此，它也可以被看成是公开招标方法的变种，是针对不同的采购环境对公开招标方法的修正和补充。

我国《政府采购法》规定，只有符合下列情形之一的货物或者服务，才可以依照本法采用邀请招标方式采购：①具有特殊性，只能从有限范围的供应商处采购的；②采用公开招标方式的费用占政府采购项目总价值的比例过大的。

（3）竞争性谈判。竞争性谈判采购是指采购单位通过与多家供应商进行谈判，最后从中确定中标供应商的一种采购方式。这种方式适用于紧急情况下的采购，或涉及高科技产品和服务的采购。我国《政府采购法》规定，符合下列情形之一的货物或者服务，可以依法采用竞争性谈判方式采购：①招标后没有供应商投标或者没有合格的或者重新招标未能成立的；②技术复杂或者性质特殊，不能详细确定规格或者具体要求的；③采用招标所需时间不能满足用户紧急需要的；④不能事先计算出价格总额的。

（4）单一来源采购。单一来源采购即没有竞争的采购，是指达到了公开招标采购的金额标准，但所购商品的来源渠道单一，或属专利、首次制造、合同追加、原有项目的后续补充等特殊情况，在此情况下，只能由一家供应商供货。单一来源采购也称直接采购。

我国《政府采购法》规定，符合下列情形之一的货物或者服务，可以依法采用单一来源方式采购：①只能从唯一供应商处采购的；②发生了不可预见的紧急情况，不能从其他供

应商处采购的；③必须保证原有采购项目的一致性或者服务配套的要求，需要继续从原供应商处添购，且添购资金总额不超过原合同采购金额 10% 的。

（5）询价采购。询价采购是指采购单位向国内有关供应商（通常不少于 3 家）发出询价单让其报价，然后在报价的基础上进行比较并确定中标供应商的一种采购方式。适用询价采购方式的项目，主要是对现货或标准规格的商品的采购，或投标文件的审查需要较长时间才能完成、供应商准备投标文件需要高额费用，以及供应商资格审查条件过于复杂的采购。

公开招标是我国政府采购的主要方式。但是采购的环境并非单一，采购的客体也千变万化，各种因素都会使公开招标采购方法的使用受到限制，难以获得最佳的经济效益和实现政府采购的目标。因此，需要针对不同的采购环境、采购物品的性质等选择使用 2~5 种其他采购方法，使采购既能符合政府采购的竞争性、客观和透明等原则，又能实现采购的精细效益目标。

16.3.2　政府采购的实施策略

政府采购的有效实施有利于公共资源的优化配置，有利于市场竞争机制的建立，有利于促进产业结构的优化。可见，开展政府采购具有十分重要的作用和意义。因此，有必要制定政府采购的实施策略。

1. 合理编制政府预算

我国政府采购规模越来越大，采购预算规模也会随之增大。因此，各级机关、部门、单位应合理编制采购预算，同时对采购项目进行细化，严格管理采购资源，加强完善资金使用机制，减少采购资源浪费，节约财政资金，提高采购效率。其次，要整合政府采购资源，建立统一的采购资源库，如供应商资源库、评审专家资源库等。随着信息技术的发展，电子商务已经成为政府采购的重要方式。例如，使用数据库等计算机技术建立政府采购网站，可更有效、便捷地实现资源共享。同时，网络的发展、计算机的普及，可以使政府采购预算方案更快速地传达，并且更加公开、透明。

2. 提高采购人员的素质

采购人员是政府采购的直接执行者，采购人员的素质关系到采购工作的绩效。因此，首先要建立采购人员的培训机制，加强对采购人员的培训。要创新培训方式，一方面可以借鉴国内外的成功经验，结合实际情况，设计培训内容，用以丰富采购人员的知识结构及能力；另一方面，也可执行分类培训模式，对采购执行机构的工作人员，根据各自的工作岗位和职责，进行针对性培训。其次，可以执行职业资格认证，要进行政府采购的人员，必须通过资格认证考试。资格考试应分等级、分类别，提供不同级别、不同种类的资格认证，以适应政府采购专业化的要求。最后，可将绩效考评制度作为对采购人员的激励、晋升、进修的依据。

3. 建立供应商市场资格准入制度

为了保证招标采购质量和保障采购实施的效果，供应商市场资格准入制度的建立极为重要。供应商的供货能力、商品质量、企业信誉、履行合同的能力等要素影响着政府采购的质量，因此，有必要对符合条件的供应商颁布市场准入资格证书，并实行年度审核。

对于故意压价，不履行合同，服务、设备质量无法有效保证的供应商，可以限制其进入，质量出现问题，甚至可以追究其法律责任与行政处罚，并永久将其排除在外。同时，可

以建立供应商数据库制度和档案制度，对企业的基本资质、经营业绩、资金实力等指标进行动态跟踪和掌握。通过供应商数据库制度和档案制度，可以防止不达标的企业进入政府采购市场，从而为招标工作中的预审节省时间，有效减轻招标工作的负担和提高采购工作的效率。

16.4 政府采购监督管理

自《政府采购法》实施以来，政府采购法制建设也得到了长足发展，政府采购的运行机制基本建立，政府采购的范围和规模逐年扩大。随着国家法制建设的推进，政府采购实践的深入，依法采购、规范采购的重要性日益显现出来，这就迫切要求进一步提高政府采购监督管理水平。为了使政府采购更加有效合理、节省开支、公平公正、透明执行，必须制定一套法律法规，为此，国家建立了一系列管理与监督机制。

16.4.1 政府采购的法律法规

为了规范政府采购行为，实现政府采购目标，各国政府均颁布了一些法律法规。例如，我国的《中华人民共和国政府采购法》《中华人民共和国招标投标法》《政府采购管理暂行办法》《中华人民共和国合同法》。其中，《政府采购管理暂行办法》对国内的政府采购执行及规范做出了较为系统的规定；1999年，财政部发布了《政府采购合同监督暂行办法》与《政府采购招标投标管理暂行办法》，分别规定了政府采购合同的监督规则以及对招标过程的管理和监督方案；2000年9月，财政部又发布了《政府采购信息公告管理办法》和《政府采购品目分类表》，进一步规定了政府采购过程的信息公开的途径、方式与采购的对象明晰化。韩国的《政府采购合同法案》，美国的《联邦采购办公室法案》《联邦采购条例》《合同竞争法案》等，新加坡的《政府采购法案》，英国的《通用合同商业法》等，这些法案除了基本的合同与采购法律法规之外，还有与之配套的法规，如美国的《合同纠纷法案》《购买美国产品法案》等有近20个配套法规。

随着世界经济呈现一体化的趋势，采购的范围也突破了地域的限制，因此，必然要建立政府采购的国际规则，主要有：世界贸易组织的《政府采购协议》，贸易法委员会关于货物、工程和服务采购的《示范法》，世界银行的《采购指南》，欧盟的公共采购指令，以及亚太经合组织的《政府采购非约束性原则》。

我国《政府采购法》规定了政府采购的基本原则、方式和程序。目前，不少具体的采购实施条例及配套的规则、制度是由省、市、自治区各部门和各单位根据自己的实际情况来制定和实施。

16.4.2 政府采购监督与控制

政府采购虽受到法律法规的约束，但地方政府、各部门、各单位在进行政府采购时屡有违规现象发生，因此必须完善政府采购监督与控制机制，配合政府的采购法律法规，促进政府采购的健康发展。

我国政府采购的监督管理部门是财政部门。财政部门在政府采购中的监督管理职责主要包括政策制定、预算编制、资金支付、信息管理、采购方式管理、合同管理、聘用专家管

理、供应商投诉处理、集中采购机构业绩考核和政府采购管理人员培训、监督检查等管理工作。此外，审计署、工商、检察院、税务等部门起到了辅助监督与控制的作用，做到了多方位、多层次的监督检查。凡涉及政府采购过程的各项活动，都必须加强监督检查。具体来说，政府采购监督管理部门实施监督控制包括预算监督、法律法规执行监督、采购对象和流程监督以及采购人员监督四个方面。

（1）预算监督。政府采购预算涉及的范围较广，如行政性经费、贷款经费、筹资经费、保障经费等。凡是政府采购的项目，除了国家特殊规定的，如国家安全、核心技术采购、援款等，均应编制政府采购预算。为使政府采购预算合理、严肃，财政部、审计署、监察部应加强对政府采购预算管理的监督检查。同时，采购单位必须向财政部门申请、上报年度采购计划，没有上报或虽上报但未经批准的政府采购项目，各采购单位不得擅自组织采购。而且采购计划一旦确定就不得随意更改，必须按照计划实施，否则，财务部门可以不予报销或拒绝拨款，审计、监察部门对违纪单位和责任人予以追究。

（2）法律法规执行监督。针对政府采购，中央通过了《中华人民共和国政府采购法》《中华人民共和国招标投标法》《政府采购管理暂行办法》《中华人民共和国合同法》等一系列法律法规。为配套上述法律法规，地方政府、财政部、监察部门、审计署等各单位制定了一系列规章和办法。政府采购活动是否遵循与之有关的法律制度，是否全面、正确地执行，将对政府采购活动造成直接的影响。因此，必须对政府采购的法律法规和规章办法的执行情况进行严格监督。

（3）采购对象和流程监督。对采购对象和流程的监督是体现政府采购平等竞争、公开透明原则的重要基础。但是不按照规定的采购对象和采购流程进行采购的现象依然不同程度地存在。这些现象既影响了政府采购的公开、公正、公平的原则，又损害了国家利益、社会利益和供应商的合法权益。因此，必须重点抓好采购对象、采购流程，供应商市场准入的监督检查。

（4）采购人员监督。政府采购预算的编制、采购方案的制定、采购活动的执行以及采购商品的选择，都是由采购人员来承担的。同时，政府采购的商品或劳务涉及范围广、程序复杂，这既要求采购人员有财政与会计业务知识，还要求有工程预决算、国际贸易等专业知识。采购人员需具备良好的职业素质和较高的专业技能，否则将无法有效监督与控制采购中的违规行为。因此，政府采购监督部门必须制定采购人员的职业素质与专业知识的标准以及采购人员的操作手册，并据此对采购人员的表现进行评估和跟踪检查。

案例分析

河北省农业厅信息化网络系统工程政府采购项目

2002年11月23日，河北省省直政府采购服务中心就河北省农业厅信息化网络系统工程项目进行公开招标采购并发布招标公告，招标采购编号为HBGP200201262，开标时间为2002年12月18日。河北省农业厅网络工程项目是连接河北省、市、县整个农业系统的公众网，河北农业信息网是"数字河北"、国家"金农工程"的重要组成部分。该项目此次建设将包括河北省农业厅计算机网络、省直的10个农业单位及河北省11个市农业局及40个县农业局的农业信息广域网络建设。投资期为5年，每年1000万元，本次招标是网络设备

第一期采购,采购财政预算为1260万元。

该采购项目的招标文件称,河北省农业信息化网络工程的省级农业信息中心、11个市农业信息中心及40个县农业信息中心,需配备功能齐备的网络管理系统,提供较丰富的网络应用资源,最终建成一个以TCP/TP协议为基础的综合农业系统网络。该项目分为设备采购和系统集成两部分内容,分A、B包进行招标。A包为网络设备采购和系统集成(含标书内所有涉及软硬件的系统集成,不含综合线);B包为服务器设备采购(包括设备的安装、调试)。

公告发布后,立即有包括联想、神州数码、浪潮、大唐电信和太极计算机等众多IT业巨头在内的20多家企业购买了标书,并打算进行竞投标。根据公告,要想参与此次投标,必须具备相应条件——参与A包和B包投标的企业,都必须具有"产品直接授权"。根据标书规定,要求"整个系统所配置的设备必须是采用最新计算机技术制造的国外品牌",并且是"原厂原装的同一家产品"。

标书中招标方对投标商的补充规定,要求A包项目中除了网络管理系统外全部为同一家产品。同时,企业"必须得到原生产商的直接授权和许可,不得借用总公司或集团公司授权文件参加投标"。

在第一次竞投标中,很多供应商对上述条款表示了不满,他们纷纷找到河北省省直政府采购服务中心反映,这些条款具有歧视性,具有技术壁垒,"不合理、不公正",要求修改标书。交涉无果后,绝大多数企业只好纷纷放弃投标。2002年12月18日首次开标时,最终参与投标A包竞投标的只有3家公司,是河北普瑞、联想和神州数码。当天下午,河北省省直政府采购服务中心宣布此次招标废标,其理由是投标方报价超出采购人项目预算,并表示修改招标文件后重新组织招标,时间定于2003年1月11日。

重新修改后的标书并没有多大变化,只是将A包和B包的总预算明码标出:A包为760万元人民币,B包为500万元人民币,"投标总价超过预算者为无效投标"。2003年1月11日9:00再次开标,投A包的共有5家企业,3家用的是思科的产品,另外两家企业却采用北电网络(中国)有限公司的产品。这两家企业分别是C公司和D公司。C公司是北电销售总代理,两次投标它都参加了,北电的投标负责人表明北电的产品完全能满足此项目的功能性需求与技术性需求。而D公司则是第一次投标。

最后,河北普瑞和山东齐鲁浪潮分别中了A和B两包。但事件并没有就此完结,根据规定,招标方应在中标后,成交通知书发出之日起30日内,将招标结果对外公布并签署正式协议。但由于该竞投标项涉及有些企业投诉,并未将中标结果对外公布。

(资料来源:http://buy.mailaili.com/read.asp?id=32304。)

案例分析题:

1. 根据案例,讨论政府采购流程。
2. 根据案例,分析政府采购与企业采购关注的不同侧重点。

【本章讨论】

1. 从你观察到的实际情况,谈谈你对政府采购的理解。
2. 列表分析政府采购与企业或个人采购的区别,并与其他同学的分析结果进行对比,

归纳政府采购区别于一般采购的关键特征。

3. 指出目前政府采购最常用的几种方式，并分别说明这些采购方式的适用环境。

4. 分析网络政府采购的优点，并指出网络政府采购会带来哪些问题。

5. 政府采购的一般流程如何？政府采购的风险主要来源哪些方面？如何防范？

6. 选择政府采购模式时应考虑哪些因素？你认为最关键的因素是什么？请阐述你的理由。

7. 目前各国政府所常用的采购模式有哪几种？选择其中你较为熟悉的一种模式，阐述它的优缺点及其适用条件。

8. 我国《政府采购法》对我国政府采购模式如何进行界定的？试分析我国政府采购模式的实施效果。

9. 我国政府采购的组织机构与体系具体如何划分？

10. 随着上海浦东新区政府采购制度不断深入，采购项目不断扩展，原各部门自行采购的项目逐步纳入政府采购。教室中使用挂壁式搪瓷书写绿板（简称绿板）就是其中具有代表性的一例。新区每年更新的绿板数量非常可观。集中采购可以最大限度地发挥批量采购的价格效应，降低采购成本和保证采购质量，节省财政支出，有利于加强政府采购的治理和监督，规范采购活动。试分析政府为何进行集中采购。

参 考 文 献

[1] 贝利，等. 采购原理与管理 [M]. 王增东，杨磊，译. 北京：电子工业出版社，2003.

[2] 马克·戴. 采购管理手册 [M]. 许春燕，等译. 北京：电子工业出版社，2004.

[3] 威尔. 采购与供应链管理——分析、规划及其实践 [M]. 梅绍祖，阮笑雷，巢来春，译. 北京：清华大学出版社，2002.

[4] 利恩德斯，费伦，等. 采购与供应管理 [M]. 赵树峰，译. 12 版. 北京：机械工业出版社，2003.

[5] 肯尼斯·莱桑斯，迈克尔·吉林厄姆. 采购与供应链管理 [M]. 鞠磊，莫佳忆，胡克文，等译. 北京：电子工业出版社，2004.

[6] 约翰·加托纳. 供应链管理手册 [M]. 王海军，马士华，张翔，等译. 北京：电子工业出版社，2004.

[7] 罗伯特 M 蒙兹卡，等. 采购与供应链管理 [M]. 刘秉镰，等译. 北京：中信出版社，2003.

[8] 王忠宗. 采购管理手册 [M]. 广州：广东经济出版社，2001.

[9] 梁军. 采购管理 [M]. 北京：电子工业出版社，2006.

[10] 唐纳德·沃尔特斯. 库存控制与管理 [M]. 李习文，李斌，译. 北京：机械工业出版社，2005.

[11] 鲍勃·多纳斯，等. 物流与库存管理手册 [M]. 王宗喜，张亚兵，龚卫锋，等译. 北京：电子工业出版社，2003.

[12] 王国文，赵海然，佟文立. 供应链管理——核心与基础 [M]. 北京：企业管理出版社，2006.

[13] 孙强，胡占友. 采购与供应链规范管理 [M]. 北京：机械工业出版社，2005.

[14] 邵晓锋，张存禄，李美燕. 供应链管理 [M]. 北京：机械工业出版社，2006.

[15] 夏志坚. 生产计划与物料采购 [M]. 广州：广东经济出版社，2004.

[16] 王元月. 跟我学做采购主管 [M]. 北京：北京工业大学出版社，2004.

[17] 陈荣秋，马士华. 生产运作管理 [M]. 北京：机械工业出版社，2004.

[18] 赵启兰，刘宏志. 生产计划与供应链中的库存管理 [M]. 北京：电子工业出版社，2003.

[19] 牛鱼龙. 世界物流经典案例 [M]. 深圳：海天出版社，2003.

[20] 沈默. 现代物流案例分析 [M]. 南京：东南大学出版社，2006.

[21] 王亚星. 政府采购制度创新 [M]. 北京：中国时代经济出版社，2002.

[22] 何红锋. 招标投标法研究 [M]. 天津：南开大学出版社，2004.

[23] 阎强. 招标投标概论 [M]. 北京：中国财政经济出版社，2006.

[24] 袁炳玉，朱建元. 中外招投标经典案例与评析 [M]. 北京：电子工业出版社，2004.

[25] MBA "采购与供应管理" 课程论文集 [C]. 上海：上海交通大学，2002—2015.

本书基于全球竞争环境，对新型采购与供应管理的思想、理念、方法、技术及相关的案例进行了系统的介绍与分析，揭示了现代采购与供应管理的发展规律、运作模式和实践技能。内容包括采购与供应管理基础、采购组织、供应商管理、采购成本与价格管理、采购质量管理、采购与库存管理、采购谈判、采购合同管理、采购绩效管理、采购伦理管理、外包管理、全球采购、电子采购、招标采购、服务采购、政府采购等。

本书适合作为管理类、经济类专业本科生、研究生（包括 MBA）教材或教学参考书，也可供各类企业管理人员参考使用。

图书在版编目（CIP）数据

采购与供应管理/骆建文编著 . —2 版 . —北京：机械工业出版社，2016. 3
（2026.1 重印）
普通高等教育系列教材
ISBN 978-7-111-52868-5

Ⅰ. ①采…　Ⅱ. ①骆…　Ⅲ. ①采购管理—高等学校—教材　②物资供应—物资管理—高等学校—教材　Ⅳ. ①F252

中国版本图书馆 CIP 数据核字（2016）第 023066 号

机械工业出版社（北京市百万庄大街 22 号　邮政编码 100037）
策划编辑：曹俊玲　责任编辑：曹俊玲　何　洋　冯　铗
版式设计：霍永明　责任校对：刘怡丹
封面设计：张　静　责任印制：常天培
北京华宇信诺印刷有限公司印刷
2026 年 1 月第 2 版第 12 次印刷
184mm×260mm · 20.5 印张 · 509 千字
标准书号：ISBN 978-7-111-52868-5
定价：45.00 元

电话服务　　　　　　　　　网络服务
客服电话：010-88361066　　机 工 官 网：www. cmpbook. com
　　　　　010-88379833　　机 工 官 博：weibo. com/cmp1952
　　　　　010-68326294　　金 书 网：www. golden-book. com
封底无防伪标均为盗版　机工教育服务网：www. cmpedu. com

普通高等教育系列教材

采购与供应管理

第 2 版

骆建文 编著

机 械 工 业 出 版 社

目　录

感谢。

　　笔者根据多年来的教学经验，制作了与教材配套的电子课件，凡使用本书作为教材的教师，可登录机械工业出版社教育服务网（www.cmpedu.com）注册后下载。

　　由于水平有限，书中存在不当和疏漏之处在所难免，望广大读者斧正。

骆建文

人员的精明强干形象形成了强烈的反差。采购商和供应商双方人力资源配置的力量不均衡，怎么可能使采购人员为公司创造竞争优势？再加上"买的不如卖的精"——采购人员与供应商的营销人员的信息不对称，又会进一步导致采购人员在采购谈判中处于不利地位。由此可以看出，中国企业迫切需要经过系统化、专业化技能训练的专业采购与供应管理人员。

应该指出，采购与供应管理在企业中的作用与地位还远没有被人们所清楚认识。采购与供应管理应该与财务、运营、营销一起成为企业的四大职能之一，每一个商学院学生都应该学习和了解采购与供应管理的知识与技能，采购与供应管理也应该成为商学院的一门重要的基础平台课程，而一本好的教科书又是专业建设与课程建设的重要基础。但是，到目前为止，国内很少有商学院开设采购与供应管理课程，更谈不上有采购与供应管理专业的设置，相关的教学用书和供企业管理实务人员阅读参考学习的书籍也非常稀少。因此，编著一本既能结合中国国情，又能系统介绍新型采购与供应管理的思想方法、运作模式和实践技能的采购与供应管理教材就变得十分紧迫。

笔者长期给 MBA 学员讲授"采购与供应管理"这门课程，经过近4年的不断努力，把自己对采购管理的理解和认识进行归纳、总结、加工，编著了一本融传统经验与现代采购理念为一体的、与国际采购实践紧密接轨的采购与供应管理教材。但书稿完成后又迟迟无法定稿，主要原因是采购与供应管理领域不断有新理论、新方法出现，而全球的采购与供应管理的实践者又不断地对现有的方法提出挑战，进行验证与提升。在查阅和参考了许多来自世界级公司采购主管的讨论和大量研究成果以及相关文献资料后，在笔者所带的研究生和机械工业出版社的共同努力下，目前本书的编著终于完成。

本书对全球竞争环境下的新型采购与供应管理的思想、理念、方法、技术及相关的案例进行了系统的介绍与分析，揭示了现代采购与供应管理的发展规律、运作模式和实践技能。本书全面系统地介绍了采购与供应管理的基本概念和流程、采购组织与竞争力、供应商管理、采购价格与成本管理、采购质量管理、采购库存控制、采购谈判、采购合同管理、采购绩效管理、采购道德规范与监督机制、采购外包管理、全球采购、电子采购、招标采购、政府采购以及采购与供应管理的新发展等具体内容，并结合大量的案例和阅读资料，阐述了采购与供应管理相关理论及其现实应用，融入了最新的采购理念、方法、模式和管理技术。

本书既有对采购与供应管理先进理念的分析，又有对相关实践案例的探讨，实现了理论与实践的紧密结合。另外，本书的案例基本上取材于国内外企业在采购管理各个领域的实践与成功案例，在现行条件下使世界级企业正在实施的采购与供应管理理论与方法和中国的实践相结合。因此，本书适合作为高校工商管理硕士（MBA）、经济管理类专业和企业培训的教材或参考书，也可供各类企业管理人员进行阅读和学习参考。

在本书的编著过程中，硕士生顾晓雯做了大量的案例资料收集与归类整理等工作，博士生张文杰、沈建男、彭鸿广编写了部分采购与供应管理常见文档范例和部分习题，并在全书的图表制作与格式排版上做了不少工作；张成应等 MBA 学员为本书提供了部分案例背景材料。在此，一并表示衷心的感谢。

本书在编著过程中参考了大量的国内外文献，由于篇幅有限，本书的参考文献仅列出了其中的一小部分。在此向包括未列入参考文献之中的所有国内外的有关著作者表示衷心的

20 世纪 60 年代日本制造业开始崛起，至 80 年代，日本汽车和家电等产品长驱直入欧美市场，日本成为全球制造业的领先者。面对来自日本企业的攻势，美国制造业在全球市场上开始节节败退，但经过短短 10 多年，美国制造业又反败为胜，重振雄风。分析其中原因，可以发现很重要的一点，就是美国制造型企业广泛实施了以全球采购资源优化配置与整合为核心的敏捷制造模式。

近年来，随着经济全球化和竞争国际化进程的推进，各国企业面临着越来越激烈的资源和市场竞争，迫切需要通过内外资源的整合和有效利用来快速提升竞争优势。这种在世界范围内的资源整合与优化配置，客观上使得世界制造业中心由美国、日本向中国梯度转移，这也意味着世界的主要采购与供应中心正逐渐向中国转移：世界 500 强中的大部分企业在中国成立了采购中心，有近 3/4 的跨国公司已将中国作为首选的采购基地，中国现在已然成为全球采购的热点地区。

许多著名的跨国公司在世界市场上的成功，证明了采购资源全球整合的重要性，表明了采购与供应管理已不仅仅只是获取原材料、零部件或服务的一种运作层面的职能，还应该成为战略决策不可或缺的组成部分，甚至可以成为制定企业发展战略的核心。随着很多跨国公司感受到以成本和交易管理为核心的采购向以增值性活动和流程管理为核心的供应管理转变所带来的巨大变化，有效的采购与供应管理将成为企业赢得竞争优势的重要保障，是其最终能够成为行业领导者的关键因素之一。现在，越来越多的企业开始重视制定采购政策，规范采购运作流程，实施供应商关系管理，不断探索适合本企业的采购模式和方法，并把服务采购也纳入了采购与供应管理的范畴。实践中不断出现新型采购管理技术与方法，如联合采购、战略采购、电子采购、跨职能采购团队、供应商介入新产品开发等。同时，学术界也正把采购与供应管理视为当代企业管理研究的新领域。企业界与学术界已形成共识：采购与供应环节是尚未被深入开发与挖掘的企业新的利润源泉，正如杰克·韦尔奇所认为的那样："在一个公司里，采购和销售是仅有的两个能够产生收入的部门，其他任何部门发生的都是管理费用。"

作为国内商学院最早从事采购与供应管理研究与教学的工作者之一，笔者深切体会到国内加强采购与供应管理专业人才培养与培训的重要性。从纽约、东京、香港等大都市的演进规律看，都遵循以下的发展进程：初期是加工业的兴盛，中期转向高增值的服务业，继而是跨国采购中心的形成。目前，中国的一些大都市正沿着此轨迹有序演进，但在这一演进过程中，中国企业的采购与供应管理的实践水平与世界级跨国企业水平差距较大，离跨国采购中心的要求还很远。"会卖不会买"被认为是国际市场上的中国企业之痛。这从一个侧面反映了中国非常缺乏具有全球实际运作经验的国际采购和供应管理高端人才的现实。据统计，中国从事采购工作的人员至少在 1000 万人以上，但其中相当多的采购从业人员观念意识落后，采购运作与专业分析技能欠缺。采购人员的这种能力和职业素养与经专业训练的供应商营销

第 2 版 前言

随着经济全球化和竞争国际化的加速，企业迫切需要提升自身竞争力，以更好地应对日益激烈的市场竞争。采购与供应管理是企业获取外部资源并提升竞争优势的重要途径。但由于供应源的时空限制与信息不对称，很多企业的采购与供应能力和效率仍有较大的提升空间，因此，有效地整合与利用外部资源，尽可能提升采购与供应管理的竞争力，最终大幅提升企业的竞争优势，已经成为企业生存与发展的必然选择。

本书第 1 版结合采购与供应管理实践经验，以大量的前沿研究成果、文献资料与典型企业的采购与供应管理案例为基础，系统地阐述了采购与供应管理的基础理论和基本方法，并有针对性地对供应商管理、采购成本与质量管理、采购与库存管理、采购谈判与合同管理、采购绩效管理、采购道德规范、外包管理、全球采购管理、电子采购、招标采购、政府采购等相关内容进行分析与阐述。但近年来，随着采购与供应管理实践的深入发展，创新的采购与供应管理的理念、方法、工具、运作策略和成功案例不断涌现，迫切需要对新变化进行总结和提炼，以更好地指导不断发展的采购与供应管理实践。基于此背景，修订后的第 2 版新增了服务采购、采购伦理管理，并对电子采购、全球采购与政府采购等的理论基础和方法进行了进一步的凝练与总结，补充了最新典型案例，同时强化了有关采购与供应管理中的管理模式和具体运作策略的阐述与应用分析。与第 1 版相比，具体补充与完善了如下内容：

首先，增加了服务采购这一章，从服务采购基础、服务采购管理、服务定价管理、服务采购合同管理和服务采购的风险管理五个方面进行阐述与分析，完善了采购与供应管理的理论内容，并在一定程度上满足了现代服务业发展的现实需求。

其次，因市场机制的不完善和企业运作的不规范而导致的采购伦理问题，严重影响了正常采购管理活动的开展及效率。因此，在采购伦理管理部分增加了采购伦理的道德法规与政策，以及采购监督机制方面的内容。

第三，随着电子采购的发展，企业开始面临电子采购的实时性和安全性、电子支付与信用管理等新问题。因此，增补了电子采购的支付与信用管理和电子采购的安全管理两节内容。

第四，在全球采购一章增加了相应的全球采购的物流管理、资金管理、保险与索赔等内容，为采购与供应管理者在遇到相应实际情况时提供解决问题的基本思路与方法。

最后，在政府采购一章增加了政府采购实施管理与政府采购监督管理等有关政府采购的具体监管内容。

通过以上修订，本书能够更加与时俱进，更好地适应信息化、智能化的工业 4.0 的新时代和经济全球化、竞争国际化的新格局。由于个人思考的局限性和学识的有限性，书中存在不当和疏漏之处在所难免，望广大读者斧正。

本书配有电子课件，凡使用本书作为教材的教师可登录机械工业教育服务网（www. cmpedu. com）注册后下载。

骆建文

高等职业教育智能制造精品教材编委会

主　任

张　辉

副主任

杨　超　　邓秋香

委　员

（以姓氏笔画为序）

马　娇　　龙　超　　宁艳梅

匡益明　　伍建桥　　刘湘冬

杨雪男　　沈　敏　　张秀玲

陈正龙　　范芬雄　　欧阳再东

胡军林　　徐作栋

前言 PREFACE.

近年来，工程机械产品更新换代速度加快，各种新工艺、新技术、新设备不断出现，这对工程机械售后服务人才培养提出了更为具体的要求，工程机械发动机构造与维修课程作为工程机械运用技术专业的专业核心课程已毋庸置疑。目前柴油发动机仍作为工程机械产品的主要动力源，现在市面上有关柴油发动机的教材和书籍很多，但适合工程机械售后服务人才培养的项目化教材依旧稀缺，本教材编写遵照教育部高职高专教材建设的要求，紧紧围绕培养高技能复合型应用人才的需要，从人才培养目标的实际出发，结合教学实际，以项目任务驱动教学，构建和规范教学过程。本教材主要特色如下：

①本教材适用对象为高职工程机械大类专业学生，主要目标是培养工程机械售后服务工程师的售后服务能力，如对发动机的维护、保养及故障排除等。

②本教材编写的项目内容以能力递进方式为指引，分为认知保养、检测调试、诊断排故三个台阶。知识体系重构，以项目能力训练为主线重新匹配知识结构，如配气相位、供油提前角等知识点，只安排装配调试项目，而没有在认知环节上做要求，便于学生接受领会。知识为项目能力服务，只有对柴油机结构全面熟悉的前提下，才会很好地领悟这些基本知识。

③教材内容包括了新技术、新工艺、新知识。教材介绍了已应用到三一集团主型产品的新技术，如高压共轨、废气减排技术等。

④教材知识理论所涉及的柴油机机型与实训机型号相统一，做到了理实一体化。

⑤教材难易程度按工程机械售后服务中级服务工程师技术标准及国家工程机械维修工四级水平综合确定。

⑥根据发动机学科的特点，教学设计多是体验式的，课堂直观形象。注重培养学生观察力和解决问题能力。排故教学采取现场和预设故障方式。

本书在编写过程中得到了三一集团有关部门专家和领导的大力支持和帮助，在此表示衷心的感谢。在编写此书时还借鉴、参考了大量的相关文献，在此一并向参考文献的作者表示诚挚的谢意。

由于编者水平有限，不妥之处在所难免，恳请读者批评指正。

编 者

CONTENTS. 目录

第一篇　认知保养

第二篇　检测调试

第三篇　诊断排故

第一篇

认知保养

项目一
发动机认知与使用

【项目描述】

工程机械设备动力源的任务是将其他形式的能量转换为机械能，以驱动设备工作。掌握工程机械设备工作原理须从工程机械动力源——发动机进行学习。认知发动机要从外部结构识认和功能子系统认知开始学习。学习方法可采取直接观察法及功能认知法。

【学习目标】

【知识目标】

1. 发动机的基本组成；
2. 常用工具使用方法；
3. 发动机外部件拆装。

【能力目标】

1. 外部件及功用；
2. 安全使用工具常识。

【项目导程】

本项目主要培养学员对工程机械发动机的操作能力及对零部件的认知能力。项目学习可参照图 1 -1 进行。主要学习任务及能力要求如图 1 -1 所示。

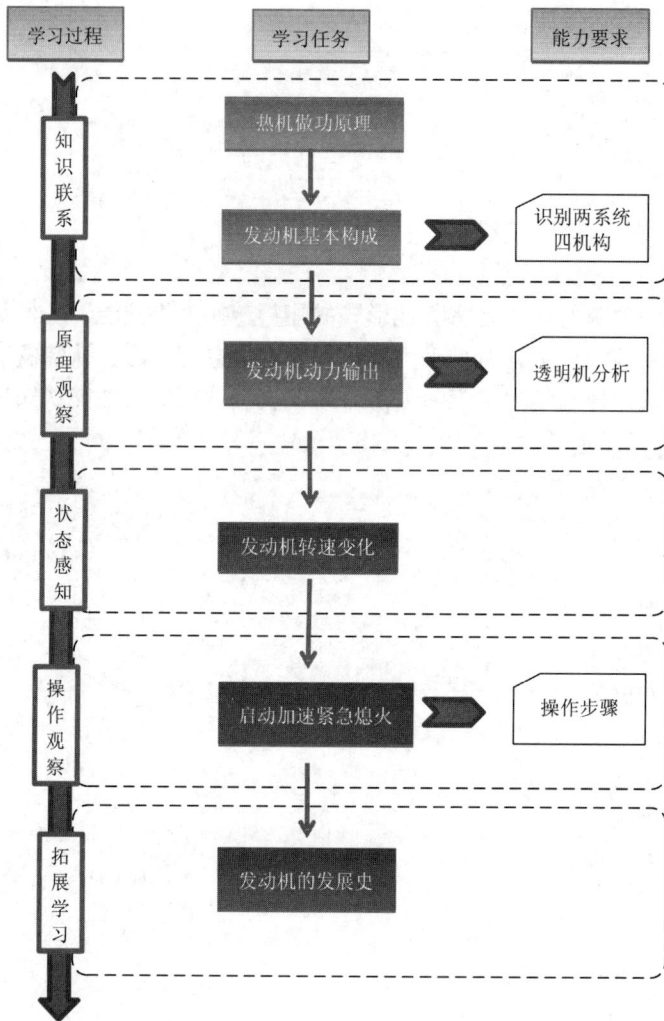

图 1 -1　项目学习导程

任务一 发动机整体结构认知

【知识准备】

1.1 发动机的作用

发动机是通过燃料燃烧产生热能,热能加热空气产生气体压力能,再由气体压力能转换成机械能的动力装置。工程机械利用发动机作为动力源,为机械的运行提供动能。

将燃料燃烧所产生的热能转化为机械能的发动机称为热机。热机根据其工作介质不同,分为蒸汽机和燃气机两种。前者是将燃料(煤、木材等)燃烧,利用放出的热量将水加热,变成蒸汽后引入机械做功,因为燃料在发动机外部进行燃烧,又称外燃机。后者是将燃料(柴油、汽油、天然气)燃烧产生的燃气直接推动机械做功,燃料在发动机内部进行燃烧,所以又称内燃机。

1.2 内燃机的分类

根据内燃机的燃料、冷却方式、气缸数目等不同,内燃机可按表1-1进行分类。

表1-1 内燃机的分类

分类方法	类别	特点
燃料分类	汽油机	汽油机转速高,质量小,噪声小,启动容易,制造成本低
	柴油机	柴油机压缩比大,热效率高,经济性能和排放性能都比汽油机好
冷却方式分类	水冷发动机	水冷发动机利用冷却水为工作介质,带走运行时多余热量。其冷却均匀,工作可靠,冷却效果好,应用广泛
	风冷发动机	风冷发动机是利用空气为工作介质,通过与气缸体、气缸盖外表面散热片接触带走运行时多余热量。其结构紧凑、散热效果一般
气缸数目分类	单缸发动机	一个气缸的发动机称为单缸发动机
	多缸发动机	两个以上气缸的发动机称为多缸发动机
气缸排列方式分类	单列式发动机	单列式发动机的各个气缸排成一列
	双列式发动机	双列式发动机把气缸排成两列
进气系统是否采用增压方式分类	自然吸气	利用燃烧室的负压吸入空气
	增压	采用增压技术,提高进气的压力,使吸入空气更多

1.3 发动机的外部结构(道依茨 BF1013)

工程机械发动机根据操作使用习惯及安装要求,习惯把风扇端称为发动机的前端,飞轮端称为发动机的后端,有滤清器的一侧称为发动机操作侧,有启动马达的一侧称为发动机启动侧。其外部结构(以道依茨 BF1013 机型为例)如图 1-2、图 1-3 所示。

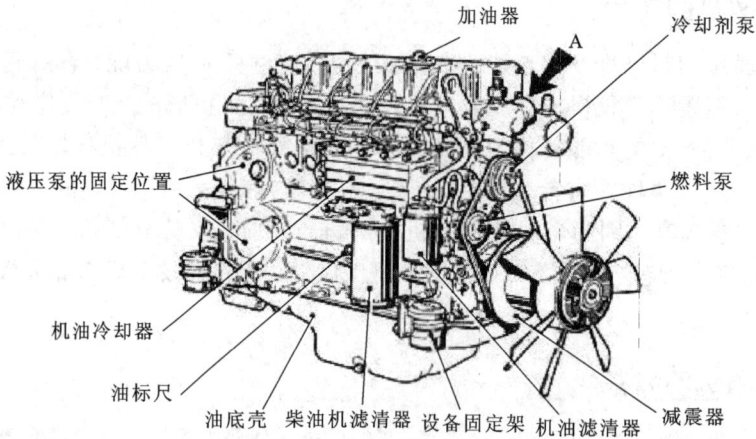

图 1-2　发动机操作侧

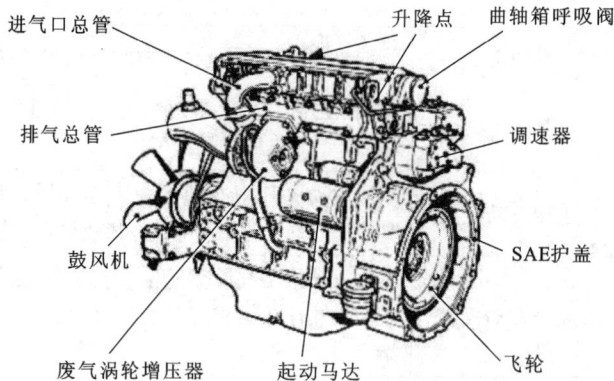

图 1-3　发动机启动侧

1.4 发动机的内部结构

发动机是一种由多个机构和系统组成的复杂机器。无论是哪种发动机,要完成能量转换,实现工作循环,保证长时间连续正常工作,都必须具备以下一些机构和系统。

1.4.1 曲柄连杆机构

作用:将活塞的往复运动转化为曲轴的旋转运动,实现化学能—热能—机械能的转化。其输出转速与转矩。

组成：由机体组、活塞连杆组、曲轴飞轮组组成。其机体组件为支承固定件，由气缸盖、气缸体、曲轴箱、油底壳等零部件组成。活塞连杆组由活塞、活塞销、活塞环、连杆等零部件组成。曲轴飞轮组由曲轴、飞轮、正时齿轮等零部件组成。如图1-4所示。

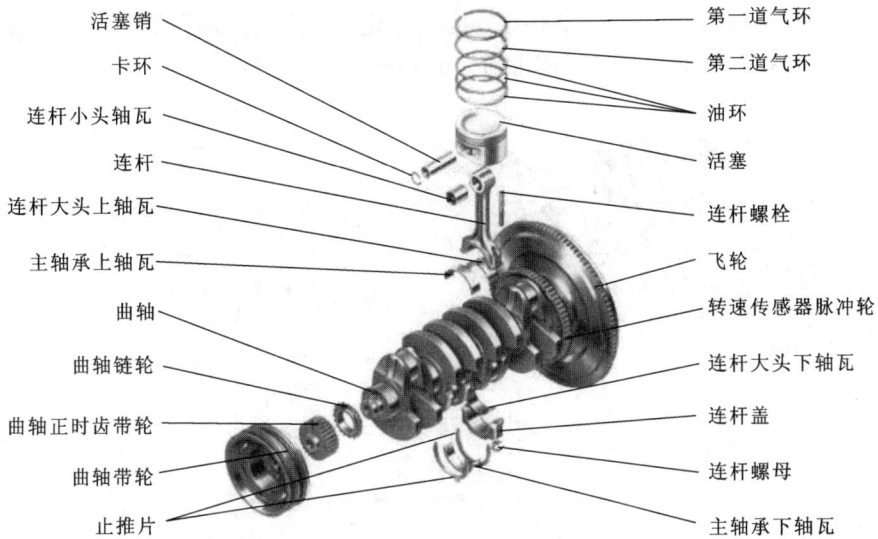

图1-4 曲柄连杆机构

1.4.2 配气机构

作用：定时向燃烧室提供充足而干净的新鲜空气或可燃混合气，提供燃烧的必备条件，燃烧后将废气排除，为下一次燃烧做好准备。

组成：由进气门、排气门、摇臂、凸轮轴、定时齿轮、气门挺杆、气门弹簧等零部件组成，分为气门组和气门传动组。如图1-5所示。

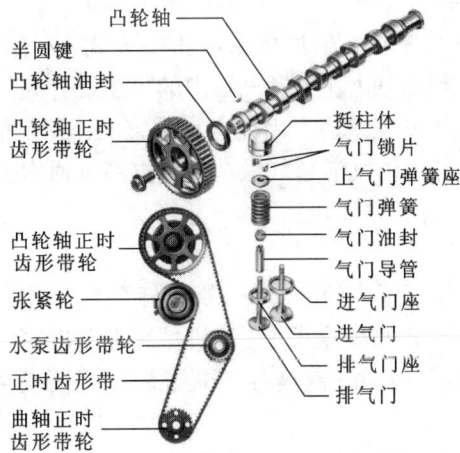

图1-5 配气机构

1.4.3 燃油供给系统

作用：按照发动机工作循环要求，为燃烧室提供适量且符合要求的燃油。

组成：低压油路由油箱、低压油管、输油泵、过滤器等组成，其目的是将燃油从燃油箱抽出并送往高压油路或燃烧室。高压油路由喷油泵、高压油管、喷油器等组成，其目的是将燃油加压。特别是柴油机，必须对柴油加压，使其雾化，才能更好地燃烧。所以，柴油机的高压油路直接影响着柴油的燃烧效果。如图1-6所示。

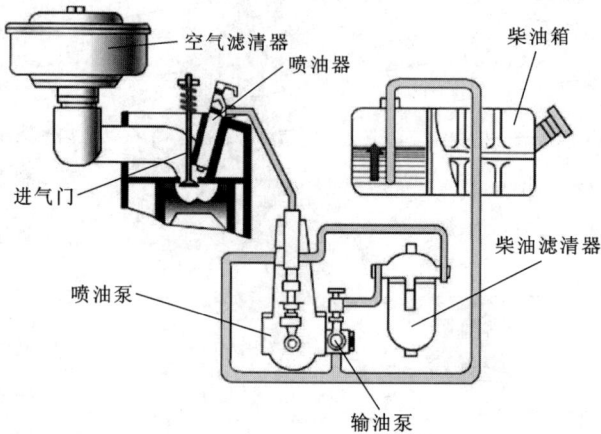

图1-6 燃油供给系统

1.4.4 润滑系统

作用：根据机械传动特点及传动效率要求，将清洁的润滑油以一定的压力不间断地送入发动机各摩擦表面，以减少摩擦阻力和零件的磨损，并带走摩擦时所产生的热量和金属屑，保证发动机长期可靠的工作。

组成：由机油泵、机油滤清器、机油冷却器、油路等组成。如图1-7所示。

1.4.5 点火系统(汽油机)

柴油机和汽油机点燃方式不同，柴油机采取压燃方式，利用气缸中形成的压力点火燃烧。汽油机采用点燃方式，利用电火花点燃气缸内的可燃混合气。为此在汽油机的气缸盖上装有火花塞，火花塞头部伸入燃烧室内。因此点火系统的作用是能够按汽油机工作循环，在火花塞电极间产生电火花，点燃油气混合气做功。点火系统通常由蓄电池、发电机、分电器、点火线圈和火花塞等组成。如图1-8所示。

1.4.6 冷却系统

作用：对发动机高温件进行适当的冷却，以保证正常的工作温度，保证发动机长期可靠工作。发动机冷却方式有水冷式和风冷式，工程机械用发动机绝大多数采用水冷式。

组成：水冷式系统由水泵、水箱、散热器、节温装置、管路等组成。如图1-9所示。

1.4.7 启动系统

作用：为发动机启动提供外部动力，并保证启动的安全性和可靠性。

组成：由(电启动)启动马达、飞轮、启动线圈等组成。如图1-10所示。

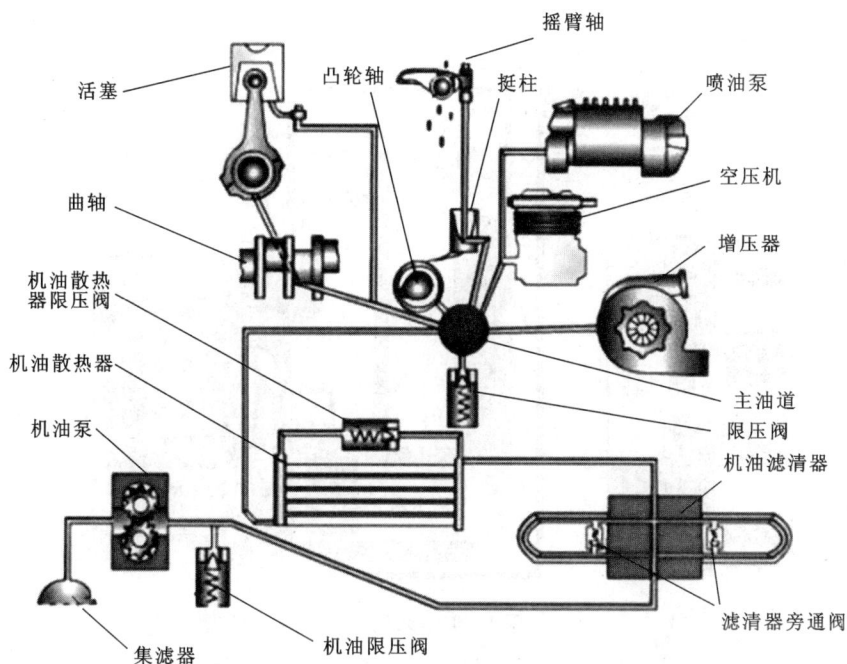

图1-7 润滑系统

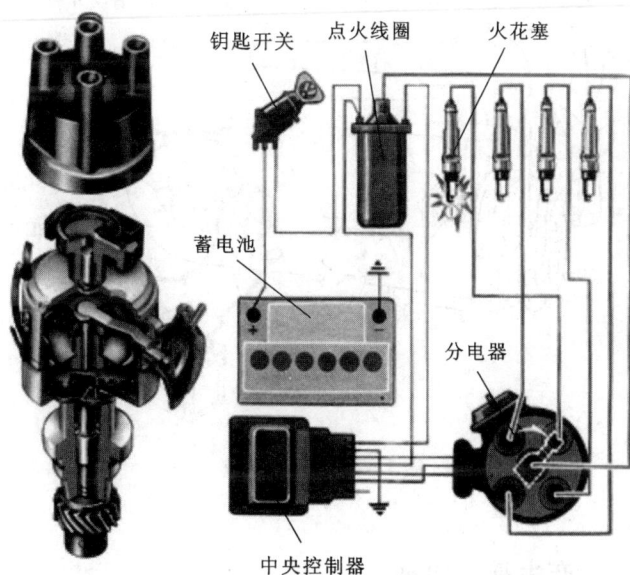

图1-8 点火系统

柴油机由以上两大机构和四大系统组成,即由曲柄连杆机构、配气机构、燃料供给系统、润滑系统、冷却系统和启动系统组成,柴油机是压燃的,不需要设计点火系统。

汽油机由以上两大机构和五大系统组成,即由曲柄连杆机构,配气机构、燃料供给系统、润滑系统、冷却系统、点火系统和启动系统组成。

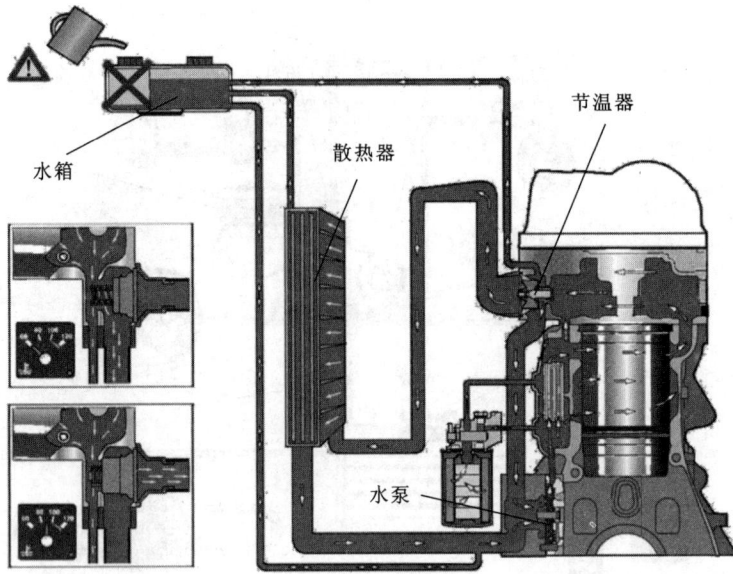

图 1 - 9 冷却系统

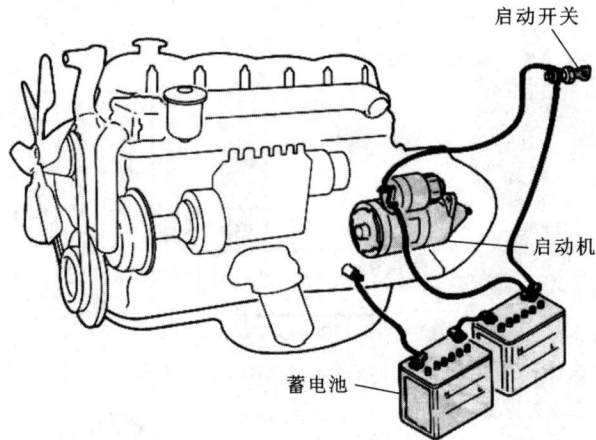

图 1 - 10 启动系统

1.5 发动机动力产生基本原理

发动机的动力产生要分为这么几个阶段：第一步将空气吸入，为燃烧准备足够的空气；第二步压缩空气，提高做功效率及起燃温度；第三步燃烧，产生高温，形成高压，推动活塞做功；第四步排出废气，为再次吸入空气提供场所。周而复始，源源不断地输出动力。如表 1 - 2 所示。

表1-2　发动机工作原理示意

工作循环	工作过程及特点	工作示意图
进气	进气门开启，排气门关闭，活塞由上止点向下止点运动，气缸内产生真空，吸入气体。 由燃料的性质不同，柴油机在进气行程中将纯空气吸入气缸，汽油机将可燃混合气吸入气缸，进气终了时气体压力为 0.0785 ~0.0932 MPa，气体温度为 300~370 K	 (a)进气行程
压缩	进排气门均关闭，活塞由下止点向上止点运动，空间变小，压缩气体。 压缩终了时，气体压力为 3.5~4.5 MPa，气体温度为 750~1000 K。 由于燃料着火方式不同，压缩比也不同，柴油机采用压燃的方式，压缩比一般为 16~22，汽油机采用点燃的方式，压缩比一般为 6~12	 (b)压缩行程
做功	进排气门关闭，燃料燃烧产生高温高压，推动活塞快速下行，由上止点向下止点运动。 由于燃料化学性质不同，柴油机柴油燃烧最高压力可达 5~10 MPa，最高温度可达 1800~2500 K，做功终了时，气体压力为 0.2~0.5 MPa，温度为 1000~1200 K。 汽油机燃烧最高压力可达 3~6.5 MPa，最高温度可达 2200~2800 K。做功终了时，气体压力降低到 0.35~0.5 MPa，气体温度降低到 1200~1700 K	 (c)做功行程
排气	进气门关闭，排气门开启，活塞由下止点向上止点运动，气缸内容积变小，废气排出。 排气过程柴油机、汽油机大致相同。排气终了时，气缸内气体压力为 0.105~0.125 MPa，气体温度为 800~1000 K	 (d)排气行程

由此可见，柴油机的压缩比高，热效率高，燃油消耗率低，同时柴油价格较低，因此，柴油机的燃料经济性能好，而且柴油机的排气污染少，排放性能较好。但它的主要缺点是转速低、质量大、噪声大、振动大、制造和维修费用高。在其发展过程中，柴油机不断发扬其优点，克服缺点，提高速度，有望得到更广泛的应用。

【技能训练】

【教学组织】

➤准备工作：整机 6 台,剖切机 2 台
➤学生 6 人一组
➤实训时间：45 min
➤考核方式：学生小组互评,指导老师当裁判

一、发动机铭牌的认知

1. 康明斯发动机铭牌

型号：＿＿＿＿＿＿＿＿　　生产日期：＿＿＿＿＿＿＿＿　　功率：＿＿＿＿＿＿＿＿

做功顺序：＿＿＿＿＿＿＿＿　　转速：＿＿＿＿＿＿＿＿　　生产地：＿＿＿＿＿＿＿＿

2. 道依茨发动机铭牌

型号：＿＿＿＿＿＿＿＿　　生产日期：＿＿＿＿＿＿＿＿　　功率：＿＿＿＿＿＿＿＿

做功顺序：＿＿＿＿＿＿＿＿　　转速：＿＿＿＿＿＿＿＿　　生产地：＿＿＿＿＿＿＿＿

二、发动机外部零部件认知

请指出表 1-3 中零部件的位置(20 个/人)。

表 1-3　发动机外部零部件认知明细表

序号	零件名称	序号	零件名称	序号	零件名称
1	铭牌	11	排气管	21	燃油箱
2	张紧轮	12	涡轮增压器	22	油水分离器
3	水泵	13	气门室盖	23	输油泵
4	风扇	14	气缸盖	24	手油泵
5	水箱	15	气缸体	25	柴油滤清器
6	中冷器	16	油底壳	26	喷油泵
7	发电机	17	油标尺	27	高压油管
8	扭转减震器	18	加机油口	28	起动机
9	空气滤清器	19	机油滤清器	29	飞轮
10	进气管	20	机油冷却器	30	飞轮壳

三、发动机内部零部件认知

请指出表1-4中零部件的位置(10个/人)

表1-4 发动机内部零部件认知明细表

序号	零件名称	序号	零件名称
1	活塞	9	凸轮轴
2	活塞环	10	气门
3	连杆	11	摇臂
4	曲轴	12	摇臂轴
5	连杆轴瓦(小瓦)	13	喷油器
6	主轴瓦(小瓦)	14	节温器
7	主轴承盖	15	机油泵
8	正时齿轮	16	集滤器

四、考核标准

本项目考核标准参照表1-5进行。

表1-5 考核标准表

考核时间	序号	考核项目	满分	评分标准	得分
40 min	1	考前准备工作 防具、工量具、材料准备	10	按准备是否到位酌情扣分	
	2	发动机铭牌的识读	10	一处不清楚扣2分	
	3	发动机外部零件的识读	40	一个零件不认识扣5分	
	4	发动机内部零件的识读	20	一个零件不认识扣5分	
	5	职业素养	10	整理遗漏酌情扣分	
	6	工单填写	10	按工单填写情况酌情扣分	
	7	因违规操作造成人身伤害或设备事故,计0分			
分数总计			100		

任务二　发动机的使用

【知识准备】

发动机的使用包括发动机的启动、运行和停机三方面。下面分别介绍其使用要点。

1.6　发动机的启动

发动机的启动要点如图 1 – 11 所示。

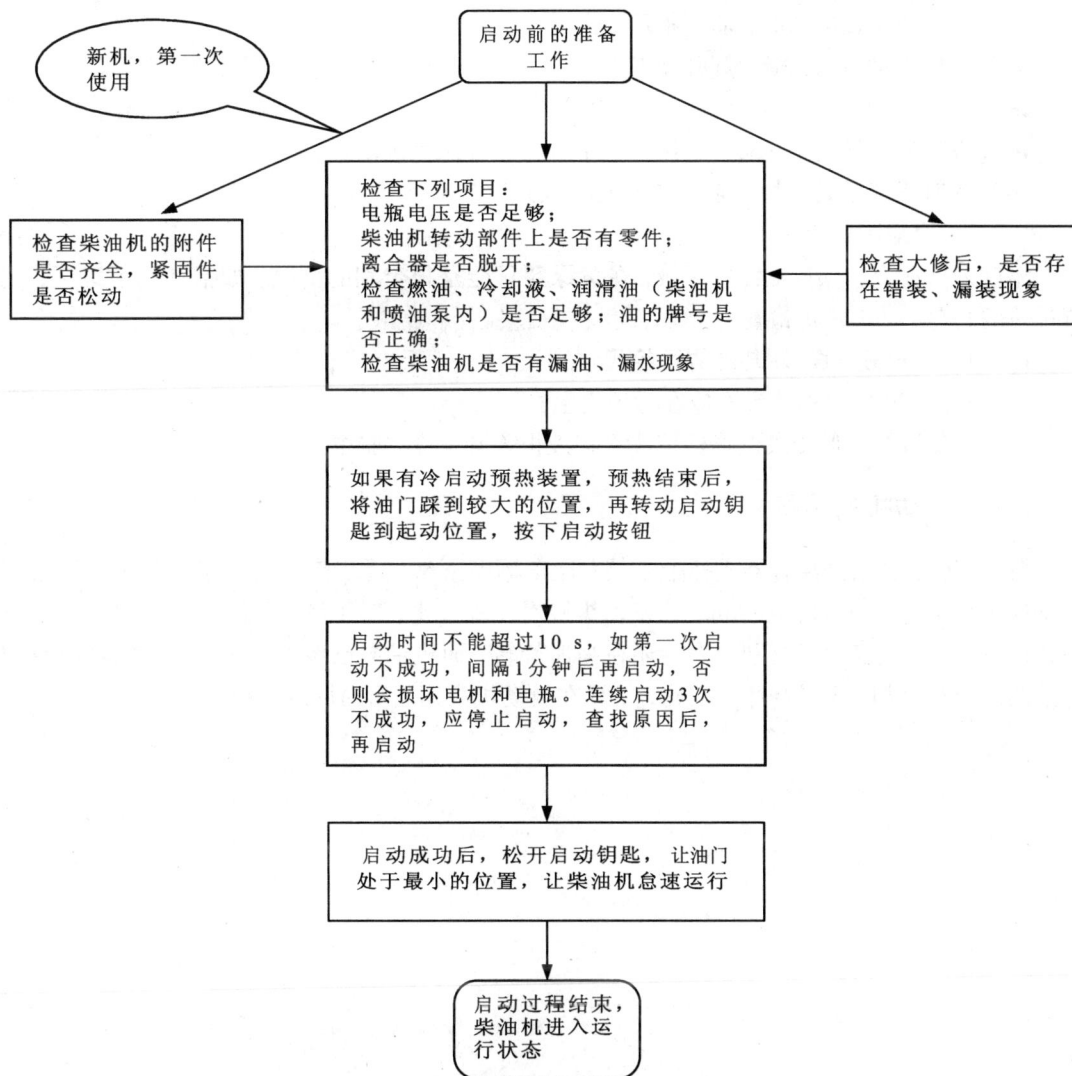

图 1 – 11　发动机的启动程序

1.7 发动机的运行

发动机启动成功后,首先对发动机进行暖机(怠速运行,让发动机的温度升起来,以冷却水温为标志);暖机结束后,利用驾驶室内的仪表监控发动机的运行状态,如水温、滑油温度和压力是否正常,发动机声音是否正常,如果出现问题,应停机查明原因后再运行;慢慢加大油门的同时,慢慢松开离合器,起步运行;在运行过程中,时刻监控发动机的状态,运行过程中,切忌突然加减油门。

以下为发动机运行过程中的注意事项:

1.7.1 机油压力

➤ 机油压力指示灯;
➤ 钥匙接通工作电压时,油压指示灯燃亮;
➤ 发动机启动以后,指示灯必须熄灭;
➤ 机油压力指示表;
➤ 在发动机运转的全过程中,压力表指针必须在绿色区域内;
➤ 怠速时机油压力表指针必须指示最小压力。

1.7.2 冷却液温度

温度表指针应总保持在绿色区域,在黄绿区只能是很个别的情况,如指针到了黄区,就有过热的趋势,马上停机检查。

1.7.3 冷却液界面/冷却液界面标尺

发动机冷车时,冷却液界面应在标识之上;
如果冷却液界面低于最低限标记或冷却液报警开关亮,加注冷却液。

1.8 发动机的停机

要停车时,先松开离合器或挂上空挡,让车辆停下来,逐步降低发动机的转速,让发动机怠速运行 3 ~ 5 min 后,再停机,让发动机慢慢冷却下来,对于废气涡轮增压发动机,由于涡轮惯性较大,高速突然停机,涡轮还在高速旋转,而机油泵已经停止工作,涡轮轴没有润滑油的润滑和冷却,极易烧坏。因此,切忌在发动机高速运行时踩刹停机。

【技能训练】

【教学组织】

➤ 准备工作：可启动的整机 2 台
➤ 学生 6 人一组
➤ 实训时间：40 min
➤ 考核方式：小组派代表进行考核，计小组成绩

一、发动机的使用

工程机械发动机在使用过程中要时刻关注其运行状态。其使用要点见表 1-6。

表 1-6　工程机械发动机使用要点

项　目		工作内容	检查记录
启动前检查	空滤检查与保养	尘量指示器显示红色的时候，应进行空气滤清器元件的清洗，清洗后把按钮按回作动前的状态	
	皮带检查与张紧	检查皮带松紧状况及损坏情况，过松应张紧，皮带脱层或裂纹应更换	
	吸气管的检查、清洗	如在吸气管的连接部或橡皮软管有漏泄，卡箍松弛的时候，应立即进行修整、更换	
	离合器检查	离合器应脱离结合，即离合器踏板用脚踩到底	
	电瓶检查	启动电压应在 24 V 左右	
	燃油检查	检查油箱或仪表盘上燃油图标	
	冷却液检查	检查水箱与防冻液水箱	
	润滑油检查	检查润滑油油位高度	
发动机启动	发动机启动	启动发动机，如不能正常启动，启动间隔应在 1 min 以上，连续 3 次不能启动，应先检查排故，然后再启动	
启动后检查	机油压力检查	检查机油压力是否是正常范围	
	水温检查	检查水温是否在正常范围	
	观看排烟情况	观看排烟情况（无色、黑色、蓝色、白色）	
	发动机运转声音	声音是否平稳，是否震动	
发动机停机	发动机停机	先降速，再停机	

二、考核标准

本项目考核标准参照表1-7进行。

表1-7　考核标准表

考核时间	序号	考核项目	满分	评分标准	得分
40 min	1	考前准备工作 防具、工量具、材料准备	10	按准备是否到位酌情扣分	
	2	发动机启动前的检查	20	少一处扣2分	
	3	发动机的启动	20	无法启动不得分 不按要求启动不得分	
	4	发动机运行数据记录	10	少一个数据扣5分	
	5	发动机的升速	10	不能进行升速不得分	
	6	发动机的停车	10	不能进行停车不得分	
	7	职业素养	10	整理遗漏酌情扣分	
	8	工单填写	10	按工单填写情况酌情扣分	
		因违规操作造成人身伤害或设备事故，计0分			
分数总计			100		

【知识拓展】

一、柴油发动机的发展历史

柴油发动机是燃烧柴油来获取能量的发动机。它是由德国发明家鲁道夫·狄塞尔（Rudolf Diesel）于1892年发明的，为了纪念这位发明家，柴油就是用他的姓Diesel来表示的，而柴油发动机也称为狄塞尔发动机。

1892年，德国的狄塞尔发明柴油发动机。

1976年，德国大众首先在高尔夫轿车上采用柴油发动机。

1989年，德国大众高尔夫柴油车获得"低排放车"的称号。

1990年，德国大众首次推出增压、直喷发动机，德国大众在柴油动力技术的开发和应用上一直走在世界的前沿。

1993年，开发出四缸涡轮增压直喷柴油发动机（TDI）。

1995年，开发出自然吸气式直喷（SDI）柴油发动机。

1995年，开发出变截面涡轮增压器。

1998年，开发出泵喷嘴技术。

1999年，开发出百公里油耗3升的路波轿车柴油动力。未来的柴油动力将创造一个光辉灿烂的新经济时代，德国大众一升级轿车的出世令世界震惊，这种柴油概念轿车的百公里油耗为创纪录的0.99 L，成为世界上最省油的轿车。发动机采用铝制自然吸气式单缸发动机，采用了优秀的高压直接喷射技术，排量为0.3 L。

2002年，一汽-大众率先将捷达SDI轿车投放中国市场。

2004年，一汽-大众引入TDI技术，领路中国工程机械新动力时代。

二、著名发动机厂家

1. 康明斯公司简介

康明斯公司创建于1919年，总部位于美国印第安纳州哥伦布市。康明斯设计和建造了55~3500马力柴油发动机，是全球50马力以上柴油发动机的最大制造商。康明斯发动机广泛应用于工程机械、船舶、农业机械、工程机、建筑、铁路以及发电机设备领域。康明斯还生产发动机部件、电子系统、滤清系统和天然气发动机。在全世界范围内，康明斯拥有40多家工厂，年产发动机40多万台，雇员逾28000多名。康明斯在全球130多个国家和地区拥有4500多家授权代理商和分销商。目前，康明斯的全球销售额达近百亿美元。康明斯是美国企业五百强之一，也是《财富》杂志评选的（2000年）美国最受敬仰的公司之一。康明斯在华投资逾1.3亿美元。作为中国发动机行业最大的外国投资者，康明斯拥有7家合资和独资公司，生产发动机、涡轮增压器、滤清器、发电机和发电机组等产品。康明斯在中国拥有13个区域服务中心和100多家授权代理商，服务网络遍及全中国。目前，已有逾30万台康明斯发动机在中国投入使用。康明斯对中国大陆的经济发展充满信心，因此将东南亚地区的总部设在北京，统筹管理康明斯在全国（包括台湾、香港）的业务发展。历经20多年的发展，康明斯已经成为中国发动机产业的有机组成部分，通过合资/独资生产和技术转让，为中国发动机产业的现代化作出了自己的贡献。

2. 道依茨公司简介

道依茨公司总部位于德国莱茵河旁的科隆市，1864 年由汽油机的发明者 OTTO 创建，距今已有 140 多年的历史。该公司在德国有 4 个发动机厂，在全球有 17 个许可证厂和合作厂，其产品以风冷发动机著名，其功率覆盖 10～10000 马力范围。20 世纪 90 年代初，道依茨公司开发出水冷发动机(1011、1012、1013、1015 系列)。道依茨发动机具有体积小、功率大、噪声低、启动容易的优点，并能满足当今世界最苛刻的排放法规。目前，道依茨公司在我国有许可证生产厂——北京内燃机总厂，被授权生产道依茨公司的 F6L912/W/913 和 4102F 风冷机。

项目二
发动机两大机构认知

【项目描述】

曲柄连杆机构的功能是将因燃烧而导致的膨胀气体能量转换为机械能，并输送转换出去；配气机构是利用发动机自身能量，控制进排气门。学习两大机构要结合机械原理所讲述各种机构运行原理进行理解。

【学习目标】

【知识目标】

1. 两大机构的认知与理解；
2. 曲柄连杆机构、配气机构的组成；
3. 两大机构运行原理及运动、动力形式的转换特点。

【能力目标】

1. 正确合理使用各种拆装工具；
2. 两大机构全部零部件识认；
3. 能说出各零部件的相对位置关系；
4. 两大机构正常拆装。

【项目导程】

本项目主要培养学员对工程机械发动机曲柄连杆机构、配气机构的认知及拆装能力。项目学习可参照图 2-1 进行。主要学习任务及能力要求如图 2-1 所示。

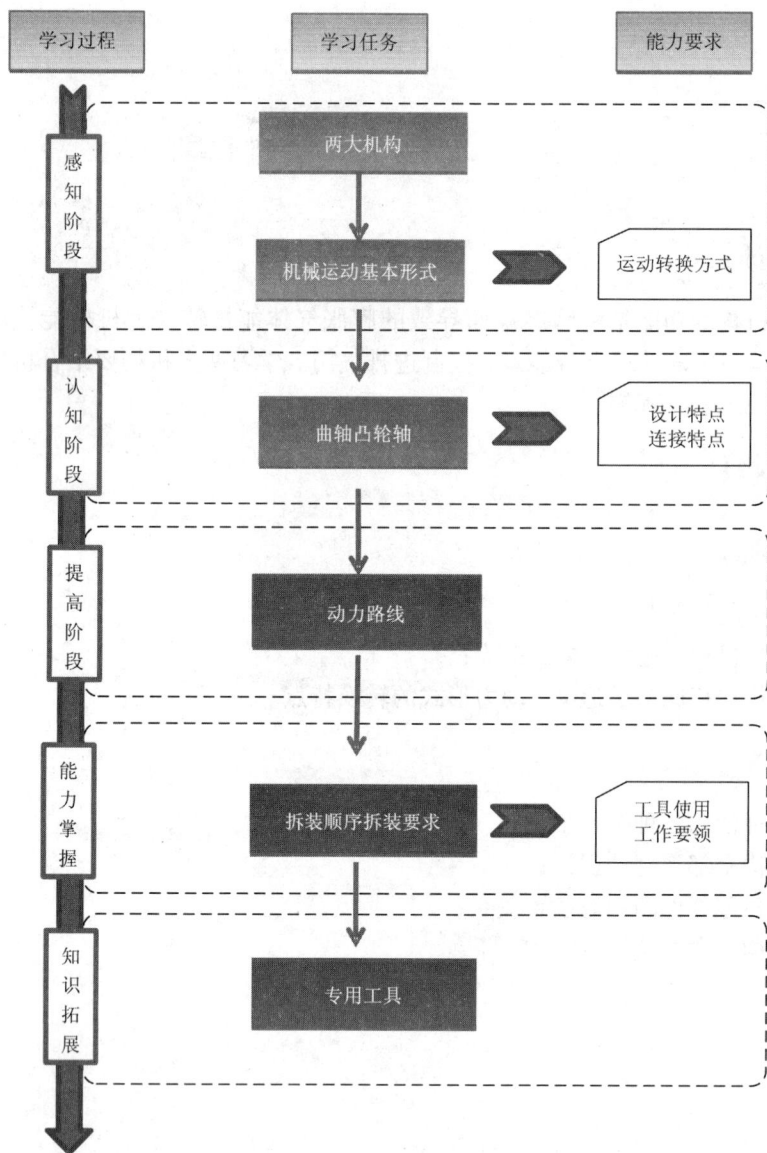

图 2-1　项目学习导程

任务一 曲柄连杆机构认知与装配

【知识准备】

2.1 曲柄连杆机构基本知识

2.1.1 曲柄连杆机构组成

曲柄连杆机构由机体组、活塞连杆组、曲轴飞轮组组成,各组件又由若干不同零件组成。如图2-2所示。

机体组:气缸体、气缸盖、气缸垫、曲轴箱、油底壳。为不动件。

活塞连杆组:活塞、活塞销、连杆、轴承。为运动件。

曲轴飞轮组:曲轴、飞轮、轴承。为运动件。

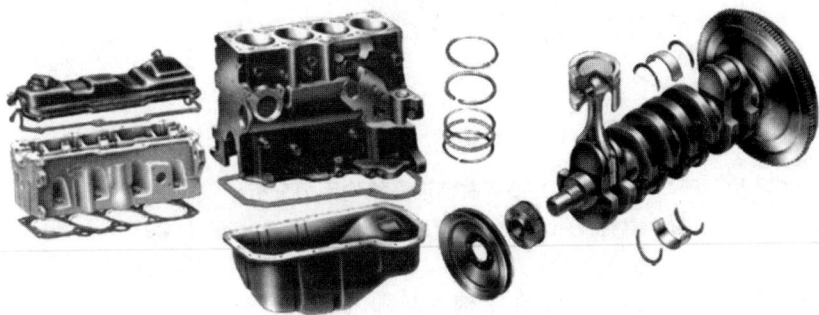

图2-2 曲柄连杆机构

2.1.2 曲柄连杆机构功用

曲柄连杆机构是发动机实现工作循环,完成能量转换的机构,用来传递动力和改变运动方式。工作中,曲柄连杆机构在做功行程中把活塞的往复运动变成曲轴的旋转运动,对外输出动力,而在其他3个行程中,即进气、压缩、排气行程中又把曲轴的旋转运动转变为活塞的往复直线运动,为发动机循环提供动力。总之,曲轴连杆机构是发动机借以产生并传递动力的机构,通过它把燃料燃烧后发出的热能最终转变为机械能。

不动件:发动机的骨架,安装各机构系统的基础。

运动件:主要工作机构,实现能量、运动形式转换。

2.1.3 曲柄连杆机构工作条件及受力分析

(1)工作条件

高温:柴油机瞬时2500 K,热负荷大,零件易热变形。汽油机瞬时可达2800 K。

高压:柴油机瞬时5~10 MPa,增压发动机可高达12~18 MPa。汽油机气压相对较小。

高速且变速:柴油机转速可达2200 r/min,汽油机转速可达3000 r/min。转速上升,惯性力上升,且变化。惯性力是运动件质量数千倍。

化学腐蚀:氧化、SO_2、酸碱性物质等。

机构冲击、振动:与燃烧有关的零件以热负荷影响为主。

曲柄连杆机构：机械负荷(气体压力、惯性力)影响为主。

(2)受力及影响分析

曲柄连杆机构受力分析如图 2-3 所示。曲柄连杆机构中各构件的受力情况十分复杂，其中有活塞顶部受到的气体压力 P、往复运动构件受到的惯性力 P_P、旋转运动构件受到的离心力 P_C、相对运动构件接触表面受到的摩擦力，以及由温差引起的热应力。这些力作用在曲柄连杆机构和机体的各相关零件上，使之受到压缩、拉伸、弯曲、扭转、摩擦等不同性质的变形；各种力的周期变化导致零件磨损不均匀。

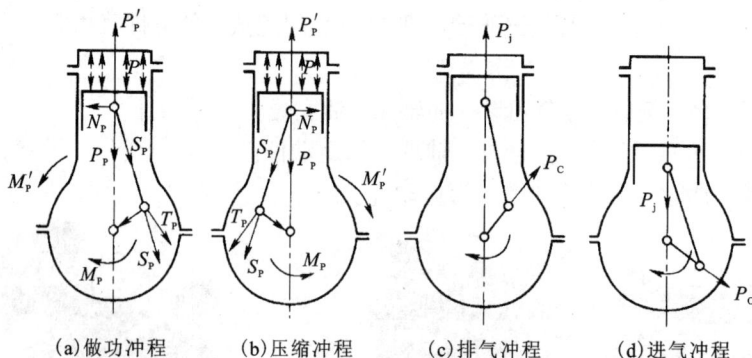

(a)做功冲程　　(b)压缩冲程　　(c)排气冲程　　(d)进气冲程

图 2-3　曲柄连杆机构受力分析

M—旋转扭力；P—燃气压力；N—侧压力；S—连杆压(拉)力

为了保证工作可靠，减少磨损，在结构上必须采取相应的措施。

措施：加配重，合理安排做功顺序。

旋转惯性矩可平衡，往复惯性力不可以平衡。

2.2　发动机机体组基本知识

机体是构成发动机的骨架，是发动机各机构和各系统的安装基础，其内、外安装有发动机的所有主要零部件和附件，承受各种载荷。因此，机体必须要有足够的强度和刚度。机体组主要由气缸体、曲轴箱、气缸盖和气缸垫等零部件组成(图 2-4)。

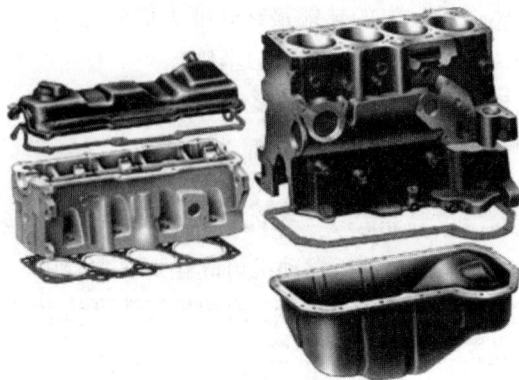

图 2-4　发动机机体组

2.2.1 气缸体

水冷发动机的气缸体和上曲轴箱常铸成一体，称为气缸体—曲轴箱，也可称为气缸体（图 2-5）。气缸体一般用灰铸铁铸造而成，为了提高气缸的耐磨性，有时在铸铁中加少量合金元素如镍、钼、铬、磷等，也有的强化发动机采用了球墨铸铁。某些发动机为了减少质量，加强散热，采用铝合金制造。

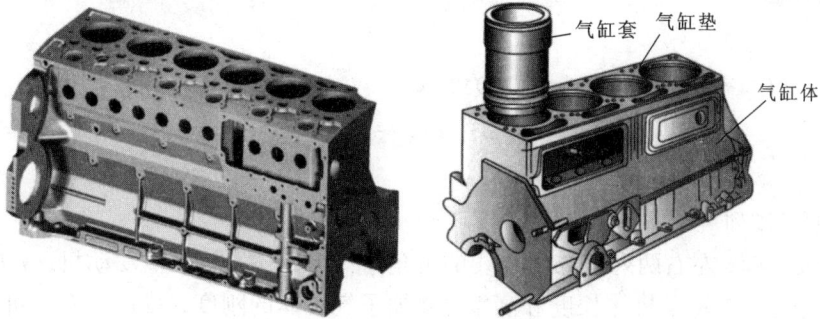

图 2-5 发动机气缸体

气缸体上部的圆柱形空腔称为气缸，下半部为支承曲轴的曲轴箱，其内腔为曲轴运动的空间。在气缸体内部铸有许多加强筋，冷却水套和润滑油道等。

发动机用水冷却时，气缸周围和气缸盖中均有用以充水的空腔，称为水套，如图 2-6 所示。气缸体和气缸盖上的水套是相互连通的。利用水套中的冷却水流过高温零件的周围而将热量带走。

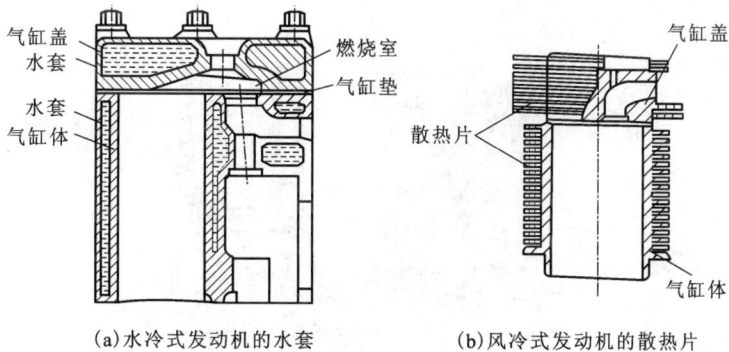

(a)水冷式发动机的水套　　(b)风冷式发动机的散热片

图 2-6 发动机气缸体和气缸盖示意

对多缸发动机来说，气缸的排列决定了发动机的外形结构，对气缸体的刚度和强度也有影响，并关系到工程机械各总成的布置情况。工程机械发动机气缸排列基本上有以下三种形式，如图 2-7 所示。

(1)直列式排列

发动机的各个气缸排成一列，一般是垂直布置的。单列式气缸体结构简单，加工容易，但发动机长度和高度较大。一般六缸以下发动机多采用单列式。有的工程机械为了降低发动机的高度，把发动机倾斜一个角度。

25

(a)直列式　　　　　(b)V型式　　　　　(c)对置式

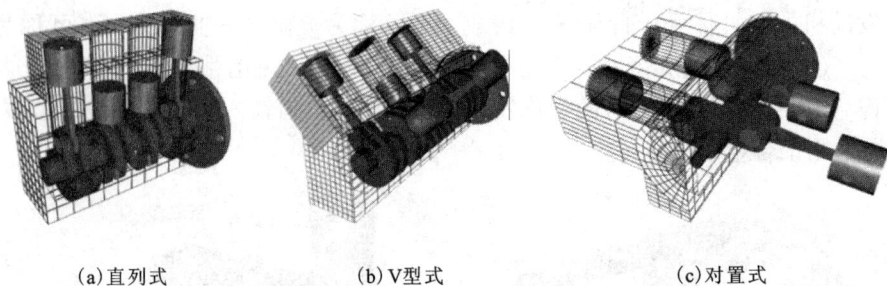

图 2 - 7　气缸体结构形式

（2）V 型式排列

气缸排成两列，左右两列气缸中心线的夹角 $\gamma < 180°$，称为 V 型发动机，V 型发动机与直列发动机相比，缩短了机体长度和高度，增加了气缸体的刚度，减轻了发动机的质量，但加大了发动机的宽度，且形状较复杂，加工困难。一般用于 8 缸以上的发动机，6 缸发动机也有采用这种形式的气缸体。

（3）对置式排列

气缸排成两列，左右两列气缸在同一水平面上，即左右两列气缸中心线的夹角 $\gamma = 180°$，称为对置式。其结构特点是高度小，总体布置方便，有利于风冷。这种气缸应用较少，常应用在赛车上。

在气缸体与油底壳之间留有一个曲柄运动的空间，称为曲轴箱，曲轴箱的结构形式有平底式、龙门式和隧道式三种，如图 2 - 8 所示。

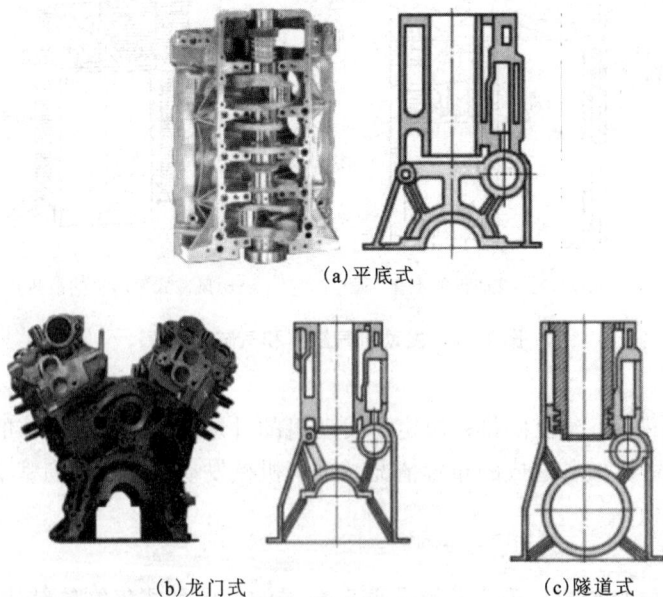

(a)平底式

(b)龙门式　　　　　(c)隧道式

图 2 - 8　曲轴箱结构

气缸体的曲轴线与曲轴箱分开面在同一平面上的是一般式气缸体,其特点是便于机械加工,但结构刚度差,多用于小型发动机,如图2-8(a)所示。

气缸体的曲轴线高于曲轴箱分开面的是龙门式气缸体,其特点是结构刚度和强度较好,目前大部分大中型发动机采用这种形式,如图2-8(b)所示。

隧道式气缸体的主轴承孔不分开,其特点是结构刚度比龙门式的更高,主轴承的同轴度易保证,但拆装比较麻烦,多用于主轴承为滚动轴承并采用组合式曲轴的大型发动机,如图2-8(c)所示。

2.2.2 气缸与气缸套

将气缸直接镗在气缸体上的结构形式称为整体式气缸,整体式气缸强度和刚度都好,能承受较大的载荷,但这种气缸对材料要求高,成本高。将气缸制造成单独的圆筒形零件(即气缸套),然后再装到气缸体内的结构形式称为镶套式气缸套。镶套式结构中气缸套采用耐磨的优质材料制成,气缸体可用价格较低的一般材料制造,从而降低了制造成本。同时,气缸套可以从气缸体中取出,因而便于修理和更换,并可大大延长气缸体的使用寿命。

镶套式气缸套结构又可分为干式气缸套和湿式气缸套两种(图2-9)。

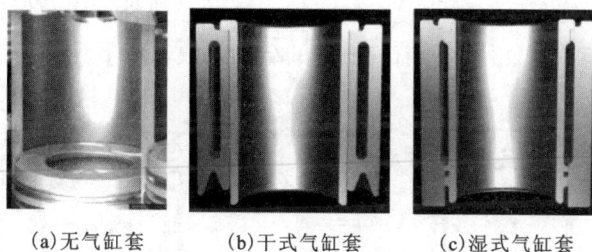

(a)无气缸套   (b)干式气缸套   (c)湿式气缸套

图2-9 气缸套

干式气缸套的特点是气缸套装入气缸体后,其外壁不直接与冷却水接触,而和气缸体的壁面直接接触,壁厚较薄,一般为1~3 mm。它具有整体式气缸体的优点,强度和刚度都较好,但加工比较复杂,内、外表面都需要进行精加工,拆装不方便,散热不良。

湿式气缸套的特点是气缸套装入气缸体后,其外壁直接与冷却水接触,气缸套仅在上、下各有一圆环地带和气缸体接触,壁厚一般为5~9 mm。它散热良好,冷却均匀,加工容易,通常只需要精加工内表面,而与水接触的外表面不需要加工,拆装方便,但缺点是强度、刚度都不如干式气缸套好,而且容易产生漏水现象。应该采取一些防漏措施。工程机械上发动机大多数应用湿式气缸套。

2.2.3 气缸盖

气缸盖安装在气缸体的上面,从上部密封气缸并构成燃烧室。它经常与高温高压燃气相接触,因此承受很大的热负荷和机械负荷。水冷发动机的气缸盖内部制有冷却水套,缸盖下端面的冷却水孔与缸体的冷却水孔相通。利用循环水来冷却燃烧室等高温部分。

缸盖上还装有进、排气门座,气门导管孔,用于安装进、排气门,还有进气通道和排气通道等。汽油机的气缸盖上加工有安装火花塞的孔,而发动机的气缸盖上加工有安装喷油器的孔。顶置凸轮轴式发动机的气缸盖上还加工有凸轮轴轴承孔,用以安装凸轮轴。

气缸盖一般采用灰铸铁或合金铸铁铸成(图2-10)。铝合金的导热性好,有利于提高压缩比,所以近年来铝合金气缸盖被采用得越来越多。

(a)铸铁气缸盖   (b)铝合金气缸盖

图2-10 气缸盖结构图

2.2.4 气缸垫

图2-11为气缸垫,气缸垫用来保证气缸体与气缸盖结合面间的密封,防止漏气、漏水。气缸垫与高温、高压气体和水接触。在使用中很容易被烧蚀,特别是缸口卷边周围,因此,气缸垫要耐热、耐蚀,具有足够的强度,一定的弹性和导热性,从而保持可靠的密封。另外还应有足够的寿命,能重复使用。目前气缸垫的结构大致有以下几种。

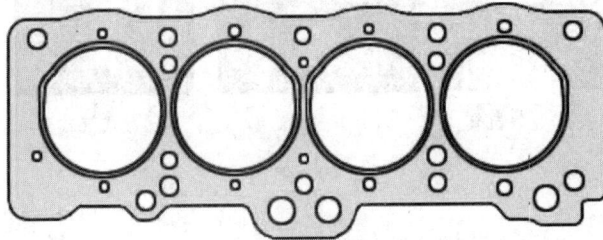

图2-11 气缸垫

(1)金属—石棉垫

广泛使用的金属—石棉垫,内填石棉(常掺入铜屑或铜丝,以加强导热性,平衡缸体与缸盖的温度),外包铜皮或钢皮,在缸口、水孔、油道口周围卷边加固。金属包皮能增加强度、耐烧蚀和传热能力。石棉芯有高的耐热性和一定的弹性。这种垫片可多次使用。另一种是金属骨架—石棉垫,用编制钢丝、钢片或冲孔钢片为骨架,外覆石棉及橡胶黏结剂压成垫片,表面涂以石墨粉等润滑剂,只在缸口及水道口处有金属包边。这种缸垫易黏结,一般只能使用一次。还有的气缸垫既有金属骨架,石棉外又包有金属包皮。

(2)纯金属垫

某些强化程度较高的发动机,采用纯金属气缸垫,由单层或多层金属片(铜、铝或低碳钢)冲压而成。为了加强密封,在缸口、水孔、油道口处,冲有弹性凸筋或黏有耐热橡胶(如康明斯K19发动机的气缸垫)。使用纯金属垫和密封胶的发动机,对气缸盖和气缸体接合面要求较高的加工精度。近年来一些发动机开始使用耐热密封胶取代了传统的气缸垫。

2.2.5　油底壳

气缸体下部用来安装曲轴的部位称为曲轴箱，曲轴箱分上曲轴箱和下曲轴箱。上曲轴箱与气缸体铸成一体，下曲轴箱用来储存润滑油，并封闭上曲轴箱，故又称为油底壳(图2－12)。油底壳受力很小，一般采用薄钢板冲压而成，其形状取决于发动机的总体布置和机油的容量。油底壳内装有稳油挡板，以防止车辆颠动时油面波动过大。油底壳底部还装有放油螺塞，通常放油螺塞具有磁性，可以吸附润滑油中的金属屑，减少发动机的磨损。在上下曲轴箱接合面之间装有衬垫，防止润滑油泄漏。

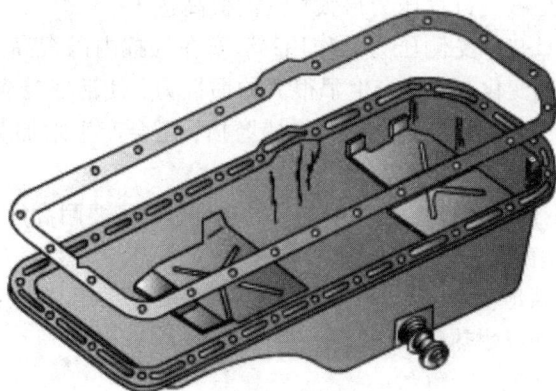

图2－12　油底壳

2.3　活塞连杆组的构造

活塞连杆组由活塞、活塞环、活塞销、连杆、连杆轴瓦等组成，如图2－13所示。

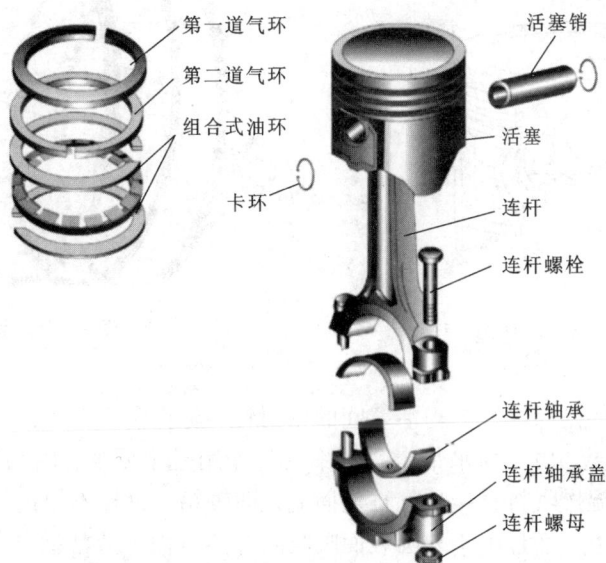

第一道气环
第二道气环
组合式油环
卡环
活塞销
活塞
连杆
连杆螺栓
连杆轴承
连杆轴承盖
连杆螺母

图2－13　活塞连杆组

2.3.1 活塞

（1）活塞的功用与工作条件

活塞的功用是承受气体压力，并通过活塞销传给连杆驱动曲轴旋转，活塞顶部还是燃烧室的组成部分。

工作条件：活塞在高温、高压、高速、润滑不良的条件下工作。

活塞直接与高温气体接触，瞬时温度可达 2500 K 以上，因此，受热严重，而散热条件又很差，所以活塞工作时温度很高，顶部高达 600～700 K，且温度分布很不均匀；活塞顶部承受气体压力很大，特别是做功行程压力最大，汽油机高达 3～5 MPa，发动机高达 6～9 MPa，这就使得活塞产生冲击，并承受侧压力的作用；活塞在气缸内以很高的速度（8～12 m/s）往复运动，且速度在不断地变化，这就产生了很大的惯性力，使活塞受到很大的附加载荷。活塞在这种恶劣的条件下工作，会产生变形并加速磨损，还会产生附加载荷和热应力，同时受到燃气的化学腐蚀作用。

要求：要有足够的刚度和强度，传力可靠；导热性能好，要耐高压、耐高温、耐磨损；质量小，质量轻，尽可能地减小往复惯性力。

铝合金材料基本上满足上面的要求，因此，活塞一般都采用高强度铝合金，但在一些低速发动机上采用高级铸铁或耐热钢。

（2）活塞的构造

活塞可分为三部分：活塞顶部、活塞头部和活塞裙部（图 2-14）。

2.3.2 活塞环

活塞环（图 2-15）是具有弹性的开口环，有气环和油环之分。

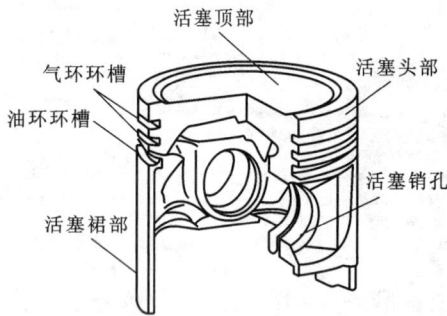

图 2-14　活塞的构造

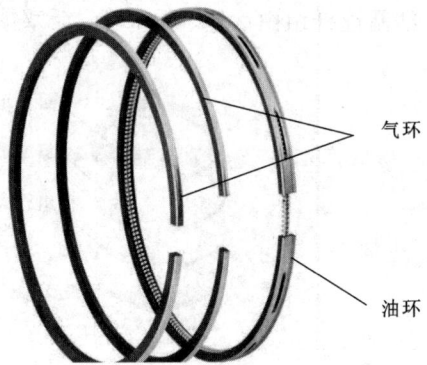

图 2-15　活塞环

活塞环功用：气环是保证气缸与活塞间的密封性，防止漏气，并且要把活塞顶部吸收的大部分热量传给气缸壁，由冷却水带走。其中密封作用是主要的，因为密封是传热的前提。如果密封性不好，高温燃气将直接从气缸表面流入曲轴箱。这样不但由于环面和气缸壁面贴合不严而不能很好散热，而且由于外圆表面吸收附加热量而导致活塞和气环烧坏；油环起布油和刮油的作用，下行时刮除气缸壁上多余的机油，上行时在气缸壁上铺涂一层均匀的油膜。这样既可以防止机油窜入气缸燃烧掉，又可以减少活塞、活塞环与气缸壁的摩擦阻力，此外，油环还能起到封气的辅助作用。

活塞环工作条件：活塞环在高温、高压、高速和润滑极其困难的条件下工作，尤其是第一道环最为困难，长期以来，活塞环一直是发动机上使用寿命最短的零件。活塞环工作时受到气缸中高温高压燃气的作用，温度很高（特别是第一道环温度可高达 600 K），活塞环在气缸内随活塞一起作高速运动，加上高温下机油可能变质，使环的润滑条件变坏，难以保证良好的润滑，因而磨损严重。另外，由于气缸壁的锥度和椭圆度，活塞环随活塞往复运动时，沿径向会产生一张一缩运动，使环受到交变应力而容易折断。因此，要求活塞环弹性好，强度高、耐磨损。目前广泛采用的活塞环材料是合金铸铁（在优质灰铸铁中加入少量铜、铬、钼等合金元素），第一道环镀铬，其余环一般镀锡或磷化。

（1）气环

气环开有切口，具有弹性，在自由状态下外径大于气缸直径。它与活塞一起装入气缸后，外表面紧贴在气缸壁上，形成第一密封面。被封闭的气体不能通过环周与气缸之间，便进入了环与环槽的空隙，一方面把环压到环槽端面形成第二密封面，另一方面，作用在环背的气体压力又大大加强了第一密封面的密封作用（图 2-16）。气环密封效果一般与气环数量、发动机的转速有关，高速发动机的环数较低速发动机的少。

气环的断面形状很多，最常见的有矩形环、扭曲环、锥形环、梯形环和桶面环（图 2-17）。

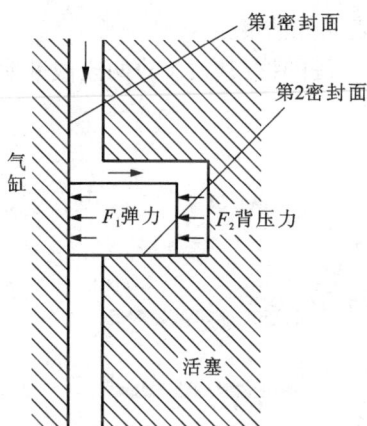

图 2-16 气环的密封原理

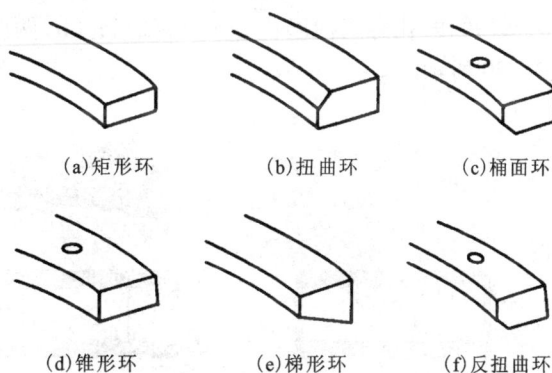

(a)矩形环　(b)扭曲环　(c)桶面环
(d)锥形环　(e)梯形环　(f)反扭曲环

图 2-17 活塞环断面形状

（2）油环

油环有普通油环和组合油环两种（图 2-18）。

①普通油环。普通油环又叫整体式油环。环的外圆柱面中间加工有凹槽，槽中钻有小孔或开切槽，当活塞向下运动时，将缸壁上多余的机油刮下，通过小孔或切槽流回曲轴箱；当活塞上行时，刮下的机油仍通过回油孔流回曲轴箱。有些普通环还在其外侧上边制有倒角，使环在随活塞上行时形成油楔，可起均布润滑油的作用，下行刮油能力强，减少了润滑油的上窜。

②组合式油环。组合环由上下两片侧轨环与中间的扩胀器组成，侧轨环用镀铬钢片制成，扩胀器的周边比气缸内圆周略大一些，可装侧轨环紧紧压向气缸壁。这种油环的接触压

力高，对气缸壁面适应性好，而且回油通路大，质量小，刮油效果明显。图 2-19 右侧所示的组合环由刮油钢片和弹性衬环组成，它具有上述组合环的优点。近年来工程机械发动机上越来越多地采用了组合式油环。它的缺点主要是制造成本高。

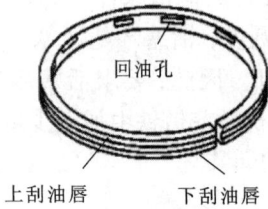

图 2-18 普通油环

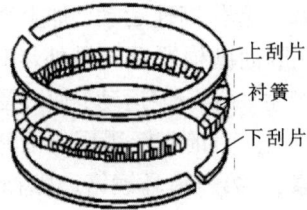

图 2-19 组合式油环

2.3.3 活塞销

活塞销的功用是连接活塞和连杆小头，并把活塞承受的气体压力传给连杆。

活塞销在高温下周期地承受很大的冲击载荷，其本身又作摆转运动，而且处于润滑条件很差的情况下工作，因此，要求活塞销具有足够的强度和刚度，表面韧性好，耐磨性好，重量轻。所以活塞销一般都做成空心圆柱体，采用低碳钢和低碳合金钢制成，外表面经渗碳淬火处理以提高硬度，精加工后进行磨光，有较高的尺寸精度和表面光洁度。

活塞销的内孔有三种形状：（a）圆柱形；（b）两段截锥与一段圆柱组合；（c）两段截锥形。如图 2-20 所示。

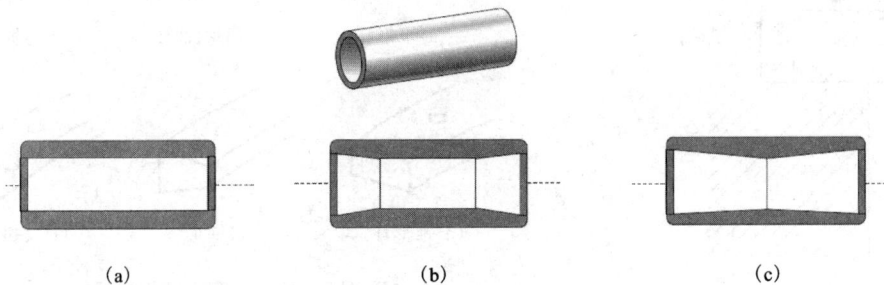

（a）   （b）   （c）

图 2-20 活塞销

圆柱形孔结构简单，加工容易，但从受力角度分析，中间部分应力最大，两端较小，所以这种结构质量较大，往复惯性力大；为了减小质量，减小往复惯性力，活塞销做成两段截锥形孔，接近等强度梁，但孔的加工较复杂；组合形孔的结构介于二者之间。

活塞销与活塞销座孔及连杆小头衬套孔的安装配合有两种方式（图 2-21）："全浮式"安装和"半浮式"安装。

"全浮式"安装，当发动机工作时，活塞销、连杆小头和活塞销座都有相对运动，这样，活塞销能在连杆衬套和活塞销座中自由摆动，使磨损均匀。为了防止全浮式活塞销轴向窜动刮伤气缸壁，在活塞销两端装有挡圈，进行轴向定位。由于活塞是铝活塞，而活塞销采用钢材料，铝比钢热膨胀量大。为了保证高温工作时活塞销与活塞销座孔为过渡配合，装配时，

32

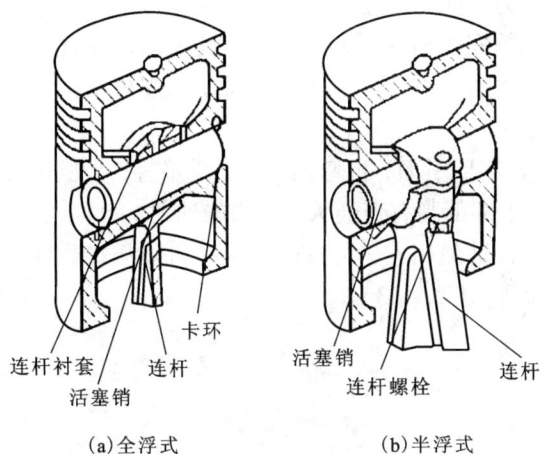

图 2-21 活塞销的连接方式

(a)全浮式   (b)半浮式

先把铝活塞加热到一定程度,然后再把活塞销装入,这种安装方式应用较广泛。

2.3.4 连杆

连杆(图 2-22)的功用是连接活塞与曲轴。连杆小头通过活塞销与活塞相连,连杆大头与曲轴的连杆轴颈相连,并把活塞承受的气体压力传给曲轴,使活塞的往复运动转变成曲轴的旋转运动。

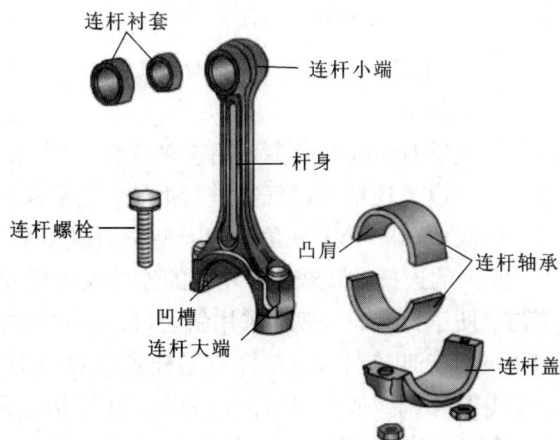

图 2-22 连杆

连杆工作时,承受活塞顶部气体压力和惯性力的作用,而这些力的大小和方向都是周期性变化的。因此,连杆受到的是压缩、拉伸和弯曲等交变载荷。这就要求连杆强度高,刚度大,质量轻。连杆一般都采用中碳钢或合金钢经模锻或辊锻而成,然后经机加工和热处理。连杆分为三个部分,即连杆小头、连杆杆身和连杆大头(包括连杆盖)。连杆小头与活塞销相连。

对全浮式活塞销,由于工作时小头孔与活塞销之间有相对运动,所以常常在连杆小头孔

33

中压入减磨的青铜衬套。为了润滑活塞销与衬套，在小头和衬套上铣有油槽或钻有油孔以收集发动机运转时飞溅上来的润滑油并用以润滑。有的发动机连杆小头采用压力润滑，在连杆杆身内钻有纵向的压力油通道。采用半浮式活塞销是与连杆小头紧配合的，所以小头孔内不需要衬套，也不需要润滑。

连杆杆身通常做成"I"字形断面，抗弯强度好，质量轻，大圆弧过渡，且上小下大，采用压力法润滑的连杆，杆身中部都制有连通大、小头的油道。

连杆大头与曲轴的连杆轴颈相连，大头有整体式和分开式两种。一般都采用分开式，分开式又分为平分和斜分两种(图2-23)。

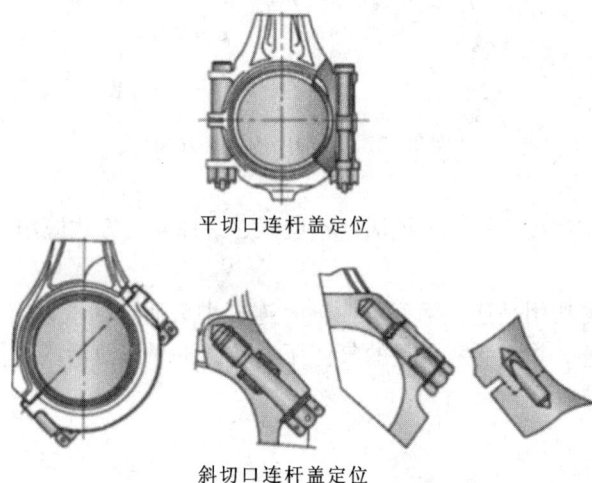

平切口连杆盖定位

斜切口连杆盖定位

图2-23 连杆大头剖分形式

平分，分面与连杆杆身轴线垂直，汽油机多采用这种连杆。因为，一般汽油机连杆大头的横向尺寸都小于气缸直径，可以方便地通过气缸进行拆装，故常采用平切口连杆。

斜分，分面与连杆杆身轴线成30°~60°夹角。加强型柴油机多采用这种连杆。因为，柴油机压缩比大，受力较大，曲轴的连杆轴颈较粗，相应的连杆大头尺寸往往超过了气缸直径，为了使连杆大头能通过气缸，便于拆装，一般都采用斜切口，最常见的是45°夹角。

连杆大头分开后可取下的部分叫连杆盖，连杆与连杆盖配对加工，加工后，在它们同一侧打上配对记号，安装时不得互相调换或变更方向。为此，在结构上采取了定位措施。平切口连杆盖与连杆的定位多采用连杆螺栓定位，利用连杆螺栓中部精加工的圆柱凸台或光圆柱部分与经过精加工的螺栓孔来保证的。斜切口连杆常用的定位方法有锯齿定位、圆销定位、套筒定位以及止口定位。

连杆盖和连杆大头用连杆螺栓连在一起，连杆螺栓在工作中承受很大的冲击力，若折断或松脱，将造成严重事故。为此，连杆螺栓都采用优质合金钢，并精加工和热处理特制而成。安装连杆盖拧紧连杆螺栓螺母时，要用扭力扳手分2~3次交替均匀地拧紧到规定的扭矩，拧紧后还应可靠的锁紧。连杆螺栓损坏后绝不能用其他螺栓来代替。原则上每次拆装发动机，连杆螺栓必须更换，如不更换，必须保证连杆螺栓的变形长度控制在标准范围，具体范围参照发动机维修手册的要求。

　　为了减小摩擦阻力和曲轴连杆轴颈的磨损,连杆大头孔内装有瓦片式滑动轴承,简称连杆轴瓦,俗称小瓦。轴瓦分上、下两个半片,目前多采用薄壁钢背轴瓦,在其内表面浇铸有耐磨合金层。耐磨合金层具有质软、容易保持油膜、磨合性好、摩擦阻力小、不易磨损等特点。耐磨合金常采用的有巴氏合金、铜铝合金、高锡铝合金。连杆轴瓦的背面有很高的光洁度。半个轴瓦在自由状态下不是半圆形,当它们装入连杆大头孔内时,又有过盈,故能均匀地紧贴在大头孔壁上,具有很好的承受载荷和导热的能力,并可以提高工作可靠性和延长使用寿命(图2-24)。

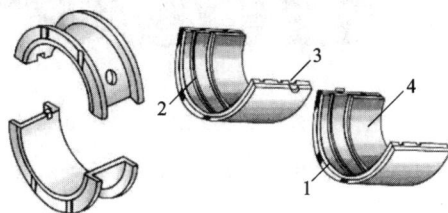

图 2-24　轴瓦

1—钢背;2—油槽;3—定位凸键;4—减摩合金

2.4　曲轴飞轮组

　　曲轴飞轮组主要由曲轴、飞轮、扭转减震器、正时齿轮和曲轴皮带轮等组成,如图2-25所示。

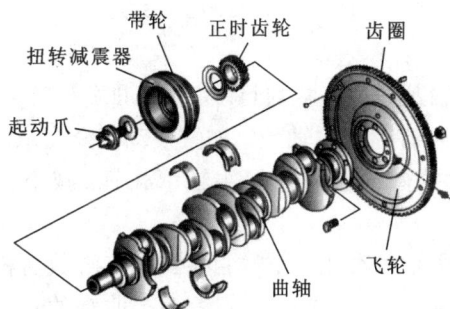

图 2-25　曲轴飞轮组

2.4.1　曲轴

　　它与连杆配合将作用在活塞上的气体压力变为旋转的动力,传给底盘的传动机构。同时,驱动配气机构和其他辅助装置,如风扇、水泵、发电机等。

　　工作时,曲轴承受气体压力、惯性力及惯性力矩的作用,受力大而且受力复杂,并且承受交变负荷的冲击作用。同时,曲轴又是高速旋转件,因此,要求曲轴具有足够的刚度和强度,具有良好的承受冲击载荷的能力,耐磨损且润滑良好。

　　曲轴一般用中碳钢或中碳合金钢模锻而成。为提高耐磨性和抗疲劳强度,轴颈表面经高频淬火或氮化处理,并经精磨加工,以达到较高的表面硬度和表面粗糙度的要求。

曲轴一般由主轴颈、连杆轴颈、曲柄、平衡块、前端和后端等组成(图2-26)。一个连杆轴颈与它两端的主轴颈及曲柄共同组成了一个曲拐,曲轴的曲拐数目等于气缸数(直列式发动机);V型发动机曲轴的曲拐数等于气缸数的一半。

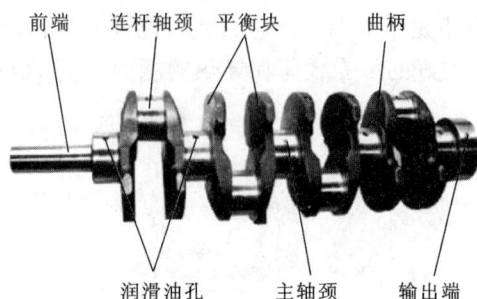

图2-26　曲轴

主轴颈是曲轴的支承部分,通过主轴承支承在曲轴箱的主轴承座中。主轴承的数目不仅与发动机气缸数目有关,还取决于曲轴的支承方式。曲轴的支承方式一般有两种(图2-27),一种是全支承曲轴,另一种是非全支承曲轴。

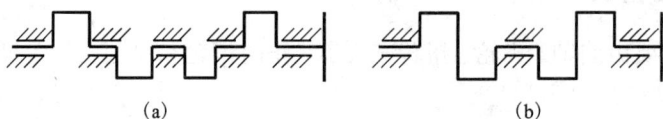

(a)　　　　　　　　　　　　　　　　(b)

图2-27　曲轴支承方式

全支承曲轴:曲轴的主轴颈数比气缸数目多一个,即每一个连杆轴颈两边都有一个主轴颈。如六缸发动机全支承曲轴有七个主轴颈。四缸发动机全支承曲轴有五个主轴颈。这种支承,曲轴的强度和刚度都比较好,并且减轻了主轴承载荷,减小了磨损。柴油机和大部分汽油机多采用这种形式。

非全支承曲轴:曲轴的主轴颈数比气缸数目少或与气缸数目相等。这种支承方式叫非全支承曲轴,虽然这种支承的主轴承载荷较大,但缩短了曲轴的总长度,使发动机的总体长度有所减小。有些汽油机,承受载荷较小可以采用这种曲轴型式。

曲轴的连杆轴颈是曲轴与连杆的连接部分,通过曲柄与主轴颈相连,在连接处用圆弧过渡,以减少应力集中。直列发动机的连杆轴颈数目和气缸数相等。V型发动机的连杆轴颈数等于气缸数的一半。

曲柄是主轴颈和连杆轴颈的连接部分,断面为椭圆形,为了平衡惯性力,曲柄处铸有(或紧固有)平衡重块。平衡重块用来平衡发动机不平衡的离心力矩,有时还用来平衡一部分往复惯性力,从而使曲轴旋转平稳。

曲轴前端装有正时齿轮、驱动风扇和水泵的皮带轮以及启动爪等。为了防止机油沿曲轴轴颈外漏,在曲轴前端装有一个甩油盘,在齿轮室盖上装有油封。曲轴的后端用来安装飞轮,在后轴颈与飞轮凸缘之间制成挡油凸缘与回油螺纹,以阻止机油向后窜漏。

2.4.2 飞轮

飞轮的主要功用是用来贮存做功行程的能量,用于克服进气、压缩和排气行程的阻力和其他阻力,使曲轴能均匀地旋转。飞轮外缘压有的齿圈与启动电机的驱动齿轮啮合,供启动发动机用;工程机械离合器也装在飞轮上,利用飞轮后端面作为驱动件的摩擦面,用来对外传递动力。如图 2-28 所示。

飞轮是高速旋转件,因此,要进行精确地平衡校准,平衡性能要好,达到静平衡和动平衡。

图 2-28 飞轮

飞轮是一个很重的铸铁圆盘,用螺栓固定在曲轴后端的接盘上,具有很大的转动惯量。飞轮轮缘上镶有齿圈,齿圈与飞轮紧配合,有一定的过盈量。

在飞轮轮缘上作有记号(刻线或销孔)供找压缩上止点用(四缸发动机为 1 缸或 4 缸压缩上止点;六缸发动机为 1 缸或 6 缸压缩上止点)。当飞轮上的记号与外壳上的记号对正时,正好是压缩上止点。飞轮上有一"0"标记。

飞轮与曲轴在制造时一起进行过动平衡实验,在拆装时为了不破坏它们之间的平衡关系,飞轮与曲轴之间应有严格不变的相对位置。通常用定位销和不对称布置的螺栓来定位。

2.4.3 曲轴扭转减震器

曲轴是一种扭转弹性系统,其本身具有一定的自振频率(图 2-29)。在发动机工作过程中,经连杆传给连杆轴颈的作用力的大小和方向都是周期性变化的,所以曲轴各个曲拐的旋转速度也是忽快忽慢呈周期性变化。安装在曲轴后端的飞轮转动惯量最大,可以认为是匀速旋转,由此造成曲轴各曲拐的转动比飞轮时快时慢,这种现象称之为曲轴的扭转振动。当振动强烈时甚至会扭断曲轴。扭转减震器的功用就是吸收曲轴扭转振动的能量,消减扭转振动,避免发生强烈的共振及其引起的严重恶果。一般低速发动机不易达到临界转速。但曲轴刚度小、旋转质量大、缸数多及转速高的发动机,由于自振频率低,强迫振动频率高,容易达到临界转速而发生强烈的共振。因而加装扭转减震器就很有必要。

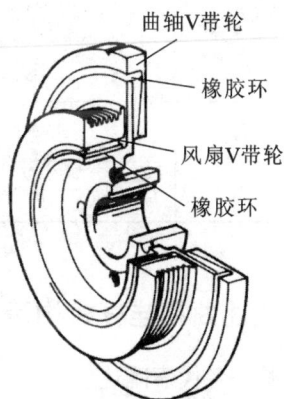

图 2-29 曲轴扭转减震器

曲轴V带轮
橡胶环
风扇V带轮
橡胶环

【技能训练】

【教学组织】

➢ 准备工作：可拆装整机 6 台
➢ 学生 6 人一组
➢ 实训时间：120 min
➢ 考核方式：学生小组互评，指导老师当裁判

一、曲柄连杆机构零部件认知

请指出表 2-1 中零部件的名称、位置与作用(4 个/人)。

表 2-1　曲柄连杆机构零部件认知明细表

序号	零件名称	序号	零件名称
1	缸盖	7	气环
2	气缸体	8	油环
3	曲轴	9	活塞销
4	飞轮	10	轴承盖
5	连杆	11	主轴承盖
6	活塞	12	正时齿轮

二、简述曲柄连杆机构运行原理

每组派一名代表阐述。

三、曲柄连杆机构零部件拆装

曲柄连杆机构零部件的拆装参照表 2-2 进行。

表 2 - 2　曲柄连杆机构零部件拆装

工作步骤	图示	工作内容	备注
活塞环的拆卸	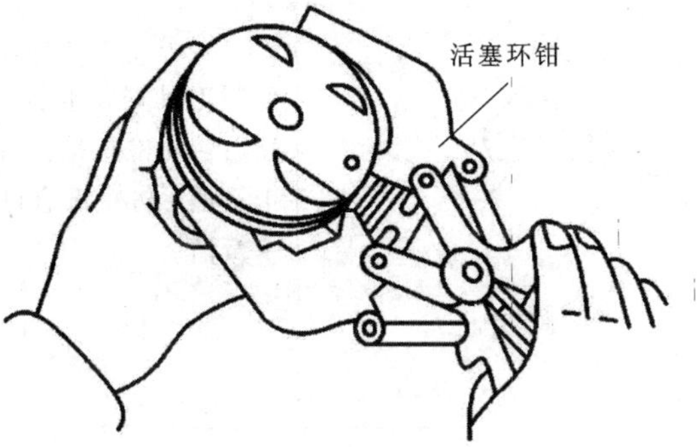	使用专用工具进行活塞环拆卸；（注意活塞环很容易扳断，力量要合适）。检查活塞环使用程度。确定是否更换，注意拆卸顺序	
活塞销卡簧的拆卸	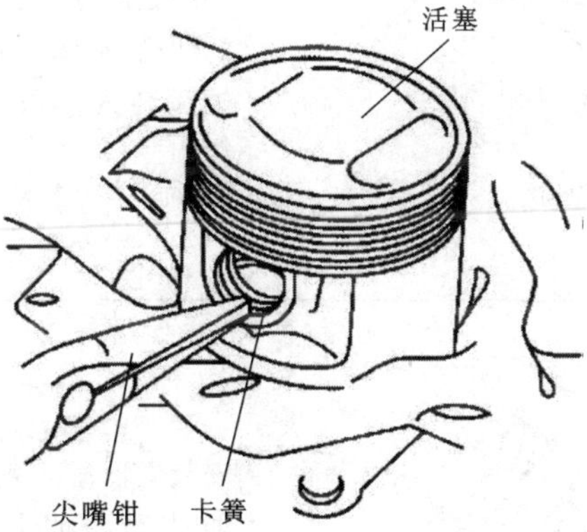	使用尖嘴钳或是卡簧钳，将活塞销卡簧卸出。检查卡簧使用程度。确定是否需要更换	
活塞销的拆卸	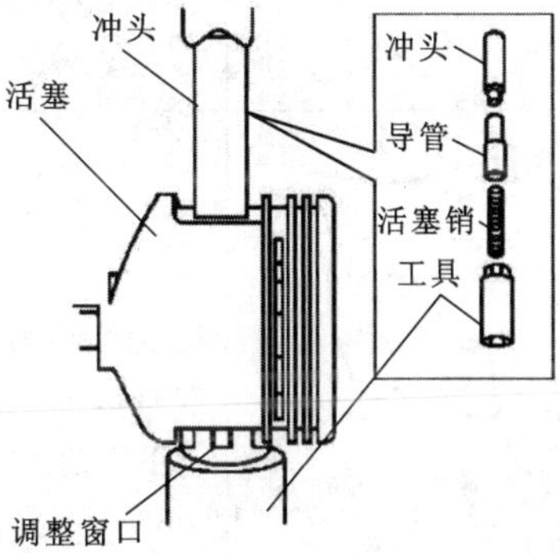	卸出活塞销，注意不要损坏零件。检查使用情况	

工作步骤	图示	工作内容	备注
活塞销及卡簧安装	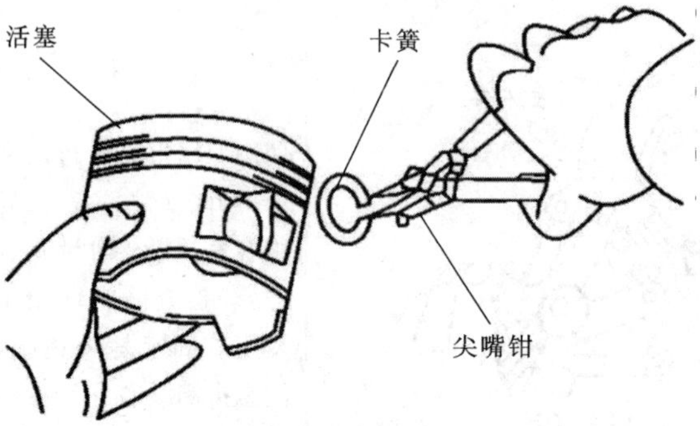 活塞　卡簧　尖嘴钳	使用工具安装卡簧,安装后转动检查是否落入卡簧槽,防止没有进入卡簧槽	
连杆轴瓦安装	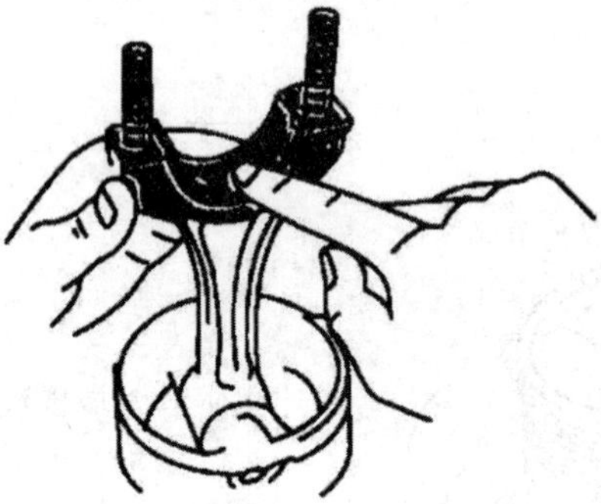	安装连杆轴瓦。将轴瓦的凸起部分与连杆盖上的凹槽(见图)对齐,将轴瓦装入连杆和连杆盖中	
主轴瓦安装	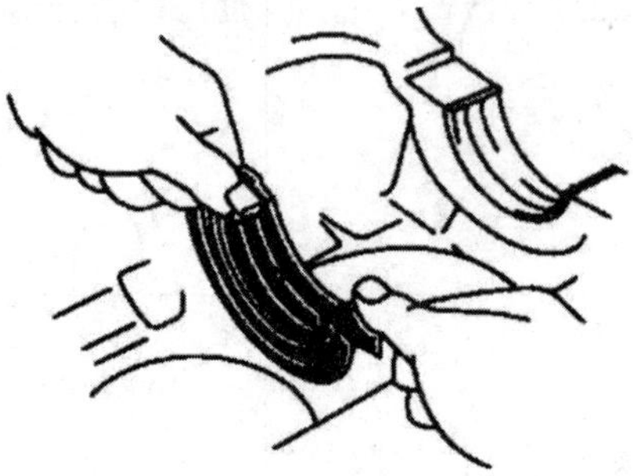	安装主轴瓦。将主轴瓦如图所示的凸起部分与气缸体上的凹槽对齐,将上主轴瓦推入	
	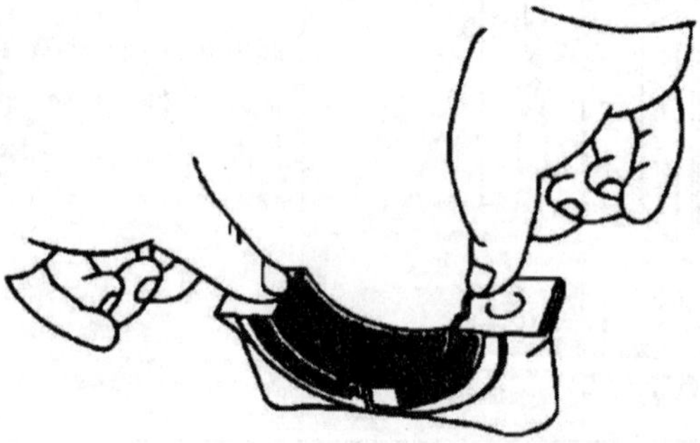	将主轴瓦的凸起部分与气缸体上的凹槽对齐,将下主轴瓦推入	

40

续表 2 - 2

工作步骤	图示	工作内容	备注
止推轴瓦安装	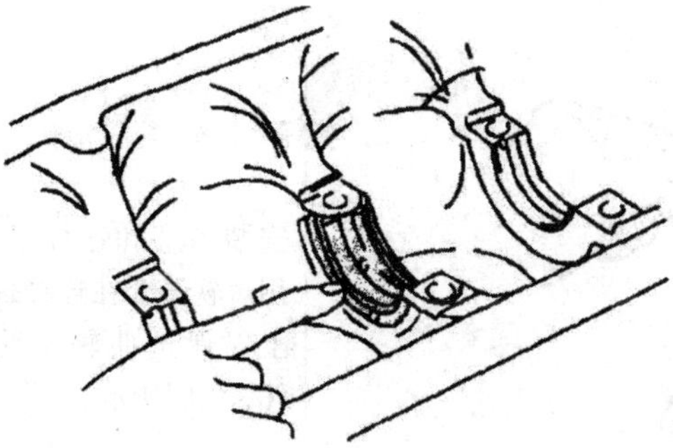	安装上止推垫片和曲轴。将止推垫片安装在气缸体的安装轴颈位置下面,使油槽朝外,如图所示。把曲轴放到气缸体上,注意放置时的方向	
	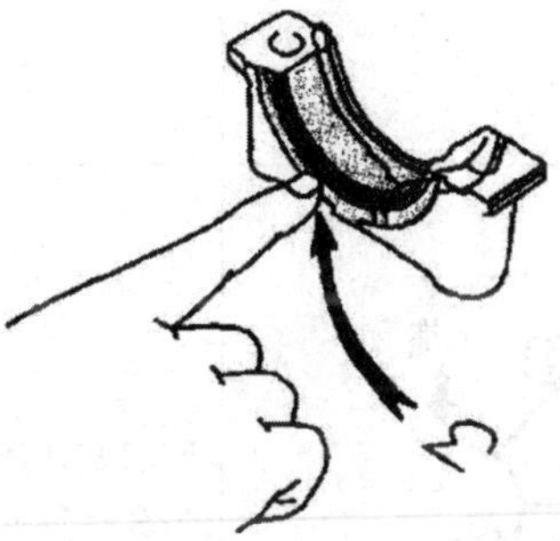	安装主轴承盖和下止推垫片。将2个止推垫片安装在3号主轴承盖上,使油槽朝外,如图所示	
主轴安装	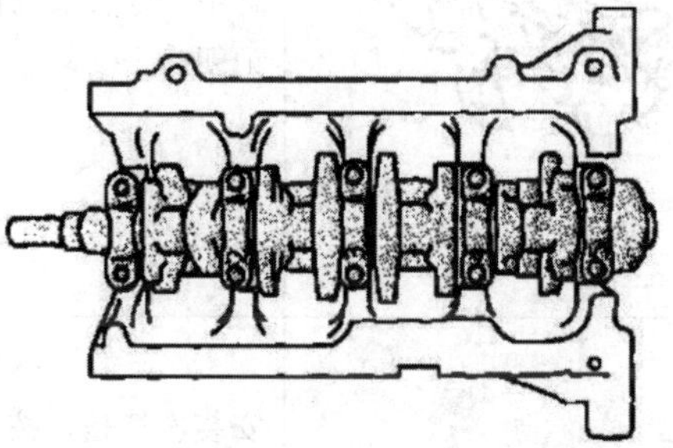	将5个主轴承安装到恰当位置上,使每个轴承盖的号码与前端标记对齐	
主轴承盖安装	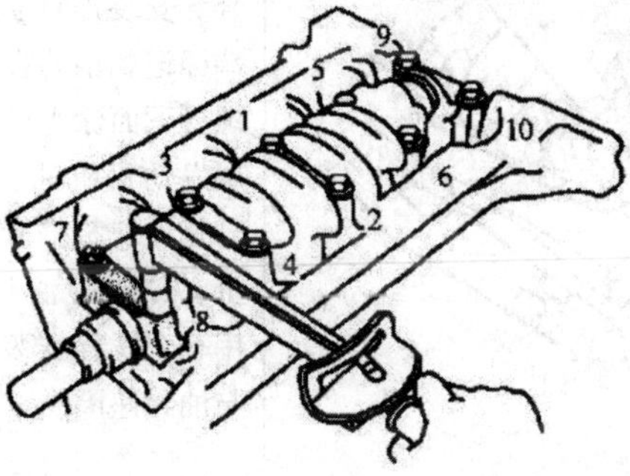	在主轴承盖螺栓头下和螺纹处涂上薄薄一层发动机机油,按图所示顺序安装并分几次均匀地拧紧10个主轴承盖螺栓(拧紧力矩参考各车型维修手册)	

工作步骤	图示	工作内容	备注
活塞连杆组的安装	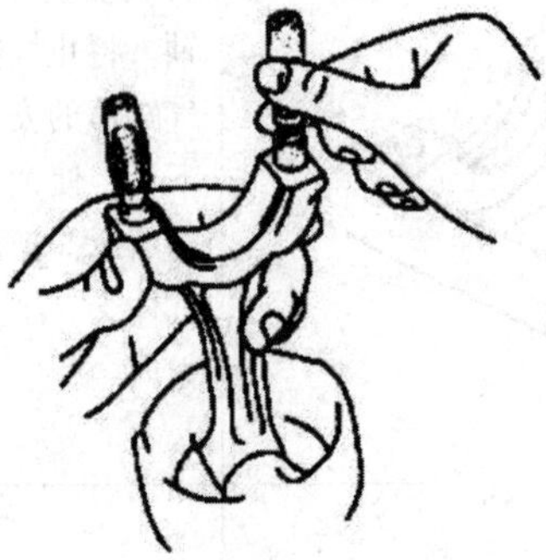	安装活塞和连杆组件。用短软管套在连杆螺栓上以保护曲轴不受损坏，如图所示	
	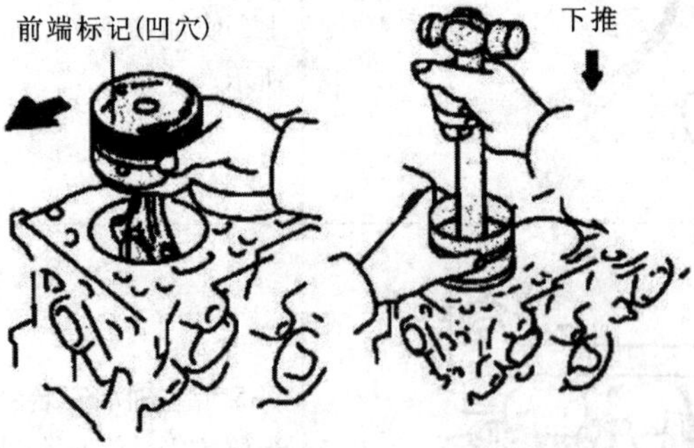 前端标记(凹穴)　下推	用活塞环压缩器将编号与各气缸匹配的活塞和连杆组件分别推入各气缸中，使活塞的前端标记朝前	
	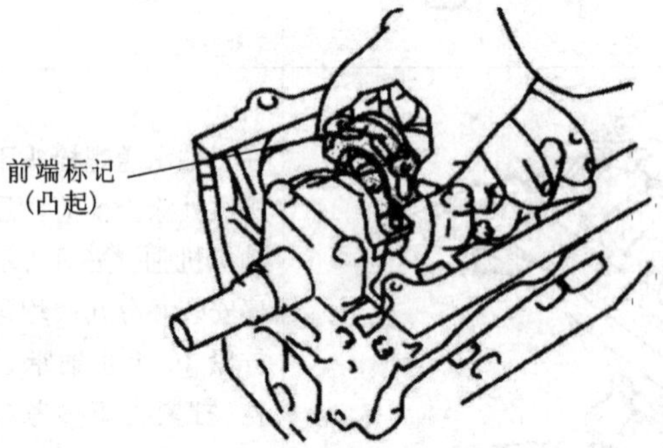 前端标记(凸起)	安装连杆盖。按号码把连杆盖与相应的连杆配合。安装连杆盖，使前端标记朝前。在连杆盖螺母下面涂上薄薄的一层发动机机油，安装前分几次交替拧紧锁紧螺母，安装后油封座圈。用 6 个螺栓安装新垫片与油封座圈	

四、考核标准

本项目考核标准参照表 2 - 3 进行。

表 2 - 3　考核标准表

考核时间	序号	考核项目	满分	评分标准	得分
120 min	1	零件认知	20	错一个扣 4 分	
	2	组件安装	20	错一处扣 4 分，记小组分	
	3	原理分析	20	根据表述情况扣分	
	4	零件的相对位置	30	每错一处扣 5 分	
	5	6S	10	整理遗漏酌情扣分	
	6	因违规操作造成人身伤害或设备事故，计 0 分			
分数总计			100		

任务二　配气机构认知

【知识准备】

2.5　配气机构基本知识

2.5.1　配气机构的功用
配气机构的功用是按照发动机各缸工作过程的需要,定时开启和关闭进、排气门。

2.5.2　配气机构的形式
配气机构可按气门的布置形式、凸轮轴的形式等来分类。

(1)按气门的布置形式

按气门的布置形式,配气机构可分为气门顶置式和气门侧置式两种。

气门顶置式配气机构应用广泛,现代发动机采用气门顶置式配气机构,其进气门和排气门都倒挂在气缸上,如图2-30(a)所示。气门侧置式配气机构的进气门和排气门都装置在气缸的一侧,如图2-30(b)所示,导致燃烧室结构不紧凑,热量损失大,气道曲折,进气流通阻力大,从而使发动机的经济性和动力性变差,目前较少采用。

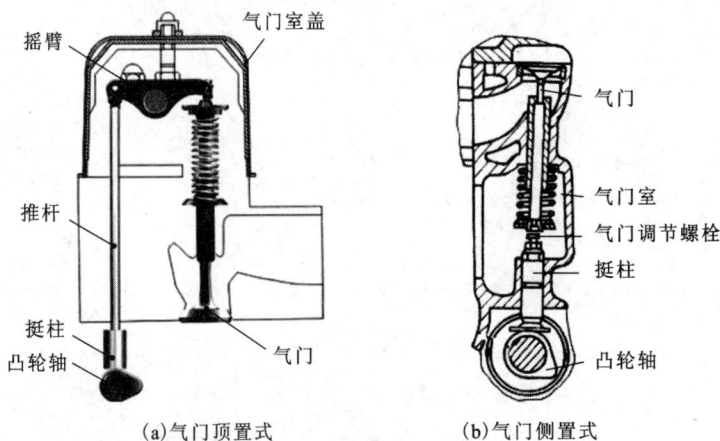

(a)气门顶置式　　(b)气门侧置式

图2-30　气门布置方式

(2)按凸轮轴的布置形式

按凸轮轴的布置位,配气机构可分为下置式、中置式和上置式凸轮轴三种(图2-31)。

①凸轮轴下置:主要缺点是气门和凸轮轴相距较远,因而气门传动零件较多,结构较复杂,发动机高度也有所增加。

②凸轮轴中置:凸轮轴位于气缸体的中部,由凸轮轴经过挺柱直接驱动摇臂,省去推杆。

③凸轮轴上置:凸轮轴布置在气缸盖上。凸轮轴上置有两种机构,一种是凸轮轴直接通过摇臂来驱动气门,这样既无挺柱,又无推杆,往复运动质量大大减小,此结构适于高速发动机。另一种是凸轮轴直接驱动气门或带液力挺柱的气门,此种配气机构的往复运动质量更

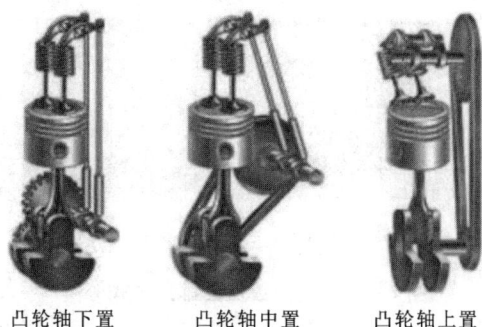

凸轮轴下置　　　凸轮轴中置　　　凸轮轴上置

图 2 - 31　凸轮轴布置方式

小，特别适应于高速发动机。

（3）凸轮轴传动方法

凸轮轴下置、中置的配气机构大多采用圆柱形正时齿轮，如图 2 - 32(c)所示，一般从曲轴到凸轮轴只需一对正时齿轮传动，若齿轮直径过大，可增加一个中间齿轮。为啮合平稳，减小噪声，正时齿轮多用斜齿。链条与链轮的传动适用于凸轮轴上置的配气机构如图 2 - 32(a)图所示，但其工作可靠性和耐久性不如齿轮传动。近年来高速发动机上广泛采用齿轮皮带来代替传动链，齿轮带传动噪声小、工作可靠、成本低，如图 2 - 32(b)所示。

(a)链条传动　　　　　(b)皮带传动　　　　　(c)齿轮传动

图 2 - 32　凸轮轴传动方法

（4）气门数目及气道布置

一般发动机都采用每缸两个气门，即一个进气门和一个排气门的结构。为了改善换气，在可行的条件下，应尽量加大气门的直径，特别是进气门的直径。但是由于燃烧室尺寸的限制，气门直径最大一般不能超过气缸直径的一半。当气缸直径较大、活塞平均速度较高时，每缸一进一排的气门结构就不能保证良好的换气质量。因此在很多的新型发动机上采用每缸四个气门结构，即两个进气门和两个排气门。如图 2 - 33 所示。

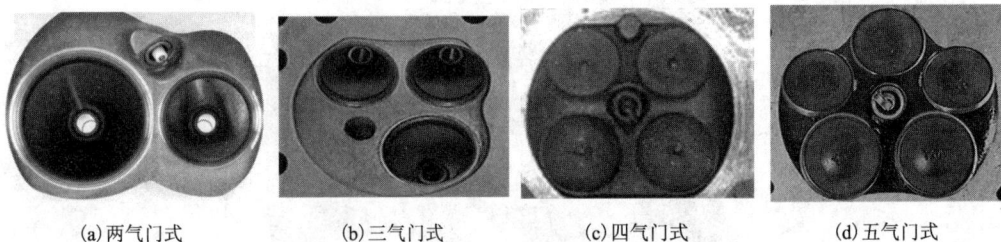

(a)两气门式   (b)三气门式   (c)四气门式   (d)五气门式

图 2-33　气门数及其排列方式分类

2.5.3　配气机构的组成

配气机构包括气门组和气门传动组，如图 2-34 所示。

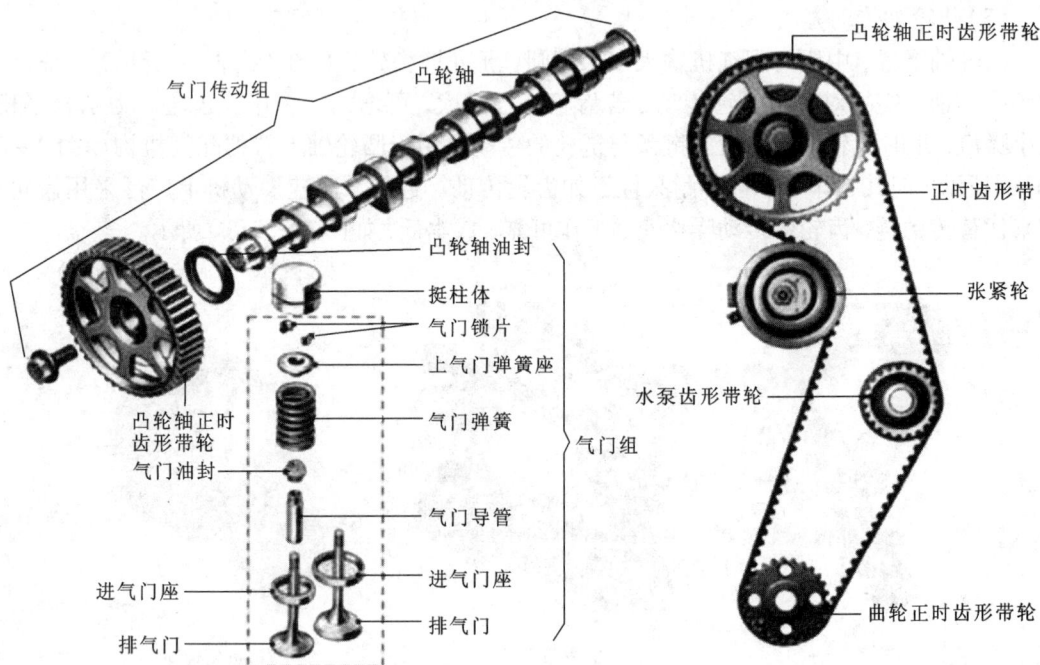

图 2-34　配气机构结构示意图

(1)气门组

包括：气门、气门导管、气座、气门弹簧、锁片(卡簧)、气门油封等。如图 2-35 所示。

①气门。

功用：控制进、排气管的开闭。

工作条件：承受高温、高压、冲击、润滑困难。

要求：足够的强度、刚度、耐磨、耐高温、耐腐蚀、耐冲击。

材料：进气门采用合金钢(铬钢或镍铬等)，排气门采用耐热合金钢(硅铬钢等)。

46

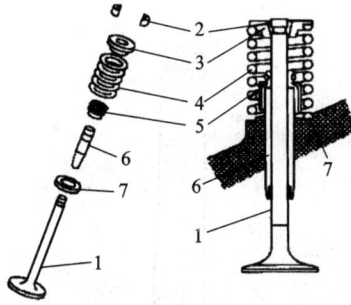

图 2 - 35　气门组

1—气门；2—锁片(卡簧)；3、7—气门弹簧座；
4—气门弹簧；5—气门油封；6—气门导管

构造：气门由头部、杆身和尾部组成。如图 2 - 36 所示。

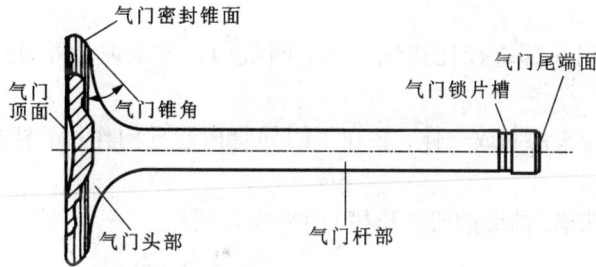

图 2 - 36　气门结构示意图

气门头部是一个具有圆锥斜面的圆盘，气门锥角一般为 45°，也有 30°(图 2 - 37)，气门头边缘应保持一定厚度，一般为 1 ~ 3 mm，以防工作中冲击损坏和被高温烧蚀。气门密封锥面与气门座配对研磨。

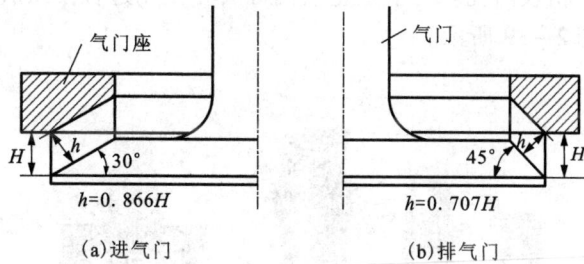

图 2 - 37　气门锥角

气门头部的形状有平顶、凸顶和凹顶三种结构型式，如图 2 - 38 所示。平顶气门的结构简单、制造方便、受热面积小，应用最多；凸顶气门的受热面积和刚度较大，但其排气阻力小，适用于排气门；凹顶气门的头部与杆部有较大的过渡圆弧，气流阻力小，但其顶部受热面积大,所以仅用作进气门。

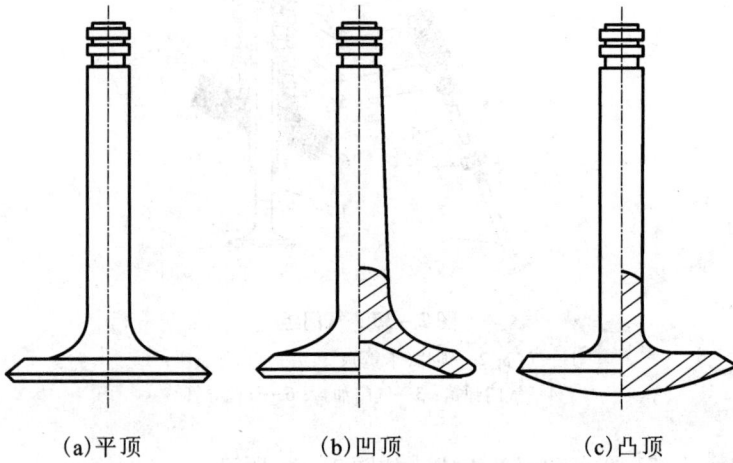

(a)平顶   (b)凹顶   (c)凸顶

图2-38 气门头部形状示意图

有的发动机进气门头部直径比排气门大,两气门一样大时,可通过密封锥角大小进行区分。

气门杆身:杆身与头部制成一体,装在气门导管内起导向作用,杆身需要与头部采用圆滑过渡连接。

气门尾部:制有凹槽(锥形槽或环形槽)用来安装锁片。

②气门导管。

功用:一是起导向作用,保证气门作直线往复运动;二是起导热作用,将气门头部传给杆身的热量,通过气缸盖传出去。

为了保证导向,导管应有一定的长度,气门导管的工作温度也较高,约500 K。气门导管和气门的润滑是靠配气机构飞溅出来的机油进行润滑的,因此易磨损。为了改善润滑性能,气门导管常用灰铸铁或球墨铸铁或铁基粉末冶金制造。导管内、外圆面加工后压入气缸盖的气门导管孔内,然后再精铰内孔。为了防止气门导管在使用过程中松脱,有的发动机对气门导管用卡环定位。如图2-39所示。

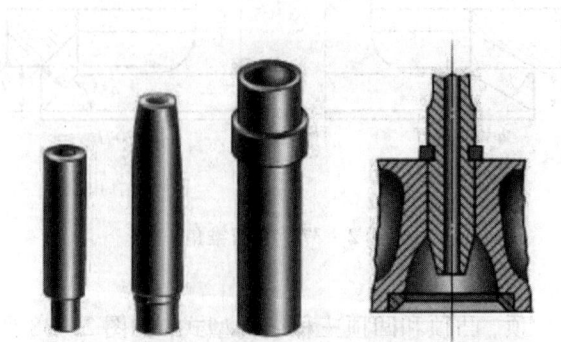

图2-39 气门导管

③气门座。

气门座与气门头部密封锥面配合密封气缸,气门头部的热量亦经过气门座外传。气门座可以在缸盖或缸体上直接镗出,也可以采用镶嵌式结构。镶嵌式结构气门座都采用较好的材料(合金铸铁、奥氏体钢等)单独制作。

④气门弹簧。

功用:保证气门回位。

气门弹簧(图2-40)的作用在于保证气门回位,在气门关闭时,保证气门与气门座之间的密封,在气门开启时,保证气门不因运动时产生的惯性力而脱离凸轮。气门弹簧多为圆柱形螺旋弹簧,它的一端支承在气缸盖上,另一端压靠在气门杆尾端的弹簧座上,弹簧座用锁片固定在气门杆的尾端。

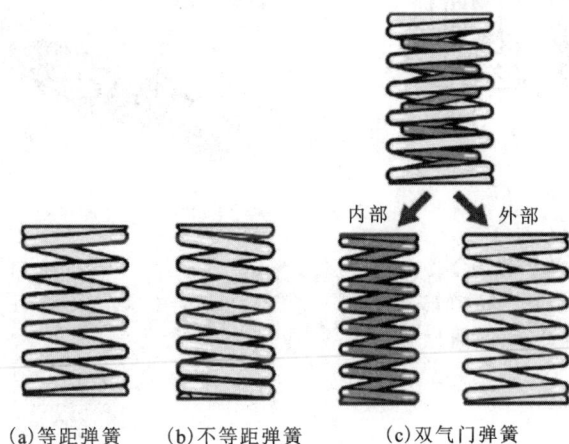

(a)等距弹簧 (b)不等距弹簧 (c)双气门弹簧

图2-40 气门弹簧

⑤气门旋转机构。

为了使气门头部温度均匀,防止局部过热引起的变形和清除气门座积炭,可设法使气门在工作中相对气门座缓慢旋转(图2-41)。气门缓慢旋转时在密封锥面上产生轻微的摩擦力,有阻止沉积物形成的自洁作用。

⑥锁片(卡簧)。

锁片(卡簧)的功用是在气门弹簧力的作用下把弹簧座和气门杆锁住,使弹簧力作用到气门杆上。

(2)气门传动组

功用:传递凸轮轴→气门之间的运动与动力。

气门传动组包括凸轮轴、挺柱、推杆、摇臂、气门间隙调整螺钉等。

①凸轮轴。

功用:控制气门的开启和关闭,每一个进、排气门分别有相应的进气凸轮和排气凸轮。

凸轮的形状影响气门的开闭时刻及高度,凸轮的排列影响气门的开闭时刻和工作顺序。(根据凸轮轴可以判断工作顺序。)工作中,凸轮轴(图2-42)受到气门间歇性开启的周期性冲击载荷,因此对凸轮表面要求耐磨,凸轮轴要有足够的韧性和刚度。

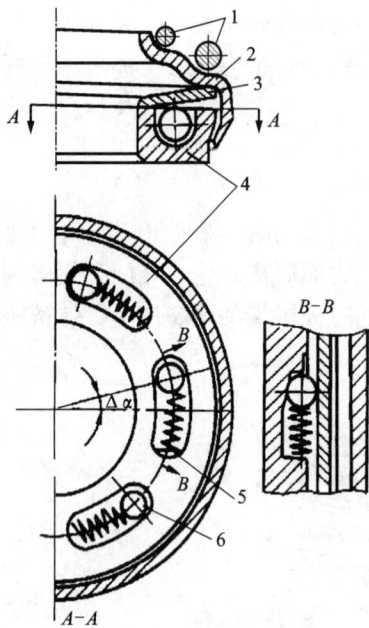

图2-41 气门旋转机构

1—气门弹簧；2—支承板；3—碟形弹簧；
4—壳体；5—回位弹簧；6—钢珠

图2-42 凸轮轴

②挺柱。

挺柱(图2-43)的功用是将凸轮的推力传给推杆(或气门杆)，并承受凸轮轴旋转时所施加的侧向力。

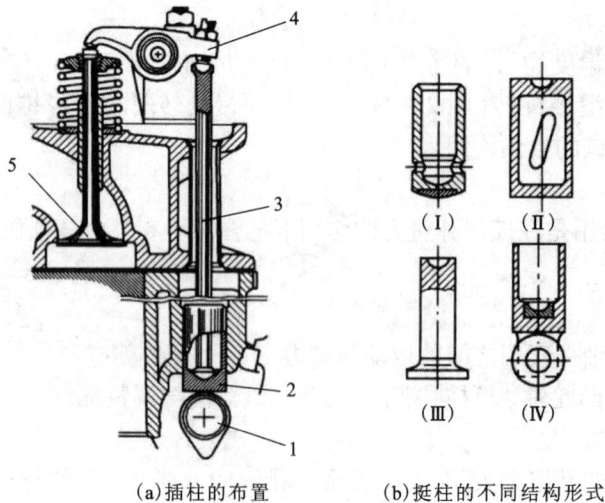

(a)插柱的布置　　(b)挺柱的不同结构形式

图2-43 挺柱

1—凸轮；2—挺柱；3—推杆；4—摇臂；5—气门

③推杆。

推杆(图2-44)的作用是将从凸轮轴传来的推力传给摇臂。它是配气机构中最容易弯曲的零件。要求有很高的刚度,在动载荷大的发动机中,推杆应尽量地做得短些。

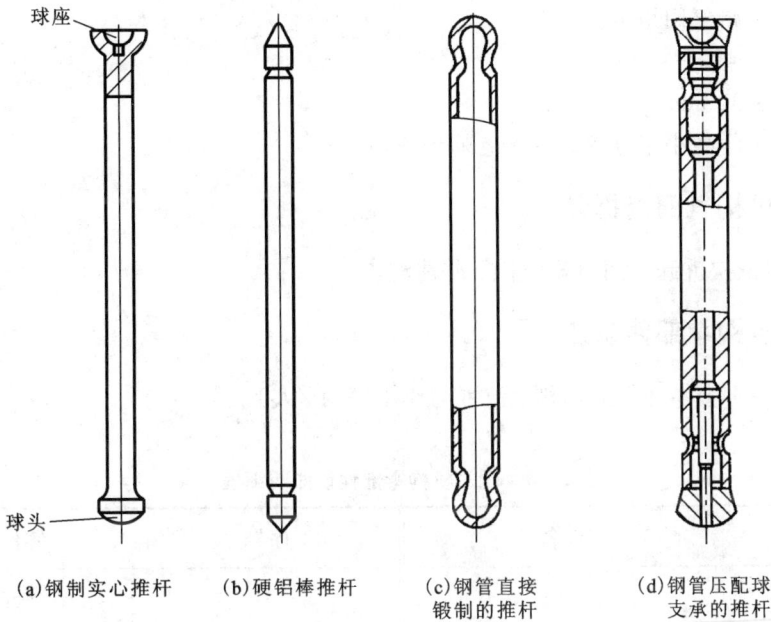

(a)钢制实心推杆　(b)硬铝棒推杆　(c)钢管直接　(d)钢管压配球
　　　　　　　　　　　　　　　　　锻制的推杆　　支承的推杆

图2-44 推杆

④摇臂。

摇臂(图2-44)实际上是一个双臂杠杆,将推杆传来的力改变方向,作用到气门杆端打开气门。

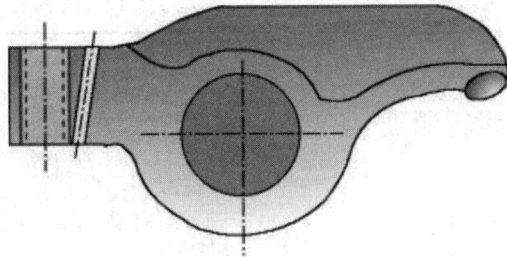

图2-45 摇臂

51

【技能训练】

【教学组织】

➤准备工作：带气门组缸盖6套

➤学生6人一组

➤实训时间：30 min

➤考核方式：学生小组互评，指导老师当裁判

一、配气机构气门组拆装

各小组成员依次拆卸一组进排气门，并清洗。

二、配气机构零部件认知

请指出表2-4中零部件的名称、位置与作用(5个/人)。

表2-4　配气机构零部件认知明细表

序号	零件名称	序号	零件名称
1	气门	7	气门座
2	气门弹簧	8	凸轮轴
3	气门弹簧座	9	挺柱
4	气门锁片	10	推杆
5	气门导管	11	摇臂
6	气门油封	12	气门调整螺钉

三、简述配气机构运行原理

每组派一名代表阐述。

四、考核标准

本项目考核标准参照表2-5进行。

表 2 – 5　考核标准表

考核时间	序号	考核项目	满分	评分标准	得分
20 mim	1	零件认知	20	错一个扣 4 分	
	2	组件安装	20	错一处扣 4 分，记小组分	
	3	原理分析	20	根据表述情况扣分	
	4	零件的相对位置	30	每错一处扣 5 分	
	5	6S	10	整理遗漏酌情扣分	
	6	因违规操作造成人身伤害或设备事故，计 0 分			
分数总计			100		

项目三
燃油系统认知与保养

【项目描述】

发动机燃油供给系统是把燃油和空气按一定配比，在特定时间供给燃烧室，并在燃烧室内混合燃烧，最后将燃烧后的废气经净化处理后排入大气的系统结构。发动机工作时系统提供的燃料必须符合燃烧的要求，燃烧效果将直接影响发动机的做功效果和排放污染程度，是一个比较容易发生故障的系统。对系统进行仔细保养，有助于减少故障的产生，提高发动机使用寿命。

【学习目标】

【知识目标】

1. 柴油机燃油系统工作原理；
2. 系统构成和高压泵分类；
3. 柴油的牌号。

【能力目标】

1. 关键件掌握；
2. 主要件拆装；
3. 燃油系统保养。

【项目导程】

本项目主要培养学员对工程机械发动机燃油供给系统的认知及保养能力。项目学习可参照图 3 – 1 进行。主要学习任务及能力要求如图 3 – 1 所示。

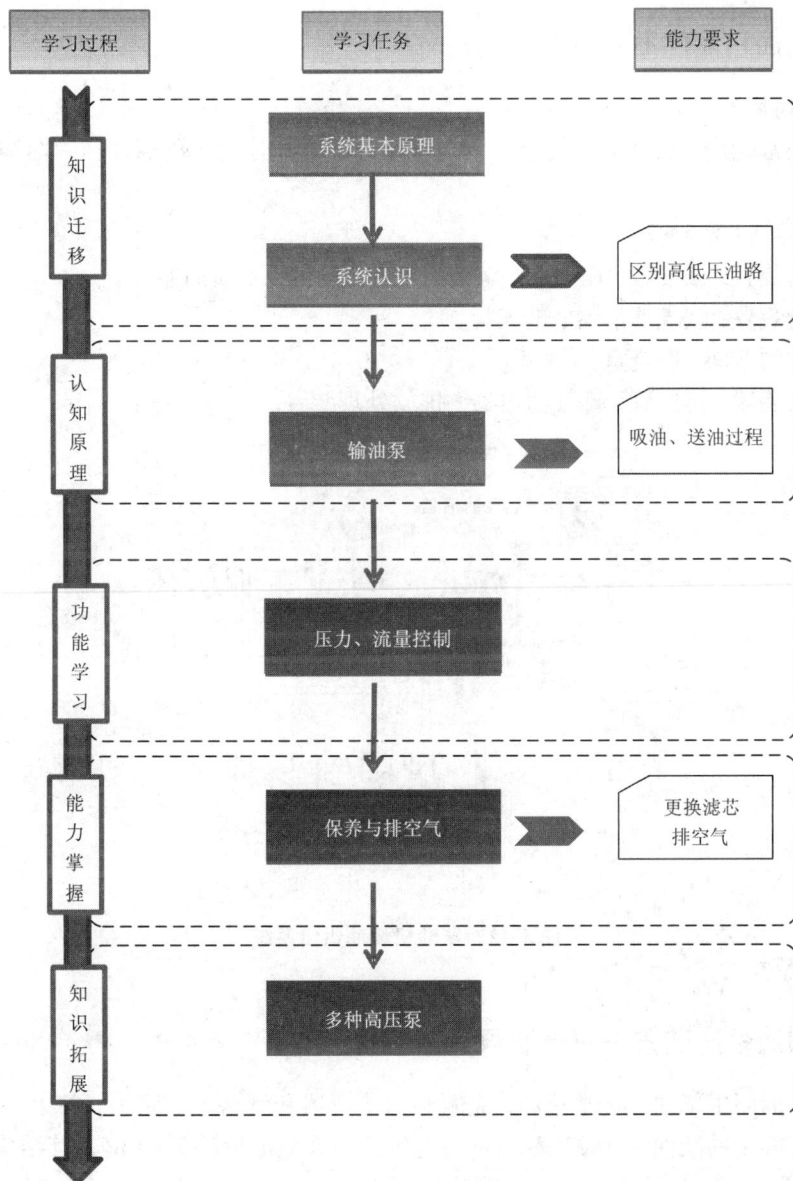

图 3 – 1 项目学习导程

任务一 燃油系统认知

【知识准备】

3.1 柴油机燃烧准备及部件构成

3.1.1 功用

柴油机正常燃烧,燃烧室空气吸入、空气压缩、燃油运送、燃油加压、燃油雾化、油气混合。

3.1.2 组成(图3-2)

燃油供给装置:柴油箱、输油泵、柴油滤清器、喷油泵、喷油器等。

空气供给装置:空气滤清器、进气管。

油气混合的空间:燃烧室。

废气排出装置:排气管、排气消声器、排放处理装置。

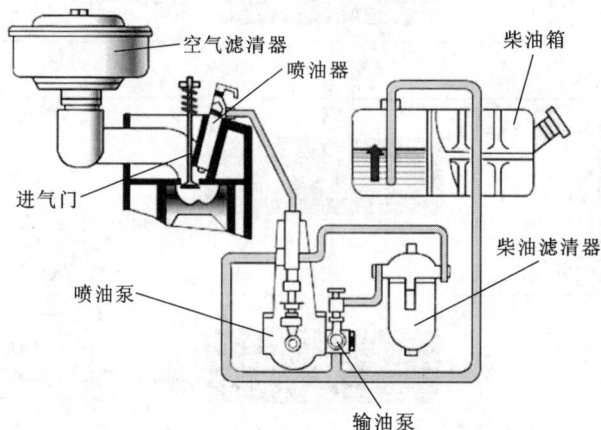

图3-2 柴油机燃油供给系统

3.2 燃油输送装置——输油泵

保证低压油路中柴油的正常流动,克服柴油滤清器和管路中的阻力,并以一定的压力向喷油泵输送足够量的柴油,一般其输油量为全负荷最大喷油量的3~4倍。其结构分为:活塞式、转子式、滑片式、齿轮式等。活塞式输油泵由于工作可靠而应用广泛,活塞式输油泵结构如图3-3所示,主要由泵体、机械油泵总成、手油泵总成、止回阀和油道组成。发动机运行时由机械油泵总成完成柴油输送,维护、维修时采用手油泵为测算路排气,由于各机型结构不同,手油泵所处位置也发生变化,认知中注意区别。因输油泵是为给低压油路供油,也叫低压油泵。各式输油泵如图3-4所示。

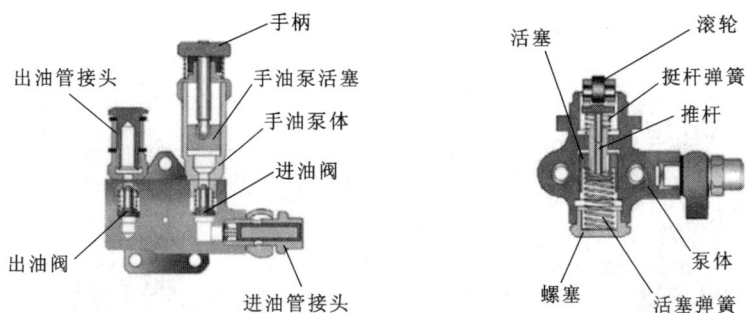

图 3 – 3　活塞式输油泵结构

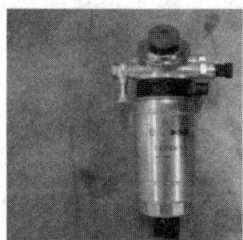

电喷系统手油泵　　　　　　　　膜片式输油泵

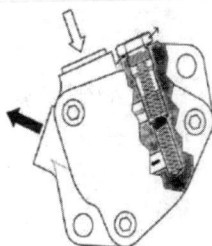

转子式输油泵

图 3 – 4　各式输油泵

3.3　燃油雾化装置——喷油器

喷油器是柴油机燃油供给系统中实现燃油喷射的重要部件，其功用是根据柴油机油气混合特点，将高压燃油雾化，同时将其喷射到燃烧室特定的部位。喷油器应满足不同类型的燃烧室对喷雾特性的要求。一般说来，需有良好的雾化质量，而且在喷油结束时不发生滴漏现象。

工程机械柴油机广泛采用闭式喷油器。这种喷油器主要由喷油器体、调压装置及喷油嘴等部分组成。闭式喷油器的喷油嘴是由针阀和针阀体组成的一对精密偶件，其配合间隙仅为 0.002 ~ 0.004 mm。在使用中不能互换。一般针阀由热稳定性好的高速钢制造，而针阀体则采用耐冲击的优质合金钢制造。根据喷油嘴结构形式的不同，闭式喷油器又可分为孔式喷油器（图 3 – 5）和轴针式喷油器（图 3 – 6）两种，分别用于不同类型的燃烧室。电喷发动机喷油器配置高速电磁阀,控制高速电磁阀开启时间来控制喷油量大小,见图 3 - 7。

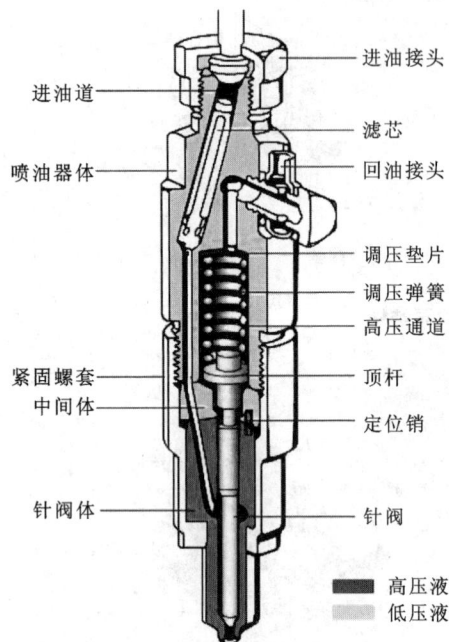

图 3 - 5 孔式喷油器

进油接头
进油道
滤芯
喷油器体
回油接头
调压垫片
调压弹簧
高压通道
紧固螺套
顶杆
中间体
定位销
针阀体
针阀

高压液
低压液

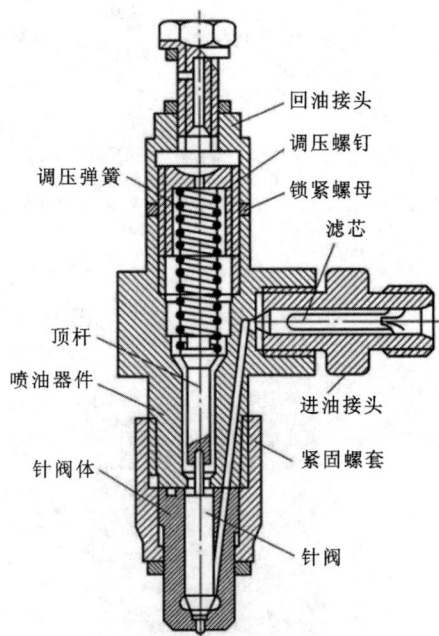

图 3 - 6 轴针式喷油器

回油接头
调压螺钉
锁紧螺母
调压弹簧
滤芯
顶杆
喷油器件
进油接头
针阀体
紧固螺套
针阀

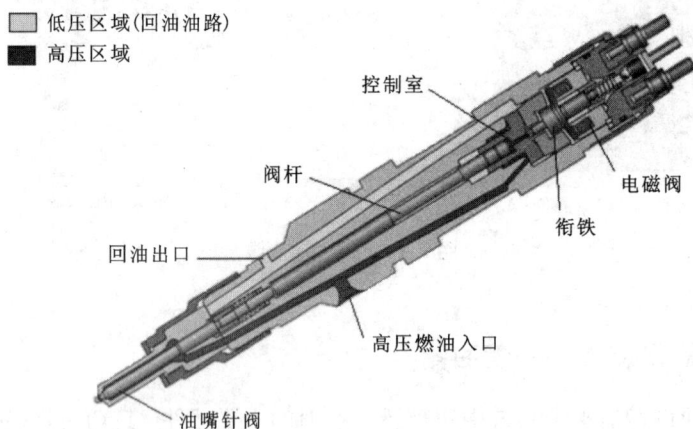

低压区域(回油油路)
高压区域

控制室
阀杆
电磁阀
衔铁
回油出口
高压燃油入口
油嘴针阀

图 3 - 7 电喷柴油机喷油器

3.4 燃油过滤装置——滤清器(图 3 - 8)

功用:除去柴油中的尘土、水分或其他机械杂质,以及柴油在温度变化及空气的接触过程中析出的少量的石蜡,以降低对精密偶件的磨损,从而提高功率,降低油耗。

58

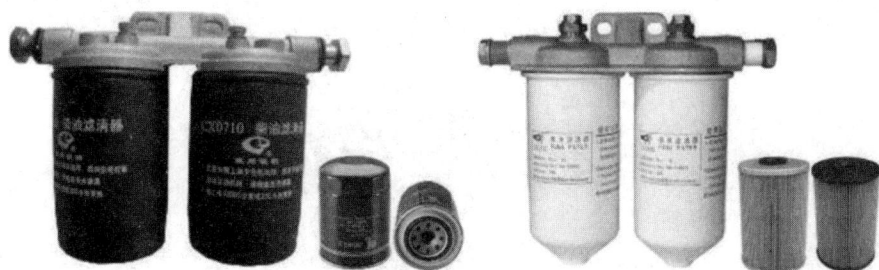

图 3 – 8　各式柴油滤清器

3.5　燃烧室

定义：当活塞到达上止点时，气缸盖和活塞顶组成的密闭空间称为燃烧室。

分类：分统一式燃烧室和分隔式燃烧室两大类。

统一式燃烧室是由凹顶活塞顶部与气缸盖底部所包围的单一内腔，几乎全部容积都在活塞顶面上。燃油自喷油器直接喷射到燃烧室中，借喷出油注的形状和燃烧室形状的匹配，以及燃烧室内空气涡流运动，迅速形成混合气。所以又叫作直接喷射式燃烧室。

构造：缸盖底面是平的，活塞顶部下凹（ω 型、球型、浅盆型、U 型）。

ω 型燃烧室（图 3 – 9）：柴油直接喷射在活塞顶的浅凹坑内，喷射的柴油雾化要好，而且要均匀地分布在空气中。要求喷射压力高，一般 17 ~ 22 MPa，要求雾化质量高，因此，采用多孔喷嘴，孔数一般为 6 ~ 12 个。

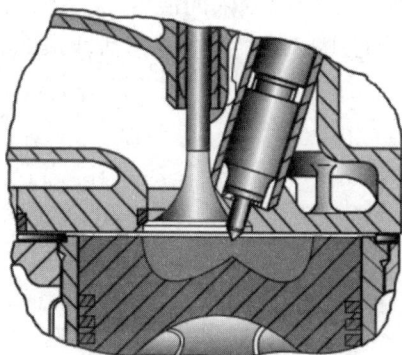

图 3 – 9　ω 型燃烧室

优点：形状简单，结构紧凑，燃烧室与水套接触面积小，散热少，可减少热损失，热效率高，经济性较好。

缺点：工作粗暴，喷射压力高，制造困难，喷孔易堵。

球形燃烧室（图 3 – 10）：空气由缸盖螺旋形进气道以切线方向进入气缸，绕气缸轴线作高速螺旋转动，并一直延续到压缩行程。喷油器沿气流运动的切线方向喷入柴油，使绝大部分柴油直接喷射在燃烧室壁面上形成油膜。小部分柴油雾珠散布在压缩空气中，并迅速蒸发燃烧，形成火源。油膜一方面受灼热的燃烧室壁面加温，另一方面又受已燃柴油的高温辐射，使柴油机逐层蒸发，与涡流空气边混合边燃烧。

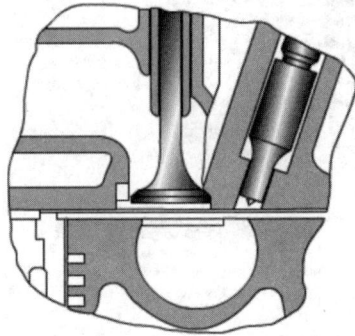

图 3-10　球型燃烧室

优点：工作柔和，噪声小，又叫轻声发动机。

缺点：启动困难，螺旋形进气道，结构复杂，制造困难。分隔式燃烧室由两部分组成。一部分位于活塞顶与气缸底面之间，称为主燃烧室；另一部分在气缸盖中，称为副燃烧室。这两部分由一个或几个孔道相连。

分隔式燃烧室的常见型式有涡流室式燃烧室和预燃室式燃烧室两种。

涡流室式燃烧室(图 3-11)：它的副燃烧室是球形或圆柱形的涡流室，其容积占燃烧室总容积的 50% ~ 80%，涡流室有切向通道与主燃烧室相通。在压缩行程中，气缸内的空气被活塞推挤，经过通道进入涡流室，形成强烈地有组织的高速旋转运动(几百转/分)。柴油喷入涡流室中，在空气涡流的作用下，形成较浓的混合气。部分混合气在涡流室中着火燃烧，已燃与未燃的混合气高速(经通道)喷入主燃烧室，借活塞顶部的双涡流凹坑，产生第二次涡流，促使进一步混合和燃烧。

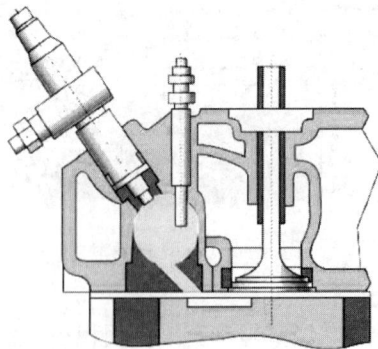

图 3-11　涡流室式燃烧室

要求：顺气流方向喷射，由于涡流运动促进了混合气的形成与燃烧，可采用较大孔径的喷油器，喷射压力也较低(12 ~ 14 MPa)。

60

优点：工作柔和，空气利用率较高，喷射压力也较低。

缺点：热损失大，经济性差，启动困难。

预燃室式燃烧室(图3－12)：缸盖上有预燃室，占燃烧室总容积的1/3，预燃室与主燃室有通道，活塞为平顶。因为通道不是切向的，所以压缩时不产生涡流。连通预燃室与主燃室的孔道直径较小，由于节流作用产生压力差，使预燃室内形成紊流运动，油束大部分射在预燃室的出口处，只有少部分与空气混合(出口处较浓，而上部较稀)，上部着火后，产生高压，已燃的和出口处较浓的混合气一同高速喷入主燃烧室，在主燃烧室内产生强烈的燃烧拢流运动，使大部分燃料在主燃烧室内混合和燃烧。

优缺点与涡流室式燃烧室基本相同。

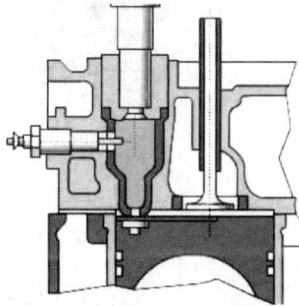

图3－12 预燃室式燃烧室

3.6 高压形成装置——喷油泵

喷油泵的功用是按照发动机的运行工况和气缸工作顺序，以一定的规律，定时定量地向喷油器输送高压燃油。

喷油泵种类很多，在工程机械发动机上得到广泛应用的有直列柱塞式喷油泵、转子分配式喷油泵、单体泵等(图3－13)。

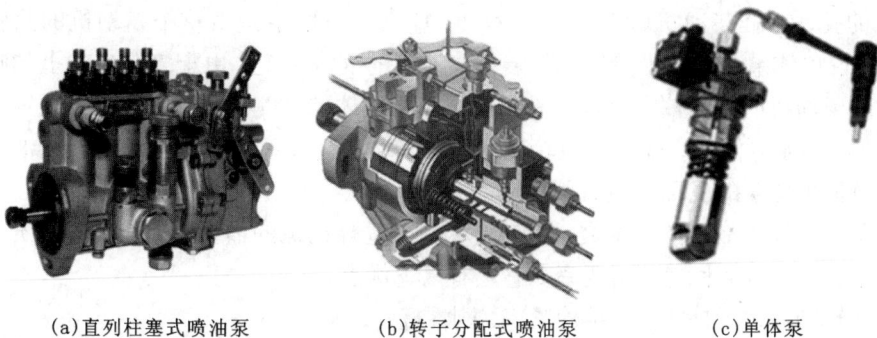

(a)直列柱塞式喷油泵　　　(b)转子分配式喷油泵　　　(c)单体泵

图3－13 喷油泵

3.6.1 直列柱塞式喷油泵

柱塞式喷油泵由泵油机构、供油量调节机构、驱动机构和喷油泵体等部分组成(图3-14)。

喷油泵供油量调节机构(图3-15)的功用是,根据发动机负荷的变化,通过转动柱塞来改变循环供油量。供油量调节机构或由驾驶员直接操纵,或由调速器自动控制。

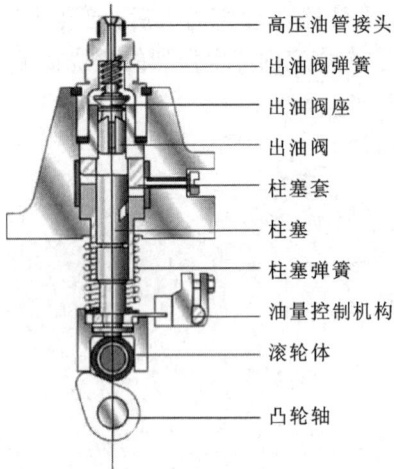

高压油管接头
出油阀弹簧
出油阀座
出油阀
柱塞套
柱塞
柱塞弹簧
油量控制机构
滚轮体
凸轮轴

图3-14 柱塞式喷油泵

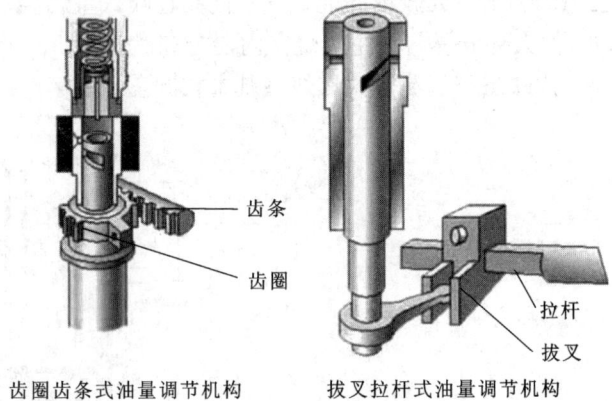

齿条
齿圈

拉杆
拔叉

齿圈齿条式油量调节机构　　　拔叉拉杆式油量调节机构

图3-15 供油量调节机构

喷油泵的驱动机构包括凸轮轴和挺柱组件。凸轮轴的前、后端通过滚动轴承支承在喷油泵体上。凸轮轴上凸轮的数目与喷油泵的柱塞偶件数相同,各凸轮间的夹角与配套发动机的气缸数有关,并与气缸工作顺序相适应。凸轮轴一般由曲轴定时齿轮驱动,四冲程发动机喷油泵凸轮轴的转速是曲轴转速的一半,以实现在凸轮轴一转之内向各气缸供油一次。挺柱体部件安装在喷油泵体上的挺柱孔内。

3.6.2 单体泵

喷油泵是单体的(图3-16)。与直列喷油泵相比,在结构形式上主要有两点不同,第一点不同是每个油泵都是独立的,分别安装在发动机气缸体上,对应每一气缸在气缸体上有安装单体泵的孔,六缸柴油机就有六个单体泵,这六个单体泵是由整个发动机的凸轮轴来驱动,也就是说单体泵一般作为整体部件装在柴油机的气缸体上,由配气凸轮轴上的喷射凸轮驱动。六缸柴油机的直列柱塞喷油泵是布置在整机缸体的外侧,通过外部托架固定在发动机缸体上,在喷油泵泵体内,有一根凸轮轴,专门驱动六套柱塞,通常称作一台喷油泵。第二点不同是电控单体泵的上部有电磁阀。

单体泵是柴油机最新的技术之一,它使燃烧更适合工况的需要,因而燃烧更充分,效率更高,降低了排气污染和燃油消耗率。它还有以下优点:

①由凸轮轴通过挺柱驱动,结构紧凑,刚性好;

②喷油压力可以高达120 MPa;

③较小的安装空间;

④高压油管短,且标准化;

⑤调速性能好;

⑥具有自排气功能；
⑦换泵容易。

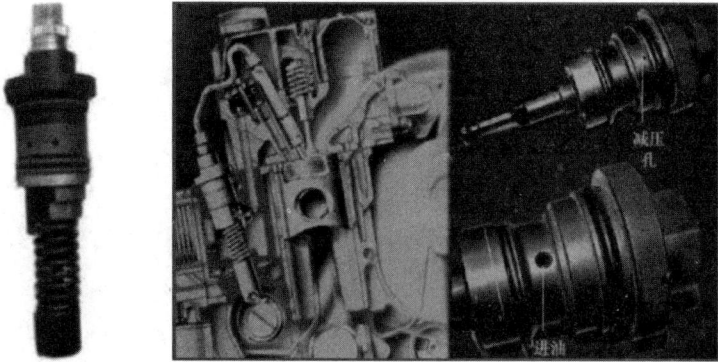

图 3-16 单体泵

3.6.3 高压共轨

柴油燃油经历了传统的纯机械操纵式控制喷油和现代的电控操纵式喷油这两个发展阶段。高压共轨系统就是电喷时代的燃油系统，比较典型的共轨系统有美国 BKM 公司的 servojet 系统、卡特彼勒公司的 HEUI 系统、日本电装公司的 ECD-U2 系统和德国 BOSCH 公司的系统。共轨燃油系统的基本构成如下：油箱、管路、过滤器、齿轮泵、燃油计量单元、柱塞泵、共轨管、喷油器。与其他系统燃油提供上的主要区别在于共轨管，作用存储高压，抑止因油泵供油和喷油而产生的波动。高压共轨系统构成如图 3-17 所示，高压油泵如图 3-18 所示。

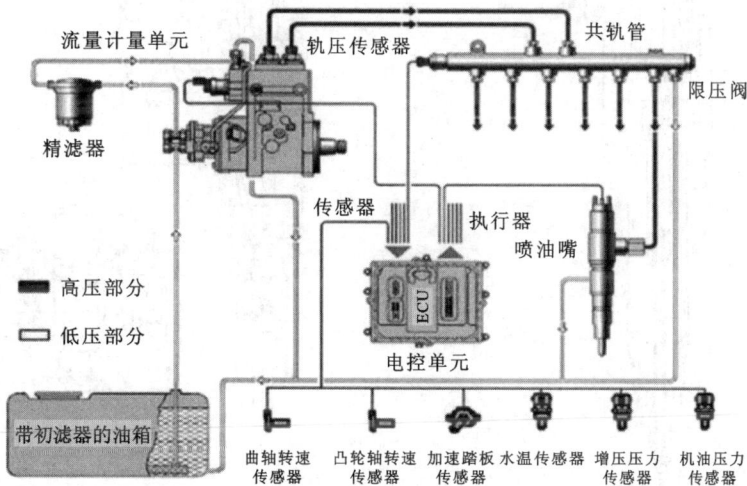

图 3-17 高压共轨系统

图 3 - 18　包含高压和低压的共轨油泵

3.6.4　泵喷嘴

　　直接将高压泵与喷油嘴连接在一起，利用电磁阀控制喷油量和喷油时间，顶置式凸轮轴驱动。泵喷嘴具有高的喷油压力，又不易产生二次喷油和穴蚀的优点。其分为电控蓄压式和机械驱动式两种，如图 3 - 19 所示。

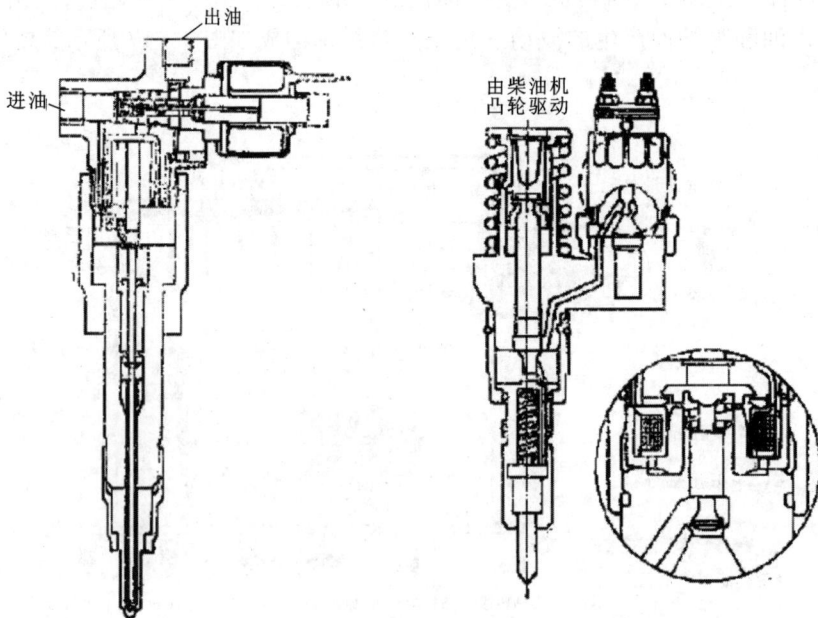

图 3 - 19　泵喷嘴

3.6.5 分配泵

分配泵是用统一柱塞向多缸供油,故供油均匀,怠速稳定,更适合于小缸径多缸高速柴油机。分配泵如图 3 - 20 所示,分为径向和轴向两种。较直列泵零件少,转速高,最高能达到 6000 r/min。

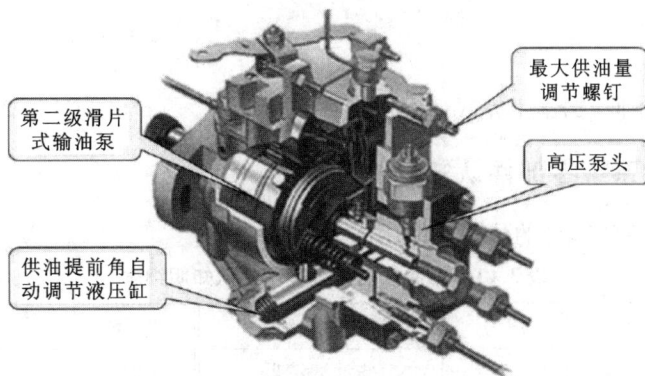

图 3 - 20 分配泵

【技能训练】

【教学组织】

➤准备工作：整机6套
➤学生6人一组
➤实训时间：20 min
➤考核方式：老师根据学生完成情况进行评分

一、燃油供给系统零部件认知

请指出表3－1中零部件的位置与作用(4个/人)。

表3－1　燃油供给系统零部件认知明细表

序号	零件名称	序号	零件名称	序号	零件名称
1	油箱	5	柴油滤清器	9	高压油路
2	油水分离器	6	高压油泵	10	单体泵
3	手油泵	7	喷油器	11	高压共轨
4	输油泵	8	低压油路	12	ECU

二、简述燃油系统工作过程

每组派一名代表阐述。

三、燃油系统零部件拆装

(1)高压油泵拆装；
(2)喷油器拆装。

四、考核标准

本项目考核标准参照表3－2进行。

表3－2　考核标准表

考核时间	序号	考核项目	满分	评分标准	得分
20 min	1	燃油系统零部件认知	20	错一个扣4分	
	2	单体泵分析	20	错一处扣4分，记小组分	
	3	高压共轨分析	20	根据表述情况扣分	
	4	滤芯拆装	30	每错一处扣5分	
	5	6S	10	整理遗漏酌情扣分	
	6	因违规操作造成人身伤害或设备事故，计0分			
分数总计			100		

任务二　燃油供给系统保养

3.7　柴油使用知识

柴油是在 533 ~ 623 K 的温度范围内从石油中提炼出的碳氢化合物,含碳 87%、氢 12.6% 和氧 0.4%。

3.7.1　使用性能指标

发火性——指燃油的自燃能力,16 烷值越高,发火性越好。

蒸发性——由燃油的蒸馏实验。

黏度——决定燃油的流动性,黏度越小,流动性越好。

凝点——指柴油冷却到开始失去流动性的温度。

柴油按凝点分为 10,0,-10,-20,-35 五个牌号,其凝点分别不高于 10℃,0℃,-10℃,-20℃,-35℃,牌号越高凝点越低。

3.7.2　柴油使用要求

➤ 凝点低,黏度适中;

➤ 燃烧性能好,在发动机中能自行发火;

➤ 燃烧过程中,不在喷嘴上生产积炭堵塞喷油孔;

➤ 柴油及燃烧产物不腐蚀发动机零件;

➤ 不含有机械杂质。

柴油可根据馏分的轻重分为:轻柴油(沸点范围 180 ~ 370℃);重柴油(沸点范围 350 ~ 410℃)。

不同类型发动机对柴油的要求:

➤ 转速在 500 ~ 1000 r/min 以上的高速发动机使用轻柴油;

➤ 转速在 500 ~ 1000 r/min 的中速发动机和转速低于 500 r/min 的低速发动机使用重柴油。

3.8　燃油系统保养

①一般每工作 100 h,清洗柴油滤芯一次。道依茨柴油机新机 50 工作小时、以后每 250 工作小时更换柴油滤芯一次。

②工作 500 h,清洗油箱及各管路,清除喷油器偶件上的积炭,校准喷油压力,检查喷油雾化质量。

③油路各管接头及密封结合面不应有渗漏。

④柴油要经沉淀净化后再注入油箱。

⑤拆装后或长期闲置的发动机初次使用时,要放出油路中的空气。放气方法:打开燃油丌关,松开喷油泵上的放气螺钉。如果油路中有空气,就有气泡冒出,待气泡冒尽正常流油时,说明气已放尽,再拧紧放气螺钉。

⑥不论发动机工作还是闲置,都要盖好油箱加油口盖,以免脏物和灰尘落入油箱。

3.9 柴油滤芯更换

➤ 滤芯支架的密封面擦干净。

➤ 将新滤芯注满柴油。

➤ 新燃油滤芯密封垫抹上机油。

➤ 用手拧入滤芯,直至与垫圈结合。

➤ 将燃油滤芯拧紧半圈。

➤ 检查滤芯有无渗漏。

3.10 燃油系统排污

燃油滤清器下端有油水分离器及其指示灯,如果燃油中水含量达到一定值时,油水分离器指示灯会有显示要求放水,放水时旋动滤清器下端油水分离器即可。定期对油箱排污放水。如图 3 −21 所示。

滤芯排水   柴油箱排水、排污

图 3 −21　油水分离器、油箱排水示意

3.11 排空气

柴油发动机的燃油系统一旦有空气进入,轻则发动机难以启动或运转不稳,重则可能发生重大事故。下面以最常见的柱塞泵燃油供给系统为例,将对油路中有空气的各种现象予以系统分析,并确定各种排除方法。

3.11.1 燃油供给系统中有空气进入,发动机就将难以启动或极易熄火

空气具有很大的可压缩性和弹性。当油箱至发动机输油泵段油管存在漏点,建立漏气时,空气将会渗入,从而降低这段管路内的真空度,使油箱内燃油的吸力减弱,甚至发生断流,导致发动机无法启动。在混入空气较少的情况下,油流仍可维持,并由输油泵送往喷油泵,但发动机就可能会启动困难,或者启动后维持不久又自行熄火。

当油路中混入的空气量稍多一些时,就会导致数缸断油或喷油量显著减少,使发动机基本无法启动。

3.11.2 如何查找管路中的漏点并堵漏

发动机的燃油供给系统有低压油路与高压油路之分。低压油路指从油箱至喷油泵低压油

腔一段油路,高压油路指从高压泵中的柱塞腔至喷油嘴一段油路。在柱塞泵的供给系统中,高压油路不会有空气渗入,有漏点存在,只会导致燃油的泄漏,想办法堵住漏点即可。下面重点谈一下低压油路中存在的漏点问题。

发动机燃油供给系统低压油路中大都采用软胶管,软管容易同零件建立摩擦,造成漏油和进气。漏油比较容易查找,而管路中某处破损进气则不易查找。以下是判断低压油路漏点常规查找的方法。

判断漏点方法一:将油路中的空气排净,将发动机启动后,找出漏柴油之处,即为漏点所在。

判断漏点方法二:将发动机喷油泵放气螺丝松开,用手动油泵泵油,若发现放气螺丝处开始排出含大量气泡的油流,并且在重复手泵后,气泡仍不见消失,即可确定在油箱至输油泵段负压油路有漏点存在。应取下该段管路,然后通入压力气体,并置于水中,找出冒气泡之处,即为漏点所在。

【技能训练】

【教学组织】

➢ 准备工作：整机6台
➢ 学生6人一组
➢ 实训时间：15 min
➢ 考核方式：老师根据学生完成情况进行评分

一、燃油供给系统保养操作

各小组参照表3－3完成柴油滤清器更换操作，并按教师演示完成系统其他保养检查。

表3－3　更换柴油滤清器

工作步骤	图示	工作内容	备注
更换柴油细滤芯		1.夹住柴油管 2.用通用工具将滤芯取下 3.用容器接住流出的柴油	
		1.将密封表面清洗 2.在新滤芯的橡胶密封表面抹上少量机油或柴油	
		1.用手拧入滤芯，直至与垫圈接合 2.最后再拧紧半圈 3.放开油路 4.检查渗漏情况	

二、考核标准

本项目考核标准参照表 3 - 4 进行。

表 3 - 4　考核标准表

考核时间	序号	考核项目	满分	评分标准	得分
30 mim	1	柴油供给线路认知	20	错一个扣 4 分	
	2	拆除柴油滤清器	20	错一处扣 4 分，记小组分	
	3	安装新柴油滤清器	20	根据表述情况扣分	
	4	油路排气	20	每错一处扣 5 分	
	5	试机操作	10	未试机查漏扣 10 分	
	6	6S	10	整理遗漏酌情扣分	
	7	因违规操作造成人身伤害或设备事故，计 0 分			
分数总计			100		

项目四
润滑系统认知与保养

【项目描述】

润滑系统是发动机必备的系统之一，它起到保护发动机使用、延长发动机寿命的作用。如果没有润滑系统，摩擦部位不能得到有效的润滑，机器将会很快磨损造成损坏。本项目重点介绍发动机的润滑系统及系统保养知识。

【学习目标】

【知识目标】

1. 润滑原理、润滑作用、润滑方式、换气装置；
2. 润滑系统工作原理；
3. 识别机油牌号。

【能力目标】

1. 认识润滑系统的主要件；
2. 使用保养工具，对机油进行检查、鉴定；
3. 正确选择机油；
4. 润滑系统保养。

【项目导程】

本项目主要培养学员对工程机械发动机润滑系统的认知及保养能力。项目学习可参照图 4-1 进行。主要学习任务及能力要求如图 4-1 所示。

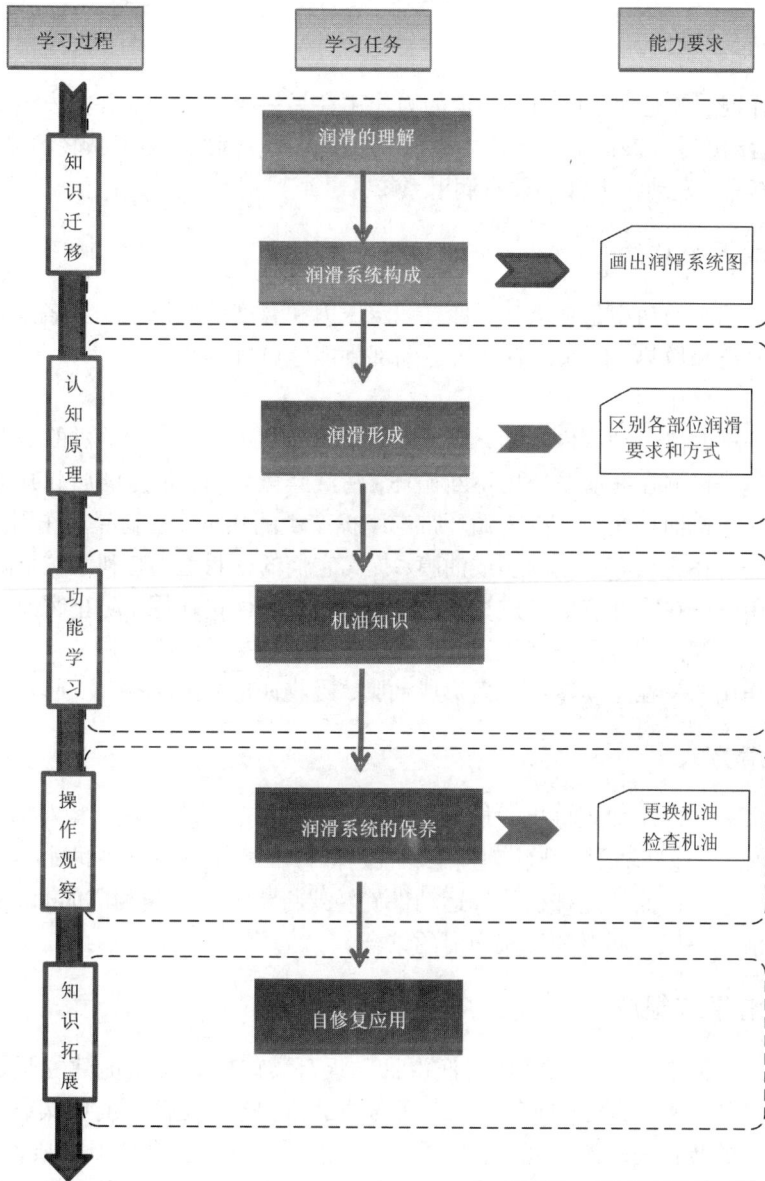

图 4-1　项目学习导程

任务一　润滑系统认知

【知识准备】

4.1　概述

发动机工作时，各运动零件均以一定的力作用在另一个零件上，并且发生高速的相对运动。有了相对运动，零件表面必然要产生摩擦，加速磨损。因此，为了减轻磨损，减小摩擦阻力，延长使用寿命，发动机上都必须有润滑系统。

4.2　润滑系统功用

发动机润滑系统的功用是把清洁、具有一定压力和温度的润滑油送到各运动部件的摩擦表面进行强制润滑和散热，以保证发动机运动部件能够可靠的工作。

润滑系统的主要作用：

润滑作用——润滑运动零件表面，减小摩擦阻力和磨损，减小发动机的功率消耗。

清洗作用——机油在润滑系统内不断循环，清洗摩擦表面，带走磨屑和其他异物。

冷却作用——机油在润滑系统内循环带走摩擦产生的热量，起到冷却作用。

密封作用——在运动零件之间形成油膜，提高它们的密封性，有利于防止漏气或漏油。

防锈蚀作用——在零件表面形成油膜，对零件表面起保护作用，防止腐蚀生锈。

液压作用——润滑油可用作液压油，起液压作用，如液压挺柱。

减震缓冲作用——在运动零件表面形成油膜，吸收冲击并减小振动，起减震缓冲作用。

4.3　润滑方式

①压力润滑——用压油泵将机油加压后送到各润滑点，对负荷大，相对运动速度高的摩擦面，例如主轴承、连杆轴承、凸轮轴轴承和气门摇臂轴等都采用压力润滑。

②飞溅润滑——由曲柄连杆机构等运动件旋转式将机油飞溅到相应的润滑点。

③混合润滑——压力润滑和飞溅润滑的结合。

4.4　润滑系统组成

为了保证压力润滑所必须的油压和润滑油的循环，首先需要有能建立足够油压的机油泵，控制油压的限压阀，以及通向各摩擦表面的油道和油管；还需要有收集各处回油和储存一定数量润滑油的装置——油底壳等；为了消除润滑油中的机械杂质及胶质，还应有过滤上述物质的滤清器。发动机润滑系统中为了防止润滑油的温度过高，专门设有机油散热器。此外润滑系统中还设有使司机掌握润滑系统工作情况的润滑油压表或润滑油压力指示灯、润滑油温度表。如图 4 -2 所示。

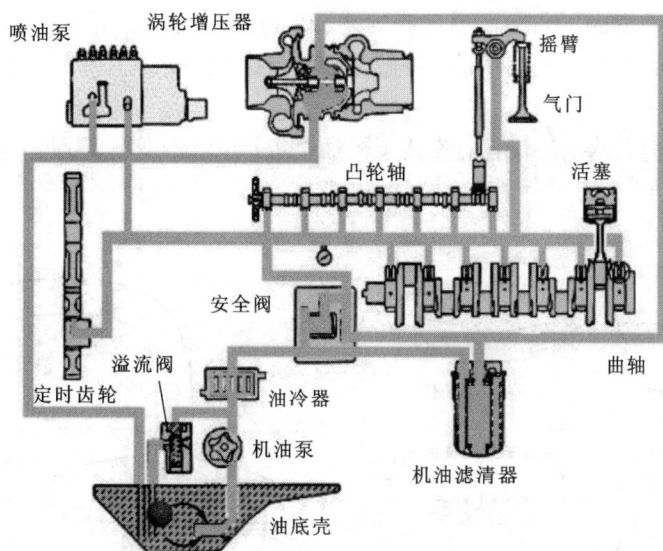

图 4 - 2　润滑系统组成

4.5　润滑系统主要零部件

4.5.1　机油泵

机油泵的作用是将一定压力和一定数量的润滑油压供到润滑表面。发动机常用的机油泵有齿轮式和转子式两种(图 4 - 3)。

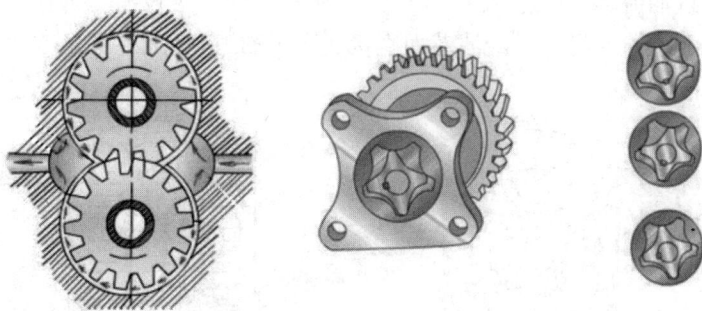

图 4 - 3　机油泵

4.5.2　机油滤清器

发动机工作时，金属磨屑和大气中的尘埃以及燃料燃烧不完全所产生的炭粒会渗入机油中，机油本身也因受热氧化而产生胶状沉淀物，机油中含有这些杂质。如果把这样的脏机油直接送到运动零件表面，机油中的机械杂质就会成为磨料，加速零件的磨损，并且引起油道堵塞及活塞环、气门等零件胶结。因此必须在润滑系统中设有机油滤清器，使循环流动的机油在送往运动零件表面之前得到净化处理。保证摩擦表面的良好润滑，延长其使用寿命。

一般润滑系统中装有几个不同滤清能力的滤清器,如集滤器、粗滤器和细滤器,它们分别串联和并联在主油道中。与主油道串联的滤清器称为全流式滤清器,一般为粗滤器;与主油道并联的滤清器称为分流式滤清器,一般为细滤器,过油量为10%~30%。

(1)集滤器

集滤器是具有金属网的滤清器,安装于机油泵进油管上,其作用是防止较大的机械杂质进入机油泵。如图4-4所示。

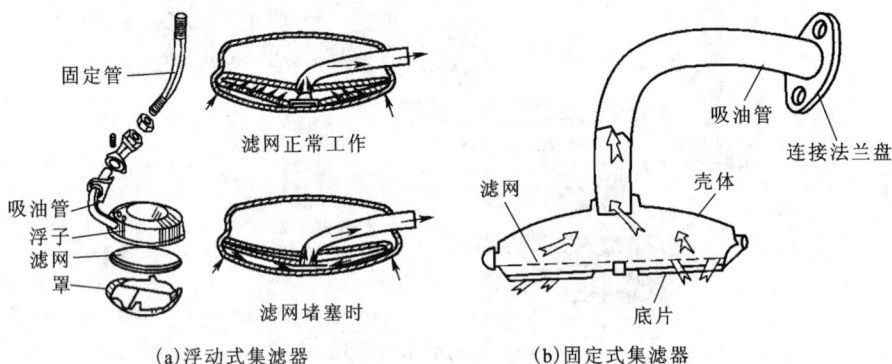

图4-4 集滤器

(2)滤清器

纸质滤清器的滤芯是用微孔滤纸制成的,为了增大过滤面积,微孔滤纸一般都折叠成扇形和波纹形。微孔滤纸经过酚醛树脂处理,具有较高的强度、抗腐蚀能力和抗水湿性能,具有质量小、体积小、结构简单、滤清效果好、过滤阻力小、成本低和保养方便等优点,因此得到了广泛的应用。机油流动方向如图4-5中箭头所示。在上盖设有旁通阀,当滤芯堵塞时,旁通阀被机油压力顶开,润滑油不经滤芯而直接流入主油道,保证供油不会中断。

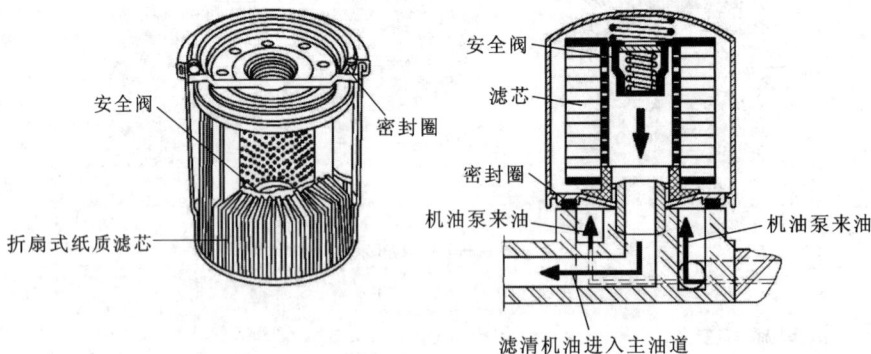

图4-5 滤清器

4.5.3 机油散热器

循环在系统中的机油需要散热,散热装置有风冷和水冷两种形式。水冷散热器有外挂和内藏式的,BF6M1013EC发动机机油散热器装在右侧缸体水套内,紧靠机油滤清器的上方,如图4-6所示。

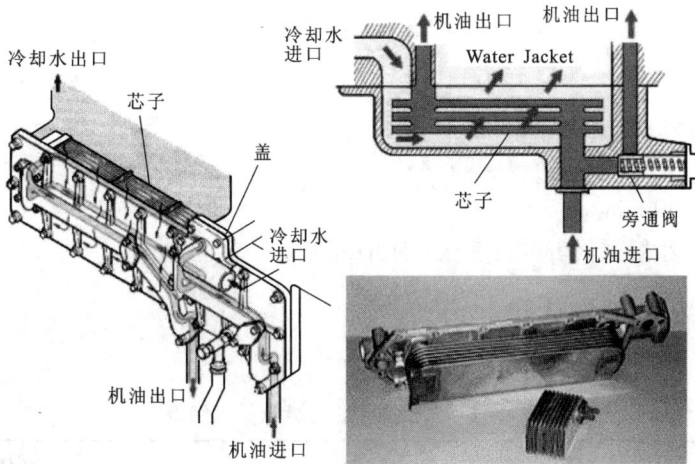

图4-6 BF6M1013EC 机油散热器

4.5.4 曲轴箱通风装置

发动机油底壳设有通风装置,分为自然通风和强制通风两种(图4-7)。发动机均装有曲轴箱通风装置。发动机运转过程中,不可避免地从燃烧室向曲轴箱内漏入燃烧后的废气和混合气,使机油受热并受到稀释和污染,使机油变质和老化,因此在发动机中均采用曲轴箱通风装置。强制换气通风装置为封闭式,曲轴箱和气缸盖罩盖室相连通,气缸盖、燃烧室与进气管和空气滤清器连通,装置中装有曲轴箱通风阀和油气分离器,将曲轴箱内的废气经过单向通风阀和油气分离送回到燃烧室,这样就限制了曲轴箱内的压力不能太高,防止漏机油,并防止曲轴箱内的废气窜入大气中而污染空气。为使发动机正常工作,一定要维护好曲轴箱通风装置,使其正常工作。

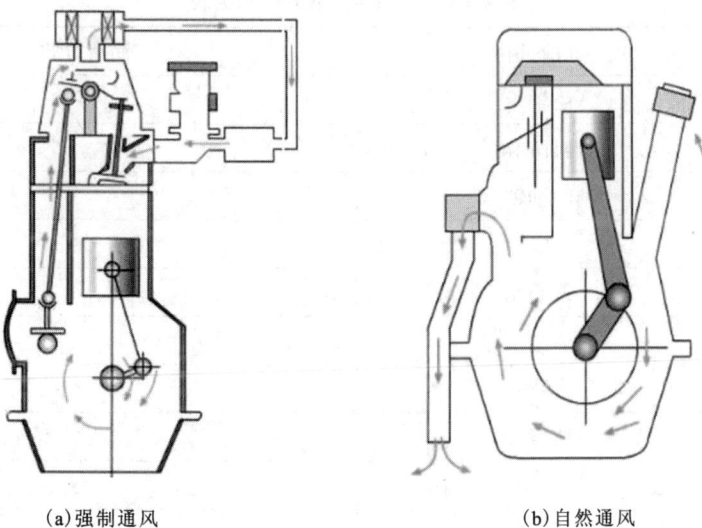

(a)强制通风　　　　　(b)自然通风

图4-7 曲轴通风

77

【技能训练】

【教学组织】

➢ 准备工作：可拆装的整机 4 台
➢ 学生 6 人一组
➢ 实训时间：30 min
➢ 考核方式：小组派代表进行考核，计小组成绩

一、润滑系统零部件认知

请指出表 4 – 1 中零部件的位置与作用（4 个/人）。

表 4 – 1　润滑系统零部件认知明细表

序号	零件名称	序号	零件名称
1	油底壳	7	机油压力表
2	机油滤清器	8	集滤器
3	机油散热器	9	机油主油道
4	加机油口	10	涡轮增压油道
5	油标尺	11	曲轴油道
6	机油泵	12	溢流阀

二、指出零部件各部位的润滑方式

请指出表 4 – 2 中零部件的润滑方式，并填写在表中。

表 4 – 2　零部件润滑方式明细表

序号	润滑部位	润滑方式
1	主轴承	
2	连杆轴承	
3	凸轮轴轴承	
4	凸轮	
5	偏心轮	
6	活塞销	
7	活塞	
8	摇臂轴	
9	连杆小头	
10	涡轮增压器	

三、简述润滑系统工作过程

每组派一名代表阐述。

四、润滑系统零部件拆装

润滑系统零部件拆装可参照表 4 – 3 进行。

表 4 – 3 润滑系统零部件拆装

项目	图示	注意事项
油底壳拆卸	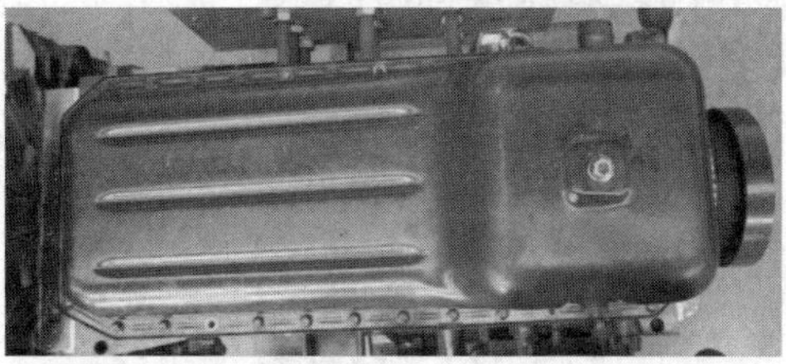	拆装时注意按对角进行拆卸，拆下的螺栓应放在一起，防止丢失
		放油螺栓带有磁性，拆下后，应清洁附着在上面的铁屑
机油泵拆卸		在卸下机油泵时应注意安全
		检查机油泵磨损情况

项目	图示	注意事项
机油冷却器拆卸		将螺栓松开时,注意用一只手扶住滤清器,防止掉落
		散热器为铝制品,防止被硬物磕伤,碰伤

五、考核标准

本项目考核标准参照表 4 - 4 进行。

表 4 - 4　考核标准表

考核时间	序号	考核项目	满分	评分标准	得分
20 min	1	润滑系统零部件认知	20	错一个扣 4 分	
	2	润滑方式分析	20	错一处扣 4 分,记小组分	
	3	润滑系统工作原理分析	20	根据表述情况扣分	
	4	润滑系统零部件拆装	30	每错一处扣 5 分	
	5	6S	10	整理遗漏酌情扣分	
	6	因违规操作造成人身伤害或设备事故,计 0 分			
分数总计			100		

任务二 润滑系统保养

【知识准备】

4.6 发动机工作要求及润滑系统保养

润滑系统是否正常工作决定了发动机的工作效率和寿命,所以操作者使用发动机时,需要经常检查润滑系统的工作状况:一是启动前,需要检查机油量和机油品质;二是启动后,机油压力需要在正常范围内;三是磨合期结束后,需要更换机油。

机油更换必定定期进行,机油更换必须在热车状态,更换机油的同时必须更换机油滤芯。

4.7 润滑油

发动机的润滑剂有润滑油和润滑脂。润滑油习惯上称为机油,品种很多(图4-8)。

汽油机和柴油机使用的润滑油不同,汽油机润滑系统使用的润滑油俗称汽油机机油,发动机润滑系统使用的润滑油俗称发动机机油。

机油的黏度随温度变化而变化,温度高则黏度小,温度低则黏度大,因此,要根据季节选用不同牌号的润滑油。

图4-8 机油

4.8 润滑油性能

4.8.1 黏度

黏度是润滑油最重要的特性之一。它表明油抵抗流动的能力或稀稠程度。黏度是直接与油的润滑并防止两个金属运动时相接触的能力相关的重要参数。

一方面，油的黏度越高，它在金属表面产生的油膜就越厚，就越能保护金属不被磨损。但另一方面，油越稠(黏度高)，在低温时就越难以快速流动以到达需要润滑的部位，其摩擦阻力也越高。

　　发动机的工作温度变化时润滑油的黏度变化越小越好。但是发动机温度升高时，油会变稀。度量油随温度变稀的速度叫温度指数或黏温指数。新的炼油技术和特殊的黏度指数添加剂可减缓变稀的速度。

　　发动机润滑油的黏度常采用 SAE 黏度级数表示，它与黏度的关系如表 4 - 5 所示。

表 4 - 5　润滑油黏度与温度关系表

机油牌号	100℃时运动黏度/(mm · s^{-1})	最大运动黏度时温度/℃	最大运动黏度/(Pa · S)
5W/30	9.3 ~ 12.5	-25	3.5
10W、10W/30	5.6 ~ 7.4、9.3 ~ 12.5	-20	3.5
15W/30、15W/40	9.3 ~ 12.5、12.5 ~ 16.3	-15	3.5
20W/20、20W/40	7.4 ~ 9.3、12.5 ~ 16.5	-10	4.5
30	9.3 ~ 12.5		
40	12.5 ~ 16.3		

　　各黏度等级的机油适应环境温度范围如图 4 - 9 所示。

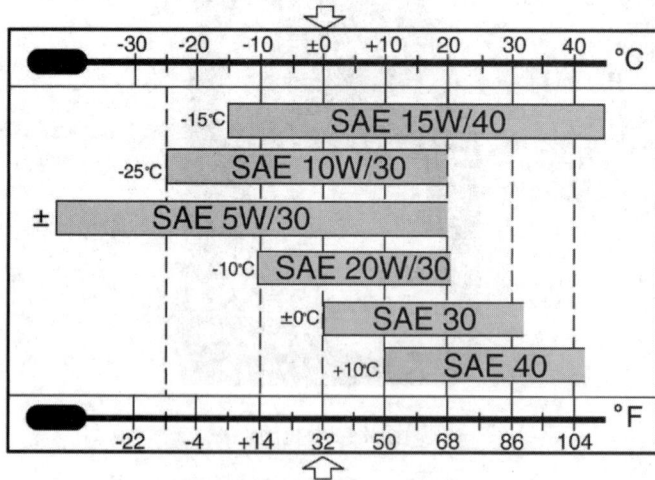

图 4 - 9　润滑油黏度与环境温度

4.8.2　总酸值和总碱值(TAN 和 TBN 指数)

　　许多柴油都含有一定量的硫，这取决于原油的来源和精练设备除硫的能力。润滑油的作用之一是中和酸的产物，以减缓对发动机部件的腐蚀。油被氧化后也会生成有机酸。所以一般润滑油略呈酸性。TAN 表示油的酸值。TBN 表示油的碱值，它表明油的中和酸的能力，碱添加剂的目的就在于此。高的 TBN 值就是具有高的中和酸的能力。

4.8.3　倾点

表示油可流动的最低温度，它和油品中蜡质的含量有关。

4.8.4　闪点

可燃液体的蒸汽在空气中能够瞬间着火的温度，它可作为油品安全性的参考。

4.9　润滑油的选用原则

发动机润滑油的选择必须以下列因素为基础：发动机性能，发动机应用场合，以及燃油的质量。对于柴油机，和汽油机相比，一般工作速度较低，但是工作温度较高，这使得机油更易氧化、沉淀，轴承更易被腐蚀。在这种条件下，润滑油的功能必须加强，这也是剂进来的原因。

对于发动机的润滑油，美国石油学会根据油的品质或质量以及应用范围分成了以下两大类：S 类和 C 类。其中 S 类主要用于汽油机，C 类主要用于柴油机。

柴油机用润滑油的主要分类如下：

CA：适用于轻负荷柴油机。对于自然吸气式发动机，若使用优质燃料能减少轴承侵蚀及活塞环沉积物的形成。

CB：适用于中负荷柴油机。能防止轴承侵蚀，对燃烧高硫燃料的自然吸气发动机，有减低沉积物产生的作用。

CC：适用于中、高等负荷柴油机。对低增压的发动机，有防止高温沉积物形成和防止轴承腐蚀的作用。

CD：适用于高负荷柴油机。它适用于高速、高增压柴油机，对燃料规格的适应性强，具备有效防腐及减少沉积物的作用。

CE：适用于高速、高负荷的涡轮增压柴油机，其基本性能与 CD 级相似。

CF：主要适用于间接喷射式柴油机。

CF4：适用于高性能、高负荷柴油机，特别适用于高速公路上行驶的重型车辆。它能有效改善机油消耗量及控制活塞环积炭（4 表示只适用于四行程）。

康明斯柴油机有限公司推荐使用符合下列 API 级别的机油：CA、CB、CD、CE 为有条件地使用；CF4 为推荐大多数柴油机使用。

4.10　润滑油变脏变质的原因

4.10.1　变脏

变脏指的是油料混有不需要的物质。常见有以下几种物质。

磨损碎片：磨损碎片表明某个部件正被磨损，它们含有铜、铁、铬、铝、铅、锡、镁等材料。

烟尘：灰尘可以通过活塞环黏接在油膜上从而进入润滑油中，油类使被燃烧的燃油黑烟和滤清器变黑就表明它的存在，它将使润滑油变黑。

燃油：燃油可以通过不完全燃烧时由气缸壁进入润滑油，或发动机燃油系统泄漏进入机油，它将使润滑油变稀、黏度下降。

水：它是燃烧的副产物，可以沉淀在油底壳。

防冻剂：它可能会从缸套泄漏到油底壳而污染润滑油。

硫或酸：加速润滑油的氧化变质。

氮化物：它可以使油变稠。

润滑油的变脏是一个越来越大的问题，它与发动机的性能直接相关。发动机负荷的强化和高速，以及低品质的燃油更加重了问题的严重性。

4.10.2 变质

除变脏外，润滑油的氧化等会使油的整体性能下降，称之为变质。

4.11 油品的鉴别

发动机油底壳内的机油，由于与空气接触及受热，易被逐渐氧化。随着油中的酸性物质、胶质、铁屑、沥青质慢慢地增多，机油的颜色会渐渐变黑，黏度也会逐渐下降，同时性能降低，因而到了规定的换油期则必须更换新油。但在工作中发现，有时换油不久，机油又很快地变质，颜色由深蓝变黄，或是先变黑后突然变灰，失去了原有的技术性能。

4.11.1 变质原因

①机油中渗进了水分。机油中有水，会促使油泥的形成，使机油沾污变质(俗称"老化")，此时添加剂的抗氧化性和分散性能减弱，促进了泡沫的形成，使机油变成了乳化液，破坏了油膜。实验证明，当水分达到1%时，机件磨损将加快2.5倍。

②曲轴箱通气性差，机油散热不良。发动机工作时，会有一些燃烧气体窜入曲轴箱内，若活塞环严重损坏，此现象将更严重，曲轴箱内的气压将因此而升高，若压力高于外界大气压力，则会给活塞运行带来一定阻力，导致机油由油底壳与气缸体结合处向外渗漏。另外，泄漏到曲轴箱内的气体中含有二氧化硫，会促进机油很快变质。为此，必须使曲轴箱内的气压与外界大气压力相等。有的发动机上特设有通气管(呼吸管)，其目的就是使曲轴箱的内、外压力处于均衡状态。

③保养不当。在清洗曲轴箱时，若机油滤清器或散热器清洗不彻底或漏装机油滤清器的密封垫圈，则发动机在加入新机油后，即使时间只有几个小时，也会使机油变得既黑又脏。

4.11.2 简易鉴别

①观察法。取曲轴箱中的机油少许，放于容器内慢慢倾倒，边倒边观察其流动情况，如油流细长、均匀、有光泽，表明油中无胶结杂质，尚能继续使用；若油流断续且粗细不匀、混浊发黑，则应更换。

②擦研法。从发动机曲轴箱中取少许机油，用手指擦研，如手感有机械杂质或黏度太差，则应更换。

③蒸发法。取一张厚铜片置于明火上加热几分钟，然后取机油试样少许，滴于热铜片上，如果机油一滴在铜片上就发泡飞溅，说明机油内含水较多；若机油滴在铜片上没有飞溅，而立即发出爆裂声，则说明机油内含有少量水，响声越强，则含水量就越多。

更换机油需知：

①必须使用质量等级为 CD 以上的发动机专用机油。最好使用 CH-4 质量等级的发动机专用机油。

②必须根据环境温度确定机油的黏度等级。冬季使用冬季机油，夏季使用夏季机油。或

是使用多级油。

③不能使用不同品牌的机油混合使用,避免产生不良化学反应而导致出现使用故障。

④更换机油时,应该首先启动发动机低速运转10分钟左右,待机油温热后再停机放油,以便机油排放干净。(冬季更换机油更应如此。)

⑤更换机油时,一定同时更换机油滤芯。

⑥在正常情况下,发动机运行1200小时后,应该在更换机油时用发动机内部专用清洗液对发动机内部机油油道进行清洗。具体清洗方法是(慎用):

➤ 启动运转发动机5~8 min,待机油温热后放掉旧机油;

➤ 堵上放油口,加入等量的发动机专用清洗液;

➤ 启动运转发动机(转速:1100~1500 r/min)3~5 min;

➤ 放掉清洗液并更换机油滤芯(旁通滤芯和双联滤芯必须一同更换);

➤ 加入足量的合格机油。

特别提示:

①发动机在使用过程中总是出现机油很快变黑的现象时,就应该清洗发动机内机油油道。

②发动机出现拉缸、轴承损坏、抱瓦等故障后,在修复发动机时,必须清洗发动机内部机油油道(包括机油散热器油道)。

4.12 换油周期

①运行了50工作小时后应实施第一次换油。

②换油周期应根据使用情况及油的品质而定,一般周期为250工作小时。

③发动机最少一年更换一次油。

【技能训练】

【教学组织】

➢ 准备工作：可启动泵车或其他主机
➢ 学生 6 人一组
➢ 实训时间：45 min
➢ 考核方式：老师根据学生的完成情况进行给分

一、润滑系统保养操作

各小组参照表 4-6 完成柴油发动机机油的检查与更换操作，并按教师演示完成系统其他保养检查。

表 4-6　更换发动机机油及机油滤清器

工作步骤	图示	工作内容	备注
油位检查		1. 发动机和车辆放置在水平位，油位检查前先怠速运转 2 min 2. 停机	保证发动机处理水平位置，否则会出现油位测不准现象
		3. 取出油表尺，用洁净布擦掉沾在上面的润滑油	用洁净的布擦掉油标尺的油，同时可进行油品的检测

续表 4-6

工作步骤	图示	工作内容	备注
油位检查		4.重新将游标尺插回（插到底）后原位取出	
	 FULL→ ←ADD	5.检查油位需要时添加润滑油至"FULL"最高刻度 6.如果油位仅在"ADD"最低刻度上一点，必须添加润滑油	注意：不同车型表达方式不一样，有的用刻度，有的用MAX、MIN
更换机油滤芯		1.将发动机或车辆放置在水平位置 2.运转发动机，使油温达到80℃ 3.停机	
	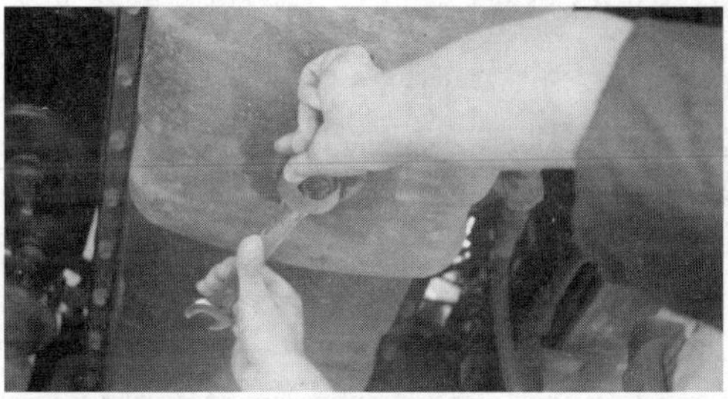	4.发动机下面放接油盘 5.放出润滑油 6.放上新垫圈，再拧上放油塞，拧紧	

续表 4－6

工作步骤	图示	工作内容	备注
	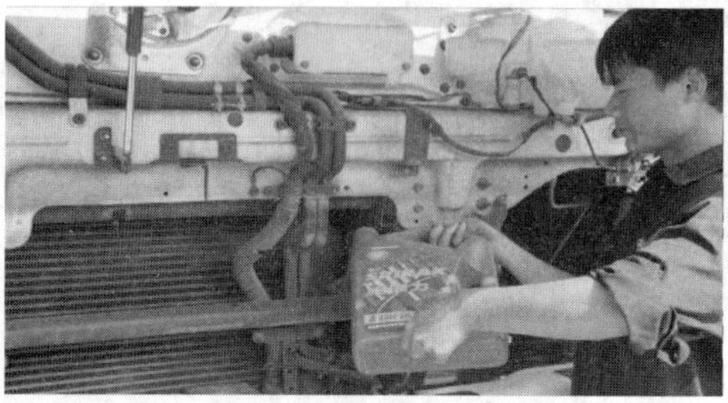	7. 按要求加入新润滑油	
更换机油滤芯	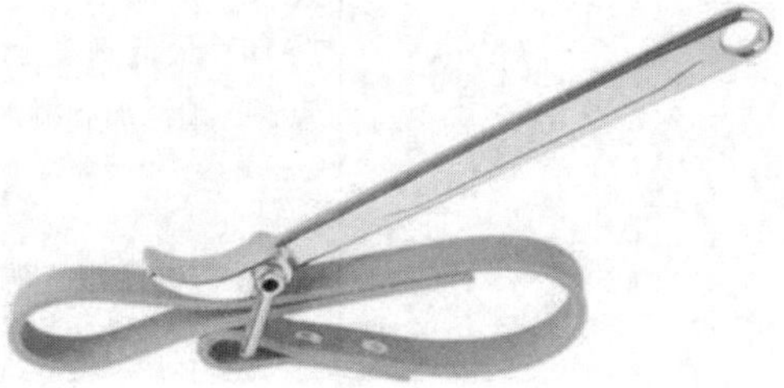	8. 使用合适的工具拆下滤筒	
	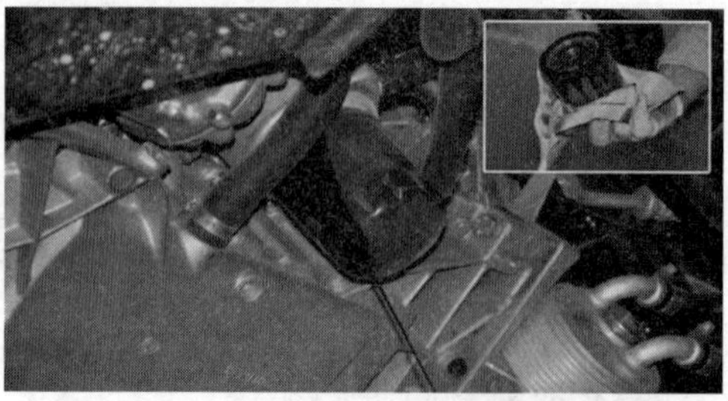	9. 用容器接润滑油 10. 擦干净滤芯支架的密封面	

续表 4 – 6

工作步骤	图示	工作内容	备注
更换机油滤芯	 	11. 将新机油滤芯橡胶密封垫上抹上一层润滑油 12. 用手将新滤芯拧上，直到与垫圈接合 13. 将机油滤芯再拧紧半圈，直至与固定卡对位，螺栓拧紧	
		14. 检查油位	
		15. 检查油压 16. 检查滤筒有无渗油	

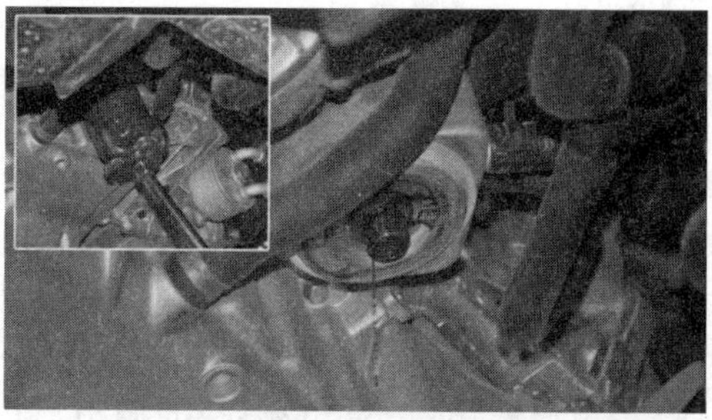

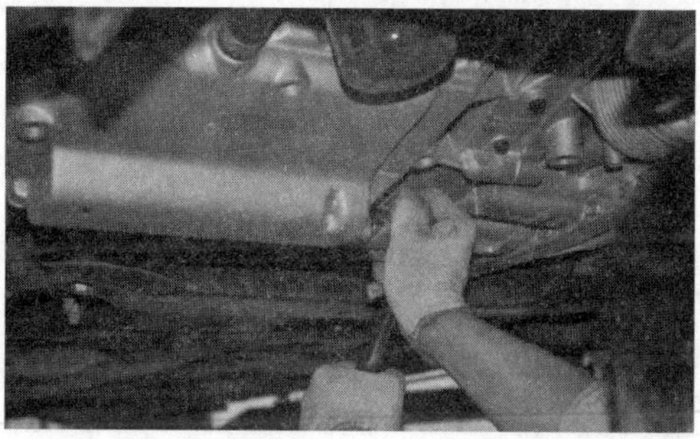

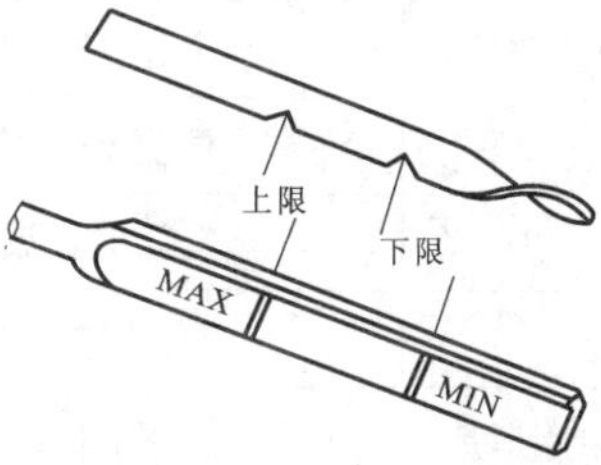

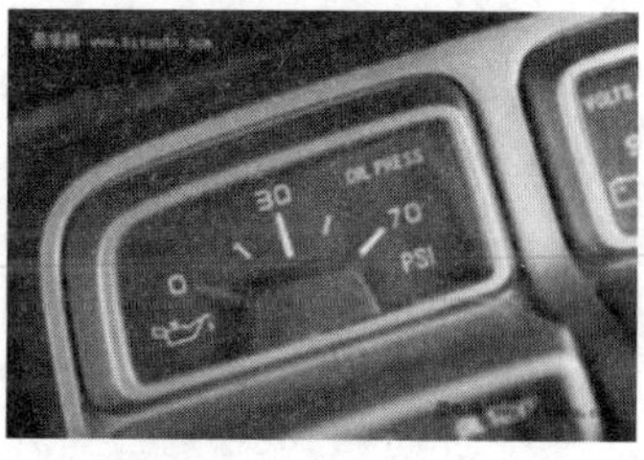

工作 步骤	图示	工作内容	备注
油品 简易 鉴定	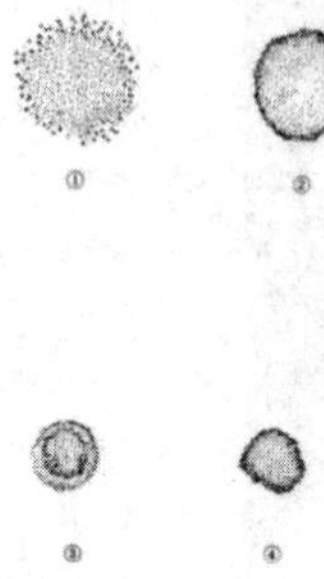	1. 污浊少且分散性也良好→良好 2. 污浊多但分散性良好→更换 3. 污浊少但分散性不良→更换 4. 污浊多而分散性也不良→更换	

二、考核标准

本项目考核标准参照表 4 - 7 进行。

表 4 - 7　考核标准表

考核时间	序号	考核项目	满分	评分标准	得分
30 mim	1	润滑系统认知	20	错一个扣 4 分	
	2	机油量及油质检测	20	错一处扣 4 分，记小组分	
	3	更换机油操作	20	根据表述情况扣分	
	4	更换机油滤清操作	20	根据表述情况扣分	
	5	试机检查	10	未试机查漏扣 10 分	
	6	6S	10	整理遗漏酌情扣分	
	7	因违规操作造成人身伤害或设备事故，计 0 分			
分数总计			100		

项目五
冷却系统认知与保养

【项目描述】

发动机工作时会产生大量的热量，利用热量加热空气进行做功，但过热会降低零件的强度和刚度，影响发动机的功率输出，加速零部件磨损。定期对冷却系统进行检查保养，确保发动机运行时水温正常，将大大减少发动机故障的产生。

【学习目标】

【知识目标】

1.冷却方式分类与作用原理；

2.冷却系统大、小循环路线认知；

3.水泵、水箱、节温器、膨胀水箱的结构和功能。

【能力目标】

1.冷却系统主要零部件；

2.冷却系统保养方法；

3.水箱盖的正确使用；

4.皮带的张紧度调整。

【项目导程】

本项目主要培养学员对工程机械发动机润滑系统的认知及保养能力。项目学习可参照图5-1进行。主要学习任务及能力要求如图5-1所示。

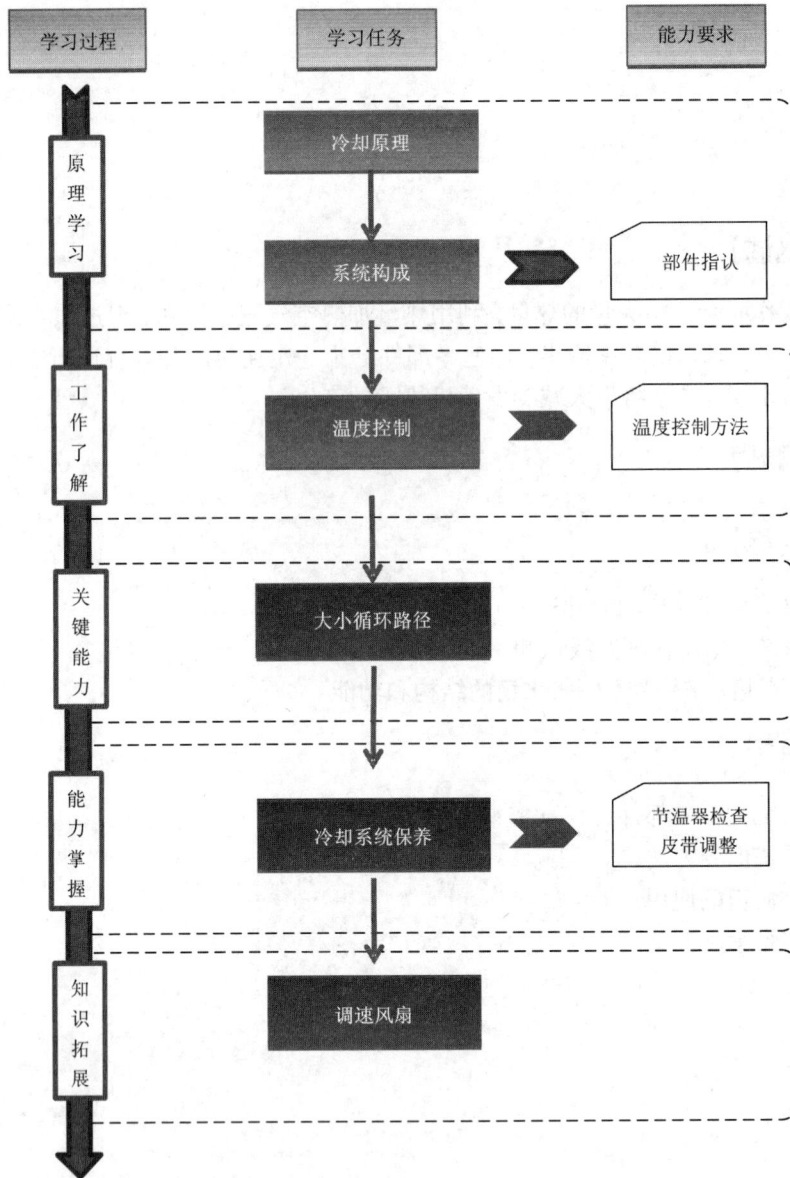

图5-1 项目学习导程

任务一　冷却系统认知

【知识准备】

5.1　概述

5.1.1　功用

使工作中的发动机得到适度的冷却，并保持发动机在最适宜的温度状态下工作。所谓适宜的工作温度，对于水冷发动机，要求气缸体内冷却水温度为80°~90°。

5.1.2　发动机在工作中为什么不能过热或过冷

过热：

①燃气在燃烧过程中，发动机零部件与高温气体接触，将会造成气缸和进气管温度过高，使进入气缸的可燃混合气因受热而膨胀，充气量↓，使得充气效率↓，发动机功率↓。

②机油因温度过高，黏度↓，严重时，机油变质，影响润滑效果，机件磨损加剧。

③各机件因高温而膨胀，破坏了正常的啮合间隙，产生卡死现象。

过冷：

①热量散失过多，转变为有用功的热量↓，功率↓。

②温度低，机油黏度大，摩擦阻力↑，消耗功率大，启动困难。

③燃油不易气化，燃烧不充分，燃油消耗率↑，功率↓；燃气易凝结（在气缸壁上），流入曲轴箱，不仅燃油消耗率↑，功率↓，而且机油黏度↓，润滑效果变差，机件磨损加剧。

5.1.3　发动机的冷却方式

发动机的冷却方式为水冷及风冷。

5.2　水冷系的组成及水路

5.2.1　水冷系的组成，如图5-2所示

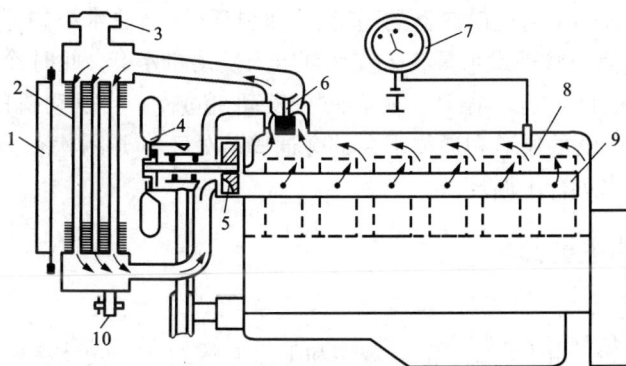

图5-2　强制循环式水冷却系示意图

1—百叶窗；2—散热器（水箱）；3—散热器盖；4—风扇；5—水泵；
6—节温器；7—水温表；8—水套；9—分水管；10—放水阀

5.2.2 水冷系的工作循环路线(水路)

冷却水在冷却系内的循环流动路线有两条,一条为大循环,另一条为小循环。

大循环是水温高时,水经过散热器而进行的循环流动;而小循环就是水温低时,水不经过散热器而进行的循环流动,从而使水温升高。如图5-3所示。

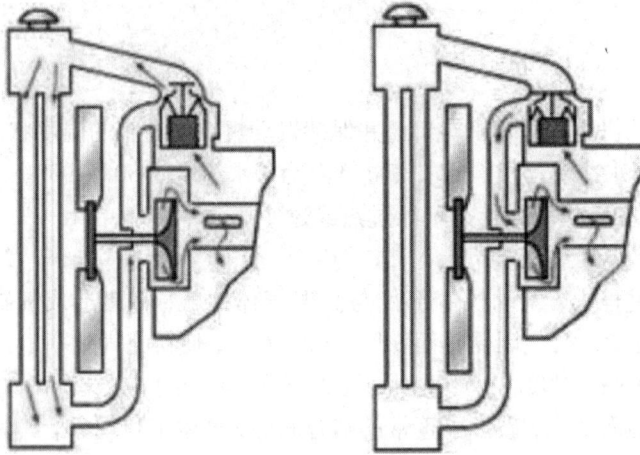

图5-3 大小循环路线示意图

5.2.3 冷却系的大小循环实质

通常利用节温器来控制通过散热器冷却水的流量。节温器装在冷却水循环的通路中(一般装在气缸盖的出水口),根据发动机负荷大小和水温的高低自动改变水的循环流动路线,以达到调节冷却系的冷却强度。

当发动机在正常热状态下工作时,即水温高于80℃,节温器阀门打开了通往散热器的通道,同时关闭了通往水泵的旁通管,冷却水全部流经散热器,形成大循环;当冷却水温低于70℃时,节温器阀门关闭了通往散热器的通道,同时打开了通往水泵的旁通管,水套内的水只能由旁通孔流出经旁通管进入水泵,又被水泵压入发动机水套,此时冷却水并不流经散热器,只在水套与水泵之间进行小循环,从而防止发动机过冷;当发动机的冷却水温在70~80℃范围内,通往散热器的通道和通往水泵的旁通管均处于半开闭状态,此时一部分水进行大循环,而另一部分水进行小循环。

5.3 水冷系的主要部件

5.3.1 散热器

散热器又称为水箱,由上水室、散热器芯和下水室等组成。安装在发动机前的车架横梁上。其作用是将冷却水在水套中所吸收的热量散发至外界大气,使水温下降。如图5-4所示。

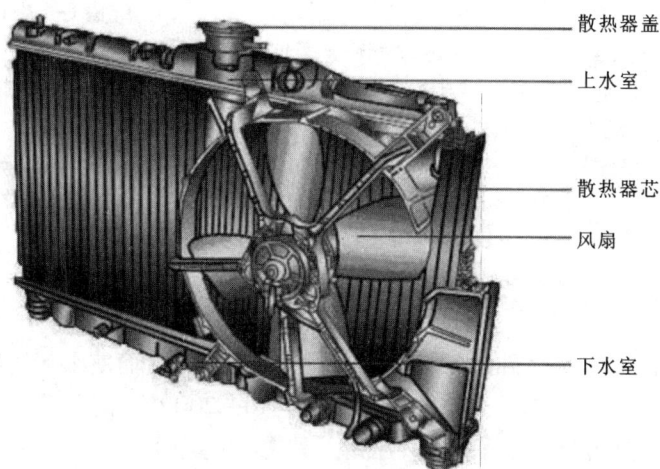

散热器盖
上水室
散热器芯
风扇
下水室

图 5 - 4　散热器结构

（1）散热器芯

散热器芯由许多冷却管和散热片组成，对于散热器芯应该有尽可能大的散热面积，采用散热片是为了增加散热器芯的散热面积。散热器芯的构造形式有多样，常用的有管片式和管带式两种。如图 5 - 5 所示。

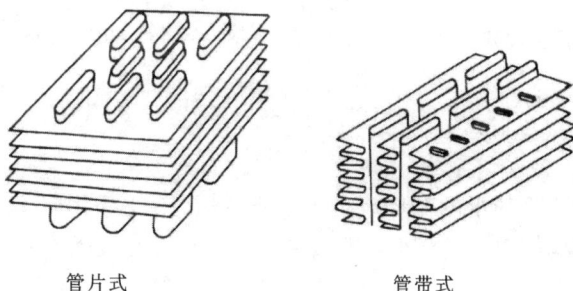

管片式　　　　　　　　　管带式

图 5 - 5　散热器芯结构

管片式：由若干扁形或圆形冷却管组成。空气吹过扁形冷却管和散热片，使管内流动的水得到冷却。管片式散热器因结构刚度较好广为工程机械发动机所使用。

管带式：由若干扁平冷却管组成水管与散热器相间排列，在散热器带上常开有形似百叶窗的孔，以破坏气流在散热器表面上的附面层，提高散热能力。

对散热器的要求是，必须有足够的散热面积，而且所有材料导热性能要好，因此，散热器一般用铜或铝制成。

（2）散热器盖

散热器盖内装有压力阀、真空阀和溢流管，如图 5 - 6 所示。

散热器盖对冷却系起密封加压作用。发动机热态正常时，两阀门关闭，将冷却系与大气隔开。因水蒸气的产生使冷却系内的压力稍高于大气压力，提高了冷却水的沸点，改善了冷

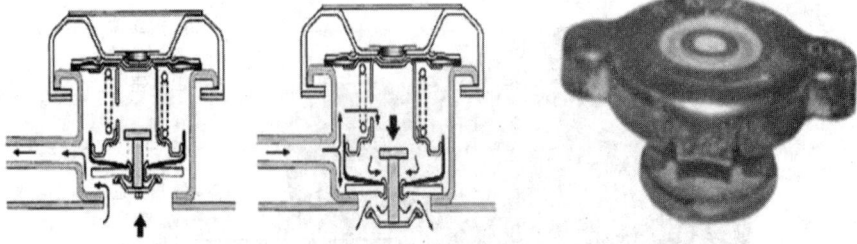

图 5-6　散热器盖

却效能。当散热器内部压力达到 126～137 kPa 时，真空阀开启而使水蒸气从通气孔排出；如图 5-7 所示当水温下降，冷却系内部的真空度低于 10～20 kPa 时，压力阀打开，空气从通气孔进入冷却系，以防散热器及芯管被大气压瘪。如图 5-8 所示。

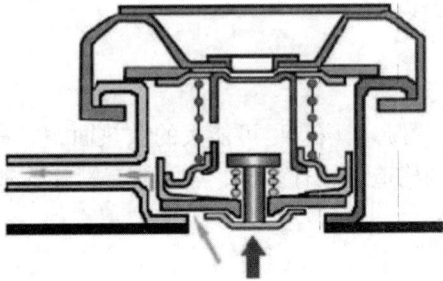

图 5-7　压力阀开

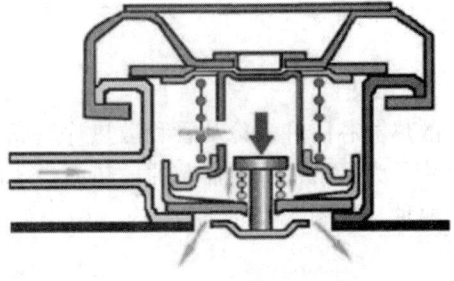

图 5-8　真空开

5.3.2　水泵

（1）功用

对冷却水加压，加速冷却水的循环流动，保证冷却可靠。车用发动机上多采用离心式水泵。离心式水泵具有结构简单、尺寸小、排水量大、维修方便等优点。

（2）离心式水泵结构

主要由泵体、叶轮和水泵轴组成，叶轮一般是径向或向后弯曲的，其数目一般为 6～9 片。如图 5-9 所示。

（3）离心式水泵工作原理

当叶轮旋转时，水泵中的水被叶轮带动一起旋转，在离心力作用下，水被甩向叶轮边缘，然后经外壳上与叶轮成切线方向的出水管压送到发动机水套内。与此同时，叶轮中心处的压力降低，散热器中的水便经进水管被吸进叶轮中心部分。如此连续的作用，使冷却水在水路中不断地循环。如果水泵因故停止工作时，冷却水仍然能从叶轮叶片之间流过，进行热流循环，不至于很快产生过热。如图 5-9 所示。

5.3.3　风扇

（1）功用

风扇通常安排在散热器后面并与水泵同轴。用来提高流经散热器的空气流速和风量，增强散热器的散热能力，同时对发动机其他附件也有一定的冷却作用。

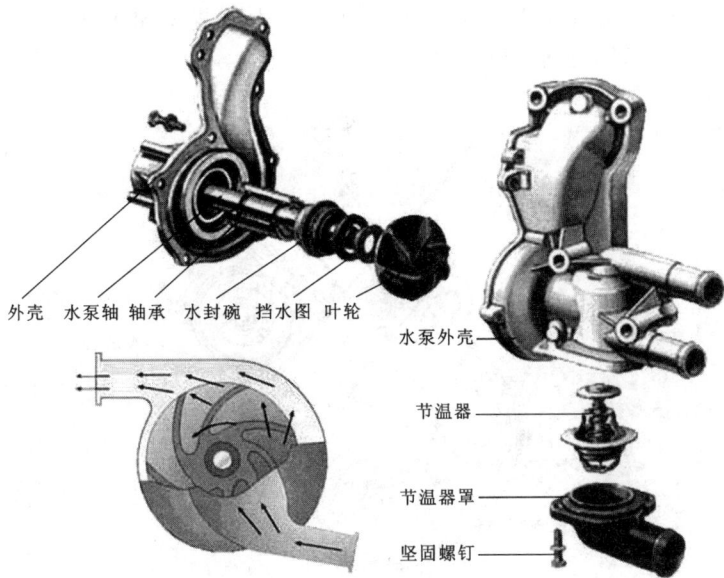

外壳　水泵轴　轴承　水封碗　挡水图　叶轮

水泵外壳

节温器

节温器罩

坚固螺钉

图 5 - 9　离心式水泵

（2）类型

车用发动机的风扇有轴流式和离心式两类。轴流式风扇所产生的风，其流向与风扇轴平行；离心式风扇所产生的风，其流向为径向。轴流式风扇效率高、风量大、结构简单、布置方便，因而在车用发动机上得到了广泛的应用。

（3）轴流式风扇的结构特点

叶片多用薄钢板压制而成，为 4 ~ 6 片，叶片间夹角一般不相等。叶片与其旋转平面呈30°~ 45°的安装斜角。整体风扇在轿车和轻型载货工程机械上应用较多。近年来轿车上还采用了电动风扇。

（4）轴流式风扇的型式

轴流式风扇的三种型式如图 5 - 10 所示。

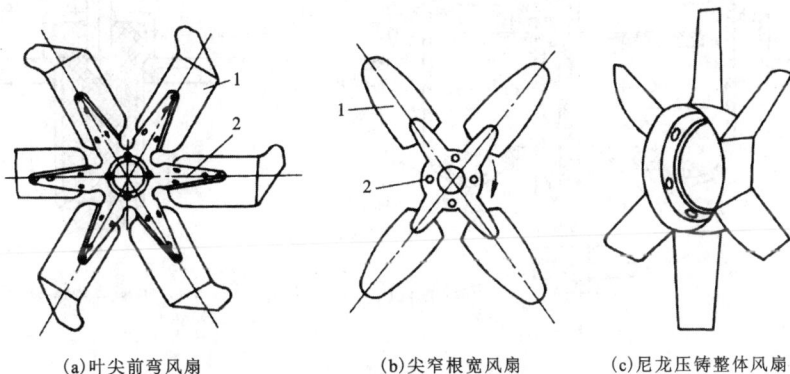

(a)叶尖前弯风扇　　　　(b)尖窄根宽风扇　　　　(c)尼龙压铸整体风扇

图 5 - 10　轴流式风扇的三种型式

（5）风扇的驱动

风扇常和发动机一起由曲轴带轮通过 V 带驱动。为调节 V 带的张紧程度，通常将发电机的支架做成可调节的。如图 5 – 11 所示。

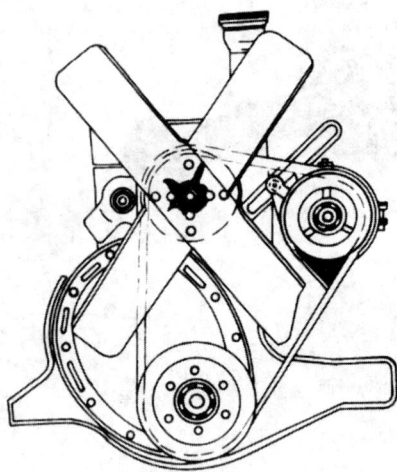

图 5 – 11　风扇的驱动 V 带张紧装置

5.3.4　节温器

（1）功用

根据发动机负荷大小和水温的高低自动改变水的循环流动路线，从而控制通过散热器冷却水的流量。

（2）类型

有蜡式和乙醚皱纹筒式两种，目前多数发动机采用蜡式节温器。

（3）蜡式节温器结构

蜡式节温器结构如图 5 – 12 所示。

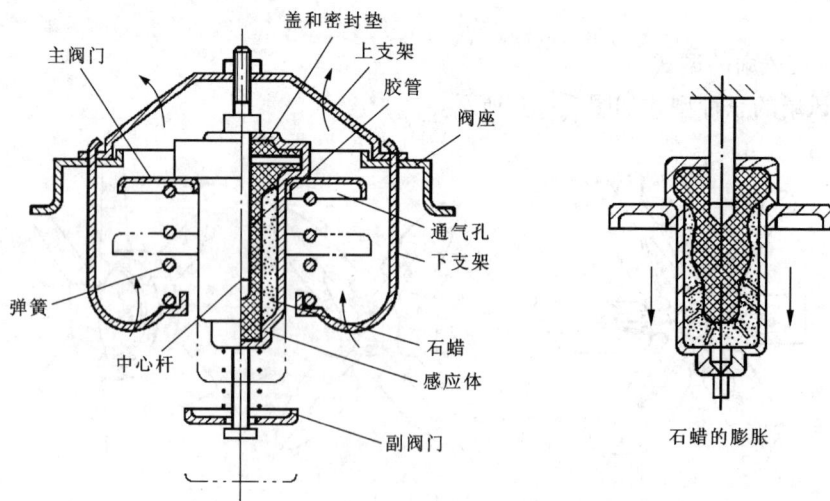

图 5 – 12　蜡式节温器

(4)蜡式节温器工作原理

常温时,石蜡呈固态,阀门压在阀座上。这时阀门关闭了通往散热器的水路,来自发动机缸盖出水口的冷却水,经水泵又流回气缸体水套中,进行小循环。当发动机水温升高时,石蜡逐渐变成液态,体积随之增大,迫使橡胶管收缩,从而对反推杆上端头产生向上的推力。由于反推杆上端固定,故反推杆对橡胶管、感应体产生向下反推力,阀门开启,当发动机水温达到80℃以上时,阀门全开,来自气缸盖出水口的冷却水流向散热器,而进行大循环。如图5-13所示。

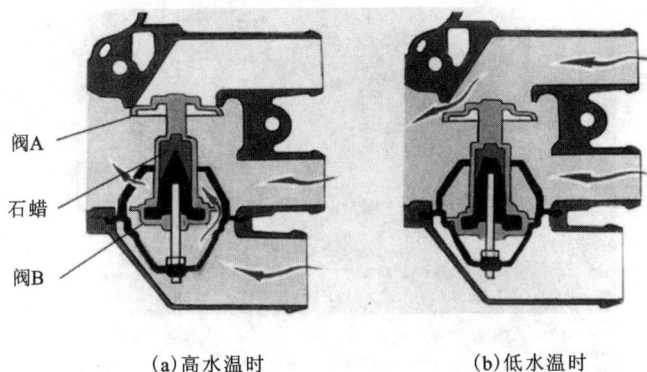

(a)高水温时   (b)低水温时

图5-13 蜡式节温器工作原理示意图

5.3.5 风扇离合器和温控开关

功用:减小风扇噪声,改善低温启动性能,节约燃料和降低排放,可以自动调节发动机的冷却强度。

(1)风扇离合器

主要有硅油式和电磁式等。冷却水温度不高时,风扇随离合器壳体一起空转打滑;当发动机气流温度超过338 K时,离合器处于接合状态,风扇转速提高。当发动机气流温度低于308 K时,风扇离合器又回到分离状态。如图5-14所示。

(2)风扇温控开关

功用:在冷却水温度升高时,其内部的温控介质膨胀而使风扇以高速运转,加速了发动机的冷却;相反,若在冷却水温度降低的时候,介质收缩而使风扇低速运转或停下来,实现了对散热器电动机风扇的控制。

(3)百叶窗

功用:通过调节流经散热器的空气量来调节

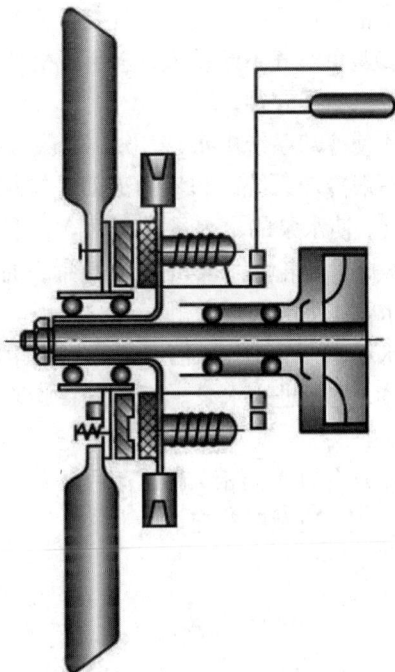

图5-14 硅油风扇离合器

冷却系统的冷却强度，能使发动机在适宜的温度下工作。

5.3.6　膨胀水箱

膨胀水箱多用半透明材料(如塑料)制成。透过箱体可直接方便地观察到液面高度，无需打开散热器盖。如图 5 – 15 所示，膨胀水箱的上部用一个较细的软管与水箱的加水管相连，底部通过水管与水泵的进水侧相连接，通常位置略高于散热器。

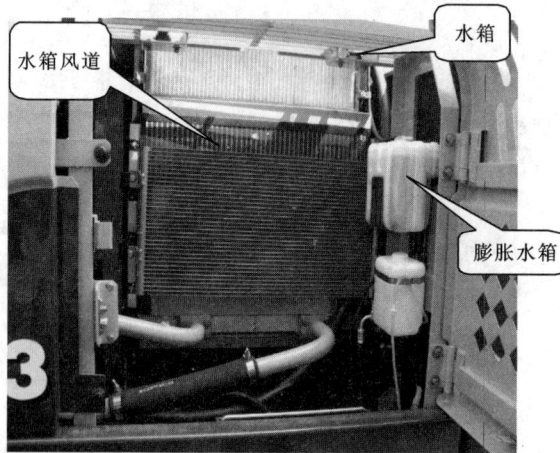

图 5 – 15　膨胀水箱位置

作用：

①把冷却系统变成永久性封闭系统，减少了冷却液的损失；

②避免空气不断进入，避免了机件的氧化腐蚀；

③减少了穴蚀；

④使冷却系统中水、气分离，保持系统内压力稳定，提高了水泵的泵水量。

一般冷却系统冷却液的流动是靠水泵的压力来实现的。水泵吸水的一侧压力低，易产生蒸气泡，使水泵的出水量显著下降，并引起水泵叶轮和水套的穴蚀，在其表面产生麻点或凹坑，缩短了叶轮和水套的使用寿命。加装膨胀水箱后，由于膨胀水箱和水泵进水口之间存在补充水管，使水泵减少了气泡的产生。散热器中的蒸气泡和水套中的蒸气泡通过导管和进入膨胀水箱，从而使气水彻底分离。由于膨胀水箱温度较低，进入的气体得到冷凝，一部分变成液体，重新进入水泵。而积存在膨胀水箱液面上的气体起缓冲作用，使冷却系内压力保持稳定状态。

补充冷却液：储液罐上有两条刻线，冷却液应加到上刻线(FULL)，当液面降到下刻线(LOW)时，应及时补充。

【技能训练】

【教学组织】

➢ 准备工作：可拆装整机6台
➢ 学生6人一组
➢ 实训时间：50 min
➢ 考核方式：学生小组互评，指导老师当裁判

一、冷却系统零部件认知

请指出表5-1中零部件的位置与作用（4个/人）。

表5-1　冷却系统零部件认知明细表

序号	零件名称	序号	零件名称
1	水泵	5	大循环
2	散热器	6	小循环
3	节温器	7	水温传感器
4	水箱	8	水温表

二、简述冷却系统工作过程

每组派一名代表阐述。

三、冷却系统零部件拆装

各小组参照表5-2完成冷却系统零部件拆装，并完成节温器检测。

表5-2　冷却系统零部件拆装与检测

工作步骤	图示	工作内容	数据记录
水泵拆装	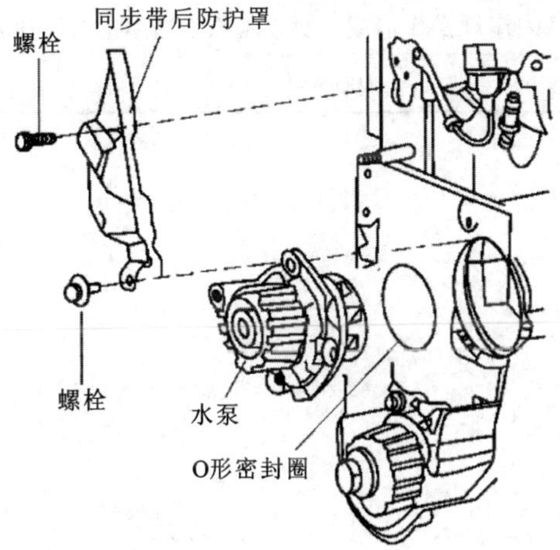	从整机上拆下，检查水泵水封，检查水泵叶片等	

工作步骤	图示	工作内容	数据记录
节温器检测	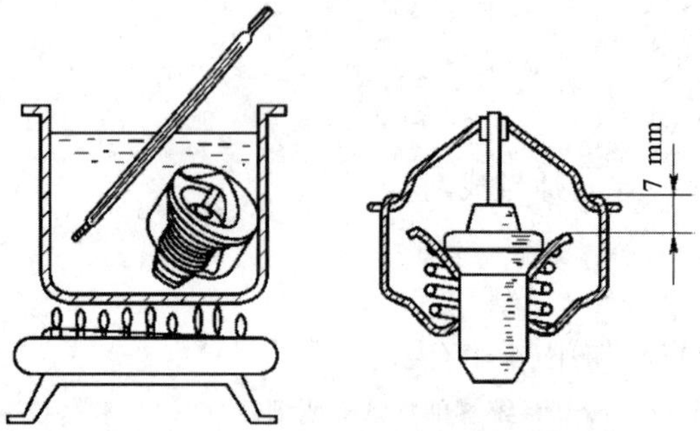	从发动机上拆下节温器 将节温器放在水中加热 观察节温器阀门开启温度和升程是否符合要求。阀门开启温度(87 ± 2)℃，水温达(102 ± 3)℃时，节温器升程不小于 7 mm	

四、考核标准

本项目考核标准参照表 5 - 3 进行。

表 5 - 3 考核标准表

考核时间	序号	考核项目	满分	评分标准	得分
50 min	1	冷却系统零部件认知	20	错一个扣 4 分	
	2	冷却循环分析	20	错一处扣 4 分，记小组分	
	3	冷却工作原理分析	20	根据表述情况扣分	
	4	水泵拆装	30	每错一处扣 5 分	
	5	6S	10	整理遗漏酌情扣分	
	6	因违规操作造成人身伤害或设备事故，计 0 分			
分数总计			100		

任务二　冷却系统保养

【知识准备】

5.4　冷却水和防冻液

5.4.1　冷却水

在没有冷却液的前提下，工程机械发动机中使用的冷却水应是清洁的软水，如雨水、自来水等；而井水、河水等硬水中含有矿物质，在高温下易生成水垢，不能作为发动机冷却水。

5.4.2　防冻液

功用：为防止在冬季寒冷地区，因冷却水结冰而发生散热器、气缸体、气缸盖变形或胀裂的现象，在冷却水中加入一定量的防冻液以达到降低冰点、提高沸点的目的。如图 5 – 16 所示。

5.4.3　清洗冷却系统（1012/1013 系列）

①冷却系统杂质的量取决于发动机的用途。

②润滑油或柴油残留物，增加了发动机的内形成杂质的危险性，发动机在灰尘很多的环境中使用要特别当心。

③根据使用条件决定清洗间隔，如表 5 – 4 所示。

图 5 – 16　防冻液

表 5 – 4　清洗间隔

推荐的工作小时数/h	使用条件
2000	船、封闭空间中使用的发电机组、泵
1000	良好道路上使用的车辆
500	拖拉机、叉车、移动式发电机组
250	施工现场使用的车辆、施工机械、压缩机、井下矿机
125	农业机械、收割机

【技能训练】

【教学组织】

➤ 准备工作：整机6台
➤ 学生6人一组
➤ 实训时间：45 min
➤ 考核方式：老师根据学生完成情况评分

一、冷却系统保养

1.清洗冷却系统

（1）在散热器下放置一清洗盆。

（2）拆下散热器上的盖板。

（3）用压缩空气清洁：

_____用压缩空气吹散热器。

注意不要损坏散热器。

（4）用水清洗浮土。

（5）用冷清洗剂清洁：

_____用清洁剂喷散热器并保留10 min。

_____用高压水冲洗。

注意不要直接冲洗发动机、缆线和电器元件。

（6）盖好散热器盖板。

（7）运转发动机至正常温度使残留的水蒸发。

2.冷却系统放水

（1）在放水开关下放一容器。

（2）拧下帽。

（3）打开放水开关。

（4）放冷却液。

3.冷却系统的加注和放气

（1）拧下帽。

（2）松开螺堵。

（3）松开放气螺钉。

（4）加满冷却液（如有暖气阀必须打开）。

（5）拧紧螺栓（拧紧力矩18 N·m）。

（6）拧紧放气螺钉（拧紧力矩40 N·m）。

（7）盖上帽。

（8）第一次运转冷机后，检查冷却液液面高度。

二、考核标准

本项目考核标准参照表 5 - 5 进行。

表 5 - 5　考核标准表

考核时间	序号	考核项目	满分	评分标准	得分
20 min	1	冷却系统零部件认知	20	错一个扣 4 分	
	2	冷却循环分析	20	错一处扣 4 分，记小组分	
	3	冷却工作原理分析	20	根据表述情况扣分	
	4	水泵拆装	30	每错一处扣 5 分	
	5	6S	10	整理遗漏酌情扣分	
	6	因违规操作造成人身伤害或设备事故，计 0 分			
分数总计			100		

项目六
启动系统认知与保养

【项目描述】

现代工程机械发动机采用电动机启动方式进行启动，由于使用频繁，定期对启动线路进行检查和维护是十分必要的，可大大减少故障的发生。启动线路的识认应结合工程机械电器控制知识进行，主要学习启动系统的组成、系统保养和安全操作事项。

【学习目标】

【知识目标】

1. 启动原理；
2. 启动系统的组成；
3. 安全操作知识。

【能力目标】

1. 会对启动系统保养；
2. 能进行启动线路的连接；
3. 正确使用蓄电池。

【项目导程】

本项目主要培养学员对工程机械发动机启动系统的认知及保养能力。项目可参照图6－1进行。主要学习任务及能力要求如图6－1所示。

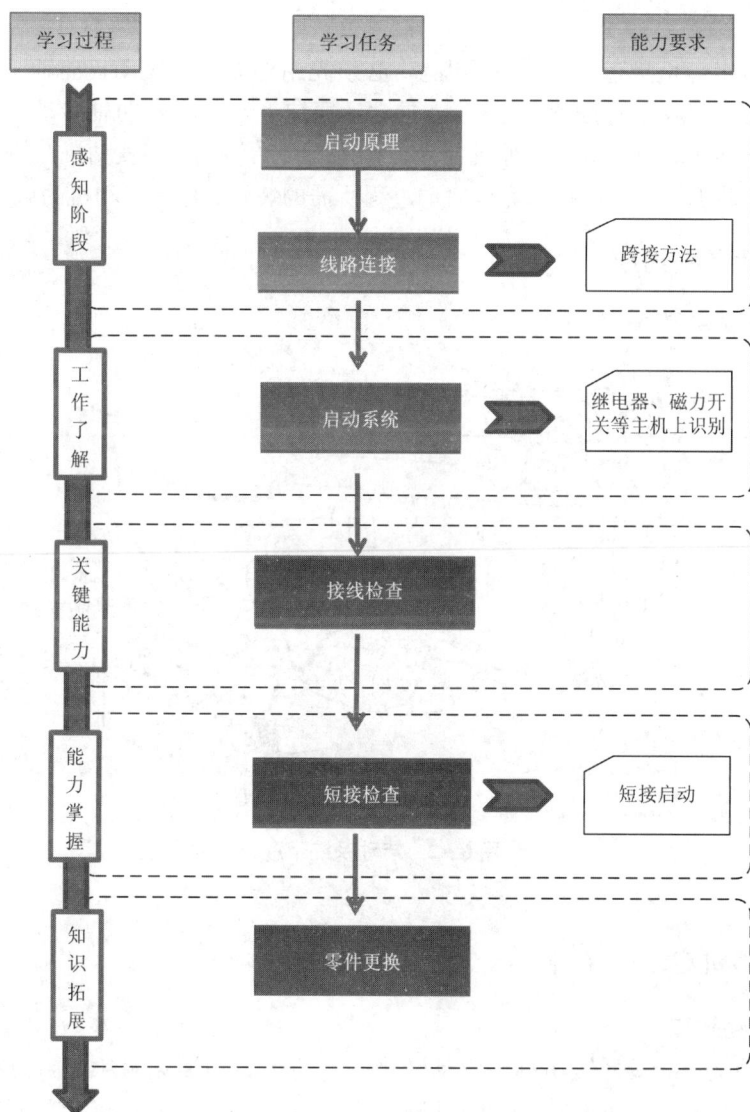

图6－1 项目学习导程

任务 启动系统认知与保养

【知识准备】

6.1 启动装置的作用

欲使发动机由静止状态过渡到工作状态，必须先用外力转动发动机曲轴，使活塞做往复运动，气缸内的可燃混合气燃烧膨胀做功，推动活塞向下运动促使曲轴转动，发动机才能自行运转，工作循环才能自动进行。曲轴在外力作用下开始转动，到发动机开始自动地运转的全过程，称为发动机的启动过程。完成启动过程所需的装置，称为发动机的启动装置。

6.2 启动系统组成

启动系统组成如图6-2所示。

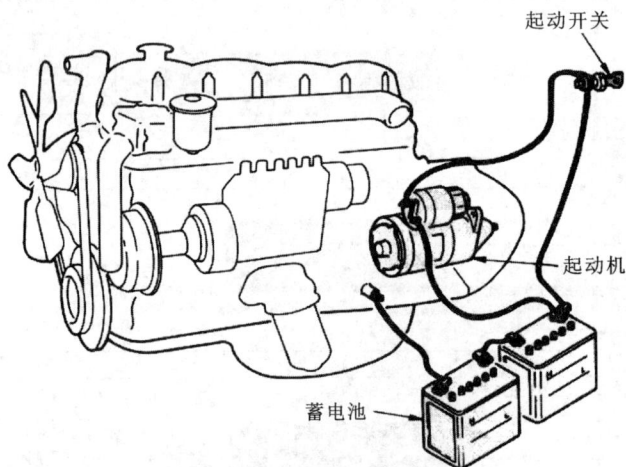

图6-2 启动系统示意

6.3 发动机启动的条件

6.3.1 启动转矩

能够使曲轴旋转的最低转矩称为启动转矩。启动转矩必须克服压缩阻力和内磨擦阻力矩。启动阻力矩与发动机压缩比、温度、机油黏度等有关。

6.3.2 启动转速

能使发动机启动的曲轴最低转速称为启动转速。在 0~20℃ 时，汽油机的启动转速为 30~40 r/min，柴油机的启动转速为 150~300 r/min。

6.3.3 启动方式

①人力启动：启动最为简单，只须将启动手摇柄端头的横销嵌入发动机曲轴前端的启动爪内，以人力转动曲轴。人力启动方式主要用于小型发动机上，如小型平板夯或拖拉机等

机具。

②电动机启动：电动机启动是用电动机作为机械动力，当将电动机轴上的齿轮与发动机飞轮周缘的齿圈啮合时，动力就传到飞轮和曲轴，使之旋转。电动机本身又用蓄电池作为电源。

③压缩空气启动：压缩空气启动，是利用压缩空气，由空气控制阀控制将压力为 3~5 MPa 的压缩空气通过空气分配器，按发动机的工作顺序送入气缸，推动活塞运动，带动曲轴旋转，实现发动机的启动。其优点是功率大，启动可靠。缺点是启动系统复杂。这种启动方式主要用于固定式大、中型发动机和船舶发动机的启动。

④辅助汽油机启动：早期(20 世纪 50—80 年代中期)各种工程机械的大功率发动机，是采用二冲程汽油机启动的，使用很不方便，现已被淘汰。

6.4 冷启动辅助装置

冬天气温低，燃油不易雾化形成混合气；低温时，机油黏度大，启动阻力大，启动转速降低，这样使发动机启动困难。

预热装置主要有电热塞、电火焰预热器等。

6.4.1 电热塞

(1)电热塞结构

一般在采用涡流室内或预燃室式燃烧室的发动机中都装有电热塞。电热塞一般安装在气缸盖上，伸入燃油室，其结构如图 6-3。

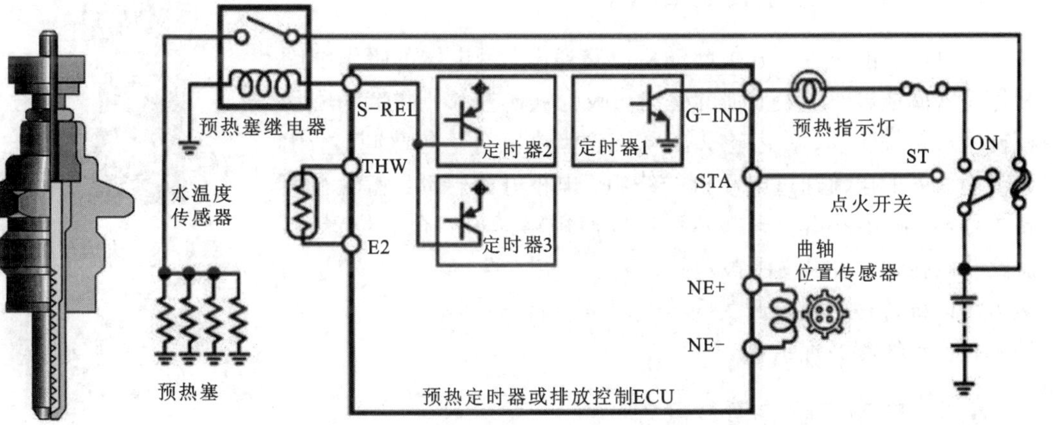

图 6-3 电热塞结构与控制电路

螺旋形电阻丝的一端焊于中心螺杆上，另一端焊在用耐高温不锈钢制造的发热钢套的底部，在钢套内装有具有一定绝缘性能、导热好、耐高温的氧化铝填充剂。电热塞中心螺杆用导线并联，并连接到蓄电池上。在发动机启动以前，先用专用的开关接通电热塞电路，电阻丝很快发热，炽热钢套使气缸内的空气温度升高，提高了压缩终了时的空气温度，有利于柴油着火燃烧。

（2）电热系统工作原理

电热系统工作原理如图6-3所示。当发动机冷却温度低时，在启动开关接通后，电热定时器1和定时器2都接通。定时器1接通组合仪表内的电热指示灯。指示灯发光时间约为0~10 s。定时器2接通电热塞继电器，使电热塞产生热量。在以冷却温度决定的时间内，定时器1和定时器2都接通。然后，同时断开。当定时器1断开时，电热指示灯也断开。当启动开关旋至"启动"时，电热定时器将电热塞继电器接通，防止电热塞温度在启动时下降国。当定时器3运行时，在冷却温度决定的时间内，将电热继电器接通，使其处于电热状态，当发动机启动后，启动开关从"启动"回到"工作"位置，停止工作。

有些新型预热装置采用陶瓷预热杆，可在2 s内达到1000℃，保证发动机像汽油机一样可以快速启动，不会产生普通发动机那样一分钟延迟现象。

6.4.2 进气电火焰预热器

在中、小功率发动机上，常采用火焰预热器(图6-4)作为冷启动的辅助装置，一般安装在进气管下方。发动机启动时，接通预热器电路后，电阻丝发热，同时加热阀体，阀体受热伸长，带动阀芯移动，使阀芯的锥形端离开进油孔。柴油流进阀体内腔因受热而气化，气化柴油从阀体内腔喷出，被炽热的电阻丝点燃生成火焰喷入进气管，使进气得以预热。关闭预热开关，电路切断，电阻丝变冷，阀体冷却收缩，其锥形端堵住进油孔，截止柴油流入，火焰熄灭，停止预热。

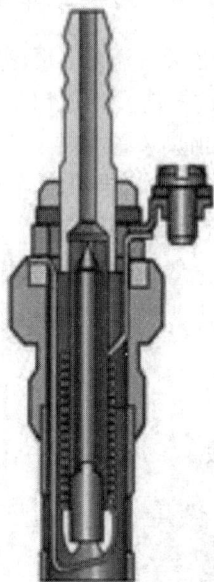

图6-4　火焰预热器

6.5　启动系统组成及工作原理

启动时，接通启动开关起动机电路通电，继电器的吸引线圈和保持线圈通电，产生很强的磁力，吸引铁芯左移，并带动驱动杠杆绕其销轴转动，使齿轮移出与飞轮齿圈啮合。与此同时，由于吸引线圈的电流通过电动机的绕组，电枢开始转动，齿轮在旋转中移出，减小冲击。当铁芯移动到使短路开关闭合的位置时，短路线路接通，吸引线圈被短路，失去作用，保持线圈所产生的磁力足以维持铁芯处于开关吸合的位置。图6-5、图6-6为起动机及启动线路原理示意。

6.6　启动系统使用与保养

6.6.1　启动规范

启动规范即"一看二查三启动"。

"一看"就是围绕行走机械转一圈，主要看行走机械的外表和环境，看看前后有没有障碍物，停车位置的地面有没有可疑的油渍或水渍，前后灯具总成是否有损坏，行走装置是否正常。

"二查"就是了解发动机的机油、冷却水是否够量，前后照明灯、信号灯和仪表是否工作正常，掀起发动机覆盖件，抽出油尺查看机油高度位置是否正常，拧开水箱盖查看水位是否正常，因为机油和冷却水是发动机的"生命保护盾"，它们出问题时发动机就很容易出问题，

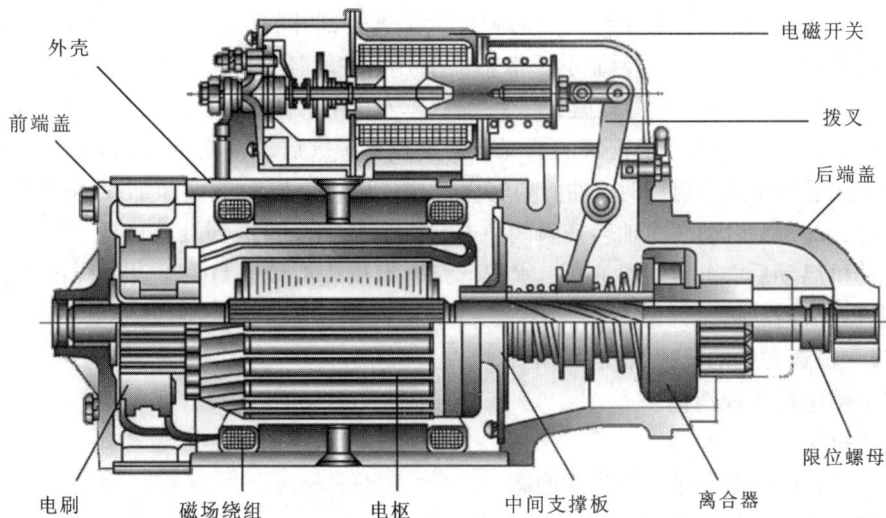

图 6-5 启动马达结构图

外壳
前端盖
电磁开关
拨叉
后端盖
限位螺母
电刷
磁场绕组
电枢
中间支撑板
离合器

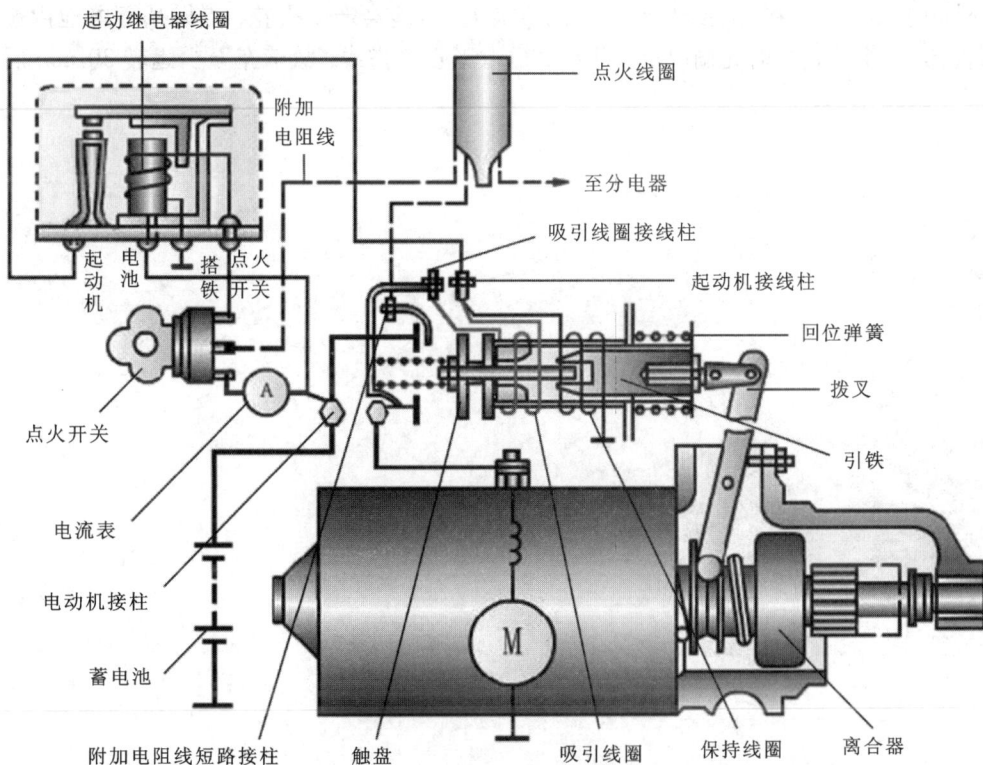

图 6-6 启动马达电路图

起动继电器线圈
点火线圈
附加电阻线
至分电器
起动机
电池
搭铁
点火开关
吸引线圈接线柱
起动机接线柱
回位弹簧
拨叉
引铁
点火开关
电流表
电动机接柱
蓄电池
M
附加电阻线短路接柱
触盘
吸引线圈
保持线圈
离合器

经常检查油和水的状况是十分必要的。同时也不要忘记查看一下冷却液和制动液，这些液体的储液罐大多是透明的，一目了然。然后将点火锁匙转到开的位置(并不是启动发动机)，查看仪表板各个仪表和指示灯是否显示正常。依次开启关闭各种灯，尤其要重视转向灯和刹车灯，不管白天黑夜，这两种信号灯是最关系到行车安全的，任何时候都要保持良好的状态。

"三启动"就是在前两项都正常的情况下转动点火锁匙启动发动机，每次启动时间不要超过十来秒。这里要注意冷启动时，油门要轻缓渐进，切忌一启动就立即加大油门使发动机转速急剧提升，因为冷启动时曲轴转速瞬间急升，机油来不及输送到轴瓦位置，容易造成轴瓦损伤。发动机启动后，密切注意油压、水温、充电筹仪表或仪表灯的变化，待仪表符合正常值或仪表灯熄灭时就可以开始工作了。

6.6.2　检查蓄电池及接线柱

①保护蓄电池干燥清洁。

②清洁桩头。

③清洁后，在桩头上涂一层防酸油脂。

④保持接线柱头性能良好。

6.6.3　蓄电池跨接操作

将搭车线一端与无电蓄电池的正极相连，搭车线的另一端与施救车的蓄电池正极相连接，将负极搭车线与施救车蓄电池负极连接，另一端与故障车发动机缸体本身或缸体上的金属部件相连接。不要将连接线接到蓄电池负极上(可能会产生火花，点燃从蓄电池内逸出的可爆气体)。解除连接时先摘取负极搭线，再取下正极搭线，故障车至少运转 30 min 后方可灭车。

【技能训练】

【教学组织】

➢ 准备工作:可启动整机6台
➢ 学生6人一组
➢ 实训时间:20 min
➢ 考核方式:学生小组互评,指导老师当裁判

一、启动系统零部件认知

请指出表6-1中零部件的位置与作用(4个/人)。

表6-1 启动系统零部件认知明细表

序号	零件名称
1	电瓶
2	启动电机
3	电瓶继电器
4	启动开关
5	启动继电器

二、简述启动系统工作过程

每组派一名代表阐述。

三、启动系统保养(按照实际需要进行)

四、启动系统接线(理出启动线路)

五、考核标准

本项目考核标准参照表6-2进行。

表 6 – 2　考核标准表

考核时间	序号	考核项目	满分	评分标准	得分
20 min	1	启动系统认知	20	错一个扣 4 分	
	2	起动机结构分析	20	错一处扣 4 分, 记小组分	
	3	电路检查	20	根据表述情况扣分	
	4	电路连接	30	每错一处扣 5 分	
	5	6S	10	整理遗漏酌情扣分	
	6	因违规操作造成人身伤害或设备事故, 计 0 分			
分数总计			100		

114

第二篇
检测调试

项目七
整机拆装与检测

【项目描述】

发动机属于高负荷运转设备,长时间使用势必对零部件造成损伤,因此达到一定时间就得进行设备大修。大修时会对发动机整机进行拆装、零部件清洗、检测。在此过程都要严格按照大修规程操作,以确保更好地恢复发动机整机性能。

【学习目标】

【知识目标】

1.发动机的基本组成;

2.掌握维修常用工量具使用;

3.熟知发动机拆装工艺过程;

4.掌握典型零部件的检测方法。

【能力目标】

1.正确使用拆装工具对发动机进行拆卸;

2.能根据各型发动机拆装技术要求操作。

3.能对典型零部件进行检测评判。

【项目导程】

本项目主要培养学员对工程机械发动机的整机拆装、零部件清洗、检测能力。项目学习可参照图7-1进行。主要学习任务及能力要求如图7-1所示。

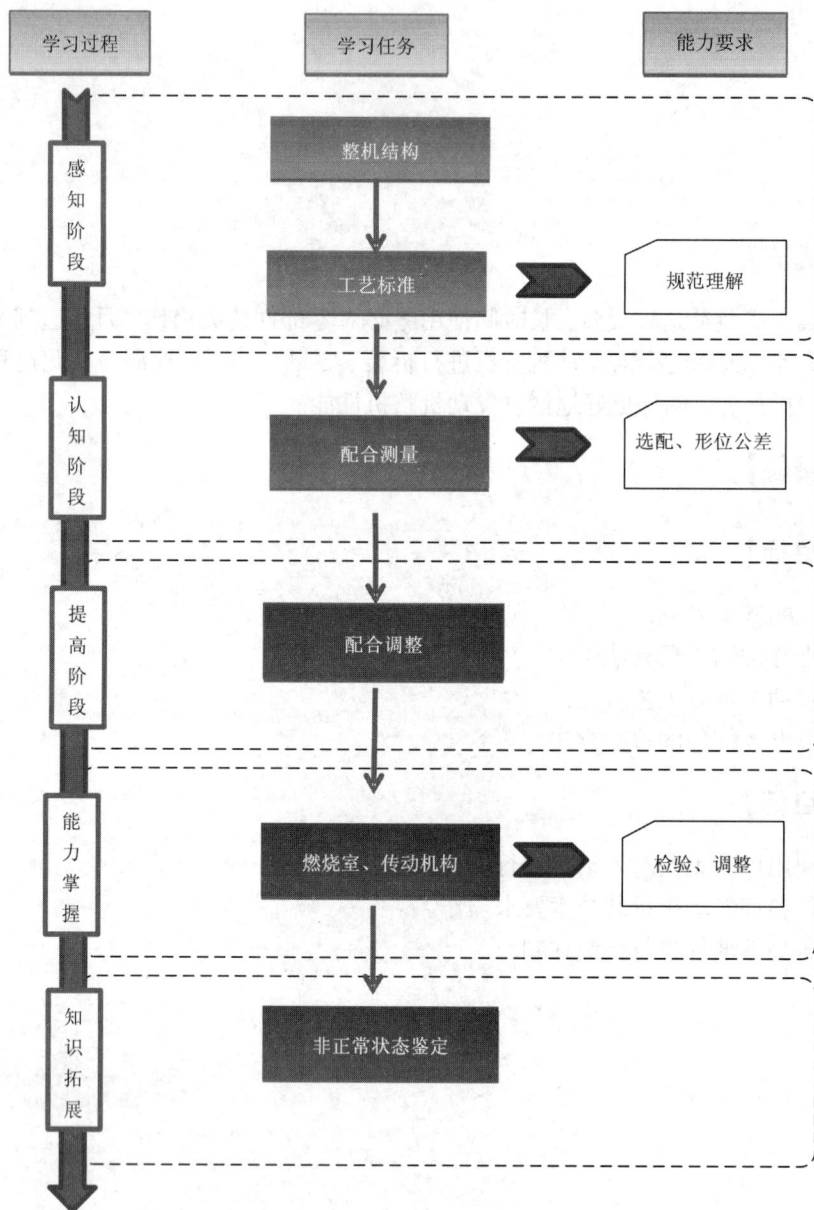

图7-1 项目学习导程

任务一　发动机的拆卸

【知识准备】

7.1　发动机拆装常见工具及选用

　　工程机械发动机零部件检测过程中，需要借助通用或专用工具拆装待检测零部件，同时也要使用各种量具进行尺寸、形状的检测，从而判断零部件是否符合使用要求，各类工量具形状及用途见表 7－1。

表 7－1　发动机拆装检测常见工量具表（发动机拆装、检测常见工量具表）

类型	图示	用途
扳手	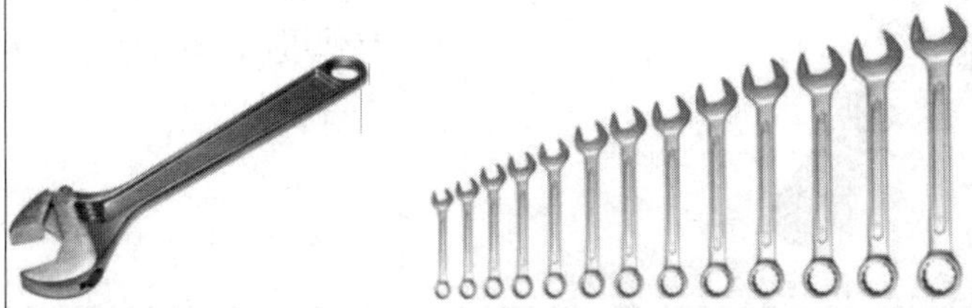	图左为活动扳手，使用时应使拉力作用在开口较厚的一边；图右为两用扳手，两用扳手的开口直径和内孔直径一般相等
	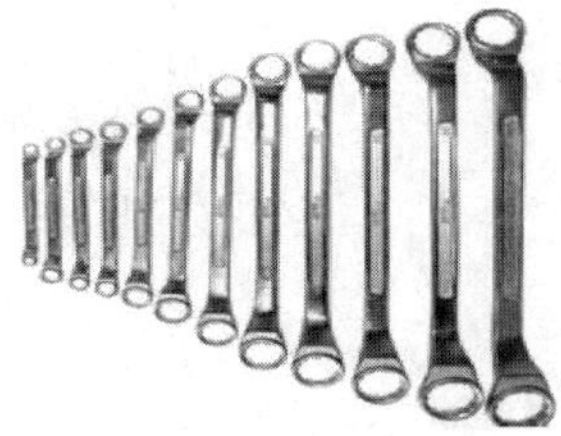	梅花扳手适用于工作空间狭小、不能使用开口扳手的场合，通常为成套设备，有 8 件套、10 件套
		套筒扳手由多个带六角孔或十二角孔的套筒并配有手柄、接杆、滑头手柄、快速摇柄、棘轮扳手等组成，套筒扳手配合附件使用比梅花扳手更方便快捷，应优先考虑使用

续表 7－1

<table>
<tr><th>类型</th><th>图示</th><th>用途</th></tr>
<tr><td rowspan="4">扳手</td><td>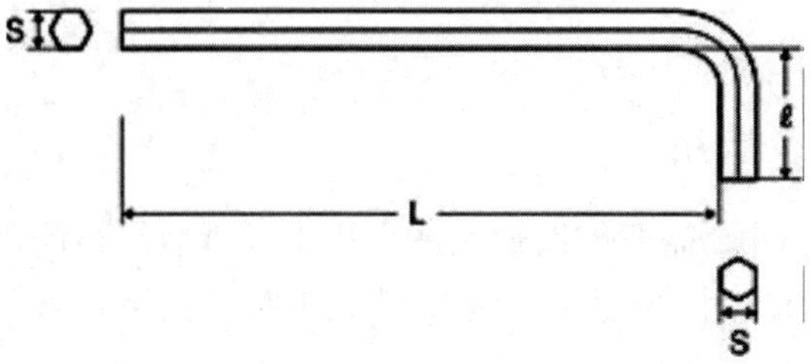
</td><td>针对内六角螺栓使用，注意有公制、英制规格，可根据具体情况加长和加力使用，注意容易滑口</td></tr>
<tr><td>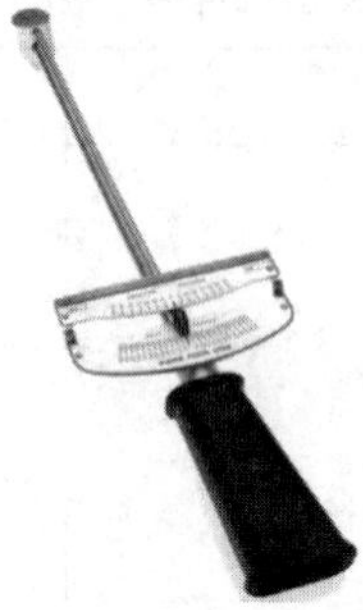</td><td>扭力扳手，对于有力矩要求的螺栓使用，使用时可知道螺栓的拧紧力矩</td></tr>
<tr><td>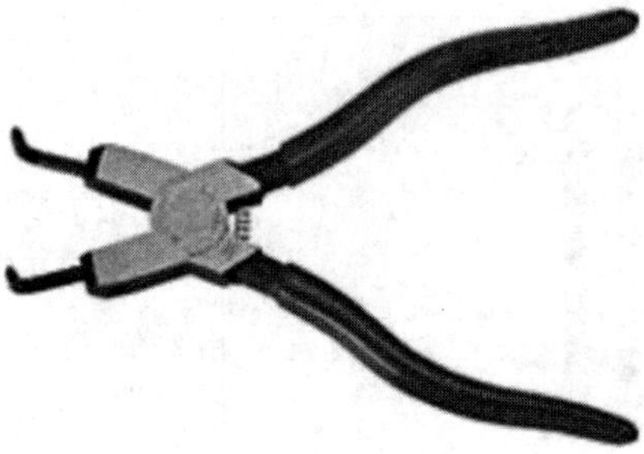</td><td>分为内外两种卡簧钳，用于内外卡簧的拆卸和安装</td></tr>
<tr><td>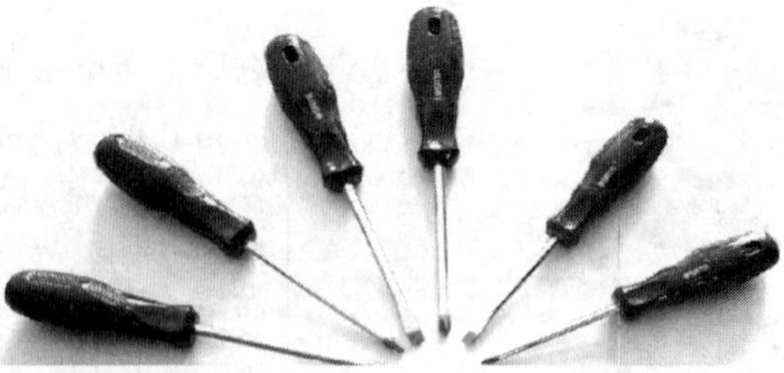</td><td>螺丝起子，分为十字和一字起，也有通柄起子，可以适当进行敲击工作</td></tr>
</table>

续表 7 −1

类型	图示	用途
量具	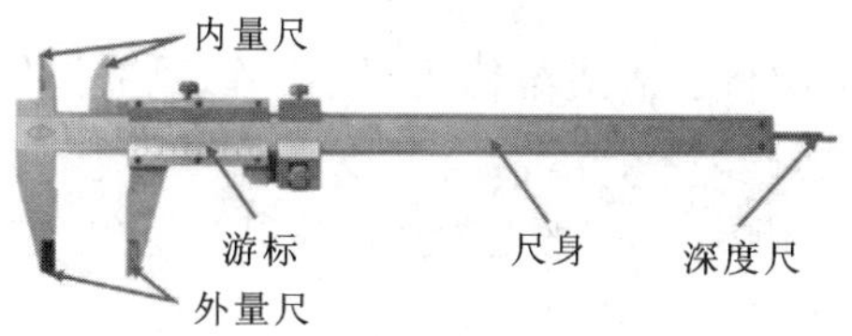	图左为三用游标卡尺,可测量外圆直径、内孔直径与深度 图右为深度游标卡,可测量孔的深度 游标卡尺常用精度有 0.02 mm、0.05 mm、0.1 mm。最常用的为 0.02 mm 的游标卡尺
	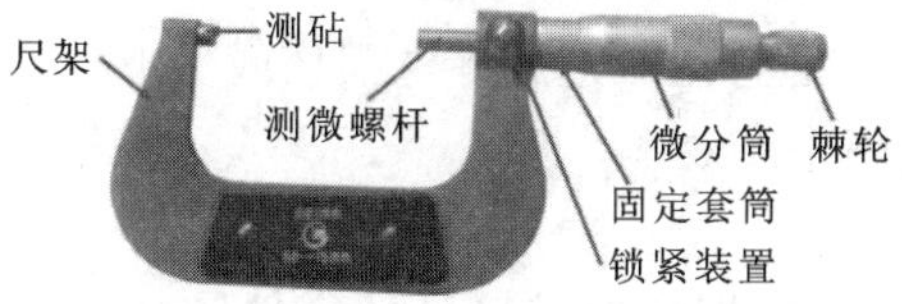	图左为外径千分尺,常用规格有 0 ~ 25,25 ~ 50,50 ~ 75,以 25 mm 递增。可比较精确地测量外圆的直径
		厚薄规又称塞尺或间隙片,是一种由多片不同厚度的标准钢片所组成的测量工具,钢片上标有其厚度值,主要用于测量两个接合面之间的间隙值
量具	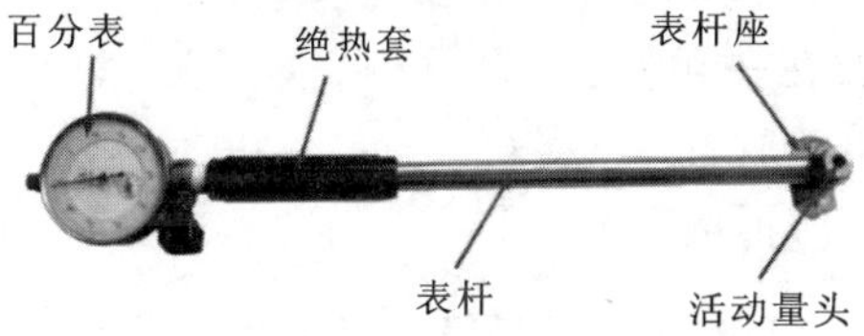	内径百分表又称量缸表,主要用于测量发动机气缸和轴承座孔的圆度误差、圆柱度误差或零件磨损情况,其测量精度为 0.01 mm
	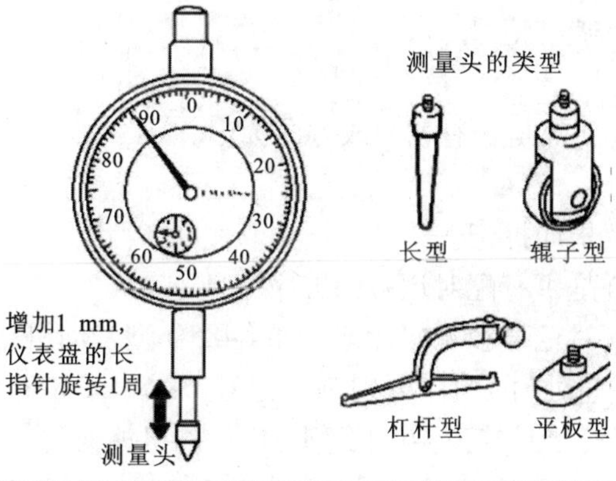	百分表利用指针和刻度将心轴移动量放大来表示测量尺寸,主要用于测量工件的尺寸误差以及配合间隙

7.2 发动机拆卸

7.2.1 发动机拆卸顺序

拆卸发动机的目的，是为了检查、修理或更换磨损损坏的零件。如果拆卸不当，会破坏已磨损配合副的配合关系，甚至损伤零部件，造成维修失误，给修理工作带来困难。为此，在拆卸时，必须遵循以下原则：

采用合理的拆卸顺序：发动机拆卸的顺序，一般是"由表及里，逐个拆卸"，即先拆外部附件，然后拆下各个总成，再由总成分解部件和零件。

掌握合适的拆卸程度：拆卸程度的基本原则是"能不拆的就不拆，该拆的必须拆"。如果通过不拆卸检查就可以断定零部件是否符合技术要求，那就不必拆。对于不拆难以肯定其技术状态的，或初步检查后认为有故障或怀疑的部件，那就必须拆开，以便进一步检查与维修。

使用合适的拆卸工具：拆卸时要避免猛打猛敲造成零件损伤或变形。同时，要尽量使拆装工具专用化，以减少零件的损伤，提高生产效率。

拆卸时要为装配做好准备：

①有特殊要求的零件应做好标记。某些配合要求较高的零件，为保持其良好的配合特性，在拆卸时应在相配合的零件上做好记号，以便修理后安装，避免搞乱次序破坏原有配合。如单体泵喷油泵中的调节齿杆与调节齿轮、柱塞凸耳与调节齿轮槽，组合式喷油泵中的柱塞副、出油阀副等，在拆卸时应做好记号不要搞乱。没有记号的应作上记号，以防止装配时装错。

②拆下的零件应分类存放。拆下的零件应分门别类，有秩序地存放起来。分类的原则有：

➤ 按零件的大小和精密程度分别放置。
➤ 需用不同方法清洗零件。
➤ 同一总成或部件的零件应集中在一起。
➤ 不应混乱或不应分开的零件要放在一起。
➤ 易变形或丢失的零件、垫片等单独放置。
➤ 对不需修理仍能使用的零件，不应拆散乱放。

7.2.2 发动机零部件标记

应注意的部件及零件有：

①正时齿轮室的正时齿轮是否有啮合记号。
②气门是否有排列顺序记号。
③活塞连杆组：连杆杆身和活塞顶部是否有朝向或方向标记。
④活塞环环口端面的朝向标记。
⑤活塞顶上是否有缸序号标记及指向标记。
⑥连杆大头与连杆大头盖的结合是否有配对记号和缸序记号。
⑦主轴承座与主轴承盖是否有配对记号和方向标记。如 N485Q 型发动机，5 只主轴承盖按从机体前端(齿轮室处)到后端(飞轮处)的顺序分别刻有记号 1~5，安装时依据记号一一对正；主轴承盖顶面铸有方形标记，安装时其顶尖(或箭头)应指向机体前端。
⑧连杆轴瓦、主轴承的配对是否有记号。

⑨曲轴前端带轮边缘的刻度与正时齿轮室盖的指针是否有对应的记号。

⑩飞轮壳检视孔上的指针和飞轮边缘上的刻度记号是否有对应的记号。

⑪曲轴后端接盘与飞轮的链接是否有装配记号。

⑫单体柱塞式喷油油泵中调节齿轮与调节齿杆的记号；柱塞上的凸耳与调节齿轮长槽缺口上的记号。

拆卸中对上述机件的部位及零配件所做的记号加以核对和辨认，没有记号的要用油漆、刻痕、打印等方法在零件的非工作面上做出必要的记号或标记，以便转配时按号配对，保持原来的配合关系和调整间隙与角度的准确性。

7.2.3 螺栓的正确拆装

螺栓组的拆卸如图 7-2 所示。螺母紧固次序，拧紧与拧松相反。

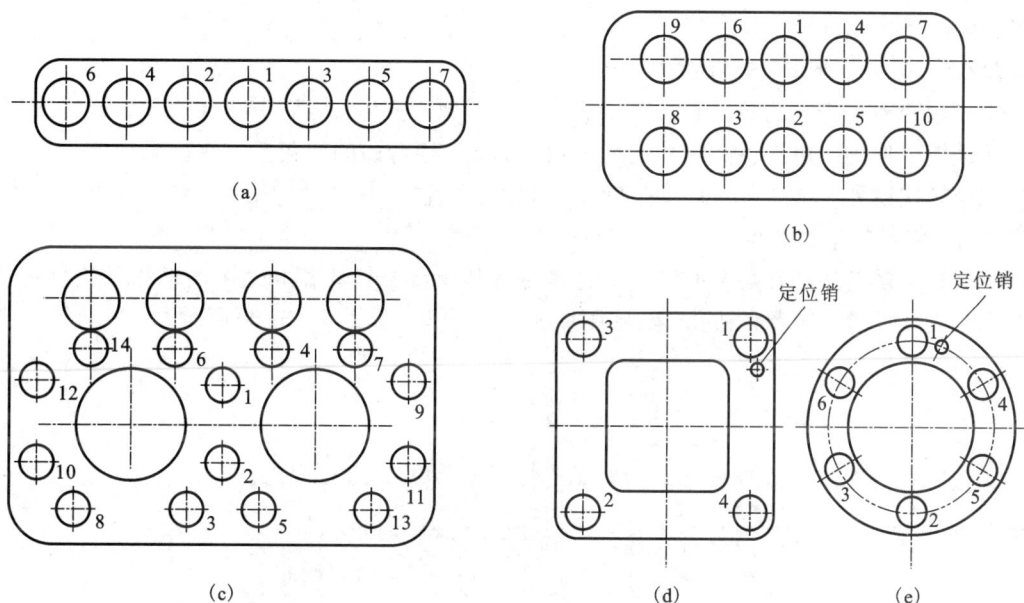

图 7-2 螺栓拧紧顺序

①为了防止力量集中在某一个螺栓上，导致拆卸困难或零件变形，应先将所有螺栓按对角线交替(或与图中相反的次序)拧松 1~2 圈，然后逐一卸下。

②若遇有操作不便、难拆部位的零件时，要先将其拧松或者拆下。

③为了确保安全作业，拆卸悬臂、悬挂的部件时，应先用托架或方木、千斤顶等物体垫稳，或用绳索捆牢，然后，按对称位置分几次拧下，留上部的一两个螺栓最后取下。

④当确定螺栓已经被完全拆除后，再用螺丝刀或撬棒等工具从结合面将连接件分开。

7.2.4 锈死的螺栓、螺母如何拆卸

锈死的螺栓和螺母是由于螺纹联接在长期压力作用下产生吸附、啮合现象，或是受雨水、泥土氧化生锈及酸性物质腐蚀而使两者黏合在一起。这时，可采用下述方法进行拆卸。

①用手锤以适当的力敲击螺母四周，振动后可使氧化生锈层脱落，黏合面松动，再用梅花或套筒扳手拧出。

②先拧进四分之一圈，再退出，反复紧松，即逐步拧紧。

③用煤油滴入螺栓螺母黏合面隙缝，浸润半小时后，用梅花或套筒扳手拧出。这是因为煤油的渗透力很强，当滴几滴至螺栓上时，煤油可以渗透到锈层中去，使锈层变松，便于拆卸。

④用上述三种方法均无效时可用氧－乙炔焰或喷灯烧螺母，使螺母受热膨胀，趁螺栓受热较小时，迅速将其拧松。

⑤当螺栓穿过被连接件的孔（孔中无螺纹）与螺母配合使用而锈死，且螺栓直径在 M16 以下时，可用两把梅花扳手或套筒扳手，必要时再套上加力杆，一边固定，防止螺栓松动，一边使劲拧进，直至将螺栓扭断，更换新的螺栓与螺母即可。

⑥典型轮胎锈蚀螺母的拆卸：先将一小块木头放在螺母上，用铁锤振击木头，然后把煤油滴在螺栓螺母接合处，使其顺着螺纹渗入腐蚀锈斑，再轻轻振击螺母，拧紧拧松反复旋动螺母，直到拆下。

7.2.5 螺栓、螺母、螺钉断头

①先用锉刀将拧圆的螺母或螺钉头部锉两面近似成方形，然后用适合的开口扳手或用较大的活动扳手拧出。也可将其修整恢复成六边形后，用合适的梅花扳手或套筒拧出。

②当螺栓锈死，同时螺母又被拧圆时，可用煤油泡半小时后，用凿子顺着螺纹的转向凿螺母边缘，将其拆下，更换新件。注意不可损伤其他机件。

③当断头螺钉还凸在贴合面时，先用锉刀将凸出部分锉出扁口，用活动扳手夹住拧出，如图7-3(a)所示。或者先钻孔，然后用反扣丝锥拧出，如图7-3(b)所示。

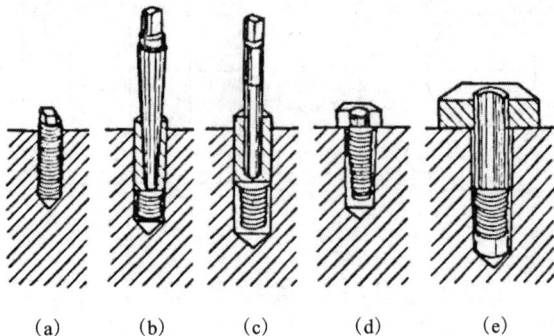

图7-3　拆除断头螺栓的方法

④当断头螺钉正好与贴合面相平时，可在断头螺钉上焊牢一个螺母，然后用扳手拧出。焊前应用泥浆涂在断螺钉的贴合面周围，以便防止电焊时火花飞溅，烧坏贴合面，如图7-3(d)所示。

⑤若是螺钉断头在孔内，可先在断头螺钉上钻一小孔，然后用适合的反扣丝锥反转带出，如图7-3(c)所示。当手上没有反扣丝锥时，可先将螺孔的螺纹涂上泥浆，再把断螺钉焊高出机壳或箱体平面，再套上废旧螺母焊牢，待冷却后拧出断头螺钉。

⑥若断头螺钉锈蚀较严重，可用煤油浸湿，焊上螺母后，轻轻敲击螺母使之振松，再拧出，如图7-3(e)所示。最快的速度还是用稀盐酸，方法是：先顺着锈蚀的断头螺钉螺纹周围滴上几滴盐酸，过4~5 min再滴一次，用抹布擦干净，然后焊上螺母，用扳手拧出。由于盐酸有腐蚀性，因此拆卸后，要用清水洗干净。

124

【技能训练】

【教学组织】

➤ 准备工作：整机6台，剖切机2台
➤ 学生6人一组
➤ 实训时间：45 min
➤ 考核方式：学生小组互评，指导老师当裁判

一、道依茨1013型发动机拆卸

各小组参照表7-2完成道依茨1013发动机的拆卸，并在相关零部件上做好装配标记。

表7-2　道依茨1013发动机拆卸

拆卸步骤	关键控制点
道依茨1013型号发动机外部结构图	
 空滤器　加防冻液　手油泵　柴油粗滤　机油冷却器　柴油泵 回油管　熄火电磁铁　柴油精滤器　机油过滤器　柴油液位传感器	先认识发动机外部各零部件名称、安装部位，准备好拆装工作，安排好各自的任务，了解拆装顺序
拆除气门室盖，并取下气门室罩垫圈	
 8号　第一缸单体泵　高压油管	拆下后的零件应摆放整齐。工具选择要适当。气门室罩M6螺栓由两端向中间分三次拧松

拆卸步骤	关键控制点
废气涡轮增压器及相关油管	
机油回油管（到油底壳）　涡轮增压器机油润滑油管　拆涡轮增压器	排气歧管螺母是铜制的，在拆卸时由两端向中间分多次拧松，以防止排气歧管变形。并且要保存好铜螺母。 增压器 O 型密封圈要更换
拆下机油冷却器，启动马达	
启动马达　起动机电磁机构　拆启动马达固定螺栓　机油冷却器	DEUTZ 发动机的机油旁通阀在机油滤清器内部，因此，必须更换原装的机油滤清器。机油冷却器管道内部流动的是需要冷却的高温机油，外部流动的是冷却液
拆调速器，冷却水泵	
拆调速器5颗固定螺栓　调速器　冷却水泵	检测调速器供油控制杆是否灵活

续表7-2

拆卸步骤	关键控制点
拆飞轮、端盖、皮带轮、机油泵	
 曲轴前油封可往里退3 mm换新 ／ 拆除端盖 ／ 拆下飞轮（做标记） ／ 泵安全阀 ／ 曲轴后油封，可往里退3 mm换新件 ／ 由曲轴驱动的转子泵 ／ 油封卸压槽	飞轮上正时刻度记号作为配气机构、供油系统（发动机）、点火系统（汽油机）正时调整角度用。注意事项：飞轮在拆下之前必须做标记
拧下熄火电磁铁螺栓，将熄火拉杆推至停油位置，慢慢取出熄火电磁铁，完全松开气门间隙调节螺钉，拆下气门摇臂座，取出挺杆	
 熄火电磁铁固定螺栓 ／ 熄火电磁铁 ／ 挺杆 ／ 使用13号梅花扳手 ／ 摇臂	（按顺序摆放整齐，不得混乱）。注意：熄火电磁铁正常工作时处于得电状态，失电时发动机熄火，外部通电检测
松开高压油管两端接头，拆下喷油器压块，取出喷油器，并做标记拆下，封好接头，按顺序放置	
 单体泵 ／ 高压油管 ／ 17号开口扳手 ／ 喷油器压块	将该缸高压油管装回喷油器，按顺序放置

拆卸步骤	关键控制点
旋转曲轴使将要拆的那一缸进气门开启，均匀拆下单体泵压板，向上拉出单体泵。如不行则用 27 号开口扳手轻轻地来回转动单体泵	

拧松单体泵的 2颗固定螺栓

向上拉出单体泵

切不可转动太多，以防供油拉杆或单体泵供油拨杆被压弯。使其松动即可。拆下后整齐摆放。用一钢锯片插入滚柱的端隙轻轻拉出，并取下正时垫片。注意事项：单体泵必须做标记并随调节垫片一并装上，封闭进油口

从两边向中间分步对称拧松缸盖螺栓，抬下缸盖，取下气缸垫	

从两边向中间分步对称拧松

相互配合抬下缸盖，注意安全

摆放在平面上并用干净抹布擦缸盖结合面

取下气缸垫

取下气缸垫

失去弹性（疲劳损坏）和断裂（冲缸床）排除办法，更换

续表 7 – 2

拆卸步骤	关键控制点
拆下发动机后端齿轮箱盖	
主油道备用口	
主油道及曲轴后端润滑油油口　供油拉杆，拆下螺栓抽出检查，必须是直的　供油及配气正时	取出油门拉杆，检测直线度。观察供油及配气正时，应对正。否则必须在第一缸活塞处于压缩上止点时，在啮合点处做"0,0"标记
拧松此处螺栓，取出油门拉杆　供油及配气正时　供油提前角垫片　滚轮体　机油润滑机	

拆卸步骤	关键控制点
将发动机水平放置。拆开油底壳，取下集滤器	
  放油螺母　集滤器　　　拆下集滤器管	注意：只剩两颗对角螺栓时，用手托住油底壳慢慢拧掉对角螺栓，防止突然掉落
活塞连杆组拆卸	
  连杆螺栓交叉分多次拧　　用手或木柄轻轻推出活塞连杆组防止刮伤	观测连杆盖底面有无标记，若无，必须按序号做标记（DEUTZ 从飞轮端起分别为1、2、3、4、5缸，第6缸不标记。CUMMINS 相反），此标记应做在靠配气凸轮轴一侧；另一种方法是：连杆小瓦的定位唇舌在活塞的副承压面一侧
将活塞连杆组按顺序摆放	
  靠配气凸轮轴做标记及序号	顺序摆放，正确装配

续表 7 - 2

拆卸步骤	关键控制点
拆活塞	
  网纹清晰可继续使用，否则更换　大瓦唇舌朝向凸轮　主油道　喷油孔　从此处往外冲出　定位销	拆下活塞环（注意：不要刮伤活塞表面）。在允许的范围内，检测活塞环槽的宽度和深度
拧松主轴承盖螺栓，水平抬出曲轴，并检测大瓦高出量和弹开量	
	从两边向中心交叉分步对称拧松曲轴主轴承盖螺栓，并取下主轴承盖，按顺序摆放好。检测大瓦的高出量和弹开量
取出供油正时凸轮轴	
  懒轮，给调速器传递动力　配气供油凸轮轴，此处轴向定位	慢慢取出供油正时凸轮轴（道依茨柴油机配气正时凸轮轴和供油正时凸轮轴为同一轴，康明斯则有专门的配气正时凸轮轴，供油正时凸轮轴在喷油泵内）

二、考核标准

本项目考核标准参照表 7-3 进行。

表 7-3　考核标准表

考核时间	序号	考核项目	满分	评分标准	得分
40 mim	1	内部零部件识认	20	错一个扣 2 分	
	2	缸盖螺栓拆卸	20	流程正确计 10 分，标记到位记 5 分，工具使用正确计 5 分	
	3	油底壳拆卸	10	流程正确计 10 分，标记到位记 5 分，工具使用正确计 5 分	
	4	活塞连杆组拆卸	20	流程正确计 10 分，标记到位记 5 分，工具使用正确计 5 分	
	5	凸轮轴拆卸	20	流程正确计 10 分，标记到位记 5 分，工具使用正确计 5 分	
	6	6S	10	视拆卸零部件摆放情况扣分	
	7	因违规操作造成人身伤害或设备事故，计 0 分			
分数总计			100		

任务二 发动机零部件的清洗

【知识准备】

7.3 发动机零部件清洗

7.3.1 清洗注意事项

①安全第一,因为清洗的介质为易燃品,所以必须禁止明火,如抽烟等。

②保持工作场地的绝对卫生,因为任何杂质都可以影响发动机的正常工作。

③分类、按序清洗。如分类,则活塞连杆组分为一类;如按序,则活塞连杆按第1、2、3、4、5、6依次清洗,并放好位置。

④必须用各类零部件的技术要求中所指定的清洗物进行清洗。

大家不要认为,清洗就是用汽油或煤油,有的工件表面复合有一层耐磨物,用汽油或煤油浸泡就溶解了,这样不但起不到清洗的作用,反而破坏了表面层。

7.3.2 金属清洗剂特点及使用注意事项

(1)金属清洗剂的特点

金属清洗剂去污能力强,无毒、无腐蚀、不燃烧、不易挥发、不发生爆炸,废液呈中性或弱碱性而无公害,同时还有防锈能力,可以反复使用。用金属清洗剂代替燃油或碱液来清洗零件,以节约能源,降低维修成本。

金属清洗剂的有效成分是表面活性剂,具有增溶、湿润和乳化分散作用。还有一些助剂,能提高或增加清洗剂的防锈、防腐、去积炭等综合性能。用清洗剂配成的清洗液先湿润金属零件表面,然后渗入零件与污物接触的界面,使污物、油迹从零件表面脱落、分散或悬浮成细粒,从而使油水两种互不相容的液体混合在一起,形成乳化液,达到清洗油污的目的。

(2)使用金属清洗剂应注意哪些事项

①配制浓度:按照使用说明书要求配制适宜浓度的清洗剂。

②保持温度:选择最佳清洗温度,一般控制温度在40℃至60℃范围,加热效果更好,但不应低于20℃。

③浸泡时间:把零件在清洗液中浸泡一定的时间,以便使表面活性剂能与油膜相互作用,便有利于清洗。

7.3.3 使用汽油、煤油、柴油清洗零件的特点

使用汽油、煤油、柴油清洗零件,清除油污效果很好,使用方便,对金属无腐蚀作用,但在作业中极不安全,尤其是汽油,易燃易爆,且成本高。一般适合用于清洗某些精密零件,而最好的还是使用柴油,以保证工作中的安全。

7.3.4 清洗空气滤清器的滤芯

清洗前,检查纸质滤芯有无破损、裂缝,如有应更换新的滤芯。

①清洗纸质滤芯的方法:先取出滤芯轻轻敲击端面,使表面尘土脱落,不得敲击滤芯外表面,以防损坏滤纸。用软毛刷沿折叠方向刷净(严禁碰水或油,因为纸质滤芯吸收湿性强。用油清洗滤芯,滤芯表面会黏附尘土,增加进气阻力,严重时会使滤芯堵塞。进行上述操作

时，滤芯两端应用干净的布堵塞，以防溅落的灰尘进入滤芯内部）。有条件的，再用气压300~400 kPa 的压缩气体，从滤芯内壁向外吹净。

②钢丝滤芯应用柴油或汽油清洗。难以洗净时，可将滤芯沾上柴油，点火使其燃烧，数分钟后把火扑灭，用木棍敲击几下，使烟灰脱落，脏物便可彻底清除。

③泡沫塑料的滤芯最好用汽油或柴油清洗，晒干后才能安装使用。

7.3.5 气缸内零件积炭清洗

①用手工清洗与划除：配合精度不高的零件，如缸套、活塞、气门、气门座、喷油器、燃烧室、排气通道等表面的积炭，可用金属丝刷、刮刀、竹片、软布等划除。划除时，注意用力要适当，不能用刮刀、锯片等使劲划而留下沟纹或印痕。

②用化学退炭剂清洗：用原料醋酸乙醇 4.5%、丙酮 1.5%、乙醇 22%、苯 40.4%、石蜡 1.2%、氨水 30.4%，放入容器中混合，将需退炭的钢铁零件浸泡于溶液中 2~3 min，然后用毛刷刷去积炭，再用清水冲洗，效果很好。应注意的是，该退炭剂不适用铜质的零件清洗。

③铝合金零件的化学清洗：用质量比例为 10:0.1:0.1:0.05 的水、碳酸钠、肥皂、重铬酸钾配合成溶液，放入铝合金零件，加热 80~90℃，浸泡 2~3 h 后，取出用毛刷刷净，再用质量为 0.1%~0.3% 的重铬酸钾液洗净。

④用金属清洗剂清洗：如 781 发动机清洗剂 5% 和水 95%，或 105 清洗剂 5% 和水 95%。

7.3.6 水套内的水垢清洗

①用手工清洗和疏通：缸盖、缸体水套内积满泥沙、水垢等，应用通条（竹片、扁钢片、铁线）疏通，通条可在水套内反复运动，多次撞击污垢，同时向水套内冲水，使污垢随水流出。

②化学溶剂清洗：对于含碳酸钙和硫酸钙较多的水垢，可用 8%~10% 的盐酸溶液清洗并加入适量的缓蚀剂（常用的为优洛托平，加入 3.4 g/mL），一般加热温度保持 60~70℃，浸洗 1 h，再用 2%~3% 的苛性钠溶液中和残留的酸液，最后以清水冲洗干净。

7.3.7 冷却系统清洗

①先放掉冷却系统的水之后，按 150 g 碱与 1 mL 水的比例配成碱溶液充满冷却系统，当发动机工作 8 h 之后，再将冷却系统中碱溶液放净，用清水冲洗即可。

②若含有碳酸钙和碳酸镁较多的水垢，可将 2.5% 盐酸溶液加入散热器停留 1 h 后，再启动发动机以中速运转 10~15 min，趁热放出，再加入清水启动发动机冲洗 3 遍。注意的是：铝合金缸盖或机体不能用盐酸溶液清洗。

7.3.8 润滑系统清洗

在更换油底壳机油时，必须清洗润滑油路，其方法是：停机后趁热放出油底壳中的机油，再加入相同数量干净柴油，启动发动机，急速运转 2~3 min，熄火后放净清洗油，清除和擦净油底壳的脏物及机械杂质，拆下机油粗、细滤清器，用柴油清洗干净即可。

【技能训练】

【教学组织】

➢ 准备工作：可拆装整机 6 台
➢ 学生 6 人一组
➢ 实训时间：90 min
➢ 考核方式：根据作业完成情况进行评分，小组互评，教师考评

一、发动机零部件清洗

各小组参照表 7-4 完成已拆卸道依茨 1013 发动机的零部件清洗，清洗过程中注意保持所做的装配标记的可见性。

表 7-4　发动机典型零部件清洗

清洗内容	清洗方法
缸体、缸盖的清洗 	将缸体、缸盖浸泡于沸水中，加碱，煮 1.5~2 h，取出，用压缩空气吹尽水套和油道中的残留物

清洗内容	清洗方法
活塞的清洗	
燃烧室内的积炭	积炭清洗剂清除燃烧室积炭
去除活塞环槽积炭	
	抠出环槽里的积炭
曲轴的清洗	
	1. 用煤油浸泡清洗 2. 取出用压缩空气吹尽油道中残留物 3. 摆放于曲轴专用架上

续表 7 – 4

清洗内容	清洗方法
主轴承盖的清洗	
	1. 取下主轴承盖 2. 煤油浸泡清洗 3. 取出用压缩空气吹干净 4. 螺栓用煤油浸泡清洗,取出用压缩空气吹干净
活塞连杆组	
 活塞 活塞销卡环 连杆 活塞销	1. 取出第一缸活塞销卡环,分开活塞与连杆 2. 用煤油浸泡清净 3. 压缩空气吹干 4. 如此依次清洗,按序摆放整齐
配气机构的清洗	
 气门积炭	依次按气门(注意用积炭清洁剂清洗,禁止用刮刀)→气门弹簧(销片、座等)→摇臂→推杆→挺杆→凸轮轴(定位块)进行清洗,然后摆放整齐,晾干

清洗内容	清洗方法
润滑系统零件的清洗	
	依次按机油冷却器→机油泵→管→集滤器的顺序用煤油进行清洗,机油冷却器内的油路要用压缩空气吹净残留物,晾干待检

二、考核标准

本项目考核标准参照表 7 – 5 进行。

表 7 – 5　考核标准表

考核时间	序号	考核项目	满分	评分标准	得分
30 mim	1	气缸体清洗	20	视清洗操作及流程述说扣分	
	2	活塞连杆组清洗	20	视清洗操作及流程述说扣分	
	3	曲轴清洗	20	视清洗操作及流程述说扣分	
	4	气门拆卸清洗	20	视清洗操作及流程述说扣分	
	5	主轴承装盖清洗	10	视清洗操作及流程述说扣分	
	6	6S	10	视拆卸零部件摆放情况扣分	
	7	因违规操作造成人身伤害或设备事故,计0分			
分数总计			100		

138

任务三 发动机零部件的检测

【知识准备】

7.4 发动机零部件检测

7.4.1 气缸体的检测
①气缸体裂损的检测。
②气缸磨损的检测。
③气缸盖平面度变形的检测。

7.4.2 活塞的检测
①活塞外观和磨损量的检测。

检查活塞有无裂纹、顶部龟裂、裙部过度磨损等故障。如存在上述故障,则必须更换活塞。如图7-4所示。

图7-4 活塞的检测

②活塞销座和活塞销配合情况的检测(图7-5)。

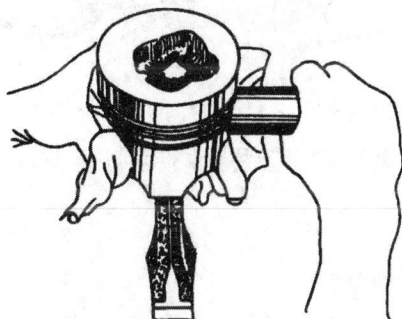

图7-5 活塞销座和活塞销配合情况的检测

如果活塞销座孔磨损过大，活塞销和活塞销座转动不灵活或黏住，则更换活塞和活塞销。

7.4.3 活塞环的检测

活塞环槽磨损过大或活塞环黏死在环槽内，则应更换活塞或活塞环。

①活塞环开口和闭口间隙、漏光的检测（图7-6）。

图7-6 活塞环开品和闭口间隙、漏光的检测

②活塞环侧隙、背隙和轴向间隙的检测（图7-7）。

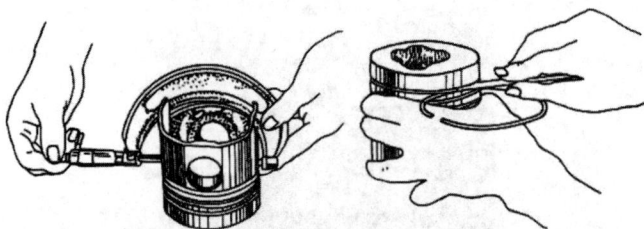

图7-7 活塞裙部外径和活塞与活塞环轴向间隙的检测

③活塞环厚度和扭曲度的检测（图7-8）。

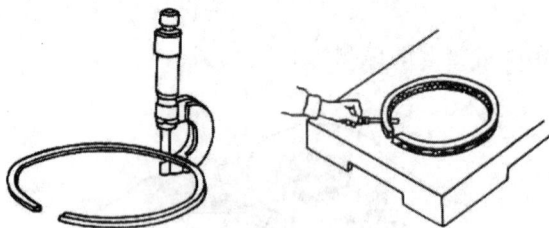

图7-8 活塞环厚度和扭曲度的检测

7.4.4 连杆的检测

①连杆扭曲和弯曲变形的检测。

在专用检测仪上检查连杆的扭曲和弯曲变形程度，若超出规定，则要求校正。一般先校正扭曲变形，然后校正弯曲变形，在压力机上校正。

140

②连杆轴承的检测(图7-9)。

图7-9　连杆大小头轴瓦的检测

如果大小头轴瓦磨损过度或出现烧损、黏接等故障,则更换轴瓦。

③连杆裂纹的检测。

用目测或磁力探伤的方法检查。如出现裂纹,则更换连杆。

7.4.5　曲轴的检测

①曲轴轴向间隙的检测。

康明斯发动机曲轴的轴向间隙为0.1~0.3 mm。止推轴承在第6主轴承处,如果间隙大于上述值,换用加厚的止推轴承;如果超出可选用的止推轴承范围,则更换曲轴。用塞尺检测,如图7-10所示。

图7-10　曲轴轴向间隙的检测

②曲轴各轴颈磨损情况的检测。

如果曲轴颈磨损过大,可以采用磨轴,采用加大修理轴瓦的办法(0.25 mm为一个修理级别)。磨轴尺寸和次数必须考虑曲轴的硬度层。曲轴轴颈如图7-11所示,轴颈直径测量如图7-12所示。

③曲轴变形的检测。

变形量超过了允许值,可以在压力机上校正。曲轴弯曲度检测如图7-13所示。

④曲轴轴瓦的检测。

曲轴轴瓦(俗称大瓦)的检查方法同连杆轴瓦的检查方法。

曲轴轴颈

图 7 – 11　曲轴轴颈的检测

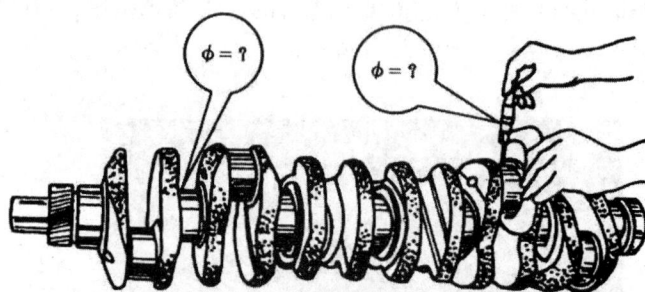

$\phi = ?$　　$\phi = ?$

图 7 – 12　曲轴轴颈大小的测量

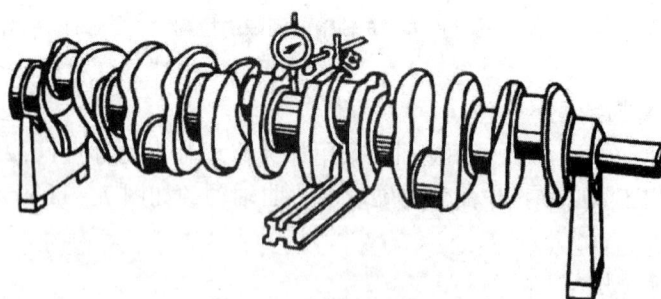

图 7 – 13　曲轴弯曲度的检测

142

【技能训练】

【教学组织】

➢ 准备工作：可拆装发动机6台，相关测量工具6套
➢ 学生6人一组
➢ 实训时间：120 min
➢ 考核方式：根据学生实测数据给予小组评分

一、关键零部件的检测

各小组参照表7-6完成关键零部件的检测，并记录测量结果。

表7-6 关键零部件检测

工作步骤	图示	工作内容	检测数据
气缸体的平面度检查	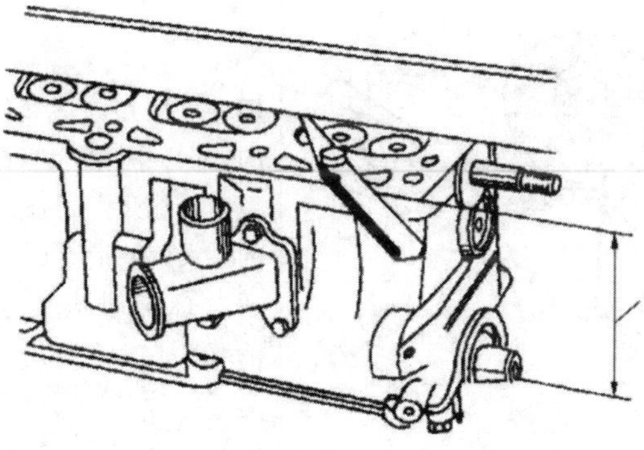 缸盖厚度	气缸盖和气缸体变形的主要表现为翘曲，其变形程度可通过检测气缸盖下平面和气缸体上平面的平面度获得。平面度可用平板作接触检验，或者用刀口尺和厚薄规检查	
	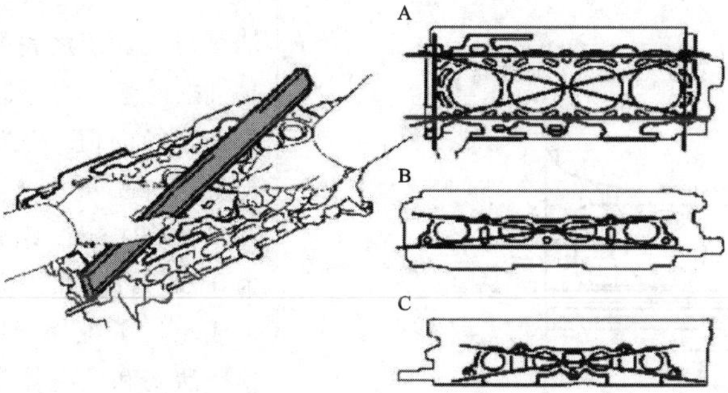 A B C	用刀口形直尺和塞尺测量气缸体上平面的时候，应该在6个位置进行测量，即横两个方向、纵两个方向、对角线两个方向	

工作步骤	图示	工作内容	检测数据
气缸直径检测	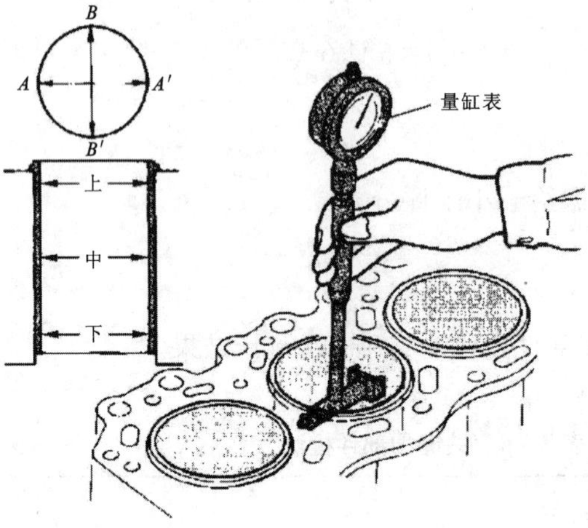 量缸表	根据气缸直径的尺寸，选择合适的接杆。固定在量缸表的下端。接杆固定好后与活动测杆的总长度应与被测气缸尺寸相适应。矫正量缸表的尺寸。将千分尺校正到被测气缸的标准尺寸，再将量缸表校正到千分尺的尺寸，并使伸缩杆有 2 mm 左右的压缩行程，旋转表盘的指针对准零位	
活塞裙部检测	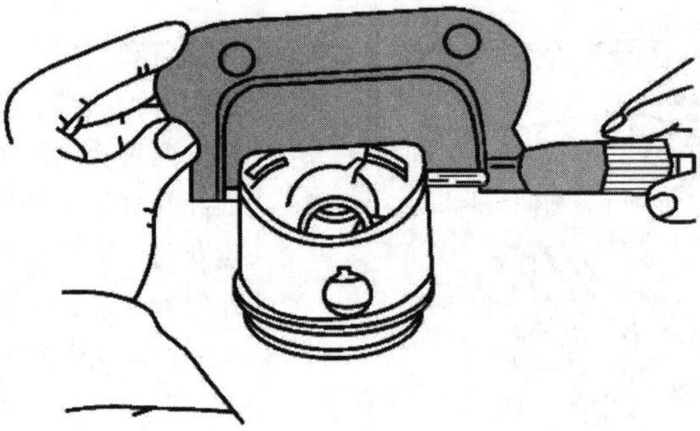	用千分尺在与活塞销垂直的方向，测量活塞裙部直径，如图所示，与标准尺寸的最大偏差量为 0.04 mm，超过标准时应更换全部活塞	
活塞与气缸壁之间间隙检测	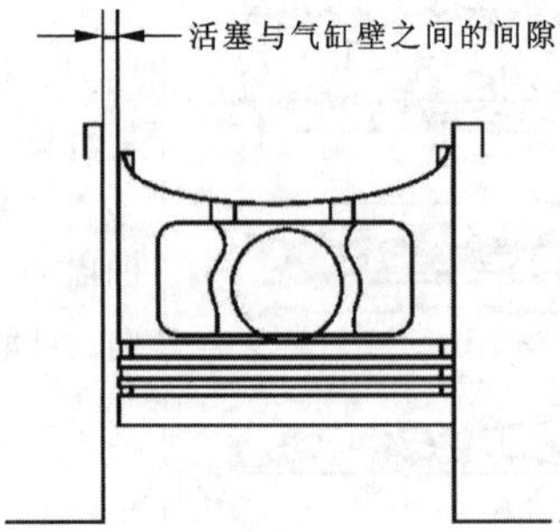 活塞与气缸壁之间的间隙	活塞与气缸壁之间的间隙是气缸的最大直径减去活塞的直径的值，一般气缸与活塞的间隙标准为 0.02 ~ 0.04 mm，维修极限为 0.08 mm。如果间隙接近或超过了维修极限，需检查活塞和气缸体是否过度磨损	

续表 7 – 6

工作步骤	图示	工作内容	检测数据
侧隙检查	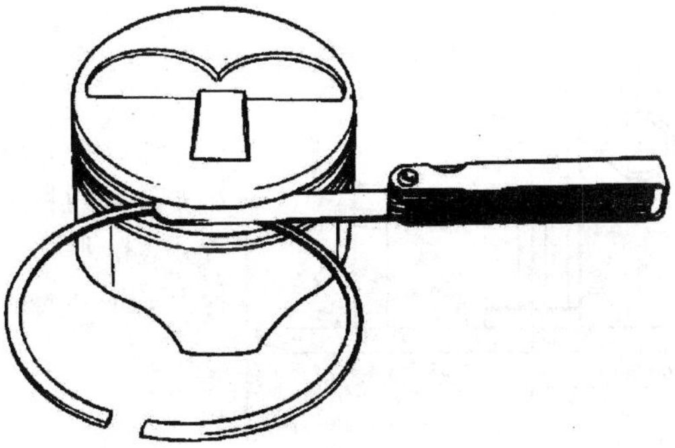	侧隙是指活塞环与活塞环槽上、下平面间的间隙,侧隙过大,将影响活塞环的密封作用,过小则可能卡死在环槽内,造成拉缸事故。侧隙标准一般为 0.02 ~ 0.05 mm,极限为 0.15 mm	
端隙检查	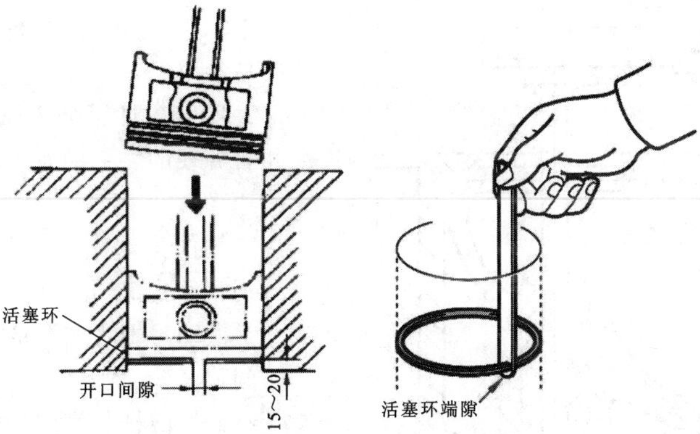	活塞环端隙是指将活塞环置入气缸筒内,在活塞环开口处的间隙。它是防止活塞环受热膨胀而卡死在气缸里,端隙的大小与气缸直径有关。如间隙过大,则不能使用;如间隙过小,可取出来用细锉刀锉环口一端予以调整。活塞环端隙的极限为 1.00 mm	
气门杆直径的检测	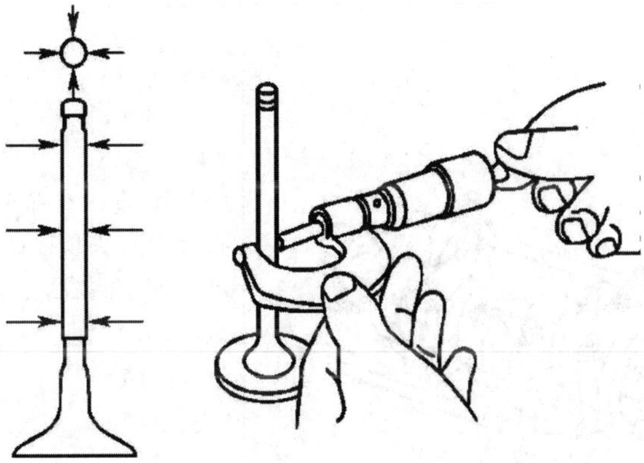	1.用外径千分尺检测气门杆的直径 2.测量部位与气门杆尾端未磨损部分对比测量,若超过 0.05 mm,或用手触摸有明显的阶梯形成感觉时,应更换气门 3.测量气门杆全长,不得减小 0.5 mm	

工作步骤	图示	工作内容	检测数据
气门杆弯曲的检测	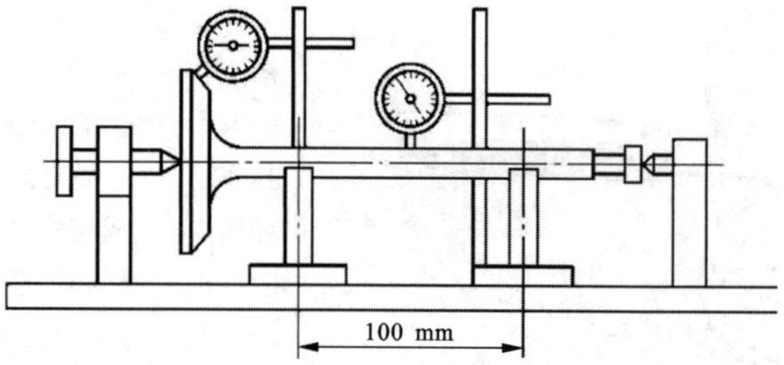 100 mm	1. 将气门杆架在检测台上 2. 转动气门杆一圈，读取百分表的摆差，其摆差不得大于 0.06 mm	
气门杆与气门导管间隙测量	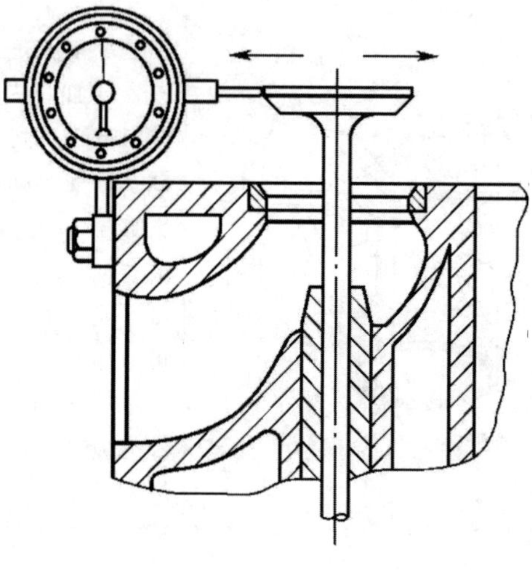	1. 将气缸盖倒置在工作台上，将气门顶升至高出座口约 10 mm 2. 安装磁性百分表座，使百分表的触头触及气门头边缘 3. 侧向推动气门头，同时观察百分表指针的摆动，其摆动量即为实测的近似间隙 4. 如气门杆与气门导管的配合间隙超过限度，应予以更换	
凸轮轴轴向间隙检查	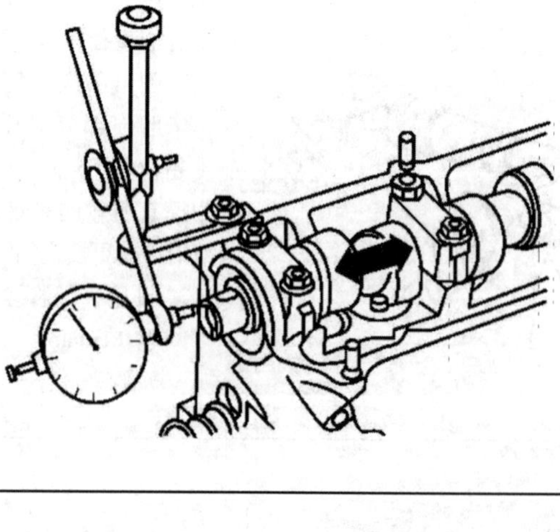	将凸轮轴装入轴承中，用百分表触头顶在凸轮轴前端，轴向推拉凸轮轴，百分表的摆动量即为凸轮轴的轴向间隙	

146

续表 7 - 6

工作步骤	图示	工作内容	检测数据
连杆大头孔内径测量	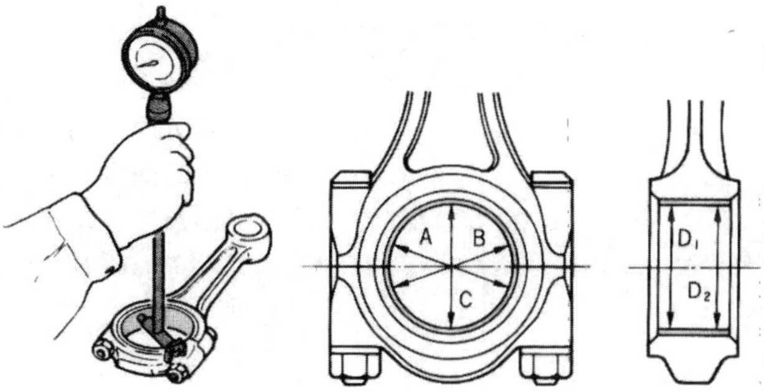	检查内孔圆度、圆柱度,不得大于 0.0025 mm(否则应更换连杆)	
三角规测量弯曲扭曲	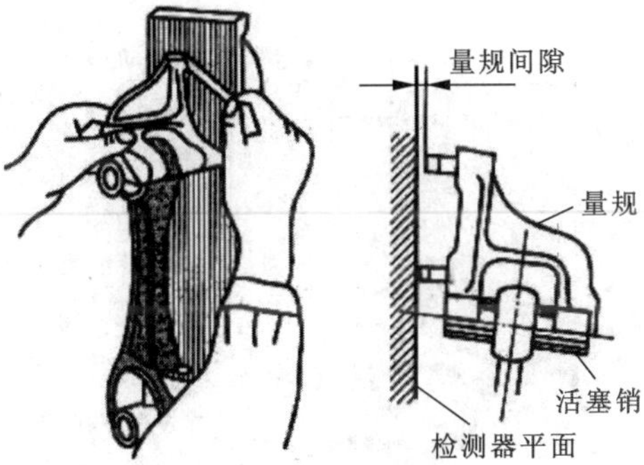	1.将连杆大头盖装在连杆上,并用力矩拧紧,同时装上修配好的活塞销 2.将连杆轴承孔套装在检验器的横轴上,转动轴端螺母,使横轴上的定心块向外张,将连杆固定在检验器上 3.检验器量规在 V 形面靠在活塞销顶面上,观察小角铁三个爪头与平面的接触情况,即可查出连杆的弯曲方向和程度 4.将量规下移,使其侧面与活塞销侧面接触,观察量规与活塞销两端的接触情况,即可测出扭曲方向与扭曲量	

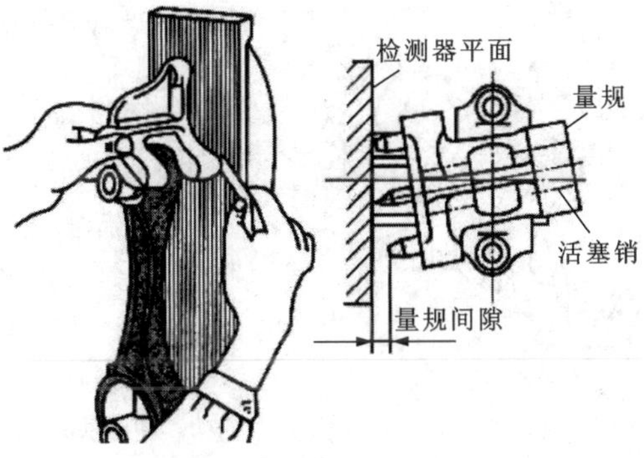

工作步骤	图示	工作内容	检测数据
曲轴的轴颈磨损检验	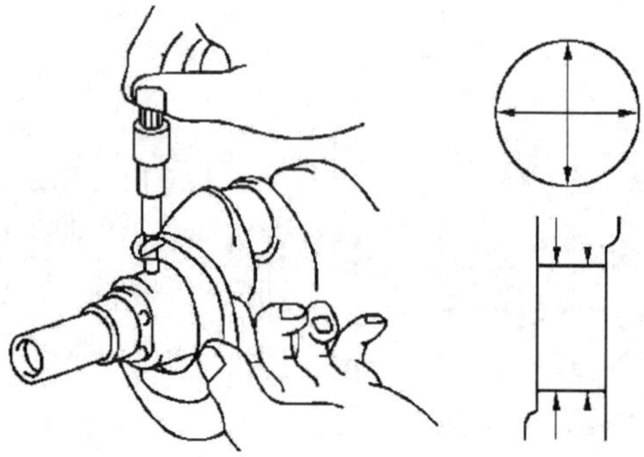	曲轴各轴颈的磨损程度用外径千分尺测量,主要测量轴颈的圆度和圆柱度以及最小尺寸,以确定是否需要进行大修及确定修理级别	
曲轴主轴承座孔的直径测量	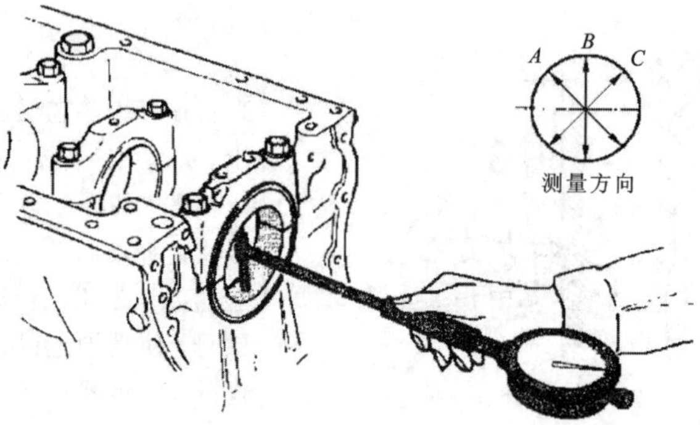	曲轴轴承的径向间隙也可以通过分别测量曲轴轴颈的外径和轴承座孔的内径后计算得出。具体方法是先测量曲轴的主轴颈的外径,再测量曲轴主轴承座孔的内径,两个直径相减就是曲轴的径向间隙	
曲轴弯曲检验	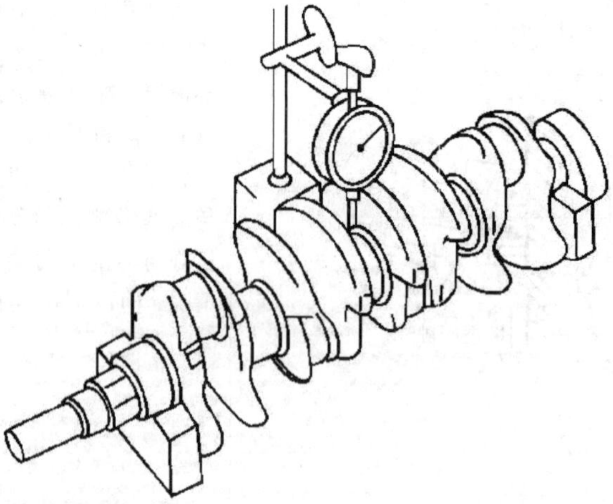	将两块 V 形块置于平板上,将曲轴两端主轴颈支撑在 V 形块上,用百分表的触头抵在中间主轴颈表面,然后转动曲轴一周。表上指针的最大与最小读数之差,即为中间主轴颈对两端主轴颈的径向圆跳动,即曲轴的弯曲量	

续表 7 – 6

工作步骤	图示	工作内容	检测数据
凸轮轴轴向间隙检查	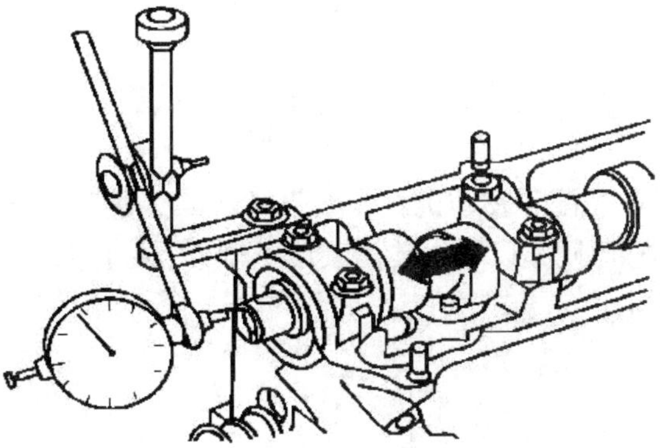	曲轴轴向间隙的检查方法可用千分尺(或塞尺)触杆顶在曲轴平衡重上,前后撬动曲轴,观察表针摆动数值,轴向间隙过小或过大时,应更换或修刮止推垫片进行调整	
曲轴的径向间隙检查	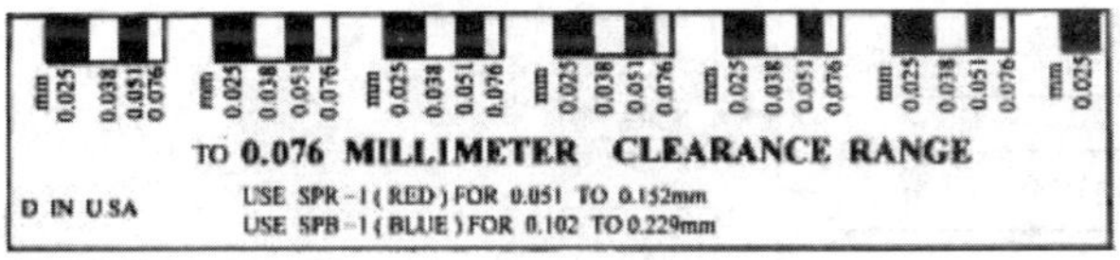	曲轴的径向间隙可用塑料间隙规,清洁曲轴主轴颈、连杆轴颈、轴瓦和轴承盖,将塑料塞尺放置在曲轴轴颈上,盖上轴承盖并按规定扭力拧紧螺栓。取下轴承盖和塑料塞尺,用被压扁的塑料塞尺和间隙条宽度相对照,塞尺宽度对应的间隙值即为径向间隙	

二、考核标准

本项目考核标准参照表 7 – 7 进行。

表 7 – 7　考核标准表

考核时间	序号	考核项目	满分	评分标准	得分
30 min	1	活塞环	20	错一个扣 4 分	
	2	曲轴径向间隙	20	错一处扣 4 分,记小组分	
	3	曲轴轴向间隙	20	根据表述情况扣分	
	4	选装	30	每错一处扣 5 分	
	5	6S	10	整理遗漏酌情扣分	
	6	因违规操作造成人身伤害或设备事故,计 0 分			
分数总计			100		

任务四　发动机的装配

【知识准备】

7.5　发动机的装配

发动机装配包括发动机各组件的装配和发动机总装配两部分。发动机总装配的步骤随发动机的类型及结构不同而不同，其总原则是以气缸体为装配基础件，由它的内部向外逐级装配。一般步骤及顺序如图7-14所示。

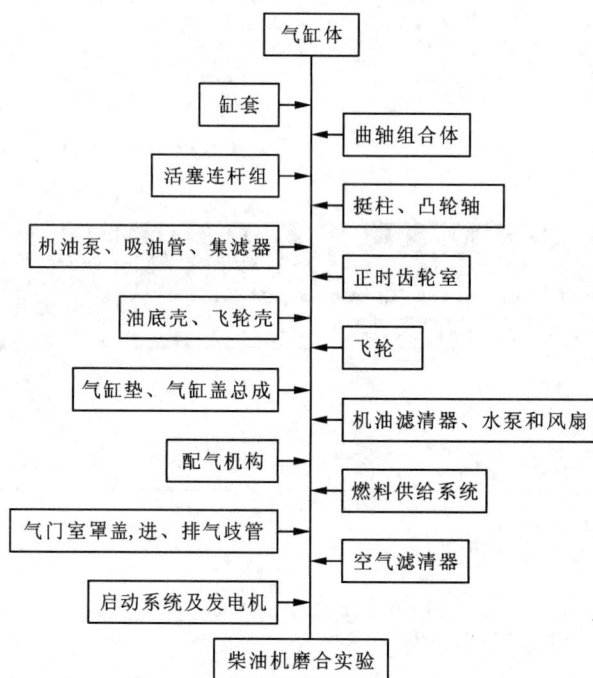

```
                    ┌─────────┐
                    │  气缸体  │
                    └────┬────┘
         ┌────────┐      │      ┌──────────┐
         │  缸套  │──────┤──────│ 曲轴组合体 │
         └────────┘      │      └──────────┘
       ┌──────────┐      │      ┌──────────┐
       │ 活塞连杆组 │──────┤──────│ 挺柱、凸轮轴 │
       └──────────┘      │      └──────────┘
  ┌──────────────────┐   │      ┌──────────┐
  │ 机油泵、吸油管、集滤器 │───┤──────│ 正时齿轮室 │
  └──────────────────┘   │      └──────────┘
     ┌────────────┐      │         ┌──────┐
     │ 油底壳、飞轮壳 │──────┤─────────│ 飞轮 │
     └────────────┘      │         └──────┘
   ┌──────────────┐      │   ┌───────────────────┐
   │ 气缸垫、气缸盖总成 │──────┤───│ 机油滤清器、水泵和风扇 │
   └──────────────┘      │   └───────────────────┘
      ┌──────────┐       │      ┌──────────┐
      │ 配气机构  │───────┤──────│ 燃料供给系统 │
      └──────────┘       │      └──────────┘
┌──────────────────┐     │      ┌──────────┐
│ 气门室罩盖,进、排气歧管 │──┤──────│ 空气滤清器 │
└──────────────────┘     │      └──────────┘
    ┌─────────────┐      │
    │ 启动系统及发电机 │──────┤
    └─────────────┘      │
                    ┌──────────────┐
                    │ 柴油机磨合实验 │
                    └──────────────┘
```

图7-14　发动机装配顺序

【技能训练】

【教学组织】

➤准备工作：已拆卸的发动机 6 台，相关装配工具 1 套

➤学生 6 人一组

➤实训时间：180 min

➤考核方式：根据学生装配过程及结果给予小组评分

一、发动机整机装配

各小组成员参照表 7 - 8 完成发动机装配。装配时注意装配顺序，不能多出零件。

表 7 - 8　发动机装配

图示	备注说明
曲轴的装配	
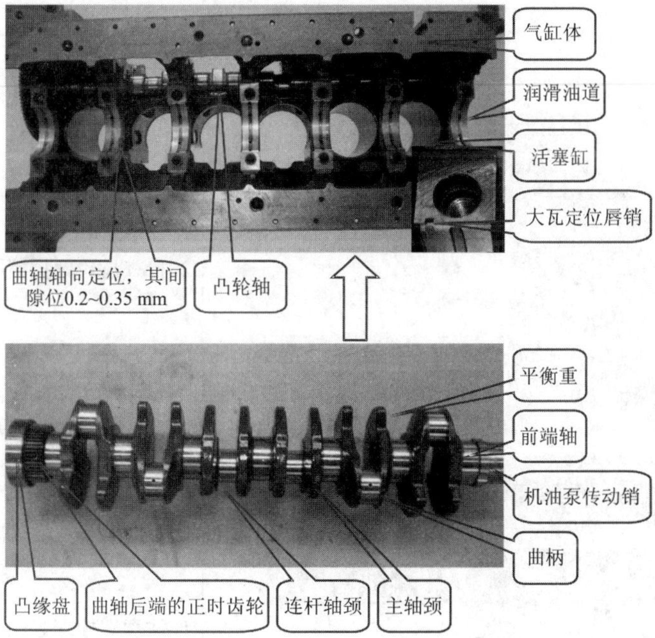 气缸体／润滑油道／活塞缸／大瓦定位唇销／曲轴轴向定位，其间隙位0.2~0.35 mm／凸轮轴 平衡重／前端轴／机油泵传动销／曲柄／凸缘盘／曲轴后端的正时齿轮／连杆轴颈／主轴颈	1. 曲轴止推片装在气缸体主轴承两侧，止推片上带油槽的合金层必须面对曲柄臂方向 2. 主轴承盖和上下轴瓦没有互换性，必须一一对应装入相应的位置 3. 装入主轴瓦时，应有一定的张力，需用手指压入 4. 主轴承盖螺母的拧紧顺序与拆卸顺序刚好相反；分多次拧紧，每次拧紧的力矩按该机型的要求；每次拧紧后，都要转动曲轴，看是否转动灵活，拧紧时，用力要均匀，切忌冲击用力

图示	备注说明
机油泵的装配	
 进油口　全油封及其泄油口　限压弹簧　出油口　连接曲轴销	1. 机油泵安装一定注意方向 2. 注意进、出油口的位置 3. 注意密封件的安装，密封胶的涂抹
飞轮安装	
 后端凸缘和曲轴正时齿轮 正时点，装配时此两点对正 后端凸缘和曲轴正时齿轮侧视图	1. 注意正时标识 2. 检查齿轮磨损情况
 起动机 装飞轮，曲轴和飞轮相配合，其连接螺母安装时涂上少许机油，分3步对称交叉拧紧，拧紧力矩按机型的要求 定位销 飞轮螺栓拧紧顺序	1. 注意螺栓拧紧顺序 2. 注意螺栓拧紧力矩

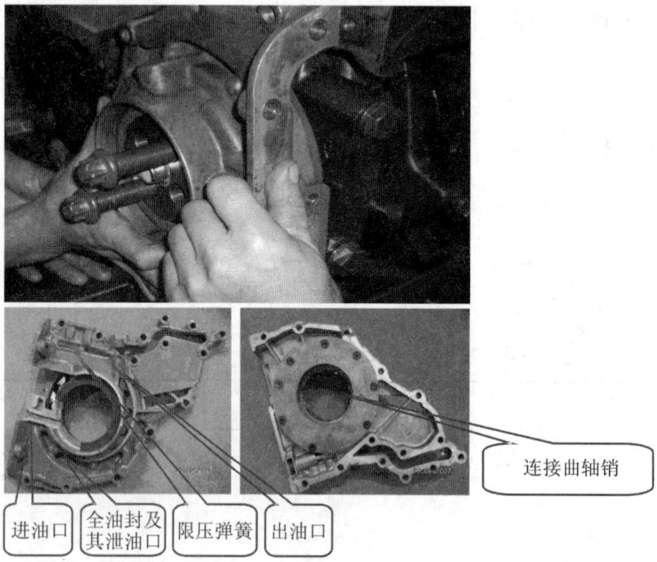

续表 7 – 8

图示	备注说明
装气缸体左、右侧零件	
 机油散热器安装位置 机油滤清器	气缸体左侧零件主要是与润滑系统有关的零件，其装配的零件和顺序如图 7 – 14 所示。装配时，机油感应器其顶面的箭头朝上，限压阀总成上螺纹部分应涂上密封胶乐泰 262
活塞连杆总成	
 安装时注意活塞应和气缸一一对应，不能搞混，注意活塞的装配方向 连杆轴瓦 连杆总成 活塞	1. 注意各缸顺序 2. 注意活塞方向
活塞环安装	
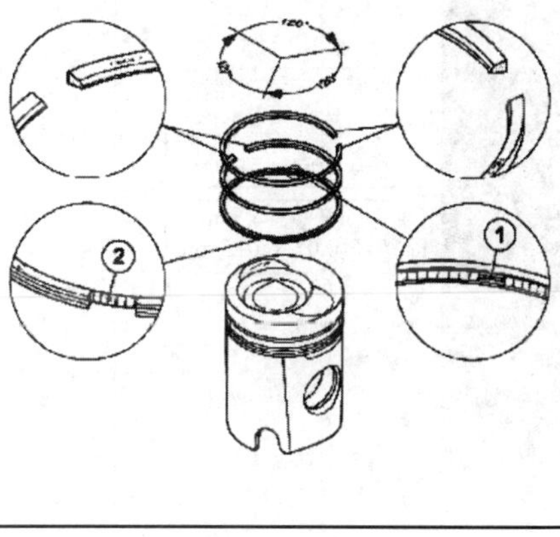	活塞环间开口角度成"迷宫式"安装，油环螺旋弹簧的开口与油环的开口呈 180°，油环开口在受侧向力小的一侧且与活塞销中心线呈 90°夹角，第二道气环开口与油环开口呈 120°夹角，第一道气环开口与第二道气环开口呈 120°夹角

续表 7－8

<table>
<tr><th>图示</th><th>备注说明</th></tr>
<tr><td colspan="2">活塞安装</td></tr>
<tr><td>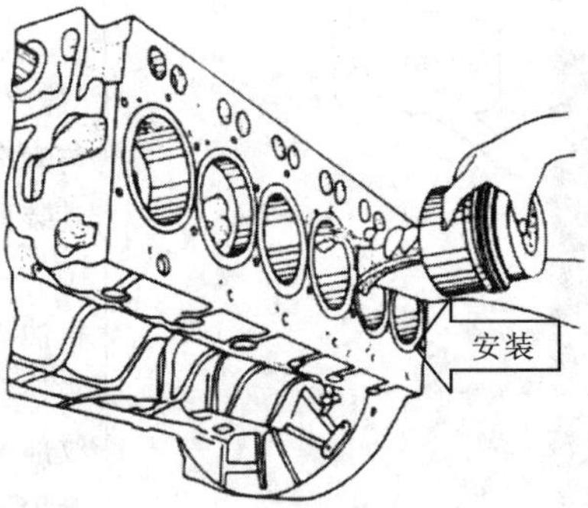
安装</td><td rowspan="3">装配活塞时，应将该缸的曲轴转至上止点位置，根据柴油机的做功顺序，其中，1、6 缸，2、5 缸，3、4 缸可同时装配。
装配完后，曲轴应转动灵活</td></tr>
<tr><td>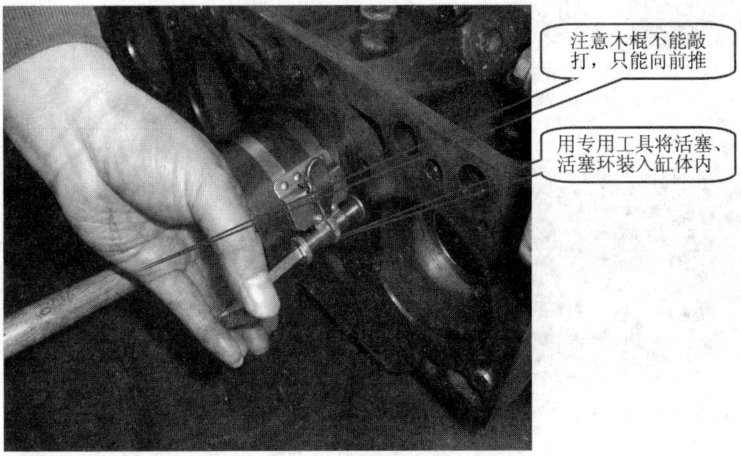
注意木棍不能敲打，只能向前推
用专用工具将活塞、活塞环装入缸体内</td></tr>
<tr><td>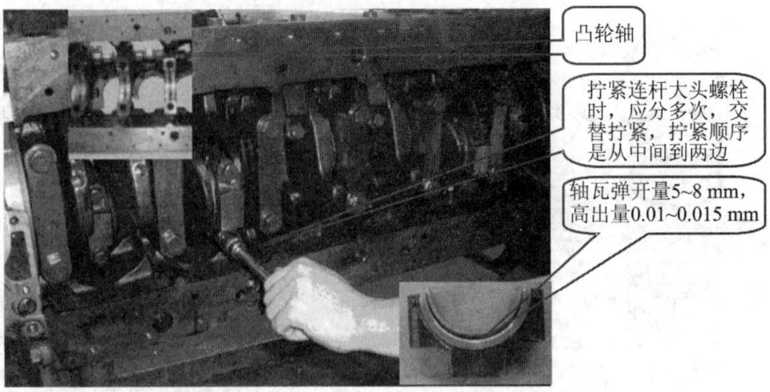
凸轮轴
拧紧连杆大头螺栓时，应分多次，交替拧紧，拧紧顺序是从中间到两边
轴瓦弹开量5~8 mm，高出量0.01~0.015 mm</td></tr>
</table>

续表 7 – 8

图示	备注说明
装机油集滤器和油底壳	
  集滤器 油底壳	装配油底壳和集滤器以及油管时，应注意两个问题：一是机油管要对准气缸体上的油孔；二是拧紧油底壳的螺栓时，应先从中间，然后向两侧交叉逐次均匀拧紧，否则会导致油底壳漏油
气缸垫和气缸盖安装	
 气缸垫注意润滑油孔和冷却液孔对正，同时正反面不可颠倒 螺栓拧紧顺序从中间向两边依次分步拧紧	发动机气缸垫为易损件，同时是保证发动机油、水密封的重要器件，由此在安装时要特别注意。CUMMINS 发动机的气缸垫以水道孔大的远离水泵为准。DEUTZ 发动机的气缸垫以维修孔在缸盖以外为准

续表 7－8

图示	备注说明
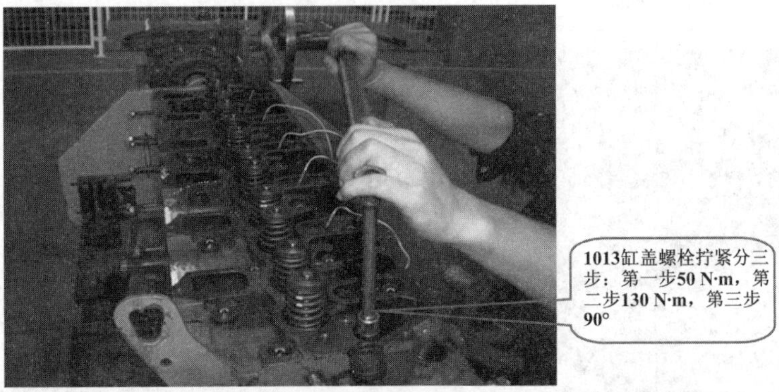 1013缸盖螺栓拧紧分三步：第一步50 N·m，第二步130 N·m，第三步90°	缸盖螺栓拧紧顺序
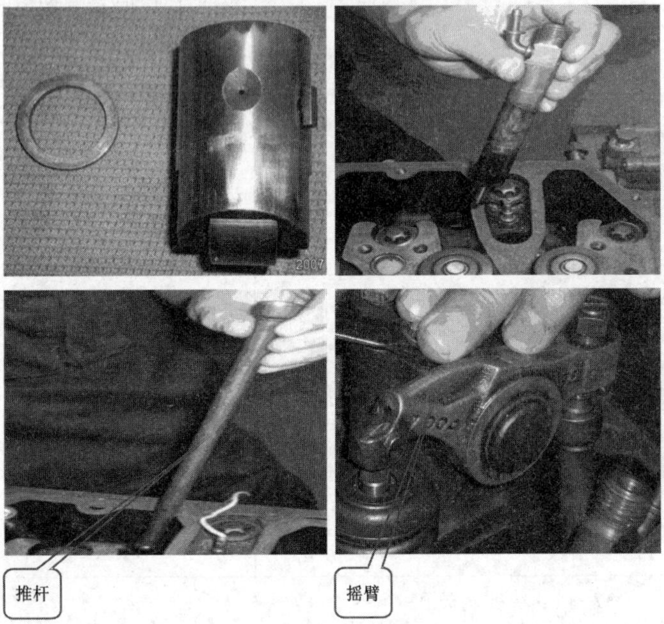 推杆 摇臂	1. 挺柱和推杆要注意方向，除更换件外，按原来位置安装 2. 喷油器要检查积炭情况并进行清洁处理，注意螺栓拧紧力矩，防止螺栓滑丝
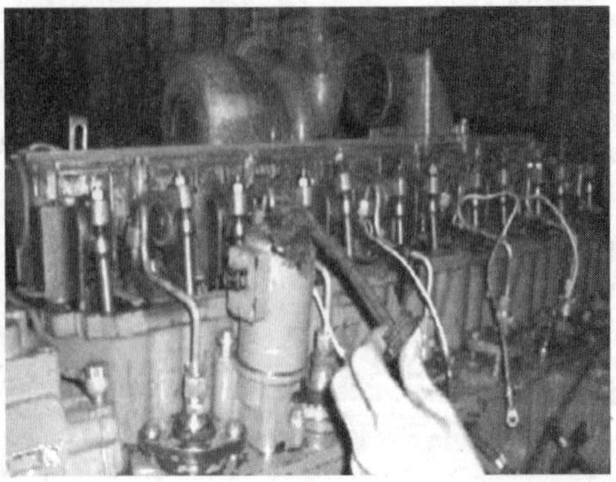 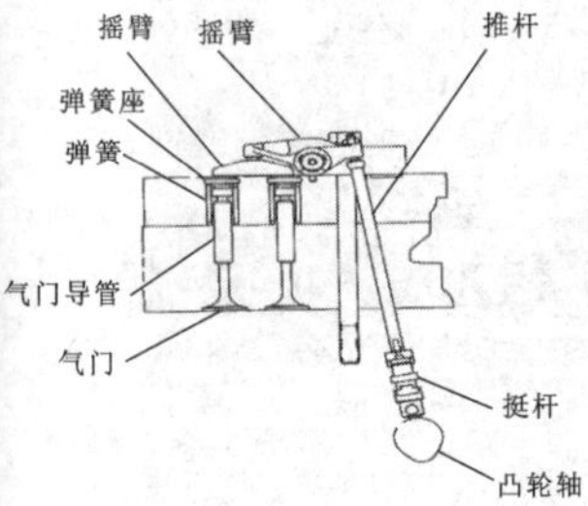 摇臂 摇臂 推杆 弹簧座 弹簧 气门导管 气门 挺杆 凸轮轴	停车电磁阀安装

续表 7 – 8

图示	备注说明
 从中间向两边拧紧螺栓，用力要均匀，切忌冲击用力　涡轮增压器解剖图　进气歧管	检查增压器的使用情况，保证增压器油路畅通
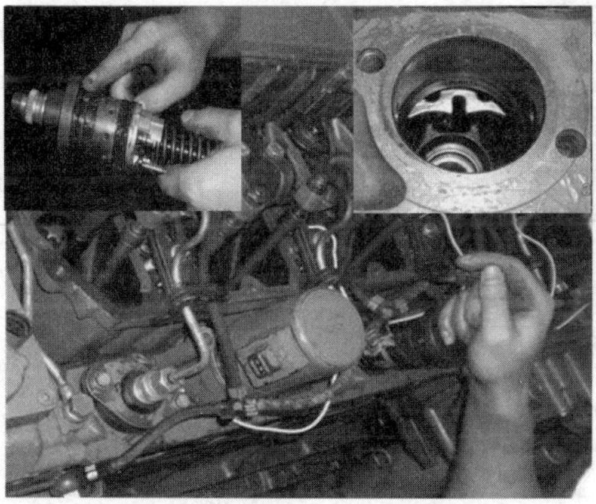	注意单体泵的安装方向，检查密封情况
	注意拧紧力矩；不能使用加力装置

续表 7 - 8

图示	备注说明
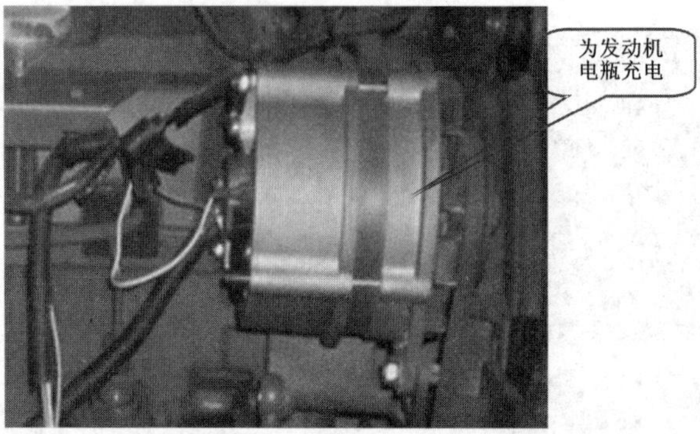为发动机 电瓶充电	清洁发电机的外部，清理发电机接线柱
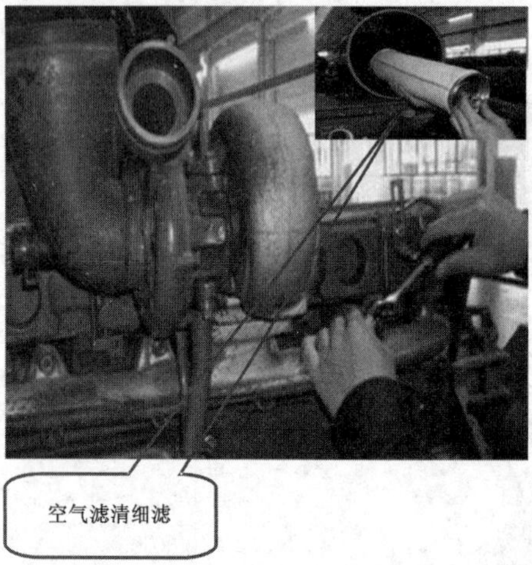空气滤清细滤	注意安全滤芯安装方向
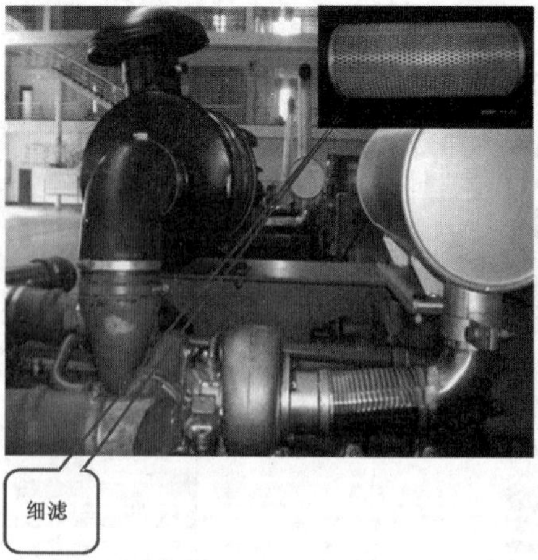细滤	保证进气装置没有进气短路现象

二、考核标准

本项目考核标准参照表 7 – 9 进行。

表 7 – 9　考核标准表

考核时间	序号	考核项目	满分	评分标准	得分
40 mim	1	曲轴安装	20	根据安装流程计分	
	2	活塞连杆组安装	20	根据安装流程计分	
	3	气缸盖安装	20	根据安装流程计分	
	4	单体泵安装	20	根据安装流程计分	
	5	其他附件安装	10	根据安装流程计分	
	6	6S	10	整理遗漏酌情扣分	
	7	因违规操作造成人身伤害或设备事故，计 0 分			
分数总计			100		

项目八
配气调试

【项目描述】

配气机构承担着进排气门按时开启与关闭的任务。配气相位是发动机核心理论之一，关系到发动机机理掌握。气门间隙调整是发动机修理必备技能。本项目学习中注意体会多缸发动机曲轴二中心的分布角度和特点，就能很好理解工作顺序。

【学习目标】

【知识目标】

1. 冲程原理；
2. 正时、配气相位与气门间隙；
3. 排气制动。

【能力目标】

1. 气门修配；
2. 气门间隙调整。

【项目导程】

本项目主要培养学员对工程机械发动机的调试配气机构的能力。本项目主要掌握配气相位含义及气门间隙的调整方法,学习可参照图 8 – 1 进行。主要学习任务及能力要求如图 8 – 1 所示。

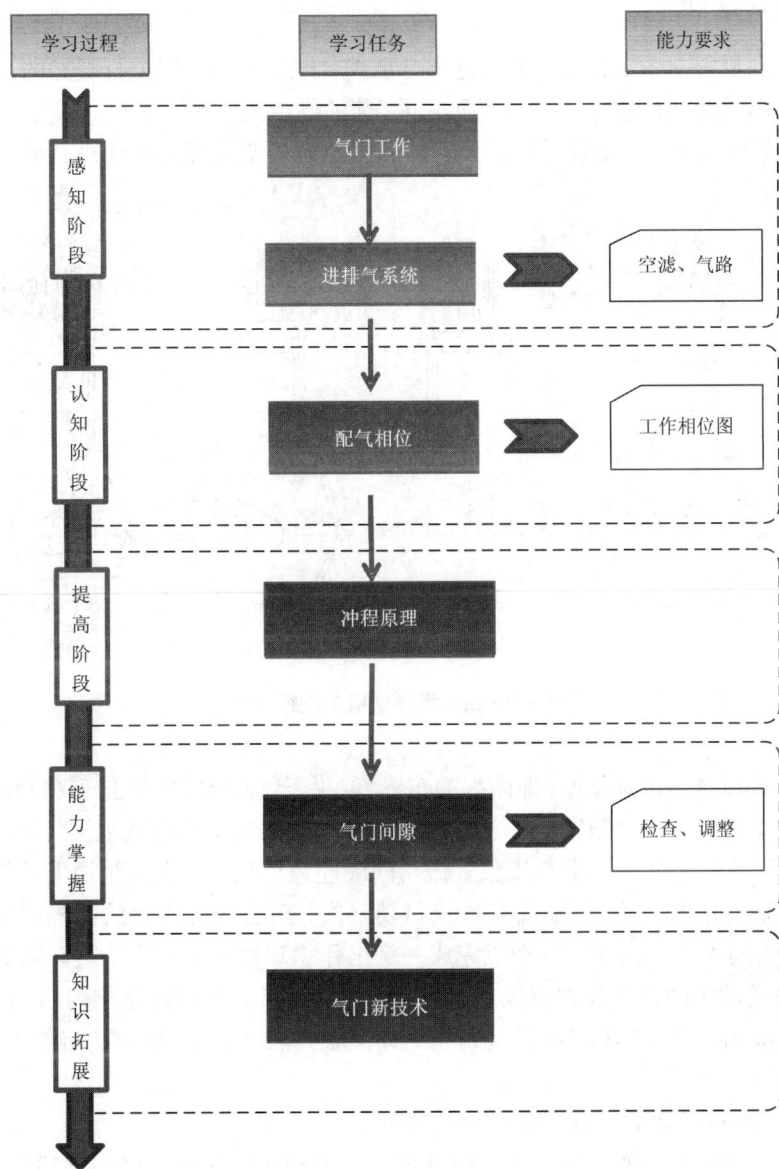

图 8 – 1　项目学习导程

任务 发动机气门间隙的调整

【知识准备】

8.1 做功原理

四冲程发动机每一个工作循环包括进气、压缩、作功和排气四个行程如图 8 - 2 所示。柴油机使用的燃料是柴油，柴油与汽油性质不同，柴油黏度大、不易挥发、自燃温度高，故可燃混合气的形成、着火方式、燃烧过程以及气体温度压力的变化都和汽油机有很大不同。

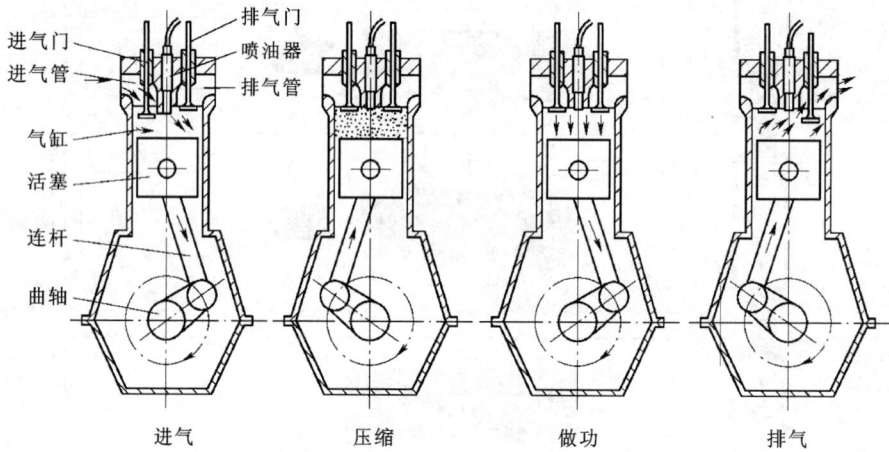

图 8 - 2 四冲程发动机工作行程示意

曲轴的形状和曲拐相对位置(即曲拐的布置)取决于气缸数、气缸排列和发动机的发火顺序。安排多缸发动机的发火顺序应注意使连续做功的两缸相距尽可能远，以减轻主轴承的载荷，同时避免可能发生的进气重叠现象。做功间隔应力求均匀，也就是说发动机在完成一个工作循环的曲轴转角内，每个气缸都应发火做功一次，而且各缸发火的间隔时间以曲轴转角表示，称为发火间隔角。四冲程发动机完成一个工作循环曲轴转两圈，其转角为 720°，在曲轴转角 720°内发动机的每个气缸应该点火做功一次。且点火间隔角是均匀的，因此四冲程发动机的点火间隔角为 720°/i(i 为气缸数目)，即曲轴每转 720°，就应有一缸做功，以保证发动机运转平稳。

(1)四缸四冲程发动机的发火顺序和曲拐布置

曲拐对称布置在同一平面内，如图 8 - 3 所示。做功间隔角为 720°/4 = 180°，工作顺序有 1 - 3 - 4 - 2 和 1 - 2 - 4 - 3 两种。工作循环如表 8 - 1、表 8 - 2 所示。

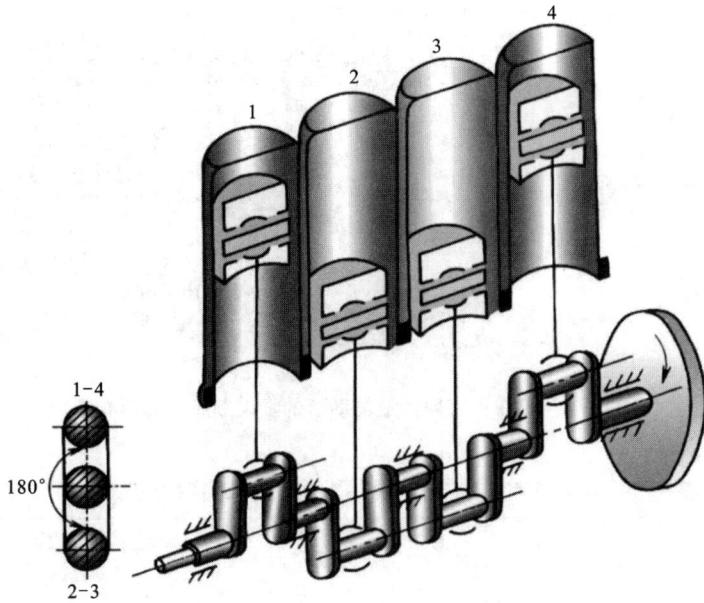

图 8 - 3 四缸发动机曲拐布置形式

表 8 - 1 发火顺序为 1 - 3 - 4 - 2 四缸四冲程发动机工作循环表

曲轴转角/(°)	第 1 缸	第 2 缸	第 3 缸	4 四缸
0 ~ 180	做功	排气	压缩	进气
180 ~ 360	排气	进气	做功	压缩
360 ~ 540	进气	压缩	排气	做功
540 ~ 720	压缩	做功	进气	排气

表 8 - 2 发火顺序为 1 - 2 - 4 - 3 四缸四冲程发动机工作循环表

曲轴转角/(°)	第 1 缸	第 2 缸	第 3 缸	第 4 缸
0 ~ 180	做功	压缩	排气	进气
180 ~ 360	排气	做功	进气	压缩
360 ~ 540	进气	排气	压缩	做功
540 ~ 720	压缩	进气	做功	排气

(2)四冲程直列六缸发动机的发火顺序和曲拐布置

曲拐均匀布置在互成 120°的三个平面内，如图 8 - 4 所示。做功间隔角为 720°/6 = 120°，各缸发动机工作顺序为 1 - 5 - 3 - 6 - 2 - 4 和 1 - 4 - 2 - 6 - 3 - 5，以第一种应用较为普遍。工作循环如表 8 - 3 所示。

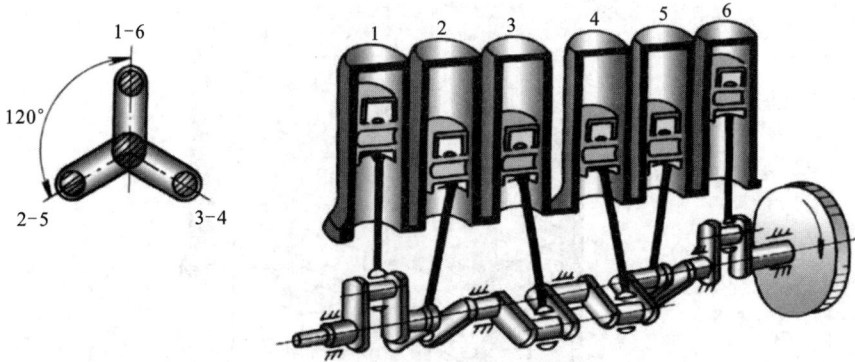

图 8-4 四冲程直列六缸发动机的发火顺序和曲拐布置

表 8-3 发火顺序为 1-5-3-6-2-4 六缸四冲发动机工作循环表

曲轴转角/(°)		第1缸	第2缸	第3缸	第4缸	第5缸	第6缸
0~180	0~60			进气	做功	压缩	
	60~120	做功	排气				进气
	120~180			压缩	排气		
180~360	180~240		进气			做功	
	240~300	排气					压缩
	300~360			做功	进气		
360~540	360~420		压缩			排气	
	420~480	进气					做功
	480~540			排气	压缩		
540~720	540~600		做功			进气	
	600~660	压缩		进气	做功		排气
	660~720		排气			压缩	

(3)8 缸 V 型机发动机的发火顺序和曲拐布置

V 型 8 缸四冲程发动机曲轴有四个曲拐，结构形式有正交两平面内布置的空间曲拐（图 8-5）和平面曲拐（与图 8-3 四缸发动机曲拐结构相同）两种，因空间曲拐平衡性较好，应用较多。空间曲拐发动机气缸中线夹角一般为 90°，各缸做功间隔角为 90°。

各产商规定气缸序号不尽相同，在维修时必须弄清该发动机气缸序号排列。事实上，V 型发动机气缸序号的排列方法是不统一的，如 8V100 型内燃机，曲拐为空间曲拐（图 8-5），原产规定各缸排列次序为，由前向后数，右列为 1、3、5、7；左列为 2、4、6、8。相应的工作顺序为 1-8-4-3-6-5-7-2。其工作循环表如表 8-4 所示。

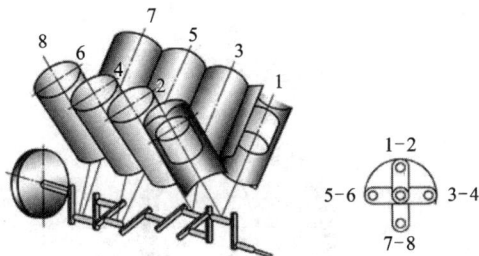

图 8 - 5　8V100 型柴油机空间曲拐结构

表 8 - 4　8 缸四冲程发动机工作循环表

曲轴转角/(°)		第1缸	第2缸	第3缸	第4缸	第5缸	第6缸	第7缸	第8缸
	0		〔做功〕	进气		排气			压缩
0~180	90	〔做功〕			压缩		进气	排气	
	180		排气	压缩		进气			〔做功〕
180~360	270	排气			〔做功〕		压缩	进气	
	360		进气	做功		压缩			排气
360~540	450	进气			排气		〔做功〕	压缩	
	540		压缩	排气		〔做功〕			进气
540~720	630	压缩			进气		排气	〔做功〕	
	720	〔做功〕		进气	排气				压缩

8.2　配气相位

（1）定义

配气相位是用曲轴转角表示的进、排气门的开启时刻和开启延续时间，通常用环形图表示，称配气相位图（图 8 - 6）。

（2）理论上的配气相位分析

理论上讲进、压、功、排各占180°，也就是说进、排气门都是在上、下止点开闭，延续时间都是曲轴转角180°。

但实际表明，简单配气相位对实际工作是很不适应的，它不能满足发动机对进、排气门的要求。

①气门的开、闭过程。开启总是由小→大，关闭总是由大→小；

②气体惯性的影响。随着活塞的运动，同样造成进气不足、排气不净。

③发动机速度的要求。实际发动机曲轴转速很高，活塞每一行程历时都很短。

实际发动机曲轴转速很高，活塞每一行程历时都很短，当转速为5600 r/min 时一个行程只有 60/（5600 ×2）= 0.0054 s，就是转速为1500 r/min，一个行程也只有 0.02 s，这样短的进气或排气过程，使发动机进气不足，排气不净。

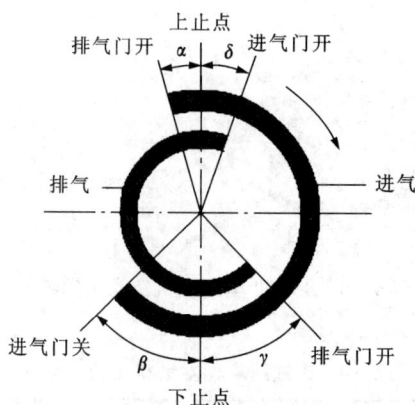

图 8-6 配气相位图

可见，理论上的配气相位不能满足发动机进饱排净的要求，那么，实际的配气相位又是怎样满足这个要求的呢？下面我们就进行分析。

（3）实际的配气相位分析

为了使进气充足，排气干净，除了从结构上进行改进外（如增大进、排气管道），还可以从配气相位上想办法，气门能否早开晚闭，延长进、排气时间呢？

①气门早开晚闭的可能。

从图 8-6 可以看出，活塞到达进气下止点时，由于进气吸力的存在，气缸内气体压力仍然低于大气压，在大气压的作用下仍能进气；另外，此时进气流还有较大的惯性。由此可见，进气门晚关可以增加进气量。进气门早开，可使进气一开始就有一个较大的通道面积，可增加进气量。

在做功行程快要结束时，排气门打开，可以利用做功的余压使废气高速冲出气缸，排气量约占 50%。排气门早开，势必造成功率损失，但因气压低，损失并不大，而早开可以减少排气所消耗的功，又有利于废气的排出，所以总功率仍是提高的。

从示功图上还可以看出，活塞到达上止点时，气缸内废气压力仍然高于外界大气压，加之排气气流的惯性，排气门晚关可使废气排得更干净一些。

由此可见，气门具有早开晚关的可能，那么气门早开晚关对发动机实际工作又有什么好处呢？

进气门早开：增大了进气行程开始时气门的开启高度，减小进气阻力，增加进气量。

进气门晚关：延长了进气时间，在大气压和气体惯性力的作用下，增加进气量。

排气门早开：借助气缸内的高压自行排气，大大减小了排气阻力，使排气干净。

排气门晚关：延长了排气时间，在废气压力和废气惯性力的作用下，使排气干净。

（2）气门重叠。

由于进气门早开，排气门晚关，势必造成在同一时间内两个气门同时开启。把两个气门同时开启时间相当的曲轴转角叫作气门重叠角。在这段时间内，可燃混合气和废气是否会乱串呢？不会的，这是因为：①进、排气流各自有自己的流动方向和流动惯性，而重叠时间又很短，不至于混乱，即吸入的可燃混合气不会随同废气排出，废气也不会经进气门倒流入进气管,而只能从排气门排出;②进气门附近有降压作用,有利于进气。

③进、排气门的实际开闭时刻和延续时间。

实际进气时刻和延续时间:在排气行程接近终了时,活塞到达上止点前,即曲轴转到离上止点还差一个角度 α,进气门便开始开启,进气行程直到活塞越过下止点后 β 时,进气门才关闭。整个进气过程延续时间相当于曲轴转角 $180° + \alpha + \beta$。

α 为进气提前角,一般 $\alpha = 10° \sim 30°$

β 为进气延迟角,一般 $\beta = 40° \sim 80°$

所以进气过程曲轴转角为 $230° \sim 290°$

实际排气时刻和延续时间:同样,做功行程接近终了时,活塞在下止点前排气门便开始开启,提前开启的角度 γ 一般为 $40° \sim 80°$,活塞越过下止点后 δ 角排气门关闭,δ 一般为 $10° \sim 30°$,整个排气过程相当于曲轴转角 $180° + \gamma + \delta$。

γ 为排气提前角,一般 $\gamma = 40° \sim 80°$

δ 为进气延迟角,一般 $\delta = 10° \sim 30°$

所以排气过程曲轴转角为 $230° \sim 290°$,气门重叠角 $\alpha + \delta = 20° \sim 60°$。

从上面的分析,可以看出实际配气相位和理论上的配气相位相差很大,实际配气相位,气门要早开晚关,主要是为了满足进气充足、排气干净的要求。但实际中,究竟气门什么时候开、什么时候关最好呢? 这主要根据各种车型,经过实验的方法确定,由凸轮轴的形状、位置及配气机构来保证。

8.3　气门间隙

(1)定义

气门间隙是指气门完全关闭(凸轮的凸起部分不顶挺柱)时,气门杆尾端与摇臂或挺柱之间的间隙(图 8 - 7)。

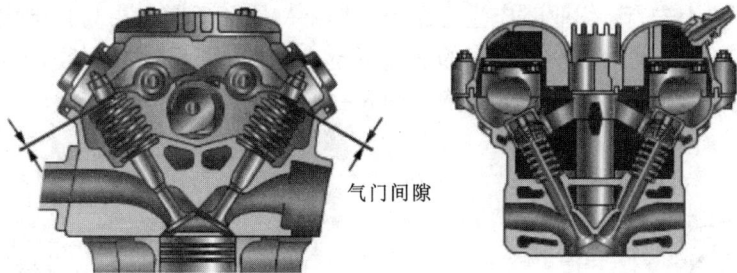

图 8 - 7　气门间隙

(2)作用

给热膨胀留有余地,保证气门密封。

不同机型,气门间隙的大小不同,根据实验确定,一般冷态时,排气门间隙大于进气门间隙,进气门间隙约为 $0.25 \sim 0.3$ mm,排气门间隙约为 $0.3 \sim 0.5$ mm。

间隙过大:进、排气门开启滞后,缩短了进排气时间,降低了气门的开启高度,改变了正常的配气相位,使发动机因进气不足、排气不净而功率下降,此外,还使配气机构零件的撞击增加,磨损加快。

间隙过小：发动机工作后，零件受热膨胀，将气门推开，使气门关闭不严，造成漏气，功率下降，并使气门的密封表面严重积炭或烧坏，甚至气门撞击活塞。

采用液压挺柱的配气机构不需要留气门间隙。

8.4　配气机构早期损坏的主要原因

（1）维修质量差

在维修作业中突出的问题是气门与气门座工作面加工质量达不到要求，造成工作面烧蚀、凹陷而早期损坏；凸轮轴轴承在刮削中其配合间隙、接触面积、各轴承同心度达不到要求，加速磨损，出现异响，造成早期损坏；气门导管在更换新件时，铰削质量达不到规定要求，直接影响气门及气门座使用寿命。

（2）维修数据应用不当

维修中不能科学地选择维修数据是造成机件早期损坏的重要原因。如气门与气门座接触面宽度，规定进气门为 $1 \sim 2.2$ mm，排气门为 $1.5 \sim 2.5$ mm。但在维修中，人们往往认为宽一点比窄一点保险，习惯选用上限或接近上限值，因而刚修好的车气门工作面宽度就已接近使用极限了。再如气门间隙，一般工程机械规定为 $0.2 \sim 0.25$ mm，但在维护调整中也误认为间隙大一点比小一点好，因此，超上限使用。实际上间隙过大，不但降低了发动机功率，而且还会出现敲击声，造成早期损坏。

8.5　气门维修

配气机构在维修中手工作业较多，由于维修人员技术上的差异和认识上的偏差，维修质量很难达到规定要求。因此在维修中应特别强调配气机构的维修质量，并采取有效措施提高维修质量，以延长其使用寿命。

（1）气门的光磨

在维修作业中，如气门出现烧蚀、麻点及凹陷时，均应进行光磨（严重时需更换气门）。通常在气门光磨机上进行，作业时应注意四个问题：一是保证气门头与杆部同心，否则应先校直；二是光磨量在能磨出完整的锥面的前提下越小越好；三是尽量提高表面光洁度；四是气门杆端部凹陷应予以磨平。气门的光磨如图 8 - 8、图 8 - 9 所示。

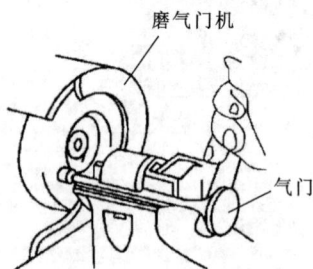

图 8 - 8　磨气门杆端面

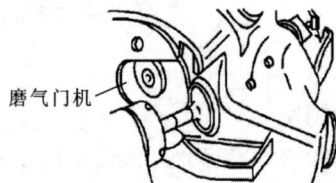

图 8 - 9　磨气门工作面

（2）气门座的铰削

气门座铰削（图 8 - 10）通常为手工作业，应特别重视三个问题：一是在消除凹陷、斑点、能铰出完整锥面的基础上，铰削量越小越好；二是铰削时用力要均匀，起刀收刀要轻，少铰多观察，以保证较少的铰削量和较高的光洁度；三是与气门试配，确定好工作面位置和宽度。位置应调整到气门锥面的中下部，偏上或偏下可用上、下口铰刀进行调整。工作面宽度，进气门可掌握在 0.9 mm（规定为 1~2.2 mm），排气门可掌握在 1.4 mm（规定为 1.5~2.5 mm）。实践证明上述宽度在气门与气门座研磨后，进气门可达 1 mm，排气门可达 1.5 mm，均在规定宽度的下限，能大大提高其使用寿命。

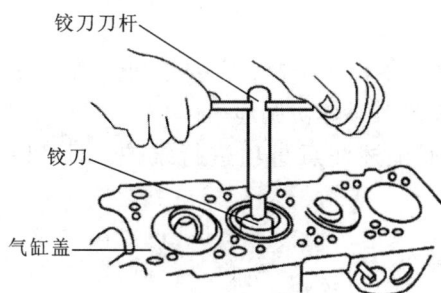

图 8-10 粗铰气门座

（3）气门的研磨

气门的研磨分为两种情况（图 8-11），一是气门与座只有轻微麻点，不需要光磨和铰削时的研磨；二是气门与座均已经过光磨和铰削后的研磨。前者先用粗金刚砂研磨，将麻点研磨掉后，再用细金刚砂研磨，最后涂上机油研磨，直至密封符合要求、宽度符合规定为止。后者只有密封性达不到要求时才进行研磨，但操作时一定要注意，不要过分用力，严禁将气门上下敲打，否则将出现凹形砂痕，影响维修质量。

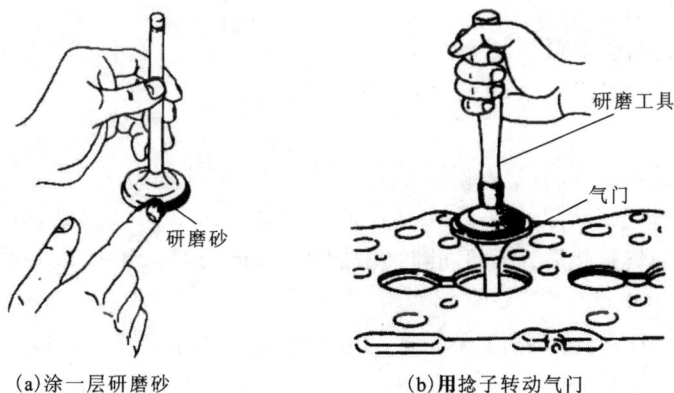

（a）涂一层研磨砂　　　　　　（b）用捻子转动气门

图 8-11 气门研磨

（4）气门导管的铰削

气门杆与气门导管配合间隙是决定气门导管寿命的关键，因此当更换新的气门导管时，铰削时应严格掌握好配合间隙，使用各车型规定间隙的下限，可有效延长使用寿命。

（5）凸轮轴轴承的刮削

凸轮轴轴承的刮削属于手工作业，保证质量有一定难度。为刮削方便，又通常在气缸体外加工，因此应特别注意四个问题：一是要确定好轴承刮削后内孔的直径（用公式表述为：内孔直径＝轴颈直径实测值＋配合间隙下限值＋轴承与座孔过盈量实测值）；二是刮削中要尽量注意保持轴承内孔与外圆的同轴度；三是边刮削边与轴颈试配（此时间隙为过盈量＋配合间隙），并保证接触印痕分布均匀；四是将轴承压入座孔时，应注意对正油孔。刮削后装入凸轮轴，转动数圈，视情况进行适当修整，接触面积应达到 75% 以上并分布均匀，间隙符合规定。

此外，配气机构其他组件、零件的维修，主要是加强零件的清洗和检验工作，并按规定进行正确的调整和装配，以实现其整体协调地工作。

在实际工作中，只要依照上述注意事项进行维护，即可以有效延长配气机构的使用寿命。

8.6　气门间隙的调整

气门间隙是发动机运行中需要定期检查和调整的重要参数。该参数是否合适直接关系到发动机运行的可靠性、经济性和动力性。

（1）气门间隙调整的必要性

配气机构各机件在正常使用中，随着零件的磨损，气门脚间隙将发生变化。如凸轮、气门杆端面及挺杆接触面磨损后间隙将变大，而气门头与气门座磨损后间隙可能变小。

间隙过小或无间隙，零件受热膨胀，气门关闭不严，造成气缸漏气，燃烧不良，气门烧损，气门开启时间、气门重叠角增大，引起发动机功率下降。

间隙过大，气门开度减少，开启的延续时间缩短，引起充气不足，废气排放不干净，功率下降，同时加速传动件之间撞击，加速零件磨损，噪声增大。

因此，气门间隙必须进行调整。

（2）气门间隙的调整步骤

下面以道依茨 BF6M1013 发动机为例予以说明。

①基本要求。

a. 调整气门间隙时，发动机须处于冷态，冷车在 0.5 h 以上。

b. 气门间隙：排气门间隙：（0.5＋0.1）mm；进气门：（0.3＋0.1）mm。

注意：每次更换气缸垫后，气门间隙会增加 0.1 mm，运转 50～150 h 后应重新调整。

②确定第一缸上止点。

对于道依茨 BFM1013 发动机，第一缸是从飞轮端开始的（图 8－12）。

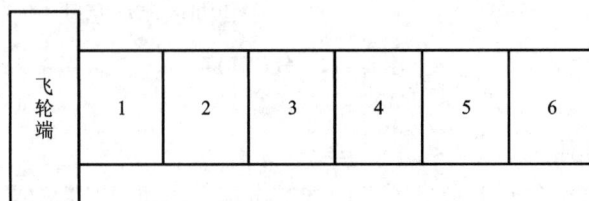

| 飞轮端 | 1 | 2 | 3 | 4 | 5 | 6 |

图 8－12　道依茨柴油气缸顺序

拆下气缸盖罩的固定螺钉，小心取下气缸盖罩，取下导流液，注意不要损坏气缸盖罩耐油橡胶衬垫。用抹布擦净气门及摇臂轴上的油污，以方便气门调整作业。

用手柄转动曲轴或撬动飞轮，使第一缸处于上止点位置。

第一缸的气门应都处于关闭的状态。如果第一缸的气门不全是关闭状态，说明第一缸活塞在排气上止点位置，应再转动曲轴360°，使第一缸处于压缩上止点位置。

③确定各缸处于压缩上止点的方法。

根据发动机结构原理我们知道，各缸处于压缩上止点时，该缸的气门均处于关闭状态。因此，可以打开气门室盖并确定凸轮轴凸轮的相对位置。如果要准确地确定某缸的压缩上止点，最基本的方法是：拆下该缸高压油管，转动曲轴，观察该缸喷油泵的出油口，只要出油口有油喷出，与之对应的缸一定是在压缩行程上止点附近。以此类推，就可以比较准确地确定各缸压缩上止点的位置，方便地调整各缸气门。

④测量气门间隙。

选出符合规格的厚薄规插入气门杆与气门摇臂（或凸轮）之间，稍微拉动厚薄规，如有轻微的阻力，表示间隙正确（图8-13）。

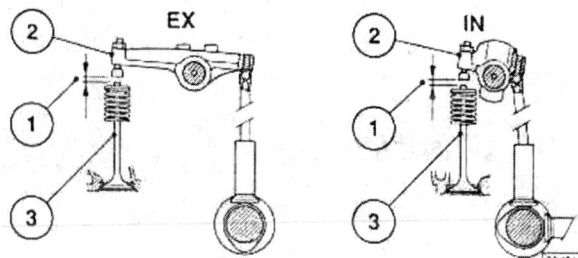

图8-13　气门间隙调整

1—气门间隙；2—摇臂；3—气门；EX—排气门；IN—进气门

为了确定间隙是否正常，可以找出和规定值相同的厚薄规插入气门间隙，此时，厚薄规如可以插入，且松动自如，则说明间隙偏大。如果不能插入，则说明气门间隙偏小。如果插入后轻微用力即可通过，则说明气门间隙正常。

如果上述中任何一项不符合要求，表示气门间隙不正常，必须进行调整。

⑤调整气门间隙。

调整时，转动曲轴至第一缸的两个气门重叠为止，此时排气门即将关闭而进气门即将打开，如图8-14所示的曲轴位置a，所有涂黑的六个气门均可调，即从飞轮端数起第3、6、7、10、11、12摇臂的气门。

在曲轴位置a调好气门后，将曲轴转动360°，如图8-14所示的曲轴位置b，调其余的各气门，即从飞轮端数起第1、2、4、5、8、9气门。

调整时将厚薄规插入摇臂和气门的端面，调测间隙1（图8-13），厚薄规插入吋要有轻度的摩擦阻力，这样测量的间隙比较准确。

⑥气门间隙调整注意事项。

a. 首先松开气门调整螺钉的固定螺母，把规定厚度的厚薄规插入气门间隙处，一手抽拉厚薄规，一手转动调整螺钉，直到厚薄规稍微受到阻力为止。

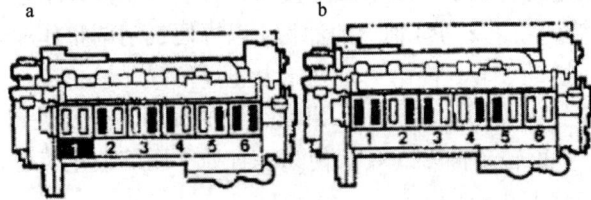

图 8 – 14　BF6M1013 气门间隙调整图

b. 调整妥当之后，厚薄规插到气门间隙中央，调整螺钉保持不动，拧紧固定螺母，锁紧调整螺钉。锁好螺钉后，再用厚薄规重新测量气门间隙，因为可能在锁紧时无意转动了调整螺钉，使气门间隙改变。如果气门间隙改变，应重新调整到正确为止。

c. 两次调整法。根据配气机构构造原理，我们知道，进、排气门排列有一定的规律。按点火顺序和进、排气门排列顺序，使第一缸位于压缩行程上止点，可以检查调整一半数量的气门间隙；然后转动曲轴一周，使四缸位于压缩上止点位置，再调整剩余的气门间隙。

d. 逐缸调整法。由于发动机气门排列顺序不尽相同，因此，记忆进、排气门的顺序比较困难。也可按发动机的点火顺序逐缸调整气门间隙。为了能准确调整气门间隙，可用前面介绍的方法，逐缸调整气门间隙。

8.7　部分发动机的气门间隙值

部分发动机的冷态气门间隙值如表 8 – 5 所示。

表 8 – 5　部分发动机的冷态气门间隙值

发动机机型	冷态气门间隙值/mm	
	进气门	排气门
BFM1013	0.30 + 0.1	0.50 + 0.1
FL513	0.20	0.30
BFM1015	0.25 + 0.1	0.30 + 0.1
FL912	0.15	0.15
上柴 135	0.30	0.35
解放 CA – 10B	0.25	0.25
12V – 180ZL	0.40	0.45
康明斯 6C 系列	0.30	0.61
YC6102Q1	0.35 – 0.40	0.40 – 0.45
OM442	0.40	0.60
B/FM(L)1011	0.3 + 0.1	0.5 + 0.1

8.8　正时齿轮与气门相位

柴油发动机的配气相位是由制造厂规定的,制造厂在定好配气相位后,便在正时齿轮、凸轮轴齿轮等传动齿轮的轮齿上标以记号,目的是使机修工在今后维修柴油发动机时能正确地进行重新装配。因此,正时齿轮的安装必须按有关标记进行,以保证正确的配气相位。

如果正时齿轮上的配气记号模糊不清或错乱,但是知道该柴油发动机进、排气门的开闭相位角度时,可采取以下方法进行安装:

①将凸轮轴和曲轴脱开。

②使第一缸活塞位于上止点。

③一般进气门都是提前开启的,所以要根据此角度计算飞轮逆时针回转的弧长。

④转动飞轮,使飞轮上的进气门提前角的标记和飞轮壳上的上止点标记重合,这正好是进气门刚打开的位置。

⑤转动凸轮轴,使第一缸的进气门杆和挺杆接触。装上正时齿轮。这时曲轴和凸轮轴之间的正时齿轮的相对位置就符合配气要求了。

如果由于种种原因,不知道该柴油发动机进、排气门的开启提前角度数值,则还可采取以下方法使它将第一缸活塞转至上止点位置(靠近正时齿轮处的一缸为第一缸),然后将传动齿轮取出,使齿轮与齿轮之间处于不啮合状态。在此条件下再转动凸轮轴齿轮,使第一缸的进、排气凸轮顶点都向上或都向下,两点凸轮的轮廓线形成一种水平线,使之成为"上八字"(即相当于进气门刚开和排气门刚关闭的位置)或"下八字"形状。由于在装配时常将气缸体倒置,此时俯视第一缸的两只凸轮顶点应成水平方向。这是因为在通常情况下,同一缸的进气凸轮与排气凸轮所成的角度为110°～120°。保持上述位置后.再重新将传动齿轮装上,使凸轮轴齿轮与传动齿轮及传动齿轮与曲轴齿轮之间处于啮合状态,这样,就保证了配气正时的准确。考虑今后维修时的需要,此时还应在齿轮与齿端啮合的位置处,用冲子标注出适当的记号。

下述方法可简便地直接检查出柴油发动机配气相位是否正确,即能迅速判断正时齿轮是否装错了牙齿。具体方法:

①首先调整好气门间隙,以减少测量误差。

②确定第一缸位于排气终了活塞上止点位置,同时在飞轮上标注第一个记号。

③反转曲轴,使第一缸进气门处于关闭状态为止。此时在进气门杆和气门摇臂头之间放置小于 0.05 mm 的塞尺。然后慢慢地正转曲轴,在塞尺刚被压住之时(意味着气门间隙消失、气门刚要打开),在飞轮上标注第二个记号。

④测量两记号间的弧长,通过转换,即可得出相应的进气门开启提前角度。

⑤将实测弧长和标准弧长相比较,就可确定配气相位是否正确。

⑥测得的弧长若大于允许范围,说明进气门开启提前角过大。配气相位须逆着旋转方向位移;测得的弧长若小于允许范围,则说明进气门开启提前角过小,配气相位须顺着旋转方向位移。配气相位一般只要检查第一缸进气门开启提前角即可,这是因为第一缸与其他气缸之间的关系是固定的,故无需检查其他缸的配气相位。此法与用仪表(如角度仪百分表)检查相位比较,其误差大。如果测试中因某种原因不便在飞轮上做记号,以东风 EQ1090E 柴油发动机为例,则可改在风扇传动皮带轮上标注。但必须注意,在计算标准弧长及弧长允许的偏

差公式中，D 应相应地改为风扇传动皮带轮的直径。

　　若在现场维修，身边没有资料和技术数据时，则也可通过以下办法进行配气相位的测试检查：先将第一缸活塞转至上止点，再将飞轮来回转动几次，每次转动的弧长约在 150 mm。与此同时观察该缸的进、排气门是否都会有上下移动现象。如果没有移动，再将飞轮转动一周，仍回到上止点。再注意观察进、排气门是否会上下移动。在配气相位正确的情况下，在这两次动作中，必然有一次会使进、排气门上下移动。否则，说明正时齿轮装错了牙齿。如认为是正时齿轮装错了牙齿，在不拆卸齿轮室盖的情况下，还可按下述办法做进一步检查：

　　①位于皮带轮附近的正时齿轮室盖螺栓上，固定一根铁丝并使其头端指向皮带轮边缘。

　　②转动曲轴，直至第一缸活塞处于压缩行程上止点。然后用塞尺检查进、排气门间隙，使之符合规定要求。

　　③再旋转曲轴约一圈，使此缸活塞处于排气行程即将终了，但排气门尚未关闭的位置。用两个手指轻轻掐住进气门推杆，并稍加扭力使其左右转动。当刚刚觉得推杆扭转不动时，立即停止旋转曲轴，这时在铁丝所指的皮带轮缘处划第一个记号。

　　④观察飞轮上的上止点标记，如看不清楚，可用螺丝刀压住气门摇臂，使气门头部作压在活塞上的准备。感到活塞处于上止点位置时，停止转动曲轴。此时，在铁丝所指皮带轮缘处划上第二个记号。

　　⑤用手指轻轻掐住排气门推杆，继续缓慢转动曲轴，至感到推杆稍能转动时为止。然后在铁丝所指皮带轮缘处划上第三个记号。

8.9　排气制动

　　排气制动（图 8 - 15）是采用关闭发动机排气通道的办法，使发动机活塞在排气行程时，受气体的反压力，阻止发动机的运转而产生制动作用，从而达到控制车速的目的。驾驶员使用排气制动时，用脚踩驾驶室底板上左下方的排气制动按钮阀，按钮阀受力打开气的通道，压缩空气进入废气工作缸。废气工作缸活塞受压缩空气的压力移动，带动推杆，推杆带动排气制动蝶阀，蝶阀转动将排气管堵死。同时压缩空气在按钮阀打开同时也进入停油气缸，停油气缸的活塞在压缩空气的作用下移动，推杆

图 8 - 15　排气制动

通过联动机构带动调速器柄，使油料停止供应。由于排气管堵死，发动机停止排气，燃料供应中断，排气管中的压力升至 0.3 ~ 0.4 MPa。发动机活塞在工作中的排气行程必须克服此压力，因而大大增加了发动机制动的功率。故当采用排气制动时，发动机活塞在发动机排气行程时，活塞受气体的反压力，经过曲轴和传动系传至车轮，增加了车轮的转动阻力，降低了车速。

8.10　增压中冷发动机

涡轮增压发动机是依靠涡轮增压器来加大发动机进气量的一种发动机,涡轮增压器实际上就是一个空气压缩机。它是利用发动机排出的废气作为动力来推动涡轮室内的涡轮(位于排气道内),涡轮又带动同轴的叶轮(位于进气道内),叶轮就压缩由空气滤清器管道送来的新鲜空气,再送入气缸。当发动机转速加快,废气排出速度与涡轮转速也同步加快,空气压缩程度就得以加大,发动机的进气量就相应地得到增加,就可以增加发动机的输出功率了。如图 8 - 16 所示。

涡轮增压发动机的最大优点是它可在不增加发动机排量的基础上,大幅度提高发动机的功率和扭矩。一台发动机装上涡轮增压器后,其输出的最大功率与未装增压器相比,可增加大约40%甚至更多。

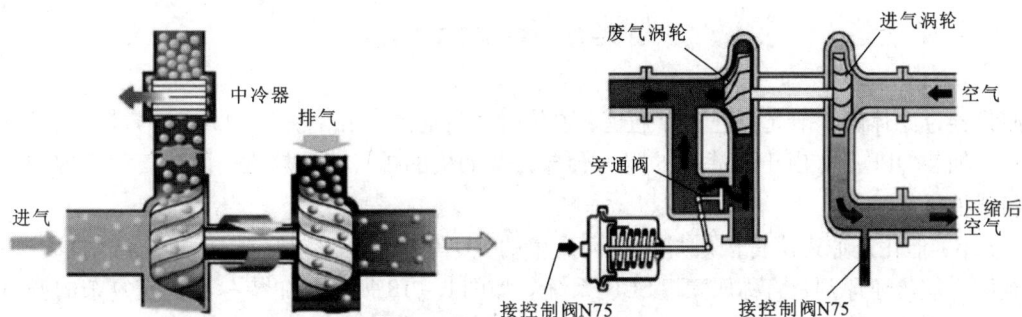

图 8 - 16　增压器工作原理

8.11　废气排放处理

柴油机的排放物主要包括气体排放物,如 CO、CO_2、NO、NO_2 和颗粒排放物,包括碳和碳氢化合物。现在柴油机进行减排处理。

EGR:为了降低发动机废气中氮氧化物的排出量,现代柴油发动机采用了一种废气再循环(简称 EGR)技术。如图 8 - 17 所示。氮氧化物主要在高温高压条件下产生,为了降低气缸燃烧温度和压力,从而减少氮氧化物的生成量,将发动机排气系统排出的废气导流一部分混入进气系统的新鲜空气中(因为废气是一种不可燃气体,在燃烧室内不参与燃烧)。为了降低参与再循环废气的温度,在这部分废气与新鲜空气混合之前还要先对其进行冷却。在该技术中,废气并不是始终参与再循环的,而是仅当实际工况需要时才参与循环,而且参与循环的废气比例也是随时变化的。具体什么时候废气开始参与循环,循环多大量,都由电子控制装置(简称 ECU)根据发动机负荷和转速、进气和排气温度以及压力等进行自动控制。在发动机处于怠速时,几乎没有废气参与再循环。一般参与再循环的废气量随着发动机转速和负荷的增加而增加,在 EGR 系统通常运行工况下,参与再循环的废气量占送入气缸燃烧的气体总量的10% ~12%。

DPF:柴油机微粒捕集技术是目前国际上公认的最为有效的柴油机排气微粒后处理技术,也是目前国际上商用前景最好的排气微粒后处理技术。它的工作原理是当柴油机废气通

图 8-17　废气再循环系统

过捕集器过滤体时,排气流进入口通道,迫使排气流通过多孔陶瓷壁面,PM(微粒)就被捕集下来。加装 DPF 后,由于过滤体的阻力会导致柴油机的排气背压增大,而排气背压的增大会影响柴油机的性能。

SCR:催化还原来降低因燃烧优化而产生的 NO_x(被称为欧洲路线),目前常用水基性氨溶液作为催化还原剂,简称尿素 - SCR 系统。如图 8-18 所示。加装一套比较复杂的调节还原剂喷射量的喷射和控制系统,SCR 系统的作用是去除柴油发动机排气中的 NO_x。系统采用尿素作还原剂(又名添蓝),在选择性催化剂的还原作用下,NO_x 被还原成氮气和水。SCR 系统包括尿素水溶液储罐、输送装置、计量装置、喷射装置、催化器以及温度和排气传感器等。

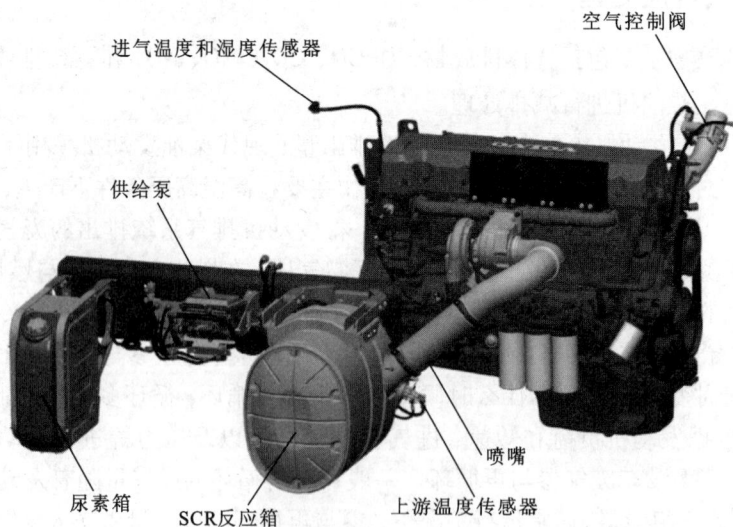

图 8-18　SCR 系统

【技能训练】

【教学组织】

➢ 准备工作：整机 6 台
➢ 学生 6 人一组
➢ 实训时间：50 min
➢ 考核方式：学生小组互评，指导老师当裁判

一、配气调试

按要求进行调试和登记(4 个/人)。

表 8 – 6 配气调试检测项目明细表

序号	工作内容	记录
1	气门间隙检查	
2	气门研磨	
3	上止点检查	
4	排气制动认知	
5	增压中冷认知	

二、推出四缸机和六缸机的工作顺序

每组派一名代表阐述。

三、气门间隙调整

各小组完成气门间隙的检查与调整练习。

四、考核标准

本项目考核标准参照表 8 – 7 进行。

表 8 – 7 考核标准表

考核时间	序号	考核项目	满分	评分标准	得分
50 min	1	增压中冷识别	20	错一个扣 4 分	
	2	排气制动认知	20	错一处扣 4 分，记小组分	
	3	气门研磨方法	20	根据表述情况扣分	
	4	气门间隙检查与调整	30	每错一处扣 5 分	
	5	6S	10	整理遗漏酌情扣分	
	6	因违规操作造成人身伤害或设备事故，计 0 分			
分数总计			100		

项目九
供油调试

【项目描述】

燃烧是一个过程，燃油系统要做到适时适量，而且不受负载和环境影响。燃油系统是现在柴油机技术进步的一个关键点，高压共轨和供油提前角是柴油机的主要理论。

【学习目标】

【知识目标】

1. 供油提前角；
2. 调速原理；
3. 特性曲线；
4. 燃烧阶段。

【能力目标】

1. 高压油泵拆装；
2. 喷油器检修；
3. 手油泵检修；
4. 供油提前角调整。

项目导程

本项目主要培养学员对工程机械发动机的调试燃油供给时刻的能力。本项目主要掌握发动机燃烧理论、喷油器的检修及供油提前角调整内容，学习可参照图 9 - 1 进行。主要学习任务及能力要求如图 9 - 1 所示。

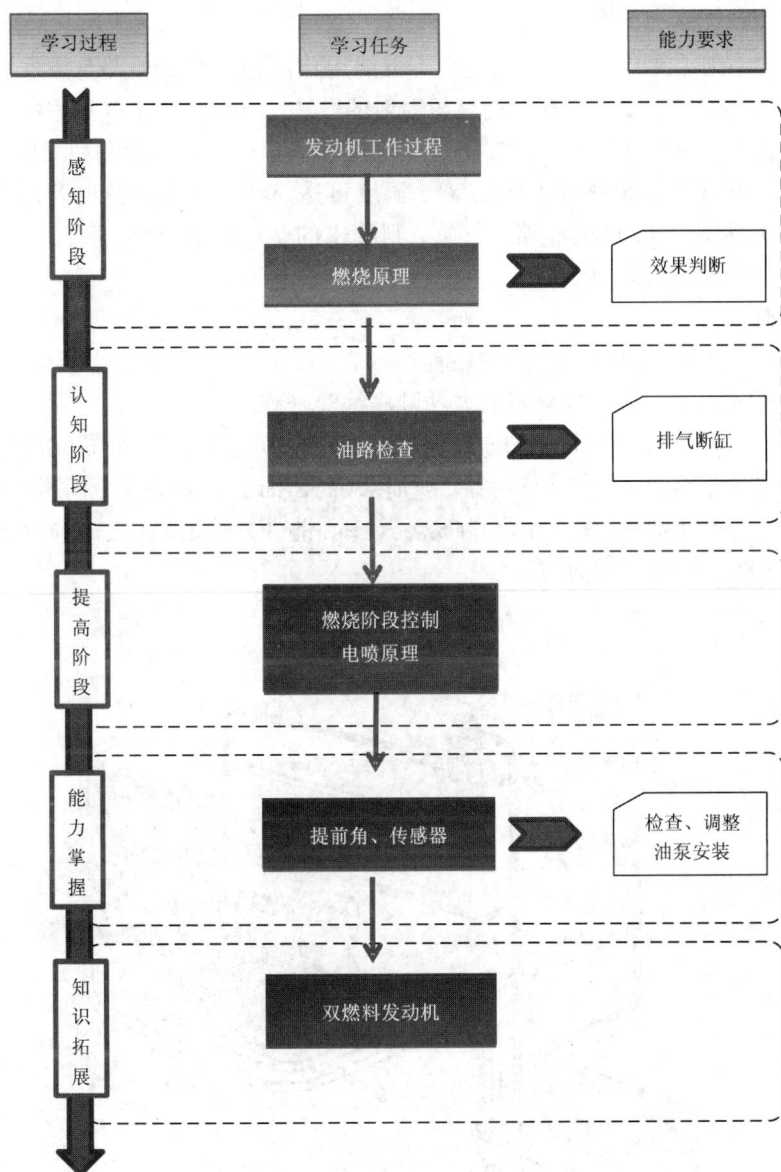

图 9 - 1　项目学习导程

任务一　喷油嘴检修

9.1　柴油机燃烧准备

柴油与汽油相比,黏度大,挥发性差,不可能用化油器在气缸外部与空气混合形成满足燃烧要求的可燃混合气。因此,都采用高压喷射的办法。柴油机在进气过程中进入气缸的是纯空气,其压缩比也远大于汽油机。在接近压缩冲程终了时,缸内压力和温度都比较高,压力可达 3 ~ 3.5 MPa(汽油机只有 1.0 MPa),温度可达 500 ~ 600℃。这时若用高压喷油泵和喷油器将压力高达 20 MPa 的柴油喷入气缸,则喷出的柴油呈油雾状,瞬间即与空气混合成可燃混合气,并自行燃烧做功。

柴油机燃烧条件:

①要有能产生足够高的喷油压力的装置;

②对各缸的喷油顺序要与发动机的做功顺序绝对一致;

③能对各缸的喷油开始时刻和喷油量进行控制和调节,以满足发动机工况的变化。

系统由柴油箱、输油泵、柴油滤清器、喷油泵(高压油泵)、喷油器、调速器、喷油自动提前器和低压油管、高压油管、回油管等组成。其核心部件是喷油泵(包括调速器和喷油自动提前器)和喷油器。如图 9 - 2 所示。

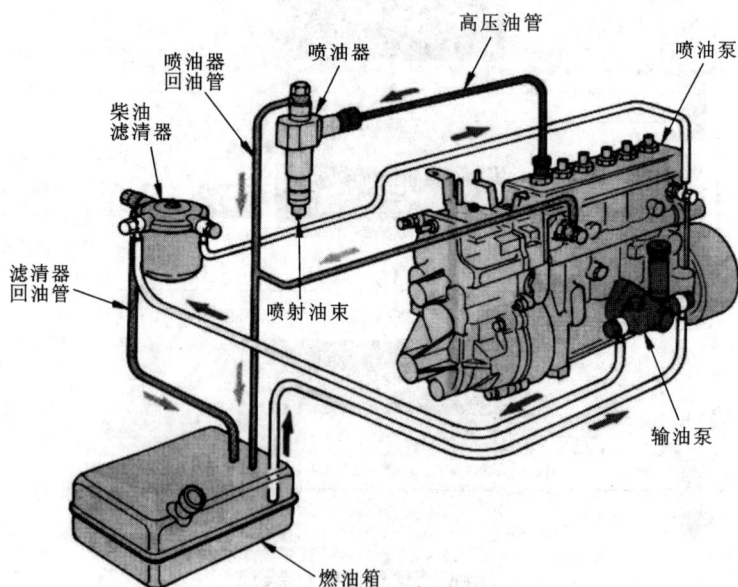

图 9 - 2　柴油机燃油系统

一套完整的喷油泵包括四部分:泵油柱塞、调速器、喷油提前器、低压输油泵。

喷油泵一般安装在发动机缸体旁侧。它的前端也有一个正时齿轮与曲轴前端的正时齿轮啮合。与配气机构中的正时齿轮一样,这对齿轮的传动比也是 2,即曲轴转两周,喷油泵的正时齿轮转一周。正时齿轮的轴带动喷油提前器,由提前器带动喷油泵的凸轮轴转动,凸轮轴上的凸轮数与缸数相同。凸轮驱动柱塞在柱塞套筒内作上下往复运动。由柱塞、出油阀、喷油嘴构成了柱塞式燃油系统的三偶件,是保证燃油高压、雾化、燃烧效果的关键。

9.2　燃烧理论

燃烧过程分为四个阶段,各有特点。

滞燃期:喷入气缸的燃料经一系列的物理化学的变化过程,包括燃料的雾化、加热、蒸发、与空气混合等准备阶段,虽然时间比较短,但对于整个燃烧过程的影响很大。

急燃期:燃料快速燃烧,气缸压力急剧增加。压力的升高速度决定了柴油机运转的平稳性,如果压力升高速度太大,则柴油机工作粗暴,运动零件受到很大负荷。为了保证平稳性,压力升高比不超过 0.4 MPa/曲轴转角。

缓燃期:在气体工作容积不断增加的时候开始,如果能够保持燃烧的快速性,才能使气缸内的压力保持不变或稍有上升。所以,只有在缓燃期加速空气混合,才能使燃料迅速燃烧。

后燃期:后燃期的能量对发动机的做功作用不大,且增加零件的热负荷,燃烧情况不好,排放恶化。因此,尽量减少过后燃烧。

要使燃烧过程进行得好,混合气形成的好坏是关键,所以对混合气形成的要求如下。

(1)必须要有足够的空气量和适当的柴油量

因为柴油燃烧放出热量是由于柴油和空气中的氧气在一定温度和压力条件下产生化学作用的结果,所以空气与柴油是放热的两个重要因素。空气量与柴油量比例不同,所形成的可燃混合气的成分也就不同,一般要求:

$$\alpha = 1.3 \sim 1.5$$

α 过大,混合气过稀,燃烧速度慢,散发热量多,功率下降。

α 过小,混合气过浓,燃烧不完全,油耗增加,冒黑烟,经济性变坏。

(2)喷油时刻要准确,混合气形成的规律应合适

气缸中燃烧过程的主要放热阶段应该是上止点稍后,容积小可得到较高的压力,热效率高,热损失小,所以要求喷油时刻要准确。喷油过早、过晚对发动机工作都是不利的。

过早:混合气提前形成,并在活塞到达上止点前像爆炸似的同时着火燃烧,结果给正在上行的活塞造成一个短时间阻力,并严重"敲缸"工作粗暴。

过迟:混合气在活塞下行时才开始形成和燃烧,结果燃烧空间增大,从气缸壁面传走的热量增加,造成发动机过热,燃烧压力降低($P\downarrow$),气体压力推动活塞的效果减小,甚至有可能使部分混合气来不及燃烧而随废气排出去,功率$\downarrow$。

最好的喷油时刻与燃烧室的型式和发动机转速有关,对于一定结构的发动机在规定转速下,可通过试验找到一个功率大、油耗低的最好喷油时刻,通常用曲轴距活塞到达上止点的转角表示,称为喷油提前角。供油提前角必须是可变的,随着转速的增加而增加。图 9-3 反映气缸压力与曲轴转角的关系。

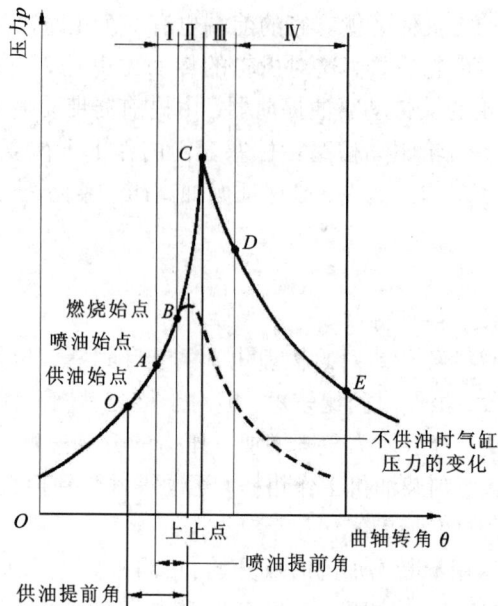

图 9－3　气缸压力与曲轴转角的关系

9.3　供油提前角

供油提前角指喷油器开始喷油至活塞到达上止点之间的曲轴转角。供油提前角过大：喷油时气缸内空气温度较低，混合气形成条件差，备燃期长，工作粗暴。供油提前角过小：大部分柴油是在上止点以后、活塞处于下行状态时燃烧的，使最高工作压力降低，热效率显著下降，发动机功率下降，排气冒白烟。

最佳供油提前角指在转速和供油量一定的条件下，能获得最大功率及最小燃油消耗率的喷油提前角。

供油提前角不符合要求，将对发动机的动力性和经济性都有一定的影响。据测定，供油提前角每改变$6°$，发动机功率下降7.33%，耗油率增加25.79%。

9.3.1　影响供油提前角变化的因素

①发动机的转速。发动机的转速越高，从柱塞和柱塞套之间的泄漏减少，此时，供油时刻提前，即供油提前角变大，反之则变小。

②燃油的温度。发动机工作时，机体温度在不断升高，加之外界气温的影响，气温变高则燃油的黏度变低，其从柱塞副间的泄漏量增多，开始供油时刻推迟，即供油提前角减小，反之则增大。

③弹簧的弹力。弹力减弱，开始供油时刻提前，供油提前角增大，反之则减小。弹簧主要是指出油阀弹簧和喷油器弹簧。

④柱塞副的磨损量。磨损量越大，开始供油时刻越晚，供油提前角变小。

9.3.2　供油提前角的调整方法

①以联轴器驱动的喷油泵：旋松联轴器上主动盘与主动凸缘连接螺栓，适当转动凸轮轴

进行调整(供油提前角过大,应反转凸轮轴;过小则正转),调好后将连接螺栓拧紧。

②转动泵体法:松开喷油泵法兰连接于机体的三个固定螺钉,转动喷油泵壳体,以改变分泵柱塞相对于喷油泵凸轮的位置,从而改变供油提前角。将泵体顺着凸轮轴的旋转方向转动,供油提前角减少,反之则增大。此时喷油泵壳体改变1°,相当于供油提前角改变2°(如495A型柴油机)。常见的喷油泵法兰连接器如图9-4所示。

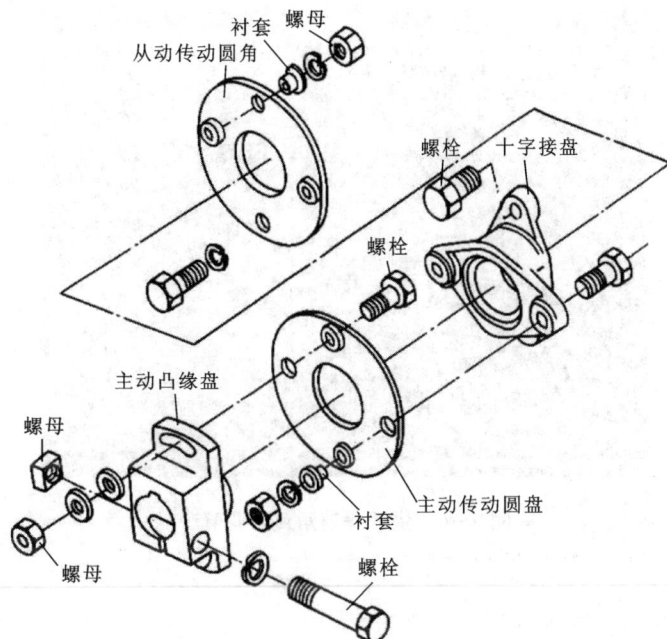

图9-4 喷油泵法兰连接器结构示意

③单体泵调整:打开喷油泵侧面的检查窗口,找准要调的柱塞所对应的挺柱;拧松该挺柱上的正时螺钉锁紧螺母;若正时迟后,应旋出正时螺钉少许,用锁紧螺母锁紧再试;若正时超前,应旋入正时螺钉少许,用锁紧螺母锁紧再试(这种情况很少);每次调后,都要小心地慢转凸轮,使柱塞升到最高点。然后,用螺丝刀撬起柱塞尾部,用厚薄规(塞尺)测量柱塞尾部与正时螺钉头之间的间隙。此间隙不得小于0.4 mm,以防柱塞顶到出油阀座,损坏两组偶件。如果只有间隙小于0.4 mm 才能满足正时要求,则必须换用新柱塞偶件。当把单体泵安装在新缸体上时,经测量计算后通过调整单体泵垫片 Z 的厚度 TS 实现。如图9-5所示。

由于柴油机喷油泵凸轮驱动装置的磨损,提前角会发生变化。因此,发动机在使用中,喷油提前角需要经常检查或调整。高精度测量提前角的值是准确调整的关键。

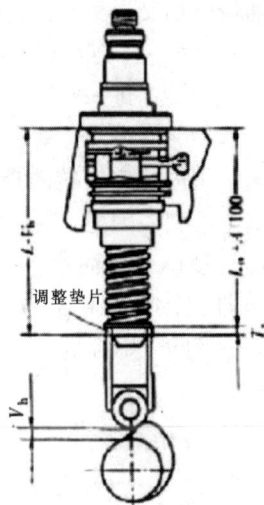

图9-5 单体泵调整

9.3.3　发动机供油提前角自动调节器

为了使发动机在不同转速下供油提前角度能使燃油燃烧得更加充分，用发动机高速运转产生的离心力驱动凸轮轴相对正时齿轮轴产生一个角位移，达到提前供油的目的。反之，发动机转速下降时，离心力减小，角位移方向相反，供油相对滞后。当然调节角度范围很小，多数只有8度左右。发动机供油提前角自动调节器如图9-6所示。

图9-6　供油提前角自动调节器

9.4　调速方式及调速器

喷油泵的速度特性对工况多变的柴油机是非常不利的。当发动机负荷稍有变化时，导致发动机转速变化很大。当负荷减小时，转速升高，转速升高导致柱塞泵循环供油量增加，循环供油量增加又导致转速进一步升高，这样不断地恶性循环，造成发动机转速越来越高，最后飞车；反之，当负荷增大时，转速降低，转速降低导致柱塞泵循环供油量减少，循环供油量减少又导致转速进一步降低，这样不断地恶性循环，造成发动机转速越来越低，最后熄火。要改变这种恶性循环，就要求有一种能根据负荷的变化，自动调节供油量，使发动机在规定的转速范围内稳定运转的自动控制机构。移动供油拉杆，可以改变循环供油量，使发动机的转速基本不变。因此，柴油机要满足使用要求，就必须安装调速器。调速器根据发动机负荷变化而自动调节供油量，从而保证发动机的转速稳定在很小的范围内变化。按功能分有两速调速器、全速调速器、定速调速器和综合调速器。常用直列泵调速器及单体泵调速器如图9-7、图9-8所示。

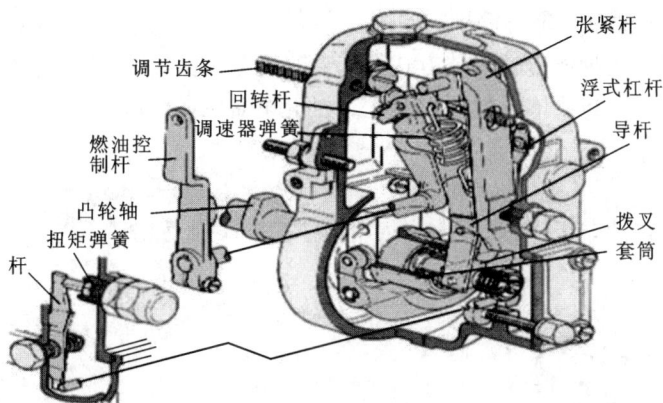

图 9 − 7 直列泵调速器

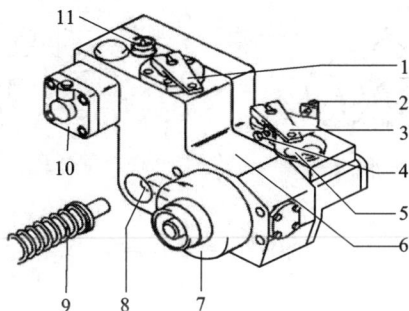

图 9 − 8 单体泵调速器

1—停车杆；2—高速限位螺钉；3—加速杆；4—怠速限位螺钉；
5—满负荷调速调整器；6—调速器壳体；7—调速器驱动齿轮；
8—齿条控制杆；9—齿条及弹簧；10—LDA；11—加浓电磁阀

9.5 高压油泵的拆装要点

①拆卸喷油泵前，应把柴油机曲轴摇到第一缸上止点前的所要求的喷油提前角位置处，这样做对喷油泵的复装十分方便，因为所有的刻线与标记都是对准的(如果必要，可以另做一个刻线机号)。

②拆卸喷油泵时，最好不要拆喷油泵支架，把它留在柴油机上。这对保持喷油泵与空气压缩机的同心有好处。

③拆卸喷油泵时，为保证重新安装时供油提前角不变，应在提前器或联轴节上做好标记。拆卸时，从连接器连接板处拆下两枚穿过长孔的螺栓最方便。最好不要从连接器的中间拆开，因为那样容易破坏连接器本身的同心度，如果只拆卸喷油泵，应松开固定连接盘的两螺栓，这样安装一般提前角不会改变。

④喷油泵与驱动轴采用联轴节的安装方式。安装要求如下：根据供油提前角的数值，将

柴油机第一缸活塞摇至压缩上止点前规定的位置，然后对正联轴器与喷油泵驱动盘正时标记，最后装上并将喷油泵固定牢固即可。

⑤喷油泵采用法兰盘连节的安装方式。将柴油机第一缸活塞摇至压缩上止点的位置，使喷油泵凸轮轴上的标记与泵体上的标记对正，固定喷油泵在柴油机上即可。

9.6 输油泵的检修

如出现低压油路油流不连续，应检修手油泵(输油泵)。如图9-9所示。结构及检查步骤如下：

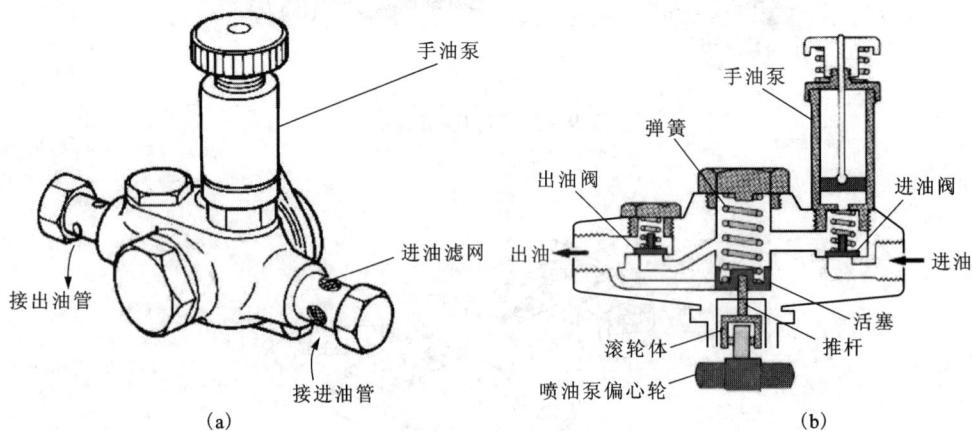

图9-9 手油泵结构

①检查输油泵各配合部位间隙。输油泵各配合部位间隙若超过允许极限，应更换磨损的零件。

②检查进、出油阀。进、出油阀若密封不严，可将阀与阀座进行研磨；若有损坏，应更换新件，更换新阀时，也应进行研磨。

③检查泵体。泵体有无裂纹和螺纹乱扣现象，根据损坏情况，应检修或更换泵体。

④检查手泵活塞上的密封圈。若密封圈有损坏或磨损严重，应更换新件。

⑤检查各弹簧。若弹簧有变形或折断，应更换新弹簧。

9.7 高压共轨介绍

现代工程机械发动机多采用电控供油系统，称为电喷发动机。电控柴油喷射系统由传感器、ECU(计算机)和执行机构三部分组成。其任务是对喷油系统进行电子控制，实现对喷油量以及喷油定时随运行工况的实时控制。采用转速、温度、压力等传感器，将实时检测的参数同步输入计算机，与已储存的参数值进行比较，经过处理、计算后按照最佳值对喷油泵、废气再循环阀、预热塞等执行机构进行控制，驱动喷油系统，使柴油机运作状态达到最佳。

高压共轨电喷系统就是其中的一种，其结构如图9-10所示。

高压共轨电喷技术是指在高压油泵、压力传感器和电子控制单元(ECU)组成的闭环控制系统中，将喷射压力的产生和喷射过程彼此完全分开的一种供油方式。高压共轨系统是由高

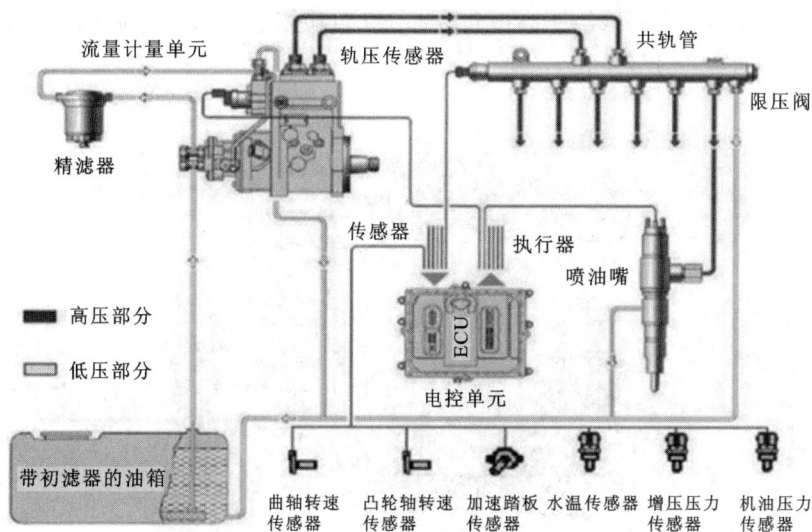

图 9 - 10 高压共轨系统图

压油泵将高压燃油输送到公共供油管,通过公共供油管内的油压实现精确控制,使高压油管压力大小与发动机的转速无关,可以大幅度减小柴油机供油压力随发动机转速变化的程度。公共供油管习惯上被称为高压共轨管,其结构如图 9 - 11 所示。

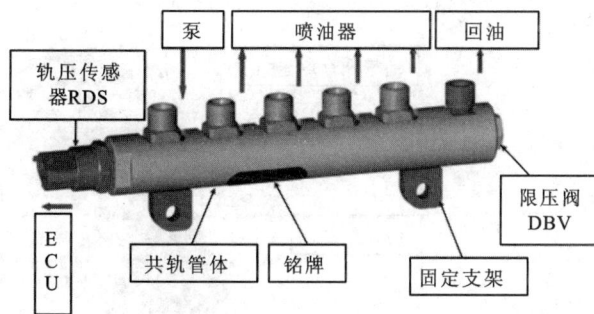

图 9 - 11 高压共轨管

新一代的电喷系统采用时间控制,用高速电磁阀代替机械机构,对燃油实施数字调节,而且这种系统逐步向高压迈进,使柴油雾化得非常细,燃烧完全又不明显提高燃烧温度,全面降低 HC、CO、NO_x、微粒(PM)和碳烟的排放,而且降低油耗。喷油压力提高到 150 ~ 200 MPa。

ECU 的功用是根据其内存的程序和数据对空气流量计及各种传感器输入的信息进行运算、处理、判断,然后输出指令,向喷油器提供一定宽度的电脉冲信号以控制喷油量。电控单元由微型计算机、输入、输出及控制电路等组成。其结构如图 9 - 12 所示。

电控喷油器功能相比传统喷油器更加专业，其功用是确保喷油雾化质量，喷油器的喷油量由 ECU 控制，喷油量大小取决于高压共轨管压力和喷油器中高速电磁阀开启时间的长短。电控喷油器结构如图 9 – 13 所示。

图 9 – 12 ECU

由于喷油量的供给时刻不再由高压油泵决定，故对电喷柴油机高压燃油泵进行了简化，其只负责输送高压燃油，将高压燃油输送到共轨管进行存贮，并保持高压共轨管中燃油充足即可。常见高压燃油泵结构如图 9 – 14 所示。

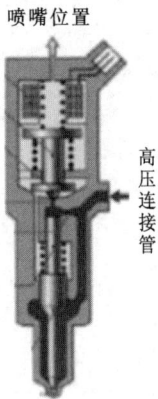

图 9 – 13 电控喷油器

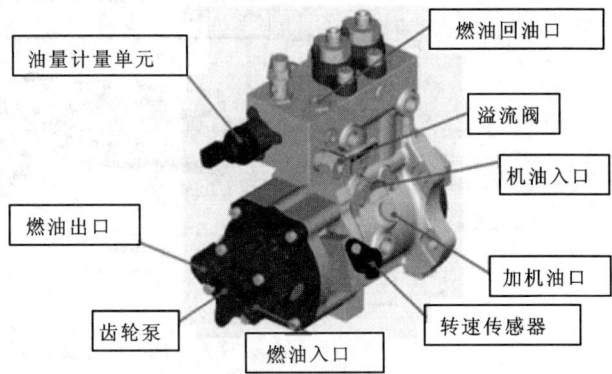

图 9 – 14 高压燃油油泵

9.8 特性曲线

当发动机运转的时候，其功率、扭矩和耗油量这三个基本性能指标都会随着负荷的变化而变化。这些变化遵循一定的规律，将这些有规律的变化描绘成曲线，就有了反映发动机特性的曲线图。根据发动机的各种特性曲线，可以全面地判断发动机的动力性和经济性。反映发动机运行状况常用速度特性曲线。发动机喷油泵在最大供油量时的速度特性，称为发动机的外特性，它表示发动机所能得到的最大动力性能。从外特性曲线上可以看到发动机所能输出的最大功率、最大扭矩以及它们相应的转速和燃料消耗量，产品介绍书上大都采用发动机外特性曲线图，但一般只标出功率和扭矩曲线。功率曲线在较低转速下数值很小，但随转速增加而迅速增长，但转速增加到一定区间后，功率增长速度变缓，直至最大值后就会下降，尽管此时转速仍会继续增长。扭矩曲线则与功率曲线相反，它往往在较低转速下就能获得最大值，然后随转速上升而下降。发动机外特性曲线表现与汽油机有所不同。它的功率 N、扭矩 M 和比耗油量 g 随转速 n 而变化，但功率 N 曲线是随转速上升而上升，差不多到了最大转速（标定转速）仍未出现曲线的最高点。扭矩 M 曲线变化平缓，在不同转速位置变化量不大。比耗油量 g 曲线不但起点数值低，而且比较平坦（与汽油机比较）。通过发动机外特性曲线图可以了解发动机的性能和特点，了解功率、扭矩、耗油量和转速之间的关系，并找出发动机最佳的工作区域，回答诸如为什么要根据负荷变化换挡，为什么中等转速最经济，为什么发动机能承受较大的负荷，发动机与汽油机在性能上有什么不同等问题。

【技能训练】

【教学组织】

➢准备工作：整机6台，相关工具1套
➢学生6人一组
➢实训时间：60 min
➢考核方式：学生小组互评，指导老师当裁判

一、供油调试

请指出表9-1中零部件的名称、位置与作用(5个/人)。

表9-1　配气机构零部件识认明细表

序号	零件名称	序号	零件名称
1	输油泵	7	电控喷油器
2	ECU	8	轨压传感器
3	高压燃油泵	9	机油压力传感器
4	高压共轨管	10	水温传感器
5	增压压力传感器	11	加速传感器
6	凸轮轴传感器	12	曲轴转速传感器

二、简述高压共轨系统运行原理

每组派一名代表阐述。

三、喷油器检修

各小组成员参照表9-2完成喷油器的检修。

.

表 9-2 喷油器检修

工作步骤	图示	工作内容	备注
喷油器的检修		卸松喷油器高压油管,卸掉喷油器,旋转油管,装好喷油器,喷油检查雾化状	
		清除积炭办法:研磨砂纸,黏油后细细抛光,注意砂纸型号	
		卸掉喷油嘴紧冒,抽出喷油嘴	
		将针阀芯拔出,用柴油润滑针阀芯后插进去一部分,留1/3的长度在外面,将阀体垂直放置,松开阀芯,阀芯应能慢慢滑下去,就是正常	

四、考核标准

本项目考核标准参照表9-3进行。

表9-3 考核标准表

考核时间	序号	考核项目	满分	评分标准	得分
30 mim	1	高压共轨系统认知	20	错一个扣4分	
	2	喷油器拆解	20	根据拆卸过程计分	
	3	喷油器清洗	10	根据清洗情况计分	
	4	喷油器检测	20	按检测项目计分	
	5	喷油器调试安装	20	按调试情况计分	
	6	6S	10	整理遗漏酌情扣分	
	7	因违规操作造成人身伤害或设备事故,计0分			
分数总计			100		

任务二 供油提前角调整

【知识准备】

9.9 柴油机供油正时不准的现象特征

一是供油时间过早。柴油机不易启动，曲轴容易反转，且在工作中气缸内将会产生清晰的敲击声，甚至引起机件的早期磨损、功率降低、怠速不良。判断时，可由低速往中、高速迅速加大油门试验，如油门加大得越急、异响越严重，转速升高后响声减弱或消失，迅速收回油门时响声消失，转速降低后响声又有所恢复，则为供油时间过早；

二是供油时间过迟。容易引起发动机过热、冷却水箱沸腾、增加柴油消耗量；转速不能随加速踏板加大而迅速提高，排气冒白烟，经济性和动力性差，遇上述现象即可确定为供油时间过迟。

9.10 供油提前角的检查

将喷油泵第一缸高压油管卸去，喷油泵处于最大供油位置，以排除柴油供给系统管路内的空气，使之充满柴油。转动曲轴，使第一缸活塞处于压缩上止点(进、排气门均处于关闭状态)，此时飞轮或皮带轮上刻线应对准机体上的标记。将曲轴反向拨转一个角度，应稍大于供油提前角。缓慢而均匀地按工作转向转动曲轴，同时密切注意出油阀座的油面情况。当油面刚发生波动时，即为第一缸供油开始时刻，从飞轮指示刻度即可确定供油提前角是否合适。

【技能训练】

【教学组织】

➢ 准备工作：整机6台，剖切机2台
➢ 学生6人一组
➢ 实训时间：45 min
➢ 考核方式：学生小组互评，指导老师当裁判

一、供油提前角调整

各小组参照表9-4完成供油提前角的调整。

表9-4 供油提前角调整

工作步骤	图示	工作内容	备注
喷油器的检修		把曲轴由上止点的位置向反方向转 30～45°。把曲轴作正（回）转，使曲轴皮带轮或者减震器的喷射时间刻线和指针对合	
		装有联接器的喷射泵，拧松联接器连接部长孔部的螺栓、螺母	

二、考核标准

本项目考核标准参照表 9 - 5 进行。

表 9 - 5　考核标准表

考核时间	序号	考核项目	满分	评分标准	得分
30 mim	1	供油提前角调节原理述说	20	根据表述情况计分	
	2	查找一缸上止点	20	能找准得满分，能述说过程计 10 分	
	3	联轴器拆解	10	根据操作情况计分	
	4	核对供油提前角（对标记）	20	能找准得满分，能述说过程计 10 分	
	5	联轴器安装	20	根据操作情况计分	
	6	6S	10	整理遗漏酌情扣分	
	7	因违规操作造成人身伤害或设备事故，计 0 分			
分数总计			100		

第三篇

诊断排故

项目十
启动困难故障分析与排除

【项目描述】

发动机启动不好的影响因素很多，有电路、油路、气路、缸压、润滑、柴油品质等，如果是汽油机还涉及点火系统。本项目不考虑启动系统故障，目的是训练排故思维和现场检查能力。学习中要注意结合机理领悟故障原因。

【学习目标】

【知识目标】

1.熟知发动机启动条件；
2.理清燃烧、燃料、正时、提前角、压力、雾化对发动机启动的影响。

【能力目标】

1.能判断难启动的原因；
2.能进行应急启动；
3.能进行缸压检查；
4.能进行油路检查。

【项目导程】

本项目主要培养学员对工程机械发动机启动困难故障的分析及排除能力。学习可参照图 10 - 1 进行。主要学习任务及能力要求如图 10 - 1 所示。

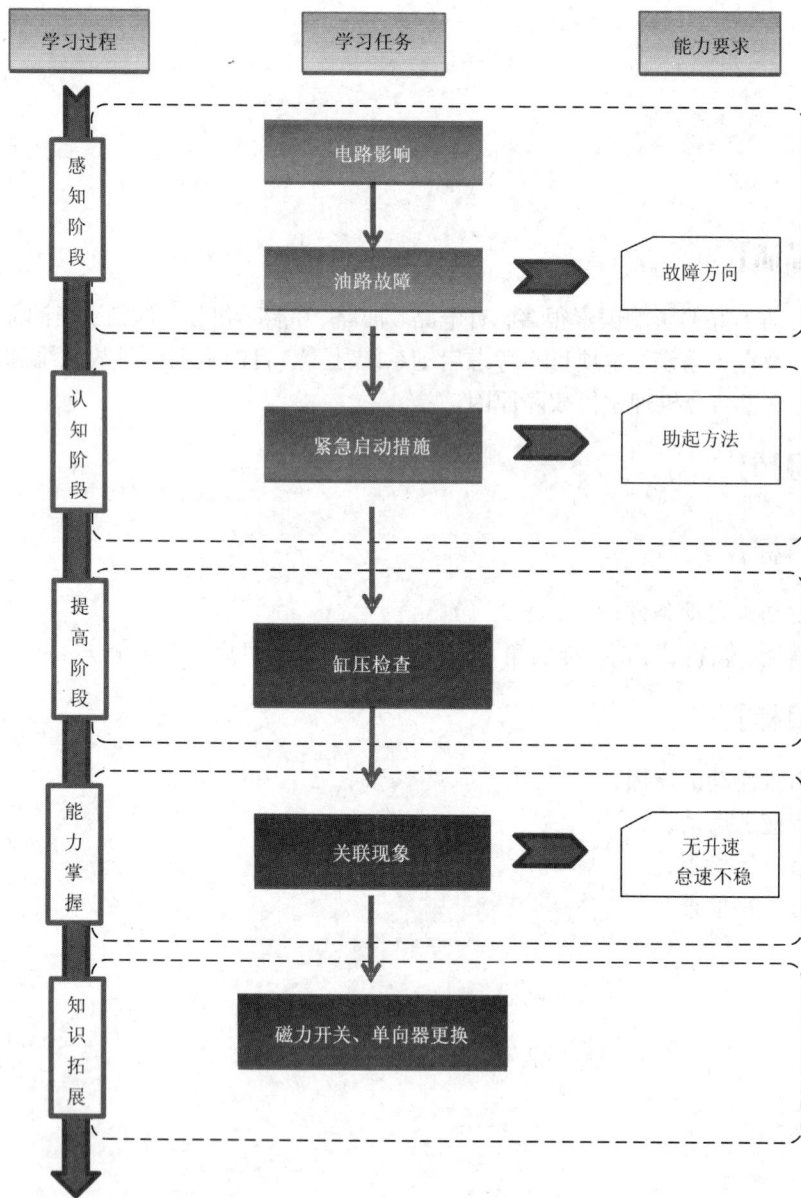

图 10 - 1　项目学习导程

任务 启动困难故障分析与排除

【知识准备】

10.1 启动要求

柴油机在使用中启动困难问题比较突出,尤其冬天严寒低温情况下,发动机本身温度低,启动吸入的空气温度过低,柴油机润滑油的黏度大,加之柴油的低温流动性差,很难将柴油雾化引燃。在此情况下,启动是相当困难的。因此,它是柴油机燃料系统故障的预防重点之一。

启动条件:

①马达带动发动机达到一定启动转数使气缸内产生一定压缩压力;

②一定数量雾化良好的燃油定时喷入气缸;

③满足燃料燃烧的空气量;

④气缸内的气体具有一定的压力和温度;

⑤燃油和空气在气缸内良好混合燃烧。

10.2 排故原则

将故障诊断原则归纳成口诀,即"搞清现象、联系原理,区别情况、周密分析,从简到繁、由表及里,诊断准确、少拆为益"。

①搞清故障的全部征象,故障是通过一定的征象表现出来的,因此分析故障前应从调查入手,尽量全面地搜集故障征象,为分析提供依据。"问诊"是搞清故障原因的重要手段。

②分析产生故障的实质原因。任何一个故障的发生,总由一两个实质性的原因引起。如柴油机冒黑烟的故障,实质原因是柴油不能在燃烧室内完全的燃烧。因此,分析故障原因时,要抓住油、气及混合这些关键。要加深对故障实质原因的认识,就必须熟悉柴油机各系统内部结构和工作原理,掌握各系统正常工作时所必须具备的条件。要了解各种机型在结构上有哪些特点,不同机型之间有何差异,哪些零件是易损件,何处是构造上的薄弱环节。实践证明,对柴油机的结构原理越熟悉,分析判断故障的能力就越强,并能较快地掌握故障的规律性。

③确定产生故障的真正原因。一个综合性的故障,常由若干具体原因引起,这就需要检查、诊断,查出真正原因。一个复杂的故障能否迅速排除,关键在于能否熟练地掌握检诊方法。在检诊过程中,应尽量地不拆卸或少拆卸。盲目地乱拆乱卸,不但会造成人力、物力和时间的浪费,还会破坏零件之间的正常配合,使故障复杂化。

10.3 启动困难故障排除方法

①由于供油系统易于检查且易出故障,所以一般先从它开始检查,最后检查压缩配气机构。

②打开高压油路和低压油路的交点(喷油泵上的管接螺栓),以查清故障是在高压油路还

是在低压油路。

③低压油路故障诊断：检查油箱内是否有油，油箱开关是否打开，油管是否开裂、扭折变瘪、有无堵塞，管接头是否松动，接头铜垫是否严密，柴油滤清器是否有水或被堵，油箱盖通气孔是否堵塞，旋松柴油滤清器上的放气螺塞放尽空气。如果来油很畅，且没有气泡，还应注意检查燃油内是否有水珠，若含水过多也会造成启动困难。

④试启动感觉不到喷油，说明高压油路有故障。

⑤拆下喷油泵的高压油管，首先检查喷油泵，用手指堵住喷油泵出油口，转动曲轴感觉喷油压力，如果喷油泵无泵油感觉，则应通过齿轮室盖上的观察孔盖板，检查高压油泵。

⑥如果喷油泵供油压力过低，供油量过小，应重点检查喷油泵进油孔是否堵塞。

⑦从气缸盖上拆下喷油器总成，用高压油管与喷油泵连接好，摇车观察喷油器雾化质量。若呈线状油束、滴油、射偏，则说明喷油压力不足。

⑧将高压油管转一角度，用泵油扳手扳动手油泵，观察油嘴的喷雾情况，正常时应有"嘎嘎"声，不应当出现滴油、颗粒状以及分散的油束。

【技能训练】

【教学组织】

➤ 准备工作：可启动整机 6 台
➤ 学生 6 人一组
➤ 实训时间：45 min
➤ 考核方式：预设不同点启动故障，分析排除

一、观察故障现象，分析故障点范围

各小组仔细观察故障现象，分析故障原因，并记录在表 10 – 1 中。

二、排故思路与检查

表 10 – 1　启动困难故障排查明细表

故障范围	故障点	排查		原理解释现场记录
		检查点	步骤方法	
燃油系统的故障	油箱内无油或油箱开关未打开	燃油箱	启动故障中油路问题比较多，油路检查先从外围开始	
	油箱盖通气孔堵塞	燃油箱		
	燃油系统有空气	低压油路		
	柴油滤清器被杂质堵塞	滤清器		
	柴油黏度大，环境温度过低	燃油标号		
	柴油变质、有水，柴油不能有效燃烧	油箱排污口油水分离器		
	供油提前角不正确	高压油泵	打开高压油泵视窗可以观察高压油泵的工作状态，特别是加油变化时	
	出油阀偶件磨损严重	高压油泵		
	柱塞偶件磨损严重，造成供油压力低	高压油泵		
	柱塞卡死在柱塞套内、柱塞调节头滑脱出调速杠杆槽而位于不供油位置	高压油泵		
	柱塞弹簧或出油阀弹簧弹力减弱折断	高压油泵		
	喷油压力低，雾化不良	高压油泵		
	喷油射偏、雾锥角不合格	喷油器	利用喷油器试验台	
	喷油器调压弹簧弹力变小或折断	喷油器		
机油	机油黏度太大和温度太低	油底壳	如果摇车费力，几乎摇不动	

故障范围	故障点	排查		原理解释现场记录
		检查点	步骤方法	
压缩、配气机构的故障	机体、缸盖、缸垫老化、变形	缸盖缸体	摇转四五转，进、排气门管内有明显的"嘶嘶"声，说明气门密封不严	
	螺栓造成密封不严而漏气	缸盖螺栓		
	缸套、活塞、活塞环磨损严重	燃烧室		
	气门弹簧弹力减弱或折断	气门组		
	进排气门造成气门漏气	气门组		
	进、排气门间隙使气门关闭不严	气门组		
	气门锁夹、气门弹簧座磨损	气门组	打开气门室罩盖观察	
	气门推杆弯曲、折断或脱落	气门组		
	凸轮磨损造成进气不足、排气不净	气门传动		
	空气滤清器或排气管消音器堵塞	进排气系统	外部检查	
	记号未对准造成配气相位错乱	进排气系统		
	机体、缸套等有裂纹，冷却水进入气缸内	缸盖缸体	分解缸体、试压	
	磨损造成压缩比减小	曲柄连杆机构		

三、考核标准

本项目考核标准参照表 10 - 2 进行。

表 10 - 2 考核标准表

考核时间	序号	考核项目	满分	评分标准	得分
45 min	1	发现故障	10	没有发现不得分	
	2	分析故障原因	40	故障原因少一处扣 5 分，逻辑不清楚扣 5 分	
	3	排故检查	20	漏检查一处扣 2 分	
	4	故障排除	20	故障未排除不得分	
	5	6S	10	整理遗漏酌情扣分	
	6	因违规操作造成人身伤害或设备事故，计 0 分			
分数总计			100		

项目十一
机油压力异常故障分析与排除

【项目描述】

正常的机油压力是发动机稳定工作的前提，如发动机出现机油压力不正常，必须要及时停车并予以排除。本项目需要领悟发动机排故机理，清楚机油压力与间隙的关联性。

【学习目标】

【知识目标】

1.熟悉机油压力与间隙配合、工作温度关系；

2.明确建立机油压力的条件；

3.学会机油压力与故障预判。

【能力目标】

1.能对机油压力实时监控；

2.能分析压力异常原因分析；

3.能进行机油压力调整。

【项目导程】

本项目主要培养学员对发动机机油压力异常故障的分析及排除能力。学习可参照图11－1进行。主要学习任务及能力要求如图11－1所示。

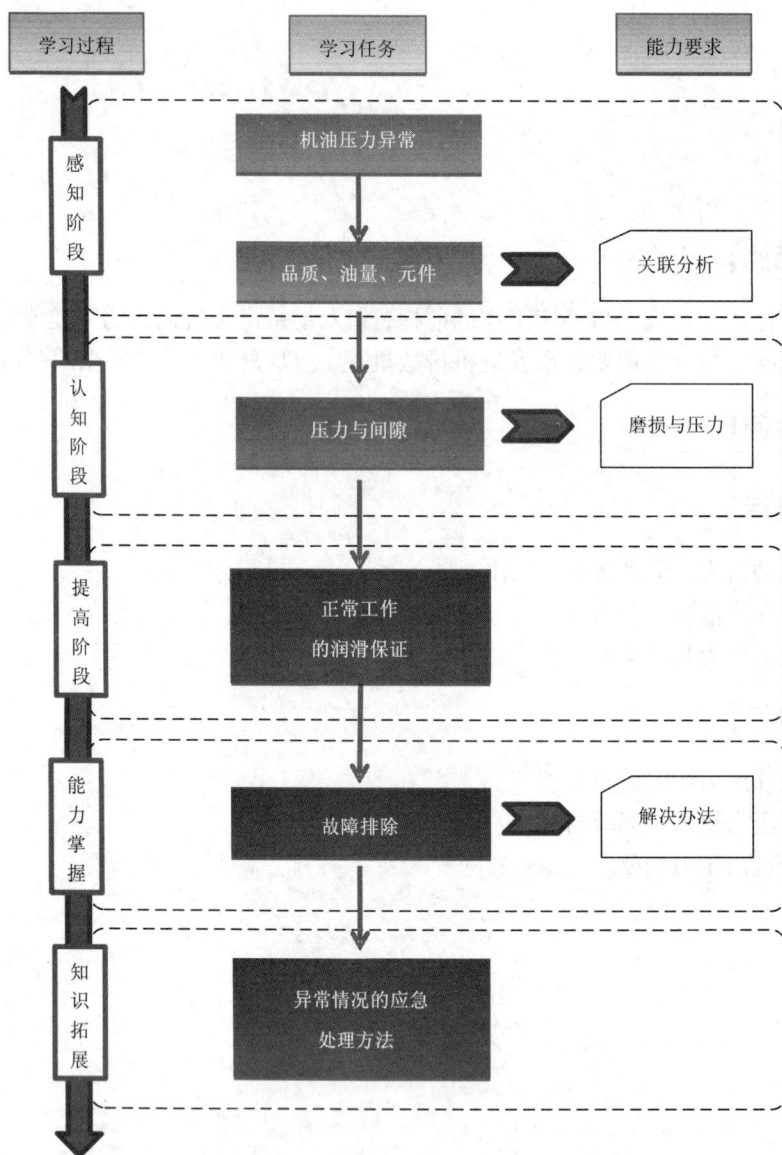

图 11 –1   项目学习导程

任务一 机油压力异常故障分析与排除

【知识准备】

11.1 机油压力表指示过低

机油压力是柴油机主油道的机油从油压表上反映出来的压力值。此值正常与否是柴油机润滑系统工作正常与否的重要标志。油压低，说明因各零件摩擦表面润滑不良，长期下去会造成零部件的早期磨损或发生烧瓦抱轴等严重事故。机油压力表指示读数低于标准下限或无压力指示，要针对发生原因，立即排除。

11.2 机油压力过高

机油压力超过规定值也是一种故障。因为机油泵不会越用越好，泵油量也不会越来越多，所以机油压力增高是一种反常现象，应当及时检查排除。主油道油压过高的主要原因，是部分油路堵塞。机油压力过高，使曲轴、轴瓦难以保持良好的润滑油膜；大量机油从轴瓦边缘及其他润滑部位流失，使其润滑条件恶化；曲轴在旋转中击溅到缸套上的润滑油大大增多，活塞环在工作时不能将多余的润滑油刮去，造成润滑油氧化、烧损，以致胶结活塞环。

11.3 机油压力表指示不稳

柴油机启动后，机油压力较高。润滑系统各油路及油底壳油机温度低、黏度大。这时，显然有的配合部件间隙较大，但机油渗漏得比较少，暂时还能保持一定的机油压力。随着油温升高，机油黏度大大降低，机油压力逐渐降低，甚至到零。主要是由于各润滑部位配合间隙超过正常值，如轴瓦、凸轮轴与轴套、定时齿轮等渗漏严重；另一方面是因为限压阀磨损，封闭不严，弹簧减弱，调整螺丝松动，压力表油管内壁杂质积聚逐渐增多等。

柴油机的机油压力，在正常情况下，大油门时比小油门时高。但有的车有时出现反常现象，大油门时机油压力低，小油门时机油压力高。如由小油门缓慢加大油门，从油压表上可以看出最初油压缓慢上升，但当把油门加大到一定程度时，油压突然降低。反之，当加大油门、缓慢减小油门，最初油压缓慢下降；但当把油门减小到一定程度后，油压又突然升高。有时压力表针还出现大幅度摆动现象。有的弹簧虽在自由状态时并不弯曲，但安装后在工作状态就产生了弯曲变形。当弹簧弯曲(或折断)，与调整螺钉孔壁相碰时，工作中弹簧伸缩就会产生偏磨和卡滞的现象。这时，阀门打开不仅要克服弹簧的弹力，同时还要克服槽的阻力，因而比较因难。在小油门时，阀门处于关闭状态，保持一定的油压。加大油门，油压升高至能克服弹簧力和卡滞的力量后，阀门突然打开，油压随之剧降。这时借助弹簧的弹力，阀门本应适当减小开度，维持一定的油压，但由于发生卡滞的现象，阀门开度不能适当关小，大量机油从此处流回油底，因而所保持的油压反而比小油门时还低。减小油门时情况刚好相反，当油压降低到一定程度后，弹簧力克服油压和卡滞的力量，使阀门关闭，油压随之升高，柴油机就保持在较高的油压(比大油门时)下工作，有时出现压力表针大幅度摆动现象。当弹簧移开调整螺钉孔壁，能自由伸缩时(不卡滞时)，由于弹簧弯曲偏磨，弹力大大减弱，油压略高就会使阀门开启很多。阀开启后，油压剧降，阀门又关闭，如此反复，阀门时开时闭，造成油压忽高忽低，使压力表针大幅度摆动。另外，表针摆动一般出现在热车时（油温60℃以上），这是因为在冷车时油温低、黏度大、压力高，阀门经常处于开启状态；而在热车时，机油黏度小，油压不能使阀门稳定在开启位置。机油压力在大油门时比小油门时低的另一种原因，是主油道回油阀调整螺钉的端面不平（压紧回油阀弹簧的端面），圆柱壁有了沟槽而造成。上述情况往往是由于回油阀弹簧出现弯曲、偏磨或折断后，未能及时更换弹簧而造成。因为调整螺钉端面会因受力不均而偏磨，圆柱壁会因受弹簧偏磨而产生沟槽。出现这种情况后，即使更换了弹簧也不能解决问题。因为弹簧受不平端面压紧后造成倾斜，使得弹簧一边靠，掉入圆柱壁沟槽，或弹簧与螺孔撞相碰，这时阀门仍然产生卡滞，造成大油门时油压低的反常现象。彻底的解决办法是重新车削调整螺钉的端面，并处理圆柱壁的沟槽。

【技能训练】

【教学组织】

➤ 准备工作：可启动整机 6 台

➤ 学生 6 人一组

➤ 实训时间：50 min

➤ 考核方式：①预设故障，排除故障；②给出故障现象，分析故障原因

一、排故检查

各小组根据故障现象参照表 11 - 1、表 11 - 2 进行故障排查，并填写现场记录。

表 11 - 1 机油压力过低检查

故障范围	故障点	排查		原理解释现场记录
		检查点	步骤方法	
油路故障	压力表失灵	机油压力表	线路、元件	
	主油道油量减少	机油滤清器	更换（堵塞）	
	机油泵严重磨损或吸油滤网堵塞	机油泵、集滤器	更换、清洗	
	限压阀开启压力低	调压阀	调试	
机油故障	机油不足	油底壳	检查机油的正确方法	
	机油牌号不对，黏度小	机油牌号	更换	
润滑部位故障	主轴承轴套间隙增大	观察机油温度	热车后温度上升压力下降	
	连杆轴承轴套间隙增大	部位敲击声明显	听诊	

表 11 - 2 机油压力过高检查

故障范围	故障点	排查		原理解释现场记录
		检查点	步骤方法	
油路故障	压力表失灵	机油压力表	线路、元件	
机油故障	机油型号	机油质量检查	机油是否过厚	
	润滑油路堵塞	检查杂质是否过多	卫生纸观察	
润滑部位故障	主轴瓦连杆瓦间隙过小	间隙配合	刚大修机械特别注意	
压力阀	卡死	压力阀	分解	

二、考核标准

本项目考核标准参照表 11 – 3 进行。

表 11 – 3　考核标准表

考核时间	序号	考核项目	满分	评分标准	得分
50 min	1	发现故障	10	没有发现不得分	
	2	分析故障原因	40	故障原因少一处扣 5 分，逻辑不清楚扣 5 分	
	3	排故检查	20	漏检查一处扣 2 分	
	4	故障排除	20	故障未排除不得分	
	5	6S	10	整理遗漏酌情扣分	
	6	因违规操作造成人身伤害或设备事故，计 0 分			
分数总计			100		

任务二 烧瓦故障分析与排除

【知识准备】

11.4 烧瓦现象

烧瓦就是柴油机曲轴轴承和连杆轴承的瓦片合金发生熔化脱落。烧瓦多是人为事故，主要是由于润滑油供应不足，润滑油膜不易形成，使曲轴润滑不良或形成干摩擦，温度急骤增高，使轴瓦互相咬死。烧瓦后出现的设备特征：

①工作无力；

②冒黑烟；

③突然熄火后试转曲轴不能转动；

④或能转动，但启动有异响。

11.5 故障现象原因

①润滑油不足。柴油机润滑油由于突然渗漏，如散热器油管破裂，过滤器外罩纸垫损坏，油底壳磁性放油螺塞丢失，各部管头漏油或机油烧损量过大，使润滑系统缺油引起烧瓦。

②机油质量、牌号不合要求，乳化变质(呈土黄色)。润滑油路堵塞，特别是通往轴瓦的油路被杂物、油泥堵塞，这种情况多数发生某单个轴瓦烧坏，连杆轴瓦为多。

③轴瓦间隙过小或过大。间隙过小，润滑油不易进入轴瓦，润滑油膜不能形成；间隙过大，进入轴瓦间的机油很快流失，油膜难以保持，造成烧瓦。

④机油泵不供油。机油泵严重磨损，机油泵传动机构失灵，机油泵滤网严重堵塞，限压阀被杂物垫起或弹簧弹力减弱、折断、封闭不严或开启，致使机油泵不能向润滑油路供油而烧瓦。机油压力过低，各润滑机件表面所需油量不足。

⑤机油黏度大或机油稀释。寒冷季节里气温低，机油黏度大，当柴油机预温不好而强行启动时极易烧瓦。当部分柴油和冷却水流入油底壳中使机油稀释，润滑性能降低，引起烧瓦。

⑥柴油机长期超负荷作业，轴瓦压力增加，润滑油供油量减少，油温过高，也易引起烧瓦。

11.6 烧瓦鉴定

检查柴油机是否烧瓦时，可拧松油底壳放油螺塞，放出机油，仔细观察。机油中含有发亮的合金粉末，用手指轻轻捻动，好似细砂粒磨手时，即可认定为烧瓦故障。

【技能训练】

【教学组织】

➢ 准备工作：各种烧坏的轴瓦若干
➢ 学生6人一组
➢ 实训时间：90min
➢ 考核方式：学生小组互评，指导老师当裁判

一、故障原因分析

各小组根据故障现象分析故障原因，罗列排故流程。

二、考核标准

本项目考核标准参照表11-4进行。

表11-4 考核标准表

考核时间	序号	考核项目	满分	评分标准	得分
90 min	1	发现故障	10	没有发现不得分	
	2	分析故障原因	40	故障原因少一处扣5分，逻辑不清楚扣5分	
	3	排故检查	20	漏检查一处扣2分	
	4	故障排除	20	故障未排除不得分	
	5	6S	10	整理遗漏酌情扣分	
	6	因违规操作造成人身伤害或设备事故，计0分			
分数总计			100		

【知识拓展】

故障诊断方法

故障诊断包括两个方面，即先用简便方法迅速将故障范围缩小，然后再确定故障区段内各部分状态是好还是坏，二者间既有区别又相互联系。下面介绍几种生产中常用的诊断方法：

（1）隔除法。部分地隔除或隔断某系统、某部件的工作，通过观察征象变化来确定故障范围的方法，称为"隔除法"。一般隔除、隔断某部位后，若故障征象立即消除，即说明故障发生在该处；若故障征象依然存在，便说明故障在其他处。诊断柴油机冒黑烟故障时，若切断某缸断油后，冒黑烟立即消除，即表明故障发生在这一缸，然后再对该缸进一步检查。

（2）试探法。对故障范围内的某些部位，通过试探性的排除或调整措施，来判断其是否正常的方法，称为"试探法"。此法是建立在周密分析的基础上，采用时应尽量减少拆卸，更应避免将部件分解成零件。进行试探性调整时，必须考虑到恢复原样的可能性，并确认不会因此而产生不良后果，还应避免同时进行几个部位或同一部位的几项试探性调整，以防互相混淆、引起错觉。

（3）比较法。将怀疑有问题的零部件与工作正常的相同件对换，根据征象变化来判断是否有故障的方法，称为"比较法"。例如，当怀疑某缸的喷油器工作不正常时，可将这一缸的喷油器与工作正常的另一缸喷油器对换安装。若故障征象随之转移到另一缸，即说明怀疑正确；若故障征象无变化，说明故障部位在其他处。再如，机油温度过高时，若怀疑散热器效能下降，可将工作正常的散热器与其对换安装。若换件后机油温度随之恢复正常，即说明原散热器有问题。换件比较，是在不能准确地判定各部技术状态的情况下所采取的措施。因此，应尽量减少盲目拆卸对换。实际上，在各种诊断方法中都包含着一定的比较成分，而不仅仅限于换件比较。

（4）经验法。主要依靠操作者耳、眼、鼻、身等器官的感觉，来确定各部分技术状态好坏的方法，称为"经验法"。常用的手段有：

①听诊：根据柴油机运转时音调、音量和声响出现的周期性异常特征，凭耳朵或借助金属棒接触相应部位判断故障所在，根据机车运转时产生的声音特点（如音调、音量变化的周期性等），来判断配合件技术状态的好坏，称为"听诊"。柴油机正常工作时，发出的声音有正常的规律性，可以从各部件工作时所发出的声音，大致辨别其工作是否正常。当听到不正常的声音时，就会有异常的感觉。明显的异音，可凭耳朵直接辨明；混杂难辨的异音，可用听诊器助听。因此，通过听诊手段，可以早期发现故障，及时予以排除。由于零件大小、形状、材料不同，响声也有差异，又随柴油机温度高低、转速快慢、负荷大小、润滑条件而变化。有些声响清脆、尖锐、短促，有些声响低沉、钝哑，有些声响粗暴，有些轻微；有些是有节奏的间响，有些是连续不断的敲击；有些在高速时响声严重，有些是在怠速时突出；有些在转速改变的瞬间清晰，有些在稳定转速时明显；有些在冷车刚启动时出现，有些随温度升高而加重；有些在空车时加重，有些在大负荷时严重；还有些响声的出现，伴随着发热现象。不论是什么响声，当润滑不良时都响得严重。听诊时要在冷车，在怠速、中速、突然提高速度，或在空转、有负荷等不同条件下仔细分辨响声，有时接近发响部位，有时需要远离发响

部位听诊。

②观察：通过眼的观察，掌握故障征象。例如，观察柴油机外部机件与总成有什么明显的缺陷和损坏特征；观察有无漏水、漏油、漏气现象；观察曲轴箱通气孔的冒气情况等；观察仪表读数、机油指示器是否有变化；观察机油颜色、黏度、金属碎屑多少；观察排气烟色；观察转速是否均匀、稳定；观察零件的损坏程度、变形情况；观察喷油器雾化质量等。根据观察到的异常征象可分析故障。

③嗅闻：即通过嗅辨排气烟味或烧焦气味、呛鼻的生柴油味等，及时发觉和判别某些部位的故障。

④触摸：即用手触摸或扳动机件，凭手的感觉来判断其工作温度或间隙等是否正常。负荷工作一端时间后，触摸各轴承相应部位的温度，可以发现是否过热。一般手感到机件发热时，温度在40℃左右；感到烫手但还能触摸几分钟，则在50～60℃；若刚一触及就烫得不能忍受，则机件温度已达到80～90℃以上。手摇车能感觉气缸压缩是否良好，用手触摸摇晃能感觉紧固件是否松动，运动件是否卡滞、碰擦。柴油机刚启动不久，可用手触摸各缸的排气支管，比较相互间的温度差异，并与手感觉到的各缸高压油管的供油脉动情况相对照，便能粗略了解各缸工作状况是否正常。当手指触摸高压油管，感觉震动扎实有力，说明柱塞副和出油阀副技术状态良好；若感觉空虚无力，说明柱塞副和出油阀减压环带磨损；高压油管震动阻力大，手感有反冲性震动，说明喷油器针阀咬死、不喷油或少喷油；手触高压油管感觉空虚无力，阻力大，有冲击感觉，说明针阀和针阀座封闭不严。在无量具的情况下，有经验者可凭手的感觉大致判断气门间隙和轴承间隙是否合适。

经验法有一定的实用价值。但凭感觉器官判断技术状态好坏，需要在长期实践中不断体验、摸索、总结，才能使自己的经验逐渐丰富起来。

(5)仪表法。使用轻便的仪器、仪表，在不拆卸或少拆卸的情况下，比较准确地了解柴油机内部状态好坏的方法，称为"仪表法"。使用仪表检查各部分技术状态，能对各部技术状态进行定性、定量分析。要想预防和及时发现故障，必须对柴油机机各系统的技术状态做到心中有数，即不但要搞清各系统技术状态是好是坏，而且还要搞清好坏所达到的具体程度。这样，单纯凭经验检查往往是不够的，而使用仪表检查则可较准确地做到定性、定量分析。例如，严密性良好的柱塞副供油压力可达50 MPa以上，当柱塞供油压力下降到15～18 MPa时，会造成启动困难、功率不足的故障。此时，若采用将喷油压力正常的喷油器放在缸外喷油的方法，检查柱塞严密性，由于缸外条件与缸内条件不同(主要是指气压不同)，喷油嘴便仍能正常喷射，因此人们往往不怀疑柱塞有问题，而盲目拆卸其他部位。当使用60兆帕压力三通阀检查柱塞严密性时，通过观察表针读数，便能很容易地发现问题。另外，结合机车保养工作，可定期测定气缸压力和机油滤芯的通过阻力。当发现某气缸压力下降较快或滤芯通过阻力很小时，便可及时发现故障，并将其排除在初始阶段。

项目十二
水温异常故障分析与排除

【项目描述】

根据能量守恒，如发动机不能将产生的热量转换为机械能，就会转换为热能，提高发动机的温度；如发动机的散热系统工作效率不高，也会提高发动机温度。水温高要考虑是上述情况的哪一种。翻水时要区分是不是燃烧室与冷却系统气水互窜。

【学习目标】

【知识目标】

1. 熟悉影响水温因素；
2. 理解做功与热效应。

【能力目标】

1. 能进行节温器、水箱盖、副水箱、风扇、水泵检查并鉴定；
2. 能进行非温度因素断定。

【项目导程】

本项目主要培养学员对工程机构发动机水温异常故障的分析及排除能力。学习可参照图12-1进行。主要学习任务及能力要求如图12-1所示。

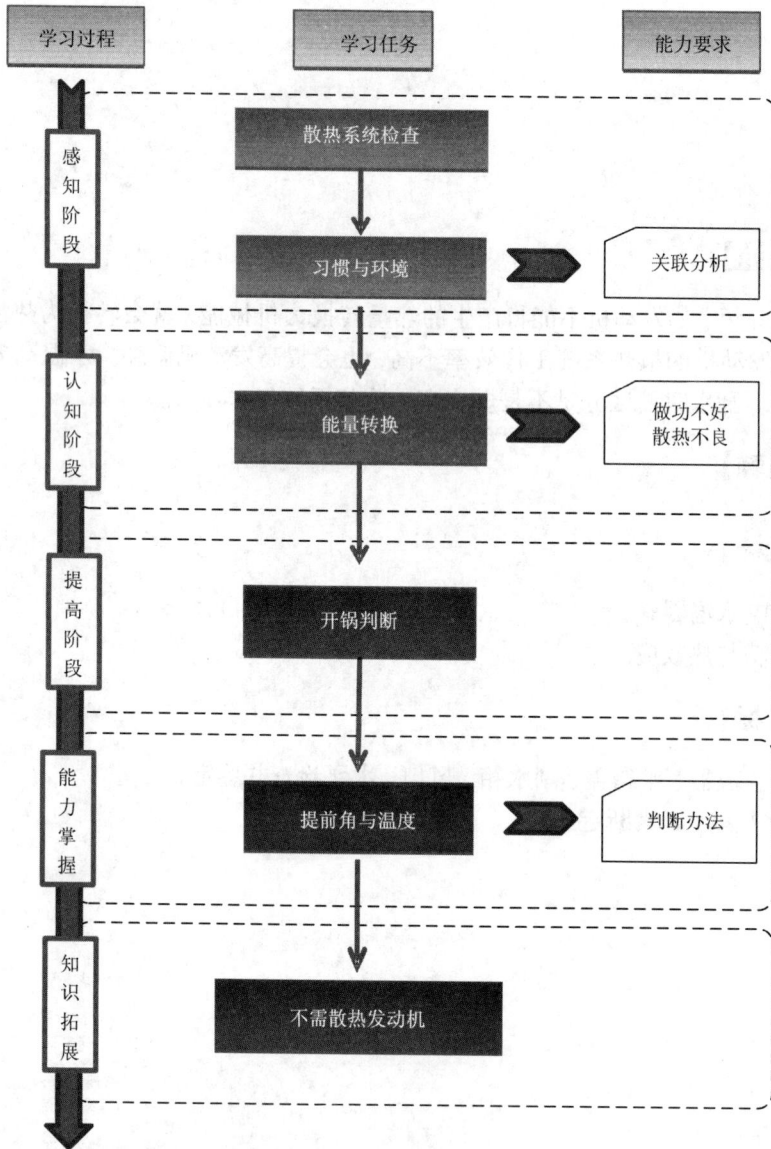

图 12 -1 项目学习导程

任务一　水温过高故障分析与排除

【知识准备】

柴油机水温的高低标志着柴油机温度是否合适。水温过高，缸套、缸盖外围的冷却水很快沸腾，水套内生成气泡，冷却能力大大降低。柴油机过热，水温表指示超过95℃，冷却水沸腾、有气泡(即水箱开锅)。打开加水口盖会喷出白色蒸汽，有时还会出现柴油机工作声音不正常、没劲、敲击、爆燃、机油变质烧损、冒黑烟等现象。由于导热不良而形成局部过热，特别是按冷却水循环方向离散热器远、结构较薄弱的制件，极易造成局部变形、裂纹及烧损。柴油机水温过高，机油较稀，机油泵工作效率降低，柴油机各润滑部位油膜被破坏，加速机件磨损。严重时使喷入气缸中的燃油提早燃烧，压缩力不足，功率下降。过早的燃烧会出现爆燃、敲击现象，甚至会使柴油机反转。柴油机水温过高，气缸内燃烧室温度高于正常温度，油嘴油针受热膨胀，往往卡死。

柴油机冷却系统内水量不足。风扇和水泵皮带过松或折断，传动皮带打滑，使风扇和水泵转速下降。风扇方向装反，反向吹风。水泵叶轮与轴的配合松动，水泵叶轮不转动。水箱散热片之间的空隙被杂草、油泥堵塞，散热效果降低。冷却系统内(水箱和水套)有大量水垢，使散热器管或水道堵塞。节温器失灵，当出水温度超过时，节温器不能打开通往水箱的通路或开启高度不够致使冷却水散热器进行大循环。水泵吸水能力降低，使冷却水循环冷却效果降低。燃烧室内积炭过多，散热效果差。供油时间过迟。喷油器喷油雾化不良，冒黑烟。柴油机超负荷作业。柴油机外部机身、散热器覆盖了一层厚厚的油泥、杂草等污物，严重影响散热。对冷却系统要及时保养，如清洗散热器循环水道等。发现冷却系统的故障要及时排除，防止柴油机温度过高。

【技能训练】

【教学组织】

➤ 准备工作：可启动整机 6 台
➤ 学生 6 人一组
➤ 实训时间：90 min
➤ 考核方式：设故障现象，结合机理分析故障点，进行答辩

一、故障现象描述与原因分析

各小组根据故障现象分析故障原因，罗列排故流程。

二、排故检查

各小组根据表 12 - 1 排查水温过高故障。

表 12 - 1 水温过高检查

故障范围	故障点	排查		原理解释现场记录
		故障现象及效果	步骤方法	
冷却水温度高	负荷重	冒黑烟	观察排气烟色	
	空气滤清器堵			
	消声器堵			
	供油时间过迟			
	喷油器雾化不好			
	气缸压缩比变小			
	保温帘或百叶窗未打开	散热效果不好	检查	
	冷却水量不够			
	散热器表面脏			
	节温器	上水室进水管有无水流现象	接近70℃时观察水流脉动	
	水箱散热管	水箱散热管堵塞	先将油门加到最大，再将油门迅速减小，检查有没有水箱上室水位增高且从水箱口溢出。如果溢出，说明堵塞	
	水泵	泵水困难	水箱上室烫手，而水箱下室放出的水却不烫手	

三、考核标准

本项目考核标准参照表 12 - 2 进行。

表 12 - 2 考核标准表

考核时间	序号	考核项目	满分	评分标准	得分
90 min	1	温度适宜分析	10	少一点扣5分	
	2	故障关联分析	40	关联分析少一处扣5分，逻辑不清楚扣5分	
	3	排查思路	20	错一步扣5分	
	4	翻水分析	20	漏一项扣5分	
	5	冷却系统组成	10	少一项扣2分	
	6	因违规操作造成人身伤害或设备事故，计0分			
	分数总计		100		

任务二 冷却系统常见零部件检修

【知识准备】

冷却系统的作用是保证柴油机在正常的温度 80~90℃下工作，试验表明，当冷却水温度降低到 60~70℃时会使缸套磨损加剧；当降到 40℃以下时，气缸的磨损要比正常工作温度条件下增大 10 倍以上。冷却系统主要由水泵、风扇、散热器等组成。在修理时，应着重清洗散热器、缸体水套中的水垢，同时还要修理水泵等。

散热器的常见缺陷是水管破裂、水管被水垢或污物堵塞，散热片位移、折皱等；主要故障表现是漏水和散热不良。在进行散热器的检查之前，要对散热器内外进行清洗，清除水垢及其他杂物。散热器经常产生漏水的部位是四角和外层水管，可采用下面方法查明散热器的漏水部位：①灌水法；②气压法。

节温器又称调温器，功用是根据冷却水温度的高低自动调节进入散热器的水量，改变水的循环范围，以调节冷却系统的散热能力，保证发动机在合适的温度范围内工作。节温器必须保持良好的技术状态，否则会严重影响发动机的正常工作。如节温器主阀门开启过迟，就会引起发动机过热；主阀门开启过早，则使发动机预热时间延长，使发动机温度过低。

拆除节温器后，将使发动机的经济性和耐久性急剧变化。由于无节温器，发动机经常处于低温状态工作，使发动机热状态不良，各机件磨损加剧，燃料消耗增加。实验表明，发动机在 40~50℃低温条件下工作，其磨损量要增加 30~40 倍，使用寿命大大缩短。

节温器有时会失效，造成发动机过热或过冷，功率下降，油耗增加。因此，要加强节温器的随车检查。节温器发生故障，会导致发动机升温较慢，低速行驶时温度偏低，这一现象在冬季尤其突出。节温器阀门不开启所造成的表象特征为水箱上水室烫手而下水室很凉。此时应予以检查、更换。平时在进行冷却系统的保养时，应注意清洗节温器上的水垢及污物。如发现破损，应及时更换。

水泵：柴油机上的水泵一般为离心式水泵。常见缺陷有水泵轴及轴承、叶轮及泵壳体轴承座孔的磨损，油封、水封垫圈与橡胶垫圈的磨损等。主要故障现象是漏水和供水量不足。

发动机水箱翻水：造成这种故障的原因大致有五种，即过热翻水、外溢；堵塞翻水、外溢；气水窜通翻水、外溢；防冻液混进石油产品造成翻水、冒泡；防冻液加得过满，膨胀翻水。

【技能训练】

【教学组织】

➢ 准备工作：可启动整机6台
➢ 学生6人一组
➢ 实训时间：90 min
➢ 考核方式：学生小组互评，指导老师当裁判

一、故障现象描述与原因分析

各小组根据故障现象分析故障原因，罗列排故流程。

二、排故检查

各小组根据表 12 - 3 完成相关零部件检查。

表 12 - 3 冷却系统零部件检查

工作步骤	图示	工作内容	备注
检修水箱盖		拉出负压阀将其打开，压力释放后确认是否能完全关闭 确认散热器盖负压阀的阀座上有无污垢或损坏 确认负压阀的打开和关闭操作是否正常	
检查水箱泄露		使用散热器盖测试仪（通用维修工具）和散热器盖测试仪接头对冷却系统加压来检查有无泄漏	
皮带调整		风扇一般采用钢板冲压而制成，和水泵同轴，与发电机一起同时由曲轴带轮通过 V 带驱动。一般将发电机支架作成可移动式，以调节 V 带的张紧度	

三、考核标准

本项目考核标准参照表 12 - 4 进行。

表 12 - 4 考核标准表

考核时间	序号	考核项目	满分	评分标准	得分
20 min	1	判断水循环是否正常	20	错一处扣 5 分	
	2	水箱盖检查	20	错一处扣 5 分	
	3	散热器检查	20	错一处扣 5 分	
	4	节温器检查	20	错一处扣 5 分	
	5	张紧机构检查	20	错一处扣 5 分	
	6	因违规操作造成人身伤害或设备事故,计 0 分			
分数总计			100		

项目十三
动力不足故障分析与排除

【项目描述】

动力不足可以分为磨损综合类和功能调整类。有动力不足现象时，会有其他伴生现象，在排故时要注意观察和识别。判断动力不足，还要注意了解设备的使用情况和使用环境，如故障产生过程。

【学习目标】

【知识目标】

1. 熟悉燃烧、进气、压缩等因素对动力的影响；
2. 理解动力转换效率的含义。

【能力目标】

1. 能认识工作无力现象；
2. 能对进气、油路、润滑、调速、供油时间、缸压、磨损等影响因素进行排查。

【项目导程】

本项目主要培养学员对工程机械发动机动力不足故障的分析及排除能力。学习可参照图 13 - 1 进行。主要学习任务及能力要求如图 13 - 1 所示。

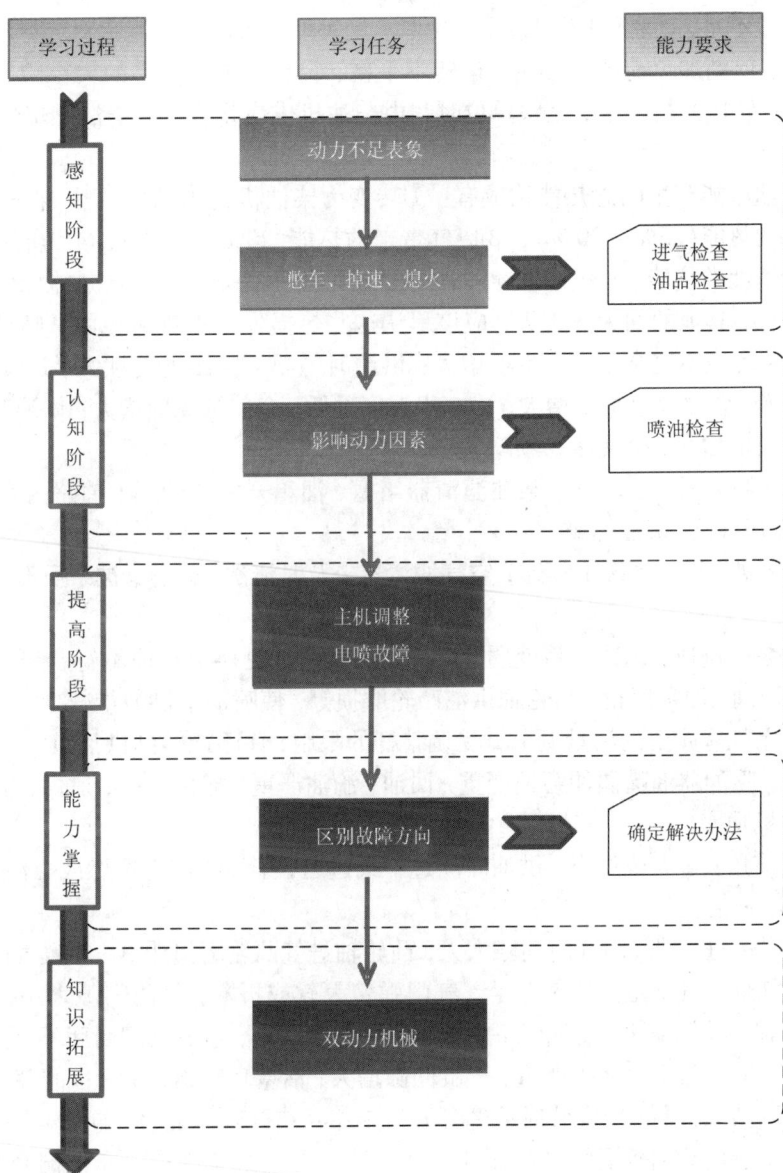

图 13 - 1 项目学习导程

任务　动力不足故障分析与检修

【知识准备】

柴油机动力不足，俗称"工作无力"。功率不足表现为柴油机不能达到应有的转速，或能达到应有转速，但稍加负荷便冒黑烟、运转不平稳、容易熄火。功率的大小跟转速有关，在不冒黑烟、同一转速的情况下，又跟单位时间内柴油机供应量大小、柴油燃烧性能的好坏等因素有关。

气缸内柴油所能产生的总热能构成有：①转变为柴油机输出功率的热能（30%～40%）；②冷却水带走的热能（25%～30%）；③废气带走的热能（20%～25%）；④为磨擦、振动、带动辅助机构所消耗的热能（10%～20%）；⑤柴油机燃烧不完全所损失的热能（2%～4%）。

除了第一项，其他的均为热损失，应该承认这些热损失是很难避免的。喷油质量差、压缩不良，会导致燃烧不完全，使第5项增大；供油时间早、机器震动性大、运动零件间隙过小、润滑不良等，会导致第4项增大；冷却水温度过低，会使第2项增大；供油时间过迟，导致废气带走的热能增大，会使第5项增大。

①油路：油箱盖通气孔堵塞、柴油滤清器堵塞、油箱开关未开足、油路内有空气或水分等原因，使"低压油路"来油不畅。

②进排气：进、排气系统不畅通，空气滤清器未及时清洗、保养，被杂质部分堵塞，排气管积炭严重。

③高压油泵及调速：调速弹簧变弱、折断或在维修时更换了其他不符合要求的弹簧；油泵柱塞副、出油阀、油泵滚轮、凸轮轴供油凸轮磨损等，使喷油泵供油量减少，满足不了大负荷的需要。油泵柱塞副上的油量调节臂受调整杆的限制，而不能转到供油最大位置。

④喷油嘴：喷油器油嘴偶件磨损严重，回油、滴油严重，雾化不良、射偏，使柴油燃烧不良而影响柴油机功率。

⑤供油提前角：过大或过小，供油时间过早或过迟，柴油机产生爆燃或燃油燃烧不充分。

⑥冷却水：温度太低。

⑦配气机构：进、排气门气门间隙太大，凸轮轴进气凸轮磨损严重，导致气门开度小、开启时间短，使气缸进气不足、排气不尽。气门弹簧太软或折断；气门间隙太小；气门及气门座环带严重磨损、零件烧蚀，使气门下沉量增大；积炭严重，造成气门封闭不严。

⑧燃烧室：缸套与活塞磨损严重，气缸间隙增大；活塞环磨损，使开口间隙、边间隙增大或出现对口、胶结或折断；或安装时活塞环开口未相互错开。气缸盖、缸体、气缸套有裂纹，气缸垫冲坏等，造成柴油机漏气严重而使功率下降。更换缸垫太厚，连杆铜套和连杆轴承、主轴承磨损严重等，使柴油机压缩比减小。

发动机动力不足几种表现：发动机运转均匀，无高速排烟过少；发动机运转不均匀，排气管大量排白烟；发动机运转不均匀，排气管排黑烟并有敲击声；发动机有规律地忽快忽慢等。

发动机使用特性

①发动机工况的变化：发动机由于用途和使用条件不同，在实际运转中的工作状况的变化可以分成以下三类：

a. 带动发电机的发动机：其工作特点是要求转速恒定，以保持供电电压和频率稳定。在这个恒定的转速下，功率可在零到最大值之间变化，其大小取决于用电情况。

b. 带动螺旋桨的发动机：发动机转速与螺旋桨转速一致（或是倍乘关系），稳定运转时，发动机发出功率与螺旋桨吸收功率相等。因此，发动机的工况变化规律取决于螺旋桨特性。

c. 车用发动机：发动机的转速和扭矩之间没有一定的关系。转速取决于车速，扭矩取决于装载量、路面阻力。

②发动机的速度特性：发动机在保持供油量不变的情况下（即高压油泵调节齿条位置固定），其功率、扭矩、油耗串等性能参数随转速的变化关系，称为速度特性。油量调节机构固定在标定功率循环供油量位置时的特性称为发动机全负荷速度特性（一般称外特性），它代表该发动机在使用中允许达到的最高性能。速度特性是通过试验测得的，试验时应将供油提前角、冷却水温度、润滑油温度等调整到最佳值，油量调整机构的齿条固定在最大供油的位置上，然后逐渐增加发动机的负荷，使转速改变。

③发动机的调速特性：调速器的作用是根据负荷变化自动调节供油量而改变扭矩，使发动机转速变化不超过允许范围，在调速器的作用下，发动机的扭矩、功率、燃油耗率等性能参数的变化关系称为发动机的调速特性。调速特性曲线由试验而得，由调速器控制喷油泵齿条移动，使负荷由零变到最大，测取其扭矩、功率、油耗率等参数，然后绘成曲线。

④发动机的负荷特性：发动机的负荷特性是在转速保持一定数值不变时，通过改变喷油泵调节杆的位置，用增加或减少供油量的方法来改变载荷。

【技能训练】

【教学组织】

➢ 准备工作：可启动整机 6 台
➢ 学生 6 人一组
➢ 实训时间：90 min
➢ 考核方式：情景设计，分析答辩

一、故障现象描述与原因分析

各小组根据故障现象分析故障原因，罗列排故流程。

二、排故检查

各小组根据表 13 - 1 排查动力不足故障。

表 13 - 1 动力不足故障排查

故障范围	故障点	排查		原理解释现场记录
		检查点（故障现象）	步骤方法	
柴油机功率不足	调速器	转速	空车能达到额定转速，而重车时不能达到	
	调速器弹簧	转速	空车转速低，加速困难，减速容易	
	供油角提前	敲缸声	敲缸一直不消失	
	缸套和活塞磨损	敲缸声	冷却水沸腾后敲缸消失	
	缸套和活塞磨损	敲缸声	缸套内如加机油后敲缸消失	
	供油提前角推迟	冷却水沸腾	排气管黑烟且高温启动无敲缸声	
	消声器堵塞	排气温度高	排出	
	空气滤清器堵塞			
	气门间隙不对			
	压缩比不对			
	喷油质量不好	观察如工作粗暴、震动性大	调整	
	正时齿轮不对			
	低压油路供油不好	加负荷时，观察转速降低	排出	
	油量调节不对			
	柱塞偶件泄露大			

三、考核标准

本项目考核标准参照表 13 – 2 进行。

表 13 – 2　考核标准表

考核时间	序号	考核项目	满分	评分标准	得分
20 min	1	发现故障	10	没有发现不得分	
	2	分析故障原因	40	故障原因少一处扣5分，逻辑不清楚扣5分	
	3	排故检查	20	漏检查一处扣2分	
	4	故障排除	20	故障未排除不得分	
	5	6S	10	整理遗漏酌情扣分	
	6	因违规操作造成人身伤害或设备事故，计0分			
分数总计			100		

【知识拓展】

HEMI 发动机的燃烧室顶部呈半球状,半球的英文单词是 hemisphere,"HEMI"就由此得名。HEMI 发动机自 20 世纪 50 年代起就已经诞生,至今已发展了半个多世纪。

HEMI 的特点:发动机气缸的进排气门采用倾斜角度布置,以更好地利用气流提升气缸的进排气效率,气缸燃烧室因此而呈半球形,这种气缸结构设计一直沿用至今。

HEMI 的发展:HEMI 发动机最早出现在 1948 年,当时开发了一款用于捷豹汽车的 6 缸 HEMI 发动机,随后在 1951 年,克莱斯勒汽车公司发布了 180 马力的 V－8 HEMI 发动机,排量 5.4 L(331 立方英寸),因此被命名为"331HEMI"。虽然 180 马力对于现代发动机算不得什么,可在当时,这是一个难以触及的动力巅峰,由此开辟了 HEMI 的传奇时代。

相对于 HEMI 的半球缸盖,平顶缸盖发动机是 20 世纪 50 年代大多数车型的首选,因为这样的结构制造成本更低。平顶燃烧室发动机的进排气门安排在发动机一侧,由凸轮轴直接驱动而省略了挺杆和摇臂系统。与同时代发动机相比,早期 HEMI 发动机的最大优势在于燃烧室效率,使得它能产生更强大的功率。HEMI 发动机的燃烧室顶部呈半球状,火花塞通常安装在燃烧室的顶部中央,进排气门分列在燃烧室两侧。

20 世纪 70 年代后,HEMI 发动机的表现已经大不如前了,新的发动机技术如多气门结构、可变气门升程和点火提前角技术、稀薄燃烧和缸内直喷技术等让人眼花缭乱的新鲜事物已经把曾经辉煌的 HEMI 徽标淹没了。就在人们已经把 HEMI 逐渐遗忘时,克莱斯勒发布了全新的 5.7 升 HEMIV－8 发动机。

HEMIV－8 发动机可以在 40 ms 内实现 4 缸模式和 8 缸模式之间自动平顺转换,在发动机不需要全功率运转时,可以瞬间关闭 4 个气缸,而在需要时,MDS 又可以迅速恢复气缸工作以释放发动机的全部功率,从而将燃油经济性大大提高,燃油压缩比为 7.5∶1,这项技术可以保证车辆的综合油耗降低 20%。

项目十四
工作时烟色异常故障分析与排除

【项目描述】

发动机工作正常时是不冒烟的，如冒烟则属于不正常工作，需要理解冒烟的机理；对系统的树脂就可分析烧水、烧机油、没有燃烧和燃烧不充分的原因。冒烟同时还会伴生其他的故障现象。

【学习目标】

【知识目标】

1. 掌握燃烧规律；
2. 了解燃烧不彻底的关联因素；
3. 分析机油可能到燃烧室的途径。

【能力目标】

1. 掌握发动机尾气烟色判别能力；
2. 能借助其他手段排查冒烟的原因。

【项目导程】

本项目主要培养学员对工程机械发动机烟色异常故障的分析及排除能力。学习可参照图 14 – 1 进行。主要学习任务及能力要求如图 14 – 1 所示。

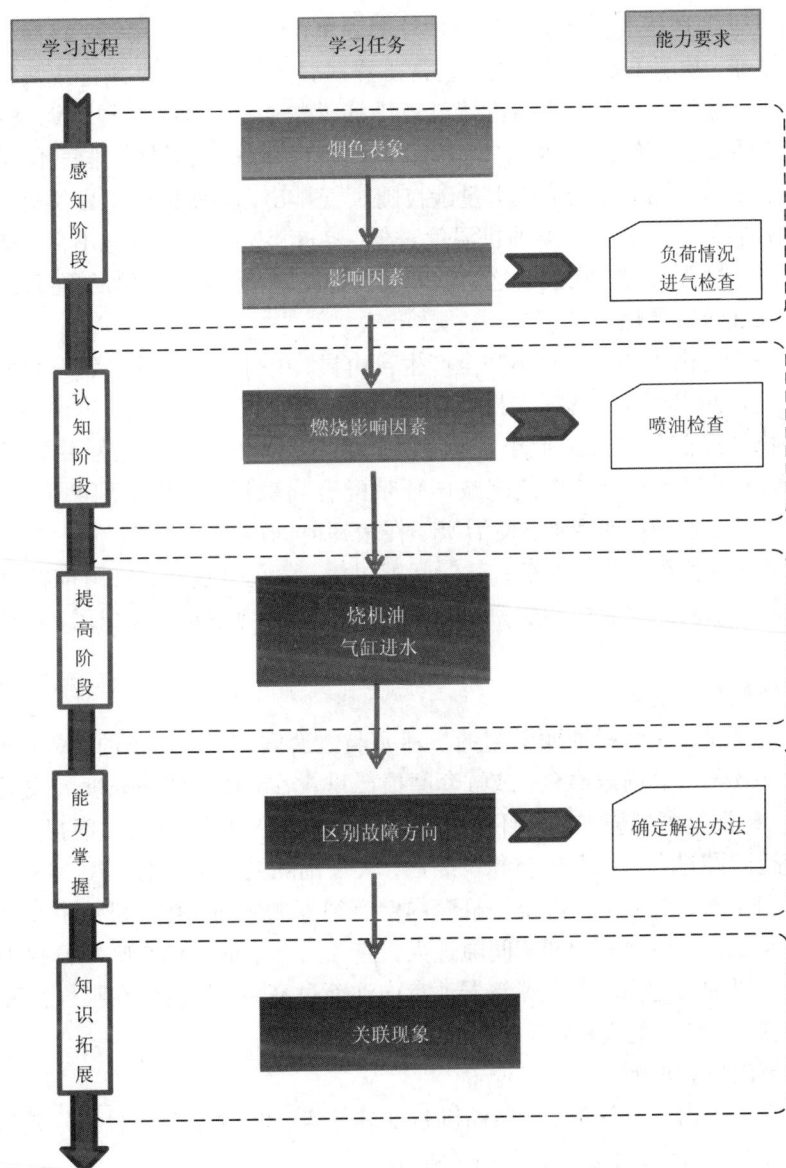

图 14 – 1　项目学习导程

任务 工作时烟色异常故障分析与排除

【知识准备】

柴油机排气冒烟是技术状态不好的一种外表现象，如果继续使用，必将导致各部件加速磨损、耗油量增加、功率不足。柴油机在正常工作时，排气应是无色或是浅灰色的。如果排气颜色呈浓黑色、蓝色或白色，说明机器已有毛病。柴油机冒烟，会导致燃烧室积炭严重、加剧磨损、工作粗暴、功率下降、耗油量增加等症状。一般进气不足、排气不净，压缩不良，柴油雾化不良，柴油燃烧不完全形成大量碳粒随废气排出，会使柴油机冒黑烟，机油窜入气缸燃烧而使柴油机冒蓝烟；由于柴油机温度过低、空车运转、喷油雾化不良、柴油内有水等原因，会导致柴油机冒白烟。在诊断这类故障时，首先应分清烟色，然后再逐步诊断。

14.1.1 柴油机冒黑烟

柴油机冒黑烟是由于柴油燃烧不完全产生自由炭，由排气管中排出而引起的。柴油机超负荷工作。油嘴针阀卡死或油嘴压帽松动；调压弹簧弹力变弱或折断，喷油嘴针阀磨损，柴油雾化不良。供油提前角较规定值小，供油时间太迟，柴油机工作粗暴并冒黑烟。调整不当，供油量过大，燃烧不完全。出油阀减压环带配合间隙过大；柱塞副磨损，密封性变差。活塞环槽过度磨损；连杆扭曲变形，使活塞环在较短时间内出现对口。进、排气管有堵塞现象。气门弹簧折断，使配气相位改变；气门间隙过大，气门开度小；气门推杆弯曲或气门调整螺钉松动，使气门间隙改变。燃烧室积炭严重。机油压力不足，有烧瓦、抱轴或拉缸、抱缸现象。

14.1.2 柴油机冒蓝烟

柴油机冒蓝烟是由于烧机油而引起的。活塞与缸套间隙过大，机油进入燃烧室内燃烧。更换后的新活塞环与缸套尚未磨合，或缸套磨损严重、活塞环失圆漏光度大或活塞环弹力减弱，密封不严，机油上窜燃烧。活塞环咬死在环槽内，走"对口"、折断、磨损严重，使油环开口间隙过大或边间隙过大。活塞环被积炭黏住，失去刮除缸壁机油的作用。扭环与截锥环的安装位置及方向不对，机油上窜燃烧。缸套内壁有很深的纵向拉痕，机油由此窜入燃烧室内燃烧。气门杆与气门导管磨损严重，间隙过大，使气门室中的机油在吸气行程中被吸入气缸内燃烧。油底壳机油面过高。空气滤清器油盘内油面过高，部分机油在吸气行程中吸入燃烧室内燃烧。柴油不洁净，混入机油。

14.1.3 柴油机冒白烟

柴油机冒白烟是由于空气不足、柴油机温度过低等，使喷入气缸的部分燃油未燃烧；燃烧时有水，排气中有水汽，呈雾状从排气管排出。

【技能训练】

【教学组织】

➢ 准备工作：排故主机
➢ 学生6人一组
➢ 实训时间：90 min
➢ 考核方式：现场分析、现场排查

一、故障现象描述与原因分析

各小组根据故障现象分析故障原因，罗列排故流程。

二、排故检查

各小组根据表14-1排查烟色异常故障。

表14-1 烟色异常故障排查

故障范围	故障点	排查		原理解释现场记录
		检查点故障现象	步骤方法	
柴油机冒黑烟	负荷过重	黑烟消失：负荷过重	卸去负荷	
	燃油系统	黑烟未消失：燃烧不好	校泵	
	雾化不良、积炭	柴油机有异响、爆炸声、粗暴	修理	
	滤清器堵塞	转速不稳定	排除	
	油路有无空气			
	调速器		校泵	
	喷油器			
	供油时间太迟	声音沉闷	调整	
		机器温度高		
	活塞环对口或磨损严重	曲轴箱通气孔有严重排废气	修理	
	进气不足、排气不尽	进、排气	检查	
柴油机冒蓝烟	油面是否过高	烧机油	检查油底壳油面	
	间隙过大、油环是否卡死、"对口"、折断或者装反		检查缸套与活塞	
	配合间隙过大气门油封损坏		检查气门杆与导管	
	曲轴箱压力过大		检查曲轴箱通风情况	
柴油机冒白烟	柴油中有无水分	柴油	检查	
	缸盖水套处有无裂纹	缸体、缸盖		
	供油时间过晚	启动困难，排气管冒出很浓的白烟	调整	
	燃烧不了	配气机构	检查	
	水窜到燃烧室	蒸发水	发动柴油机水箱内有无沸腾	

236

三、考核标准

本项目考核标准参照表 14-2 进行。

表 14-2　考核标准表

考核时间	序号	考核项目	满分	评分标准	得分
90 min	1	发现故障	10	没有发现不得分	
	2	分析故障原因	40	故障原因少一处扣 5 分，逻辑不清楚扣 5 分	
	3	排故检查	20	漏检查一处扣 2 分	
	4	故障排除	20	故障未排除不得分	
	5	6S	10	整理遗漏酌情扣分	
	6	因违规操作造成人身伤害或设备事故，计 0 分			
分数总计			100		

参考文献

[1] 王定祥，刘兴国. 现代工程机械柴油机[M]. 北京：机械工业出版社，2004.

[2] 王增林. 工程机械发动机构造与维修[M]. 北京：电子工业出版社，2008.

[3] 母忠林. 道依茨柴油机结构与维修全图解[M]. 北京：化学工业出版社，2013.

[4] 张卫东，梅华平. 康明斯柴油机构造及常见故障分析[M]. 北京：机械工业出版社，2014.

[5] 邹小明. 发动机构造与维修[M]. 北京：人民交通出版社，2001.

[6] 吴幼松. 发动机构造与维修[M]. 北京：人民交通出版社，2009.

[7] 周龙保. 内燃机学[M]. 北京：机械工业出版社，2010.

[8] 屈殿银，刁维芹. 汽车发动机构造与维修[M]. 北京：机械工业出版社，2008.

[9] 王凤军，吴东平. 汽车发动机构造与维修[M]. 北京：科学出版社，2007.

[10] 扶爱民. 汽车发动机构造与维修[M]. 北京：电子工业出版社，2005.

[11] 赵奇，羌春晓. 汽车发动机理实一体化教材[M]. 北京：人民交通出版社，2011.

[12] 李人宪. 车用柴油机[M]. 北京：中国铁道出版社，2010.

图书在版编目(CIP)数据

工程机械发动机构造与维修／王蹯尹，陈正龙编. —长沙：
中南大学出版社，2020.8(2025.2重印)
ISBN 978-7-5487-4077-3

Ⅰ.①工… Ⅱ.①王… ②陈… Ⅲ.①工程机械—发动机—构
造—高等职业教育—教材②工程机械—发动机—机械维修—
高等职业教育—教材 Ⅳ.①TU603②TU607

中国版本图书馆 CIP 数据核字(2020)第 135962 号

工程机械发动机构造与维修
GONGCHENG JIXIE FADONGJI GOUZAO YU WEIXIU

主 编 王蹯尹 陈正龙
副主编 罗 威 李 伟
主 审 钱汉生

□出 版 人	林绵优
□责任编辑	谭 平
□责任印制	唐 曦
□出版发行	中南大学出版社
	社址：长沙市麓山南路　　　邮编：410083
	发行科电话：0731-88876770　　传真：0731-88710482
□印　　装	长沙印通印刷有限公司
□开　　本	787 mm×1092 mm 1/16　□印张 15.5　□字数 392 千字
□版　　次	2020 年 8 月第 1 版　□印次 2025 年 2 月第 3 次印刷
□书　　号	ISBN 978-7-5487-4077-3
□定　　价	45.00 元